Salzwasser

2000 Jahre Stille

Salzwasser
2000 Jahre Stille

Lukas Federspiel

*06.12.1994 Wilna, Litauen

IMPRESSUM

Das gesamte Buch habe ich ohne jegliche Hilfe künstlicher Intelligenz geschrieben. Ich bin Ihnen dankbar, wenn Sie Form- und Rechtschreibfehler verzeihen, da ich das Lektorat aus Kostengründen selbst in die Hand nahm! Ich übernehme keine Haftung für Rechtschreibfehler, inhaltliche Fehler, oder sonstiger Fehler. Ich möchte niemanden mit den Inhalten zu etwas anstiften, überreden, oder überzeugen, das Schaden anrichtet.
Der Roman, der Inhalt und das gesamte Design ist fiktiv und ist ein Ausdruck von Kunst, Humor und Meinung, dennoch habe ich die Interpretation zu der Bedeutung der Zahl der Bestie, aus der Offenbarung des Johannes 13:18, in diesem Buch nach bestem Gewissen wahrhaftig beantwortet.

Autor: © 2024	Lukas Federspiel, geb. 06.12.1994 in Wilna. Alle Rechte vorbehalten.
Veröffentlicht:	© Lukas Federspiel
Verfasst in:	Rastatt, Großbottwar, Sydney, Bundaberg, Thulimbah, Brisbane und Gold Coast.
Umschlaggestaltung:	Rachel Berthou
Spendenkonto:	PayPal.Me/SalzwasserFederspiel
Email:	Salzwasser-Federspiel@mailfence.com
Adresse:	4/3016 Surfers Paradise Blvd, Surfers Paradise, Queensland, 4217 Australia

ISBN:	Taschenbuch:	978-1-7635827-0-5
	E-Book:	978-1-7635827-1-2

Inhaltsverzeichnis

Kapitel 1

  S. 10

Kapitel 2

  S. 92

Kapitel 3

  S. 172

Kapitel 4

  S. 231

Kapitel 5

  S. 309

Kapitel 6

  S. 378

Kapitel 7

  S. 394

Kapitel 8

  S. 404

Kapitel 9

  S. 432

Kapitel 10

  S. 540

Widmung

Danke für das Leben und für Geschwister, Mama und Papa!
Danke für unser Zusammenleben in Liebe, Reshma!
Danke für deine offenen Arme, Farida!
Danke an Euch, die mir im Leben beistanden!

Vorwort

Wenn man lange genug in den Abgrund starrt, fängt einer von beiden an zu kichern. Ich wollte einfach wissen, ob es eine logische Begründung für die Zahl der Bestie gibt und entwickelte eine Leidenschaft für Geschichte, Religion und Mythologie und bediene mit der Lösung auch die Menschen, die die letzten beiden für ein und das selbe halten. Ich stellte fest, dass die Zahl 616 zu entschlüsseln sei, anstatt der meist bekannten Zahl 666. Ich habe die Bedeutung eindeutig gelöst. Ich kann, im Gegensatz zu allen bisherigen Theorien, die abschließende, wissenschaftliche und unparteiische Lösung beweisen und sah mich berufen es in Schriftform zu teilen. Ich wollte Meinungen (inkl. meine eigene) generell raus halten und einfach den Kern der Bedeutung isoliert und doch vollständig zugänglich machen. Dem habe ich ein ganzes Kapitel gewidmet. Die anderen Kapitel des Romans sind meine persönliche Meinung zu der gewonnenen Erkenntnis und der Empfehlung seines Autors in belletristischer Form. Diese Lösung ist noch nie zuvor belegt worden und diese Innovation ist nur in diesem Buch zu finden. Dieses Buch ist für Menschen aller Konfessionen geeignet und spiegelt den historischen Charakter der Literatur der damaligen Zeit und der heutigen Rezeption.

Herzlich willkommen, zu:

Salzwasser - 2000 Jahre Stille

Die einzige wissenschaftlich-philosophische Erklärung der biblischen Zahl 666 und 616 mit eindeutigem Ergebnis. Ich zeige Ihnen in diesem Buch, wie die Zahl 616 und die 666 aus der Offenbarung des Johannes das erste Buch und das letzte Buch der Bibel damit miteinander verbinden sollte. Ohne subjektive Interpretationen vorauszusetzen, zeige ich hier den Beweis der klaren Identifikation der Bedeutung der Zahl des Tieres, der eines Menschennamen. Innovation! Keine der sonst üblichen Anschuldigungen, wie Nero, sonstige Kaiser, oder Rom damit zu verteufeln! Keine anderen Zusammenhänge aus der Bibel, außer der Zahl! Und keine Missionierung! Es geht um Aufklärung. Ohne Elemente der Magie und ohne Prophezeiung gelöst, sodass, egal welcher Leser sich damit befasst, sich eine Einigkeit der Lösung beweisen lässt. Maximale Gewissheit auf dem sonst dünnen Boden der Literaturfreiheit. Die zu findenden Schlüsselwörter sind auf wenigen Seiten geklärt und erklärt und die dazu geschaffene Geschichte dient dazu Perspektive zu schaffen, wo sich die Herangehensweise von allen anderen Theorien unterscheiden musste. Und auch, wie das zum erfolgreichen Lösen beitrug. Ein kritischer Kontrast aus atheistischen Argumenten wird verbunden mit der Herzobrigkeit der Gläubigen, um sich mit beiden Elementen unvoreingenommen zu befassen und sie rational zusammenzufügen. Die Kombination ist Voraussetzung! Keine Alien-Theorien (Die Konkurrenz entgleist gerne)! Kein Unfug! (Wie z.B. der Teufel heißt XY) Ich möchte die Nachwelt von solch einem Aberglauben befreien und auch die unmenschlichen Teufels-Anschuldigungen entwaffnen. Eine poetische Integrität von Zahlen und Wörtern, die im hebräischen gedieh und sich auf altgriechisch besonders anbot, die Römer von ihren Wurzeln der Literatur zu überzeugen. Wo sich belegbare historische Ereignisse mit der Integrität des biblischen Kanons trifft war die Auflösung des antiken Rätsels der berüchtigten Zahl 616 und 666 zu erwarten. Versprochen!

Ich verspreche Ihnen, dass ich das Geheimnis gewissenhaft aufgedeckt habe, die Zahl der Offenbarung des Johannes endgültig in der Bedeutung zu erfassen und ich lasse kein offenes Ende zu. Ich komme zum Punkt. Eine Kerzenlicht-Studie, die man in keine Wissenschaft fassen möchte, weil Literatur wissenschaftliche Grenzen nicht zu achten braucht. Lesen Sie erst Kapitel 7&8, oder fangen Sie mit meiner Geschichte an? Es bleibt Ihnen überlassen! Dazu biete ich meinen Roman an, der belletristischen Raum schafft, die Fäden zwischen Religion und Wissensschaft zu entdecken. Ein Folge-Kapitel gibt es zum Thema für Hintergrundbeleuchtung, Kontext und Erklärung von dem damaligen Zeitgeist und Wissensstand und mit den notwendigen Begriffen der altgriechischen Sprache. Eine Geschichte habe ich um das Thema gespannt, um meine Recherche, Lösung und Präsentation modern einzubetten. Niemand möchte Meinungen lesen, die dem Leser eigentlich selbst zu bilden zusteht und daher verspreche ich Ihnen, die letzten sieben Jahre Forschung für Sie aufbereitet zu haben, dass Sie ohne Vorkenntnisse mit allem bedient werden, das Sie zu dem Verständnis der Zahl 616 und 666 bringen wird. Das minimalistische Design der Auflösung dient einer respektvollen Trennung von Meinung und Wissen, sodass Sie dieses Buch nicht bereuen werden, seit 2000 Jahren zu den ersten Menschen dazu zu gehören, die die Bedeutung verstehen werden. Meine Strategie für ein zeitloses Verständnis eines solchen Textes war es, Logik nicht auf Magie aufzubauen, was eine gesonderte Rolle spielen wird, als die Botschaft selbst. Ein zeitloses Buch behandelt zeitlose Themen. Um Magie nicht im Mittelpunkt zu sehen, arbeite ich mit keinen Prophezeiungen oder strittigen Elementen, die in der heutigen Welt nicht auch vorkommen könnten und habe es damit geschafft die Zahlen und Worte zu knacken, die die Offenbarung gemeint hat. Meine Zweifel, sich keinen vorhandenen Erklärungsversuchen anzuschließen, haben sich ausbezahlt. Dieses Buch begleitet Sie bis zur eigenen Erkenntnis. Auch wenn die bereits vorhandenen Theorien teilweise(!) nicht schlecht waren, gab es immer Ungereimtheiten, die übrig blieben. Selbst wenn Theorien zu 99% plausibel erschienen, fehlte etwas, oder sie waren falsch!

Mein Roman erzählt von einem Philosophie-geladenem Abenteuer, handelnd von Ben Goldgerber, einem jungen Mann, der zum Schein zum Vatikan reiste, um eine neue Anschuldigung zu äußern, was der Teufel in Wirklichkeit sei. Die Geschichte ist die Begleitung, um die gleichen Meilensteine zu passieren die philosophisch relevant sind, oder mit in das Bild passen. Manche Ideen lieferten Inspiration für Satire, sich so humorvoll vom Mittelalter-Denken loszulösen. Eigene Innovationen zu einer neuen Welt sind in dem Roman eingebettet und werden Mittel zum Zweck, um Philosophie mit dem erlangten Verständnis in die heutige Welt zu übersetzen.

Ben Goldgerber. Er bezichtigt seinen Nachbar der Teufel zu sein, ohne wirklich seinen Nachbar zu bezichtigen der Teufel zu sein, damit sein Nachbar, der sich bezichtigen lässt der Teufel zu sein, den Teufel bezichtigt, wenn sie alle stattdessen Ben bezichtigen, weil er den Teufel bezichtigen wird, der Teufel zu sein. Ben hat es seinem Nachbar versprochen. Er geht petzen. Vatikan angerufen. Er ist direkt nach Rom losgefahren. Sie haben noch nicht einmal seine ankündigende Nachricht auf dem Anrufbeantworter angehört, da war Ben bereits unterwegs auf den Straßen. Er gerät in das Fadenkreuz der Medien und der Geheimdienste der Welt, bevor er überhaupt in Italien ankam. Was will er dort? In der Zuversicht, dass alle Wege nach Rom führen, verzichtet er auf Karte und Kompass, um sofort sein Abenteuer anzutreten. Es musste nur sofort geschehen, weil jeder Tag zählt. Plötzlich taucht eine Frau in seinem Leben auf, die seinen Kurs auf die Probe stellt und sein Leben verändert. Liebe verändert den Kurs des Lebens auf heilender Weise für jeden. Rätsel, Kultur, Geschichte, Okkultes, Philosophie, Mathematik, Sprache und Politik, etwas Hokuspokus, Humor und Spaß am Leben musste mit hinein! Der Schlange, Symbol der Weisheit, aus Versehen auf den Schwanz zu treten, zuerst auszulachen, zu Unrecht, ist schlimm, besonders der langen

Schlange, das ist separat schon schlimm, aber verdammt lustig, weil sie sich sonst nicht erhebt und man nicht weiß ob sie noch lebt.

Philosophie unserer Zeit inbegriffen, aus einer Parallelwelt des Romans, aus seiner und unserer Zukunft geschmiedet, mit dünneren Fäden und elastischeren Fäden, aus einer Welt, in der Magie sich dann erhebt, wenn zur Feder gegriffen wird, anstatt zum Schwert.

Es ist mein erstes Buch - Sie halten mein Lebenswerk in der Hand. Für mich wurde es zur Aufgabe in der ich wachsen wollte, mich für die Auflösung der Rätsel-Zahl auszudrücken und zuerst mit dem Roman die Perspektive zu schaffen und dann die Lösung kurz und sachlich zur Verfügung zu stellen. Ich unterstellte dem Text die Lösbarkeit. Die Herausforderung ein Buch zu schreiben für alle Altersklassen wurde nach dem erreichen des Verständnisses eine Notwendigkeit. Dies hat meinen Fortschritt zu einer anspruchsvollen Lebensaufgabe gemacht. Es ist nicht nur das Rätsel mit dem ich den Zeitaufwand begründe, sondern auch das Lernen des Schreibens in einem akzeptablen Stil. Wenn Ihnen beim Lesen auffällt, dass ich zu den I-do-it-my-way Autoren gehöre, dann bitte ich Sie, qualitative Hürden zu verzeihen, indem Sie meine Leidenschaft zu diesem Thema verstehen und meiner Entdeckung eine adäquate Chance geben! Die Trennlinie von meinem Roman und der Enthüllung der Zahl ist fairer Weise deutlich im Lesefluss gekennzeichnet.

Danke, wenn Sie sich beidem annehmen, der Auflösung und diesem Roman!

Ben Goldgerber erlaubt dem Schicksal sich mit einem Angebot der Magie zu offenbaren, sodass er sich der Liebe unterwirft, um einen Fluch abzuwehren, der sich in Form von einer global auftretenden Melodie böser Herkunft in unserem Himmel manifestiert, die Menschen manipuliert und zur gegenseitigen Gewalt zwingt, wenn sie sich die Ohren nicht zuhalten. Der durchschnittliche Knabe, Ben, traut weder Magie, noch Aberglaube. Es beschleunigen die zwei Turteltauben, Ben und seine Eine, zu einer übernatürlichen Reise, die kein Mensch glaubt, dann wahrlich magisch wird, erst recht unglaubwürdig wird und weil es dann sowieso keine Rolle mehr spielt, geht es tatsächlich um die Magie der Glaubenskraft. Magie der Schrift, der Sprache und der Nächstenliebe, die Ben und seine Gefundene erlernen und plötzlich einen Nugget Wahrheit halten, der nicht behalten werden kann, ohne geteilt zu werden und sogar Gold überdauert: (Nächsten-)Liebe. Und damit auch die Liebe zur Wahrheit.

Durch einen engen Ring der Schicksalsspule gleiten ihre Schicksalsfäden dicht aneinander und flechten sich zu einer Liebesgeschichte. Sie kommen zurück, klar, aber nicht ohne die Welt vor dem Fluch der Melodie zu beschützen, in dem sie alles probieren, sogar Magie, um den Fluch zu beenden. Lärm lieben lernen, oder Ruhe behalten können ist Stärke, die sie brauchen werden. Eine stärkende Reise, die auch Sie inspirieren möge und ich bin Ihnen dankbar, sich für die ersten Seiten Text bereits zu interessieren und soweit schon gelesen zu haben!

Ben verliebt sich. Er hält das für einen unangemessenen Zeitpunkt und muss lernen, dass es das für Liebe nicht gibt. Effekte des Bösen auf der Welt sind, je nach Perspektive, nur wie ein Schatten von einem Objekt, das im Licht steht. Der Fokus liegt auf dem Licht und auf uns, das Objekt, Ursprung des Schattens. Ist eine Personifikation des Bösen falsch? Ja. Die Leute, die alles wörtlich nehmen, machen, wie immer, alles kaputt. Dann zählen sie die Brösel eines Gebäcks zusammen und verkaufen das zusammengeleimte Gequetschte wieder als ganzes Brot. Ohne Herz und nur mit Verstand ist das Zählen und Rechnen wie Felsen antippen und Steinchen schubsen, für das Wohl der Welt.

Es beginnt, wie Philosophie nun mal beginnt, mit einer Geschichte – Einem Design. Ein Roman ist Werkzeug, um darüber zu sprechen, wie von jedem Beitrag zu einer Lösung niemand Interesse haben könnte dafür verteufelt zu werden und dem Mittelalter dankt, dass die Scheiterhaufen-Ära vorbei ist und wir frei sprechen können. Zumindest auf dem Papier.

Ben weiß, dass es nicht so einfach werden kann. Er hat sich aber die charmante Frechheit erlaubt, ein Mittel meiner Geschichte zu werden, weil ich wünsche, meinen Interpretationsvorschlag eines Tages in den Dialogen der Welt wiederzufinden. Für Ehre und für die Menschheit!

Wenn man alles gut macht, alles recht ist und alles in Ordnung gehalten wird, dann muss man einen Fehler machen, sonst wäre man ja ein "Engel", oder nicht? Geht nicht - Ist klar! Fehler sind im Leben okay, weil sie unvermeidlich sind. Man macht nie - Einen Fehler. Sondern - Fast alle. Opportunitätskosten des Lebens.

Der Nachbar wünscht Ben eine gute Reise und hofft, dass sie ihn nicht einen Kopf kürzer machen. Ben hat wenig Angst vor dem was er da hörte. Fabeln und Legenden. Engel und Teufel nach dem Bilde der Wandmalereien. Er ist sich sicher, dass Wesen die Federflügel haben und nicht in die haushaltsübliche Fritteuse passen, wohl Aberglaube der Literatur sind. Erkieseln ist die verlangte Rechenoperation zu der Zahl, die auf ein Schlüsselwort zielt, eine Summe bildet aus den verwendeten Buchstabenzahlen und dann den Eingeweihten oder Entdeckern, die Rückversicherung gestattet, den selben Kern des Textes verstanden zu haben. Wortwörtliche Aufgabenstellung. Erkieseln muss daher erst eine Hauptbotschaft im Text haben, die vom Wortwert gestützt wird, um den Schwerpunkt zu unterstreichen, ohne dessen, keine eindeutige Zuordnung der Zahl in der Literatur möglich ist, weil der Umkehrschluss zu viele andere Worte durch Buchstabenkombinationen zulässt, die die gleiche Summe des Wortes ergeben können. Ben weiß mit Kieselsteinen nicht mehr anzufangen, als ein paar davon in den Nachbargarten zu werfen, wenn sein Nachbar sein „Guten Morgen" ignoriert. Ben merkte, dass im anderen Haus nie einer zuhause ist und kann sich nicht einmal erinnern, ihn je gesehen zu haben. Mit diesem scheinbar immer leeren Haus stimmt etwas nicht.

In diesem Buch trifft sich Ben mit der mysteriösen Antike, der permanenten Gegenwart und des nie eintreffenden Endes der Zeit. Enge

Parallelen zu unseren Problemen, denen wir im 21.Jahrhundert noch begegnen und uns stark an die Vergangenheit erinnern.

Am Anfang war das Wort, so verstehe ich, war das vor der Literatur - Der besseren Methode Wissen zu teilen und zu behalten. Auch wenn das mündlich tradierte Wissen der Vergangenheit die Vorarbeit leistete und seinen Weg mit in den Text fand, wird es nicht außer Acht gelassen, sondern wird in religiöser Praxis gefordert zu konsultieren. Man könnte damit in Frage stellen wie fragil der Inhalt in der Erhaltung war, jedoch zeigt es einfach, dass die Wertschätzung groß war, es endlich sicher verwahren zu können und betont damit auch das Alter des Inhaltes, weil bereits die Schrift als uralt gilt. Kultur und Sprache wirkt sich auf das Verständnis aus und unterliegt der selben Problematik, mit denen alle Texte in Berührung kommen. Das Design - Es bildet ein Netz um den Kern eines Denkprozesses und erfordert das Verständnis des Denkers, um sich erklären zu können, wie das Verständnis des Schwerpunktes erfordert wird, um sich die Gravitation der Bausteine des Designs um den Kern erklären zu können. Einfach weil sich durch jedes Design keine einheitliche Vorstellung finden lassen kann, die bei allen Menschen identisch wäre, so ist Interpretation und Auslegung ein Bestandteil, das vor dem Buch passiert, also bei dem Leser. Der Punkt hat ein einziges Design und über jede andere (komplexere) Wahrheit wird die Perspektive zu der Wahrheit und dessen Herkunft in der Realität von einer anderen Position wahrgenommen und kann trotzdem die Bewunderung der selben Idee sein. Eine Errungenschaft der Religion ist die Verknüpfung aller Erkenntnisse mit der Einheit der Realität und findet damit wissenschaftlichen Charakter, der seiner Zeit voraus war. Die Zensur der originalen Zahl, damit auch unserer Geschichte, ist wie das zerschnittene Foto eines ehemaligen Liebespaares. Auf dem übrigen Bild ist das Verlassene oder Losgewordene. Und auf dem losgewordenen Bildstück war lebendige Liebe, die für die Geschichte des Buches und für die Welt blutete. Das Bild erzählt vom

Verlust. Das Weggeschnittene beinhaltet genauso Liebe, wie das Übrige. Und trotzdem entschied sich die Hand in der Schere diese Liebe mit zu verlieren, damit das Auge sich nicht mehr darin verlieben kann. Ein Bild der Wahrheit, das die Hand in der Schere herausfordert: Das unzensierte, nicht geschnittene, Bild ins Auge zu sehen. Erwartungen auf Null!

Wer behauptet so etwas überhaupt: 666 oder 616 sei Satans (Vor-)Name?

Uns mit Unterschieden zu begegnen, daher gleich zu sein, ist der lebendige Mensch und die lebendige Natur, die zu bewahrende und heilende Prämisse unserer Verantwortung, neben den vielen anderen weltlichen Pflichten und alleine diese Ansicht kann man der Literatur verdanken, der Tradition, das geschenkte Gute und den Lehrern der Welt. In der Literatur höchst willkommene Feststellungen, dessen Groschen Gott sei Dank eines Tages gefallen ist, sodass wir davon heute lernen dürfen:

Liebe Jeden! Liebe den Tag! Liebe das Leben!

(Weniger in der brutalen griechisch-römischen Variante der Literatur. Viel mehr in der jüdisch-christlichen Lehre.)

Was uns Menschen darüber hinaus verbindet in unseren Leben, trotz unserer Unterschiede und Gemeinsamkeiten, ist, dass wir im selben Zeitalter leben, zur selben Zeit. Also, ein Team sind. Wir leben in unterschiedlichen Niederlassungen und unsere Lehrer haben unterschiedliche Namen. Und dennoch halten sie ihre Hände, über das Selbe. Warum? Das möchte man doch hinterfragen, woher die Richtung überhaupt kommt, die sich Realität nennt?

616

30

616

586

Ich präsentiere Ihnen:

Salzwasser – 2000 Jahre Stille

von Lukas Federspiel, geboren am 06.12.1994, in Wilna, Litauen.

Kapitel 1

Die Kameras halten drauf und Herr Allesmacht macht "nur" seinen Job und erklärt, wofür wieder Sondergelder ausgeschenkt werden müssten, wenn man das Heimatland anständig verteidigen möchte und sich am besten jetzt gleich darauf vorbereitet, ihm zuhöre und ihn unterstütze, bis zum Ende. Ben ist ungeplant und überraschend in ein lokales Fernsehinterview hineingeplatzt, noch mit Einkaufstaschen in der Hand. Er wollte eine kurze Pause für seine Hände machen, damit er die schwerste Tasche nun mit der anderen Hand tragen kann und fand sich zwischen Kameras in einem Park. Karl Allesmacht, Deutschlands Außen-, Mitten-, und Innenminister, bietet ihm an, an der Runde teilzunehmen und stellt sich bei ihm vor. Ben zögert, weil jeder ihn kennt und Ben war nur hier zuhause. Ben stellt seine Einkaufstaschen ab und sich vor. Er setzt sich in dem Live-Interview als ungeplanter Gast auf der Pavillon-Bühne dazu.

Allesmacht: „Das ist. Dann die. Und wir. Also dann. Und deswegen. Ohne uns? Also bitte!"
Applaus. Zuschuss. Gesicherter Westen.
Ben: „Warum überhaupt mit Waffen?"
Applaus.
Herr Allesmacht greift in seine Westentasche, neben den ganzen Orden und Abzeichen.
Allesmacht: „Hier, bitte! Eine Erklärung."
Allesmacht reicht seine geschlossene Hand und öffnet sie lachend. Ben greift. Die Hand ist leer. Karl tippt auf seine glänzenden Abzeichen.
„Netter junger Mann", erzählt sich die Redaktion.
Laut genug, dass es sein Ohr erreicht.
„Netter junger Mann!", sagt Herr Allesmacht und zeigt mit flachen,

geöffneten Händen auf Ben, weil er dachte es wurde spontan zum Skript hinzugefügt, das laut zu wiederholen.

Moderater Applaus und Jubel. Zunehmend. Moderate Zuschüsse.

Ben: „Wir müssen ändern, was wir zu ändern nicht gewagt haben!"

Herr Allesmacht: „Wir uns ändern? Anstatt die da draußen? Pah!"

Das Hinabblicken wird immer erwartungsvoller und Ben immer kleiner.

Die Kameramänner wittern ein Spektakel und sie wissen noch nicht, in welche Richtung sich die Gunst der Zuschauer neigen wird, aber sie merken, dass etwas zu kippen droht. Wenn sie Ben lieben, dann weil die Kamera dabei ist. Und wenn sie ihn verteufeln, dann auch nur, weil die Kamera dabei ist.

Ben: „Sie warten da draußen, so dass sie, Herr Allesmacht und sie, meine sehr verehrten Zuschauerinnen und Zuschauer …"

Überraschung macht sich bei den Zuschauern breit.

„ … IMMER das Richtige machen und so in der Falle der Schlange seid, weil Menschen dafür zu keinem Fehler bereit sind und sich später dann die Optionen ausdünnen werden, weil man euch durch einen Flaschenhals hindurchzwängt, ihr es nicht mehr aussuchen könnt, wie vorher, welche Fehler ihr bevorzugt, wenn kein Fehler, keine Option ist! Fehler, den ein Kavalier aussuchen darf und ein Ausblutender übrig hat. Wir zahlen die Rechnung lieber jetzt und behalten unseren Respekt, unsere Würde und unsere Leben. Was wir jetzt lernen, überlassen wir nicht mehr ganz auf der Seite der Anderen, allen zukünftigen Anderen, die dann von euch lernen. Wenn wir alles Meinung auf unseren menschlichen Herzen in einer Truhe bewahren, die unseren Namen nicht an die Öffentlichkeit ausspuckt, aber unsere Stimme nicht vergisst und für was sie steht, dann dienen wir einander mit unserer Meinung und die Politik muss das wahrnehmen als vollwertiges Urteil. "Schere. Stein. Papier." versteht jedes Kind! Warum denn nicht auch Politik, die ausbalanciert ist, wie ein Spiel das Kinder verstehen können, damit jeder es versteht?"

Der Kamerazoom spottet ihn und das herausplatzen eines Lachens in der Redaktion, war die Kreuzigung seiner Karriere. Dann steht der Minister auf und geht ganz zur Seite. Ben blieb in dem Kamerabild ganz alleine und wusste nichts mehr.

Herr Allesmacht: „Herz gut - Waffen gut!"

Einer der Zuschauer: „Waffen besser!"

Herr Allesmacht: „Ja, natürlich! Wir sind Waffen-Bester!"

Ben: „Das sind doch schon die Symptome, oder nicht?"

Dann lachen sie alle Ben aus und die Redaktion dankt ihm für seine Anwesenheit, auch wenn jeder verstand, dass Ben nur zufällig dabei war, sich sonst mit den Stars des Fernsehens und der Medien nie trifft und an dem Tag zum ersten mal die Großen traf.

Ben: „Danke!"

Der Applaus und der Beistand an den jungen Mann ist groß bei den Anwesenden Zuschauern. Ben verlässt die Bühne. Den Mut und den Respekt hat er sich verdient. Entschieden wird aber trotzdem nicht von Ben alleine, offiziell nicht von Karl alleine, was immer gut ist - nicht damit alleine zu stehen, sondern von den drei Ministern, also doch Karl, alleine. Das wurde schnell eine Erinnerung von Ben, die ihn heimsucht. Weil er sich schämt, nicht mehr erreicht zu haben an dem Tag, als sich zu blamieren. Die Straßenbeleuchtung zischt an ihm vorbei. Er fährt schnell, ist fast alleine und tief in Gedanken. Die Zahlen auf den Schildern werden verdächtig. Überall sind die selben Symbole und Namen. Die selben Zahlen, die selben Videos und Worte. Alles ist Menschenwerk. Die Beleuchtung auf dem Straßenrand, die Zäune, die Gehwege, die Straßen: Alles wurde von Menschen gebaut und gemacht und selbst die Bäume wurden gepflanzt, wo man sie wachsen sehen wollte. Es gibt für ihn nur noch einen Weg: Nach Hause.

Eine Entschlüsselungsschablone für die Symbolik der heiligen Schriften gibt es nicht, die jedem Leser die gleiche Erkenntnis versprechen kann. Es wird immer im Herzen der Menschen bleiben sich danach zu sehnen und daher ist so eine Schablone nie brauchbar zu machen, die allen Erwartungen gerecht werden kann. Es wird immer dynamisch bleiben, wie sich das Herz in den Situationen des Lebens fühlt und zur Antwort findet. Die Musik und das Leben geht vorwärts. Auch Temperatur mischt sich und wird ein empirischer Beweis des Fortschrittes von Zeit. Fortschritt selbst, ist ein Mysterium der Wissenschaft. Wahrscheinlichkeit in Gewissheit verwandeln, heißt unüberschaubare Details miteinzukalkulieren, die in einem messbaren, sichtbaren Bereich auffallen werden, ohne an jedem einzelnen schwirrenden Teilchen eine Messung durchzuführen. Beispiel ist die Temperaturmischung. Mischt man zwei Gläser Wasser zusammen, die eine unterschiedliche Temperatur haben, so ist die Messung der Temperatur eines jedes einzelnen Teilchens nicht relevant, wenn wir nur messen können, wie warm die Gläser mit Wasser waren und wie warm die Mischung wurde. Ein Unterschied durch Zeit. In der Musik gibt es auch den Fortschritt und die Zeit bekommt eine Richtung, die wir wahrnehmen müssen. Man wird beim großen ganzen bleiben, doch an einem Fühler messen. Ben lernte wie Liebesbriefe entstanden sind und sich in Zahlen ausdrückten. Eine Zahl für seine Liebe an Wände und Mauern zu schreiben, die Zahl ihres Vornamens, ist ein Klassiker der Antike. In seinem Beruf wurden alte Schriften und Funde aufbewahrt und Ben lernt mit, ohne je ein Zertifikat dafür in den Händen zu halten. Er sah eine Zahl auf einer Säule. Er suchte nach den Buchstaben, die diesen Wert ergeben würden und suchte nach Vornamen, die sich anbieten. Und so kam er auf den Namen der Verehrten, durch die Zahl des heimlichen Verehrers, der den antiken Vandalismus beging, um seine Geliebte zu beeindrucken. Dann machte es "Klick" und er war glücklich, es gefunden zu haben. Eine kleine Notiz am Schwarzen Brett und seine Mitarbeiter haben ihm neidisch applaudiert.

Zeit vergeht relativ zu ihrer Qualität. Isopsephie, kurze Erklärung, ist bewusst eine Variable für ein Wort, dass es demjenigen unbekannt bleiben soll, an den es nicht adressiert ist, oder sich nicht darauf einlässt und kann nur mit entsprechendem Kontext mit Sicherheit zugeordnet werden. Die vermittelte Kernaussage beruht auf gegenseitiges Verständnis der Message hinter einer Zahl. Wer den Kern versteht, kann die Zahl deuten. Wer diesen Kontext nicht hat, kann mit fairen Mitteln nur durch Erraten oder Erfahren auf das Wort schließen, oder durch eigene zeitaufwendige Recherche. Und der Autor ist so lange geschützt vor Angriffen auf seine Meinungsfreiheit, solange er es für sich behalten kann und nicht ausspricht, was gemeint wurde. Ohne diesen Kontext sind generell viele Worte bewusst möglich und die Auslegung eines Werkzeuges, wie diesem, bedient sich eines einzelnen Wortes, wenn eine einzelne Zahl genannt ist. Ausnahmen gelten ;)

Damit durch die vielen Worte eines Werkes kein Chaos entsteht, ist der Fokus des Inhaltes, die Botschaft, oder Pointe, mit einem einzigen Wort verglichen, wie der Name einer verehrten Person: Eins aus dem Ganzen.

Ben liebt Geschichte und lernt sie dafür nicht von einem Display, wie die meisten, sondern aus Büchern, Scherben, Stählen, Bauten, Gravierungen und allem, was einst in der Schrift und in Bildern festgehalten wurde. Fortschrittsgeschwindigkeit ist wie Vorstellungsvermögen, minus den Ablenkungen und Routinen, geteilt durch Zeit. Etwas bremst Ben gewaltig.

Wir erfinden das Beispiel-Wort "EA";

dazu 5+1 = 6. Weil "E" = 5 und "A" = 1. Einfach? Ja.

Angenommen, "EA" wäre in irgendeiner Sprache übersetzt "Schwert", und "ABBA", wäre in selber Sprache "Soldat". Wir gehen davon aus, das wäre ein wichtiger Charakter einer fiktiven Geschichte, das dadurch dem Verständnis der Geschichte dient, weil er als Soldat handelt oder wie einer denkt und kann als Bezug zum Textverständnis wahrgenommen werden – Wenn man Absicht erkennt. Zumindest gibt es in der Vergangenheit einen

unübersehbaren Trend in der Literatur, diese Methode zu verwenden. Gar bis heute, ist die Verwendung möglich, um einen Bezug zu kreieren, weil das Alphabet ein universelle und unangreifbare Plattform bildet. Gelungen war es auch in altgriechischer Literatur, die Kernaussage mit einem Namen zu verzweigen, aber die literarische Freiheit hört bei Namen nicht auf. Gesprochene Wörter und geschriebene Wörter sind zum Verzweigen geeignet. Könige waren interessiert, sich dem Volk so zu präsentieren, dass die Steuerzahlungen der eigenen Landsleute begründbar aussahen, egal wie selbstlos seine Aufgabe dann tatsächlich wahrgenommen wurde. Wenn sie es wollten, dann mussten ihre Schreiber auf Stein meißeln, was sie sich wünschten und jeder qualitative Beitrag der Ordnungssicherung wurde dann als entrichtete Arbeit gegolten, mit dem ein König seinem Volk diene. Das war anstrengende Unterjochung, ohne sich literarisch ineinander zu verflechten, sich so zu schützen. Bessere Techniken wurden erarbeitet, um eine niedergeschriebene Kompetenz in Erinnerung der Kulturgeschichte zu bewahren. Um Philosophie mit konkreten Ideen nicht an die Menschen zu verlieren, weil die reine Wahrheit einen geringeren Marktwert hat, als eine lebendige Geschichte, die konkreten Bezug zum eigenen Leben aufbaut und sich im Werdegang so präsentiert, als müsse der Leser den letzten Stein der Pyramide selbst setzen, damit das vorgekaute Denken, persönlichen Wert bekommt und sogar verteidigt wird, als ob der Leser bei dem ersten Stein dabei gewesen war, wird sie so lieber angenommen und praktiziert. Kulturaufbau und Erhaltung wurde in Büchern gefestigt.
Es gibt Ziel und Mittel zu der Erkenntnis eines Texts. Ziel ist die Mündungsstelle der Erkenntnis. Zum Beispiel, in einem Sachtext die Kernaussage oder die meist begehrteste Information. Das Mittel ist die gerichtete Perspektive, die Schnittstelle zu einem Posten der Information, zwischen dem Leser und dem fehlenden Redner, dem Autor. Die Erkenntnis sollte unveränderbarer Kern sein, in einem minimalistischen Design einer Idee. Das Design kann viele Gestalten annehmen, um das

Zielwissen zu tradieren. In einem sachlichen Text ist das Mittel der Weg des geringsten Widerstands, um zu der Erkenntnis zu führen. Mag ja selbst in sachlichen Texten dynamisch sein, weil es einer der Wege ist, das zum selben Ziel führt. Natürlich macht die sachliche Erklärung den Charme kaputt und kann daher invertiert werden. Die Mündungsstelle wird demnach zu einem Bereich, das wieder neues Interesse schöpft, weil die Perspektive darauf gelenkt wurde, aber die Mündung überschritt. Das Thema wird dann nicht nur gelöst, sondern weist auf neue Lücken hin. Dann bleibt man nicht einfach bei der Lösung, sondern wird auf eine weitere Reise mitgenommen. Der letzte Posten muss nicht berührt werden, wenn er durch den Eigenbeitrag, der nun offensichtlichen Information, vom Leser finalisiert wird. Daher ist auch Salzwasser zu den ausschweifenden Bereichen der Bibel sehr zurückhaltend formuliert, wenn gar keine Bezüge zum Kern existieren. Das ist viel zu bunt und zu umfangreich. Wir lesen einen Namen in der Bibel und dann gibt es wieder einen Bezug woanders. Den Bezug findet man nur, wenn man alle Gesichtspunkte kennt, was oft zu viel ist. Weil da so viel verschachtelt ist, geht dieses Buch hier nur um das Notwendige und Interessante zur Zahl. Der Werdegang der Erkenntnisse beruht auf die verzweigten Informationen, aber öffnet ständig neue Fragen und auch diese brauchen Raum, um geklärt zu werden. Man fragt sich wer XY war und dann was die symbolische Zahl in nächster Nähe bedeutet und dann finden sich an anderen Stellen neue Hinweise dazu, doch an den Stellen entstehen wieder neue Fragen. Es wird ineinander verzweigt und verflochten, damit sich am besten der Text nur im gesamten liest und verstehen lässt. Nebst den Verzweigungen, war aus externen Quellen zu lesen, wie die Zahl zustande kam. Heute gibt es diverse Quellen und ein offenerer Umgang mit Informationen. Kurze, knackige und kraftvolle Argumente werden erwartet, von einer Masse die sich gerne die Themen auf dem Silbertablett liefern lässt, ohne die eigenen Gehirnfalten noch einmal zu bügeln und neu zu kneten. Die Aufnahmefähigkeit ist begrenzt

strapazierfähig und das vorausgesetzte Hintergrundwissen vorweisen zu können, fühlt sich an, wie in der eigenen Gesellschaft voll integriert zu sein. Umkehrschluss gilt auch. Heute sind Informationen genauso begehrt wie in der damaligen Zeit. Ein neuer Witz hat das Potential der beste Witz zu sein und erfordert das moderne Wissen. Einen alten Text zu lesen, der Gültigkeit nicht verloren hat, hat das Potential einer der größten Beiträge zu werden, von dem man je erfuhr. Das Medium ist nur die halbe Miete. Auch auf den Smartphones erscheinen sehr nützliche Beiträge, wo sonst die Fräuleins tanzen. Der Text muss sich zeitlos präsentieren und inhaltlich in das Gedächtnis einnisten und verteidigt werden, damit der Autor sein Werk nicht an die Kritiker verliert. Oder noch schlimmer, wenn sie sich die Zeit zum Lesen nicht nehmen. Das wird auch nicht einfacher mit der Feder und dem Papier, usw. Heutzutage scheint es normal zu werden, dass Worterklärungen und Bezüge durch einen Link verbunden sind und die Computertechnologie erlaubt uns Namen und Eigenschaften dynamisch zu verbinden und sogar wieder zu trennen, die man einst durch einen Link fusionierte. Das ist recht neu. Auch Personifikationen erlauben mehrere Eigenschaften mit einem Charakter zu verbinden und der breiten Leserschaft die Philosophie dahinter zu erklären in einem festgelegtes dann dafür bekanntes Design. Sehr ähnlich. Personifikationen wirken wie Namenserwähnungen von einem persönlich bekannten Menschen und erlauben einem viel zwischen den Zeilen zu erzählen, sodass u. U. Außenstehende die Anspielung nicht verstehen. Und umgekehrt. Je mehr zwischen den Zeilen steht, desto sicherer ist die kulturelle Verwebung. Das ist entweder Nische, wie dieses Buch hier, oder gängig und gebräuchlich, wie Texte, die einem im Leben Richtung versprechen.
Irreführend zum Teil, doch Zielführend zum Zweck. Das kann ein Design. Ein Name eines (auch fiktiven) Charakters kann besetzt werden mit Attributen, dessen Erwähnung das Auflisten aller Eigenschaften erspart. Jedoch lässt ein Autor, unter Umständen, die Interpretation bewusst

offen, um nicht alle Leser gleich zu adressieren. Und manche Texte lassen dem Leser zu, sich mit einer besonders speziellen Gruppe zu identifizieren. Und die besondere Gruppe ist bei geschickter Platzierung der Worte, die Zielgruppe und sogar die Mehrheit zugleich. Adressierungen können sich auf subtile Wege einfädeln lassen oder sich an einem intellektuellen Filter vor dem Angriff bewahren, die Kernaussage direkt vor der Nase zu verstecken und sich so zu schützen. Manchmal eben durch einen geheimen Schlüssel, wie die Zahl 666 & 616, die die Römer aus einer sonst resultierenden Anschuldigung entlastet. Sie lesen später diesen Schlüssel. Und falls man auf das gemeinte Schlüsselwort gestoßen ist, dann fehlen einem dennoch die Beweise, den Verfasser dafür zu konfrontieren. Solange es andere Wortmöglichkeiten mit dem selben Wert gibt, kann sich der Verfasser dem Angriff seiner konfrontativen Meinung entziehen, besonders wenn Ungerechtigkeiten sich sonst gegen den Autor erheben würden. Ich bin nehme daran nicht Teil, eine Rätselhafte Verschleierung der versprochenen Erkenntnis zurückzulassen, oder ein eigenes Rätsel zu hinterlassen, weil das gegen den Codex von Philosophie verstößt und ich Ihnen Aufklärung versprochen habe. Die Suche dieser Zahl wurde über Jahre hinweg meine Leidenschaft. Bis jede Bewegung in jede Richtung, sich nur noch von der Wahrheit entfernt, sich dem Thema neutral und zielführend zu nähern, so bleibt dieser Ort das Ziel. Und wenn ich darüber berichte, dann nicht, weil ich in diesem Buch mich daran selbst probierte an dieser (geschlossenen) Kette ein Glied anzufügen, oder ein neues Rätsel zu hinterlassen, sondern, weil mich die fehlende Antwort faszinierte, die sogar nach 2000 Jahren ein Rätsel blieb und es daher Bedarf gab, das Rätsel um die 666 und 616 endlich zu lösen. Die Verwendung des Wortes Lösung soll eine sich von Unklarheit distanzierende Kraft des tradierbaren Verständnisses liefern. Von der Isopsephie oder Gematrie soll die Belegbarkeit in den Vordergrund gelangen, weil das wörtlich die Anforderung war. ("ἀριθμός") Arithmos bedeutet Zahl oder

Errechnen, aber im Ursprünglichen Sinne war das Erkieseln. Und mindestens zwei andere, um den selben Kern zirkulierende, Aussagen sollten auf das selbe hindeuten, um als mögliche Lösung ernst genommen werden zu können, weil sonst zu viel Fantasie hinein purzeln kann. Tiefe und Schichten, die eine breite Leserschaft adressieren, aber dennoch Nuancen beinhalten, um dieser breiten Zielgruppe die gesuchte Lasche zu bieten, in der Form, die Figur zu erkennen. Die Bibel zeichnet sich auch dadurch aus, dass in egal welche Tiefe man vordringen kann, Sprossen zu finden sind, von denen man jeweils Erkenntnisse bergen kann. Wenn es nur die Historizität eines Ereignisses ist, das nur mit Magie funktionierte, gibt es wohl noch mehr zu finden. Auch das Knobeln kann ermöglichen Worte und Bezüge zu erkennen und zu finden, um eine durch Isopsephie verschlüsselte Nachricht zu erkieseln, auch wenn das nicht durch die Bank mit allen Begriffen funktioniert und ich das auch nicht behaupte. Mit Zeitaufwand die Hintergründe zu prüfen, kann man sich einer Lösung durch ausschließen annähern. Doch die Konkurrenz war sich so sicher, nur nach EINEM Wort zu suchen, anstatt nach den Richtigen, im richtigen Zusammenspiel. Der Zeitgeist muss mit verstanden werden. Heißt, was es zu dem Zeitpunkt noch nicht gab, muss weggestrichen werden. Entdeckungen, wie Himmelskörper und das Erfassen des mathematischen Denkens der Vergangenheit, sind elementare Romantik, um sich selbst vor Ideen zu schützen, die wir gerne für wahr halten würden, nur um nicht mit leeren Händen dazustehen. Erwartungen müssen vorher schrumpfen, wörtliche Verständnisse hinterfragt werden. Simplizität in der Moral der Geschichte bleibt im Vordergrund. Gemeint ist das Wort, dass gemeint IST, UND den selben Zahlenwert hat, um sich zu vergewissern - Isopsephie.
Etwas zu sagen und zusätzlich etwas zweites zwischen den Zeilen zu meinen gibt einem Text nicht nur die Form, sondern auch Tiefe. Der persönliche Wert zu einer Literatur steigt dadurch und macht die sonst flache Kontaktfläche zu Informationen eher zu einer tiefen, mehrdimensionalen

Vernetzung von Inhalt, Wert und Bedeutung zum Leser. Unabhängig von der Offenbarung des Johannes, sind die genannten Elemente in der Literatur die Honig-schmierenden Elemente, die den Spaß an der Aufnahme von neuer Information in Tiefenzufriedenheit verwandeln. Ein sensibles Thema zu beschreiben heißt, die Fäden der inneren Vernetzung der Leserschaft, wollen normalerweise weder berührt, noch wild wuchernd zurückgelassen werden, ohne, dass der Verursacher der Fortschritt-bringenden Veränderung in der Denkstruktur, die komfortable Ordnung wiederherstellt, die einem Sicherheit gibt, seine Welt in gesunder Fassung strukturiert gehabt zu haben. Entweder wird der Bote erschossen, wie man sprichwörtlich sagt, oder der Dialog wird so geflochten, dass sein Gegenüber das Gefühl behält, es wäre schon immer Teil des gemeinsamen Knotenpunktes, und es verändere nichts, werde nur ab jetzt besser verstanden. Eine prüfbare Methode macht die Thematik entspannt und optimistisch, von Konvertierungsversuchen frei, und sie verletzt nicht den eigenen Glauben und hat keine eigene Botschaft, die es nicht in der Welt schon gibt. Damit ist das Buch "Salzwasser - 2000 Jahre Stille" ein unzensiertes Buch, die Zahl bodenständig zu deuten und zu erklären.

Nein, es ist kein Kaiser! Das war mir zu Beginn nicht lückenlos genug gelöst. So begründen sich Manche heute, das Böse sei der römische Kaiser Nero. Mein Hauptkritikpunkt zur Beweisführung dieser Theorie war die unangebrachte Generierung von einem Extrabuchstaben "-n" (zu "Neron Caesar") und seinem plötzlich benötigtem Titel in römischer Sprache, so, damit schließlich die Summe der Buchstaben und ihrer Werte in Zahlen, durch diese Abhilfen demnach auf 666 kommen. Wohl kaum! 666 war, vor 2015, noch die einzige Zahl, für die man suchte. Die Zahl finden Sie in Ihrer Bibel. Die Anschuldigung gegen Kaiser steht etwas einsam in dem Gesamtbild der Botschaft des Christentums da und unterstreicht soweit gar nichts. Seltsam waren die belegbaren Umstände der Person Nero und die fehlende Klarheit nach der Aufnahme einer solchen schwebenden

Anschuldigung, weil es eine von vielen ist, die nichts anbietet. Die Federführung des Rätsels stellte sich als so komplex heraus, dass die zufällige Doppelbelegung eines Zahlenwertes dennoch (fast) ignoriert werden kann, weil das ganze Rätsel eloquent in mehreren Ziffern verschachtelt wurde, um auf gewisse Dinge hinzuweisen, obwohl es nur eine Möglichkeit geben kann, die Zahl zu deuten. Im vierten Jahrhundert nach Christus wurde das Christentum Staatsreligion im Römischen Reich. Zusammenhang? Die offensichtliche Schwachstelle in einer Anschuldigung hinter der Zahl liegt, neben der Sinnlosigkeit eines solchen Unterfangens, darin, dass die beschuldigte Person einen Scheiterhaufen nicht überlebt und damit der Anschuldigende in Erklärungsnot käme, warum das Böse immer noch übrig geblieben ist und nicht mit dem Beschuldigten verschwand, falls hinter der Zahl Satan persönlich vermutet wurde. Es blieb kaum einer verschont mit der Zahl assoziiert zu werden, der sich im Rampenlicht der Öffentlichkeit an Macht bereicherte. So bleibt, sucht man eine Person, nur eine Person aus der Vergangenheit, vor Johannes, übrig. Wohl keine Person die es historisch gab. Unveränderlicher, als manche Machthaber selbst. Die Gegenwart ist kurzlebig und kann in der Literatur überbrückt werden und damit kann jedes entstandene Werk einen Blick in die Zukunftsrichtung abbilden, für die Erinnerung an sie und ihre Verfügbarkeit in Literatur. Die Zukunft ist das Ziel in Literatur. Ziel der erarbeiteten Erkenntnis und ihre einzige Reichweite. Fortschritt zu der Zahl und ihr Werdegang in Verständnis und Auffassung? Hier! Eine Anschuldigung birgt Gefahren. Gerade bei Scheiter-Haufen und Co. – Das ist nämlich der gesamte Versuch, wenn man den Finger ausstreckt, um auf Personen zu strecken, sie anschuldigt eine Sagengestalt zu sein, dessen Bekämpfung notwendig sei. Die Angeklagten sind einem selbst verdächtig ähnlich. Es scheitert am Haufen Menschen, die nicht verstehen, dass sie für das Gute der Welt selbst verantwortlich sind, auch wenn selbst im Glauben, Gott beide Richtungen bereitgestellt hat, was wir nicht verstehen müssen und dennoch zum Guten führt. Die Argumentation wurde philosophisch gerne so aufgebaut, dass sich der Anti-Christ / Satan entweder im Toleranzbereich befände oder eigene Stärke besäße, die man nur Gott alleine zumutete und damit die Machtverteilung nicht durch Integrität überzeugt. Zugelassen oder gewollt fragen sich Kritiker zurecht. Diese konträre Auffassung der Kräfteverteilung darf nicht unter den Teppich gekehrt werden, auch wenn Klarheit sich in Metaphysischen Fragen nie wirklich rund erreichen lassen. Keine Schande in der Unwissenheit, wenn zumindest die Richtung angenommen wird, sich nur an den Fakten zu bedienen, die sich literarisch, wissenschaftlich und logisch begründen lassen. Und wenn Schande, ja, dann ist es nur eine zu vernachlässigend kleine Schande, die sonst im Würgegriff auf der ganzen Breite der Gesellschaft lastet, durch zu hohe Erwartungen an jeden, und damit zu vorschnellen, falschen Antwort nötigt. Ist der Teufel dann nicht symbolisches Werkzeug? Toleriert? Es gibt Bezug zu dieser Frage in 666! Eine Person ist zu real, zu greifbar. Und vor allem zu instabil zwischen Gut und Böse, um sich in der Gegenwart oder Vergangenheit als Teufel zu entpuppen und die vorausgesagten Endzeit-Szenarien komplett zu erfüllen. Neue Erkenntnisse über eine historische Person, die der Autor zu dem Schreibzeitpunkt nicht hatte, können das ganze Bild verdrehen und dem Verfasser den Plan ruinieren, sich durch unerwünschte Variablen eine trügerische Aussage zu gestatten, die zu großen Schaden führen könnte. Daher ist die Aufklärung der Persönlichkeit Nero, neben dem Image seiner Zeit, eine riskante Operation für einen Anschuldigenden, eine falsche Fährte seines Images aufzunehmen, wobei, wie gesagt, eine Anschuldigung bereits eine gefährliche Idee ist. Was, wenn die Person an einem schlechten Image litt, aber dann nachweislich gut war? Die Anschuldigung würde zerfallen und mit ihr die Literatur. Eine mathematisch elegantere Idee war die Summe der römischen Zahlensymbole zusammen zu addieren und man erhält auch 666 (I+V+X+L+C+D=666; ohne M=1000), wer auch immer das erkannte und im Internet veröffentlichte, sah etwas, das möglicherweise in die Gesamtrechnung rein zu passen schien, aber komplett alleine nicht genug Auftrieb hat, als ultimative Lösung übrig zu bleiben. Auch weil das "M" nicht geklärt ist und Details eine gravierend wichtige Rolle spielen. Auch wäre damit nicht sicher, was damit gemeint ist. Die Römer, oder ihre Mathematik, oder das römische Alphabet? Wie gesagt, sehr wahrscheinlich - ist nicht gut genug. Dennoch, das ist wohl noch am bodenständigsten und ich respektiere diese Idee und Inspiration auf meiner Gesamtsuche, am aller meisten. Dicht gefolgt, von dem altgriechischen Wort "παράδοσις" "Paradosis", das übersetzt "Tradition" und auch "Aufgeben" bedeutet und zusammen betrachtet werden kann, um für die Interpretation Sinn zu ergeben. Tradition ist das Mittel der Wahl für einen kulturellen Kompass, aber auch weil Tradition entsteht und verändert wird, ist das eine Symbiose aus dynamischen und statischen Faktoren, dessen Anordnung und Bestand sich an der Überlebensfähigkeit und Qualität messen, die beide, wenig erzielten. "Aufgeben", als vollständige Dosierung betrachtet heißt Suizid, als konkretes Wort, macht Sinn als Warnfarbe und passt dann zur gesamten Botschaft des Christentums gut dazu, jedoch ist der Kontext zu der Bibel in dem Lösungsversuch immer noch zu dünn. Das gesamte Bild wurde dann umgegraben, weil die Zahl 616 in der Offenbarung älter zu sein scheint, als die 666. Daher orientiert man sich an der Authentizität und dem Alter der Quelle und vertraut auf die richtige Wahl, weil die Veränderung von einer dreiziffrigen Zahl in Kopien, eine gewaltige Macht hat und hatte. Pendelt sich eine Lösung auf Rom ein, als Staat? Nein. Weil die Frage so gerne im Raum stand und sich auch biblisch Hintergründen lässt, geht meine Geschichte des Romans erst einmal nach Rom. Ganz zufällig kann das Land nicht vorkommen, weil Rom physisch Bestand in der Schrift und Realität hatte, was bei nicht allem so deutlich nachgewiesen werden kann. Von den Meisten kamen Namen. Jeder kann plötzlich in das Fadenkreuz geraten. Und ist es alles nur um einen

Namen zu finden? Rüdiger, Edgar, oder Xenia etc.? Nein!
Eher war es relevant zu erfahren, auf wie vielen Ziffern, zum Beispiel, die Zahl zum ersten mal vorkam? Wo kommt die Zahl noch vor? Wie klingen die Buchstaben oder die Zahl phonetisch? In welcher Sprache kam sie zuerst vor? Gibt es schon direkt einen Bezug zu der Zahl? Soll es eine historische Person sein? Wer war nochmal XY und wann lebte dieser Mensch? Welche Mathematik wurde bereits verwendet zu der Zeit? Usw.
Wo ist der Charme? Der Charme, den man wiedererkennt, wenn man die interpretationsfähige Aussage eines Textes mit den Interpretationbedürftigen Stilmitteln vergleicht, um sich am Ende sicher sein zu können, um den selben Kern des Textes zu philosophieren, wie der Autor es vorgesehen hatte?
Sollte das Buch wirklich einfach enden, wie ein Roman? Endet Liebe?
Gutes Tun, ist der Aufbau von lebensfreundlicher Besinnung und Freiheit. Gutes tun, hat seine aufstrebende Form und wird sich durch gutem Tun, erneuern und regenerieren. Im Laufe des Romans werden diese Fragen teils belletristisch berührt, geklärt oder mit Humor verworfen und nicht weiter begründet, außer wenn sie zur tatsächlichen Lösung verhalfen. Damit schaffe ich der Antwort auf die Frage der Zahl mehr Raum, den sie meiner Meinung nach auch benötigt. Wenn Sie sich in Zukunft mit dem Thema intensiver beschäftigen oder sich bereits damit auseinander gesetzt haben, dann werden Ihnen die Hinweise auffallen, die ich im Roman belebt habe.

- Zeitsprung nach vorne. Bens Rückkehr -

Als die große Reise zu Ende war, wurde Ben und seine Flamme eingeladen vor laufender Kamera über ihre Zukunft zu schwelgen und es fand sich schnell das Thema, wie sie ihr Haus designen würden, hätten sie alle Freiheiten. Sie wollten eigentlich in die Heimat zurück. Sie waren in einer Gaststätte einer Raststätte, doch nahmen sie sich nach dem Essen die Zeit für ihre Fans. Sie sind zu einem Interview eingeladen worden und haben ein Haus designt und Skizzen für die vielen Fragen des Reporters gezeichnet. Eine traumhafte Villa der späten Postmoderne.
Sie zeigten es der Welt. Sie liebten es. Mit dem Stift geboren.
Sie malten die Details vor der Kamera und vor den Augen der Welt.
Das Bett war rund und hatte Felder, wie die Zahlen auf der Uhr. Die Stimmung kann dem Partner durch das bewusste hinlegen auf dem Feld der Wahl mitgeteilt werden und die Lust auf eine Position ebenso. Auf die Stimmungsuhrzeit legt man den Kopf und bedarf keiner Worte mehr. Das Zimmer in der Mitte hatte fünf Wände und einen riesigen Bereich in der Mitte, für Wohn- und Schlafraum. Große Lobby. Das sollte der Raum werden, sagten sie, für Gäste. Auf die Frage welche Gäste das wären, sagte sie, dass keiner ausgeschlossen werden sollte, also jeder mal vorbei schauen dürfe. Und Ben hat mit dem Stift das Schloss entfernt, obwohl er Einwände hatte. Ein paar Witzbolde haben das im Internet designte Haus einfach auf ein Grundstück einer freien Wiese angefangen zu bauen. Dann kamen die Neuigkeiten: Es steht. Einfach so. Sie haben nicht einmal bemerkt, wie sie der Welt bewiesen haben, dass ein Haus für jeden machbar ist, wenn der hohe Wert nicht durch das gering gehaltene Angebot so verunstaltet wird. Dann stand das Haus, ganz wie auf dem Plan. Am selben Tag. Keiner verstand, wie das früher nicht möglich schien und keiner konnte sich einen Plan machen, wer das eigentlich bezahlt. Aber egal. Es stand jetzt schon. Mit Herz und Verstand. Mit! Beide waren baff. 1000 LKWs gingen wieder leer nach Hause. Sie machten danach einen kurzen Umweg und sahen

es mit eigenen Augen. Es schnitt einer das rote Bändchen durch und die Kameras rannten den beiden hinterher. Die Zuschauer jubeln auf der Couch mit. Ben und seine Flamme betraten das Anwesen der Villa. Dann fragte der Mann, der das rote Bändchen schnitt, wer das ganze eigentlich bezahle? Darauf meinte Ben im Scherz: „Warum? Das Haus steht doch schon?"

Er lachte auf die Antwort.

Er sagte die Worte, die jedem Tränen in die Augen rührt, der sie im Namen seiner Gemeinschaft zu hören bekommt: „Da wo du bleibst, lassen wir alle dich in Frieden und nie hungrig oder durstig, kalt oder vernachlässigt, dein Haus haben!"

Ben verbeugte sich dankend. Der Reporter fragte nach, ob es nicht Ben war, der behauptete, wir können unsere Nachnamen aufgeben und gängige Vornamen behalten, damit man nicht ungerecht behandelt werde, aber auch nicht wie eine einzigartige Nummer verarbeitet und dokumentiert werden könne. Und auch, um keine Nummer zu werden. Ben wusste, dass es stimmte und er es vorschlug. Aber jetzt wo es ihm gut geht, wollte er nicht mehr darüber philosophieren.

Er schloss die Türe. Sie und Ben hatten jetzt endlich einen angstfreien Ort für Familienplanung, Freiheit und Lebensqualität.

Mann: „Und wann sehen wir euch wieder?"

Ben, hinter der Tür: „Ähm ... Morgen?"

Sie zog ihre Bluse aus und meinte nur: „Ja, ja!"

„Morgen, heißt nie!", deutete er die Antwort, wie eine Frage.

„Ja, vielleicht heißt es genau das!", rief Ben.

„Nein, im Ernst! Da warten Leute auf ihr Geld.", meinte er darauf.

Ben schloss auf, öffnete einen kleinen Spalt und stellte einen Koffer vor die Türe. Schloss ab.

- Nun wieder zurück zum Anfang der Geschichte -

Wer nach Wertvollem sucht, wird in der Philosophie verarmen, weil einem die meisten großen Philosophen von materiellem Reichtum abraten. Anders, als ich. Ich empfehle jedem 10 Milliarden Euro, ohne mit der Wimper zu zucken, nur wegen der Freiheit Nein zu sagen. Doch was zählt wirklich? Seit Anbeginn der Menschheit sehen wir uns in der Verantwortung über Richtig und Falsch zu differenzieren. Dieses Buch ist das Medium, um meiner Erkenntnis Ausdruck zu verleihen, welche Deutung man der Zahl aus der Offenbarung des Johannes entnehmen kann. Die Zahl 666 wurde konkret benannt und sie ist bekannt in der ganzen Welt, dank der Übersetzungen der Offenbarung des Johannes aus der Bibel. Ca. 2000 Jahre später taucht eine ältere Kopie mit der Zahl 616 auf und gewann seit 2015 in der Öffentlichkeit ihre Bekanntheit. Überlegen Sie sich mal! Erst seit 2015 wissen wir von der Zahl 616, anstatt nur der 666. Eine lange Suche kommt 7 Jahre später zum Ende. Das ist mein Beitrag, durch Tatsachen-Pflücken. Kopien sind das Einzige, das wir haben. Ein Papyrus-Fetzen, das in jede Westentasche passen könnte, größentechnisch, wurde entdeckt und dann überprüft auf Authentizität. Die umliegenden Worte und Buchstaben sind mit den anderen Kopien identisch. Bis auf die Zahl. Woher kommt das? Die umliegenden Buchstaben von "Papyrus-115" kann man selbst online mit dem Text abgleichen und sieht die Zahl 616 zwischen den sonst selben Worten. Hauptsächlich vermuteten Menschen darin so etwas wie den Vornamen des Teufels und fanden in Nachbarschaft und Politik beliebige Ziele, die sie als den Teufel prangerten. Es stellte sich heraus, dass das eine kalte Fährte ist, die wahrscheinlich deswegen dafür sorgte, dass die Deutung nie gefunden wurde. Wer etwas magisches vermutet, hat den Menschen nicht verstanden, der am Schreibtisch weint. Aus Angst, Ehrfurcht und Respekt wurde sich zu dem Thema meist nicht geäußert, wenn die Mitmenschen keine Toleranz haben für andere Meinungen (siehe Mittelalter). Altes Sprichwort sagt: Die es wissen, sagen nichts, die nichts wissen, reden. Unmöglich, laut Definition, je zu sprechen, ohne sich zu blamieren. Sensible Thematik ist, wenn man den verkrampften Muskel berührt, ohne ihn dabei zu massieren. Warum steht die 666 oder die 616 am Ende? Welche Folgen wurden erwartet? Warum landet so ein Artefakt wieder in einem britischem Museum? Ende - ist der Natur wenig bekannt und selbst die Dinosaurier haben den Sporen des Lebens nie verloren, auch wenn die Welt sich dafür verändern musste und auch verändert hat, damit Leben noch weiter existieren kann, selbst wenn es wie das Ende aussieht. Mentale Anpassungsfähigkeit ist Pflicht. Es wird doch eingeladen zu Rätseln, unter der Bedingung, sich mit Verständnis und Offenheit gegenüberzustellen und es zu wagen und den Zahlenwert zu errechnen / erkieseln. Es ist also daher von besonderem Wert zu erkennen, dass es eine klare Lösung geben muss, die sich anhand der Proportionen von den gegebenen Zahlen aufbrechen lassen kann. Es gibt diese Schlüssigkeit und Sie werden es in diesem Buch zum ersten mal erfahren! Vom Begriff, kann eine Lösung und eine Interpretation nicht das selbe sein und meine Vorstellung von einem Rätsel in einem Literaturwerk zu lösen, war klar davon geprägt, dass beides parallel und in Symbiose koexistieren kann. Alle theologischen Fragen zu beantworten geht nicht und würde dem Prinzip des Glaubens auch widersprechen. Glaube und Erkenntnis schließen sich zusammen. Es wird nicht die selbe Gewissheit gefragt, die man sonst aus der Mathematik kennt, um eine Theorie zu prüfen und um den Glauben komplett mit Wissen zu ersetzen, wenn man sich erhofft Gott und Teufel damit beweisen oder widerlegen zu können. Diese Deutung ist eine religiöse Angelegenheit. Glaube und Gewissheit sind eine zu vereinende Praxis der Religion und sogar einer ihrer klarer erklärten Aufgaben. Während Gewissheit sich auszeichnet durch Lückenlosigkeit, ist die religiöse Annäherung mit jeder Lücke zufrieden, die pauschal mit Gott beantwortet werden kann und sich dabei wie eine Vertiefung der Beziehung zu Gott anfühlt, auch wenn das für das Rätsel eine Enttäuschung geworden wäre. Die Lösung muss den angeworbenen Glauben repräsentieren, egal was man selbst glaubt, und da sind ihre Berührungspunkte und Überlappungen für die erste heiße Fährte auf der Suche nach einer Lösung. Lösungsweg ist der Schlüssel zur Fusion von beidem und wie in manch anderen Rätseln des Lebens eine nachträglich aufklärende Freude. Die resultierende Interpretation wird sich von allen anderen Vorschlägen darin unterscheiden, dass flache, zufällige Lösungsmöglichkeiten durch die Wahl des Design des Textes, auf das Minimum reduziert worden waren. Signiert durch die Denkweise, Methode und Vision der Idee, wird sicher sein, dass sich die Bibel selbst empfehlen versucht. Werte in unseren Kulturen werden erst seit neuestem, fast in Echtzeit, global verglichen, seit dem das Internet immer mehr Fläche und Tiefe gewann. Es wurde mir von immer größerem Vergnügen die Persönlichkeiten der Antike und die prägenden Ereignisse kennenzulernen, um erste eigene Theorien zu der biblischen Zahl von Johannes zu formulieren. Von den konkurrierenden Meinungen zu dem Thema sah ich mich nicht einig genug und entschied einen eigenen Ansatz zu finden, der mich in größerer Zuversicht bestätigt, Verständnis darüber zu erlangen. Das hat mich fasziniert und auch gefesselt. Und ich lerne und vertraue und warte ab, weil immer viel zu lernen ist und Vertrauen goldrichtig ist. Mein Anspruch war von Beginn der selbe. Wie kann das Rätsel logisch gelöst werden, sodass der soziale und kulturelle Hintergrund keine Hürde darstellt, sondern Weisheit die Hürde bleibt? Der Bezug muss universell sein, wie heute die Einheiten der Zeit universell sind. Ein so genauer Wert, hat eine genaue Antwort.

Unbegründete Verknüpfungen von zufällig gleichen Zahlenwerten sind als Beweis zu dünn - und eine dünne Begründung ist kein Beweis. Meine Argumente für die Auflösung sollen weder Magie, noch Vorhersehung oder etwas anderes enthalten das die Objektivität gefährdet, sondern soll im beweisbaren Bereich liegen und wohl so zu verwenden sein, damit ich mich mit ihr anfreunden kann. Auf den Alltagsrhythmus der heutigen Realität transponieren und zu sortieren, welche Knotenpunkte fest sind und welche

nur wie ein Knoten aussehen, aber verschwinden wenn man an ihnen zieht, wird teil des Romans. Und in dem Buch selbst würde ich gerne betonen, ist alles nur meine Meinung. (Meinungsfreiheit = Sicherheit!)
Sogar das Risiko am Ende mit leeren Händen und ohne fluoreszierendem, magisch leuchtendem Ergebnis da zu stehen, war abzusehen, weil es ja schließlich von Religion, einer Glaubensfrage, handelt. Die Auswahl an wählbaren Religionen auf der Erde macht die Eindeutigkeit ihrer Quellen- und Herkunftsfrage nicht einfacher und es gibt mit jedem Menschen eine neue Perspektive zu dem selben Design, aber eine Realität. Die Selbe.

Angenommen, ich hätte ein Buch geschrieben, Namens "Kosten-Falle" oder "Faszination Abzocke", so würde ich es zwar verkauft bekommen, meine und Ihre Zeit verschwenden, aber die Aufmerksamkeit der Masse teuer gewinnen. Obwohl der Titel "Faszination Abzocke" fast schon wieder geil ist. Hokuspokus durfte entzaubert werden, weil es auch charmanter als meine unqualifizierte Finanzliteratur ist, doch ist die Literatur dahinter viel spannender, ist dabei vom Leben zu lernen. Das zählt!
Der belletristische Roman ist seriös gemeint, aber mit Humor gespickt, damit das Thema nicht öde wird und anstrengende Philosophie entspannt wird zwischendurch. Ich formuliere lieber eine Geschichte dazu und verpacke die Erkenntnis zusätzlich in die Seiten des Buches, damit es gelesen wird - aber auch genossen. Wenn Sie sich fragen - Warum? Dann spreche ich mit der Generation, mit der ich aufgewachsen bin. Falls Sie verstehen wollen, wie diese Generation sich zu dem Thema befasst, dann lassen Sie sich nicht verunsichern, wenn man den Charme der Magie sucht in einer wilden künstlichen Welt, ohne Zensur, Moral und Scham.
Entweder mit Charme und Humor - oder durchschnittlich.
Es ist eine Botschaft voller Hoffnung und sehr, sehr positiv, oder ich habe nicht recht. Basta! Kein Teufel, wie es den Clichés aus Filmen entspricht! Überrascht? Ich auch nicht.

Zu aller erst habe ich meine Suche kläglich dokumentiert. Dann etwas verbessert. Überarbeitet. Keine Fachliteratur mit 100 Quellenangaben auf jeder Seite, aber die Literatur erlaubt es, die mir half. Ein Roman ist das bessere Werkzeug, um einzuladen. Denken Sie an die Länder, die das nicht verstehen werden:

Die Gedanken sind frei!

Selbstverständlich bemühe ich mich nach einer leicht verständlichen und qualitativen Präsentation von meinen weiteren Ideen zur Welt.

Das musste erst in mein Leben hineinpassen. Wachsen. Entstehen.

Danke, dass Sie heute daran teilhaben!

Indirekt zeigt das Buch, hoffentlich, warum manche Interpretationen zu der Zahl hier und da fehlschlugen - Was heute noch aktuelles Thema ist. Das Buch handelt von der Reise und dem Ziel. Das dazwischen, ist Salzwasser und ist ein Philosophie-Roman mit Tiefgang und Unterhaltung. Auf der selben Suche befand sich der Protagonist Ben Goldgerber. Doch seine Anschuldigung unterscheidet sich zuerst von meiner Lösung.

Es handelt von einer fiktiven, nahen Zukunft. In einer globalen Katastrophe wird ein einzelner Mensch durch unglückliche Trugschlüsse zur Zielscheibe der eigenen Anschuldigung und Ben wird verdächtigt, der Teufel zu sein. Wie könnte man überhaupt Argumentieren, dafür oder dagegen? Indem man die Angst nimmt, Fehler zu machen, wenn man das Richtige tun möchte! Globale Überwachung und globale Pläne scheitern am Menschen. Wer sie erobern möchte, muss sie verstehen. Und das kann keiner. Der Mensch bleibt Rätsel und ungreifbar für die Unterwerfung des Bösen. Ben wird kurz vor Roms Zentrum von Ereignissen gejagt, die der Existenz eines übernatürlichen Wesens ähnelt, aber sich nur wage zeigen lässt, ohne dass es sich ganz materialisiert. Das Unsichtbare verursacht Stolpersteine. Steinchen, die auf Steinchen prallen. Steinchen, die Steine anschubsen. Ein Dämon, der diese Steinchen beobachtet und bewertet. Alle. In meiner Geschichte: Sobald der Tod eintrifft, sind seine Augen darauf gerichtet, ob der Tod durch Zufälle und durch böse Intention, ein Leben kostete. Das ist ein Dämon, der Leute in Bens Welt heimsucht. Falls die Seele des Unwürdigen heimlich die Schuld gerne auf sich genommen hätte für den bösen Unfall, dann wird der Dämon diesen einmaligen Wunsch erfüllen und dann positiv vergüten, damit sich viele Neider ein Beispiel nehmen werden. Eine dunkle Versuchung. Die Seele des Unheil-Wünschenden wird als Konsequenz im Leben mit übernatürlichem Glück und viel schwarzer Magie bereichert. Das Leben wird zum Luxus durch die schwarze Magie. Ein teurer Tausch. Der Dämon ist alt und die Unsterblichkeit hat der Teufel dem Dämon selbst befohlen, auch wenn er dieses Wort nicht halten kann. Er darf nicht sterben, so musste er sein, damit er immer beobachten kann. Eine globale Katastrophe zwingt Ben seine Ziele neu zu formulieren und seine Fähigkeit zu nutzen, an etwas zu glauben das absolut keinen Sinn ergibt, aber mindestens an Gott und sich glauben, erfordert. Aberglaube für bare Münze nehmen, oder an einem realen Fluch sterben? Das muss Ben entscheiden, aber erst verstehen. Er verfolgt die Geschichte einer fiktiven und legendären Kultur, die man für erloschen hielt. Sein Job, quasi. Einnahmequelle. Und der Ort der Legende? Perfekte Gesellschaft. Utopia. Kurz auf der Weltkarte. Verschwunden. Aufgetaucht. Wieder verschwunden. An mehreren Orten. Die selbe Stadt, selbe Kultur, selbe Menschen. Ein paar Jahrhunderte später wieder alles beim Alten. Wörtlich. Selbe Charaktere erscheinen in Beschreibungen, doch die Besucher waren aus ganz verschiedenen Zeiten. Seine Prioritäten gehen verloren, als sein Job gefährdet wurde, wegen dem Interview und seiner Leistung. Aufgehalten von Menschen, die die Wahrheit für zu gefährlich halten, als das einer sie aussprechen dürfe. Abgehört von Anfang an und kritisiert bis zum Ende. Begleitet von Menschen, die wissen wollen, wie viel Macht tatsächlich für Versuchung notwendig ist, um schwach zu werden, wenn man selbst der eigene Feind und Freund wird. Eine Gesellschaft, die sich zu amputieren bereit ist, um sich zu retten,

anstatt die Entzündung zu verstehen und dann zu heilen. Ben findet heraus, wie ausweglos es sich anfühlt, wenn man als Teufel bezichtigt wird, während das Böse sich fast offensichtlich um ihn schart und er nicht der Knoten ist, sondern nur der Nagel über dem Gemälde, um den sich das Böse wickelte. Soweit, einen Einblick in die Geschichte.
Wohl gemerkt, dieses Buch hätte mir gefallen und einiges an Zeit gespart, wenn ich es einfach, wie Sie, im Buchhandel hätte kaufen können, aber nie so viel Freude bereitet, wie es selbst zu schreiben. Meine größte Hürde ist für genug Auftrieb zu sorgen, dass die Seriosität meiner Suche sich von den üblichen Verschwörungstheoretikern distanzieren kann. Es ist eine Nische. Kapitel 7!
Darf ich Ihnen meine Meinung dazu anbieten? Mir egal, da ist sie!
Das Böse ist nur die Wahrnehmung eines "begrenzten Geistes" / Lebewesens.

Böses = Die konstante Veränderung * (Fortschritt - Zeit)

Fortschritt, weil Lernen irreversibel ist.
Der Hydra die Köpfe abzuschlagen, so zu sagen, ohne den Todesstoß erreichen zu können, weil das Gottes Beitrag werde, erzeugt eine Richtung, die Vorarbeit leisten zu wollen - Religion.
Wir können also den Fortschritt nicht verhindern, sondern sollen uns an ihm bedienen - Lieben, Lernen und Lehren! (Darin liegt Fortschritt!)

Mein Ziel ist es, die Übersetzung dieses Buches mindestens auf Englisch zu realisieren und später einen Film aus der Geschichte zu machen. Es geht vielen wohl ähnlich, wenn wir uns in der modernen Welt über Religion unterhalten. Die Gruppen sind eher am Rand verteilt und jedes Thema ist stark gespalten. Die einen wollen davon nichts hören. Die anderen brauchen ihren gegenseitigen Zuspruch. Die Mitte jedoch, dahin möchte ich zielen, ist die Gruppe, die die Philosophie dahinter schätzt, um sich zu

verbessern. Die Isolation der Elemente in den Texten haben weltlichen Charme und daher sind mir die Randgruppen eher unangenehme Gesprächspartner. Ich finde Kritik und Glaube passen unter den selben Hut. In meiner Schulzeit wurde römische Mythologie unterrichtet und der Faden zu der griechischen Mythologie erklärt. Die Adaption wurde wohl nicht besonders geschätzt, im Vergleich zu den alten Kulturen, die aus eigener Kraft Literatur hervorbringen konnten, die sich an Menschlichkeit und Nächstenliebe orientiert. Die Bereitschaft der Aufnahme von Qualitätsliteratur in die eigene Kultur wurde dann doch genutzt, um die jüdischen Texte in Mitteleuropa zu etablieren. Es wurde keine demütigende Kritik geäußert, wie sie später in Kapitel 7 und 8 lesen werden, sondern das wenige Menschenfreundliche in römisch-griechischer Religion dennoch gelobt und damit angeregt dem Vorhandenen und wertvollsten Bereich mehr Beachtung zu schenken. Die Römer hätten die Kritik zur Gewalt im nahen Osten nicht beachtet, weil die Glaubensfrage mit dem Schwert gefochten worden wäre. Wenn der jüdische Gott prinzipiell die Römer verachten würde, warum sollten sie dann existieren? Und dann noch mit so einer militärischen Stärke? Den Olymp hat die Literatur zum Berg der Götter gemacht, klar, zuhause vor der Haustür der Autoren. Andere Berge, andere Götter. Manchmal muss man einfach Tacheles reden!
Einen Bereich der Kultur besonders zu loben, ermutigt diesen Bereich zu vertiefen und zu erweitern. Das fällt besonders ins Gewicht, weil unter Kulturen sonst oft eine unausgesprochene Konkurrenz herrscht.

Ben untersucht eine verschwundene Zivilisation anhand von den wenigen Zeugenberichten und Verträge, die die Zeit überdauerten. Er muss raten, damit er nicht stehen bleibt. Wenn sie einfach nie gefunden worden wären, wäre das keine besonders spektakuläre Angelegenheit. Er nahm erst an, das Dorf sei nicht untergegangen, sondern weitergereist, wie ein Nomadendorf. Dann kamen die Fakten durch Handelspapiere und Vereinbarungen. Jede

Transaktion sei einmalig gemacht worden und es sei nicht gestattet, den Ort ein zweites mal aufzusuchen, oder man sei damit bestraft worden, ihre Wüste nicht mehr zu finden. Im Vergleich zur Freundlichkeit und der Weltoffenheit ist dieses Gesetz absurd. Keine Sklaven, keine Landbesitzer, keine rechtlichen Unterschiede zwischen Mann und Frau. Sie schienen im Denken und im Handeln mehrere Tausend Jahre in der Zeit voraus zu sein. Eine verlorene Schriftrolle war ein überraschend wichtiger Teil der Kultur. Fast alle Verträge und Handelsnachweise überliefern die Suche nach der Schriftrolle. Am Ende der Dokumente besagt eine Prophezeiung, dass sie immer wieder kehren werde und unverzüglich zum König gebracht werden müsse. Der König habe keine wichtigere Aufgabe, als die Schriftrolle zu empfangen. Daher steht am Ende der Transaktionspapiere, die Schriftrolle möge seinen Platz wieder bei ihm finden. Sie darf unter keinen Umständen dem Dieb gegeben werden, sondern der Liebe. Ende des Vertrages - Jeden Vertrages.
Der Vertrag wurde dann kopiert und an die Fremden ausgehändigt, die den Weg in das Dorf einmal fanden und etwas daraus mitnehmen wollten. Natürlich haben die Besucher es probiert den Ort wiederzufinden und von Zuhause Schriftrollen mitgenommen, von denen sie sich erhofft haben ihre Dankbarkeit zu erkaufen. Sie haben den Ort nicht einmal wiedergefunden. Keine Spur. In Luft aufgelöst. Sie schrieben ihren Frust auf und haben sogar Armeen entsendet, weil sie den Spott ihrer eigenen Leute nicht ertragen konnten. Niemand fand zurück. Die Verträge wurden signiert mit Siegel und mit den Namen der Zeugen. Immer. Die. Selben. Leute. Mehrere Jahrtausende wurden die selben Charaktere beschrieben und sogar Kopfgelder verhängt. Die Länder, aus denen die Besucher kamen, bewahrten die Nachweise auf und Ben hatte das Glück mehrere vergleichen zu können. Die Besucher lebten zeitlich mehr als 1200 Jahre voneinander entfernt. Unerklärlich. Bens Kollegen beachteten diese Schriften nicht besonders. Reiste die Stadt in der Zeit? Waren sie unsterblich? Die Zeugen

beschreiben einen Tempel für den Himmel und für die Erde. Und gleichzeitig ist der Tempel der Ort, an dem Salzwasser und Süßwasser geheiratet haben. Eine Gemeinsamkeit war, dass die Besucher ihre Technologien und deren Lebensweise unterschätzten, so besagen ihre Memoiren, dass sie von der Simplizität der Lebensweise, ihre Erwartungen dementsprechend herunterschraubten, aber dann doch zum Gegenteil überzeugt wurden. Bescheidenes Leben, doch fortschrittliche Technologien. Das wurde Ben schnell klar, dass er mit dieser Information vor seinen Kollegen nicht hausieren kann. Er glaubt nicht an Magie. Aber wenn es auf der Welt eine Methode geben sollte, das empirisch auf die Probe zu stellen, dann dort. Nur dort. Der letzte Ort, der gelebten Wortträume. In der Philosophie ergründet man die Magie nicht. Sondern im Herzen. Das musste raus. Das musste gesagt werden. Puh!
Aber was genau will Ben beim Vatikan verpetzen?
Sein Boss hat erfahren, dass Ben einen internationalen Haftbefehl an seinem Kragen kleben hat. Er ruft ihn an. Mailbox.
Bens Boss, auf die Mailbox: „Ich habe erfahren … naja, du weißt schon! Die ganze Sache stinkt gewaltig! Lass dich nicht erwischen, Junge! Die suchen dich! Sie sagen … ach, vergiss es! Menschen, die die Wahrheit aussprechen, haben Feinde. Also gib nicht auf, Ben! Sie wollen dich mundtot sehen, oder? Hast du irgendetwas gefunden? Was auch immer das ist, veröffentliche es und lass es Wahrheit regnen! Ich habe schon gesehen, wie deine Kollegen dich behandelten! Sie haben immer probiert dich herunterzuziehen. Entschuldigung, dass ich das so sage! Ich hätte mehr dagegen tun können. Du stehst alleine mit der Wahrheit. Du hast nie reingepasst und hast dich auch nie verbogen, um irgendwo reinzupassen. Deswegen haben sie dich nie gemocht. Aber immer respektiert. Scheiße, sogar gefürchtet! Hast du den ganz Großen ans Bein gepinkelt? Geil! Wenn du das hörst, Ben, dann sollst du wissen, dass ich den Scheiß nicht glaube, der in den Nachrichten kommt. Wenn du irgendetwas brauchst, dann

können wir uns treffen, wenn du wieder in Freiheit bist! Warte mal, die hören das bestimmt ab! Okay. Also, pass auf! Wir machen den Treffpunkt aus! So, dass wenn sie dein Handy abhören, nicht zu uns finden. Wenn ich bei deinem Bewerbungsgespräch eine rote Jacke getragen habe, dann hinterlasse eine Notiz mit deinem Wunschort, da wo wir uns, ab und an, zur Mittagspause treffen! Wenn ich beim Bewerbungsgespräch eine schwarze Jacke getragen habe, dann hinterlasse eine Notiz mit deinem Wunschtreffpunkt, unter der Mülltonne, in der selben Straße, wo ich dir erzählt habe, wo meine Frau und ich uns kennengelernt haben! Wenn ich beim Bewerbungsgespräch eine weiße Jacke getragen habe, dann hinterlasse die Notiz draußen, vor meinem Bürofenster! Ähm. Okay.
Wenn wir … bei deinem letzten Arbeitstag zusammen Mittag gegessen haben, dann hinterlasse die Notiz um Mitternacht, sonst Mittags! Wenn wir nicht zusammen gegessen haben, dann folge meinen Notizen und hinterlasse keine wahren Notizen! Wenn du meine Frau mehr als drei mal gesehen hast, dann hinterlasse deinen Wunschtreffpunkt da, wo du sie zum ersten mal gesehen hast, bloß im Blumenkübel! Wenn wir zum Thema des Innendesigns des Arbeitsplatz der selben Meinung waren, dann hinterlasse eine Notiz da, wo wir aus der Dose ein Fußball gemacht haben und sie hin und her gekickt haben! Ich verteile dann selbst die Notizen überall, damit sie nicht zurückverfolgen können, welche von dir sind und welche von mir. Und wenn du schon da bist, dann unterschreibe noch bitte die Wartungsliste! Da fehlen noch ein paar Unterschriften. Habe aber gesehen, dass du dich darum gekümmert hast. Hoffe, das war nicht zu verwirrend! Mach's gut Ben! Pass auf dich auf, Junge! Lass dich nicht erwischen! Die versuchen dir da was in die Schuhe zu schieben. Habe das gleich durchschaut. Das stinkt bis zum Himmel! Also, wie gesagt, pass auf dich auf! Und lass meine Pflanze heil, hehe!"
Tränen kommen. Er schluchzt und sucht passende Worte für seine Gefühle und für den Schluss der ermutigenden Nachricht.

„Ich erinnere mich, was du zu unserer Mitarbeiterin gesagt hast, als sie so bitterlich geweint hat bei der Arbeit. Wie war das? Weinen heißt, für einen Augenblick lang, sich selbst nicht Freund zu sein, bis man sich für seine Visionen verzeiht."

Er weint. Dann legt er auf. Ben wird die Nachricht nie hören.

Es gab für die 666 viele Anschuldigungen gegen reale Personen, die natürlich alle nicht der Teufel waren und dennoch verteufelt wurden. Ben sah sich genötigt der Welt zu berichten, dass er Grund zur Annahme hat, dass sich die Tierwelt erhebt. Er sprach mit einem Papagei, der im Nachbarhaus von Ben zuhause war und einen Schlupfloch fand, aus dem sonst unbewohnten Haus zu entkommen. Der Papagei hörte den ganzen Tag Menschenstimmen und eignete sich seinen eigenen Wortschatz an.

Tage zuvor, sagte Ben zu dem entkommenen Tier: „Brauchste Wasser?"

Papagei: „Brauche Wasser!"

Ben hatte Fragen. Er kann sich bis zum Ende nicht erklären, warum gerade er die Fahndungs-Aufmerksamkeit bekommen hat. Sollte nicht lieber ein Exorzist an die Arbeit, um den Papagei zu neutralisieren? Ben hat sich auf dem Weg nach Rom bereits einen Plan geschmiedet, weiß aber nicht, wie praktikabel sich der Plan herausstellen würde. Er dachte an Folgendes: Ein Team von etwa 40 bis 50 Priester werde benötigt. Team A umstellt den Haupteingang des Hauses und umstellt die Türen und Fenster um das Haus. Team B kommt von oben, um den Kamin und den Luftweg abzusichern. Netze aus einbalsamiertem, gesegnetem Garn soll die Luftwege abschneiden. Team C ist für den Untergrund, also selbst die Abwasserleitungen und die Kanalisation soll umstellt und gesichert werden. Weihwasser in die Wasserzufuhr, dann der Zugriff. Um den Überraschungsmoment voll auszuschöpfen, benötigen sie die wichtigsten aller wichtigsten drei Faktoren, ohne die sich kein Erfolgreicher Zugriff bewähren könnte, das A und das O, das Alpha und das Omega: Überraschung, Momentum und noch

irgendwas anderes. Weihrauchgranaten, um den Raum auszuräuchern und die Sicht zu verdecken. Schnelles Eindringen. Papagei einfangen. Verhören. Verbrennen. Oder Konvertieren. Einfach!
Ben wusste aber auch, dass man Vögeln keine Verantwortung geben kann, so wie wir Menschen einander geben können. Also vielleicht einfach verbrennen. Seine Zeitgenossen verstehen nicht, dass der Anspruch jedoch auf Vollständigkeit, Professionalität und der trügerischen ersten Fährte des Rätsels, des Teufels Vornamen zu entdecken, dazu bewegte, den Zeigefinger auszustrecken und sich denen anzuschließen, die behaupten sie seien in der Lage das Böse zu identifizieren und dabei scheitern, sei der Zeigefinger auf einen spezifischen Menschen gerichtet. Hat Ben wirklich vor, einen Nachschwätzer für alle Probleme der Welt zu designieren? Oder möchte er die letzte, aller letzten, Anschuldigungen veranlassen, damit Menschen einander nicht mehr dem Henker aushändigen?
Ja – Deswegen!

Das Paradoxon der unaufhaltsamen Kraft und des unbeweglichen Objektes: Angenommen, das Objekt wäre das kleinste und größte Objekt überhaupt. Die Kraft und das Objekt wäre beides gleichzeitig, wäre das auch noch das einzige Objekt im Weltall. Es kann sich selbst nicht durchdringen oder aufhalten. Sobald dieses Objekt wiederum Bewegung haben müsste, so könnte es sich rotieren und bliebe den Modell-Anforderungen treu.

„Trink dein Bier leer, sonst wird es kalt!"
Wegen diesem klassischen Abschieds-Satz muss Ben schmunzeln, als der Verkäufer es ihm überreicht und ihm gleich eine Flasche für die Fahrt öffnet. Seine Reise wird eine lange Fahrt. Er schmeißt die Dosen auf die Rückbank, denn er weiß er würde das Fahrzeug wegschmeißen, nachdem es leer wird. Rostkarre! Wenn man die Türe zuschlägt, geht die Beifahrertür auf. Wenn man die Tür dann zuschlägt, geht der Kofferraum auf. Wenn man

den zuschlägt, fällt der Auspuff herunter. Wenn man den Auspuff wieder rein schiebt, fällt das Kennzeichen immer von der Halterung. Er hat seinen Job so satt. Davon überlebt man. Mehr aber nicht.
Ehrenkäsigkeit ist eine Drossel.
Was Ben nervt und warum er alles liegen lässt, um dort anzufangen: Ein Problem für alle zu lösen, löst es für einen selbst gleich mit. Ben hofft, dass die Leute respektieren was er da vor hat, aber hat wenig Vertrauen darin, dass sie ihn am Leben lassen, oder sogar verstehen und unterstützen. Wenn es ein Wesen gibt, das man verpetzen könnte, einen Bösewicht, dann jeder sich selbst, oder niemanden. Wenn der Teufel käme, angenommen alles wäre wörtlich wahr, wie in Hollywood oder auf Wandmalereien, dann hat Ben wohl ins Klo gegriffen, besonders wenn der Name am Ende doch in der Offenbarung war und dann so out-of-touch, wie zum Beispiel "Klemens" oder "Jürgen" hieße. Wo auch immer der Vorteil darin läge? Da saß er mehrere Nächte am Fenster und sah dem Papagei zu, sich einen Weg in die Freiheit zu bahnen. Der Papagei kroch aus dem kaputten Putz von der Wand aus einem Loch eines zerbissenen Ziegelsteins. Auf seiner Jagd nach spannender Geschichte aus dem Museum, fällt ihm auf, dass zwar jeder weiß, dass sich Ereignisse zu wiederholen scheinen, doch kaum einer darauf hinweist, dass es eine Zeitregel gibt. Die Regel ist, dass der früheste Zeitpunkt einen gelungenen Plot in der Zukunft zu wiederholen, um seine Position zu verbessern, nur Techniken abschauen kann, die länger als die maximale Lebenszeit eines Menschen in der Vergangenheit zurückliegen, weil es sonst viel zu offensichtlich ist und durchschaut wird. Menschen laufen im Kreis. Taktik studieren. Siegen. Über wen? Waffen senden bedeutet wohl auch, dass sie gegen einen selbst gerichtet werden können. Die Idee wird kopiert und verbessert. Schlimm bis dahin, ohnehin. Dann ist da ein Konflikt am zündeln und es wird wie vor 120 Jahren angegriffen. Mal eine Sabotage, mal eine Bombe, mal gegen die Masse, immer heimlich, zirkulieren sie in dem Kreislauf und formen

sich nach Reichtum und Einfluss, den man kaufen kann. Was ist zum Beispiel 120 Jahre her? Was ist alt genug um in den Köpfen vergessen worden zu sein? Diese Frage wird von der Politik in aller Heimlichkeit genossen, erforscht und dann verwendet. Die Vergessenheit der Geschichte ist die Verwundbarkeit der Zukunft. Wir sind abgelenkt. Beschäftigt. Träge. Dann passiert wieder etwas schreckliches auf der Welt und die Reaktion ist praktisch schon vorbereitet. Inszeniert. Und am Ende tragen die Kleinen die Katastrophe als Beinkette. Wir drehen uns im Kreis. Wir erlauben einander uns übereinander zu stellen, anstatt nebeneinander zu heilen. Wir haben doch in der Bibel gelesen, dass Menschen der Sklaverei entkommen sind aus Ägypten. Es gibt keine Gewissheit für eine Völkerwanderung zu der Zeit. Schwerpunkt verfehlt! Es gibt aber einen Beweis aus Ägypten, den niemand einfach verwischen oder abstreiten kann: Die Pyramiden (Ich weiß, ich weiß!), wegen der symbolischen Form einer pyramidenförmigen Hierarchie. Wir brauchen keine Sklaverei, die aufgebaut ist, wie eine Pyramide. Das Universum ist rund. Die Erde ist Rund. Der Tisch an dem alle Menschen sitzen, soll rund sein! Die Gleichheit der Menschen ist ein viel zu häufig angegriffener Aspekt der Menschenrechte und es soll daran erinnert werden, dass zwar die mathematische und architektonische Leistung in der Pyramide futuristisch ist, aber herzlos, weil es niemandem hilft, außer dem Ego und der Ehrenkäsigkeit. Verglichen mit der (vorbildlichen) jüdischen Tradition war keine Menschen-liebende Philosophie bei dem Bau. Innerhalb der Zeitspanne von einer Generation, die 40 Jahre Wanderung in der Wüste, käme die Änderung. Wenigstens macht das Mut, dass wir alle in der Lage sind zu verändern, was wir müssen. Und das in einer Generation. Niemand kann behaupten, man müsse alles wörtlich nehmen in der heiligen Schrift der Bibel. Es war eine Warnung. Lasst euch nicht versklaven! Die Pyramiden kann niemand abtragen, denn sie sind viel zu groß und viel zu schwer. Eine Referenz, Symbolik, von der man ausgehen kann, dass sie die Zeit überdauert und dem Leser immer bekannt sein wird.

Das war, meiner Meinung nach, was gemeint wurde und deswegen ist Ägypten im Text. Pyramiden, Volkszählung und Massenüberwachung - ein Omen?
Aber warum denn ausgerechnet das Böse finden?
Der Durcheinanderwerfer, laut dem Altgriechischen.
Der Anschuldiger, laut jüdischer Tradition. Eine Mischung aus dem Urteil des Verschuldens und des unterlassenen Guten. Ben hat nicht nur Angst vor dem Bösen und will sich nicht nur vor der Angst schützen, sondern sich mit der Hilfe von allen stärker schützen, die sich zusammen stärker schützen können.
Gefahr ist wenn Essen knapp ist. Oder wenn Leute zu den Waffen greifen, Krankheiten wuchern und künstliche Heterogenität in der Menschheit suggeriert werden. Seit je und immer. Das sind die offensichtlichen Probleme. Darüber hinaus werden eines Tages Probleme erscheinen, so fürchtet Ben, komme hinzu, dass aus dem Weltall irgendwann jemand neugierig wird, was wir hier machen. So, oder so. Wir müssen aufeinander aufpassen. Dann wurde das Essen teuer, die Leute griffen nach Waffen und Ben pustet in die Seifenblase, wie die Alten. Stellt noch einmal die selben Fragen aus seiner Perspektive, die keine Magie erfordert, sondern Philosophie. Und dann liest man am allermeisten über das Gute und das Wahre. Weil es einlädt, nicht einsaugt. Es lässt zu. Es presst nicht durch den Flaschenhals. Und weil es geteilt werden kann, ist Wahrheit und Liebe eine Freundschaft, die man nicht trennen darf. Einen Nugget Wahrheit finden. Selbst finden. Das ist Ehre. Die anderen Nuggets der Wahrheit zu respektieren ist Vertrauen. Und Vertrauen ist der Liebe, eine sehr große Ehre.
Und es sind manchmal enttäuschende Antworten dabei, wie die Reflexe der bildenden Erleuchtung, die zur Reaktion führen, manchmal auch wehtun, egal ob man sie zum Test oder zum Ziel überschreitet.
Das Formlose, das Dunkle: Berührt.
Ben sieht den Stau anbahnen, weil die Rückleuchten der Autos von blau zu

rot wechseln, weil es damit anzeigt, wie schnell das Vorderauto fährt.
Sein Smartphone klingelt, trotz Flugzeugmodus.

Ben: „Ja?"

Mann am Telefon: „Wir haben ein paar Fragen über die Telekommunikationstechnologie in ihrem Schuhschrank, Herr Goldgerber. Hören sie damit etwa den Polizeifunk ab?"

Ben ist überrascht, dass sie bei ihm Zuhause eingedrungen sind.

Ben: „Sie meinen unsere Wohnung? Mein Zimmer? Mit wem spreche ich?"

Mann am Telefon: „Ihr Strombedarf war 20.000% höher als letzten Monat. Sie haben eine Nachricht gesendet."

Ben legt auf.

„Immer die gleichen! Ich kann mein Stromanbieter selbst wählen!", sagt er sich genervt.

Er stellt das Entsperrmuster seines Handys auf Signatur um, statt einfach einem Pin oder einem Muster.

Selber Mann: „Wir hören sie übrigens noch!"

Ben glotzt auf das Display und sucht die rote Taste. Gibt es nicht mehr.

Ben: „Was ist dein Problem, Mann?"

Mann am Telefon: „Das Problem ist, sie haben eine Antwort auf die Nachricht bekommen und es ist keine Sprache, die wir kennen oder verstehen und das Signal ist global messbar und kommt von ihrem Zuhause. Was ist das? Wir haben Anrufe vom Verteidigungsministerium bekommen. Die Luftwaffe ist in höchster Alarmbereitschaft. Sie sagen, ein Signal wurde von ihrem Haus gesendet. Das Signal war sogar von unseren Satelliten messbar."

Ben: „Moment? Was? Wer sind sie?"

„Der Mann, der ihnen den Arsch rettet, wenn sie die Wahrheit rausrücken! Weil niemand, ich inklusive, ihnen zutraut so eine Technologie zu besitzen mit einer solch enormen Reichweite! Was ist passiert? Wenn sie etwas darüber wissen, dann ist JETZT der richtige Zeitpunkt es zuzugeben,

Herr Goldgerber!"

Ben: „Sie meinen, meinen … ?"

Mann am Telefon: „Ihren … ?"

Ben: „Meinen …"

Mann am Telefon: „Ihren … was?"

Ben: „Der Kater … die Tastatur!"

Mann: „Was ist der Kater? Wie hoch ist die Reichweite von Kater? Was für eine Frequenz verwendet es? Wie schalten wir es ab?"

Ben: „Ein Vierbeiner. Bis zur Futterschüssel. Ein tiefes Brummen. Bauch Kraulen!"

Mann am Telefon, panisch: „Was?"

Ben: „Scheiße, die Katzentüre! Die Klappe? War die wieder offen?"

Mann am Telefon: „Die … Klappe? … War offen? Ein Programm? Was?"

Ben: „Oh … Scheiße!"

Mann am Telefon: „Oh Scheiße!"

Kater: „Miau!"

Aliens: „A ⁚Ⱨ ʃcⱧ∈ıẞ℥ A"

Pseudo-Genealogie-Experten von Fabelwesen, Engeln, Dämonen haben alles wörtlich genommen und flattern zu viel außerhalb der Kernliteratur. Und selbst wenn alle Wesen Katalogisiert wurden, die Federflügel haben und nicht in die haushaltsübliche Fritteuse passen, dann ist damit auch niemandem geholfen, wenn man nicht schlauer wurde, wie man sich selbst verbessern kann. Knotenpunkte eines großen Netzes.

Um da den Stand zu bewahren, muss man erkennen, dass Bereiche nur Bereiche sind, alle Bereiche das Gesamtwerk ausmachen, das höher zielt, als man beim ersten Blick zu entdecken vermag. Die Priorität muss das Gesamte bleiben, sowie das Wohl der Gesamtheit Priorität haben muss. In meinem Buch spreche ich manchmal von Gelegenheit, als Magie. In der Realität hat die Gelegenheit einer Situation den Charakter des

Unvorhersehbaren und verbindet Chance und Entscheidung. In der Literatur jedoch ist sie ein Element, um das emporzuheben, was sich nicht anders sagen lässt, damit der Schwerpunkt nicht verloren geht in den Details oder den Limitationen des Alltags und der Sprache.
Man soll ja nicht die Magie daraus lernen können, sonst müsse man sie erst finden oder erfinden. Wie auch? Sonst wäre es Technologie. Außer, es wären synthetische Klänge im Rhythmus zum Tanzen, dann wäre es Techno. Nein, denn wir vergessen sonst, warum das Design verlangt, dass gewisse Eckpunkte gegeben sind, die Herkunft im wissenschaftlichen Sinne irrelevant ist und lieber durch einen Zauber nicht wiederholbar scheint, nicht möglich ist, aber im Buch, dann wiederum doch Aussagekräftig ist.

Ben spült sich die Zahnpasta mit Bier aus dem Mund und spuckt die Zahnbürste im selben Zug mit aus.
Ben, murmelt: „Wer die Vitrinen putzt, sieht durch das Glas hindurch!"
Er hält an einem Autobahnparkplatz an, neben einem älteren Herrn, der den Reifendruck seines Motorrollers prüft. Er kurbelt seine Scheibe herunter. Die Fällt durch das Kurbeln hinab in den Türrahmen. Die Beifahrertür geht auf. Der Auspuff fällt auf die Straße und das Kennzeichen verliert eine Schraube und baumelt. Der Kfz-Mechaniker blickt auf.
Ben: „Tauschen wir?"
Ben spricht wie ein Journalist vor sich her: „Zwischen meinem Kraftfahrzeug und meinem fernen Zielort Rom, wusste ich - am besten gleich einen Experten zu konsultieren. Ich muss nach Rom!"
Der verwirrte Kfz-Mechaniker: „Ja … also dafür kann man durchaus ein Kraftfahrzeug verwenden. Für so etwas gibt es die! Was starrst du so?"
Ben verlässt die Kfz-Werkstatt mit 200 Euro weniger und reist Richtung Süden.
Herzlich willkommen, Reisender des Lebens!
„Oh! Das kann ja spannend werden", denkt sich der Mond, lehnt sich zurück

und segnet den Abendhimmel. Die Erde wälzt sich im Halbschlaf.
Sonnennachbarschaft und keine ruhige Minute mehr.

Die Welt ist chaotisch und sie will das so. Räumt sich selber auf.
Beobachten. Lernen. So ganz verstehen kann das keiner, aber alles lebt.
Alles ist in einem Kreislauf verbunden. Und darin sind wieder Kreisläufe.
Größe und Dimension spielt eine kleine Rolle. Röhren mit Polarität.
Qualität. Ausrichtung. Darum geht es bei Information und im Leben.
- Evolution. Wir kommen aus dem Wasser und rufen kurz darauf:
„SOLL AN HABEN! SOLL AN HABEN!" -
Diese Zusammenfassung des Universums belebt den Geist wie ein
Energiedrink beim Einschlafen in einer fiktiven Werbung ohne Produkt oder
Leistung und spart Millionen von Jahren an Details und liefert absolut
keine Erkenntnisse, aber dafür in wenigen Minuten. Realitäts-Sparmodus!
Es wird nicht Ziel sein können alles zu ergründen, sondern dieses Buch
liefert die Bedeutung der Zahl aus der Offenbarung und Philosophie für
die Zukunft. Es ist schwer Meinungen herauszuhalten, besonders als Autor,
sonst wären wir alle Physiker mit ausschließlich Zahlen und Operatoren
für die Alltagssprache. Romantisch, oder? Da ich zu einem einleitendem
Entstehungsgeschichten-Schreiben keinen Bedarf sehe, aber einen Anfang
meiner Geschichte brauche, vertraue ich auf eine, ohne den Anspruch auf
Qualität: Indem wir, wie das Universum, keinen Anfang brauchen. Doch ist
Inspiration intellektuelles Einkommen. Inspiration gab es schon von der
gegebenen, geschenkten Welt. In dieser Geschichte ist es seine
Lebensgeschichte und meine Suche nach der berüchtigtsten Zahl. Meine
Suche ist zu 100% ernsthaft beantwortet und ich bin mir sicher, dass die
Frage damit endgültig vom Tisch ist, auch wenn der Werdegang des Buches
sich durch Ausschweifungen in jede Richtung bewegen darf. Auch mal in die
humorvolle und absurde Richtung, weil es das Ausatmen der Tiefe ist, mit
der man sich hier befasst. Bens Leben, liegt in Ihren Händen, solange Sie

das Buch lesen, ist Ben irgendwo real. Und ein Stückchen von Bens Gedanken ist im modernen, kritischen Menschen, der sich mit der Magie nicht identifizieren kann. Ben putzt beruflich wirklich Vitrinen. Aber er liest mit. Alles. Jeder Komponist eines kreativen Werkes braucht eine Quelle. Die Welt im Buch ist ein paar Jahre in der Zukunft und fast die gleiche, wie unsere, nur absurder. Das exakte Datum bleibt irrelevant. In beide Richtungen der Zeit. Unsere Welt ist die einzige inspirative Quelle, an der man sich bedienen kann, auch wenn man bis zur Quelle nicht mehr ganz zurück findet, außer vom Erhaltenen voranzuschreiten, bis alles wieder zum Anfang zurückfindet, wo Gott das einzige Sternbild ist.
Ein Paralleluniversum aus Fiktion und Mythologie im Teig der Literatur. Noch ungebacken. Das ist die Geschichte von der Magie, die uns verloren ging. Verloren, damit man sie wieder findet. Dann steht die Schlange wieder für Weisheit, nicht mehr alleine für das Böse.
Willkommen in der Antike!
Wo man ist, ist, wo das Wort gehört wird.
Magie ist eine Gelegenheit. Die Gelegenheit ist Magie.
Magie, in die man sich verlieben will, ist Magie.
Das Jetzt ist die Gelegenheit. Wir hören das Meer rauschen, wie es nie aufhörte seine Musik zu spielen, die begann, als Süßwasser und Salzwasser einander heirateten und Kinder bekamen. Romantik der lebendigen Welt.
Magie ist nicht das Zeug, das man sich in die Suppe schippt. Es ist wie Erfahrung im Jetzt haben, ohne sich die Erklärung dafür zu schulden. Wir horchen in die Muschel und nehmen das Meer mit nach Hause und sitzen im Trockenen. Es wird uns manchmal dahin führen wo wir Muscheln finden, die noch nie gesammelt wurden und zum ersten mal gefunden werden: Wieder ans Meer. Wo das Rauschen noch echt ist, und die Erinnerung an dem Geräusch der Muschel haftet. Keine Lüge, in die man sich verlieben möchte, sondern der wahre Knall, dessen Schwall man zum Zentrum folgt. Wir hören das Wort des Anfangs, wo Schwingungen und Flussläufe unberührt schwelgen, wieder

am Anfang der Zeit, wieder am Ende. Wo es Zeit im Überfluss gibt, da sehnen wir uns zu sein. Die Wahrheit der Philosophie ist wie an das Meer reisen und lauschen, wie es war und immer sein wird. Die Wahrheit wird zu Poesie. Für jeden, der sich das Leben ohne das Geräusch nicht mehr vorstellen kann. Für diejenigen, die das Meer nicht suchen, weil die Muschel ihnen bereits alles erzählte, sagt demjenigen der Wind, dass das wahre Rauschen so nicht übersetzt werden kann. Es muss gehört werden, am Meer, bei den Muscheln. Nur den Wind gibt es überall.

Ben: „Nie ohne Seife waschen. Im Osten geht die Sonne auf, dann ist morgens, rechts von der Sonne Süden, und beim Untergehen ist das Westen und dann ist … links davon Süden?"

Sein Plan war so raffiniert. So durchdacht. So elegant.

Kurze Denkstille …

Was fehlt an dem Plan, Ben? Kannst du jetzt etwa durchstarten, Ben? Findest du etwa nicht nach Rom, Ben? Alle finden nach Rom! Was, bitte, ist das für ein ausgeklügelter Plan, Ben?

Willst du Süden finden, Ben? Weißt du wie man Süden findet, Ben? Hast du das nicht gerade gesagt? Wo die Sonne auf und unter geht, entweder rechts oder links? Kein Navi? Alle Wege führen nach Rom, Ben! Und wo ist Rom denn nun, Ben, ohne Navi!

Ben: „Verdammt! Stimmt, es ist ja nachts!"

Ach! Wo ist dann Süden, Ben?

Nächste Ausfahrt raus und dann auf der A2, vielleicht?

Ben, demütig: „Danke!"

Wer wäre fast in Frankreich gelandet und hätte meinen Roman ruiniert?

Ben: „Punaise, c'est moi?"

Sobald die Frage im Raum steht, ob es den Teufel gibt, wird der Name des Teufels und dessen Bedeutung am aller wichtigsten für den Gebrauch in einer Debatte, denn, was auch immer man sich vorstellen kann, ist unzureichend im Vergleich zur Literatur, aus der die Idee kommt. Negativ

- klingt gut, weil es die Richtung ist, von der man sich zu entfernen sucht, wenn Positives erreicht werden will. Die einen sagen der Teufel flüstert direkt in das Herz. Die anderen sagen, er führt die Anklage gegen jede Seele. Und sagen, dass das Beste was zur Identifikation helfe, die Zahl 666 oder 616 sei. Das zeigt dieses Buch primär: Die Idee dahinter ist verständlich, das Design nicht realistisch, doch der Glaube daran sei generell als Werkzeug zur Freiheit belassen. So wenig es auch wissenschaftlich-literarisch beweisbar ist. Literatur muss man in seiner Flexibilität erfassen, dessen Phantasie, Wissen und Intention in einem einzelnen Design münden wird. Dafür darf man eine klare, zielführende, abschließende Einheit entdecken, die sich mit dem Gesamtwerk identifizieren lässt, um eine Rückversicherung seines Verständnisses zu erhalten. Worte sind keine verlustfreie Vereinfachungen der Realität. Wie darf man sich das vorstellen? Jemand liest das Buch von Anfang bis Ende und darf sich dann direkt selbst krönen? Nein, denn niemand versteht alles beim ersten Durchlauf. Und niemand ist je fertig mit Lernen und muss sich daher einen Respekt-Raum gestatten, den man für zukünftiges Wachstum freihält. Ein Zugeständnis der eigenen Hybris.
Eine populäre Anschuldigung ist, dass Geldgier die Wurzel des Bösen ist. Die Welt bindet Gold an seine Währung und macht die chemische Unveränderlichkeit zu nutze, um Gegenwert zu bilden. Doch das unverkaufte Brot vergammelt und Gold bleibt erhalten. Schade ums Essen! Krümel zu Krümel. Brot zu Brot. Wir können Zahlen z.B. addieren, subtrahieren, multiplizieren, dividieren, wurzeln ziehen, quadrieren und das quadrierte, gewurzelte, geteilte, multiplizierte, subtrahierte, addierte, Brot sieht dann dem entsprechend aus. Das Böse liegt nicht einfach in der Verwendung von Geld. Geld übernimmt keine Verantwortung. Gut und Böse zu unterscheiden ist unsere Fähigkeit. Aber was, wenn wir dem Dualismus aus Gut und Böse entkommen könnten, um Trialismus oder Tetralismus zu erhalten? Würden wir immer noch so denken, wenn wir drei Gehirn Drittel

hätten, anstatt zwei Gehirn Hälften? Leben passt sich weiter an, um den dynamischen Umständen gerecht zu werden, zu überleben. Die Stabilität aus drei Dritteln würde sich biologisch nicht mit der vom Universum geliebten Vielfalt vertragen und bedarf daher ein Modul der Veränderung. Veränderungen sind minimalistisch und vorsichtig erweitert worden und mussten den Anforderungen des Überlebens im Wachstum und in Etappen standhalten, ohne in Stabilität zu stagnieren. Man könnte aus drei Texten eine Erkenntnis triangulieren, aber warum nicht gleich aus allen? Von der vorchristlichen Entstehungsgeschichte der Mesopotamier waren die Grundideen teils akzeptiert, übernommen und gewürdigt. Zum Beispiel, indem die sumerische Tradition behalten wurde die Jahreszahlen des Alters sechzig-fach darzustellen. Die Vergangenheit zu ehren ist der vertrauenswürdigste Weg die Vision der Zukunft zu gestalten. Die Werke sind bekannt dafür mit Erkenntnissen gefüttert worden zu sein, die sich aus mathematischen Errungenschaften und moralischen Erkenntnissen hervorheben ließen. Wie fortgeschritten eine Zivilisation sein musste, um ohne je in ein Mikroskop gesehen zu haben, dennoch zu erkennen, wie wichtig Händewaschen ist? Observation und Schlussfolgerung musste sich aus mehreren Theorien erschließen lassen und sich nicht dem fehlenden Wissen der Zeit und vom Aberglauben in eine andere Richtung drängen lassen. Die Selbstverständlichkeiten werden bewusst, indem wir die Geschichte zurückverfolgen, bis zu dem Punkt, an dem noch nicht erfunden und gefunden wurde, was wir zu unserem Wissen vermachten. Quellen werden am Alter geschätzt, aber werden mit Gültigkeit überleben. Zeitlose Gültigkeit. Daraus werden Legenden. Prinzipien werden als Gestalten dargestellt. Weil der Teufel ebenso schwierig ist namentlich synthetisch herzustellen, oder zu erfassen, wird der Name mit dem Glauben geschützt, an dem man festhält und den man zur Verfügung hat, aus schriftlichen Quellen und des eigenen Vorstellungsvermögens. Der Name ist eine Idee des Menschen. Eine Existenz ist mehr als ein Name. Es ist nicht zu erwarten, eines Tages die Auto-Biografie von Satan je zu lesen zu bekommen, wenn alles was man darüber wissen kann, bereits in Literaturform existiert. Wird von verschachtelten Hörnern und Köpfen gesprochen, dann erinnert es an Probleme: Eines gelöst, so spalten sich neue Probleme. Die Zahl Zehn der Abzweigungen, eines auf dem Kopf wachsenden Horns/Diadems, ist ein Anspielung auf den Menschen, der sich mit dem Dezimalsystem auskennt, weil die Vorstellung der Mathematik mit der Anzahl der Finger zusammenhängt. Uns gefiele die direkte Beschreibung, als könne man so ein Kopfgeld-Flyer aushängen mit dem passenden Bild vom Teufel, um ihn dann einfach zu jagen. Wenn das Leben so gerade verlaufen würde, dann würde es ausreichen einfach ein Buch der Bücher zu haben, das sagt: Seid nett zueinander! Aber die Erklärung der Weisheiten ist wichtig und findet so viele Gemeinsamkeiten an den Tragödien des Lebens, dass wir eine Kräfteverteilung vermuteten, um die Tragödien zu erklären. Sind sie vom selben liebenden Gott? Im Prinzip ja. Fundamentale Regeln im Universum ersetzen zu können führte sicher zur Katastrophe, was beweist, dass alles gut ist und so sein muss, wie es ist. Also ist das, was wir als böse betrachten eine aus dem Kontext gerissene Notwendigkeit der Realität unterm Strich gut zu sein. Ein Foto eines Prinzips würde daher nicht helfen. Helfen würde helfen! Überhaupt der Aberglaube!?

Der Teufel könnte nicht mehr als ein Schatten der Verbesserung sein, in einer sich stets bessernden und verändernden Welt. Was wir davon im Kopf behalten, wenn wir uns mit den Quellen der Texte befassen, ist meistens die glorreiche Magie und ihre Fußabdrücke auf dem roten Sand. Wir suchen anhand der Erkenntnis von Johannes die Bedeutung der berüchtigten Zahl und auch wenn die Apokalypse klaren Charakter eines Kampfes hat, ist der Teufel immer zugelassenes Mittel, dessen Untergang, nicht vor dem Ende der Welt zu erwarten ist. Das Buch Genesis beschreibt eine Welt, in der mindestens alles Geschaffene gut ist. Am Anfang wird uns die Schlange vorgestellt und am Ende besiegt. Die positive Botschaft muss bleiben und überwiegen, damit man behaupten darf Text-getreu eine Interpretation zu verfassen. Wenn also der Mensch immer wieder in das Fadenkreuz gerät, wie ist dann der Mensch auf der Anklagebank UND in der Verteidigung? Sind wir in der Lage einander mehr unter die Arme zu greifen, oder solange gar nicht, bis die aus dem Nebel tretenden Konsequenzen eine spürbare Schneise zwischen Panik und genötigtem Aktivismus hinterlassen? Eine schlimme, aber unpersönliche Beleidigung, ist Arschloch, indem man die korrekte Orientierung der lebendigen Röhre anzweifelt und auf das Negative reduziert. Arschloch heißt: Falsch! Aber es sagt nicht aus, woran es liegt. Ein Qualitätsmerkmal der Brüderlichkeit ist einander Orientierung zu schenken und sich dabei die anmaßende und anstößige Version der eigenen subjektiven Wahrheit vorzuwerfen, mit dem Risiko, die Empfehlung eine spezifische Abweichung zu korrigieren, als eine verletzend persönliche Beleidigung verwechselt zu bekommen, anstatt einer konfliktlosen Verwahrlosung eines tragischen Kurses Zeuge zu werden. Haben wir denn nicht auch die Wahl und auch das Bestreben, unsere Richtung zu verbessern, wie die Röhre im Kreislauf sich ausrichtet, so wie die Nadel seinen Norden sucht? Ob wir uns zum Guten wenden und dabei die Verbesserung beobachten und spüren, oder ob wir uns zum Schlechten wenden, wir wollen Sichtbarkeit. Die Latenz der Konsequenzen aus Entscheidungen macht es schwierig ihre genaue Herkunft zu isolieren. Wir brauchen Orientierung und Rückmeldung und wollen am Guten und Bösen herauslesen, wie man sich genau zu orientieren hat. In der Natur benachteiligt uns so einiges, was wir Böses nennen. Daher kann kein Mensch sagen, dass Erfolg überhaupt nicht an der Stabilität der lebensfreundlichen Umwelt hängt. Einstellung ist wichtig, aber nicht in der Lage von Schaden zu befreien. Totale Kontrolle? Dem ist nicht so! Die Realität hat die Zügel in der Hand. Wäre alles eine Frage der Einstellung, dann könnte man seine weltlichen/körperlichen Probleme und Beschwerden einfach durch seine Einstellung lösen. Ein Kontrolleur des

Körpers darf den eigenen Fokus richten und sich durch diese Limitationen engagieren, entfalten und beweisen. Das einzige mangelhafte Ergebnis unserer Umwelt sind wir, und nur wenn es wieder wir sind, die uns so beurteilen, die erst mit zunehmender Komplexität zur Erkenntnis weiterer Limitationen in der Lage sind, während diese Mangel paradoxer Weise erst durch höheren Fortschritt wahrgenommen werden konnten. Wir haben uns tatsächlich genetisch entwickelt. Was ist daran nicht schon perfekt?
Ein Pendel zwischen Einfluss und Abbekommenem - Sensibel wie die Gunst der altgriechischen Götter und tolerant wie die katholische Kirche im Mittelalter - Mittelalter, das mit der Geburt des Internets zu Ende ging, weil wir beginnen ehrlicher zueinander zu sein und unseren Radius zum Vergleichen ausdehnen. Das sensible Pendel des Zeitgeistes ist in Bewegung und wir entkommen der Ungerechtigkeit und Sklaverei, wenn wir eine Vision teilen, die uns allen das Brot gerecht teilen soll.
Sie haben gelesen aus welcher Richtung meine Gedanken kommen und jetzt wollen Sie wissen in welche Richtung die Reise hingeht?
Lesen Sie Kapitel 7 und 8, wenn Sie nicht warten wollen!
Ich möchte tatsächlich beitragen und die Lösung hier im Buch präsentieren. Die Geschichte soll helfen das Thema einzubetten.
Ben Goldgerber. Weil Reisen ganz einfach ist bricht er auf, um beim Vatikan zu petzen und mal nachzufragen, ob er eine Belohnung bekommt, falls er recht habe mit seiner Anschuldigung. Glücklicherweise ist er naiv genug zu denken, dass in dieser Welt jeder Spendierhosen an hat. Naivität, die das Abenteuer von Ben erst möglich macht.
Motto unseres heutigen Vergütungssystems in der freien Wirtschaft:
Brot, geteilt durch Krümel. Krümel, geteilt durch Brot.
Problem: Viele Krümel sind zusammen aber kein ganzes Brot mehr - Gilt für Essen und für das Produkt, das als ganzes Leib beim Menschen ankommen soll und mit dem Krümel-Kleben konkurriert. Der Handel selbst kommt damit klar. Das Motto der letzten paar Tausend Jahre. Pures Mittelalter.

Menschen im Mittelalter sind laut unseren Geschichtsbüchern alle nur schmutzig, krank und tot. Wir betrachten deutschen Geschichtsunterricht zum Thema Mittelalter und fühlen es intuitiv nach. Dann hat man elektronische Telekommunikation erfunden. W-LAN. Postmoderne. Wir generieren Güter und Preise. Das wird dann aufgeteilt. Bestenfalls gerecht. Warum werden finanzielle Wachstums-Voraussetzungen nicht Teil des Schulunterrichts, wo sich der Staat das Währungs- und Bildungsmonopol nimmt und dadurch zurückgeben könnte, indem der Staat die Instruktionen und Regeln bereitstellt die Verarmung kontern, wo Geld verdienen und verwenden das Angebot ist? Ein Jedermann, reich genug zum Spenden und zu unterstützen, was man für richtig hält! Wie klingt das? Viele finanziellen Entscheidungen drängen einen Menschen dazu nicht das Richtige zu tun und werden um so schwieriger, wenn viele solcher Entscheidungen das Verteilen der Prioritäten zur Geduldsprobe gestaltet, bis man aufgibt und Ersparnisse anreichern möchte, weil erst einige von vielen richtigen Entscheidungen gestemmt werden konnten, dann wenige, dann nicht mal mehr eine. Irgendwann trifft man nur noch Entscheidungen in der Absicht seinen finanziellen Ruin zu vermeiden und kommt aus der Spirale nicht mehr heraus, oder treibt die Spirale sogar an. Die Masse wird noch strammer zu schlechten Entscheidungen genötigt. Es wird Geld daraus verdient bis es auffällt, bekämpft wird und bis dahin sichern sich die Drahtzieher den Besitz von Wertbeständigem Eigentum und wiederholen diese Abzocke bei den Überlebenden. Generational-wealth. Ein Problem das entsteht, wenn die Rationalisierung ohne Kontrolle und Zustimmung der Bevölkerung und der Politik den Markt und die Konkurrenzfähigkeit untergräbt. In der Mathematik liegt wohl das Geheimnis der Verteilung. Sie ist die Magie, die Parameter mit Wunschzahlen ergänzt und mit Erkenntnissen füllt und sie verpackt und verschnürt, als sei es ein Geschenk der Intellektuellen die Fairness in fassbarer, transparenter Ordnung zu geleiten. Geld ist ein Arschloch, weil es nicht sagen kann wie falsch es läuft, wenn es falsch läuft. Es sieht dem Träger zu und man sieht in das Auge des Geldes. Unwissend, dass die selbe Quantität Qualität verloren hat. Es herrscht Ordnung, so suchen wir ja die selbe Ordnung in der Welt der Zahlen wie in der Realität. Das Reich der Zahlen hat ein lebendiges Herz auf dem Thron. Es gäbe sonst nichts, das sie ordnet. Das Reich der Herzen hat eine Ziffer an der Spitze, die alle Werte kennt, die das Herz so liebt. Und weil die Proportion existiert, suchen wir jeden Wert und jede Ziffer und diese Welt ist von allem berührt. Meist, um ein paar Krümel mehr zu bekommen, suchen wir ihre Formen und Muster. Unfehlbar ist die Unterwerfung seiner selbst, der Logik. Wahre Magie, jedoch, ist Gelegenheit. Ben Goldgerber war bereit die Magie einzusaugen wie ein Staubsauger, der eine Socke schon von der ferne wittert und begehrt. Im römischen Reich geht die Sonne unter und dort hat es Ben hin verschlagen. Zum Sonnenaufgang war er bereits dort.

Rom, Italien.
Ben sitzt jetzt auf einem Motorroller und fährt auf den überfüllten Straßen Roms. Jeder quetscht sich in die Lücken der Verkehrsteilnehmer und wo Wind durch passt ist noch Platz zum Überholen. Niemand hat eine Identität auf der Straße, bis auf ein gefälschtes Nummernschild und etwas personalisiertem Schnick-Schnack an seinem Vehikel. Alle Fahrer haben nur ihr persönliches Ziel vor Augen und das Gaspedal im Anschlag. Ben muss anhalten, tanken und auch endlich etwas essen und dabei keine Zeit verlieren. Praktisch schon vor Ort sein. Ben ist ein runder Geldschein. Irgendwie passt er sowieso nirgends rein. Nichts passte. Nichteinmal die Tankfüllung zu der Anzeige. Sprit leer.

Leben ist etwas Großartiges. Wir haben die Mathematik in unsere Herzen geschlossen und sie dafür anerkannt uns die Wahrheiten der Welt zu verraten. Wir teilen den Tag in 24 gleiche Teile. Darin brauchen wir etwa

8 Stunden schlaf und nicht zu vergessen, die 8 Stunden „Ja-Chef" sollen da auch noch zeitlich hinein passen. Und die restliche halbe Stunde reicht gerade so, zum Kochen und Putzen.

Kurzer Blick in die gespaltene Zukunft aus Bens Welt, wo Magie noch seine Fäden in der Welt nicht verheddert hat.

Stimmung der Erde: Momentan mies, oder?

Zukunftsmusik: Anno 2470. Alles cool. Religiöse Meinung und wissenschaftliche Ansicht decken sich immer mehr auf poetisch, freundschaftlicher Basis. Flügelschlag und Richtung sind Motto der Zeit. Der Körper zwischen den Flügeln ist die heterogene Flocke der Gesellschaft aus zusammenhaltenden Individuen. Frieden wünscht man sich einander und garantiert es sich und war immer noch erarbeitet. Die Merkmale der Weisheit eines Zukunftsmenschen sind ihr Dienst an die Menschheit und der lebendigen Welt. Schier unbegrenzte Ressourcen aus dem All machen das Ideenreichtum zum einzigen Limit. Wo ist dabei etwas wahr und wo wächst das Wissen weiter? Wie der Samen einer Pflanze, wie es die richtige Sequenz an der richtigen Stelle ist und als Geschenk sowohl Erde, Wasser und Pflanze ist, wenn es von Herzen kommt und weiter wächst und dem Leben dient. Es bewährt sich und bildet Phobie und Affinität für die Umgebung und passt auf, dass sich nichts fremdes in die Lücke begibt, das sonst an anderer Stelle fehlt. Egal wie viele Puzzleteile es gibt und wo weder Stück noch Lücke ist, so ist man über jede Sequenz froh die passt und ehrt diese von seinem Standpunkt aus. Das Glück ist da, wo man beidem einander vorschlägt: Dem Stück, seinen Platz. Besser als sich einer Vereinbarung zu unterwerfen, wo Gier die Wissenschaft in den kalten Schatten stellt, die schweigend auf ihr Comeback wartet.

Wie war es zuvor? Richtig! Brot geteilt durch Krümel. Der Name des Zeitalters nach der Industriellen Revolution. Ist der Krümel nichts mehr, dann teilt man durch Null. Geht nicht. Wann der Krümel nichts mehr ist, entscheidet der Bauch und die Augen und das Herz und der Kopf und alle

wurden einmal betrogen in ihren Erwartungen und die Angst nach der Not wird zu einem wirtschaftlichen Antrieb der Masse die Null zu meiden. Existenz-Angst liegt zwar der Natur zugrunde, aber das Misstrauen darf die Wächter herausfordern, die den Druck aufrecht erhalten wollen, wenn an anderen Positionen der artifizielle Druck zu Gunsten der Wächter nicht mehr existiert, nicht genug fördert oder Unrecht nicht verhindert.
Bei wie viel Prozent Rest-Akku laden Sie ihr Smartphone? Ein absichtlich unterbrochener Kreislauf des normalen Ladeverhaltens (und der Nutzung) wird nicht nur dafür sorgen, dass eine frühere Aufladung stattfinden muss als erwartet/möglich, sondern sogar das Nutzungsverhalten beeinflusst wird, damit das Gerät zwar noch an ist, aber der Energieverbrauch auf Kosten des Potentials minimiert wird. Wenn es soweit kommt, dass der Akku selbst im Sparmodus, vor dem Schlafen gerade so leer werde, der wird bangen, ob auch die gesamte Nacht zur Verfügung stehe wieder voll aufzuladen. Sie benutzen nur die notwendigsten Dienste und machen sich von der Steckdose abhängig? Einen Blick in das "Stromnetz" zeigt, dass manche Smartphones die Ladestation nie verlassen. Und wegen der Verteilung von wenigen Steckern und dem "knappen" Strom, ist es eine Frage der Zeit, bis egozentrische Wirtschaftsmodelle (egozentrisch als Person oder Gewerbe) das Angebot beeinflussen, dass die Steckdosen so weit von einander entfernt oder belegt sind, dass sich ein nicht-100%-aufgeladenes Modell, kaum (oder keine) Chance mehr hat, sich bis zu den nächsten Steckdosen erhalten zu können, ohne vorher aus zu gehen und sich so die permanente Abhängigkeit begründet. Stagnierte Wirtschaft, Inflation und Hoffen auf Reichtum. Zukunftsmusik, oder? Oder?
Starrer Blick und zusammengekniffene Augen blicken über den Horizont in die Himmelhöhe. Der Eindruck des kritischen Blicks. Und den Spiegelgedanken dazu, den wir alle gemein haben, wenn wir für Wohl sorgen und erkennen müssen, uns zugestehen, aber uns zutrauen:
- Es ist limitiert! -

Große Pause. Standbild. Plakatmotiv. Vision der Zukunft.
Menschen brauchen Raum und Zuhause und konkurrieren finanziell mit
Gewerbe, fast jeder Art. Selbst für Wohnraum! Wer gewinnt? Finanziell ist
Haushalt und Gewerbe mit dem selben Geld gewappnet und verliert
tendenziell immer gegen Einkommen erwerbender Gewerbe. Kein
Umrechnungsfaktor. Kein Limit. Kein Anspruch. Keine Verantwortung. Geld
nimmt keine Verantwortung an. Zudem sind nicht alle ehrlich mit Geld und
Zahlen. Dann auch, weil das üblich ist. Der die Krümel verteilt, behält
das Brot, bis Krümel auf dem Teller liegen, mit denen der Vergleich zur
Schau getragen wird. Wäre Geld so falsch, hätten Experimente bereits
bewiesen, dass wir damit aufhören sollten es zu nutzen, aber es ist nicht
das Geld, das unsere Probleme nicht in Angriff nimmt. Es sind wir selbst!
Geld alleine ist nicht das Problem. Wer zu viel erntet, kann sich mit
Geld gutschreiben lassen, was lieber im Nachbarort verkauft und
konsumiert werden soll, als zu verderben. Einen geringeren Bedarf im
eigenen Ort und ohne resultierenden finanziellen Verlust, macht die
Option lukrativer. Es wird dadurch nicht vergessen und man kann den
üppigen Ertrag nutzen, um Hilfe noch weiter nach außen zu tragen, anstatt
verderben zu lassen, nur weil man keine permanente Quelle garantieren
kann oder möchte. Es ist auch der Grund, warum wir einen üppigen Ertrag
bevorzugen. Lieber verkaufen und nutzen, anstatt herauszufinden, dass der
Bedarf nicht gedeckt ist. Also ist Geld alleine nicht Schuld an unseren
Problemen. Was ist denn seit Beginn der Menschheit Tradition, die uns
davor bewahrt hat? Auch wenn Verbesserungen und Tradition einander
brauchen, so ist die Veränderung immer das heimlich legitime Brechen
einer Regel. Bloß nicht willkürlich und extrem, sondern in annehmbarem
Design des Zeitgeistes. Die Antwort auf die Frage, welche Veränderung den
Fortschritt begründet, finden wir in der gemeinsamen Vision von unserer
Zukunft. Wenn ich das Problem der humanitären Ungleichheit behandeln
müsste, würde ich folgendes Vorschlagen, ohne damit zu rechnen, dass der

Mut dafür bereits gegeben ist, oder die Idee voll durchdacht sei:
Wir geben alle unsere Nachnamen auf + gängige Identifikationsattribute!
Wir nehmen Identifizierung nicht genauer wahr, als einen üblichen,
kurzen, sinnvollen, phonetisch schönen, Vornamen zu tragen. Alle wären
gleich. Bürokratie und Massenausnutzung wäre sofort eliminiert. Die zu
erwartende Verantwortung, die jedem damit auf die Schulter fiele, wäre zu
groß, als das wir sie genießen könnten. Die Probleme von Identifizierung
sind nicht nur toleriert, sondern erwartet und manch globale Fesseln der
Ungerechtigkeit würden sich nicht erhalten können. Handel und
Dienstleistung würde den Ansprüchen der Kommunen gerecht werden und die
synthetischen schwarzen Löcher der Finanzwelt müssten sich der Masse
beugen, die das Notwendigere und das Gewünschte in einem absolut
machbaren Rahmen fügt, dessen Seitenverhältnisse sich verantworten lassen
können. Sie haben richtig gelesen! Ich wäre dann nur noch Lukas, Sohn von
Michael und damit bin und bleibe ich frei und gleich. Eine große Familie,
mit einem Nachnamen: Menschheit der Erde. Ob so eine Wende ein
Schleudersitz-Szenario ist, oder eine Flugübung für eine gerechtere
Zukunft: Es kann nur ratsam sein, eine unabhängige Schule zu etablieren,
die die Befreiung der Fesseln zu verstehen versucht und der unehrlichen
Politik die Stirn bieten kann! Eine Instanz, die sich dynamisch an der
Weltsituation orientiert, um Raum zu schaffen. Raum, den wir nicht
erwarten könnten freiwillig durch empfohlene Selbsteinschränkung zu
erhalten. Ungerechtigkeit kann man nicht verbieten, aber verstehen und
ändern. Schulen der Liebe! Das private Zuhause hat Grundsätzlich kein
festes Einkommen, wie ein arbeitendes Gewerbe, deswegen spielen Leute mit
der Idee eines bedingungslosen Grundeinkommens und die Sterne stehen
dafür, selbst in der Parallelwelt von Ben Goldgerber, günstig, weil da
gesunder Menschenverstand und Herz miteinander Entscheidungen treffen.
Das Design von hohlen Geldblasen ohne Limitationen macht es nicht einfach
da als Normalsterblicher mitzuhalten und Gerechtigkeit zu erhalten, oder

zu schaffen, besonders im Nachteil der finanziellen Angelegenheiten.
Zum Beispiel: Tierschutz vs. Finanzielle Sparmaßnahmen!

Die Tankstelle in der sich Ben wiederfindet ist so charmant und so aufdringlich wie notwendig, um genug Versionen von Zuckerwasser mit Zitronensäure zu verkaufen. Nicht was wir brauchen. Aber es landet, weil es fliegt. Hat man Bedarf? Ist es sinnvoll?
Auch hier läuft es nicht ab, wie in einer Honigfabrik. Hier kennt man seine Kalorien noch alle beim Vornamen. Die werden ja gezählt und über Ernährungsexperten dann für die Wunschfigur an die Wunsch-Körperstellen dirigiert, indem man Diät-Rezepte überfliegt und sich dann sagt, man könne das eines Tages, anstatt Sport, probieren und damit tatsächlich etwas verändern. Für die Väterlandsliebe! Für die Mütter-Natur! Für die Blauäugigkeit der jungen Menschen! Und für die Fehler, die man noch nicht mit Schwung probiert hat! Wollen vs. Brauchen.
Sein ist Groß.
Nicht-sein ist klein.
Nicht zu wollen, heißt klein sein. Klein, weil an allem Leben das vermeintlich destruktive haftet, anscheinend haften musste. Was lebt und leben will ist das aller Schönste. Und das Böse ist klein und wird um so kleiner, je besser man die Welt versteht. Es bleibt so klein, weil man nicht weiß und wissen kann, wie groß "Groß" ist. Doch das ist es! Leben ist so viel mehr, als die nekrophilen (den Tod liebenden, zerstörerischen) Argumente der Verzweifelten. Und etwas weniger, als die Fanatiker versprechen, die ihr Blick nicht auf die Welt vor dem Tod lenken können. Mit diesem Schatten an begleitender und stützender Stärke, einer eigenen Silhouette und Selbstbewusstsein, stellt sich Ben in das Licht der Energiesparlampe der Tankstelle, die nur den halben Raum beleuchtet, um Strom zu sparen. Auf der Fassung der Glühbirne war dick und fett ein Siegel für Umweltbewusstsein und ein Umweltschutzzertifikat

vermerkt. Und war, wie immer, teurer. Das nur am Rande.

Ein Reiz. Ein Gedanke. Eine Idee. Von der Klage zu einem Wunsch, auf eine Hoffnung zu beten. Wartezeit wird zu Interpretation. Prüfung gegen die Zweifel. Erklärung für die Stimmung. Strategie für die Leuchtkraft. Die Signale kreuzen sich im Raum. Ein dämonischer Schatten trifft die unsichtbare Wand seiner Gedanken, um diese Hoffnung anzugreifen. Ben sieht das nicht, weil er Magie nicht für real hält. Gar keine Magie. Das Licht in dem Laden fällt auf einer Seite aus. Die Kundschaft wird etwas zornig. Gemischt mit Farbtupfer der Realität, pinselt der Dämon mit drei Köpfen unsinnige Beweisketten aus dem Farbkasten des trüben Lichts. Keine angenehme Aufgabe oder Erfahrung. Wer eine Idee zu einer Waffe macht, den besucht der Dämon. Und der Dämon, der gar kein Latein spricht, ärgert sich immer, wenn er mit Menschen in Séancen plaudern möchte, aber sie Angst bekommen, weil sumerische Keilschrift in einen Spiegel zu kratzen verdammt schwierig ist, ohne die Gesprächspartner zu verlieren, die davon rennen und die Kerben nicht mehr lesen wollen. Nein, keine antike Sprache wie in den Filmen ist des Teufels Lieblingssprache. Auch nicht Niederländisch. Die Leute dort reden wirklich so.
Wem ist der Dämon nicht gewachsen? - Den Feinden der Vergessenheit!
Mehr zu erreichen, heißt mehr zu erreichen, heißt mehr zu erreichen, heißt Ben will, dass der Dämon verschwindet und damit ist genug erreicht. Die Manipulationen versklaven für einen Moment seinen Geist und er kann nicht anders, als alle Eindrücke, inklusive diesem, zu verarbeiten und die Titelmelodie aus der Werbung nach zu summen, weil er den Schriftzug wiedererkennt. Manipulation ist Denkkapazität unerwünscht beansprucht, zuwider der freien Beanspruchung durch den Durst nach Wissen, Weisheit und Liebe. Ben ist gefangen und er wird beansprucht. In seiner Angst will er wissen welche Information Gefahr ist und welche Vorteil.
Seine Idee verkörpert die Befreiung von seinem unheiligen Ballast.

Zurück in das Licht, Ben! Zurück in das Licht! Zurück in das Jetzt von Bens Abenteuer und in das Jetzt vom Leser!

Die Impulse und Eindrücke der Tankstelle überfordern Ben. Die Signale sind durchdachte Baustellen in den Köpfen Unschuldiger, die nie fertig gebaut werden, damit sie die Zeit überdauern, sondern nur die Hürde des Geldwechsels der falschen Visionen mit Zuversicht versüßen.

Ben, Ben, Ben, only buy Ben: „Diese Werbungen! Alle lecken sich doch selbst nur das Fell. Genug davon! Raus da!"

Und Ben wechselt den Tagtraum, scheinbar noch in der Schlange.

Er besucht einen Tempel im Paradies. Das ist wie Urlaub. Zum einen stehen auf der Seite des Tempels Öffnungszeiten. Wobei man anmerken muss, dass an diesem Wochentag bald Schicht im Schacht ist. Zum anderen gibt es Wochentage mitten im Dschungel. Man selbst, als Ben Goldgerber, mit einer Kippe in der Hand, kurz vor der breiten Treppe, sieht ein "Rauchen verboten" Schild vor dem Eingang. Da die Treppe recht kurz ist, kann man einen Blick in den Eingangsbereich erspähen. Der Redner hebt seine Hände über den Kopf und haut fest auf den Tisch. Die Schallwellen überholen die Lichtgeschwindigkeit. Hinter ihm, eine Tafel mit einer Entwicklungskurve wie der Kurs der Börse. Erst verläuft die Kurve wackelig nach oben und dann steil nach unten. Die Zigarette glüht noch. Der Mut und der Stolz wird so flach wie eine Lage Blätterteig. Planänderung! Der Dämon muss sich zurückziehen. Der Schatten in der Tankstelle kauert sich an der Ecke der Decke und verliert die Kontrolle über Ben und hangelt von Ecke zu Ecke und bleibt auf Distanz, kann sich nicht mehr an ihn heranpirschen. Bens Selbstvertrauen kehrt zurück und verscheucht das unsichtbare Böse, das vergebens wartet auf seine Schultern zu springen. Irgendjemand hat für ihn gebetet. Gott sei Dank!

An diesem mächtigen Tag beginnt die Magie für ihn. Stellt ihn der Durcheinander-Werfer durch sein Durcheinanderwürfeln auf die Probe? Und wenn ja - Wer oder was ist das? Ist das überhaupt die richtige Frage?

Haben Sie Selbstvertrauen im Leben, werter Leser? Egal was andere denken, oder Sie glauben, dass die anderen denken! Das tut uns allen gut, wenn Sie sich das Leben zutrauen und die Aufgaben darin!

Schlange stehen - Was für eine Zeitverschwendung! Ben war von Anfang an gegen die Erfassung aller Identitäten und Transaktionen. Geradezu deswegen, weil Digitalzahlungen bereits mit der Identität verknüpft wurden, aber nur Zahlen Schwerpunkt haben in einer Welt, die von Herzen regiert werden wird, anstatt von Ziffern und Zahlen. Gelegenheit des Lebens, sich vorzustellen. Wohin die Augen schweiften - War kalkuliert. Wo man stand - Empfohlen. In dieser Tankstelle ist lückenlos durchdacht, wie das Verhalten zu Gunsten des hinein fließenden Geldes beeinflusst werden soll. Ben lässt sich zähneknirschend in die Ecke drängen. Seine Entscheidungen müssen frei bleiben, erinnert er sich immerzu, wenn er sich manipuliert fühlt. Er hat lange genug gewartet. Er stellt sich kurz auf die Seite und plündert die Süßigkeitenregale mit den Augen. Eine Frau kommt hinzu und stellt sich hinter ihm in die Schlange. Ben bleibt gelassen. Eine Idee um Zeit zu sparen? Er lässt sie vor.
Ben holt sein Smartphone raus und nutzt den Übersetzer für den Rest der Schlange: „Die Dame wartet hier schon am aller längsten!"
Sie machen beschämt Platz für die Frau. Sie wusste, dass das nicht stimmt, aber läuft trotzdem ungehobelt nach vorne zum Kassierer.
Ben drängelt sich hinter die Frau, die jetzt alle nach vorne gelassen haben und sagt zum Zweiten der Schlange via Übersetzer: „Entschuldigung! Ich glaube ich stand hinter der Dame!", meint er und ist jetzt Zweiter.
Der Kassierer, die Kamera, die Leute. Die Augen. Raus fallende Augen. Was auf dem Titelblatt steht kann Ben nicht verstehen. Er spricht kein Wort Italienisch. Er dachte, sie sprechen alle Deutsch hier seit dem Krieg. Das im Straßenverkehr gelernte (vielleicht falsch verstandene) Jargon sitzt bereits, bildet er sich ein, und sagt: „Affen-cool, yo!"

Stolz sucht er bei den Magazinen und Süßigkeiten an der Kasse nach
Neuigkeiten und muss merken, dass die Leute ihn nicht mehr in Ruhe lassen
werden. Ein Mann greift mit seiner Hand fest auf seinem Rücken und gibt
ihm Geleit und keinen Freiraum mehr. In Gedanken vergaß er mit
Aufmerksamkeit Tribut an die Gegenwart zu zahlen. Er hört das typische
Geräusch, wie eine Hand auf seiner Jacke entlang streift und zuckt
deswegen ängstlich zusammen. Der Mann greift seine Jacke, um sich an sie
fest zu krallen, falls er das Rennen beginnt. Die Leute brauchen nicht
einmal einen Grund, um einander auszuliefern und zu verpetzen. Sie finden
ihre Gründe in der meistgekauften Tageszeitung. Wo sonst?

Auf dem Titelblatt ist Bens Gesicht abgebildet und die Schrift darüber
behauptet, er sei mit dem Teufel im Bunde. Notzustand in der Mediterranen
Welt. Die vereinten Nationen, die Nationen mit ausreichend BIP, halten
einen Krisenrat. "Bringt er die Welt zum Absturz? Wen lud er da ein?"
„Lockiger Schnösel!", lästert Ben in seinem Kopf über einen Kerl in der
Schlange, der nicht zum Drängeln, sondern zum Lesen vortritt. Seine
Locken verdecken das Titelblatt der meist gekauften Zeitung auf dem
Tresen der Kasse. Nun fallen auch Bens Augen auf das Titelblatt.

Das Foto auf dem Titelblatt zeigt Ben und hat ihn genau im richtigen
Moment erwischt, als er derbe verdächtig und kalt aussah. Typisches
Mugshot-Foto der Polizei-Presse. Motivation für die Hobbydetektive sich
einzubilden am Dienste der Menschheit teilzuhaben, indem sie einen
Schurken verpetzen. Der Kassierer, so ein Sofa-Detektiv, hebt das Handy
an das rechte Ohr, ohne den Augenkontakt aufzugeben. Ein Herr aus der
Schlange wirft dem Kassierer ein bestärkenden Blick zu. Beide nicken sich
zu. Ben nutzt seinen Übersetzer zur Ablenkung ein.

„Die Lampe funktioniert nicht richtig", sagt Ben ruhig und zeigt
ablenkend auf die flackernde Energiesparglühbirne, mit denen die Grünen
die Welt retten wollen. Ben bewegt sich in die andere Richtung.

Der lockige Kunde läuft wieder vor ihn, ein Wuschelkopf mit vollem

braunen Haar und Locken, so groß, dass Münzen durchpassen würden. Ben
weigert sich zuzugeben, dass ihm der Gedanke nicht gefällt, diese Locken
würden die Frauen mehr beeindrucken, als den kurzen Haarschnitt, den Ben
trägt. Das Smartphone des Kassierers knistert eine Stimme heraus, kaum
hörbar, erst recht nicht zu verstehen. Ihm zieht es das Blut in die Brust
und nimmt die Feuchtigkeit aus dem Rachen. Ben realisiert, dass er
definitiv der Mann auf dem Foto ist und er erkennt den Hintergrund:
Der Laden, aus dem er das Bier für den Weg hatte.
„Das bin ja wirklich ich!", gesteht er sich eingeschüchtert.
Er fühlt, wie das Gewicht seiner kleinen Leder-Tasche schwerer wird und
er bekommt Angst, jemand griff nach ihr. Seine Beine wollen gehen, laufen
oder rennen. Das Verhalten der Leute verwirrt ihn. Die anderen Kunden
füllen ihre Augen mit einer trockenen Leere und das Gesamtbild der
Gelegenheit, verliert mehr und mehr ihren Charme.
Das Schweigen am Apparat des Kassierers und der beängstigende Blick
gleicht einem Fass Schwarzpulver in ihren Köpfen und einer kurzen
Zündschnur in ihrer Zunge. Es sieht so aus, als hätte die Hydra wieder
viele Köpfe. Die Polizei rückt an. Der Dämon sabbert.
Technologien, die wir erfinden, haben nicht die selbe Resistenz, wie der
lebendige Organismus, der vor sich selbst zu schützen vermag. Wir
verlieren Macht, wenn leblose Listen des Bürokratie-Nebels die Menschen
verschlingen und sich auf alle Nebelwanderer verteilt, die sich einreden,
dass das Unüberschaubare nicht verändert werden kann, weil es uns alle
bereits umgibt und für die Zukünftigen, schon immer da war.
„Ich bin …", fragt sich Ben, „… auf dem italienischen Titelblatt?"
Die wachsende Hebelwirkung von Zentralsteuerungen, ohne das Vorausdrücken
von Nächstenliebe vor kalter Information wird sich als eine katastrophale
Aufwachphase entpuppen. Rebellion sollte meiner Meinung nach daher ein
rechtlich geschütztes Grundrecht in freier Form sein, das nachträglich
vom Volk anerkannt oder geahndet werden soll. Schulen voraus! Meinung und

Abstimmung hinterher! Eine Hand voll Menschen reichte aus, um Ben als Staatsfeind an den Pranger zu stellen. Sein Scheiterhaufen wird so leichtfertig und unangezweifelt vorbereitet, wie ein Amateur Pizzabäcker die 220°C Umluft zum Backen im Ofen einstellt. Menschen sind nicht mehr sie selbst in der Masse. Was von oben kommt, kommt von oben. Sie fürchten das Spotlight. Das ist die rote Fahne für Ben. Die Hand auf der Schulter ist keine Geste der Freundschaft, spürt er. Er reißt sich frei von den Fängen des Mannes. Action!

Ben greift sich rasch eine Dose Bier aus dem Regal und schüttelt sie gewaltig und zielt mit dem Griff der Aufreißlasche auf die teuren Klamotten der Italiener und sie geben sich alle sofort geschlagen und machen Platz für Bens Flucht. Niemand wollte schmutzig werden. Bens Finger zittern an der Dosenöffnung und er macht klar, dass er für jede Sauerei bereit ist. Sie werden laut und schreien panisch nach Gnade, denn das waren ziemlich schicke Klamotten und auch sehr, sehr teuer. Der Kassierer fragt ihn etwas. Ben zielt erst auf ihn und muss sofort wieder die näher kommende Menge unter Kontrolle bringen. Die Situation ist eskaliert, wie eine Treppe auf französisch. Sie waren das Risiko nicht bereit und lassen ihn hinauslaufen. Er läuft langsam und bedächtig, rückwärts zur Tür. Zielt auf Jeden. Hin und her. Ihre Hände bleiben oben.

"Ding-Dong"

Ben erschreckt sich und öffnet fast die Dose Bier. Die Leute merken das und ihre Herzen bleiben fast stehen. Das war der Durchgangsmelder, der ihn erfasste, als er die Türschwelle übertrat. Auf dem Weg nach draußen bückt sich Ben, damit die Farbstreifen an der Tür seine Körpergröße nicht verraten. Viele Kunden hielten dabei den Atem an. Manche Frauen schrien vor Angst. Manche hielten das Etikett mit dem Markennamen ihrer Klamotten in seine Richtung, damit er versteht was für ein Risiko er da eingehe. Die Leute atmen wieder auf, als Ben hinaus geht und sie überprüfen erleichtert, aber traumatisiert, ihre Klamotten auf Verunreinigungen.

Stille.

Das Vergangene, das war einmal und wird sich nie wieder wiederholen. Jeden Augenblick erlebt man, wie keinen Augenblick zuvor! Selbst die minimale Latenz der Sinne macht einen Eindruck aus dem Bild der Vergangenheit. Die Zeit ist bereits fortgeschritten. Die Latenz der Realität und der Wahrnehmung ist aber kein Hindernis, sondern eine Voraussetzung der Sinne, über die Biologie.

Ein Vorhang öffnet sich zwischen Raum, Zeit und Wahrnehmung und blättert durch die Seiten dieses Buches, um Ben zu lokalisieren und zu adressieren: „Die Geschichte ist für die Gegenwart, Ben! Sie passiert JETZT! Wach auf und Träume nicht dein Leben! Lebe im Jetzt!"
Ben reißt sich aus dem System, dessen Schienen er nicht braucht.
Ben: „Ich bin wach!"
„Bin ich?", fragt sich Ben.
„Im Präsenz der Zeit?", fügt er hinzu.
„Ich lebe! Alles ist einzigartig und ich bin dabei", staunt Ben laut.
„Ich lebe jetzt wirklich im Jetzt!", schreit er durch die Straße.
„Seht ihr das? Seht ihr das? Das Leben funktioniert nur in Präsenz! Die Verwirrung war im Präteritum! Aber jetzt, nicht mehr! Weil ich hier bin! Hier und jetzt! Meine Lebenszeit! Sie ist jetzt! Action!"
Die anderen Leute verstehen nicht. Sie leben noch in der Vergangenheit. Für einen Moment verschwindet er in Gedanken, wie er realisiert, dass alle Momente Unikate sind und bleibt hellwach, von nun an.
Ist das Magie? Ja, das ist sie! Aus der Schleife bricht der Wache.

Er zückt sein Handy aus seiner Tasche, schreitet ohne zu bezahlen aus dem Verkaufsbereich heraus und läuft an einem tankenden Fahrzeug vorbei, schmeißt sein Handy unauffällig in den Fensterschlitz hindurch und wird es damit endgültig los. Dahinter steht sein Motorroller. Zu

offensichtlich? Er nimmt sich lieber den fremden Roller neben dran, wo der Schlüssel noch steckt. Ein weiteres Ass aus dem Ärmel gezaubert. Wenn die Unterdrücker damit rechnen, dass der normale Mensch immer den "richtigen" Weg geht, dann sind Fehler die Unberechenbarkeit, die mehr Variablen einbauen, die die Rechnung aushebeln. Irgendwas war faul, das merkt er bereits. Dieser Ort war ihm nicht wohlwollend genug. Raus! Freiheit! Wenn sein Schicksal bereits niedergeschrieben ist, dann hat er die Seite unten abgerissen, um selbst zu entscheiden wie das Ende zu formulieren ist. Wenn man im Trichter der Falle ist, sind alle Richtungen besser, als weiter hineinzulaufen. Das Flackernde Licht färbt die Wände blau.
Ben, erleichtert zu sich: „Das war ja wie Gratis-Essen in einer Firmenfeier - Das war knapp!"
Zitternde Beine und Hände. Adrenalin. Er sieht sich selbst fast schon im Verhörraum sitzen. Nur dieses winzig kleine Gefühl, auf Mission zu sein für das Gute, gibt ihm Hoffnung. Er gibt Gas, fährt ein Stück voran. Polizei-Aufgebot. Er dreht einmal im Kreis, kurz nachdem das Polizeiauto um die Ecke schießt und probiert sie auszutricksen. Straßen-schlau. Er spielt ihnen vor, er käme gerade an, um zu tanken. Die Polizei fährt an ihm vorbei und umstellt die Tankstelle. Die Polizei signalisiert, gestikuliert aus dem Fahrzeug: „Fahr weiter! Tank woanders, hier ist zu!"
Ein anderer Wagen kommt hinter ihm zum stehen - Eine Daumenbreite entfernt von seinem Kennzeichen. Erleichtert, da sie alle die Tankstelle stürmen, fährt Ben an den Polizisten vorbei, biegt schnell ab. Rechts dann links. Links dann rechts. Jede noch so schmale Gasse ist wie von einem Schutzengel gezauberter Fluchtweg, der sich vor ihm öffnet und hinter ihm schließt. Das Zittern ersetzt Ben durch ersten inneren Jubel. Sirenen. Nicht die Frauenwesen auf den Klippen. Polizei.
Eine Kirchenglocke ertönt zur Stunde. Er ist total überwältigt. Er beschleunigt. Hopps, in die eine Gasse. Hopps, in die nächste Gasse.

Gasse hier, Schranke da. Schließt. Er kommt zum stehen. Panik. Und
weiter! Durchstechende Angst, wegen der Gefahr von oben. Helikopter-Lärm.
„Warum genau, habe ich eigentlich einen Roller geklaut? Ich hatte doch
schon einen? Hätte ich das Sprit-Geld lieber auf den Boden geschmissen!"
Überlegungen der Reue und der Panik vermischen sich.
„Ich bin einfach weggefahren, das war fast zu einfach! Aber? Aber das
macht keinen Sinn! Wer will mich denn loswerden?", purzeln seine Gedanken
heraus.
Er erinnert sich an das Telefonat. Vermutungen. Er denkt an seine Mama,
die nicht einmal weiß, dass er sich im Ausland befindet. Hätte so bleiben
können. Er will sie da nicht unnötig mit hineinziehen. Aber …
„Sie wird aber herausfinden können, was los ist", überzeugt er sich.
Da er sich ohnehin noch im Such-Gebiet vermutet, in dem man ihn
zweifellos vermuten wird, ist jetzt der beste Zeitpunkt sie anzurufen. Er
wagt es sie anzurufen, weil je länger er weiterfährt, die Polizei seine
Flucht-Richtung erkennen wird, sobald sie den Anruf registrieren.
Glückspilz Ben findet im 21. Jahrhundert eine Telefonzelle in einer der
Gassen und hält das für die sicherste Leitung. Da hält er an, an dem
Münztelefon. Er schmeißt die Münzen aus seiner Tasche in den Schlitz.
Auswendig tippt er die Nummer in den Apparat. Erleichtert lauscht er den
432Hz, anstatt den üblichen 440Hz des Telefons.
„Im Idealfall finde ich heraus, dass was mir auf das Kerbholz geritzt
wurde nur ein Missverständnis ist", hofft er sich.
Doch seine Hoffnung schwindet mit jedem Gedanken an sein Nachbarhaus. Was
dort passierte, sollte die ganze Welt verändern. Die Münzen sind in
seiner Hand, er hebt sich die gefüllte Hand an die Brust. Seine Mutter
geht an das Telefon.
Mama: „Hallo, ist das wieder der Stromanbieter wegen dem Angebot?"
Ben: „Hi Mama … ich bin es … Ben. Bist du zuhause? Das Telefon klingelt …
seltsam. Hast du schlechte Verbindung?"

Mama: „Wir können leider nur kurz reden … bin nicht zuhause. Kostet dich sicher viel Geld zu telefonieren. Also … Da steht Italien? Ist wichtig?"

Ben: „Also …"

Mama: „Wenn du willst können wir über das Internet reden, oder du schreibst mir einfach?"

Ben: „Geht nicht! Hör mal!"

Mama: „Ich ruf dich ein andermal zurück! Ich kann mir dann Zeit nehmen."

Ben: „NEIN! Hör zu! Hey ich …"

Mama: „Momentchen!"

Ben: „Hey ich rufe dich von einem Münztelefon an."

Mama: „Bist du im Knast? Bist du in den falschen Bus eingestiegen?"

Ben: „Nein, noch nicht. Nein, auch nicht. Aber vielleicht bald, wenn du einfach auflegst. Also bleib dran! … Klasse!

Mama: „Was ist wieder los?"

Ben: „Okay. Wenn du noch nicht Bescheid weißt, ist meine Lage vielleicht ein komisches Missverständnis. Hast du heute Nachrichten geschaut - mich auf einem Bild gesehen?"

Er schaut auf den Münzzähler wie schnell das Geld verschwindet.

Ben: „Oh-ha, wo bist du denn unterwegs? Du bist nicht zuhause im Land?"

Mama: „Bist du auch auf Immobiliensuche ins Ausland?"

Der Zähler schluckt das Geld und beide haben nicht einmal eine ganze Minute miteinander geredet.

Die nächsten Münzen flutschen in den Automaten. Gerade rechtzeitig.

Mama: „Will ich nicht verraten. Ist meine Angelegenheit."

Ben: „Okay, aber ich bräuchte trotzdem ein Gefallen von dir, Mama!"

Mama: „Und zwar? Kaution? Brauche selber Geld für Kaution. Aber nicht wie bei dir, für den Knast. Weißt du nicht, wie du nach Hause kommen sollst? Kann unser Nachbar nicht nach dir sehen?"

Ben: „Du musst unbedingt im Internet nachschauen, warum mein Gesicht auf dem Titelblatt einer italienischen Zeitung abgebildet ist."

Mama: „Machst du Scherze?"

Ben: „Mama! UND … Und warum die Polizei …"

Mama: „Polizei? Was? Ich habe es gewusst! Ich versohle dir so was von …"

Ben: „Ich muss Münzen nachfüllen. Einen Moment!"

Mama: „Dann rufe mich doch morgen an, wenn du wieder Münzen hast! Vielleicht ist morgen wieder ein neues Gesicht auf dem Titelblatt? Du kennst die Nachrichten! Heute du. Morgen dein Nachbar."

Ben, flüsternd: „Ironisch."

Ben: „Hey bleib dran! Das dauert nur eine Sekunde!"

Mama: „Ich will dann eher nichts damit zu tun haben. Du kannst Hilfe beantragen! Ich schicke dir da ein Formular! Dank dem Staat!"

Ben: „Habe mein Handy weggeworfen!"

Mama: „Du Opfer!"

In der Zwischenzeit verfolgt die Polizei das Auto, in dem das Handy von Ben auf der Rückbank liegt. Ein Rentner mit Hörschwierigkeiten beschäftigt die Verfolger mit seinen 20km/h. Sie sperren die Straßen. Der Zähler rattert. Er hält jetzt die nächste Münze direkt an den Schlitz, aber zögert. Und wieder schaut er sich um. Nach rechts, links und hinter sich. Doppelt hält besser.

Ben: „Wo bist du?"

Mama: „Ach, sage mir doch erst mal was du angestellt hast?"

Ben: „So genau weiß ich das nicht. Habe beim Vatikan angerufen. Ach, ich rufe dich ja dafür an! Kannst du das mal im Internet nachschlagen? Kann sein die hören die Leitung ab, bitte beeil dich!"

Mama: „Okay. Hast ganz schön Glück! Ich bin in den USA. Warte kurz, gib den Ermittlern und mir etwas Zeit. Mal sehen, wer schneller ist."

Ben: „Welchen Ermittlern? Wo ist dann Bea?"

Mama: „Die, die die Leitung abhören, Mr. Mafia! Zuhause!"

Er schmeißt Geld nach, greift nach mehr Münzen aus seiner Hosentasche. Ben füllt nach. Die nächste Minute bricht in fünf Sekunden an. Vier. Noch einmal zwei Euro mehr nachgeworfen. Einen Euro hat er übrig, hält ihn dicht am Einwurf des Automaten. Ihre Stimme wird leiser und das Rauschen lauter. Heißt: Sie nutzt tatsächlich ihr Handy, um im Internet Antworten zu finden. Dafür aktiviert sie die Lautsprecher-Funktion. Heißt aber auch: Sie weiß eh nicht was sie am besten in ihr Handy tippen sollte. Eltern und Technik! Ben übt sich in Geduld, sie bleibt eher locker. Sie heuchelt aber ein bisschen Stress vor.

Ben: „Und?"

Mama: „Das Symbol mit der Erde drauf, richtig? Langsam, wie soll ich das jetzt rauskriegen? Oh je!"

Ben: „Gib einfach: "Schlagzeilen Italien", oder "Schlagzeilen Rom" oder "News Italien" ein! Was auch immer! Rede mit dem Handy, wenn nichts anderes hilft!"

Mama: „Hallo Handy, was hat mein Sohn schon wieder angestellt und wie viel kostet mich das?"

Fast alle Münzen sind bereits in der Leitung verschwunden. Die Zeit rinnt davon.

Ben: „Wo bist du genau und was machst du? Ich kann nicht ewig telefonieren?"

Das Echo: „Ewig telefonieren. Ewig telefonieren."

Mama: „Ich bin in New York. Dumme Geschichte eigentlich. Puh"

Ben: „Die wäre?"

Mama: „Ich habe gedacht, ich habe da eine gute Möglichkeit gefunden Geld zu investieren. Und? … Nichts! Totaler Reinfall. Dann auch noch rechtlich eine wasserdichte Abzocke. Das Gesetz lässt mich im Stich. Und du … machst auch noch Probleme!"

Ben: „Entschuldigung, Mama! Was war denn?"

Mama: „Ist zwar nicht deine Angelegenheit, aber … Ich lese es trotzdem vor."

Ben rollt seine Augen.

Mama: „Du sagst mir erst, ob du mir damit hättest helfen können! Und dann sehen wir mal, ob ich dir überhaupt helfen will!"

Ben, hörbar dagegen: „Okay!"

Mama: „Und hör auf deine Augen zu rollen!"

Ben, entblößt: „Ähm …"

Mama: „Du, ich hab da neulich eine Anzeige gelesen, es gäbe 4009m² Land zum Spottpreis. Günstig. Ziemlich nahe zur NYC. Sie schreiben: (Ober-)Fläche: 4009m², leerstehend. Momentan ohne Baugenehmigung. Aber wer weiß was die Zukunft bringt, oder? Nur Online und deshalb ein zeitlich begrenztes Angebot! Schlagen Sie jetzt zu! Bla-Bla. U-S-W aus der U-S-A"

Ben: „Seit wann hast du Kredit für Grund und Boden? Und sogar ein Haus?"

Mama: „Ich finde übrigens nichts im Internet über dich. Bist du sicher, dass du auf dem Bild bist?"

Ben: „Ja, bin ich. Und du hast Land gekauft? Hast du das kleingedruckte gelesen?"

Mama: „Es hat sich herausgestellt … ich hätte das groß-gedruckte besser lesen sollen. Die Fläche … ist so groß. Aber das Volumen …"

Ben: „Nicht dein Ernst?"

Mama: „Ich kenne mich mit Land-Kaufen nicht aus."

Ben: „Für wie viel? Woher hast du auf einmal Geld her?"

Mama: „$241.442,00."

Ben: „Von … woher … kommt denn … bitte … so viel … Asche?"

Mama: „Ich habe Internet-Domains gekauft und verkauft und dann durch Kreditdelfine den Rest bezahlt."

Ben: „Klingt … vernünftig."

Mama: „TubeYoube.com; Caco-Calo.com … und so weiter … Alles was die hatten, habe ich genommen und gleich wieder verkauft. Und einen Kredit."

Ben: „Aha! Und du nennst das Grundstück Spottpreis? Und du hast natürlich ohne nachzudenken zugeschlagen?"

Mama: „Das haben die mir so versprochen. Jaaa!"

Der Vokal entgleist traurig.

Ben: „Du weißt was eine Internet-Domain ist, aber findest dann das Internet nicht auf dem Smartphone? Und was machst du jetzt?"

Mama: „Ich habe anscheinend nur ein 9m² großes Land erworben."

Ben: „Einfach! Das ist Betrug und das kannst du anfechten."

Eine Münze liegt auf dem Boden. Glück gefunden. Rein geschoben.

Mama: „Nicht so einfach! Technisch gesehen haben die nichts falsches gesagt. In der Mitte wurde ein quadratisches Loch gebohrt. Ungefähr ein Meter, in der Breite. Bloß … Bloß einen Kilometer tief. Das war der Reinfall! Die Fläche des Loches war so groß, nicht das Land selbst!"

Ben streift sich während dem gesamten Telefonat die Finger durch die Haare und merkt, dass er doch Ähnlichkeit mit dem Lockenkopf hat. Sich selbst ertappt.

Mama: „Wörtlich!"

Ben: „Das klingt ganz nach dir. Warum hast du das alleine durchgezogen, Mama? Hättest du mich nicht einfach fragen können?"

Mama: „Ich glaube ich hab da was gefunden … Ach, Scheiße!"

Ben: „Okay und was? Mach bitte schnell!"

Mama: „Ich muss das erst übersetzen lassen. Aber … Wie soll das denn bitte stimmen? Das macht gar keinen Sinn? Ben, das warst nicht du!"

Ben: „Mama!"

Mama: „Ich glaube das nicht. Das klingt zu weit hergeholt."

Wieder gibt die Sirene einen Moment von sich zu hören. Bloß jetzt ohne Echo.

„Die sind wohl direkt hinter mir", fürchtet sich Ben und hätte es fast laut am Telefon gesagt.

Mama: „Also! Du kannst von Glück reden, dass du im Moment in Deutschland bist."

Ben: „Ich … bin in Italien!"

Mama: „Oh, stimmt ja! Es gibt einen Haftbefehl, oder zumindest sucht dich die Polizei. Oh mein Gott! Überall, eigentlich!"

Ben: „Wer? Was? Weswegen?"

Mama: „Sie sagen, du hast da …"

Das Gespräch wurde unterbrochen. Piepen. Sirenen. Schatten.

Ben: „Pass auf dich auf! Ich … liebe dich, Mama!"

Den Hörer kann er für eine Weile nicht aus der Hand legen. Das war etwas zu viel, für das kleine Herz von Ben. Innerlich weint er. Sie hat den letzten Satz nicht mehr gehört. Er weiß nur, dass er hier nicht mehr länger bleiben kann. Nicht in dieser Telefonzelle. Nicht in Rom. Nicht in Italien. Es fällt sehr schwer. Ein Streifenwagen fährt vorbei. Der Beifahrer hält die gezogene Waffe aus dem Fenster und sagt etwas in das Funkgerät an seiner Schulter und sieht Ben deswegen nicht. Ben setzt sich auf das geklaute Pferd und zündet den Motor. Es riecht nach Regen. Er niest ein paar mal. Die Flucht erobert langsam seinen Charme zurück. Denn er ist wieder entkommen. Ein Funken Hoffnung ist ihm Rückenwind: Das Jetzt ist ein Unikat und dementsprechend zu behandeln. Ein Gefühl der Freiheit ist die Gesetzeslosigkeit nun doch.

In älteren Modellen der Stadtbusse sind keine Kameras ausgestattet und sie fahren ländliche Gegenden ab. Der Massenüberwachung zu entkommen wurde schnell zur Priorität und Ben schmiedet sich Pläne. Nicht erwischt zu werden ist der Plan. Der Plan der Pläne. Immer. Nüchtern betrachtet, gibt es keinen Anhaltspunkt für die Verknüpfung von Haftbefehl und seiner gewünschten Audienz. Die Verbindung darin zu sehen und dem Gefühl zu vertrauen ist der Grund, warum Ben noch lebt.

Mehrere bewaffnete Agenten des Geheimdienstes sind bereits in der Tankstelle zur Spurensicherung und zur Bestimmung einer Fährte. Ihre Unfähigkeit die Situation zu erklären, verschlimmert die Situation in einem nie zuvor gesehenen Ausmaß. Die Polizei behauptet Ben habe sich in Luft aufgelöst, wie eine Brausetablette im Wasser. Sie erklären die

Flucht mit übernatürlichen Ereignissen. Jeder Beamte fand eine neue Idee, wie sie Ben zwar lokalisierten, aber verloren haben. Die Agenten verhören die Polizisten, die die Verhaftung vermasselten.

„Er kann vielleicht fliegen! Wir haben ja die Straßen gesichert!"

„Er kann sich in Luft auflösen, weil es das einzige verfügbare Medium sei, in dem er sich auflösen könnte!"

„Er kann die Zeit verändern. Wir waren ja pünktlich, laut Plan!"

„Er kann jede Beliebige Gestalt annehmen. Er ist vielleicht getarnt, als einer der Kunden in der Tankstelle?"

„Er kann sich in ein Schatten verwandeln. Energiesparlampen sind zu schwach um die Welt vor der Dunkelheit zu retten!"

Auf die Frage, woher die Beamten sich so sicher seien, dass es übernatürliche Kräfte gewesen sein mussten, antworten die Beamten den Agenten, sie haben sich doch an das Protokoll gehalten. Wäre pure Logik. Die Agenten notieren sich das.

„Ans Protokoll gehalten. Übernatürliche Kräfte nicht auszuschließen."

Die Agenten fragen die Zeugen: „Und wen genau verfolgen unsere Kollegen gerade durch die halbe Stadt?"

„Den Teufel, oder nicht?"

„Und warum hält sich dann der Teufel an die örtliche Geschwindigkeitsbegrenzung von 20 km/h?"

Polizei, in voller Zuversicht: „Weil der Teufel schon sehr alt ist. Alte Leute fahren immer langsam!"

Alle: „Ja, macht Sinn!"

Ein Agent entfernt sich mit den Worten: „Ich rauche mal eben eine Zigarette, sonst wird mein Café noch kalt!"

Der Agent verlässt das eigene Protokoll. Er schreibt seinen Namen auf die Liste der Verräter und Unterschreibt sein eigenes Kopfgeld damit. Mit der Liebe, als sei Ben sein eigener Sohn, unterschreibt er die Bitterkeit seines eigenen Schicksals. Alleine richtig zu liegen und tun zu müssen,

was man tun muss, gegen jede Wahrscheinlichkeit und gegen jede Meinung, für die Wahrheit der geltenden Nächstenliebe:
Für einen Menschen, ist wie für die gesamte Menschheit!
Sie verfolgen jeden in der Stadt. Sie suchen alles ab. Lüpfen jeden Rock. Jeden Stein. Suchen Ben. Er rast. Sie suchen den geklauten Roller. Wissen Bescheid. Dann sind sie ihm im Nacken. Sirene an. Pumpe auf voll. Druck auf Max. Licht auf an. Knarren. Ben rast. Links, rechts. Rechts, links. Keine Chance. Sie kleben im Nacken. Ben hat seine dritte Hand dabei. Am Kirschbaum vorbei gedüst, greift er in die Äste. Alles oder nichts. Er setzt sich verkehrt herum auf den Lenker und sieht nach hinten. Gibt Gas, muss anders herum denken, anders herum Gas geben und indietro lenken. Er dreht sich die Rückspiegel um, damit er beim Rückwärtsfahren in die Fahrtrichtung sehen kann. Es werden zwei Polizeiautos. Enge Gasse. Ben spuckt die Kirschen auf sie. Es zischen die Kirschen an ihnen vorbei. Sie melden das der Zentrale. Ein Reifen platzt durch einen Treffer des Kirschkerns. Kein Erfolg. Der Reifen hat keinen Bodenkontakt. Eine engere Gasse. Zweite Chance. Sie können da nicht durchfahren, zu schmal. Vollgas. Voll im Blick. Auf dem Grasboden schüttelt es ihn durch. Er greift eine Hand voll Grashalme vom Boden. Der Wagen, der zunächst der Nähere ist, muss abdrehen. Zu schmal. Die hartnäckigen Kollegen haben nicht vor aufzugeben. Der Polizist dreht heftig am Lenker. Der Beifahrer erlebt die Krise seines Lebens. Das Lenkrad kurbelt er in die andere Richtung. Der Wagen hebt ab. Eine Seite erhebt sich in die Luft. Die Engel im Himmel reichen sich das Popcorn. Auf zwei Rädern flitzt das Gerät über den Asphalt und ruckelt über die Schlaglöcher. Ben flechtet so schnell er kann. Der Wagen macht einen Satz in die Luft und hebt mit dem Vorderrad ab. Nur noch ein Reifen auf dem Boden. Ben wird etwas neidisch und probiert das auch. Über den Spiegel sieht er in Fahrtrichtung ein Schlagloch und gibt Gas. Jetzt sind die Fahrzeuge auf je einem Reifen. Der Polizist auf dem Beifahrersitz öffnet das Fenster und schiebt seinen

Arm durch. Peng! Warnschuss. Ben legt beide Beine auf den Lenker und hält sich am Henkel fest. Wieder mit vollem Grip. Sieht Kopfüber in Fahrtrichtung die Straße. Er flechtet sich mit den freien Händen die Grashalme zu einem Seil zusammen. Drei Garne in der Hand.
„Links in die Mitte. Rechts in die Mitte. Links in die Mitte. Rechts in die Mitte", sagt er sich, um sich beim Flechten zu konzentrieren.
Er hebt seinen Kopf und zeigt sein neues Lasso. Er wirft. Eine Chance. Ein Leben. 100%. Er erreicht eine voll befahrene Straße. Bergab. Er wirft das Lasso auf den Beifahrerseitenspiegel des zur Seite abgehobenen Autos und knotet das andere Ende an seinem Gasgriff fest. Der Wagen ist noch auf zwei Rädern der Fahrerseite und muss sich weiterhin schmal machen um sich überhaupt durch den Verkehr schlängeln zu können. Ben knotet das Seil an das Gas des Lenkers und macht es fest, damit es weiter beschleunigt. Er steht auf dem Sitz und balanciert dann auf dem Seil zu dem Polizeiauto. Er ist viel zu schnell, aber er ist viel zu mutig. Sein Kollege kann sich nicht in Position bringen, um das Feuer zu eröffnen. Zu wackelig. Zu riskant. Mehrere Schüsse fliegen durch die Luft und holen nur die Seemöwen aus dem Himmel. Ben erreicht bereits das Auto und balanciert sich auf dem Kotflügel. Ben tippt dem schockierten Beifahrer mit seinem Finger auf die Brust. Als der Polizist auf Bens Finger herabschaut, zieht er den schnell nach oben und schnalzt ihm den Finger die Nase hoch. Einer weniger! Er sieht seinen Roller voraus fahren, wie das rasende Pferd einer Kutsche. Eine Kreuzung bietet sich an. Dann greift er auf das Armaturenbrett und aktiviert mit der freien Hand den Blinker des Polizeiwagens. Die Polizei hat verloren. Ben hat gewonnen. Sie müssen abbiegen. Er klettert aus dem Fahrzeug nach oben auf die Tür des seitlich fahrenden Polizeiautos wieder auf das Seil. Er balanciert zu seinem Roller zurück. Die Beamten sind fassungslos. Er kappt das Seil. Der Blinker deutet nach links. Keine Chance. Ben spielt die Flöte auf seiner Nase.

„Gewonnen!", jubelt er.
Die Polizei ist machtlos. Ihr Blinker ist schon aktiviert. Sie können nicht anders. Sie müssen abbiegen, weil der Blinker schon an ist. Keine Wahl. Sie sind Polizisten. Sie werden langsamer für die Kurve und sehen: Ben ist entkommen. Dann biegt der Polizist resigniert ab, weil es blinkt. Sie verlieren ihn. Sehen ihm nach. Ben sitzt wieder auf dem Sitz des Rollers und ist nach rechts abgebogen.
„Gewonnen! Gewonnen!"
Er fädelt sich wieder im Verkehr ein und fährt auf einen großen Hügel zu.
„Was soll das denn, bitte?", schreit der Kollege den Fahrer an.
„Was? Was soll ich denn machen? Ich musste doch!"
„Milliarden Protagonisten. Warum ich?", fragt sich Ben entrüstet.
Er lässt den gestohlenen Motorroller stehen und parkt ihn wenige Schritte von einer Bushaltestelle, als sei es vom Bewohner des Hauses. Er gibt sich Mühe beim Abstellen, das Ding ordentlich zu behandeln. Der Lack glänzt. Nur etwas Schmutz am Rahmen. Eine Gruppe phantastisch aussehender Frauen läuft aufbrausend über die Hügelkuppe, auf die Ben sich auf eine Bank setzt, um auf den Bus zu warten. Drei mal Halleluja! Die Glocken aus der Ferne läuten. Der Hügel ist ein super Aussichtspunkt, um von jeder Richtung in die andere zu flüchten, wenn man mal müsste. Sie laufen an ihm vorbei. Meiden seinen Augenkontakt. Der Bus wäre laut dem Fahrplan schon zwei mal gekommen. Ben wartet geduldig. Daher zückt Ben sein Büchlein aus seiner Ledertasche und hält es sich vor sein Gesicht. Unbemerkt pirscht sich ein Streifenwagen an.

Zum Teufel.
Auf der Suche nach den wahren Begebenheiten will man zuerst definieren können was wahr ist und daher kann man Religionen da anpacken wo man sie greifen kann: In Literatur.
Die Auffassung des Teufels aus den Schriften ist oft so dynamisch, wie

der Zeitgeist. Die tatsächlichen Bezüge in den Texten sind eher spartanisch, gegenüber der Anzahl der Mythen. Einfach weil die Textart der Religion eher Lehrtexte sind, dessen Botschaft und Lehre deutlich wichtiger ist als ihr Design, inklusive des Teufels. Der Schwerpunkt wurde nie den Teufel zu identifizieren, aber durch die Richtung des Lebensstils eine natürliche Distanzierung vom Bösen gewinnen zu können. Ein Design für die selbe Botschaft kann sich in vielen Variationen anbieten. Man wird feststellen, dass manche Elemente nicht ersetzbar sind, wie zum Beispiel einen ersten Mann und eine erste Frau und sich das kulturell überall heimisch machen kann. Die erste Hürde der Religion ist das Axiom. Das Axiom verbindet die theoretische Welt und die reale Welt. Man kann mit den Argumenten des Glaubens keine Logik oder Semi-Logik einbauen, wenn das Axiom bereits die weltlichen Argumente aushebelt, ohne mit ihrer eigenen Beweisführung anzufangen. Ein Beispiel wäre die Eigenschaft des Teufels, sich selbst geheim halten zu können. Dafür müsste der Teufel erst einmal existieren, danach bliebe die Frage übrig, wie diese Verschleierung funktionieren könnte. Sobald aber die Idee des Teufels akzeptiert wird, ist das philosophieren über Details, wie die Fähigkeit zur Verschleierung, keine relevante Beweisführung, da sie auf das Axiom aufbaut, das besagt, dass es diese Entität so gibt, wie angenommen. Die Atheisten gewinnen diese Argumentation mit Recht, wenn über einen physischen Teufel gesprochen wird, aber verfehlen wiederum den Schwerpunkt eines Lehrtextes, dessen Stilmittel sich frei entfalten darf, um in Literatur Werkzeug für den Glauben zu werden. Der Glaube an ein vereintes Wesen mit diesen Attributen beinhaltet den logischen Makel, dass Literatur allein der Beleg sein würde und hat daher die Kritik des Atheismus nie überwunden. Einfacher wird es, wenn man Gott als eine Art Synonym für Realität versteht. Man müsse die Realität nicht beweisen, da man in ihr lebt und sich alle fair in ihrem Gewebe die selbe Welt teilen. Die Semi-Logik der Argumente akzeptiert erst das Axiom unangefochten und

findet danach wieder ihren Draht zur Logik, indem die darauf aufbauenden Argumente plötzlich weltliche, logische Regeln akzeptiert. Die Aufgabe des Lehrtextes den Menschen zu verbessern, darf sich frei bedienen an den Mitteln (Elemente & Design). Und im Kompendium eines Religionsbuches wird sich die Argumentation nur mit Gebrauch des gesamten Buches darstellen lassen können, weil die vielen religiösen Texte anhand einzelner herausstechender Qualitäten die Gott/die Realität in den Texten preisen ja auch von dieser einen Welt handeln, die nur Zusammen sich selbst ist. Der Wert aller Lektionen konkurriert durch die Wahl der Mittel nicht mit Logik, solange die Lehre darin den Leser erreicht. Logik, weil die Elemente der Logik immer rekonstruierbar sein müssen, wie in der Wissenschaft, überall und immer wieder. Doch sind die wirkenden Kräfte, nicht die Objekte, die das Zeitlose darstellen, die Priorität. Sie sollen ohne Notwendigkeit eigener magischen Kräfte bei uns Leser ankommen können. Mal anders herum betrachtet: Man stelle sich einen Wissenschaftler vor, der andere Menschen überzeugen möchte, dass es Wissenschaften überhaupt gibt. Realität und Wissenschaften seien Eins, verbunden und die Ordnung der Welt. Bloß glaubt es keiner.
Der Wissenschaftler bastelt einen pH-Messstreifen. Er zeigt, es gibt da eine Ordnung. Sie sehen die gemessene Farbe, aber glauben nicht.
Die Leute sagen es gibt anscheinend einen Zusammenhang, aber keine Wissenschaften.
Dann zeigt er die Astronomie und meint alle Planeten haben eine Form, Bewegung und Ordnung. Es werde zusammen gehalten und sei zusammen Eins.
Nein, sagen sie. Das sind nur Punkte im Himmel. Sie sehen alle gleich aus.
Dann zeigt er die Mathematik.
Nein, sagen sie. Das gilt zwar hier und jetzt, aber nicht überall.
Der Wissenschaftler verliert die Geduld und weiß nicht, ob er sie überzeugen soll, oder einfach schweigen darf. Er kann nicht schweigen.

Das Gleiche passiert auch mit Religion. Die Bücher sind wie die Werkzeuge aller Art. Sie zeigen, dass es eine Ordnung gibt. Sie geschenkt wurde, weil es sie vor uns gab, wir die Schlausten sind und eine Realität selbst nicht herstellen können. Und, dass alles zusammen Eins ist.

Der pH-Messstreifen ist wie die Fähigkeit zwischen Gut und Böse zu unterscheiden. Die neutrale Mitte wird schwer erreicht, ist aber schon überall verfügbar, wie Wasser. Es gibt Nuancen in den Farben, aber entweder deutet es auf alkalisch oder sauer und die neutrale Mitte ist ein Scheidepunkt. Die Richtung zu erkennen ist wichtig.

Astronomie ist wie die verschiedenen Begebenheiten in den Büchern. Sie haben Konstellationen, Richtung&Bewegung und Zeit. Die Astronomie ist das Gesamtbild der existierenden Welt und ihre Himmelskörper. Schriften werden vielleicht nicht die einzigen oder letzten Wahrheiten sein, aber haben ihren Platz. So wie die bekannten Himmelskörper.

Die Mathematik ist eine Sprache der Proportionen. Von welchen Proportionen wir reden und auf welcher Sprache das ist, hat die Ähnlichkeit von einem Buch, das einen Anfang und ein Ende hat, eine Sprache und die Dinge nennt, die in Proportionen gebracht werden.

Die Wissenschaft und die Religion arbeitet mit ihren Werkzeugen. Sie helfen die Ordnung der Welt besser zu verstehen und Ziele zu erreichen, an dessen Erfolg man glaubt.

Eine Frage wird an den Wissenschaftler gestellt, an dem später beide Knobeln. Am Ende wird er nicht mehr der letzte Wissenschaftler sein.

Warum sind die Polizisten in der Geschichte überzeugt, dass sich in Luft Auflösen eine logische Erklärung sei? Weil die Erklärung nur stand hält, weil das Axiom des Teufels akzeptiert wurde. Sonst würden sie eine weltliche Erklärung finden müssen, gegen die sie sich weigern, sie zu glauben. Für eine zeitlose Botschaft ist die Magie von damals genauso gültig wie heute und kann dann auch so verstanden werden. Ein Beispiel ist die Arche von Noah. Die Tatsache, dass wir die exakten Maße des Schiffes im Text erhalten haben, sagt doch aus, dass unter keinen Umständen alle Tiere der Welt darin Platz fänden, da das Schiff viel zu klein ist. Es geht weniger um ein physisches Schiff. Sondern nur die Tatsache ist wichtig, dass Menschen die einzigen sind, die ein Schiff verstehen und bauen können, das symbolisch die lebendige Welt rettet. Der Regenbogen, das Versprechen der nie wieder kehrenden Flut, ist als Element gedacht, den Leuten keine Angst zu machen, dass eine große Flut ein immer wieder kehrendes Ereignis wäre. Menschliche Maße. Ein Fenster für den Menschen, weil der Mensch die Erkenntnis des Tier- & Umweltschutzes verstehen kann. Ein Ratschlag der Zusammenarbeit. Also wird die Erhaltung durch den Respekt an allen Gattungen und Spezies gewinnen. Der Regenbogen symbolisiert die gesamte Flora und Fauna, die wie Farben im Regenbogen unzertrennlich zum Ganzen gehören und dennoch jeweils unterschiedlich sind wie die Farben im Spektrum und somit alle Tierrassen und Pflanzentypen zum gesamten zählen. Darin ist der Mensch auch nicht mehr als ein dünner Streifen Farbe im gesamten Spektrum. Da der Mensch das einzig weise denkende Wesen ist das Verantwortung übernehmen kann, obliegt uns die Aufgabe am Erhalt der lebendigen Welt beizutragen und jedes Wesen darin zu akzeptieren, wie der Regenbogen alle Farben beheimatet, wir alles Leben brauchen, damit die Arche auch uns rettet. Im Text sind wir Menschen auch "nur ein" Paar. Ein modernes Team hat die Arche Textgetreu nachgebaut, gegebene Maße eingehalten und der eigenen Vorstellung eines echten Schiffes angepasst. Ich bin sprachlos - Der ganze Aufwand! Da lag sogar die kleine Greta näher an der Botschaft des Textes! Doch ein Quäntchen Wahrheit wurde wohl die Inspiration dazu.

Der Streifenwagenfahrer ist ganz begeistert von den gesichteten Frauen. Und weil Ben nicht die selben Qualitäten hat wie die Frauen, bleibt Ben auch noch vollkommen unbeachtet und überlegt sich ernsthaft, ob er der

Frauengruppe nicht aus diesem Grund nahe bleiben soll. Der Streifenwagen ist auf Schleichfahrt der Gefühle, aber auf dem Asphalt der Enttäuschung. Ben hört nicht genau, was der Polizist den Frauen hinterherruft. Sie beachten es nicht weiter. War wahrscheinlich dementsprechend niveaulos. Kommissar "Ich-lass-nicht-locker" fährt rückwärts, nimmt den Kontakt erneut auf. Witziger Anblick. Ben grinst ganz schmutzig. Der Polizist gibt sich nach dem zweiten Versuch geschlagen, wird rot im Gesicht und lächelt sich die Niederlage aus dem Gesicht. Sie zeigen kein Interesse. Scheinbar unangekratztem Egos lehnt er sich aus dem Fenster und schaut ihnen bei langsamer Geschwindigkeit nach. Sein Beifahrer sieht bemüht aus sich vor ihnen nichts anmerken zu lassen. Er scheint aber vor Scham zu sterben und sinkt lieber in den Sitz. Bens Büchlein unter seinen Augen. „Bloß nicht in die Augen schauen!", murmelt Ben zaghaft.
Der Motor brummt auf. Das Blaulicht flackert. Sie drehen um.
Sein Gesicht verschwindet hinter dem Notizbuch, als er hört wie der Fahrer aus Versehen das Gaspedal presst. Dann kracht es auf einmal. Blech und Plastik überall. Ben kann sich nicht entscheiden, ob er lieber den Augenkontakt durch das Büchlein verdeckt, oder sein Lachen. Beides passt nicht dahinter. Aber der Kerl macht ihn fix und fertig. Er hat den Roller nicht gesehen. Der hat den Roller einfach nicht gesehen. Er will sich ganz dünn machen mit einem in die Seiten gepressten Grinsen. Er taucht in die Welt des Buches. Seine Augen tauchen aber hindurch, weil sie sehen wollen was da passiert. Laut den Glocken, hat er noch eine Weile auf den Bus zu warten. Die Frauen lachen ihn aus und laufen einfach weiter. Da sitzen die Kollegen im Wagen und diskutieren aus, welche Version der Geschichte den Vorgesetzten erzählt werden soll, während sie vor Scham starr nach vorne schauen, als hätten sie noch nie eine Frontscheibe von innen gesehen. Der Fahrer gestikuliert wild, jedoch behalten sie den Kopf gerade und stimmen zusammen ab, was passierte. Sie steigen aus und schauen sich um, sehen misstrauisch zu Ben. Aber sie wollen erst einmal

sehen, wer sonst noch den Unfall mitbekommen hat. Buch vor dem Gesicht. Lippen zusammengekniffen. Danach prüfen sie, ob auf dem Roller jemand saß und darunter liegt. Und letzlich, den Schaden ihres Dienstwagens. Je grimmiger der Fahrer wurde, desto heiterer die Reaktion des Beifahrers. Der Fahrer flucht exotisch. Es wird Ben zu brenzlich. Er läuft lieber los. Der einzige Ort, der ihm in den Sinn kommt, ist das Kiosk. Die Kirchenglocken donnern ihren Ruf durch Rom.

„Ist das da nicht dein Roller?", fragt der Mann im Kiosk-Ständchen.
„Äh … der Roller? Ne! Also, nicht wirklich … meiner!", gesteht Ben.
Der Kiosk-Besitzer lacht auf, mit halboffenen Augen und hochgezogenen Augenbrauen. Dann lachen beide. Er hat so eine unglaubliche Ausstrahlung. Eine Art Ausdruck, bei dem man das Gefühl hat ihn nicht anlügen zu können, da er jeden sofort durchschaut. Sein wolliger Schnurrbart und seine Aura der Gemütlichkeit und seine warme Stimme würde jeden in Reue ersticken lassen, der es versucht ihm quer zu kommen. Und würde jeden in den Schlaf wiegen, wenn er immer leiser und immer langsamer spräche.
„Sie sprechen ja Deutsch?", schmeichelt ihm Ben.
„Lass mich raten!", sagt er unbeeindruckt.
„Cola, die Tageszeitung und Münzen zum Telefonieren?", spekuliert er.
„Und ein Salami-Sandwich, bitte", fügt Ben demütig hinzu, um vor ihm nicht komplett durchschaubar zu wirken.
Er hat das Belegte unter dem Tresen bereits in der Hand gehabt.
„Ich lese die Zeitung jeden Morgen, bevor ich den Laden aufmache", warnt er Ben erwartungsvoll.
Schweigen. Er richtet ihm sein Snack, seine Cola und sein Kleingeld. Er gibt ihm die Summe komplett in 50-Cent Stücken.
„Bist in Schwierigkeiten, mhm? Weißt du, Junge, wie man herausfindet ob ein System funktioniert? - Man hält sich strikt an die Regeln und sieht, woran es letzten Endes scheitert. Den Lenkern ist es klar, dass sich Menschen eigentlich Regeln nicht 100% zu Herzen nehmen. Fehlverhalten von

5% unter dem Leistungsoptimums moniert das System, als wäre das untragbar. Die Meisten schauen einem auf die Finger und kritisieren dich bei "empörendem" Absturz von 100 auf 99%. Aber, aber Gegenseitig … ist sich keiner zu schade den Finger auszustrecken. Finger nach jemandem ausstrecken ist das Schlimmste. Mir egal, woher du den Roller hast! Du bist in Ordnung! Das weiß mein Herz sofort, Junge! Kleine Verstöße werden immer hart geahndet, weißt du? Damit stellt man sicher, dass die Mehrheit sich nicht traut zu testen wie tief man sich fallen lassen kann und damit auch noch durchkommt. Haha! Die Schlimmsten sind die Leute, die dich leer saugen und legal weiter saugen, nur weil die Konsequenz nicht spürbar ist. Das sind die Schlimmsten! Du hast zumindest kein reines Gewissen dabei, das bedeutet etwas!"
Er grinst frech und Ben saugt die Worte ein, beeindruckt von der Haltung, Weisheit und Gnade, die ihm an einer kleinen Wende teilhaben lassen.
Der Kiosk Besitzer: „Aber … das weiß jeder Dorftrottel, jeder Staat und auch die Pappenheimer, die Religionen so übertrieben militant umsetzen. Oder nicht? Immer auf die Kleinen! Die Leute profitieren davon, dass dein Leben von Unterbrechungen geplagt wird, damit sie sich weiter bereichern können, wenn ihr Leben flutscht. Sie halten uns am finanziellen Minimum fest. Wachsen dabei selbst. Und dann gehen uns die Optionen aus. Wir müssen da selbst Stand gewinnen und zusammen halten!"
„Ja … schon!", stimmt Ben zu.
Der Mann holt die Zeitung heraus, breitet sie auf dem Tisch aus, Ben zugewandt. Dann schaut er kritisch an ihm vorbei. Ben ist sich unsicher, ob er ihm gleich etwas sagen möchte. Er hat verstanden, dass es sich wieder um das selbe Titelblatt handelt, welches er heute schon einmal gesehen hat. Dann faltet er es in der Mitte und hält seinen Zeigefinger dazwischen. Ben steht beeindruckt vor ihm und vergisst gänzlich die Polizisten. Es spricht plötzlich jemand hinter ihm. Einer der nun mit ihm in der Schlange steht. Steif und still will er so tun, als ob er nicht

gehört hätte, dass dieser auf Italienisch einen Guten Tag wünscht.
„Buongiorno!", sagt der Mann zu Ben drohend leise.
Es war nicht die Stimme des Polizisten, die hätte Ben wiedererkannt.
Ein junger Mann steht hinter ihm. Er hat einen Motorradhelm auf dem Kopf und stellt sich ganz breitbeinig hin. Arme verschränkt. Der dicke Kiosk-Verkäufer lässt seine Goldzähne blitzen und faltet die Zeitung wieder auf. Ben erkennt ihn wieder. Hinter ihm zieht der Bursche den Helm ab und aus diesem fallen erst einmal dunkelbraune Locken heraus und dann das Gesicht dazu. Kein anderer, als der Kerl von der Tankstelle.
„War wohl sein Roller", erschließt er sich.
Ben kann jetzt nicht in den Knast. Er muss den Teufel beim Papst verpetzen, auch wenn sie sich dagegen zu wehren scheinen. Vielleicht wurde da eine gehörige Summe Kopfgeld auf den Kerl ausgehängt. Ben hat die Bibel zwar nicht ganz durchgelesen und verstanden, aber hat den Eindruck, dass der Teufel der Schurke ist in der Geschichte.
„Mein Name ist Alfred", sagt der Kollege im Kiosk.
„Ben", antwortet er cool.
„Giuseppe", mischt sich der Lockige ein.
Alfred, zu Ben: „Ich kenne seinen Zwillingsbruder gut. Besserer Kerl!"
„Darf ich dir mal eben unter die Arme greifen?", bietet Alfred selbstsicher an.
Alfred holt sich den Mann mit einer lockenden Zeigefingergestik näher heran. Giuseppe stellt sich zwar näher, aber behält Nähe zu Ben, damit er nicht davonkommt. Er blickt ganz misstrauisch nach rechts zu Ben und seine Augenbrauen fallen ihm praktisch beinahe in die Augen, so tief presst er sie. Ben wirft einen Blick nach hinten, wo die Polizei immer noch den Schaden inspiziert und Ausreden generiert. Alfred hebt die Zeitung hoch und liest vor, als lese er eine Gute-Nacht-Geschichte. Er betont beeindruckend, liest langsam und findet immer wieder einen Moment, um Giuseppe in die Augen zu schauen. Giuseppe blickt schräg zu ihm und

schaut auf den Boden in dem Moment, als Ben sich umdreht, zurück schaut, um seine Reaktion zu sehen. Schaut weg, blinzelt häufig. Er sieht ihm kaum mehr in die Augen. Schämt er sich?

„Ja, ließ ruhig mehr vor! Irgendwas funktioniert da! Funktioniert sogar besser, als sein Glätteisen!", freut sich Ben in Gedanken.

Alfred liest mit jedem Wort ein Stück Verwundbarkeit in das Gesicht von Giuseppe. Alfred liest den Artikel nicht ganz zu Ende vor. Schon ist Giuseppe blassem Gesichts und gesengtem Blickes, zerstört, von dem was er über Ben hörte.

„Was für eine Nebenrolle der Kerl ist!", denkt sich Ben über den Entmutigten hinter ihm.

„Jetzt dreh um und geh!", sagt er sich innerlich.

Giuseppe schüttelt seinen Zeigefinger auf und ab, als spielte er ein imaginäres Miniaturschlagzeug. Und er dreht schockiert ab. Es macht ihn stolz einen Verteidiger an seiner Seite zu haben. Die Polizisten nehmen ihn wahr, wie er mit seinem Helm in der Hand zu seinem Roller schlendert. Ben ist im Zugzwang. Flüchten oder cool bleiben? Die zwei Beamten sehen ihr Glück. Sie funken die Zentrale an. Die Zentrale ist bereits mit Meldungen überfordert. Überall in Rom empfangen sie Funksprüche, die besagen, dass sie den gesuchten Kerl ausfindig gemacht haben. Sie geben die Beschreibung durch, fragen ob er an der Tankstelle war. Positiv. Der Fahrer der Polizei zieht seine Hose hoch. Giuseppe dreht ab und kommt vor den Polizisten zum stehen und hat den Daumen bereits zur Seite ausgestreckt, um hinter sich zu zeigen. Der Polizist nimmt Anlauf und springt in die Luft, klammert seinen Arm um Giuseppes Hals und lässt sich mit seinem Gewicht auf dem Boden Fallen. Sie pressen ihn gewaltsam zu Boden, um ihn zu Immobilisieren. Besonders der Schweigsame Polizist greift plötzlich hart durch. Zu hart.

Ben kommentiert seinen Schock: „Oh mein Gott! Was passiert da mit seinem Kiefer?"

„Hey! Stopp!", schreit er auf die Zwei ein.

Doch sie drehen seinen Arm um. Es knackst zwei mal laut.

Ben: „Und warum treten beide auch noch auf sein … Oh! … Au! Das sieht verdammt schmerzhaft aus! War das seine Rippe? Oh mein Gott! Hoffe der Notarzt hat Erfahrung mit Rubikon-Würfel!"

Zufrieden tragen die Polizisten ihn in ihren Wagen und schlagen die Tür zu, bevor er ganz im Wagen war. Dann bis sie schließt.

Alfred: „Der wollte dich verpetzen! Eines seiner Hobbies."

Ben: „Ja und was steht da überhaupt? Ich kann kein Italienisch."

Alfred: „Eine große Lüge! Das würde jeder mit gesundem Menschenverstand durchschauen!"

In den Augen von Ben spielt sich die Szene zigfach ab. Anstelle von Giuseppe, ist es er selbst. Er starrt auf den Parkplatz. Er taucht wieder aus seinen Gedanken auf, als er bemerkt, dass die Kirchenglocken endlos zu spielen scheinen. In dieser Stadt, ist er nicht willkommen. Ben wünscht sich die Zeitung dazu.

Alfred: „Hast du verstanden, was ich getan habe?"

„Nein", antwortet Ben und schüttelt kleinlich den Kopf.

Alfred: „Manche Dämonen leben ein ganzes Leben in einem Menschen, nur um dir eines Tages über den Weg zu laufen. Sie sind eifersüchtig, dass du deine Entscheidungen selbst fällen darfst. Für jeden Moment. Das kommt denen so vor, als seist du ein falscher Gott. Doch einer der verwundbar ist und wie ein Baby, das keine Erfahrung hat, abhängig ist, von dem Input seiner Umgebung und daher Mensch ist, der glaubt er habe Flügel."

Ben: „Okay ich bin auch gegen Polizeigewalt, aber … vielleicht muss man dafür stattdessen den Menschen zur Verantwortung ziehen?"

Alfred: „Nicht die Polizisten! Ich meine den Kerl mit dem Helm."

Ben: „Dieser Giuseppe da?"

Alfred: „Ja, der!"

Alfred lehnt sich auf die Theke seines Kiosks. Ben hatte für einen Moment befürchtet, er wolle ihn küssen, weil er so nahe kommt. Großes Misstrauen.

Vielmehr aber, will er ihm flüsternd ans Herz legen: „Pass auf dich auf, Ben! Dämonen sind heimtückisch. Sie kommen im Moment der Stärke und verwandeln es in Schwäche! Schritt zur Seite und rechter Haken, Ben!"
Ohne den Blickkontakt zu verlieren, fügt er hinzu: „Das da ist dein Bus. Gute Reise und viel Glück!"
Ben sieht auf die Straße. Der Bus rückt an. Er packt seine Verpflegung in die Tasche und bedankt sich. Er hat mehr Münzen in der Hand als erwartet und blickt verdutzt zu Alfred. Er rückte die Zeitung aber nicht raus.
„Besser du reist ohne diese Sorge! Bleib du selbst!", meint Alfred.
Seine Münzen lässt er in seine Ledertasche fallen. Das Klimpern der Münzen klingt vertraut. Das Glockenläuten klingt schaurig. Seltsam findet er, dass der Bus zu früh kommt. Wenig weiß er davon, dass der Bus eigentlich spät war. Die Polizei fährt am Bus vorbei, zum Schauplatz.
„Danke!", sagt er zufrieden.
„Hi!", begrüßt Ben den Busfahrer, der nur nickt.
Ben kauft sich sein Ticket und setzt sich auf einen freien Platz. Alfred winkt ganz energisch und Ben grinst und winkt zurück. Die junge Frau, zu der sich Ben setzte, winkt auch und Ben und sie lächeln sich beide verlegen an. Sie behält das Lächeln für eine Weile. Er sieht keine Kameras, auch wenn der Bus futuristisch und modern aussieht. Keine zweite Chance! Er muss weg von hier. Er lässt sich auf der Fahrt mit den Impressionen berieseln. Sein leibliches Wohl deckt er im vollen Bus. Dann sieht er sich die Welt hinter dem Fenster an und genießt die Szene, als sei es der Vorspann eines guten Filmes.
Die Nacht breche an, denkt er, als die Wolken den Tag verdunkeln. Das Wetter ist ein gestorbenes Grau. Im Bus ist es kuschelig. Neben ihm sitzt die Schönheit. Sie schaut ihm in die Augen und lächelt. Dann lächelt Ben und atmet ein „Hi" aus seinen Lippen. Und sie macht es sich bequem neben

ihm, berührt ihn kurz mit dem Schenkel. Er fragt sich immer wieder, warum die Frau neben ihm so funkelt, obwohl sie beim genaueren hinschauen wieder wie eine normale Frau wirkt, nur eben sehr hübsch. Sie blickt häufig herüber. Auch wenn er schüchtern nach vorne sieht, merkt er das. Er kann sich kaum das Grinsen verkneifen. Sie sieht seine Freude in seinen Augen, an seinen Wangen und an seinen Lippen. Das gefällt ihr. Dabei ist es sein eigener Witz, der ihn bei Laune hält, ihn nicht erzählen darf, weil sie denkt er lächelt sie an. Und das so viel besser klingt.

„Wenn, laut E. N. Lorenz, ein Schmetterlingsflügel-Schlag wirklich irgendwo anders einen Tornado auslösen kann, ist es etwas verantwortungslos von den vielen jungen Mädels so lange Wimpern zu tragen und beim Blinzeln für so viel Zerstörung zu sorgen", denkt er sich im Spaß über ihre hübschen, langen, aber natürlichen Wimpern.

Sie reicht ihm eine Serviette, nachdem er sein Sandwich verputzt hat. Er nimmt sie an und bedankt sich und möchte ihr nicht verraten, dass in der Papiertüte des Sandwichs bereits eine Serviette dabei war und versteckt die benutzte in der Papiertüte. Er sieht die selbe Perforierung. Sein Kugelschreiber wackelt nervös zwischen den Fingern. Wie soll er still sitzen mit all diesen Fragen in seinem Kopf? Wohin jetzt?

Kapitel 2

Ben hat da so einen Kandidaten aus der fernen Vergangenheit, dem er nacheifert seine Zeit und seine Lebensformel zu verstehen. Im Grunde genommen war das ein gelehrter Schreiber mit zahlreichen Titeln, die Ben vermutet, einfach zu erwerben waren, nachdem man bereits in der richtigen Familie geboren worden war. Man müsse dann nur noch sein "Schulwissen" anerkannt bekommen. Sei es drum! Es gibt schriftlichen Beweis, wie Punk der Kerl war. Findet Ben faszinierend. Zum einen, war er Schreiber im Königlichen Hof. Zum anderen, wurden ihm magische Kräfte nachgesagt, die ihm später Schwierigkeiten bereiteten. Der Ort war ja schon sehr magisch. Was genau hat den Rahmen gesprengt? Seine Kultur war ein schwarzer Fleck in den Archiven. Kürzlich hat man entdeckt, dass es sie gab. Die Quellen wurden sehr spät in die Hand genommen und übersetzt. All die Jahre fingen sie Staub, aber waren direkt vor seiner Nase. Lange unberührt. Nach hinten geschoben. Sonderfälle. Recht zügig hat er die Schriften entziffert. Dennoch konnte er nicht zuordnen, wo genau und wann genau sie lebten, weil viele ihrer schriftlichen Belege abgestimmt waren mit der Sprache der Empfänger. Und besser: Die Schriftquellen, aus denen man entnehmen konnte, dass sie dieses kleine Volk kennen, eine Hochkultur mit erstrebenswert menschenfreundlicher Philosophie, belegen, alle haben es aufgegeben sie wiederzufinden. Sie scheiterten an der Kartierung und haben das Dorf aufgegeben, aber nie vergessen. Alle. Bis Jahre später ein Besucher beschrieb, wie er dort war und die Bewohner kennengelernt habe. Es gab sogar eine Jahrhunderte lange Schriftstille. Da gewisse Persönlichkeiten beim letzten Besuch schriftlich erfasst worden waren, konnte man sich erschließen, dass das Dorf noch existieren dürfte, aber vielleicht weiterzog. Wie die Schriftquellen schließlich das Dorf verlassen haben und warum, blieb ungeklärt. Und fast ausnahmslos war

dieser Peos Schreiber dieser Quellen. Eine Handelsurkunde und ein
Feiertag belegte Peos als einen Namen, nicht des eines Titels, wie davor
angenommen. Es wurden aber noch nicht alle Texte entschlüsselt und
übersetzt. Es gab weder Gefängnisse, Folter, Verfolgungen, noch
Hinrichtungen, oder zumindest keinen Beleg dafür. Der König war männlich
und lebte bei seinem Titel, nicht bei seinem Namen. Die anderen Berufe
waren frei zugänglich für alle, die sich für sie interessierten. Eine
Strafe hat der Schreiber vom König bekommen für Unruhestiftung oder
Durcheinanderwerferei von Aufmerksamkeit, wenn man es wörtlich übersetzt.
In dieser Sache wurde Bens Interesse an ihm groß. Quellen belegen, er
habe das diktierte Strafmaß und den Sachverhalt der Königsstrafe zu
seinen Gunsten verändert und wurde dabei ertappt sich nicht an
Vereinbarungen zu halten. Um das mal eben zu entschlüsseln: Peos war
nicht besonders begabt, elegant mit den Frauen des Dorfes in Kontakt zu
treten. Seine vorgeschlagenen Hochzeiten wurden immer wieder vertagt und
verhindert. Fast alle Frauen wurden ihm vorgeschlagen und er sah auch
Interesse in ihnen, wurde aber als viel zu scheu beschrieben.
Zu aller erst war da die Stähle kurzzeitig an Bens Arbeitsplatz
ausgestellt. Ein weißer Stein und eingemeißelte Keilschrift. Etwa 3,15m
hoch und circa 70cm breit. Der Text fängt an mit der Position des Königs
und seiner göttlichen Begabung und seinen Errungenschaften, wie zum
Beispiel den Berg aus dem Dorf verschoben zu haben, der östlich liegt,
damit mehr Sonne in das Dorf und auf die Felder scheint. Erbe des
weltlichen Landes und Hauptverantwortlicher Geist, der Sonne, Sterne und
Mond zu kalibrieren, bis zu dem Tag seines Unwiederbringlichen Opfers,
sein Fleisch in die Erde zu legen, bis es von der Natur zurückerobert
werde. Es wird durch Semantik und Syntax der Texte stark betont, dass
seine Nachfahren die Zügel der Macht behalten sollen. Klassiker, dachte
sich Ben. Er sei sehr streng gewesen in seiner Auffassung von Schriften
über den Ort, aber war sehr locker gegenüber den alltäglichen Problemen.

Extrazeile darin: Es diene Niemand Niemandem, sobald er dienen würde, fangen die Wälder und Häuser Feuer und das Quellwasser werde salziger als das große Wasser, sodass es keine Fische mehr darin gebe. Eine Bauanleitung eines Feuerzeuges wurde gehandelt und scheint funktionstüchtig zu sein. Die Mischung von Schwefel und anderer Substanzen werden erwähnt. Vielleicht hat er die Möglichkeit erkannt, große Mengen an Salz, von einem Gebirge in der Nähe, in ein großes Wasser frei zu sprengen. Eine Theorie, die Ben sich nicht ganz zu veröffentlichen traut. Vitrinen-Putzen zertifiziert nicht die benötigte Autorität, um in Fachkreisen begehrte Theorien zu veröffentlichen. Es folgen ein paar Ehrungen der höchsten Positionen im Dorf. Dann wünscht er allen Segen. Ein Loblied, oder ein Gedicht, zu Gunsten des Königs. Gefolgt von einem nachgesprochenem „Danke König!"

Auf dieser Stähle wurde ein Fest geehrt. Grob zusammengefasst: Während eines großen Festes zu Ehren des Königs und zur Huldigung seiner neu ernannten Feuerstelle wurde gespeist, getrunken, geraucht und gesungen. An einer Wasserstelle abseits des Dorfkerns, sollte das Feuer nun woanders lodern. Ben vermutet, weil der Brunnen in der Nähe gebaut wurde. Während dieses Events veränderte sich Peos, sein königlicher Schreiber. Er gewann außergewöhnlicher weise die Aufmerksamkeit aller Frauen und Männer. Und der König spekulierte am selben Tag in großer Eifersucht, die erlangte Methode sich Aufmerksamkeit anzueignen, sei Magie. Der König bat ihn darauf, jeden seiner Schritte zu nennen, in denen der König ihm in die Fußstapfen treten könne, um zu verstehen, was Peos so veränderte und was er da entdeckte. Nachdem der König jeden Schritt rekonstruiert hatte den Peos ihm nannte, blieb er unwissend. Dann gab der König kund, schüttelte sich praktisch aus dem Ärmel, (Das kam den Zeitzeugen so authentisch vor, wie die Wahlversprechen), er habe dieses Fest erhoben, um seinem Volk zu demonstrieren, dass er Magie höchst persönlich lehrte, mit der ein Schüler seinen Lehrer beeindrucken kann.

Und jedem der es versucht zu hinterfragen und zu erforschen, gelänge es nicht. Denn es gelänge nicht immer, selbst vorzuführen was nur er lehrte. (Das kam bei den Zeitzeugen so ähnlich authentisch an, wie Entwicklungshilfe leisten, bei eigener Volksverarmung.) Die Faszination blieb dann eher aus. Peos hingegen scharte die Menschen um sich und wurde über Nacht zu einer Kultfigur. Der König ließ aufschreiben, wie sehr dieser Tag alle veränderte und verkündete dem Schreiber auch seine eigenen Zeilen verfassen zu dürfen, ohne Einfluss auf den Inhalt zu nehmen. Ein königliches Privileg. Er wollte wohl einen Hinweis erhaschen, den der Schreiber lieber für sich behielt. Ein untypisch eingemeißeltes Bild darunter lässt vermuten, dass die Stelle dann doch korrigiert wurde. Darunter ein Abschluss, an der der Schreiber den König lobte und dann seine Unterschrift. Klassiker. Alter Klassiker. Eine andere Steintafel wurde vom selben Antiquitätenverkäufer erworben, die ebenso am Tag des Festes datiert wurde, in dem ein Gesetz verabschiedet wurde, die Monogamie in seinem Reich strenger durchzusetzen. Im Traum des Königs lag Peos neben mehr Frauen in einer Nacht, als er selbst im ganzen Reich … zählte. Diesen Traum ließ er von Peos niederschreiben. (Die Vermählung von Peos konnte dem König nicht schnell genug passieren) Und er forderte die Eins-zu-Eins Regelatur, die keiner wirklich wollte. Sie nannten ihre Heimat "Plm". Die genaue Aussprache geht darin verloren. Des Königs Namen ging auf seinen eigenen Wunsch nach seiner Kindheit verloren. Sie haben in Literatur gerne den Titel dem Namen vorgezogen, da der Name die Autorität in Frage stellt. In dieser Kultur wurde aus der Königsfamilie das Kind gewählt, dem man dieses Amt zutraut. Aus einem Ritual suchten sie erhabenes Blut im Kind. Es wurden Königsfamilienkinder mit einer gegerbten Haut eines Tieres ausgestattet. Das Kind, dessen Tier-Haut nicht faulte und hornartig austrocknete, war so früh wie möglich als auserwählt anzusehen. Der Test erfolgte über sieben Tage, für die anderen Brüder endete es am sechsten Tag. Am siebten Tag wurde öffentlich die

Haut vorgestellt. Die übrigen Häute der Bewohner wurden über einem Zeitraum von 600 Tagen in die Erde gelegt, praktisch neben der Feuerstelle. Daher ist die Datierung bekannt, dieses Fest habe immer 600 Tage nach einem Wechsel der Feuerstelle stattgefunden und die Geburt eines Kindes war demnach nicht sofort der Anlass zum Küren des Königs. Gegerbt haben alle. Schnell gegerbt, war erhaben.

Ben hält sich gerne in der Vergangenheit auf. Es gibt ihm das Gefühl von Unveränderlichkeit und Sicherheit. Es ist bereits geschehen. Die Zukunft ist nie so schön, wie die Phantasie ihr ihre Flügel verleiht. Er klebt mit offenen Augen am Fenster des Busses. Er erinnert sich an kein Gebäude, oder Orientierungspunkt, an denen er schon vorbeigefahren ist. Es ärgert ihn etwas. Wie er der Realität entkommt und verpasst, was ihm ein Eindrucksgeschenk hätte sein können. Er schaut nach rechts, ob das Mädchen überhaupt noch neben ihm sitzt. Ja. Sie sitzt da noch. Er fühlt sich räudig, weil er so lange da sitzt, ohne ihr Aufmerksamkeit zu schenken. Er blickt immer wieder zur Seite bis sie merkt, dass er wieder zurück ist in der Realität. Neben ihr.
„Soll ich sie ansprechen?", fragt sich Ben halblaut, „Dann darf ich sie wenigstens ansehen, ohne mich dämlich zu fühlen. Und wenn ja, was soll ich ihr sagen?"
Ben überlegt. Und weil er seltsame Methoden bevorzugt, liest er sein Büchlein und blättert darin, als fände er darin die passende Inspiration. Das Büchlein saugt ihm die Nervosität aus den Fingern heraus. Einfach, weil er etwas anfasst, von dem er weiß wie es sich anfühlt. Er will nun wissen, wo in etwa der Bus gerade herumkurvt und merkt sich ein paar Details aus der Landschaft und der Architektur. Er ist unruhig. Und das schon seit er im Bus sitzt. Er blickt rüber zu ihr und wieder zu sich. Sie will ihm auch in die Augen sehen, aber hat den Augenblick gerade so verpasst. Er probiert es noch einmal und versucht ein wenig länger

durchzuhalten bevor er wieder wegsieht. Sie ist von seinem Lächeln angetan. Die Straßen sind voll. So, dass mehr Autos als Bäume zu sehen sind. Sie hebt ihren Kopf immer wieder in die Höhe und beobachtet gespannt die Verkehrslage. Immer wieder sieht sie den aufstauenden Autos hinterher. Ohne auffällig herüber zu blicken, spricht sie zu Ben.

Sie: „Es ist hoffnungslos!"

Er, verlegen: „Das glaube ich nicht!"

Sie: „Wohin gehen sie?"

Er: „Ich … äh … war in Rom."

Sie, sarkastisch: „Ja?"

Ben merkt, dass sie seine Selbstgespräche verstanden haben wird.

Er: „Ich habe mir die Stadt angeschaut und die … Seitengassen."

Sie: „Ja wirklich? Sie sollten sie auch dem Busfahrer zeigen!"

Beide finden das witzig. Der Bus drängelt sich nämlich durch den Stau.

Er: „Sie sind die zweite Person heute, die mit mir deutsch spricht."

Sie vermutet eine andere Frau.

Sie: „Ah, wirklich?"

Ben will sie wissen lassen, dass das keine Frau war, aber weiß nicht wie subtil ihm das gelingen würde. Er spürt die Vermutung dahinter sofort.

Er: „Äh … Wohin gehen sie heute?"

Sie: „Ich fahre nachhause."

Er: „Wo ist das?"

Sie: „Wo der Bus hinfährt."

Er: „Oh, Entschuldigung! Hier in Rom, meine ich?"

Sie: „Ah, verstehe! Ja! Warum?"

Er: „Du kannst ja richtig Deutsch!"

Sie: „Danke! Ich habe etwas Deutsch Zuhause und in der Schule gelernt."

Er: „Der Bus fährt nach Süden?"

Sie lacht ihn aus.

Sie: „Du meinst Norden? Die Sonne ist auf der andere Seite."

Sie zeigt auf das Fenster. Der Tag ist bereits über dem Zenit, merkt er.

Sie: „Bist du im falschen Bus?"

Sie hat eine sehr modische, braune Hose und ein weißes Hemd gut kombiniert. Ihr Ausschnitt ist beim sitzen ein offenes Buch.

Er: „Äh …"

„Der obere Knopf? War doch vorhin noch geschlossen?", denkt er sich.

Er: „Ähm … Ich will mehr sehen von … Rom."

Beide haben sich jetzt im selben Moment in die Augen gesehen. Er klappt sein Buch langsam zu. Und merkt, dass sein Mund offen steht.

Sie: „Hieroglyphen? Du interessierst dich für Schrift und Symbole, oder?"

Er: „Oh, ähm … das liegt nur an meiner schlechten Handschrift"

Sie: „Ich habe an den Notizen erkannt, dass du … ähm … sie deutsch sind. Ich rede von den anderen Symbolen. Griechisch, vielleicht?"

Er ist entweder zu schüchtern oder zu ungehobelt mit Frauen und hat Angst, dass er gerade sie verscheucht. Eine mittelalterliche Tor-Ramme gegen eine Haustierklappe, oder mit der Feder an der Torburg kitzeln. Er würde ja lieber einfach Klopfen. Mehr als ein paar mal.

Er: „Ähm, ja! Altgriechisch. Per-Du, ist okay. Weniger formal?"

Sie: „Okay. Ist mir lieber."

Er sieht aus dem Fenster und glaubt im Kreis gefahren zu sein. Dafür merkt er sich jetzt das Tierheim. Ein Plakat wirbt für einen Artikel namens "K" mit dem Slogan "You want to, if you see K". Und daneben dieses Wahlplakat von irgend so einem schleimigen Haargel-Großkunden, der "Rosso Regnante Roma" auf einem Poster tapezieren ließ.

Sie: „Bist du okay?"

Er: „Ja! Ja. Heute war … cool. Alles ist neu. Das macht etwas müde."

Sie sieht die innerliche Unruhe und hebt die Augenbrauen.

Er: „Viel Action für einen Tag!"

Sie: „Wenn du willst, komm zu mir zu Besuch! Wir machen den besten Café der Stadt! Bei uns Zuhause. Also … mein Papa und ich."

Er: „Café klingt super! Hatte heute noch gar keinen. Ich komme sehr gerne! Und wohin gehst du?"

Sie: „Ich habe bei meiner Freundin geschlafen. Ich fahre wieder nach Hause."

Ben zweifelt. "Freundin"? Eine Frau in ihrem Alter sitzt schräg gegenüber und sie dreht sich um, um beiden einen missbilligenden Blick zu schenken. Ihr Partner sitzt neben an. Die Frau sieht aus wie jede andere. Gefärbte Haare. Muster-rebellisch. Formlos und ohne Profil in dieser überfüllt bunten und schrillen Welt. Er betrachtet die junge Frau schräg gegenüber als so ersetzbar, dass er ihren Freund beinahe beneidet, einfach Ersatz finden zu können, falls sie je mit ihm Schluss machen sollte.

Sie: „Wo lebst du? … Ich meine wo schläfst du diese Nacht?"

Er: „Ich suche mir einen Platz für heute. Vielleicht ein Hotel. Jugendherberge. Eigentlich, egal."

Die andere Frau wollte sich beinahe wieder umdrehen, stoppte aber und beließ es bei einem hörbarem, stöhnenden Ausatmen nach halber Umdrehung.

Er: „Habe aber keinen Reisepass mitgenommen. Das wird schwierig."

Sie: „Da hast du Glück gehabt, mich heute zu treffen! Kein Problem!"

Er: „Ach-ja? Ich meine, natürlich sehe ich das Glück bereits!"

Sie lässt sich beobachten, als sie grinsend aus dem Fenster blickt.

Sie: „Was denkst du?"

Er, verblüfft: „Ähm. Jetzt gerade?"

Sie: „Ich kann dir ein Hotel vorschlagen. Es gibt da ein günstiges Hotel neben meinem Haus. Nicht sehr teuer, wenn das okay ist?"

Ben fürchtet jede verzeichnende Aktivität, die seinen Reisepass verlangt. Er lässt sich darauf ein. Er fühlt sich bereits entkommen. Sicher, sogar. „Cool", sagt er erleichtert. „Das schaue ich mir gerne an! Ja!"

Sie sieht sehr froh aus, ihm weiterhelfen zu können.

Ben sieht aus dem Bus heraus. Beide sind jetzt etwas verlegen.

Und wieder: "Rosso Regnante Roma". Ben wird es heiß auf der Stirn.

Er: „Wo müssen wir dann aussteigen?"

Sie: „Es ist ein anderes Stadtteil von Roma, nicht weit weg von hier."

Die Frau ist eine adrette Halbinsel ohne Leuchtturm. Er kann nicht ganz zuordnen, was er so früh von ihr schon wollen könnte und bereits will. Er sieht sie einen Ball an einer elastischen Schnur spielen, das Katzen verführt ihrem Jagdinstinkt zu folgen. Sie zappelt. Er springt. Der Tag verläuft unwirklich, wie erfunden.

Er: „Würdest du mir bitte verraten, warum dieser Bus immer die selbe Stelle passiert?"

Sie, zögernd: „Ich denke nicht …"

Er: „Das Gebäude dort! Da ist ein Bild mit Tieren darauf. Die sehen alle traurig aus und sitzen vor einer leeren Futterschüssel?"

Sie: „Ja, das …"

Er wurde immerhin überzeugt, sie erinnert sich an das Gebäude, das Plakat und an die Stelle. Zweifel beißen sich fest, ob der Bus ernsthaft jemanden von A nach B bringen wird, oder im kleinen Kreis Fahren zur Route gehört. Sie blickt nach vorne und sieht den Tieren ähnlich. Die Augen sind rund und schauen hinauf. Ihr kann man nicht ansehen, ob sie trauert, oder darauf wartet eine Hand über ihrem Gesicht zu fühlen.

Sie: „Liebst du Hunde?"

Er: „Katzen sind mir lieber."

Sie verlor ihren Hund während der Kindheit an einer Krankheit.

Sie: „Mein Freund hat gerade einen jungen Hund geschenkt bekommen …"

Dabei sagt sie das, als käme Freude dabei herum. Ben ist baff. Es ist das Schwarzpulver auf seiner Zunge, auf dem Ben ein Streichholz zündelt.

Er, empört: „Deinen Freund?"

Sie lacht. Ihm ist es heraus gerutscht.

Sie: „Ja, meinem Freund. Und wir haben ihm neulich einen Hund aus dem Tierheim mitgebracht. Ich wollte sie am liebsten alle mitnehmen."

Er blockiert die unsichtbare Brücke auf seiner Seite, weil er dachte sie hat einen Mann an ihrer Seite.

Er: „Dein ... Freund?"

„Ben, du Idiot!", denkt er sich, weil er die Frage laut aussprach.

„Ja?", wiederholt sie verunsichert.

Er: „Und ihr habt euch für einen Hund entschieden? Paare, die sich einen Hund aneignen, haben nicht selten Pläne für Kinder."

Sie ist abgelenkt und bestätigt Ben: „Das Gebäude ist wirklich überall!" Beide passen wieder mehr auf den Verkehr auf und sehen sich die Straßen an. Verunsicherte Autos strapazieren den wertvollen Raum, den sie verschlingen, in seltsamen Formationen. Selbst die anderen Passagiere schauen sich verdutzt um, sodass ihre Köpfe hin und her schwanken wie Strohhalme in einer Bowle. Dann wippen sie mit dem Oberkörper nach links und rechts und versuchen mehr zu sehen, als nur Hinterköpfe.

Sie: „Mein Freund ist auch sehr lange mit seiner Freundin zusammen, wir fanden es auch gut, dass sie jetzt endlich einen Schritt ..."

Der Bus bremst scharf. Die Straße greift fest nach dem Bus und bremst ihn mit. Die Reifen halten die Kräfte kaum aus. Alle fliegen mit dem Gesicht nach vorne auf den Vordersitz. Ben greift mit einer Hand nach rechts, um sie davor zu bewahren. Fliegt selbst. In der anderen Hand hält er das Büchlein, aber drückt es gegen den Sitz. Lebt. Schock und Stille. Was ist passiert? Eine Frau steht draußen neben dem Bus. Ihre Kälte. Sie grinst Rubina ganz dreckig durch das Busfenster an. Ben merkt, wie weich der Griff war. Ben nimmt seine Hände wieder von Rubinas Torso zurück. Schämt sich. Ob es sie genauso verlegen zu Grinsen brachte, wie ihn? Nein. Sie hat ihm das nicht übel genommen und ihm zu viel Selbstvertrauen gegeben. Die Leute im Bus reden vor sich her, was denn los sei und warten auf die Anweisung vom Busfahrer. Sie verschweigt etwas eiskaltes in ihrer Seele und ihr Atem beschlägt das Fenster. Er beobachtet sie. Die Hundeleine in der Hand. Zieht etwas daran. Ihre Handtasche klemmt sie fest unter ihrem Arm. Aber sie fällt, weil das Kunstleder so glatt ist. Sie schaut nur geradeaus und spitzt ihre Mundwinkel nach oben. An der Leine ist kein Tier mehr. Nicht einmal die Schlaufe. Sie hat einen Hund versucht kostenlos im Tierheim zu überlassen. Sie lehnten ab, ohne Zahlung. Sie nutzt die nächste Gelegenheit, um das Tier loszuwerden. Sie schubste den Hund vor den Bus, zwischen dem Vorder- und Hinterreifen. Ende von der Geschichte. Der Busfahrer ist entsetzt und verlässt den Bus. Manche Leute folgen ihm nach draußen. Nicht aus Anteilnahme. Sie sehen auf ihre Uhren. Der Fahrer lässt die Frau in Ruhe. Ruft den Notruf an. Danach seinen Boss. Ben spitzt die Ohren, weil er wieder die deutsche Sprache hört.

„Boss? Der neue AI-Bot ist der größte Scheiß, Boss!"

„Nein!"

„Ja!"

„Einen Hund. Eine Frau hat den mit dem Fuß getreten. Direkt vor den Bus."

„Ja … Stehen geblieben, aber trotzdem zu spät!"

„Nein!"

„Nein!"

„Polizei kommt, ja."

Ben will nichts mit der Polizei zu tun haben und ihm kribbelt es unter der Haut und es wird ihm schwindelig, wie er das alles realisiert.

„Weißt du, was mir der Computer angezeigt hat?"

„Nein, hör mal! Weißt du was diese Scheiß AI gesagt hat?"

„Hey! Hey! Hey! Boss! Hör zu! Weißt du, was mir die AI gesagt hat?"

„Passiert! Das stand auf dem Display auf Italienisch! Lösche das wieder aus dem System, oder finde jemand neues! Was soll bitte "Passiert"? heißen?"

„Ja!"

„Mir scheißegal, Boss!"

„Okay!"

„Ja."

„Hey Boss! Hey! Hör mal! HÖR MAL! Vergiss das Scheiß Update! Ich musste selbst bremsen! Wir brauchen Anschnallgurte und ein Downgrade zurück zur Vernunft! Menschliche Verantwortung. Herz, statt Prozessor, Boss!"

„Okay!"

„Mir egal!"

„In Ordnung!"

„Danke, Boss!"

„Danke! Bye!"

Kurze Erklärung: Ein Update der Software im Bus wurde an dem Tag scharf. Ein System wurde in öffentliche Verkehrsmittel eingebaut, um Navigation und Reaktion zu verbessern. Perfekt ist es offenbar nicht. Es ist permanent durch das Internet mit einem sophistischen AI-Bot verbunden. Selbiges aktiviert psychologische Schnellhilfe von dem AI-Bot, die im Falle eines Vorfalls Busfahrern sofortigen Beistand leisten soll. Es helfe angeblich den Druck zu ertragen und die Situation nicht zu verschlimmern, wenn ein Lebewesen mit dem Bus kollidierte. Und es spart dabei eine Menge Kosten für den Versicherungsleister. Es wurde von 9/10 Psychiatern empfohlen und sie testen es frisch seit diesem Morgen. Das Update ist veröffentlicht worden, zufällig am selben Tag, als Ben in den Bus stieg. Zufällig. Die Frau trat den Hund vor die Reifen. Kameras sahen das. Die AI weiß das. Mit dem Update zeigt es dem Fahrer gleich die Review auf den Displays an. Die Killcam. Das Hochmoderne Display zeigt alle Daten an: Ort, Zeit, Temperatur, Karte und Kompass, Schlagzeilen, Betriebsanordnungen und Warnmeldungen sind immer auf der Frontscheibe sichtbar. Die Temperaturanzeige warne Protokoll-getreu den Busfahrer beim Erreichen von schlappen 962°C Innentemperatur, dass der Prozessorschaden irreversibel werde. Und meldet schon bei knapp 600°C darunter, dass entsprechende Gegenmaßnahmen zu treffen seien. Der Busfahrer hat fast gekündigt. Man hat ihm das Werkzeug der Zukunft versprochen und er kam nur zur Arbeit, weil er nur dann in der Lage sei das Update zu bemängeln. Wenn man den Teufel an die Wand malt… Die Verfassung des Fahrzeuges,

dessen Gesundheitszustand quasi, und die Verformung der Bestandteile sind digital erfasst. Die Kameras zeigen eine kurze Zusammenfassung des Vorfalls. Der Busfahrer sieht die Bilder und liest erschüttert auf dem neuen AI-Display "Accaduto!": "Passiert!" "Shit happens!"
Er schüttelt nur den Kopf. Es sieht nicht so aus, als ginge die Fahrt in absehbarer Zeit weiter. Ben will den Vorfall inspizieren und kommt hinzu. Ein paar Leute steigen aus und versenken ihre Köpfe in den Smartphones. Die zuerst nicht verstanden haben, dass der Hund zwischen den Reifen eingequetscht wurde, sehen auf ihr Handy und wechseln dann die Richtung.
Er: „Sag mal, muss man für den Hund bezahlen, um den Vierbeiner dem Tierheim abzugeben?"
Sie weiß nicht recht, was sie von Ben und seiner Frage halten soll.
Sie: „Ja, sie wollen natürlich Geld dafür. Warum?"
Er: „Aha!"
Er begutachtet sein Büchlein, ob es Schaden genommen hat, weil er es schließlich mit einer Hand auf den Vordersitz presste. Er packt sein Büchlein in die Tasche und deutet an, er wolle jetzt mit der Frau reden. Sie folgt ihm mutig. Sie laufen um die Ecke des Wagens herum und Ben begegnet der Frau. Sie scheint keinen Kontakt zu wollen und läuft verdächtig in die andere Richtung los.
Ben ruft: „Halt! Stopp! Stehengeblieben! Anhalten! Aber plötzlich!"
Ben sieht einen buschigen Schwanz in dem Schatten unter dem Bus. Und Blut. Der Verkehr staut sich weiter auf.
„Atmet der Hund vielleicht noch?", hofft er laut.
Er bittet das Mädchen um Übersetzungshilfe. Sie zögert nicht. Die fremde Frau atmet genervt aus, sodass ihre Schultern zusammenfallen. Sie sieht in den Bus. Ihre Leine zieht sie zu sich und neigt ihren Kopf zur Seite. Augenbrauen weit oben. Die Autos hupen. Die Roller fahren durch die Lücken. Er überlegt, was er sagen soll. Der Busfahrer sieht den toten Hund. Die fremde Frau lächelt verlogen, so, als könne man ihr nichts

anhaben. Bosheit. Dem Fräulein ist klar geworden, was passiert ist. Das war Absicht. Sie zählt sogar Geld für eine Busfahrt. Hat es passend.
Busfahrer, apathisch zu Ben: „Lassen sie es! Die Frau ist krank!"
Die ersten Regentropfen fallen herab. Das Tageslicht wird von den Wolken unterbrochen. Das Licht landet kaum mehr auf der Erde. Die Wolken schließen den Himmel. In seinen Augen kühlt der Frust herunter, sein Blick wird kalt und er ballt seine Fäuste. Sein Herz brennt für das Tier. Dem Hund ist anzusehen, dass keine Hilfe das Wesen rechtzeitig erreichen können wird. Das arme Tier, das wegen ihrer Missgunst stirbt und weil sie keinen Ausgleich findet, für ihre Unfähigkeit am Leben mit Liebe teilzuhaben. Es glüht ein Stück seines Zornes, das er in seiner Faust einsperrt. Die junge Frau greift Bens Arm und zerrt ihn von dem Anblick der Frau und ihrem Fehler.
Er: „Frag sie, ob sie den Hund absichtlich geschubst hat!"
Sie: „Fertig! Komm! Wir gehen! Wir laufen …"
Er versucht sie energischer zu überreden: „Frag einfach, ob sie den Hund absichtlich vor den Bus getreten hat?"
Sie: „Bitte! Lass uns gehen!"
Das Gehupe wird zu einem Konzert und Stress baut sich auf. Der Busfahrer geht nach innen und setzt sich. Wartet.
Ben zu der grinsenden Frau: „Ich wette, du willst wissen wie es sich anfühlt zu leben!"
Dann fragt er sie: „Frage bitte den Fahrer, warum wir im Kreis gefahren sind! Ich bin mir sicher, dass ich dieses Haus und das selbe Plakat bereits ein paar mal gesehen habe!"
Sie: „Er spricht doch deutsch! Ich lasse dich nicht mit ihr alleine!"
Busfahrer: „Die Straßen sind alle geschlossen. Ich versuche die Polizeisperren laut dem Plan zu umfahren. Irgendwas stimmt heute nicht!"
Ben zum Fahrer: „Danke für die Auskunft!"
Ben gibt nach. Sie hat ihn los. Er will nicht im Regen stehen. Der

Tropfen fällt ihm auf die Nase. Der Busfahrer ist unbeeindruckt von denen, die hinter ihm warten und aggressiv hupen. Er macht eine Durchsage. Die Leute müssen alle aussteigen. Weitere Verspätungen sind durch die Polizei-Checkpoints zu erwarten. Die Verkehrskontrollen dauerten länger als erwartet. Durch die Mentalität der Bewohner häuften sich die Ordnungswidrigkeiten und Proteste gegen die römische Polizei. Das Mädchen lacht herzlich, weil Ben sich in ihrem Arm verkeilt, um sie auf dem Weg unter ihrem Regenschirm zu begleiten. Sie sind zu Fuß, denn sie beteuert es sei nicht weit. Ben ist es egal, wie lange sie zu laufen hatten. Sie schlendern bereits wie ein Pärchen auf dem Trottoir. Sie stellt sich bei ihrem Namen vor. Sie heißt Rubina.

Beide lassen das Monster hinter sich. Der Platzregen wartet, bis sie vor ihrer Haustüre stehen, wo daneben das versprochene, bescheidene Hotel steht. Sie sind in einem großen Bogen gelaufen. Ein hügeliger Wald wäre wohl ein direkter Weg gewesen, jedoch weigerte sich Rubina diesen Weg zu nehmen. Sie haben den Spaziergang genossen und sich etwas kennengelernt - Etwas und Viel. So ein Herzsprung war gar nicht geplant in seinem Leben. Nicht in einem Lebensabschnitt voller Sorge. Klassischer falscher Zeitpunkt. Wie immer, genau richtig! Sie stehen einen Moment voreinander und sehen sich an. Ein junges Fräulein, eine Rothaarige, beäugt Ben in den Armen von Rubina. Sie schöpft den kurzen Blickkontakt voll aus, um vor ihm zu funkeln, als sie in aller Bitterkeit ihrer Einsamkeit die leere Straße entlang wandert. Sie begrüßt ihn und läuft etwas weiter. Sie dreht sich um und öffnet ihren Mund zu einem verführerischen Lächeln. Er wird nervös. Das war ein Flirten. Sie ist weit genug weg, dass sich beide das Sprechen wieder trauen. Er nimmt seinen Arm wieder zu sich.
Ben: „Willst du vielleicht meine … Adresse aufschreiben, falls … naja … falls wir uns aus den Augen verlieren!"
Er vergaß für eine Sekunde, dass er kein Handy mehr hat.

Sie lacht und lehnt mit der wedelnden, flachen Hand ab.
Rubina, nach kurzer Überlegung: „Warum?"
Er könnte heulen. Bleibt neutral und trocken. Flaches Atmen. Defensive.
Ben sarkastisch: „Ach, ich sammel Brieffreunde."
Die Straßenstille hat er eingeatmet und er kann die Stille mit ihr nicht einmal dann brechen, wissentlich, dass sie sie nicht erträgt. Unfähig einen Sprossen aus dem Ast zu locken, geschweige denn, eine Frucht.
Die selben Schritte sind wieder hörbar. Die Rothaarige kommt wieder. Für ihn. Wollte unbedingt wissen, ob er nicht lieber die Nacht mit ihr verbringen will, ohne spezifisch zu erklären, ob sie miteinander Ausgehen meint, oder aufeinander Losgehen. Ben ist entsetzt über die Frage, aber bleibt cool. Sie will von ihm trotzdem, dass er sich mit seinem Namen vorstellt, auch wenn er nein sagte. Seinen vollen Namen, will sie.
„Ben Goldgerber. Und das ist Rubina."
Sie schütteln Hände und er bereut sofort, soviel Raum für sie geschaffen zu haben. Bei dem langen Handschlag kommt etwas Verwirrung bei Rubina auf. Ben packt seine Hände schüchtern in die Hosentasche und schwankt mit dem Oberkörper immer wieder linksherum, dann rechtsherum, wie ein ungeduldiger kleiner Junge. Zuerst ignoriert sie Rubina, um Konfrontation zu meiden. Als sie ein Nein hört, fragt sie, ob es mit Rubina zusammenhänge und zeigt den missbilligenden Blick einer eifersüchtigen Frau. Rubina löst die verschränkten Arme auf, um mit der flachen Hand auf Ben zu zeigen. Solange er keine Chips auf den Tisch legt, weiß ja Rubina nicht, ob Ben in dieser Runde überhaupt mitspielt. Die Diebin seines Namens lässt ihre Hüfte für sie sprechen, um ihm zu zeigen was er gerade verpasst. Eher zur Belustigung von den beiden. Und weil Ben auch über ihr Verhalten lacht, setzt sie ihre Chips auf ihn. All-in.
Rubina sieht ihr immer wieder hinterher. Ben konzentriert sich.
Rubina: „Hast du Hunger?"
Und er wünscht sich so fest, sie würde den versprochenen Café nicht

vergessen. Wie denn auch? Von ihr kommt die Empfehlung anonym in dieser Stadt die Nacht verbringen zu können, sie heimzubegleiten und jetzt gemeinsam zu essen. Der Hotelchef sieht sie beisammen den späten Tag genießen und weil es zu früh ist sich zu verlieben, nehmen sie sich den Augenblick für den Mann. Er ist unglaublich freundlich und bietet beiden als aller erstes Wasser und selbst gebackenes Brot an. Er brauche keine Dokumente, meint der gute Mann. Er reicht ihm lediglich die Schlüssel für das Zimmer und nimmt das wenige Geld.

Hotelier: „Das ist genug", und gibt ihm den Rest zurück.

Kein Papierkram, sein dynamisches Businessmodel gegen Steuerfallen.

Die rot-blonde Frau, die Ben nicht vergessen kann, ist wieder zurück. Sie hat sogar eine männliche Begleitung aufgegabelt und raubt den Atem von Rubina und Ben, die das Drama durch Schweigen vermeiden wollen. Sie stellen sich hinter den beiden an der Schlange an und warten auf den Rezeptionisten. Der sie begleitende Mann ist nervös und fragt immer wieder nach, ob er sicherlich nichts zu bezahlen habe. Rubina fühlt sich direkt angegriffen aber hält ihre Lippen bei einander.

Ben sagt zu Rubina, aus Angst sie würde einfach aus seinem Leben verschwinden: „Bitte warte, lauf nicht weg! Ich bringe nur meine Sachen in das Zimmer und dann komme ich gleich wieder her, okay?"

Sie spürt, dass das nicht passieren wird und fragt: „Brauchst du vielleicht Hilfe?"

Ben hat nur seine Jacke und seine Ledertasche dabei, aber sieht das Pärchen hinter ihnen in der Schlange und meint: „Ja. Nimm du die Jacke!"

Der Hotel-Chef ist ganz munter auf dem Weg zurück und begrüßt die neuen Gäste, bittet sie um Geduld und dann zeigt er Ben das Zimmer. Sie laufen zusammen die Treppe hoch und am Ende des Flures war das Zimmer, in der Ben sie vermissen darf. Es ist einfach und bescheiden. Etwas düster und nicht wirklich sauber, aber bewohnbar. Ein Wandspiegel, ein Mülleimer, ein TV, ein Bett, ein kleines Tischchen, ein Waschbecken und darüber ein weiterer Spiegel und ein weißgelber Vorhang. Das Licht ist gelb und Insekten kamen durch die Gitterlöcher des Fensters. Der Regen macht es zu einer der gemütlichsten Orte der Welt.

Der Hotel-Chef fragt, ob er denn wisse, dass Rubina ihr Nachbar ist.

„Ja", antwortet er, „Sie habe ihm das Hotel empfohlen."

Er ist begeistert davon. Sie bleibt immer anständig und macht ihm Werbung. Ganz die Kleine, die er heranwachsen sehen wollte.

Brot und Wasser steht auf dem Tisch. Er legt seine halb volle Flasche auf den Tisch und wirft den Müll von dem Snack aus dem Kiosk im hohen Bogen in die Tonne. Der Hotelchef kommt mit und bietet für den nächsten Tag Frühstück an, ab halb sieben. Auf dem Weg in die Lobby sieht er ein Münztelefon. Das Haus macht einen leicht schäbigen Eindruck, der Service ist dafür aber herzlich. Perfekt, um eine Nacht aus den Zeitungen zu verschwinden und damit – aus dem Gedächtnis Roms. Sie bleibt brav an seiner Seite.

Rubina: „Es regnet in Strömen, du bist eingeladen bei mir zuhause zu Essen! Dann brauchst du nicht einkaufen zu gehen, oder im Regen ein Restaurant zu suchen. Und den Café, den ich dir versprochen habe, den mache ich dir auch, Ben Goldgerber."

Ben: „Sehr gerne! Danke Rubina!"

Woher sie weiß, dass Essen Männern das Herz öffnet, ist ihm egal, denn es funktioniert. Sie ist das Einzige, das ihn in Rom willkommen heißt.

Sie hält inne, friert kurz im Moment ein, sieht etwas verlegen aus und flüstert: „Mein Haus ist ein bisschen … seltsam. Aber keine Angst! Ich mache schnell eine Kleinigkeit zu essen, oder ich frage mein Papa!"

Ben: „Seltsam? Mein Haus ist seltsam! Mein Nachbars Haus ist seltsam. Spukt es in deinem Haus etwa? Geister?"

Sie ist sprachlos und blickt ihm lange in die Augen. Während sie für eine passende Erklärung die Zunge im Mund lutscht, findet er in ihrer Augenfarbe, in ihren Kastanien-braunen Augen, sowohl die Farbe der

Saison, der Erde und die Farbe des Lebens wieder.

Rubina: „Ach … es ist ein altes Haus! Ja, darin spukt es wirklich!"

Ben lacht.

Ben: „Die ganze Stadt ist so alt. Da muss es spuken!"

Rubina: „Weißt du, an was ich denke?"

Ben: „An was?"

Rubina: „Leben ist manchmal, sich das Leiden erklären zu lernen, dabei an sich zu glauben und dann alles zu glauben! Vielleicht muss das Gespenst in meinem Haus etwas lernen und war noch nicht soweit im Leben?"

Ben: „Wehe, ich muss post mortem noch Bügeln und Putzen lernen!"

Sie laufen auf ihr Hof. Er liest "Famiglia Nesunossa" auf einem kleinen Namensschild, das aus dunklem Holz geschnitzt wurde.

Ben: „Seltsames Haus! Da ist ein Tor, eine Tür und eine Terrasse. Und da sind auch Wände. Du hattest recht! Irgendetwas seltsames geht hier vor!"

Rubina dreht sich um und zeigt ihre hochgezogenen Augenbrauen und das Schmunzeln zu diesem Kommentar. Sie versteht zum Glück Sarkasmus.

Sie betreten den Flur und Ben öffnet seine Schuhe. Das Haus kommt ihm nicht komisch vor. Komische Häuser sind Häuser, die vor Jahrhunderten gebaut worden sind. Verranzt und zerfallen. Kalte Häuser, die den Wind nicht draußen lassen können, aber das Licht fernhalten. Akustik, wie in einer Kathedrale. Gebäude, die zu schön und zu pompös sind für ihre Nachbarschaft. Fern vom Stadtkern - das sind seltsame Gebäude. Die mit den merkwürdig großen Gärten, in denen man spurlos verschwinden kann. Sie möchte ihm erst ihr Zimmer zeigen. Sie laufen die irre steile und enge Treppe hinauf, die knarzt beim Betreten. Die Treppe macht eine seichte Kurve und sie biegen in ihr Zimmer ab. Sie lebt bei ihrem Vater, aber sie lebt eine Etage unter dem Dachgeschoss für sich alleine. Sie setzt sich auf ihr Bett. Auf dem Schreibtisch sind gezeichnete Bilder und Tarot-Karten. Ihr Bett ist klein. Die Wände sind voller Bilder, teils ausgedruckte, teils selbst gezeichnete Bilder. Keine Liebesbriefe. Keine

Fotos. Keine Fotos von Freunden an den freien Plätzen der Wand. Niedlich und bequem. Etwas einsam. Offensichtlich über Jahre bewohnt.

„Bitte!", sagt sie und zeigt neben sich auf das Bett.

Er setzt sich brav daneben und fürchtet unbegründet, ihr Freund käme jederzeit nachhause und fragt, was er da mache. Das Bett bewegt sich etwas von der Wand weg, als er sich mit dem Rücken gegen die Wand lehnt. Die Wand ist wärmer, als er dachte.

Rubina bricht die Stille: „Mein Vater sammelt Kuriositäten. Manche sind echt gruselig. Deswegen ist das Haus vielleicht auch komisch."

Ben: „Da haben wir es! Es ist nicht das Haus, sondern die Sammlerstücke!"

Rubina: „Warum ich dir sage das Haus sei komisch, liegt an den Dingen die mein Vater sammelt und wie das Haus das aufnimmt. Es absorbiert sie."

Ihr Zimmer sieht sauber und unordentlich zugleich aus.

Rubina: „Ich habe gesehen, dass du interessiert bist …"

Ben hält den Atem an und glaubt nicht, dass sie den Satz so beendet, wie sein erster Gedanke es hoffte.

Rubina: „ … an der Vergangenheit. Symbole und ihre Bedeutungen."

Ben: „Ja. Ich habe eine Rechnung offen mit dem Teufel. Meinen Vater habe ich damals verloren. Ein Verbrechen. Ungelöst. Wenn es das Böse wirklich in einer Gestalt gibt, dann möchte ich den Teufel verängstigen, an unserer Generation, nur seine Finger zu verbrennen."

Jemand steigt die Treppen hinauf. Schweres Gewicht, lautes knarzen. Ben setzt sich geraden Rückens und eine Fingerbreite weiter weg von ihr hin.

Rubina: „Mein Vater wird lange mit dir über das Thema reden können. Er ist interessiert an … ähm … Geschichte und Okkultem. Frag ihn einfach!"

Sie sieht unbeeindruckt aus. Ben rechnet mit ihrem Ehemann und einer 9mm. Er stellt sich einen ein Meter sechzig großen, muskulösen Mann vor, der Ben und Rubina voneinander wegschiebt, wie ein Ben Gardinen öffnet.

„Papa, hier!", sagt eine raue, männliche Stimme und es klopft zugleich. Die Türe öffnet sich und ein Mann mit kurzen, grauen Haaren steht an der

Tür. Er lacht freundlich. Auch er spricht deutsch. Erleichtert steht Ben auf und reicht im die Hand. Sie schütteln sich kräftig die Hand und stellen sich einander vor. Rubina unterhält sich auf italienisch mit ihrem Vater. Sie ist freudig und er sagt beiden, sie werden nicht lange auf das Essen warten müssen, denn er kocht bereits etwas. Er stellt sicher, dass Ben die Einladung auch von ihm erhält. Dann macht er sich wieder auf den Weg in die Küche.
Ben: „Schön ihn kennenzulernen! Was sammelt dein Vater so?"
Rubina: „Komm ich zeige dir es! Psst! Eine Geheimoperation!"
Ben: „Eine Expedition!"
Rubina: „Bleib hier sitzen! Komm, wenn ich dir das Signal gebe!"
Ben: „Klingt gut! Ich komme auf dein Signal."
Sie wippt voran und er schweift mit den Augen durch ihr Zimmer. Ben liest einen Zettel, den er zwischen dem Bett und der Fußbodenleiste entdeckt. Er lässt seine Ledertasche auf dem Bett liegen. Die Tür knarzt laut, als er sie einen Spalt öffnet. Sie aktiviert den Lichtschalter für den Dachboden und blickt hoch. Geheimnisvoller Blick hinab zur Treppe. Es duftet jetzt auch angenehm, wo die Türe der Küche offen ist. Sie schließt die Türe zur Treppe möglichst leise. Sie öffnet die Dachluke mit einem Holz und lässt eine Holzleiter sanft in ihre Hände fallen. Ben ist aufgeregt.Er kann sich kaum zurückhalten.
Rubina, flüstert: „Komm jetzt!"
Und Ben kommt.
Rubina: „Papa ist sehr interessiert an Geschichte, den Weltkriegen und den Artefakten des Bösen. Bitte!"
Rubina: „Aber … Psst!"
Er nickt. Sie klettert hinauf und er kann seinen Blick nicht von ihren Kurven lassen. Erst klettert sie nur einen Stück hoch und der Hintern ist auf seiner Augenhöhe stehen geblieben. Sie sieht kurz hinab und er muss seinen Mund schließen. Die Beine wollen praktisch gehalten werden, weil

die Treppe so brüchig aussieht und sie so hübsch. Sie klettert erst nicht weiter, als mit dem Oberkörper über dem Dachboden.

Rubina: „Sieh dir das mal an! Das ist mein Wunschpapier das Träume realisiert. Daraus zu lesen … und darin zu schreiben … Da ist etwas dran! Das ist nicht wie Sternschnuppen. Das ist anders! Das funktioniert echt!"

Ben: „Ein Wunschbuch? Vom Papa, exklusiv für den Dezembermonat, oder?"

Sie klettert wieder herab und sieht fabelhaft dabei aus. Sie nahm eine Seite heraus und reicht ihm diese. Er hat das Material des Papiers wiedererkannt. Sie stellt sogar sicher, dass die Ausrichtung stimmt und dreht ihm das Blatt zurecht und gibt es ihm, so, wie man es halten soll.

Ben: „Wie funktioniert das?"

Er schaut sich die leere Seite an. Es ist eine seltsame Norm. Das ist weder DIN A4, noch DIN A5, nicht quadratisch, auch nicht gerade. Es ist etwas breiter und vor allem ist es stärker als Druckerpapier. Nicht sehr feinporig, also wohl sehr alt. Die untere Seite des Papiers sieht zerrissen aus. Daher die Ausrichtung.

Rubina: „Du schreibst rein, was du dir wünschst und später passiert das, was unter deiner Schrift vom Schicksal geschrieben und heraus gerissen wurde. Es weiß keiner, was unten steht, stand oder stehen wird. Niemand weiß, ob ein Engel oder ein Dämon die Unterseite des Papiers hat und den Wunsch erfüllen muss. Daher ist Vorsicht geboten!"

Ben: „Du meinst, es stand etwas auf dem unteren Stück und dein Wunsch bekommt das entsprechende Ende?"

Rubina: „Ja, ich denke ja. Oder es wird in Zukunft erst geschrieben. Glaubst du an diese Dinge?"

Ben: „Nicht im Geringsten."

Er weiß, es gefällt ihr nicht und schüttelt den Kopf trotzdem.

Ben: „Warum hat das, eine so komische Form?"

Rubina: „Du siehst jetzt, dass du in einem seltsamen Haus bist!"

Ben: „Willst du dir nicht etwas wünschen?"

Rubina: „Es ist hergestellt nach einer besonderen Mathematik. Es war in einer Vase von einem Diener eines Pharaos. Aber auch er hat es von jemandem bekommen. Ich weiß nicht mehr, als das."

Ben: „Aha! Die lieblose Magie einer Pyramiden-Hierarchie-Gesellschaft verteilt Nieten als Lose. Warte mal … wo habe ich …"

Sie lacht und meint: „Aufgepasst, es kommen noch mehr solcher Dinge!" Ben versucht sich etwas zusammenzureißen, um ihr diese "Dinge" nicht so kritisch schlechtzureden, so kritisch wie er diese Dinge selbst betrachtet. Sie ist so herzlich. Dann hebt sie ihren Fuß auf die nächste Sprosse und klettert ganz hinauf. Ben wischt den heruntergefallenen Tropfen Spucke mit seinem Schuh auf.

Sie macht ein wenig Lärm beim Schleichen über den Holzboden und sagt scheu: „Komm! Du bist dran!"

Er klettert hinauf. Seine Stirn ist schon im Obergeschoss. Dann nimmt er die letzte Stufe mit Schwung und betrachtet einen staubigen Raum. Keine Kartons. Alles Holzkisten und Holzmöbel. Viele Verzierungen und Einkerbungen schmücken die ewig unbenutzten Möbel und zeigen ihr Alter. Leinentücher verdecken manche Gegenstände. Die Form deutet unter dem Tuch darauf hin, dass hier ein Bild, da eine Uhr und dort eine Vitrine verdeckt wurde. Die Möbel sind teilweise sogar zugeschnürt. Es knallt. Ben steht an der Kante von der verschlossenen Klappe. Die Leiter ist nach oben geklappt. Es ist düster und gruselig. Dämonisch. Ist das eine der Familien, die Leute in ihrem Dachgeschoss an einem Bett festbinden?

„Was ist passiert?", fragt Ben zaghaft.

Er steht regungslos im Raum. Sie hat richtig Angst.

Rubina: „Das ist noch nie passiert! Das kann nicht …"

Ben fummelt am Scharnier, und die Fallttüre öffnet sich wieder.

„Haha, hab dich! Darf ich auch nach oben kommen?", fragt ihr Vater.

Das war ihr Papa. Klar. Er zieht das Scharnier der Fallttüre und lässt die Leiter geschmeidig heruntergleiten.

„Eine Geheimnis ist nicht da, um es jedem Gast zu erzählen, mein Liebes!", sagt ihr Vater zu ihr.

„Aber kein Problem, Ben, jetzt komme ich auch nach oben. Dann kann ich dir eine Führung geben", fügt er hinzu.

Ihr Papa kommt mit nach oben. Er fängt an zu erzählen von seinem Baby, der Sammlung. Er tippt auf das Papier in Rubinas Hand.

Vater: „Das ist das Papyrus der Wünsche. Es funktioniert nicht, wenn Königsblut durch deine Adern fließt. Nehme dir diese Seite! Finde es heraus!"

Ben verkneift sich den Scherz, ihm zu erzählen, dass er normalerweise nur die Unterseite auszufüllen habe.

Der Vater zeigt auf einen alten Kalender: „Das ist für Glück! Von den alten Griechen erfunden."

Er sieht stolz seine Tochter an.

„Das ist nicht besonders interessant. Aber sehr alt."

Sie schaut Ben an. Und er sie.

Vater: „Das da drüben ist ein … Helm von dem Weltkrieg. Von den Deutschen. Das hat Wiedererkennungswert."

„Der Mann scheint richtig verliebt zu sein in Geschichte", denkt sich Ben.

Dann dreht er sich zu einer anderen Kommode und zeigt mit der flachen Hand auf ein Gemälde auf einem Stativ. Es ist in Tüchern eingewickelt. Unabsichtlich berührt, merkt er wie Bens Blick darauf fällt und sagt: „Das ist ein Fluch, aber ich erzähle erst ein andere Geschichte."

Er deckt das Tuch von einem kleinen Objekt daneben auf. Das Holz knarzt bei seinem Gang und der Vater steht vor dem Objekt und in der Stille des Raumes hören sie eine Polizeisirene am Haus vorbei fahren und dem Regen zu. Er streicht über das Tuch. Das sieht widerlich aus, weil mehrere Spinnen über seinen Arm krabbeln. Und weil eine davon direkt in seinen Ärmel hinein gekrabbelt ist. Er hebt sich das Ding an den Bauch und schüttelt seinen Arm aus. Er hält eine Uralte Kamera in der Hand. Er berührt sie nicht einmal mit den Fingern, denn sie liegt im Tuch in der Hand. Rubina scheut sich die Kamera anzusehen.

Er versteht ihre Angst und sagt ihr: „Ich bin vorsichtig! Keine Angst!" Das macht neugierig. Er hält sie etwas in die Höhe, über den Bauchnabel.

Vater: „Das ist eine deutsche Kamera!", imponiert er.

Ben: „Cool! Wie viel Megaschnitzel hat sie?"

Rubina rollt ihre Augen.

Vater: „Diese Kamera ist voll von der Bösen Kraft des Universums! Nach dem Angriff auf Menschen, im Krieg, mit Gas-Attacken, war die Kamera um … äh … die Fotos die sie macht. Alle Menschen waren natürlich tot, die man fotografiert hat. Danach fingen Leute an zu sterben, auch gesunde Menschen, die von dieser Kamera fotografiert wurden. Die Kamera wurde von Frankreich … konfisziert … und sie haben es später verkauft. Ein Künstler hat sich fotografiert, mein Vater kannte ihn. Gesunder Mann. Ist auch gestorben. Und meine Familie will nicht vor die Kamera. Hat vielleicht daher überlebt. Also habe ich sie genommen. Sie aufbewahrt. Sie geheim gehalten."

Ben ist ganz begeistert und sucht innerlich den Zusammenhang zwischen Gas und dem Fotoblitz, oder den damals verwendeten Chemikalien. Aber er kommt zu keinem Ergebnis.

„Wow! Warum nicht einfach das jährliche Treffen der Bänker ablichten?", fragt Ben im Scherz.

Der Vater lacht nur ganz kurz. Dann dreht er sich um und läuft einen Stück voraus.

Rubina: „Und die Versicherungs-Leute, die alten Leuten Angst machen und sie wegen tückischen Klauseln im Stich lassen! Widerliche Erpresser!"

Ben läuft ihr hinterher und zog ein Bündel Tücher mit sich, ohne es zu merken und offenbar ein Gemälde, das auf dem Fußboden steht. Es ist zum Teil sichtbar geworden. Und Ben sieht es sich aus der schräge an, läuft

sogar näher und bückt sich näher an das Bild heran, um das Tuch wieder darüber zu legen. Rubina atmet alle Luft ein, die in die Lunge passt. Sie ist schockiert. Sie hält sich die Hände vor dem Mund und dann vor ihre Augen. Ihr Vater sieht das und erstarrt ebenso. Ben hält die Tücher fest und richtet sie wieder an ihren Platz.
Ben fragt: „Ist es auch so ein Objekt, bei dem man stirbt, wenn …"
Der Vater unterbricht seine Exkursion, rast zu ihm, blickt in die andere Richtung vom Gemälde weg. Schockiert, ängstlich und zittrig zerrt er das Tuch mit Ben zusammen um das Gemälde und wickelt es wieder ein.
Vater, schreit wütend: „SI! JA! Das eh ist GENAU so ein Bild!"
Rubina kleinlaut und ängstlich: „Hast du das … Bild gesehen?"
Ben, unbesorgt: „Scherzt ihr?"
Er schaut in die Runde. Nein, sieht nicht so aus.
Ihr Vater atmet aus und wirkt resigniert. Er schaut sehr, sehr traurig in Bens Augen.
„Du bist praktisch tot", meint er feststellend.
Wortlos: „War nett dich kennenzulernen, aber das wird es gewesen sein!"
„Die Expedition ist also im Eimer?", fragt sich Ben.
Von einem kleinen Nervenkitzel und etwas besonderer Geschichte, bleibt nur noch eine Familie, die sich sicher ist sein Tod sei gewiss. Nein, die meinen das todernst. Jetzt ist er alleine mit seiner Meinung in dem staubigen Dachgeschoss einer fremden Familie, Mitten in Italien und während die Polizei nach ihm Ausschau hält, kann er sie beruhigen, wenn er geschnappt werden würde, kann er sagen, dass er bereits todgeweiht wäre. Sie können ihn genauso gut wieder freilassen. Rubina tritt heran, und greift nach seiner Hand.
„Wow, sie berührt mich!", denkt sich Ben.
Sie fängt fast an zu weinen.
Rubina: „Es tut mir so Leid, Ben!"
Ben, cool: „Kein Problem!"

Rubina: „Es tut mir so sehr Leid!"

Ihr Vater meint, dass er nicht damit gerechnet hätte. Er fühlt sich verantwortlich und hofft, dass es kein echter Fluch ist. Wer an den Teufel glaubt, hat sich vor ihm zu schützen, oder? Bei allem Respekt zu dem Aberglauben anderer Menschen, wenn sie es so ernst nehmen, dann wäre eine bessere Schutzmaßnahme angebracht, als ein einfaches Schnürchen um das Tuch.

Ben: „Na dann ist abzuwarten, was passiert."

Er nimmt das sehr gelassen.

Rubina: „Lasst uns wieder gehen, bitte!"

Rubina sieht zu ihrem Vater und bittet ihn: „Andiamo!"

Ben ist einfältig und hat bereits eine Idee parat. Ihn stört es nicht besonders. Doch würde sie so vielleicht keine Pläne mehr mit ihm machen.

Ben: „Ich brauche einen Stift, dann weiß ich was zu tun ist."

Vater: „Ich gehe dann zurück … ähm … in die Küche."

Ben klettert wieder hinab aus dem staubigen Reich. Während die beiden ihm folgen und die Luke schließen, geht Ben gleich in ihr Zimmer, schnappt sich seine Tasche und holt einen Stift heraus. Er nimmt seine Wunschbuchseite, legt sie auf ihren Schreibtisch mit der angerissenen Seite nach oben und schreibt: „Dieser Wunsch soll mich vor dem Bösen beschützen!"

Er hofft vergebens darauf, die Kleine behalte ihre Nerven und gäbe dem Unfug nicht zu viel Bedeutung. Sie zeigt Reue und damit viel Empathie. Das ist ein gutes Herz, das in ihr schlägt. Der Vater flüchtet die Treppe hinab. Sie kommt Ben auf einen halben Schritt nahe. Rubinas Kinn berührt fast seine Brust. Sie schaut hoch und will umarmt werden.

Er sagt ihr, das Gemälde würde ihn nicht töten und sie solle keine Angst haben.

Sie stehen sich schweigend gegenüber. Sie glaubt ihm nicht.

Am Esstisch steht die Luft. Mittagessen. Das Geklimper des Bestecks taktet jede Bewegung von Ben, weil er zu schüchtern ist, um mit seinen Geräuschen aus der Reihe zu tanzen. Das Dachgeschoss gibt Geräusche von sich. Ben starrt ihr in die Augen, um sich zu vergewissern, dass die Geräusche normal sind.

„Was machst du in Roma?", fragt der Vater und rührt die Spaghetti im Löffel zu einer Spule. Rubina beobachtet Ben, als wäre er ein Ei, das hin und her wackelt und bald schlüpft.

Ben: „Ich … studiere Kulturveränderungen. Es geht um friedliche Meilensteine, Erfindungen und plötzliche Zeitgeist-Veränderungen. Bin auf der Spur einer Zivilisation. Plötzlich begann mein Leben sich zu verändern. Seltsame Dinge passierten in meinem Umfeld und in meinem Leben. Der Teufel lässt uns im Kreis laufen. Ich mache mir Sorgen, es würde sich die Welt auf einen Rückschritt gefasst machen müssen. Da braut sich etwas auf und führt direkt zu meiner Türe."

Der Vater ist verblüfft, richtig stolz sogar, dass seine Tochter jemanden wie ihn nach Hause bringt.

Ihr Vater: „Oh! Interessant."

Das war nicht die Antwort, die er erwartet hat, nachdem Rubina das Interesse von ihm so unterstrich.

„Meine Tochter ist wieder alleine", sagt er enttäuscht und deutet an, wie viel Hoffnung er in Ben sah, als er seinen Löffel in seinen Mund stopft. Das Haus bewegt sich. Das im Haus verbaute Holz knarzt. Sie schämt sich und mustert ganz kurz seinen Gegenblick.

„Und was machst du dann in Roma? Du sprichst kein Italienisch?", fragt der Vater.

„Nein", antwortet er und lächelt.

Ben: „Ich bin ehrlich gesagt … ähm … eingeladen, um beim … Vatikan eine Audienz zu erhalten. Falls …"

„ … Falls sie meine Anfrage nun angehört haben", fügt er hinzu.

Der Vater lässt seinen Löffel unmittelbar am Tellerrand liegen. Er faltet seine Hände und lehnt seine Ellenbogen auf den Tisch.

Vater: „Jetzt sage ich dir etwas!"

Er legt eine gruselige Pause ein.

Vater: „Ich habe für diese Dinge in der Dach Etage lange gesammelt. Und ICH HABE AUCH GEFRAGT, ob ich eine Audienz bekommen darf! Sie haben mich nicht reingelassen und sie wollen nichts von mir hören."

Ben ist ihm damit versehentlich auf den Fuß getreten.

Vater: „Ich habe gekämpft. Richtig gekämpft, um diese Menschen direkt vor meiner Haustüre zu … ähm … überzeugen … damit sie sehen, wie groß der Schaden ist von dem Gemälde, das DU angeschaut hast. Und die Kamera. Und das Buch. Und die Nadel. Die Uhr. Das Besteck. Das Thermometer. Die Papiere."

Er atmet seine Luft komplett aus, um diesen Satz zu formulieren. Das Dachgeschoss rumpelt und die Tür, oben an der Treppe, klatscht zu. Rubina hat Angst. Und ja, Ben auch. Selbst ihr Vater. Es klang nach der Leiter.

Vater: „Das ist nicht 100% die Wahrheit, oder?"

Ben fühlt sich enttäuscht. Es ist die Wahrheit und er schuldet niemandem Gewissheit für seine Überzeugung, dass er auch ohne eine explizite Einladung durch kommt.

Vater: „Ich möchte bitte ehrlich wissen …!"

„Das ist die Wahrheit", hält Ben direkt dagegen.

Der Vater sieht enttäuscht aus.

Vater: „Gut. Ich will noch etwas anderes fragen."

Rubina behält nur noch den Flur im Auge. Das Holz macht Geräusche von Schritten, die die Treppe hinabsteigen. Läuft es auf Beinen? Braucht es die Treppe nehmen? Vielleicht ist es unsichtbar und schon längst da?

Vater: „Meine Liebe, bitte halte dir deine Ohren zu, bitte!"

Sie pariert vor ihm. Sie hält sich beide Ohren mit den Händen zu.

Ihr Vater wartet solange, bis sie untätig abwartet und zu ihm sieht und wieder auf ihren Teller die Spaghetti zählt.

Seine Stimme wurde sehr ruhig, flüsternd und vor allem sehr ernst.

Vater: „Bitte antworte erste wenn ich fertig bin! Und bitte, sage nur Ja oder Nein! Nicht mehr!"

Ben: „Okay, ja."

Vater: „Das ist ein Gemälde aus der Zeit von dem Weltkrieg. Hast du gesehen, was auf diesem Gemälde gezeichnet ist? Ja, oder Nein?"

Ben zögert mit der Wahrheit, da Rubina reale Angst davor zu haben scheint. Ohne zu nicken antwortet er.

Ben: „Ja, ich habe es zu einem Teil gesehen."

Vater: „Erzähle mir nicht, was du gesehen hast! Okay?"

Ben: „In Ordnung."

Ben, ruft sein Gedächtnis auf und blickt auf den vollen Teller. Er sieht das Bild vor sich. Er hat es sehr genau gesehen, auch wenn er es aus der Schräge sah. Ihm liegen die Worte auf der Zunge.

Ihr Vater: „Wie ist nochmal dein Name? Ich habe es wieder vergessen."

Ben: „Ben."

Ihr Vater: „Ich bin Josef."

Ben: „Den selben Namen haben wir in Deutschland auch!"

Josef: „Das ist die deutsche Version. Original … heiße ich Giuseppe!"

Ben entspannt sich. Es ist jetzt viel lockerer mit ihm zu reden.

Ben: „Freut mich, Giuseppe!"

Giuseppe: „Freut mich auch!"

Sie wärmen sich beide mit tief, herzlichem Lächeln die Seelen.

Ben versteht, was er fragen möchte. Und Ben ist noch nicht bereit, es zu beantworten.

Giuseppe: „Wie kommt es, dass du gar kein Italienisch sprichst?"

Kurzer Schnitt: Wo fängt die Reise überhaupt an? Wie kommt man darauf, die biblische Zahl zu entschlüsseln? Ich suche Gültigkeit im sogenannten Unantastbaren und habe die philosophische Reise zuerst gar nicht mit Religion begonnen. Auf der Suche nach Qualität landete ich da. Es kann sich jeder Mensch auf seinen Glauben berufen, um ein menschliches Gebilde zu entwaffnen, das sich gegen die Freiheit und das Leben stellt und seine Autorität von der Wahrheit borgt. Doch ist die Wahrheit ein Diener der Liebe. Der Raum ohne Vorwurf, muss von der Breite der Menschheit geschaffen und erhalten werden, nicht auf Aufforderung der Autorität. Wer die Ansicht hat, sich nur durch Wissen lenken zu lassen, wird Menschen treffen, die dieses Wissen gegen die Menschheit richten werden. Und sie werden die Unwissenheit der Menschen verzeihen, aber nicht die Liebeslosigkeit. Es werden diejenigen bleiben, die sich beim Lernen von Liebe lenken lassen und sie werden es gegeneinander richten und es wird ihnen am Besten gehen.

Angenommen, man wird für alle Ewigkeit in einen Raum gesperrt. Egal, ob mit Gott, einem Klon von einem selbst, oder nur mit sich selbst, ganz alleine. Würde man lieber mit einem Wesen in den Raum eingesperrt werden wollen, das entweder:
A: Mehr weiß und schlauer ist, (als man selbst)?
Oder
B: Zu mehr lieben in der Lage ist, (als man selbst)?

Das ist kein fiktives Szenario, denn das Leben ist mit der richtigen Antwort bereits konzipiert worden. Man würde sich lieber mit einem Wesen den Raum teilen wollen, dessen Stärke die Liebe ist. Nicht mit "Wem", sondern "Wie", man den Raum teilt, macht den Unterschied. Somit kann man jedes beliebige Wesen hinein platzieren und hätte den selben Anspruch an das Wesen, sowie an sich selbst. Man findet sich selbst in Jedem. Ein einzelner Mensch, der nach den Weisheiten der Nächstenliebe strebt, würde weder in einer Krise dazu in der Lage sein alleine das Blatt zu wenden, noch würde sein Werk in günstiger Lage einen signifikanten Unterschied machen, würden seine Mitmenschen die Gutmütigkeit einfach als Produkt absorbieren. Was wie Rosen verschenken klingt, bedeutet aktiven Widerstand gegen die Ungerechtigkeit. Angenommen es gäbe eine Methode, in der eine Gesellschaft selbst nichts oder wenig dafür tun müsste, um trotzdem tiefer in die Falle der Reuße zu geraten: Dann würden bald schon tiefere Reußen in den Strom geworfen werden, bis der ganze Fluss von einer riesigen Reuße umhüllt ist. Und welcher Fisch reißt das Netz? Der Erste, der vom Gewicht des Letzten durch geschoben wird. Wenn entweder die Gräte oder der Zahn das Netz schneidet, dann besser der Zahn. Die Stärke kommt von einem starken Kulturschatz und seinen Weisheiten. Ein Volk, das durch Kriege aufstieg und auf seinem vollen Magen ein zivilisiertes und menschenfreundliches Inland schafft und sich über Formen der Sklaverei die Barbaren der Nachbarschaft zu eigen macht, wird die Führung genießen, die ihnen das Privileg weiterhin zusichert. Die Unterdrückten werden ihren Anteil der Menschlichkeit fordern und aus den unrealistischen Versprechen der Führung wird sich herauskristallisieren, dass sich das zivilisierte Volk von ihren Privilegien verabschieden muss, wenn sie diesen Raum an Menschlichkeit schaffen wollen. Die unbeliebten Arbeiten und die Positionen, für die man sich aus dem Ausland die Hände holte, müssen dann vom eigenen Volk verrichtet werden. Dort spaltet sich der Zusammenhalt, wenn die hochqualifizierten Kräfte sich weigern an den grundlegenden Arbeiten mitzuwirken, die den regelmäßigen Touch der Moderne jedoch sehr gut vertragen könnten. Weigert sich die Kultur der Menschlichkeit die Tür zu öffnen, wird die Spaltung dieses Wohlstandes den Benachteiligten anbieten darin Schwäche im Gerüst zu erkennen und es werden die Benachteiligten ein neues Zentrum mit ihrer eigenen Kultur auf den Trümmern des einst großen Kultur-Epizentrums errichten.

Ironischerweise wird sich die neu etablierte Macht eines Tages selbst in den Bereichen der Nächstenliebe und Menschenfreundlichkeit hingeben und wird sich im selben Dilemma befinden, wie die, die sie bekämpften. Der wahre Fortschritt ist dabei die Nächstenliebe in der gesamten Breite der Kulturen zu fördern. Die Unterschiede sollen sich angleichen können und die Epizentren der Kulturen müssen sich im Wachstum überschneiden können, anstatt aneinander zu grenzen. Würde man zwei Seifenblasen nebeneinander aufblasen, würden sie ihre Form anpassen, um eine Grenze zu bilden. Dann wird daraus eine fusionierte Blase entstehen, bis die übrige Luftzufuhr sie zum Platzen bringt. Könnten die Hüllen ineinander gehen, ohne weder zu platzen und in kleinste Teile zu zerfallen, noch zu fusionieren, dann kann man weiter von mehr Stellen Luft hineinblasen. Weder will man eine Weltherrschaft, noch den Zerfall des hart erarbeiteten Zusammenhalts. Man will das Beste von beidem. Es bedeutet, dass ein Volk aufgeklärt sein muss. Bietet man uns an, über unsere Verhältnisse zu leben, dann sollten die Warnsignale ernst genommen werden. Wir streben nach hoher Qualifizierung und nach dem besten Gehalt. Es entsteht ein Sog, der Menschen von außen in das Inland zieht. Ein weises Volk sieht die Gefahr, die Stabilität einer Gesellschaftsstruktur erst hoch zu lüpfen und danach etwas darunter zu schieben. Stabiler ist es, die hochqualifizierten Bausteine von oben neben das Gerüst anzugliedern. Die umliegenden Steine können dann mit entsprechendem Bildungseinsatz nebenan angehoben werden und die Breite weiter stützen. Es muss sich lohnen grundlegende Arbeiten zu verrichten, dort Qualifikation einzugliedern und die Kurve der Abgaben steiler zu machen, im Verhältnis zum gesamten Wohle.

Was gibt einem Menschen die Zuversicht, sich gegen einen Missstand zu widersetzen, obwohl sich alle an die Regeln halten? Ich frage Sie!

Es ist angebracht die Fertigkeit der Nächstenliebe nach außen zu tragen und das Lieben Lehren lernen.

Rom. Giuseppe fuchtelt mit der Hand, um ihr weis zu machen, dass sie wieder hinhören darf. Und sie setzt ihre Hände von den Ohren ab.
Ben sucht nach einer bescheidenen Antwort.
Giuseppe: „Weißt du, ähm … Ben? So wie das Papier … Ein kleines Stück fehlt. Vielleicht liegt dieses kleine Stück im Herzen?"
Ben fühlt sich sehr unterhalten und lauscht gespannt.
Giuseppe: „Es ist dein Leben …", rät er ihm, weil er sieht, dass es Ben sehr interessiert, „ … Du hast zu Finden, was auf diesem Papier fehlt und du hast die Zeile noch zu Schreiben. Es ist nur ein Wunsch. Aber es ist dein Wunsch!"
Ben dankt ihm das innerlich. Er hat das sehr gerne gehört. Er nickt nur.
Rubina fragt vorsichtig: „Warum bist du eingeladen im Vatikan? Oh, dein Café! Ich mache dir schnell einen Café!"
Sie lässt die Frage im Raum stehen und bereitet seinen Café vor.
Ben: „Ich habe Schriften gefunden. Eine sehr alte Kultur ließ diese verfassen. Für mich ist das der aller letzte Ort, an dem ich Magie suchen würde, bevor ich es ganz von der Liste streichen kann. Ich suche das Gute darin. Nicht das Böse. Denn das findet einen von selbst. Ich will wissen, wie die Kultur so eine lange Zeit überlebt hat und was die Lücken bedeuten. Eine Tradition. Eine, die funktioniert. Das ist, was mich interessiert. Was hat Beständigkeit in der Welt? Und was ist nur Ablenkung?"
Ben behielt damit das Meiste für sich. Es soll zumindest ein besseres Geheimnis werden, als der super geheime Dachbodenflohmarkt, in dem man beim ersten Besuch direkt eine Führung bekommt. Seine gefährlichen Geheimnisse der verfluchten Schätze, hingegen, blieben so lange geheim, wie eine Sternschnuppe im Himmel zu sehen ist. Rubina ist auf einmal verlegen und gesteht, dass sie recht wenig erfahren hat, was er in Rom macht. Dem Vater hingegen, traut Ben zu, verstanden zu haben, dass er es noch zu finden hat. Giuseppe lehnt sich zurück und atmet flach aus, senkt

den Blick. Und das machen Menschen nun mal, wenn man ihnen auf den Zeh getreten ist.

Rubina: „Heute haben wir etwas schreckliches gesehen."

Sie hält den Atem an.

Giuseppe: „Oh?"

Rubina: „Wir sind mit dem Bus zusammen hier her gefahren."

Giuseppe: „Habt ihr euch auch da kennengelernt?"

Ben grinst.

Rubina sieht ihn an: „Ja, wir haben uns im Bus kennengelernt."

Sie lächelt kurz verlegen.

Rubina: „Er interessiert sich sehr für Symbole und Schrift aus der Vergangenheit. Das ist so cool! Ist mir sofort aufgefallen. Oh! Und … ja! Und … der Bus stoppt plötzlich. Dann gehen wir nach draußen und wir müssen nach Hause laufen. Aber eine Frau, so ein ganz eklige, hat ihren Hund vor den Bus getreten und getötet."

Giuseppe ist entsetzt und schärft seinen Blick tief betroffen.

Rubina: „Direkt vor dem Tierheim, wo ich den Hund mit Kystos her habe."

Damit ist ein Name gefallen. Ein Ohr von Ben dreht sich in ihre Richtung.

Giuseppe: „Okay."

Rubina: „Wir wissen nicht, ob es mit Absicht war. Aber …"

Ben: „Ich bin mir da ziemlich sicher."

Rubina: „Und … von da sind wir dann auch gelaufen."

Giuseppe öffnet die Augen weit.

Giuseppe: „Du weißt, dass ich diesen Weg nicht liebe. Ich habe dir bereits gesagt …"

Rubina: „Ben ist mit mir zusammen gelaufen und wir sind nicht durch den Wald, wir sind an der Straße entlang gelaufen!"

Und Ben wird weiter neugierig.

Giuseppe: „Das eine mal sagt man: Es passierte nichts. Das andere mal sagt man: Sieh, wieder nichts! Und eines Tages fragt die Polizei: Was hat sie an dem Tag getragen?"

Sie rollt die Augen.

Ben: „Ist auf diesem Weg … mal etwas passiert?"

Giuseppe: „Lange her, ja! Das war ein Dämon."

Ben rollt seine Augen. Und wenn sie die Geschichte nicht erneut hören möchte, dann Ben aber, zum ersten mal.

Sie runzelt die Stirn und beteuert: „Viele Jahre in der Vergangenheit!"

Giuseppe isst seinen Teller leer. Rubina bringt Ben seinen Café.

„Dankeschön!", sagt er grinsend und hört zu, was Josef damit meint.

Giuseppe: „Ich erzähle dir die Geschichte, wenn du sie hören möchtest?"

Ben: „Klar!"

Giuseppe: „Es ist ein wahre Geschichte. UND! Die Geschichte passierte in diesem Stadtteil. Es ist … Nein, ich erzähle alles von Anfang an."

„In einem kalten Winter …", bricht er kurz an.

Giuseppe: „Momente noch! Die Geschichte finden wir im Internet auf deutsch. In deiner Sprache, mein Junge! Direkt von der Quelle."

Er packt seinen Teller in die Hand, klemmt das Besteck unter seinen Fingern und legt es in die Spüle. Er hastet zur Steckdose und kommt mit seinem Laptop wieder. Er öffnet es auf dem Tisch und doppelklickt auf das Internet Symbol und es stürzt ab, weil zu viel offen ist. Er öffnet die "Task-Jennifer" und macht kurzen Prozess mit allen Fenstern und Tabs. Es lädt zuerst eine Seite mit den Schlagzeilen und er liest halblaut, halb summend mit, was er sieht.

„Die Schlagzeile von heute uuuuuund …"

Dann macht er eine Pause. Ben sitzt daneben und wird weiß im Gesicht. Er weiß, was das bedeuten kann. Ist eine Ablenkung angebracht? Er isst seinen Teller hastig auf. Fürchtet, er müsse bald weiterziehen.

„Ich bin noch auf dem Titelblatt", denkt er sich und wird ganz steif.

„Oh!", sagt Giuseppe, „Das ist gar nicht gut!"

Er sieht Ben an, dann seine Tochter. Wieder kommen Geräusche von der Treppe. Oder von ihrem Zimmer? Oder aus dem Staubpalast?
Giuseppe: „Ist der Papst in Rente gegangen? Oder gestorben?"
Blut staut sich heiß im Kopf.
Ben: „Was? Was ist da passiert?"
Rubina: „Oh nein!"
Giuseppe: „Doch!"
Ben: „Oh!"
Auch wenn das unvorhersehbar war, fragt sich Ben wie sehr er in der Klemme steckt, mit all den Ereignissen um ihn herum. Und wie wenig er davon versteht, was um ihn geschieht.
Die Kleine fummelt seit einer Weile mit der Gabel im Essen und jetzt schaut sie in den Teller hinein, als wäre das ein Monitor.
„Wann?", fragt sie.
„Heute. Heute Vormittag."
Dann versucht er sein Bestes, nicht zu erstarren.
„Hast du das gewusst?", fragt er Ben.
Er schüttelt den Kopf und antwortet knapp mit: „Nein."
Dann tippt er auf der Tastatur und präsentiert ihm die versprochene Geschichte, um wieder zu dem Thema zurückzufinden.
„Bist du okay?", fragt er seine Tochter.
„No!", lässt sie ihn wissen.
Rubina: „Heute ist ein Hund vor unseren Augen gestorben. Ben kann nicht zu seiner Audienz. Und … vielleicht … stirbt bald mein …"
Sie atmet ein und deutet mit den Augen kurz auf Ben. Sie atmet aus. Sie will es nur nicht aussprechen. Sie meint ihn. Ben versucht sich einen Reim draus zu machen, welche Rolle er bekommen hat, dass er sich in diesem Schicksal so verwoben fühlt, dass er nicht einfach zur Türe hinausläuft, sondern die Rolle annimmt.
Giuseppe: „Möchtest du etwas interessantes lesen?"

Er ist seit dem frühen morgen auf unerklärlichen Wegen am Rande des Wahnsinns vorbei gezischt. Bis man findet was man liebt, ist der Weg voller Kurven.

„Ja", sagt Ben, um Zeit zu gewinnen und nachzudenken.

Er versucht sie mit einem besänftigen Blick aufzumuntern. Und ja, sie sieht das sehr gerne.

Rubina: „Das ist eine gruselige Geschichte, Ben."

Sie warnt ihn, weil sie das zärtlichste Gemüt überhaupt hat und weil selbst kleinste Signale in ihren Antennen räsoniert.

Ben klickt auf die deutsche Flagge und stellt damit seine Sprache ein.

Ben lächelt sie an. Er bemerkt den sonderbaren Link:

www.professionalwebsiteforeveryonejusttakeyouropinionandpretendyougotatitleitisthateasybro.com.nemo/Roma-tape013

Und Ben liest laut:

„Diese Aufzeichnung wurde von einem Tonband aufgenommen, welches Angelo Ramanyu mit sich trug, als er auf dem Heimweg zu Tode kam."

Ben schaut unbeeindruckt in die Runde.

„Brillante Idee, jetzt davon zu lesen", denkt er sich sarkastisch.

„Der Befund ist ein Rätsel der modernen Kriminalhistorie und Spielraum für mehrere Verschwörungstheorien, darunter diese hier. Primär stand der Polizei ein Tonband zur Verfügung, welches als einziges Hinweis, Informationen direkt vom Opfer verriet, aber später verschwand. Die Aussagen der Freunde wurden als nicht authentisch eingestuft. Das Opfer führte regelmäßiges Tonbandtagebuch, zu Therapiezwecken. Die folgenden Worte sind mit einer Wort-zu-Text und Wort-zu-Wort Software unverändert übernommen worden und zeigen die Wahrheit zu Angelos verschwinden. Der Fall wurde dann am 07.01.1999 veröffentlicht, um Hilfe von der Öffentlichkeit zu bekommen:

„Angelo, hier! Willkommen zu meinem Sprachtagebuch, an einem normalen Tag in einer normalen Gegend. Nichts außergewöhnliches hier. Heute habe ich meine Freundin zuhause zum Essen eingeladen. So süß! Sie gab mir einen Kuss zum Abschied. Ich schließe das Tor hinter mir, wie normal. „Ich passe auf", versprach ich ihr, bevor ich ging. Es ist bald heilig Abend. Es gäbe eine Warnung von einem Mann, der das Mitnahme-Verbot von Messer mutwillig missachtet, der wieder auf freiem Fuß ist. Sagen sie im Radio. Ausgebrochen aus der Psychiatrie. Ich lasse sie nicht alleine nach Hause laufen, deswegen habe ich sie nach Hause gebracht. Besonders diesen Weg, mag ich nicht. Zu viele dunkle Flecken. Aufgewirbeltes Laub tastet den Weg voraus. Ziemlich dunkel im Winter! Ein kleines Messer in der Tasche verhilft mir zu Mut, das ich ohnehin nicht brauchen werde. Nur zur Vorsicht. Es heißt ja auch, dass Männer nicht in Gefahr sind. Puh. Es ist zu kalt, um meine Hände anderswo, als in meinen Hosentaschen zu lassen. Oh! Und hinter mir … war wohl niemand. Auch bei mehrmaliger Überprüfung muss ich mir keine Sorgen machen, wegen den vermeintlichen Schritten auf sieben Uhr oder acht Uhr. Eulen machen, wie sonst nie, Schreie, die man mit der Phonetik meines Namens verwechseln kann. Der Wind nimmt auf der Höhe zu. Kein Problem. Der Wind kann ja nicht anders kommen, als von zwischen den Hügeln. Weil ja der Laub sich da hinten zu mir bewegt. Und aufwirbelt. Wahrscheinlich ist die Leuchtkraft ein Phänomen vom Mondlicht. Wow! Ein Wildschwein in perlweiß lief gerade am Horizont auf zwei Beinen von einem Ast zum anderen durch den Wald. Albino vielleicht. Das faszinierte mich bereits als Kind, die Rätsel der Natur zu knacken und dafür eine Erklärung zu finden. Huh! Kalt ist es! Ich bin in eine Pfütze gelaufen und dann friert mein Schuh darin ein. Habe diesen Schuh gleich liegen gelassen. Ich laufe große Schritte, zumindest beeile ich mich ein Stück vom Weg. Bergab ist Rennen sogar angenehmer, um schnell nach unten zu gelangen. Oh! Besser ich finde keinen Grund, um zurück gehen zu müssen. Angenommen ich müsste das, nur angenommen, kann ich sicher nicht länger wie eine Minute durchhalten, nach oben zu rennen. Nur, wenn ich muss. Nur, solange ich keinen Grund habe und die schweren Atemgeräusche hinter mit ignorieren kann, brauche ich mir gar keinen Kopf zu machen, was in meinen Nacken gespuckt hat. Es ist nicht besonders gut für den Stahl des Messers, wenn mein Schweiß entlang tropft, wegen dem Rost. Das ist wie eine Gewohnheit, den Griff entlang zu tasten, die den Abzug des Messers tätigt. Oh, was? Das ist ein Licht hinter der Wegkurve. Nein, sogar zwei. Und … die Lichter kommen näher. Blenden mich. Es leuchtet mich jemand an, kommt näher, glaube ich. Die Krawatte! Ach! Das fiel mir wieder zu spät ein, dass ich sie bei meinem Mädchen vergessen habe. Die Krawatte vergesse ich ja immer, wenn ich bei ihr bin. Also? Jetzt laufe ich doch besser zurück! Sonst mache ich das ja nie. Der Wagen, oder was das ist, bewegt sich ganz schön schnell her. Ich habe ja großes Verständnis, wenn mich keiner mitnehmen möchte. Gerade wegen der Warnung des Streuners aus dem Irrenhaus. Also renne ich mal zur Seite. In den Wald. Um sie nicht zu stören. Den Fahrer. Zwischen Bäumen. Brechen Äste. Wieder eins. Ich muss ein … Tier aufgeschreckt haben. Es rennt. Zu mir. Schnell. Der Lichtkegel folgt mir ganz still in den Wald. Es leuchtet von sechs Uhr. Und mein Schatten sieht ja gigantisch aus, auf dem Felsen direkt vor mir. Meine Silhouette hat einen ziemlich scharfen Rand. Sowie die seltsamen Schattenspiele um meine Silhouette. Die blöde Sackgasse war doch keine Abkürzung. Meine Finger kleben schon an der stumpfen Messerklinge. Eine Gruppe von Wanderern rückt an. So was! Sie kesseln mich ein, wahrscheinlich weil sie mir helfen wollen den Weg zu finden. Ihr Alter ist ja in der Dunkelheit kaum abschätzbar. Dreistellig, definitiv. Falten verstecken fast komplett die schwarzen Augen. Wenn das nicht die Theatergruppe der Stadt ist? Sie kleben sich schwarze … Ouh … Flügel an den Rücken … Ouh … der Schwung hat mich herumgeschubst. Nach hinten. Aaaaaaarrrrrgghh! Der Wanderer reicht mir dann doch die Hand. Greift an mein Brustkorb. Ich glaube ich bin in meine Klinge gefallen und stecke fest. Aaargh! Ein zweites mal. Alles vergeht so langsam. Die Zeit vergeht nicht mehr. Wie eine abgelaufene Sanduhr. Mein Blut wärmt die Hand des Mannes mit den scharfen Fingernägeln. Es ist so kalt. Ich sehe ihm in die Augen. Schwarz. Seit einer Ewigkeit. Regungslos. Jahrhunderte lang. Nur dieser Blick. Nur diese Leere. Mein Puls ist schon lange verschwunden. Die Augen lassen mich nicht gehen. Sie verschwinden nicht mehr. Sie verschwinden nicht mehr. Die Augen! Das, was da schlägt in seiner Hand, ist mein neues Herz. Ist das ein Chirurg?"

ENDE der Geschichte, weil die Aufnahme ab dem Moment nur noch Wind und Rauschen lauten lässt. Die restlichen 3 Stunden der Aufnahme wurden heraus geschnitten.
Krass, oder? Wacht auf! Öffnet die Augen, Leute! Die Wesen sind real! Dann passt auf Leute!
Ein Bericht der Gerichtsmedizin ist aufgetaucht:
Angelo Ramanyu
Am 24.12.1998 vermisst gemeldet. Am 25.12.1998 von der Spüreinheit gefunden. Der Fall wurde erst einer Sondereinheit der Gerichtsmedizin überlassen. Dann dem Geheimdienst. Dann der Regierung. Dann den mächtigsten drei Familien der Erde. Dann dem Technischen Hilfswerk. Dann haben die Römer die Aufnahmen gekauft. Dann ein Kunde. Dann Kunigunde. Und schließlich wurde es publik gemacht und vernichtet. Seine Todesursache wurde von der Polizei schnell den Schnitten um sein Herz zugesprochen und der Komprimierung des Brustkorbes. Es gab nach offiziellen Angaben kein Blut mehr im Körper und das Herz war zwar noch verbunden zum Körper, aber lag außerhalb des Rumpfes. Ein anderes Herz lag daneben. Selbe Blutgruppe. Die Kriminalpolizei hat den Fall nicht annehmen wollen, da der leblose Körper nach mehreren Tagen, selbst im Kühlzustand, die Temperatur von 39,0°C beibehielt. Dann verschwand der Körper. Keine Spur.

Die Familie der Freundin, die er zuletzt besuchte, gab an, Schuld sei ein Gemälde. Es läge seit Zwei Generationen im Besitz und sei verflucht. Angelo hat es sich eines Tages angesehen, auch wenn er zugab nicht verstanden zu haben was er sah, so seine Gefährtin, war er einer von den Menschen, die einen kurzen Blick gewagt hatten und darauffolgend starben.

Wenn sie noch mehr gruselige Geschichten lesen wollen, dann folgen sie den Links zu meinen anderen spannenden Geschichten!
Autor: Storyfamegenerator1997/Roma-Tape

\-   -

„Wow", sagt Ben nach der Geschichte. Da friert ihm das Blut ein.
Ben: „Was für ein Scheißdreck! Und das glauben Menschen?"
Die beiden schauen mit Kulleraugen zu Ben.
„Das war auf dem Hügel, wo wir entlanggelaufen sind, bloß weiter oben im Wald. Hier in Rom!"
Die Karte unter dem Text zeigt den Hügel, an dem beide parallel an diesem Tag vorbeiliefen. Ob das der richtige Zeitpunkt war, mit einer Geschichte wie dieser anzuknüpfen? Er fühlt sich unwohl in der Gegenwart von diesem Aberglaube und seinen Anhängern. Er denkt an sein Hotelzimmer und gähnt. Schlafen, klingt verdammt gut. Sonst kommt da mehr und mehr aus der selben Richtung.
Er will ja noch telefonieren. Also greift er es als Vorwand auf und lässt die beiden fallen.
Ben: „Danke für das Essen!"
Die rätselhaften Ereignisse in diesem komischen Haus lassen sich auf die rätselnden Menschen herunter kürzen. Unterm Strich, denkt er, hat er Zeit verloren. Auch wenn er hier vor der Polizei in Sicherheit ist. Er würde ja gerne die Schlagzeilen am Laptop durchforsten. Vielleicht muss er davon absehen, da die Gunst des Zeitpunkts eher fraglich ist. Die beiden

scheinen zu verstehen. Er will gehen. Doch der Vater lässt ihn so einfach nicht gehen.

Giuseppe: „Ich weiß nicht warum, aber da gibt es etwas, das ich dir zeigen möchte."

„Gott bewahre mich", denkt sich Ben.

Seine Vorahnung verspottet ihn und klopft ihm auf die Schulter, erinnert an die Grenzen der Gastfreundschaft, wenn Überzeugung im Spiel ist. Ihm ist es natürlich nicht ganz klar wie Schicksal funktioniert, ob es das gibt, und weil er nicht daran glaubt, hat er sich auf einer Ebene geeinigt: Er glaubt lieber nichts. Entweder, man kann es wissen, oder man muss vertrauen. Lieber können, als müssen. Vertrauen fehlt ihm, bis er weiß, dass es fehlt. Was ihm fehlt, haben die beiden. Während er auf ihren Vater wartet das Geschirr zu reinigen, liest er auf Giuseppes Empfehlung in einem beliebten Online Magazin und findet anhand der Titelzeile auch den Reiz einen Artikel genauer unter die Lupe zu nehmen. Es ist ein deutscher Artikel aus der Wissenschaft der Biologie. Das Internet versteht viel zu gut mit welcher Sprache man umgehen kann und dann kommt ein Maßgeschneiderter Beitrag. Alleine die Schreibgeschwindigkeit der Buchstaben kann verwendet werden, um den Nutzer zu identifizieren. Vielleicht weiß das Internet bereits, was man möchte? Definitiv, wer man ist. Das ist ein gefährlicher Algorithmus. Wir bekommen was wir wollen, nicht was wir brauchen. Hier kommt dann die Märchenstunde, die Ben eher braucht, um seine Nerven beieinander zu halten. Kein Hokuspokus und ein elendes "Was wenn es vielleicht doch wahr ist? Wer weiß? Kannst du es spontan widerlegen? Na, also!" zwischen jeder Zeile, wie in der Geschichte aus Roms verfluchtem Hügel. Nein. Einfach ein am Boden der Tatsachen entlang gleitendes "Wow!". Wissenschaft. Nahrung für den Geist. Blutlos ausgestanzt. Ein Wissenschaftler wirft Futter in den Napf. Keiner will mehr das Essen vom Boden auflesen.

Ben: „Oh schaut mal, das ist nicht schlecht!"

Ben liest gespannt vor, um einen Wendepunkt zu generieren.

Das Magazin ist bekannt für Anreize, die alle interessieren und sie so knapp zu fassen, dass man plötzlich etwas Ahnung hat von etwas, das man nicht unbedingt weiter studieren muss. Das Online Magazin heißt: "Self inflating water hedgehog". Und das Symbol ist der angeleinte Kugelfisch.

Der Link des Artikels:
Homepageforaspiringacademics.com/User.011/Informationistasymmetrisch

Der Titel:
"Das Aeon der Asymmetrie - Das Serum einer Theorie"

„Folgende Hypothesen aus der Biologie tauchen immer häufiger im Gespräch auf, zumindest sagen das die Hobby-Biologen der Naturphilosophie: Es sind die immerzu vorkommenden Achsen der Symmetrie und deren, um Haaresbreite, verfehlte Perfektion. In der Naturphilosophie breiten sich immer mehr abstrakte Modelle aus, die "Information" neu definieren wollen. Die Hypothesen werden momentan heftig diskutiert. Die Symmetrieachse ist die Gelegenheit: Der Zeitpunkt, Ort und der Kontakt, an dem sich die Anziehung der Information verwirklicht. Im Kern heißt das, dass Leben Information so kompakt wie möglich überlebensfähig macht, um noch mehr Information aus der Umgebung besser zu verkeilen und damit die überlebensfähige Konstellation komplexer werden darf. Informationsdichte ist nun ein Begriff, dessen Messbarkeit ein Meilenstein für einen Nachweis werden könnte. Die Praxis hingegen ist relativ einfach. Es blüht die Erde voller Leben. Die richtige Kombination hat sich getroffen. Die Welt besteht aus Information. Und die Information, sagt die Theorie, hat das Bestreben sich auf geringstem Raum, so dicht wie möglich, so komplex wie möglich, zu verflechten und zu vervielfachen. Es gibt möglicherweise auch nur so viel Raum und Zeit, wie Information benötigt und der

wachsende Bedarf an beidem könnte damit aus der zunehmenden Komplexitätssteigerung resultieren. Information, behauptet man neuerdings, sei Asymmetrisch und daher hat sie Qualität. Ist die Information symmetrisch, ist die Achse asymmetrisch - Ist die Information asymmetrisch, ist die Achse symmetrisch. In der Biologie wird ein Komplex, ohne perfekt sein zu müssen, akzeptiert, da eine Neuerschaffung einer komplexen Funktion viel unwahrscheinlicher ist, als das ständige Überprüfen der Überlebensfähigkeit und der darauf folgenden Vervielfältigung. Dynamische Information gewinnt gegen stabile.
Damit erklärt sich, warum es Krankheiten geben muss. Der hohe Aufwand Information verflechtet und vielfältig Überlebensfähig zu machen, sorgt dafür, dass es qualitative Unterschiede der Verbesserung geben muss. Also gibt es keine Fehler, sondern nur unterschiedliche Level der Überlebensfähigkeit, im Vergleich zum Optimalfall. Anstatt das komplexe System beim Streben nach Vielfalt durch Veränderung aufzugeben, nur weil es verschiedene Abstufungen der Qualitäten gibt, wird sich das komplexe Gebilde aus Information selbst mitsamt des resultierenden Nachteil bewahren. Eine Krankheit ist ein Bestandteil vom Lebendigem. Es wurde so komplex, weil Veränderung ein Teil davon ist und es wird die Veränderung weiterhin nutzen, auch wenn es zu einem temporären Nachteil in der Überlebensfähigkeit kommen kann. Es kann zu einem späteren Zeitpunkt möglich werden den Nachteil auszubessern, zu ersetzen oder zu entfernen. Sich veränderndes Leben toleriert die Fehler, anstatt sich bei dem Prozess selbst für fehlende Perfektion aufzugeben und hat auch mehr Ressourcen, um den Makel zu eliminieren/verkleinern, weil das Gesamtwerk bereits überlebt und besser getestet werden kann, was davon tatsächlich der weniger brauchbare Teil ist.
Das notwendige Übel - ein Katalysator von Veränderung. Daher weiß man aus Religion UND Wissenschaft, dass am Ende alles gut wird.
Siebter Tag. Gott ruht. Alles ist bereits geregelt und weil nicht alles

nichts ist, ist alles, was es gibt, mindestens gut. Der Aufbau in einzelne Bestandteile ist möglich, wie z.B. die Zerlegung eines Autos in seine Bestandteile, die ihre Aufgaben im Kleinen behalten, aber effektiv ihr Überleben im Großen bewähren, hier, dem ganzen Auto. Ein Sportwagen mit einem billigen Auspuff ist lieber immer noch ein Auto, als kein Auto, wegen diesem Makel. Sagen wir, der erste komplexe Baustein, wäre die Fähigkeit sich zu erhalten, durch eine Stabilität im genutztem Raum. Dann zum Beispiel die Fähigkeit, dass die Information sich scannen/erfassen kann. Die Funktionen verbinden sich und behalten einander in der Nähe oder zerfallen im Raum bei destruktiven Bedingungen. Sie stünden somit als ":A:B:", miteinander und bilden eine Kette. Damit ist aber auch ":B:A:" eine mögliche Kombination der beiden. Die Symmetrie, falls die beidseitigen Verbindungen kompatibel sind, hieße, dass ":A:B:A:B:"s sich genauso verbinden können, doch sie sind in der Mitte zertrennlich und überleben die Teilung, da sie schon als ":A:B:" Sinn gemacht haben und würden keine bessere Qualität aufweisen. Dann trifft dieses Konstrukt auf einen neuen Mechanismus, der auch an die Kette andocken kann. Sagen wir es sei die Fähigkeit seinen Stoffwechsel zu führen und ist in der Lage, Stoffe anzuziehen und andere hinauszulassen: "C". Es könnten die Ketten zufällig an beliebiger Stelle physischen Schaden nehmen und aufgespalten werden, zwischen den Mechanismen, sodass sie die Buchstaben voneinander trennen, oder innerhalb des Mechanismus getrennt werden und z.B. einen durch einen Buchstaben bezeichneten Mechanismus halbieren und dann ein halbes "B" auf ein ganzes "A" folgt. Sie ermöglichen einen neuen Mechanismus, falls ein Zuwachs nach der Spaltung Sinn ergab. Oder die Spaltung sorgt für eine zum Zerfall verurteilte Kette, die sich selbst nicht erhalten kann. Kleinere Funktionen/Mechanismen, die durch Gunst der Gelegenheit früher entstanden sind, zerfallen möglicherweise bis sie bei der mehrfachen Neuentstehung an unterschiedlichen Orten und Zeitpunkten auf die notwendigen Vorgängerfunktionen treffen. So wie "C"s zerfallen, bis sie wieder durch Zufall entstehen, auch wenn sie vor ":A:B:"s entstanden sind. Zufall ist es nur, weil der Zeitpunkt und der Ort variabel ist, wenn nur die Bedingung ist, dass z.B. "C" überhaupt geben kann und durch die Naturgesetze definitiv existieren wird. Bis zu dem Zeitpunkt, an dem sich sowohl Stabilität, als auch Dynamik, bei dem Zusammentreffen der richtigen Mechanismen realisieren lässt, die zwar einen gewissen Erhalt vorweisen können, aber nicht stagnieren dürfen, weil die Auflösung sonst nur eine Frage der Zeit wäre. Außer sie erhalten die Anpassungsfähigkeit zu der konstanten Dynamik der Realität. Demnach sind die Ketten bereits auf einer Achse asymmetrisch, sonst würden sie in ihrer Stabilität stagnieren und zerfallen. Wenn Leben demnach schon im Kleinsten dafür sorgt, dass es weder seine Bestandteile aufgibt, noch den ganzen Mechanismus, dann kann man daraus Inspiration schöpfen, selbst nie aufzugeben, auch wenn der Strom der Veränderung sich wie Chaos oder Stillstand anfühlt. Wir sind nicht nur wertvoll, weil die einzelnen Bestandteile schon einen hohen Wert haben, sondern auch weil das Gesamte, der lebende Organismus, einen höheren Wert hat, als die Summe des Wertes seiner Mechanismen. Wir sind mehr wert, als nur das, aus was wir bestehen. Eins zu Null, für Weisheit, gegen Nihilismus.

Sind diese Ansichten wahr, ließe sich dann daraus folgern, dass Veränderung die Stagnierung regelmäßig temporär überwindet und im Nachfolgemodell aus der Fortpflanzung von Information die goldene Mitte zwischen Erhalt und Veränderung findet. Wäre Information symmetrisch, würde sich Information neutralisieren, oder stagnieren bis zum Zerfall. Wäre der Unterschied zu groß, würde sich die Informations-Welt polarisieren und an einem Ende zu homogener Qualität verklumpen. Doch es gibt Vielfalt. Demnach ist es Vorteilhaft, ist Information minimal asymmetrisch. Scheinbare Symmetrie der Gliedmaßen erübrigt die Frage, warum Achsen nicht weiter gesteigert wurden, wie durch ein Kaleidoskop?

Der Code kann sich absichern durch eine gespiegelte Version vom Körper, wenn verglichen wird, ob eine Seite einen Defekt hat. Je mehr Achsen sich spiegeln, desto besser können die gesünderen Seiten auf das negativ Veränderte korrigierend einwirken. Aber diese Stabilität ist der Feind der Dynamik. Sind Gott und der Teufel eine ähnliche Beziehung der Kräfte, von Dynamik und Stabilität? Der Wert und der Preis von Perfektion?

Kam das Huhn oder das Ei zuerst? Durch Evolution wurde das Huhn zu einem Eier legenden Lebewesen, da die zuerst im Körper behaltenen Nachkommen an gewissen Orten sicherer waren, als wo das Muttertier sich aufhält und die vorzeitig entlassene Hülle um das Küken mit der Zeit eine dicker werdende Schale gewann und außerhalb des Körpers der Henne immer sicherer wurde, es außen überlebte und zur Erfolgsstrategie wurde, was das Ei heute ist. Was Unterwasser funktionierte, wurde auf der Oberfläche integriert.
Eine Henne legt Eier. Eier legen kein Huhn. Das Huhn kam zuerst.
Wie bereits in dem Bestseller "Salzwasser - 2000 Jahre Stille" beschrieben wurde, ist die Evolutions-Theorie mit dem biblischen Text zu vereinbaren und die Vorfahren der Menschheit werden bereits in großer Ähnlichkeit zum menschlichen Wesen vorhanden gewesen sein, damit sich die herausstechende Eigenschaft, die den Menschen zum Menschen macht, fortläuft. So gab es genug Vorfahren der Menschheit zur selben Zeit, als die Menschheit entstanden ist. Aus diesem Zweig wird sich die biologische Veränderung an einem ersten Knotenpunkt gefestigt haben und wer diesem Paar einen Namen gibt, so wie in der Bibel der Name übersetzt Frau und Mann bedeutet, benennt das erste Menschenpaar. Wir behalten Adam und Eva.

Vielfalt verdichten. Die Informationsdichte besteht aus Kombinationsfähigkeit, die Komplexität tiefer zu verflechten. So kann mehr Information eingespeist werden, ohne den Bedarf einer neuen Kategorie unverhältnismäßig zu erhöhen. Raum expandiert im Universum und beschleunigt sogar dabei. Könnte das bedeuten, dass Informationsdichte exponentiell zu Raum entsteht, weil im Umkehrschluss der Bedarf an Raum ein höherer Aufwand ist, als die Informationsdichte zu erhöhen? Wenn man mehr Kombinationen wünscht als zwei Zahnräder erreichen können, kann man erst mehr Zinken installieren, anstatt mehr Zahnräder.

Die Kompression des Universums auf den geringsten Raum, bedeutete eine Egalisierung von Materie, dessen Information in allen Eigenschaften qualitativ gleich werden würde. Und alles Information wäre damit zerstört durch Egalität.

Scheint es nicht plausibel, dass Information Gesetzmäßigkeiten unterlegen ist, wie z.B. Gravitation, Druck oder Wärme? Solange der Aufwand Raum zu Erweitern höher ist, wäre vielleicht die Erhöhung der Kombinierbarkeit der Qualitäten, der Weg des geringeren Widerstands. Man stelle sich ein Zahnradmodell vor, bei dem es darauf ankommt mit geringstem Aufwand der Räder und Zinken die höchste Komplexität an Kombinationen zu erhalten. Vor allem durch weniger neuer Räder, als neuer Zinken, um Raum zu sparen und damit effizienter Information nachhaltig am Leben zu erhalten. In diesem Beispiel hieße das, mehrere Zahnräder drehen zu lassen und mehrere andere, drehende Zahnräder in bereits sich bewegenden Modellen interagieren und zusammenspielen zu lassen.

Leben ist wachsende Qualität. Leben ist ein Ausdruck der Liebe.

Falls sich die, hier in diesem Artikel beschriebene, Hypothese als Wahr herausstellt, dann gäbe es mit Sicherheit bald eine neue Sparte der Wissenschaft, die sich mit den Modellen der Information befasst. Sie würde darin die Integrität mit allen anderen Wissenschaften der selben Realität finden und uns auf unserer Reise nach Liebe und Weisheit beistehen."

Ben, angetan: „Ende des Artikels."

Giuseppe: „Das war schlimmer als die Horrorgeschichte! Woher will der Mann denn wissen wie das Universum funktioniert? Er schrieb ja, dass es nur eine Theorie ist. "Was wenn es wahr ist" ist kein Grund seinen Stift aufzuheben und das schöne Papier zu beschmutzen!"

Giuseppe hebt den Kopf vom Tisch und bemüht sich die Augen zumindest einen Spalt weit zu öffnen.

Giuseppe: „Das ist mit Abstand der größte Scheiß, den ich je gehört habe. Wissenschaftlern glaubt man heutzutage zu viel. Glaubst du den Scheiß?"

Ben ist entsetzt, weil ihm dieser Artikel so gefiel.

Ben: „Ja. Ich glaube da könnte etwas Wahres dran sein."

Giuseppe: „Weißt du was für ein Abstand?"

Ben: „Hä? Was?"

Giuseppe: „Von hier bis zum Pluto! Soweit ist der Abstand von der größte Scheiß, den ich je gehört habe! Was ist das überhaupt für eine Quelle? Hat dieser Mensch überhaupt studiert? Das ist Fantasie und Unwissenschaft, sage ich dir!"

Ben, sarkastisch: „Genau … die Quelle …"

Giuseppe: „Und wer kann das beweisen? Da steht nicht wo man das nachprüfen kann!"

Ben: „Und da fehlt jetzt der Professor-Titel? Wissenschaftler stehen im Zugzwang etwas zu entdecken und der Rest hat dazu kein Recht, oder wie?"

Giuseppe: „Ben?"

Ben, trotzig: „Was?"

Rubina, ablehnend: „Und dann den Vergleich zu dem Teufel bringen? Er hat doch eine viel ältere Herkunft, als die Biologie!"

Giuseppe: „Überhaupt davon zu reden …"

Sie erzählen Ben, dass es Dinge gibt, die man nicht ändern kann. Das Böse sei Teil der Welt und man kann nur abwarten. Ein Brummen ist im Haus.

Ben: „Hör mal! Das ist das Haus. Es spricht zu dir. Es sagt, dass sich keiner mehr ein Haus leisten kann. Das Haus fürchtet um die Leute, die darin Leben. Es fürchtet, dass durch totalitäre Kontrolle nur noch die Knechtschaft Zugang zum Futternapf gewährt. Es hat Angst vor der Krankheit, die aus der Missachtung der Natur entsprang. Es hat Angst vor den guten Herzen, die für einen Augenblick die Augen schließen und das Leben aus diesem Haus hinaus blasen. Das Haus spürt es. Die Unruhe. Der vergangene Frieden. Sie rennen sich zu Tode, da draußen. Man sieht ihnen dabei zu und sieht nicht den Staudamm der Wut, weil sie sich zurecht betrogen fühlen. Sie leben, wie man es ihnen vorschreibt. Die Vorschrift, sie bricht zusammen, weil die Knie zusammenbrechen und dem Kopf nicht mehr zusteht sich in die Höhe zu halten. Wer hat die Weisheit, sich selbst NICHT zu bevorzugen und sich in den Hintergrund zu zeichnen und darin eine kleine Figur zu sein in einem Gemälde voller Menschen? Wer lebt, wie vorgeschrieben, lebt in Ungleichheit des verdorbenen Teils der Menschheit, die sich den eigenen Wert in den Himmel schreiben, anstatt der Gemeinschaft den Stift zu reichen, ihren Wert auf den Boden zu schreiben. Nein, Giuseppe, wir dürfen dem Verrat an die Menschheit nicht tatenlos zusehen! Je schneller und besser wir den unverhältnismäßigen Verbrechen der Ungleichheit, Sklaverei und Kontrolle zur Verantwortung bringen, desto besser schützen wir die Menschen in ihnen, die immer noch Menschen sind, auch wenn sie Fehler begingen."

Josef: „ … "

Rubina: „ … "

Ben: „Sie machen die Uniform der Menschheit zu dem Outfit des Todes. Dokumente sind der weiße Tod. Wir sind gleich in Rechte und Pflichten. Woher kommt dann Armut und das große Leiden, wenn man nicht mehr das Richtige tun kann, ohne sich finanziell zu ruinieren? Wir könnten jede Aktion und Kommunikation aller Gewerbe transparent machen, dass Kommunikation und Entscheidungen in allen Bereichen von allen Mitmenschen gehört und beurteilt werden können, bevor es erlaubt wird. Man könnte nach bestem Gewissen verstehen, in welche Richtung wir hineinwachsen. Man hätte Absprache in allen Kategorien und würde sich mit der Menschheit und mit ihrem berücksichtigten Idealismus vereinbaren müssen, bis Entscheidungen mit dem gesunden Geist im Einklang sind. Und? Machen wir das? Banken geben Kredite an Unternehmen, nachdem die Unternehmen ihre Strategien offen darlegen mussten und verdienen an harter Arbeit mit, ohne dafür etwas zu tun. Sie werden nicht nur reich an der Arbeit ganzer Länder, sie lassen sich die Erfolgsrezepte bringen. Von den widerlichen Maschen, wie Geld verzocken, oder synthetische Lösungen für synthetische Probleme anzubieten, habe ich noch nicht einmal angefangen. Wir sind gleich, wenn wir das geteilte Leiden der Menschen hören und heilen. Wir haben kein Land mehr, keine Häuser mehr und kein Geld, vielleicht bald kein Essen, weil wir nicht gerecht verteilen. Wir zahlen doch Steuern? Warum überhaupt das Brot teilen? Falsch! Wir müssen aufeinander aufpassen! Und auch wenn wir verwöhnt werden mit angeblich geregelter Gerechtigkeit, dürfen wir uns nicht im Glauben lassen, dass das System bereits für jeden sorge. Irgendwann schreien die Leute nach Blut, weil alles da ist nur nicht verfügbar wird. Schlecht verteilt. Dein Haus wusste es. Es trägt die Bürde deiner Kunst-Schätze und deine Glasglocke, auf die du aufpasst. Du hast mir den Dachboden nicht ohne Grund gezeigt. Du willst diese Bürde loswerden. Du kannst nicht loslassen. Weil du Angst hast, dass außer dir niemand damit umgehen kann."

Giuseppe, skeptisch: „Und was mache ich, wenn ich dieses Haus behalten möchte, genauso wie meinen Frieden?"

Ben: „Schere, Stein, Papier. Wenn wir den Markt nicht nur auf zwei Positionen stagnieren lassen, sondern zugunsten der Leute, sich nicht nur Angebot und Nachfrage sich die Köpfe einschlagen, sondern eine Dritte Instanz sich der Gewaltenteilung anschließt, die das Gewissen übernimmt und zeitgleich nicht so korrupt ist, wie die Politiker und die Einflussreichen, die man so in Versuchung bringt. Sie haben uns von ihrem

Geld abhängig gemacht und wer Zeit und Kapazität hat die Regeln zu verstehen, verachtet schlimmsten Falls die Menschen, die das nicht haben, um sich über sie zu erheben. Und im besten Fall limitieren sich die Menschen, die an der Quelle sitzen und sorgen für eine gerechtere Welt, bis der Nachfolger dieses Stück Kultur zunichte macht. Das ist schlecht. Besitz behalten, oder aneignen, ist ein Luxus geworden, das sich kaum unterscheiden lässt, in Notwendigkeit und nice-to-have. So viele Berufe stellen Produkte her, die sich keiner Leisten kann, ironischerweise gerade der nicht, der Angestellter ist und hart arbeitet. Es wird dort viel verdient und scheinbar ist das Reiz genug für die Ausrichtung in so eine Sparte. Aber wir schuften für die nice-to-have Produkte und im Gegenzug wird uns erlaubt die Notwendigkeiten im begrenzten Maß zu erhalten und es sackt zusammen. Bloß gibt es auf dieser Begrenzung eine viel zu dünne Ebene, auf der sich existenzielle Sorgen täglich bewahrheiten."

Giuseppe: „Wie soll ich das machen, Ben? Ich will nur mein Haus schützen? Natürlich zuerst meine Familie!"

Ben: „Dein Haus wurde auch nicht von einem Menschen allein gebaut! Wir können nicht verhindern, dass Willkür im Geldsystem herrscht, wenn nur zwei Kräfte gegeneinander wirken. Das ist jedes Haus. Jeder Mensch. Es gibt nur ein Geldsystem. Das sind Zahlen."

Giuseppe: „Also?"

Ben: „Die Gleichheit der Menschen muss beschützt und zurückgewonnen werden! Künstliche Limitationen müssen hinterfragt werden! Unbegrenzte Gier muss gedrosselt werden! Eine Person hat die Freiheit, nicht optimal handeln zu müssen. Doch der vom Geld gefütterte Staat nicht."

Rubina: „Das Haus hat Angst?"

Ben: „Frag es doch!"

Rubina: „Wie geht es dir, Haus?"

Haus: „Gut. Und dir?"

Ben fand den Artikel besser als die Gruselgeschichte und freut sich wie ein Kind, dass er zur rechten Zeit am Rechten Ort ist, um davon zu erfahren. Die Familie Nesunossa scheint ihm sehr liebenswert, doch sie teilt ihr Essen und ihre Weltanschauung am selben Tisch und Ben will nicht zustimmen zu allem, was sie denken. Er ist fast in der Pflicht seiner Überzeugung Ausdruck zu verleihen, dass er großen Respekt hat vor ihnen und ihrer Ehre, weil sie ihm Geschenke der Gastfreundschaft ohne Geiz oder Reue servieren, als seien sie eine Familie. Er möchte einen anderen Moment finden, um es mit einer Danksagung zu betonen, damit es nicht auf der selben Waage liegt, wie das gerade Besprochene. Es soll allein stehen, denkt er, damit sie merken, dass es alleine Gewicht hat. Er hält ihre Familienehre an einem besonderen Platz im Herzen. Das haben sie verdient. Sie schenken der Nächstenliebe ihren Raum. Darauf wartet Ben: Auf einen Moment der Stille, einen Moment, alleine der Dankbarkeit zu widmen.

Giuseppe bringt ihm das, was er ihm noch zeigen wollte.

„Du darfst mir jedes noch so verfluchte Objekt zeigen, da mein Schicksal ja bereits besiegelt ist", sagt Ben im Scherz.

„Um was geht es denn?", fügt er ganz Schein-seriös hinzu.

Rubina meint nur: „Warte nur ab!", und grinst dabei.

Ihr Vater stellt sich vor ihn und hält dabei eine Schachtel aus Holz in der Hand. Ben legt das Laptop vorsichtig auf den Tisch. Aus Respekt, steht Ben auf. Giuseppe ist angetan und bittet ihn mit einer Handgeste, sich wieder zu setzen. Er nimmt damit die Förmlichkeit weg und offenbart sich freundlich und familiär. In diesem Moment sind die beiden, alles was er hat. Sie bieten ihm Programm, weil sie ihn wahrnehmen und sogar willkommen heißen in ihrem Zuhause und das Programm ist, was Leben anzubieten hat. Im Gegensatz zu leblosen Objekten wird ein Mensch, einem Menschen, immer näher sein. Egal, wie introvertiert und isoliert eine Seele sich abschotten möchte von den Defiziten anderer - und seiner selbst. Es ist der lebendige Geist und die imperfekte Welt, die jeder in seinem Herzen trägt und teilt. Sie reichen ihm ein Geschenk, das man in Händen halten kann und das bleibt eines der kleinen Fürsorgen. Die Natur hat uns die Vielfalt in den selben Ton gebrannt, aus dem wir alle bestehen und wie die Farben des Regenbogens so ist die unzertrennliche Vielfalt ein Werk, das alle Farben verbindet. Sodass keiner alleine wertvoll ist und doch alle seinen unmessbaren Wert haben. Ben will jetzt wissen was in dieser Schachtel ist. Und Giuseppe öffnet ihm die Ummantelung aus Leinentüchern und Klebeband.

"Ding Dong". Es klingelt an der Türe. Das Licht flackert plötzlich und Ben fühlt in weniger als einer Sekunde, Jahre. Polizei vielleicht?

Ben: „In diesem Haus kann man ja nur abergläubisch werden."

Giuseppe fühlt sich in diesem, doch formellen, Augenblick unpassend unterbrochen und schweift mit den Augen nach oben, seufzt einmal, weil er ahnt, wer das ist. Dann schaut er sie an. Ben schaut sie an und sie rollt die Augen, seufzt ebenso und läuft zur Türe.

Der an der Türschwelle posiert: „Buongiorno, come stai?"

Und Ben schaukelt den Stuhl nach hinten und schaut sich den Kerl kurz an. Alles an ihm ist synthetisch hervorgehoben. Sein Körperbau. Die eingefleischte Gestikulation. Signalfarben kleben an den Klamotten. Vor allem an den Schuhen. Der Flur ist nicht lang genug und nicht weit genug weg von den beiden und das Haus dehnt den Flur für Ben ein paar Zentimeter in die Länge. Er schaut sehr kurz rüber zu Ben, gelassen aber abfällig. Er flüstert. Sie flüstert ihre Antwort nicht. Ben nimmt die Privatsphäre des Flüsterns, als wagemutige Annahme einer Intimität wahr.

Die lebende Zielgruppe an überteuerten Markenklamotten: „Cosa fai?"

Dann sagt sie noch etwas, etwas leiser. Er flüstert wieder, diesmal eine noch kürzere Antwort. Sie schüttelt den Kopf. Er verändert seine Positur und stellt sich hin, als biete er einer griechischen Statue Vorlage, bloß mit wenig Selbstwertgefühl. Eine geübte Pose. Die rechte Hand fummelt in seiner Hosentasche. Die linke Hand streichelt den Türrahmen und die Finger spielen Flöte. Er war schon öfter hier, versteht Ben. Er nimmt zu viel Raum ein, für so ein leises Gespräch.

Die klein-schwänzrige Kollagen-Kaulquappe: „Ho i tuoi soldi", sagt er so ganz einfühlsam und holt einen lächerlich kleinen Geldscheinbündel aus seiner Hosentasche, das aus nicht mehr als 4 Scheinen besteht und dann auch noch mit einem Gummiband zusammengehalten wird.

Er verkörpert einen Rebellen, aus einer Textbuch-Vorlage seiner Markenklamotten. Einer, der seinen eigenen Weg geht, sich aber immerzu nervös nach Zuspruch umschaut. Solche Rebellen orientieren sich an der Masse, um Süden zu finden. Rebellieren ist gesund, wenn man gegen die Ungerechtigkeit rebelliert, nicht gegen Normen der Mode und vor allem nicht gegen Geschmack selbst. Schwimmt gegen den Strom der Masse, weil er den Menschen mit der Stärke eines Einzelkämpfers repräsentieren möchte.

Giuseppe läuft an Bens linke Seite, um ihn kurz zu mustern. Sie nimmt das Geld nicht an und verabschiedet sich. Er ist sehr überrascht und merkt, dass sie lieber alleine ist mit Ben und ihrem Vater. "Kein Problem".

Als sie wieder kommt hat sie ihr Handy in der Hand und legt es Ben in die Hand.

„Wir haben seinem älteren Bruder den Hund geschenkt. Jetzt kommt er und will uns Geld zurückgeben. Komischer Kerl. Egal! Ben, bitte speichere deine Nummer ein!", sagt sie und freut sich über den selben Gesichtsausdruck der beiden Männer. Bloß sieht sie Bens offensichtliche Eifersucht, als Segen ihres Glückes. Ben muss sich noch erholen.

Das Nummernfeld war geöffnet und er tippt glücklich seine Nummer in das Handy und gibt es ihr zurück. Dann wird es ihm ganz unwohl. Sein eigenes Handy liegt auf der Rückbank von dem Kerl, der am falschen Ort, zur falschen Zeit war. Hat er losgeworden, zu seinem Schutz vor Ortung und Verfolgung. Josef wartet geduldig. Er hat die Box noch in der Hand.

Rubina setzt sich mit funkelnden Augen der Freude und einem Seufzer der

Liebe. Josef will sich nichts anmerken lassen und führt fort. Ben mustert sich selbst kritisch. Ihm fällt es auf, wie wichtig ihm diese Schachtel ist und wie sehr Giuseppe sich wünscht, dass er sich nicht von einer Frau ablenken lassen soll, selbst wenn diese Frau seine eigene Tochter ist. Wie hat diese Schachtel Ben erreicht? Woher kommt sie? Was ist ihre Geschichte?

Die Zeit hält den Atem an. Sie wird flüssig. Dann trocknet sie zu Sand. Und die Sanduhr, die die Zeit beisammen hält, wird auf den Kopf gestellt. Am Tage, an dem Peos seinen Namen durch den Palast schallen hörte, einige Tage, Monate, Jahre und Jahrhunderte vor Bens Lebzeiten:
„PEEOOOSSSS", schreit seine königliche Hoheit.
„Du hast in meinem Traum die Reinheit der Worte gestohlen! Antreten!"
Sein großer König, der Herr der hügeligen Berge und der nassen See, ruft dem untergebenen Diener Peos zu. Seine Worte hallen seinen Gebrüll durch seinen weißen Palast. Peos wacht auf. Auf seinen Lippen nächtigte der größte Lippenknick eines Lächelns seiner Zeit. Ein selbstbewusstes Lächeln. Die heiße Luft der Morgenröte quillt in seinen Gemächern und lockt ihn aus dem Bett. Der wollweiche Türvorhang wird beiseite geschoben und eine Dame, einer der Graziösesten, stellt sicher, dass er dem König keine Zeit raubt und schüttelt den bereits wachen Peos im Bett. Sie küsst ihn und bittet ihn sich unverzüglich zum Dienste des Königs vorzustellen. Peos wirft sich seinen Umhang um die Schultern und trinkt aus der Schale neben seinem Bett. Er schlüpft in seine Sandalen, die aus sanften Pflanzenfasern gewebt worden waren und sie richtet ihm seine Haare zurecht. Er steht mitten im Raum. An jedem anderen Folgetag eines Festes wäre er sicher nicht so munter und wach aufgestanden. Er sieht zu seinem Bett und ein Auge blickt verführerisch aus dem Bettlaken hervor, sowie die Finger dieser jungen Frau es sich über das Gesicht hält. Sie beobachtet ihn, wie er voller Selbstachtung aus dem Bett steigt und den angebrochenen Tag begrüßt. Sie bleibt liegen und lächelt ihm zu. Das Tageslicht bricht in ihren Haaren in viele Farben. Und allein aus ihren Augen entkommt das Geheimnis und schlüpft aus ihren Gedanken, damit ihr Mund still schweigen darf. Peos will ihren Mund und ihre Lippen nicht weiter in Versuchung bringen und bittet die beiden sich zu bekleiden. Sie starb letzte Nacht eintausend sinnliche Tode. Sie will sich nie wieder neu verlieben und nie wieder möchte sie einen anderen Mann berühren. Sie

hält an dem Traum fest. Um ihm die Nacht zu einer Falle der Liebe zu vergiften, warf sie ihr gut riechendes Tuch über sein Bett und hofft, das nie wieder vermissen zu müssen. Neben ihr schläft eine Dritte noch tief. Peos lässt sie im Zimmer ruhen. Sie werden sich hüten ihn offen anzuflehen, zu bleiben. Peos tritt zum Dienst an. Er wirft sich vor den großen König, Herr der hügeligen Berge und der wässrigen Wellen. Dieser bietet ihm nach der Beugung sein aufrechtes Stehen an. Während er seine weltliche Nahrung kostet, schweift er die Früchte des Landes im großen Bogen seines Armes in seinen Mund. Das Gebäck bricht er in zwei.
„Mein König!", fordert Peos ihn subtil auf zu sprechen.
König. Das ist die Rolle, die ein Mann inne hält, der fest an sich glaubt und in der Rolle der Zeit den Glauben und das Vertrauen der Menschen nicht verkommen lässt. Einer der weiß, was außen von innen unterscheidet. Menschen verbarrikadieren sich in ihren Gedanken. Sie errichten kein Gedankenmonument, an dem sie staunend in die steife Haltung eines Denkers erstarren. Sie bauen sich aus Angst, Schutz in alle vier Himmelsrichtungen und laden ihre Nachbarn ein, ihren Wall an den eigenen münden zu lassen, bis ein Nachbar nicht bereit ist seinen eigenen Wall dafür aufzugeben. Sie leben und wollen ihre akzeptierte Ideologie und Kultur verteidigen. Auch die, die sie selbst nicht verstehen. Eine Frage der Zeit, bis jemand in eine Königsrolle hineinwächst. Der große König weiß von seiner Rolle (zu erzählen). Sein Volk wünscht dem König ein langes Leben - täglich. Und er könnte es sich selbst, nicht besser wünschen. Sein Palast ist das Augenmerk der Wüste. Das Haupttor wurde "das Tor, das immer offen steht" genannt und darin war die Bibliothek. Dreizehn Säulen halten einen Tempel in die Höhe. Der Boden des Tempels berührt die Erde nicht, nur dessen Säulen. Um die Treppe zu besteigen muss der Fuß angehoben werden. Um vom Palast zu Boden zu gelangen, muss von der letzten Stufe gesprungen werden. Der Tempel ist der Eingang des Palastes und bindet das Tor, den Tempel und den Palast in einer

gemeinsamen Gestalt. Zwischen den Säulen sind Statuen errichtet, die die Tiere ehren, die in diesem Reich ihr Leben vergießen für Essen und Weisheit der Menschheit. Laut der heimischen Legende sind die Berge und das Tal, die Steppe und die See - sein Reich - gezeichnet von der heiligen Gattin, Aphistemis, der Gattin aller Ahnen des Königreichs. Sie nimmt diejenigen zur Hand und verführt sie zur rechtmäßigen Ehe mit dem Tod, die den Segen des Königs zu Lebzeiten erhalten haben. Aber auch das Leben im Reich ist geleitet von ihrer fürsorglichen Hand. Es ist die harsche Natur, die diesen Platz schützt vor Abenteurern, die leere Taschen mitbringen und volle Taschen bei der Rückkehr erwarten. Dieser Ort weiß selbst die richtigen Menschen einzuladen oder fernzuhalten. Und nur die eingeweihte Gattin Aphistemis weiß sie davon zu schicken und sie für immer vom Reich zu trennen. So war sie seit je her unerreicht in so einer Aufgabe und Gestalt. Wer außerhalb des Stadtkerns war, verbrachte sein Leben in Gefahr. Die Tiere, die in diesem Reich ihr Leben vergießen, sind dem Land treuer als dem König und sie waren Zeichen für die endliche Welt, an der man schnell mündet, wenn man sie unterschätzt. Tiere mit weltlichen Gestalten und Tiere, dessen Namen und Laute nicht im Gedächtnis bleiben können. Wer sich zu weit entfernte von dem Reich und somit nicht zurückkam, wurde als "mit Aphistemis verheiratet" erklärt. Wer stirbt, geht somit die rechtmäßige Ehe ein, die auch jedem Besucher auferlegt wurde. Einen einzigen Besuch, bis zum Tode. Sie passt auf alle Lebewesen auf. Sein König spricht.

König: „Was ist gestern Nacht geschehen, dass du auf wundersamer Weise deinen unschuldigen Antlitz an Magie verloren hast?"

Peos: „Wahrlich, ich sage dir, es ist mir wie ein unbekannter Fleck auf meinem Rücken gewesen, den ich zuvor nie gesehen habe! Der Spiegel, der mir das zeigte, waren die Menschen die mich lieben!"

König: „Ist deine Pflicht nicht, mir deine Zeit, deinen Geist und deinen Körper zu widmen in den Notwendigkeiten meines Königreiches?"

Peos: „So ist es doch, mein König!"

König: „Hast du von der Magie auch nur einen Tag zuvor gewusst?"

Peos: „Wahrlich, ich habe diese Magie nie zuvor entdeckt!"

König: „Hast du denn nicht alle Kraft und allen Lebensgeist von meinem Reich, an dem wir das Feuer und das Wasser nebeneinander gelegt haben, sodass Felle sich trennen von dem lebenden Fleisch, sich uns ergießen, mit Nahrung und Kleidung? Und dienst du diesem Land damit nicht auch?"

Peos: „Bis zu meiner letzten Hochzeit, sind meine Gaben von diesem Reich und meine Nahrung aus dem selben! Ich diene!"

Der König unterbricht sein Mahl und nimmt sich einen Moment der Stille. Er spricht an dem Tag wie ein König zu seinem Schreiber, anstatt wie ein Herr zu seinem treuen Freund.

König: „Wie zufrieden sind deine 71 Lüste, gestillt mit der Magie die ICH dir gelehrt und in das Fleisch deines Herzens gepustet habe?"

Peos liest die Botschaft aus seinen Worten und überlegt.

Peos: „Gib den 10 Weisesten am runden Tisch Ihre 6 Lieblingsspeisen und einer, kugelrundem Bauches, wird 6 Kostbarkeiten vertilgen und nach einer siebten lüsten. Sind wir nicht alle blind und leer im Konsum?"

Der König: „Mein Freund! Ich biete dir alle Früchte an, aber du mache die Menschen nicht neidisch auf deinen Stand, neben mir! Ich werde mir erlauben, deine Worte auf den Prüfstand zu stellen."

Dann sendet er ihn fort. Peos verbleibt erschüttert in seinen Gemächern, da er zum ersten mal die Missgunst des Königs zu sich gezogen hat.

Peos spielte die falsche Karte vor seinem König. Er sieht die Gunst zu seinem Vorteil. Seine Pflicht als Schreiber und Notar hatte reife Früchte am Stamm, doch nicht alle Früchte sind gleich reif. Seine Taktik war, dem König die reifste Frucht zu pflücken, die dem Zweig jetzt fehlt. Und der große König, Herr der, na wir wissen schon, pflückt den ganzen Zweig, sodass keine Frucht mehr fertig reift. Er fordert den König heraus sich in seiner Weisheit zu messen. Sind Menschen je zufrieden?

Am frühen Abend bittet ihn der König erneut zu sich. Er urteilt.
Der König: „Du sollst nun in den Wasser-Keller, bis ich die 10 Weisesten gefunden habe, die ihre 6 Lieblingsspeisen erhalten sollen und bis ich einen runden Tisch anfertigen lasse, sodass sie sich daran setzen können, um zu speisen. Bis einer spricht, um mehr zu verlangen, als ich ihm angeboten habe. Nur dann sehe ich dich wieder mit der Meißel auf den weißen Steinen des Palastes und des Tempels wandern."
Peos: „Und was soll ich bringen, mein König?"
Der König: „Vergoltene Zeit, bringe mir!"
Peos stürzt in ein dunkles Loch der königlichen Gerechtigkeit hinein, denn seine Worte haben plötzlich das Gewicht einer ganzen Erde, welches er sich selbst auf den Schultern hievte. Er sah sich als einer der 10, ohne dessen, das Mahl wohl kaum eröffnet werde. Und so war es. Auch das sah der König. Die erste Freiheitsstrafe wurde verhängt.
Peos: „Mein König!"
Peos verbeugt sich. Seinen Zauberspruch behält er für sich.
Der König winkt das Personal zu sich, die ihn auf dem Weg begleiten sollen. Peos dient treu seinem Freund, dem König. Er gehorcht ihm durch den Respekt eines Schülers zu seinem Lehrer. Sie wandern durch die Halle, den Flur und hinab zu der großen Treppe, bis in die unterste Etage. Die Leute, die ihm auf den Weg grüßen, es grüßen ihn Leute, die ihn zuvor nicht grüßten, sehen sein Begleitpersonal und wollen antworten, die Peos ihnen jetzt nicht schildern möchte. Der König hat zu ende gegessen und sitzt auf dem Balkon, um seinem vollen Bauch Ruhe zu gönnen. Er lässt sich von seiner Köchin Sahne bringen und lehnt die Speise ab, als sie sie bringt. Dann beobachtet er die Sterne des jungen Himmels, die beginnen ihr Gesicht zu zeigen. Und er schläft ein. Die Damen, die in dem Zimmer von Peos nächtigten, nutzen den Augenblick, um kichernd aus dem Gemach zu flüchten, ohne den König zu alarmieren.
Im Keller dient ein Raum den Speisen, da es darin immerzu kalt blieb. Der

Keller ist tief genug, um auch Wasser aus der Erde zu schöpfen, durch einen tiefen Brunnen für Frischwasser. Auch Anschluss zum Meerwasser fließt über ein Aquädukt. Und darin fiel Peos auf den Boden und überlegte, wie er seinem Schicksal die nötige Wende verleihen kann und kommt in den Stunden auf keine Ideen. Er sitzt und friert und überlegt. Die Frauen, die dem Volk zu essen bereiten und immer wieder in den Keller laufen müssen stellen ihm Fragen: „Warum bist du hier? Warum darfst du den Raum nicht verlassen? Wann darfst du wieder raus? Soll ich mit dem König reden?"

Aber Peos bleibt stur. Er möchte seinen Weg selbst hinausfinden. Währenddessen überlegt der König im Schlaf, wie er die Situation zu seinen Gunsten wenden soll. Denn es ist ihm Magie widerfahren, von der er nie zuvor gelesen hat, doch die er zu lernen nicht widerstehen vermag. Er beobachtete Peos, wie er am gestrigen Fest der neuen Feuerstelle zu den Frauen des Volkes sah und ihre Aufmerksamkeit verzauberte. Selbst Leute, die beschäftigt waren, mit ihren Freunden redeten, lachten und sangen, betörte er auf seinen Wunsch und machte sie aufmerksam auf sich.

„Mit seinem Blick, oder was auch immer er tat, gewann er ihre Aufmerksamkeit?", träumt der König rätselnd.

Es war so unscheinbar, wie das Wandern der Sternbilder am Tage. Der König sah jedoch nicht, wie Peos dabei seine Lippen bewegte und dafür sprechen musste. Er sah unreife Magie, die Peos am selben Tag missbrauchte, wie er sie gelernt hat. Denn zuvor gewann er kaum einen Blick seines Volkes, geschweige denn, der Frauen. Er war der Schreiber, der vor dem König immerzu bestes Verhalten repräsentieren musste. Manche meinen missgünstig, er sei ein spießiger Spielverderber der sonst verspielten Zeitgenossen. So flüsterten sie einander zu, liefe er treu und vorbildlich eine Traube breit, kniend, an den Versen des Königs mit ausgestreckter Zunge hinterher. Ob er mit der Schlange gesprochen hat? Der König ist stets im Gleichgewicht mit dem Interesse seines Landes.

Weil es reich war an so vielem. Und weil so viele Abenteurer dieses Reich verfluchten, als ihnen verwehrt wurde einen Teil davon zu entreißen und zu deportieren, oder sich darin für ein ganzes Leben lang niederzulassen. So wurden die Absichten immer an oberster Stelle gewertet, sowohl der Besucher, als auch seines Volkes. Absichten sind Tür und Schlüssel zugleich. Peos liegt nun in seiner Zelle, der erste überhaupt, der so eine Konsequenz erleiden musste. Es gibt in diesem Reich keine Schlösser in den Haustüren, sondern nur Loyalität und Treue. Ein Schloss, war etwas für das große Tor. Also band einer der Dienerinnen auf Wunsch des Königs einen Grashalm zwischen der Tür und der Schwelle und Peos verstand. Peos hält zu dem Urteil des Königs. In seiner Zelle bricht die Nacht schneller auf, als da draußen, wie sich Peos mit sich selbst beschäftigte. So schläft er ein und wacht mit einer Idee auf.

Am morgen weckt ihn die Dame, die ihn auch sonst in seinem Zimmer weckt. Sie bringt ihm auf einem Tablett zahlreiche Speisen, die seinen Geist und Körper stärken sollen. Nach dem Mahl bittet der König ihn zu seiner Pflicht anzutreten. Peos wird regelmäßig als Schreiber gekündigt und er hat sich daran gewöhnt, jeden Moment wieder eingestellt zu werden. Damit sei das Duell aber noch nicht gefochten. Auch heute war sein Platz ganz der Alte. Der große König, Herr der welligen Berge und der rauen See, ließ Ben auf eine Tafel meißeln wie es zu dem Fest kam, wer König ist, warum der König die Krone hält, wie erlesen der König ist, so wie allen Frauen erklärt wird, der Entfremdung zu entkommen, wenn sie sich ihm fügen, welche wichtigen Personen an dem Tag dabei waren, ein Loblied, dann wie das Volk sich erfreute zu feiern und sogar, dass Peos, ein angesehener Schreiber, sein Schüler der Magie sei, welche er vom großen König, dem himmlischen Vergießer, persönlich lerne. Dann noch einmal, wer König ist und wann sich das Fest laut der Sternwanderbeobachtung wiederholen wird. Und schließlich, wer der ach so erhabene, König ist. Dann wurde das Volk zitiert mit ihrer Danksagung: „Danke König!"

Das war dann eher gängige Syntax. Überraschenderweise bietet der König seinem treuen Schreiber an, seine eigenen Worte zu verewigen und sich etwas auszudenken. Dem König wurde bewusst, dass die Rolle von Peos von zunehmender Bedeutung werden wird und sichert sich damit, ihn auf seiner Seite zu haben. Peos bekam von seiner Zelle aus nicht mit, wie das Wort seiner Magie von einem Teil zu dem anderen des Reiches gelang. Doch der König bekam es mit und er gewährt ihm eine gesonderte Stellung. Peos ist baff. Denn die Ehre ist groß, einen Teil des Vermächtnisses zu werden, das sonst nur den Allerhöchsten zustand, um ihre weltliche Geschichte zu verewigen: Einen eigenen Freitext! Sonst, war es von größerem Wert, mathematische Beweise und Probleme niederzuschreiben und Gerichtsurteile zu schildern, die schlichteten. Sowie Landvermessung und Sternen-Schau sind die gewissen Ereignisse von langanhaltendem Interesse. Und dessen Verständnis, wächst in eine Kultur hinein. Peos bittet den König, um etwas Zeit zum Nachdenken. Der große König jedoch möchte umgehend einen Artikel hören, den er schreiben werde. Peos versteht woher der Wind weht. Sein Herr möchte ihm das Geheimnis der Magie aus leiern. Und Peos greift nach seiner Meißel.

König: „Halt ein, Peos! Sage mir erst, was du zu schreiben planst, mein treuer Freund!"

Peos hält sich an seinen Plan. Er hat vor, sich aus dem Kreis der Weisen zu entziehen, weil er befürchtet seine Zelle nicht verlassen zu dürfen und so das Mahl der 10 Weisesten nie anfinge. Und ihm brennt es auf der Zunge, denn er weiß, er sollte ein ehrenvolles Zeugnis ablegen. Von sich selbst und somit von seiner Kultur. Die Zweifel brennen eine Schneise in seine Zunge. Es entscheidet sein Bauch.

Peos: „Bevor mir die Schrift beigebracht wurde, so waren es erst Worte, die ich lernte zu sprechen. Und die Symbole wurden dann zerbröselt und in Reihenfolge gebracht. Erst dann hat ihre Logik unsere anerkannte Form bekommen. Ich möchte die Regeln unserer Zunge in meinem Namen verewigen."

Der König vermutet die Magie läge darin und sah seinen Plan aufgegangen und er segnet Peos und er darf sogleich anfangen seinen Teil auf den Stein zu meißeln. Was ist geschehen? Die ihm beigebrachten Regeln der Schreibweise, die dem König fast mehr Wert waren, als sein eigenes Leib, war das Grundgestein dieser Zivilisation. Die Schrift, das Sprechen und das Denken sind die Bausteine der Leseliebe, sich zu verewigen. Es gibt besondere Regeln, die mehr geachtet werden, als einfach nur die entsprechenden Buchstaben für das entsprechende Wort zu meißeln. Sie waren die Seele in der Schrift und nur des Königs Schreiber waren Gelehrte, die dieser Seele Körper verleihen durften. Der rote Faden dieser schwer zu erreichenden Welt lag in der Detailverliebtheit des Königs zu seinen Schriften und ihrer Form. So, wie sie korrekt aufzuschreiben waren. Die wohlbedachten kulturellen Vorgaben der königlichen Syntax waren das tägliche Brot von Peos. Doch war nicht nur die Syntax einer Ordnung unterworfen, sondern auch der Inhalt musste mit dem Geist des Königs und Plm im Einklang bleiben.

Es fallen die folgenden Worte von den Sternen zum Stein dieser Stähle: „Was Buchstaben sind, sind nicht Worte aus diesen, sondern, diese aus Worte. Regeln machen Sinn, nachdem man das Chaos sah. Das Chaos macht Sinn, nachdem man die Regeln sah. Worte und Bedeutungen bleiben unveränderbar, denn sie beziehen sich auf sich und bleiben daher, egal wie gewählt, fest verbunden, im Gegensatz zu Buchstaben, Sätze und Symbolik, die neu gewaschen werden können, im Fluss der Veränderung. Umgekehrt, in anderen Sprachen, können selbige eine andere Belegung erhalten haben. Nur Magie, bleibt Magie. Und nur Liebe, bleibt Liebe. In egal welcher Sprache und in egal welchem Text. Hauptsache, die Magie der Liebe liegt auf der Zunge der Meißel und dem Hammer der Wahrheit.

Zahlen sind die Brösel der Buchstaben.

Buchstaben sind die Brösel der Worte.

Worte sind die Brösel von Wahrheiten.

Wahrheiten sind die Brösel der Realität.

Und die Realität ist ein Brösel der Liebe.

Danke, Liebe, dass du es liebst, wenn ich dir sage, dass ich dich liebe!"

Der König hebt die Hand von Peos fest und erzürnt voller Wut und nimmt ihm die Meißel aus der Hand. Der teure Stein! Die Missachtung der Regeln. Seine Hochmut. Seine Täuschung. Nichts davon zaubert.

Der König: „Ohne zu verstehen, sehnst du dich nach einer Reform?"

Peos schweigt.

Der König: „Bringt ihn zurück zum Wasserkeller und lasst ihn die Erklärung auf die Wände meißeln! Es soll keine sanft gepresste Traube auf die Wand passen, ohne einen Buchstaben zu berühren!"

Sie bringen ihn fort. Peos hat eine Aufgabe und sein Werkzeug.

Der König, zum Wasser in der Luft: „Du hast unsere Urheberehre mit Füßen getreten, Peos! Du Dieb, hast Willkür in die sich bildende Ordnung fallen lassen!"

Peos spricht seinen Zauber und versammelt heimlich das ganze Dorf, um ihm helfen zu lassen. Außer dem König selbst, werden alle eingeladen. Die Magie wurde wieder missbraucht. Sie kommen zu Peos und er unterrichtet sie über sein Vorhaben. Sie lieben ihn ja auch und helfen mit und können kaum glauben, dass er diese Aufgabe aus Missgunst des Königs bekommen hat. Also lernen sie seine Technik zusammen und schreiben, was Peos ihnen diktiert. Der König bekommt keine Antworten auf seine Wünsche und bemerkt den Spuk. Er sieht die lausige Handschrift und ist bitterlich enttäuscht von Peos, weil er seine Autorität spottete. Er setzt sich auf die Treppe und sucht seinen eigenen Fehler. Dann befiehlt er den Bewohnern von Plm sich zu sammeln und das Silber und den Sand einzuschmelzen. Sie verlassen Peos beschämt und hintergangen und beginnen ihre Arbeit. Der König verlangt von Peos nun die Erklärung auf riesigen Spiegeln zu meißeln, den die Bewohner gegossen haben. Eine Fähigkeit, die der König nur dem Besten seines Handwerkes zutraut. Nur einem, genau genommen.

Peos meißelt in den Spiegel, worin er die Magie sah:

„Eine Rede hinterlässt ein unermessliches Bild an gespiegelten Emotionen. Der Redner erachtet als "gut", welchen Gedanken er einhauchen will. Denn er betrachtet den Gedanken als "gut" und den Atem als nötig. Dabei verlässt er sich auf seinen Verstand und teilt dem Menschen seinen Rahmen mit, obgleich dieser manche einschränke oder erweitere. Es steht fest, was zu teilen ist. Vollendung, findet die Rede durch die Geduld der Zuhörer und den Mut des Redners. Doch damit beginnt die Arbeit erst. Das Ergebnis ist kurzlebig und abstrakt. Obwohl die Form der Sprache rau ist, ist sie zugänglich. Von Menschen allein verstanden, geht Sprache nie verloren. Und Worte, wenigen.

Es war das Werk jener Handwerker vollbracht, die einen gläsernen Spiegel erschufen und somit besaßen. Dieser wurde dann verlassen, so wie jeder Gegenstand verlassen wurde, als das Werk vollbracht und als "gut" empfunden wurde. Sichtbar war der Spiegel funktionstüchtig. Man maß unter Begutachtung, bis Einigkeit entstand, dass die Funktion den alleinigen Wert eines Eindruckes übersteigt. Ein Spiegel untermalt seinen Zweck durch Funktion und reflektiert.

Ein Kind, welches seinen Eltern folgte und in deren Fußstapfen treten werden wird, weigerte sich dem unverstandenem Wort weiter zuzuhören. Er sah sich selbst missgünstig im Spiegelbild an und imitierte die, für ihn seltsam klingenden, Worte mit seinen Lippen und äffte sie nach. So zornig wie er beim unverstandenem Nachplappern wurde, mochte er sich selbst in dem gläsernen Spiegel nicht mehr sehen. Zu wenig, was bei den anderen Zuhörern anzukommen schien, konnte er durch sein Herumalbern selbst bei den Mitmenschen und bei sich selbst verursachen. Weder das Lachen, noch den scharfen Blick. Der Sechsjährige brachte Missgunst zwischen dem

Begriff "Rede" und "Spiegelbild", die ihn dabei gemeinsam beobachteten und sich nicht besser repräsentiert sehen konnten, als durch ihn. Ein trüber Dialog formte sich vorwurfsvoll zwischen den beiden Begriffen. Und die zwei Worte stritten sich, weil sie weder Gemeinsamkeit, noch Ursprung, sahen.
Das "Spiegelbild" meinte: Am Anfang war das Wort, die mündliche Lehre vor der Schrift. Ich sehe nur einen Vokal, die Restlichen gibt es wohl nicht!
Die "Rede" meinte: Am Anfang war das Wort, die Schrift der Lehre. Wer hinter dir spricht, bemerkt deine Leere!
Mit dieser Aussage verfremdeten sich die beiden Begriffe sogar wortlos. Die Wurzel steckte tief in der Erde und musste ausgegraben werden, um die Verbindung sichtbar zu machen. Etwas, das ihm seine Eltern empfehlen können: Immer fündig zu werden, wenn man danach sucht. Die Eltern, beide vierundzwanzig-ein-halb Jahre alt, kamen herbei, um nach dem Wohlbefinden des Kindes zu sehen und seinem Spiegelbild beizustehen. Sie erkannten seine Unzufriedenheit. Sie schlugen vor, die Optik und Akustik mit Haptik zu ergänzen. Seine Mutter hauchte den Spiegel an und schrieb das Wort für "Mama", in ihrer Sprache, mit seinen Fingerspitzen auf den Spiegel und der Junge spricht es nach. Dem Kind gefiel das so sehr. Eine Rede darin zu lesen, die er selbst ausspricht. Es lacht mit seinem Herzen, mit den Augen und mit dem Atem, weil er nun das Glück in seinem Lachen reflektierte. Den Kinderhumor lieben alle, weil es alle verstehen und es uns ganz tief innen berührt. Aus der Freude eines Kindes schlossen die beiden Begriffe endlich Freundschaft, welche von nun an, für immer bestand. Der Vorwurf der Verschiedenheit fand keinen Halt mehr. Sie verdanken dem Menschen ihre Einigkeit und die ewige Versöhnung. Versöhnung ist eine runde Sache. Das Kind lernt die Schrift - Es lernt, sie ist der Spiegel der Rede. Der Junge lernte sich selbst in allen anderen Menschen zu sehen. Wo ich lebe, lebst du! PS"

Peos sah sich gezwungen diesen Fehler zu machen, um von der Runde ausgeschlossen zu werden, die fehlerfreie Weisheit voraussetzt. Die Idee? So soll sich, laut Peos, der König, als auch Peos selbst, besinnen. Man prüft ein System, durch Gehorsamkeit und überprüft anhand der Konsequenzen die Verträglichkeit und die Zielgenauigkeit. Ein System das keine Fehler zulässt, ist nicht realistisch. Weniger realistisch, als Magie. Der Text war nicht an die Bewohner von Plm, sondern an die Welt. Und es läge dann am König, die Welt für die Weisen Zehn zu erobern. Sein König: „DU kritisierst unsere Kultur? Ich hatte DICH, trotz Strafe, am Tisch der 10 Weisesten vorgesehen. Hast du das etwa anders erwartet? Und DU machst HIER einen Fehler, und sonst ALLES korrekt? DU ruinierst meine Stähle, um deine Ehre zu mildern, damit dein Platz an dem Tisch nicht gelten soll? DU teilst wohl dein Geheimnis der Magie nicht? Und DU hältst mich zum Narren bis in alle Ewigkeit der Schrift? Hinfort! Denn ICH habe das Geheimnis gelüftet, Worte zu zerbröseln und zu formen. Auch das unbenannte habe ICH mir Herr gemacht und gewonnen. Es werde korrigiert! Hinfort, bis DU DEINEN Fehler durch Verzierung überschreibst und darunter einen ehrbaren Teil formulierst!"
Peos wurde von Reue überrumpelt. Sein Plan war es ja nur im eingesperrten Zustand dafür zu sorgen, dass die Runde der Weisen ohne ihn anfangen darf. Er fürchtete, als Schreiber des Königs und tugendhafter Schüler, würde ihn bestimmt jemand nominieren. Seine Worte sprechen die Grenzenlosigkeit an, was scheinbar nur noch mit Magie zu retten sei. Der Würfel ist gefallen. Die Stähle ist beschrieben. Der Spiegel ist ruiniert. Ein Berg an einwandfreier Arbeit - vernichtet. Er gehört nicht mehr zu den 10 Weisesten und die Tafel darf jederzeit beginnen. Sein Plan ging ja auf, doch er bereut es. Er sitzt auf der Stufe und sucht seinen Fehler. Er muss am eigenen Leib spüren, wieder einer von allen zu werden und von allen, dieser einer. Der König mustert den Spiegel und ruft später Peos zu der Stähle, die sein Reich sich selbst schenken wird.

Peos korrigiert sein gesamtes Werk in Demut und ersetzt es durch eine Illustration aus Tieren und schreibt darunter:
„Preist den König! Preist ihn sieben Mal! Es bleibt ein Geschenk des Elmsfeuers, nahe dem König zu sein. Seine Gnade wärmt den Tempel. Sein Wind weht uns in die Segel, die wir in der Wüste spannen."
Gereizt signiert der König. Danach sendet er ihn zurück in den Keller. Peos war an dem Fest der neuen Feuerstelle betrunken und voller guter Laune. Er sprach den Namen seines Volkes aus. Und im falschem Atemzug, versprach er sich. So fand er die Magie. Wie zwei Brösel aus zwei Brote, die vertauscht waren und einander ersetzten. Auf die Idee wäre niemand gekommen, sie zu unterscheiden. Peos fürchtet seine außergewöhnliche Strafe. Aus Angst, er habe sich die Freiheit verspielt, reißt er eine Wurzel mittig aus, welche ihren Weg durch die Fugen des Gesteins fand und direkt in den Keller hineinwuchs. Aus diesen Fugen wachsen die tiefsten Wurzeln des Reiches. Ein weiches Gehölz. Hart genug, um damit der Länge nach zu meißeln. Und staubig und weich genug, dass es in der Breite bricht, wenn man es knickt. Er ritzt mit den Zeichen seiner Schrift ein Rätsel in den Spiegel hinein und schwört sich, die Magie einem Würdigen zu vermachen. Einem, besser als er selbst. Jemand der weise genug ist eine Sorge in der Welt zu heilen, weil wenn es allen hilft, man sich selbst heilt. Weise, wenn die Taten bereits in unbeholfenem Handeln zum Ausdruck kommen, weil jede Handlung mit diesem Wissen, ein kleines Stückchen mehr Liebe enthält. Damit ist er nicht mehr der einzige, der einen Spiegel beschriften kann, ohne 1000 Risse mit jedem Schlag zu verursachen. Zuerst versteckt er es im feuchten Keller. Er gibt sie einer der Dienerinnen, damit sie es versteckt hält. Er kehrt in seiner Zelle in sich und wägt ab, was denn passiere, wenn er seinem König doch von dem Zauberspruch erzählt. Die Erhabenheit wurde eifersüchtig. Und die Eifersucht nimmt ihm die Ruhe. Und selbst die Ruhe wurde genommen, die er nach jedem aufwachen hatte, die selbe, wenn die Welt ruht, weil sie ihn

aufwachen sah. Welchen Zauber hat er da gefunden? Peos wurde vom König sehr geschätzt. Doch das allein reicht nicht aus, um Peos die Magie zu offenbaren, die der König ebenso hütet. Und beide behalten stur ihre Geheimnisse.

Der König murmelt im Halbschlaf: „Du sollst es doch erst verstehen, mein Kind! Lies! Und nimm dir Zeit! Die Wahrheit ist die Lüge vor dem Spiegel, mein Kind, denn die Lüge ist realer, als jeder Trug in einem Bild, die Wahrheit ist! Musst du denn die ganze Welt herausfordern, sich an deiner Anschuldigung zu bewähren, dem sie mit Missgunst nachkommen wird, oder lernst du deinen Vorschlag in eine Frage zu verwandeln, um auch nur so gemeinsam, unbeschadet ihren Widerstand zu überleben? Du suchst den Sinn des Lebens. Ich sage es den Sternen dieser Nacht, damit sie sich dir offenbaren, wenn die Zeit reif ist: Leben *nimmt und gibt sich Qualität und man wühle sich durch abfärbende Qualität!* Dem Leben ist damit ein Gefallen getan und einen Sinn gewidmet, den man nicht verfehlen kann."

Und so lädt das Schicksal manchmal ein, an Uralter Geschichte Teil zu haben und sogar anzuknüpfen. Nach einer langen Kette an illegalen Archäologen und Schwarzhändlern, Dieben, geldgeilen Sammlern, Geldwäscher und verstorbenen Kunsthändlern, landet die beschriebene Wurzel bei dem ersten Menschen, nach Peos, der den Wert davon wahrlich zu schätzen lernen soll. Nicht Giuseppe. Er ist abergläubisch, ohne Zuversicht und ängstlich. Nein, auch nicht die Frau, die die Wurzel hinaus schmuggelte.
Ein Ben Goldgerber.
Er darf die Schachtel öffnen, die Giuseppe mit beiden Händen vor ihm hält und greift behütet nach der Schlaufe. Das Stück zu der Lücke.
Ein Donnerschlag posaunt durch ganz Rom. Sie genießen das Omen.
Giuseppe: „Bitte, Vorsicht!"
Ben, eifrig: „Ich bin vorsichtig!"
Er hebt es aus der Schachtel und und betrachtet die Form dieses Stück

Holzes. Rubina sieht zu, wie beide sich so legendär fühlen, wie bei einer Schlagung eines Ritters. Und sie gönnt es ihnen.

Giuseppe: „Oh!"

Giuseppe nimmt es plötzlich wieder zurück. Er sieht in die Schachtel und staunt nicht schlecht. Er wirkt sonderbar. Anstatt es endlich zu überreichen, dreht und rollt er es mit zwei Fingern und Daumen hin und her. Er inspiziert es sehr genau und wirkt höchst verwundert.

Rubina: „Alles okay, Papa?"

Giuseppe runzelt die Stirn und wird bleich.

Giuseppe: „Ich könnte schwören, dass dieses seltsame Ding anders ausgesehen hat. Kleiner, auf jeden Fall! Weniger Zeichen! Mama mia!"

Ben: „Das sieht aus wie ein … mein … ein …"

Giuseppe: „Sag es nicht!"

Rubina beißt ihre Lippen.

Dann wälzt er es mehrere male im Kreis und kann schier nicht loslassen. Er schämt sich Ben warten zu lassen und kehrt wieder zu sich. Ohne das Staunen zu verlieren, reicht er Ben zaghaft die Schachtel.

Ben: „Wow, das ist ein ausgefallenes Geschenk!"

Giuseppe: „Oh! Das ist … ähm … kein Geschenk, aber vielleicht … ähm … kannst du es übersetzten für mich? Oder du weißt vielleicht wofür das hier gut ist? Du sagtest, du studierst Schriften."

Rubina schaut ihren Vater etwas enttäuscht an, weil Ben so aussah, als erhalte er ein Geschenk, und auch sie glaubte, dass es ein Geschenk werde. Sie hoffte so fest, es werde ein Geschenk. Giuseppe bemerkt, es sah so aus, als werde es ein Geschenk. Ben nimmt es an, als sei es ein Geschenk. Es ist majestätisch verpackt und auch überreicht, als wäre es ein Geschenk. Es ist verdammt nochmal kein Geschenk! Ben kann dem Charme dennoch nicht widerstehen zu bewundern, was er gerade in der Hand hält. Er hebt den Finger und sieht hellwach zu ihrem Vater.

Ben: „Mein Buch? Einen Moment!"

Sie nickt und lässt ihn es holen. Er holt sein Büchlein eilig und kopiert die eingeritzten Symbole, so gut er kann, auf das Papier. Winzige, Komma-große Symbole.

Ben: „Das ist ein Kind der frühen Keilschrift, keine Frage. Präzisionsarbeit. Homogen. Manuell … nein? Doch! Handarbeit!"

Rubina lächelt stolz, wie er es untersucht und mit sich selbst spricht und daran wächst, seiner Gabe zu Vertrauen.

Ben: „Der Zweck ist mir gänzlich unbekannt."

Feine Unterschiede sind die Nuancen, an denen Ben feststellt, einer parallel gewachsenen Kultur begegnet zu sein, die Ähnlichkeiten und Unterschiede mitbringt zu den Texten, dessen Vitrinen er putzte. Und dann macht es Klick. Und Ben reist durch die Zeit, als er die Wurzel selbst in der Hand hält. Nicht wörtlich, das wäre zu teuer. Nun, eben metaphorisch. Er fühlt es wieder. Das Gefühl am richtigen Ort, zur richtigen Zeit, zu sein. Der Fokus im Jetzt zu leben blüht auf. Er nimmt sich die Zeit und bekommt sie auch, um das hölzerne Stück zu untersuchen. Die Magie lebt in ihm und führt ihn, wie durch eine Kompassnadel zu den wichtigsten Meilensteinen seiner Reise, am Drehpunkt vorbei, damit er der Achse die Hand schütteln darf. Die Schrift führt ihn direkt an die Pforte der Vergangenheit. Einen Ort, den man erreicht, wenn man ihn in der Gegenwart aufspürt und in der Zukunft vermutet. Ein viel übersichtlicheres Bild begegnet ihm hier: In genau der Zeit anzukommen, nach der man in den Schriften griff. Er trinkt seinen Café aus und Rubina überlegt sich gleich, wie der Kaffeesatz zu lesen sei. Er behält für sich, warum er die Worte mehr oder minder erschließen kann. Die Symbole sind stark verwandt mit den Sprachen der Ur-Nationen. Und durch alle Wüsten fließen Flüsse. Und jeder Fluss und jede Strömung wird Partikel gegen den Strom fließen lassen. So, wie ruhig hinab fließendes Wasser einen Kelch voller winzig kleiner Goldplättchen füllt, so wird mit der Zeit ein Plättchen wieder nach oben gelangen, wo das Wasser zu Fallen begann. Eine Frage der Zeit.

Ben mustert baff die Symbole und kann sie in Worte fassen und weiß nicht woher er diese Gabe hat. Die Übersetzung verläuft überraschend reibungslos und die beiden Zeugen ahnen nicht, dass er seine Limitationen damit bei weitem überflügelte.
Giuseppe: „Aber warum ist das … so …? Das war doch … anders? Kleiner?"
Ben: „Findest du keine Fehler, dann mache einen, wenn das Richtige die Regel ist und die Regel richtig ist!
Mache alles richtig, dann sind das Falsche die Regeln, wenn das Falsche gegen die Regel ist und die Regel das Falsche ist. - PS"

„Es ist die selbe Signatur, wie ich auf der Arbeit sah. Das muss von diesem Peos sein! Ich kann es nicht fassen!", freut sich Ben laut und seine Augen leuchten in den Tränen, den salzigen Tränen.
Er kopiert akribisch jedes Symbol in sein Buch. Die Hände dieses Kerls waren phänomenal. So winzige Symbole, so viele Worte, so viel Feinarbeit stecken in diesem kleinen Stück Geschichte, auf einem stumpfen Stab.
Giuseppe, stirnrunzelnd: „Und? Weißt du, was das ist?"
Für einen Sammler, hat er wenig Ahnung davon. Es ist wertvoll, keine Frage. Nur ist es kein Rätsel des Wertes.
Ben: „Dem werde ich nachgehen!"
Giuseppe glaubt ihm seine Geschichte jetzt und daher hakt er nach: „Warum willst du morgen dann zum Vatikan?"
Ben will ihm entgegenkommen, denn er ist überwältigt von diesem Fund. Ohne die Augen von der Wurzel zu lösen, antwortet er: „Ich möchte mich gegen das Böse vereinen. Ich jage den Teufel! Das wird ein Gegenangriff, Fehler nicht zu wiederholen, dessen Preis mehr als ein Mensch zu zahlen hat, weil vergessen wurde, was zählt!"
Rubina ist begeistert und etwas entsetzt. Erstaunt, mehr als schockiert. Perplex über den Grad seiner ernsten Miene und der Überzeugung. Und doch ist sie neugierig geworden. Ihr Gesichtsausdruck fasst all diese

Emotionen in einem einzigen Bild zusammen. In diesen Gesichtsausdruck würde man sich auch nicht so schnell verlieben.

Rubina: „What the …?"

Giuseppe: „Was versuchst du damit zu erreichen? Denkst du daran, unseren Glauben zu reformieren? Kann man Religion überhaupt reformieren?"

Ben: „Nein. Denn Religion ist ein Werkzeug die Überlegenheit der Liebe hervorzuheben, den selben, einen, Ursprung darin zu erkennen, indem sie sich selbst als Zeitlos, Vollkommen und Unveränderlich, zu verkörpern weiß und dessen Anfang und Ende wieder zusammenführt, sodass man mit seinem Vertrauen darin den Verstand aufblühen lässt, an der längsten Kette der Wertschätzung von Qualität in der gegebenen Welt in richtiger Perspektive erkennt, um damit universelle und nachhaltige Orientierung an die Kultur der Menschheit zu vermachen. Aus der Perspektive eines darin aufgewachsenen Wesens, hat man nur die Fähigkeit zwischen Gut und Schlecht, Richtig und Falsch, zu unterscheiden und wird nur die Fragmente eines ganzen Bildes darin bemerken können. Alles dazwischen, ist das Medium der Liebe, das Richtige zu wollen, der Freiheit, welche die Freiheit ist, Fehler zu machen. Die Welt wird daher gnädig sein, weil man annimmt, dass die Möglichkeit Fehler zu machen, keine prädestinierte Reise ins Verderben ist, solange es Liebe gibt und beides existiert: Liebe und Freiheit. Und daher ist Gnade ein fester Teil von der Welt. Also, die Schwachstelle vom Teufel. Da trifft sich das Denken, Reden und Handeln mit der Ewigkeit der Realität und der eigenen Limitationen, um dennoch der Liebe und dem Gute nachzueifern. Jedes neu errungene Wissen, wird mit dem Argument der bereits erreichten Vollkommenheit, vor Veränderung verteidigt, wo doch Fortschritt die Hybris überwinden muss. Es ist daher kaum möglich einen Bereich aufzubröseln, die neue Weisheit zu migrieren und wieder neu zusammenzuflechten, ohne einen Konflikt mit den Überzeugten Anhängern zu verursachen und mit dem Text selber. Wer mit diesem "Werkzeug" die Nächstenliebe und die Unantastbarkeit der Freiheit und Würde in sein Leben integrieren kann, dem ist damit geholfen worden sich vor den weltlichen Instanzen zu schützen, die das in Frage stellen, angreifen und mit Hetze die Menschen gegeneinander aufhetzt. Das Alte bewahren, Giuseppe, das Neue verstehen, das Gute behalten, das Schlechte verwehen. Wenn die Menschheit angegriffen wird, braucht sie kein Organ der Volksrepräsentation, das sich mit diesen Kräften messen soll, sondern ein starkes Team aus bestärkten, aufgeklärten Individuen, die eine Spaltung schon gar nicht zulassen."

Giuseppe: „Also … du hast ihn gefunden? Den Namen, von dem Diabolo? Oder suchst du ihn dann … dort im Vatikan?"

Giuseppe scherzt, aber lauert auf die letzte Chance, seine Glaubwürdigkeit zu prüfen.

Ben: „Nicht so einfach! Ich halte für ausgeschlossen, dass es den Teufel so gibt, wie man ihn … sagen wir … häufig darstellt. Keine Hörner, auf dem Diademe wachsen. Sondern Probleme, dessen neue Probleme in den Details liegen, sobald sie gelöst wurden. Also eine Aufbröselung, der sich verändernden Welt, in ihre Formate aus Gut und Böse. Das ist nicht der Grund, warum ich hergekommen bin. Information wird auf die Gelegenheit übersetzt zu einem Ereignis. Ein Vogel hat mir gezwitschert, dass sich die Welt mächtig verändert und wir immer mehr zu einem Lebensstil gedrängt werden, das der Meinung einer Gruppe entspricht, die nicht aus Weisheit diese Hebelkraft wirken sehen will, sondern aus Verlangen nach Kontrolle. Das Ausmaß ist neu! Wir brauchen den Kompass der bewährten Erfolgsstrategien. Tradition gegen künstliche Maschen, die das Wohl der Leute ausdünnt."

Giuseppe missfällt seine Arroganz zu dem gehobenen Thema und der viel zu weltlichen Ansicht. Wer stellt denn den Teufel in Frage in dieser Welt? Seine Stimme wird heller mit jedem Wort.

Giuseppe: „Dann gehst du zu dem Vatikan und du glaubst nicht an den Teufel und … dann wohl auch nicht … äh … an Gott?"

Er lehnt sich zurück und lacht ihn plakativ aus. Wartet nicht einmal auf eine Antwort. Sein Spott missfällt wiederum Ben. Ben fängt sich wieder und kehrt zur Gelassenheit zurück, da er weiß, dass gläubige Menschen, die selbst im gleichen Gewässer treiben, in unterschiedlichen Tiefen tauchen, aber die selbe Strömung reiten. Streiten ist wie, als ob man mit einer Taschenlampe auf die Glühbirne strahlt und dann mit den Energiewerken diskutiert, sein Geld für die Stromrechnung zurückzubekommen. Seiner Erfahrung nach, sind diese Themen schwere Kost. Kost, die man nicht vorgekaut bekommen wollte, oder sich weigert, sie in den Mund zu nehmen.

Ben: „Ich glaube. Und ich glaube, es wird alles gut!"

Mit diesen Worten wurde die Gastfreundschaft gespalten. Er fragt sich still, und nur rein aus Neugierde, ob Gott die Menschen deswegen nicht makellos und gutwillig schuf, weil sonst die Menschen wie Gott sein könnten, doch wer würde dann Gott noch im Himmel wiedererkennen? Er behält die impulsiv erhaltene Frage besser für sich. Ben ist um einiges reicher geworden. Etwas, das man ihm nicht weg nehmen kann, ist gewonnen worden. Seine Segel sind gefüllt von frischem Wind. Sein Ruder war auf Kurs, auch daran lag es nicht. Sein Anker wurde gelichtet. Daran lag es! Er glaubt an seine Reise. Er fühlt, sein Weg wurde geebnet. An manchen Stellen, an denen er unausweichlich vorbeikommen sollte, kam er vorbei. In der Tat, er würde es nie Zufall nennen und dennoch Zufall nennen. Peos wird eine Rolle in seinem Leben spielen, mehr als er bereits ahnt. Und Ben akzeptiert es juchzend. Glücklicherweise ist er den führenden Archäologen und Historikern jetzt einen guten Schritt voraus, die ihn gespottet haben. Dann schwelgt er, ob er den Beweis der Historizität dieser Kultur und dessen Kult, als aller erstes präsentieren darf? Die Unauffindbaren - Gefunden! Ob ihm diese hölzerne Knolle zu dem Ort verhelfen würde? Schade nur, wenn er dafür Rubina vermissen müsste. Es betrübt ihn, daran auch nur zu denken. Seine Handynummer wird ihr nicht weiterhelfen.

„Wir - Uns - Wiedersehen - Wann?", puzzelt er in Gedanken zusammen. Er schämt sich zu Fragen, da er die Missgunst des Moments auf seiner Seite hat. Und wie er seinem Weg vertraut, wünscht er sich Vertrauen, dass sie sich wiedersehen werden, egal was passiert. Vertrauen ist goldrichtig.

„Rubina", träumt er vor sich hin, mit ihrem Namen auf seiner Lippe und seinem Namen auf ihrer.

Giuseppe: „Danke für deinen Besuch, jetzt möchte ich dich nicht länger aufhalten für deinen Termin beim Vatikan fit und vorbereitet zu sein. Wahrscheinlich morgens in der Früh? Ja? Viel Glück, Ben!"

Ben sieht Rubina in die Augen und sagt: „Ja, ich werde morgen früh aufbrechen."

Rubina ist enttäuscht von der Abneigung, aber dennoch aufgeregt und sie freut sich für Ben. Er liebt das. Jede wohl gesonnene Gunst ist ein untrügliches Willkommen-Schild vor der Haustüre der Seele, in einem Geist wirklich zuhause zu sein. Dann fällt ihm nichts mehr ein und er bedankt sich. Er nimmt seine Sachen, schwingt die Tasche über die Schulter und stellt sicher, dass er die Brünette oft genug ansieht, dass sie merken muss, was er sich wünscht. (Ben, das hat selbst Giuseppe gemerkt!)

„Hat sie?", fragt er sich, als sie ihn fest umarmt.

Sie warten im Flur, bis er geht. Er hat viel mehr, als wofür er kam. Das Dachgeschoss knarzt nun sachte vor sich hin. Aufgeregt zischt er von dem Anwesen zu dem Hotelgarten. Die wenigen Schritte machen ihn zwar platschnass, doch es stört nicht, weil es warmer Regen ist, den er so liebt. Seine hydrophobe Tasche gibt dem Buch ein trockenes Zuhause. Er läuft in das Hotel. Nicht ein einziger Gast läuft ihm über den Weg. Ruhe in der Lobby. Ruhe im Flur. Und Ruhe in seinem Zimmer. Ben genießt die Regentropfen und das sachte Fallen und harsche Aufklatschen auf der Erde. Besonders auf den Materialien, die Menschen gebaut haben, für den

wunderschönen Klang, den sie dabei erzeugen. In seinem Zimmer kann er kaum abwarten, die kopierten Zeichen zu studieren. Er knabbert dabei das leckere Brot auf dem Tisch und trinkt das Wasser aus. Er sieht der Sonne zu, wie ihre Füße den Fall abfedern, sodass dieser Tag zum Abend wird. Ben öffnet die Seite voller Spannung und Vorfreude. Dann klopft es an der Tür. Ben wird etwas misstrauisch. Er fragt, wer das sei. Und es klopft wieder. Er hört die Stimme der Frau im Nebenzimmer, die ihm in das Hotel folgte. Er lehnt ab. Sie geht zurück zu dem Mann, den sie aufgabelte. Ein Streit bricht aus, weil der Mann in ihrem Zimmer erst jetzt verstand, dass sie eigentlich kein Interesse an ihm hat. Sie braucht ihn, als ein Werkzeug der Eifersucht. Wäre dieses Werkzeug gegen sie selbst gerichtet, wäre es sehr effektiv. Ihr aufgegabelter Begleiter sieht das nicht und man hört sie durch die Wände diskutieren. Er macht am Ende doch mit. Sie dachte, Ben wird deswegen schwach werden.
Stimme: „Mhm! Non bene! Va bene!"
Kurze Pause.
Stimme, zischend: „Continua! Tutto bene!"
Kurze Pause.
Stimme: „Oh, non bene! Comunque è meglio così!"
Ben: „Warum wurde in diesem späten Zeitalter immer noch Keilschrift verwendet? Mhm? Was wäre, wenn eine Technologie auf den Markt käme, mit der alle Flügel bekämen, die einfach und zuverlässig Menschen durch die Luft fliegen lässt? Einfach Flügel schwingen und abheben! Keine Lust Verkehrsmittel zu teilen? Bye! Woanders besser? Bye! Etwas passt mir nicht? Einfach Tschüss! Oh, richtig! Massenüberwachung. Fehlender Zusammenhalt. Kein Durchhaltevermögen, wenn es schwierig wird. Mhm. Aber einfach Losfliegen, wäre das coolste überhaupt!"

Kapitel 3

Die Melodie bricht in die Erde hinein. Erstes Erscheinen.
Ein Summen. Die Menschheit fragt sich, ob das ein Klimpern ist, oder Pochen, oder ein Satz, oder ein Gebilde, oder ein Klang, oder eine Melodie, das so undefinierbar klingt, wie das Geräusch eines fallenden Tuches unter Wasser. Die es hören, können es nicht ignorieren. „AHDH", ähnelt es in einer fiesen Zunge, unzugänglich und endlos. Albern im Geiste der Herrschaft. Herabwürdigend für die aufblickenden Seelen im Fleischwolf des Stroms. Schauderhaft, subtil und viel zu aufdringlich. Nicht einmal der angehaltene Atem ist ruhig genug, um im Raum zu sein und zu lauschen. Unbeständig. Das ist ein sich selbst verändernder Ton. Die Übergänge der Klänge sind faul und verdorben. Es verändert sich stetig. Es schlängelt sich durch die Menschen hindurch und berührt die tiefsten Zweifel. In einem Augenblick ist es ein metallisches Klirren, dann Knistern, dann Quietschen, als ob man Fingernägel aus Metall an einer Tafel entlang schürft. Sofort treten Kopfschmerzen ein und der Geschmack im Mund wird metallisch, wie Eisen, Zinn, Blei oder Tellur. Dann macht der Klang. Dann weint der Klang. Dann lacht der Klang die Menschheit aus. Es ist weder Stimme, noch Geräusch. Seine Seele nimmt Schaden. Er leidet von innen, als sei ein Mikrowellenherd eingeschaltet worden, der in die Seele Hitze induziert, die nur mit der Seele räsoniert. Dann versucht er krampfhaft die Ruhe zu bewahren, weil das gelernt werden kann. Er lauscht. Es ist unfassbar, wie geschmeidig und wohlklingend das plötzlich wird. Doch das Surren geht durch das Rückenmark, bis in das Fleisch des Herzens. Er will nicht mehr lauschen. Er muss wissen, was das ist. Jetzt rasselt es. Es behält einerseits den Takt, dann aber verlässt es logische Strukturen von Rhythmus. Dann klopft es an der Türe. Drei mal. Ganz schnell. Er denkt nach. Er hört

dreimaliges Treten am unteren Bereich der Türe und kann sich direkt vorstellen, dass dieses Klopfen mit der Spitze des Schuhs verursacht wurde. Nicht wie ein Treten. Ein Tippen. Er hebt sich die Ohren fest zu. Das kommt ihm zwar unheimlich kindisch vor, aber er fühlt sich sicherer. Er kann es nicht lassen und schämt sich und schämt sich und schämt sich. Es ist nur eine Melodie, tröstet er sich. Nur ein Geräusch? Dann hört er sie durch seine Hand hindurch und kann die Lücken zwischen seinen Fingern nicht eng genug zusammen pressen und somit schließen. Er presst die Handfläche auf das Ohr. Es wird intensiver. Er hört sie. Er hört sie. Er hört sie immer noch klopfen. War es das? Endgültig?
„Stopp! Darf man einfach aufgeben?", fragt er resignierend.
Er kneift seinen Hinterkopf mit den Fingernägeln, weil er seine Fäuste nicht ballen kann, ohne sich selbst dabei zu verletzen.
„Wer zur Hölle steht vor der Tür?", denkt er sich.
Er stockt kurz, zögert, aber reißt aus Angst die Türe auf. Es ist, trotz der Lichter, finster im Flur. Und ihre Silhouette steht vor ihm. Sie kauert auf dem Boden und hält ihre Ohren zu. Sie blickt hoch zu ihm. Dann hört er Schreie. Sie kommen von draußen auf der Straße und auch von dem Flur. Aus dem Zimmer, am Ende des Flurs, flüchten Schreie tief in sein Zimmer. Sie schreit einen undefinierbaren Vokal in sein Gesicht. Ben ist erleichtert, wenigstens ein einziges Geräusch zuordnen zu können und vor allem zu wissen, woher es kommt: Von ihr. Er macht einen Schritt zurück. Sie kauert auf dem Boden und sieht ihn wütend an, weil er zurückweicht. Als ob sie da draußen für 1000 Jahre ausgesperrt worden war und endlich vor einer offenen Türe stand. Sie ist es. Verängstigt und weinend und wütend, wie er auch. Sie sieht enttäuscht aus. Und das Geheul, das schreckliche Geheul, ist im Flur, genauso wie in seinem Raum. Er reißt seine Hände von den Ohren. Dann hilft er ihr auf. In seinen Kopf reißen sich die Wände gegenseitig ein. Das macht er nicht gerade zaghaft. Er will ihr helfen und selbst nicht verwesen, so wie die, da draußen

schreien, wohl daran langsam sterben. Was sollte er denn tun? Jetzt klingt es wie eine Melodie mit drei verschiedenen Tönen, die sich wiederholen und dann trifft ein Ton plötzlich nicht den Takt und die Melodie bricht wieder in sich zusammen. Die ausgetauschten Blicke reichen, um zu verstehen, dass beide von der Melodie bei lebendigem Leibe aufgefressen werden. Er zerrt sie, so schnell er kann, an ihrem Bein in das Zimmer und schließt die Tür. Sperrt sie wieder ab. Das hat er getan, um sich so schnell wie möglich wieder die Ohren zuzuhalten. Panik. Doch ihr bleibt nichts anderes übrig. Und auch sie hält sich die Ohren zu. Das kommt von draußen. Das ist nicht real. Überall. Sie greift in ihre Hosentasche und zieht eine silberne Münze heraus. Sie zeigt auf die Zahl und löst dabei die Hände von den Ohren. Dann zeigt sie auf den Kopf der Münze und sie hebt sich kurz die Ohren zu. Ben nickt. Sie wirft die Münze und lässt sie entscheiden. Kopf. Sie nicken. Und sie halten die Ohren zu. Er versucht singend die Lautstärke zu übertrumpfen. Sie weint laut. Er auch. Er weiß nicht mehr als das: Ohren zuhalten und singen! Panisch eilt er zum Fenster. Auch da draußen bleibt keiner verschont von der Erscheinung. Sein Fenster zeigt zur Straße hinaus. Es rennen Menschen umher und verfolgen ein Pärchen, die sich beide die Ohren zuhalten. Die Verfolger nicht. Rubinas Haus ist von dem Fenster aus nicht zu sehen. Er wagt es nicht, das Fenster zu öffnen. Das Insektengitter blockiert das Fenster. Ihr Vater ist alleine. Ben löst die rechte Hand von seinem Ohr und presst an dieser Stelle seinen Oberarm. Schmerzen. Mit der freien Hand schließt er das gekippte Fenster. Die Frequenz wird etwas dumpfer, aber nur ganz, ganz leicht. Dann heben seine beiden Hände wieder seine Ohren zu. Das Leiden nimmt zu. Er sieht nach draußen, doch findet nichts das ihm weiterhilft. Die Straße ist unbefahrbar und niemand bewegt sich. Mit diesem Gefühl der Angst, ist Ben sicher, ist er nicht auf die Welt gekommen. Dann schreit wieder jemand seinen Rachen vom Leib. In jede noch so kleine, stille Pause, Lücken in denen die Welt keinen Ton von sich zu geben traut, formt sich ein Klang, den man nicht erklären kann. Ben überlegt, ob das nicht vom Himmel käme. Ist das ein Kontakt-Szenario? Kommt das vom Weltall? Dann dreht er sich zu ihr und singt dabei die Angst aus seiner Brust. Sie sieht ihm zu, wie er Leichen-kalte Augen hat. Selbst neben ihr. Er sucht sein Spiegelbild. Es reut ihn, sich so zu sehen. Panisch. Klein. Wehrlos. Dann fällt er auf die Knie um dem Bild auszuweichen. Vor seinem eigenen Spiegelbild geht er unter. So sieht er sich zum ersten mal. Er denkt an die bevorstehende Tage, die ihn so groß machten im Geiste der Hoffnung. Tage, die ihm Halt gaben sich aktiv gegen das Böse zu widersetzen. Und jetzt ist er klein. Sein Kopf schafft es gerade so wieder in das Spiegelbild aufzusteigen. Und er will sich selbst so nie wieder sehen. Auf den Knien in die Hocke. Erst bläst er in die Carnyx, dann fürchtet er sich vor dem Klang. Ein Dämon, den man beim Namen nicht kennt, einer der vielen Schauer. Er weiß nichts mit ihr anzufangen und nichts mit sich selbst. Er kann sie schlecht in den Arm nehmen und sie scheint auch nicht zu wollen. Sie behält ihn lieber im Auge. Welcher Fluch verharrt in einem Gemälde, so unscheinbar und heimtückisch, begabt mit solchen Kräften? Dieses Geräusch will nicht aufhören ursachenlos zu erklingen. Sie fällt seitlich auf die Knie. Ben kauert auf dem Boden. Dann schreien Menschen überall, fast alle in der Stadt. Ein Konzert der Angst, dirigiert von der Unwissenheit der Masse. Und die Schreie lassen nicht nur das Blut in den Adern gefrieren, sie drücken einen Menschen unter eine riesige Eisscholle und halten einen unter dem eiskalten Wasser, bis das kleine Loch zufriert, in das man hineingeworfen wurde. Dann lässt es einen zusehen, wie die Stiefel des Teufels auf dem soliden Eis stehen und das verschwommene Gesicht hinter dem Eis seinen Kopf nach unten neigt, um mitzukriegen, wie sehr man leidet, ob man ertrinkt oder erfriert, oder am besten beides. Verlassen von der Menschheit, jeder für sich. Es wird finsterer, die Sonne ertrinkt am Horizont in Pech. Es hört nicht auf. Das ist keine Musik und kein

Lachen, aber es enthält alles, das man erst glaubt zu verstehen und dann macht es wieder keinen Sinn mehr. Es macht keinen Sinn.

„Ist Gott nun am Ende mit seiner Geduld?", fragt Rubina unhörbar leise. Beide liegen am Boden. Singen. Schreien. Kauern. Ihre Augen pressen nach außen. Sie sind knallrot. Ben spürt Druck in seinem Kopf und vor allem in seinen Augen. Dann presst er sich die Augen zu. Sie verharren und hören auf Widerstand zu leisten. Das Scheusal dauert zu lange. Zivilisation am Boden. Keine Warnung, kein Alarm, keine Botschaft an die Bürger, um ihnen Trost zu geben. Keine offizielle Erklärung. Die Frequenz bohrt sich durch Leib und Seele. Die Augen schmerzen und sein Kopf fühlt sich an, wie unter Strom, Druck, Hitze und seine Gedanken versuchen sich an die Frequenz zu gewöhnen und er weiß nicht mehr, ob er sich selbst noch unter Kontrolle hat. Dann schreien wieder Menschen auf den Straßen. Er will auch schreien. Er atmet ein und kann nicht schreien. Es kostet zu viel Kraft. Er atmet wieder ein. Es funktioniert wieder nicht. Sein Gesang verlässt die Harmonie. Wie ein Rabe, krächzt er Töne hinaus. Jeden Atem, den er entbehren kann, versucht er in ein Brüllen umzusetzen und die Töne, die er von sich gibt sind wie in einem Albtraum, in dem man nicht schreien kann. Es dauert und dauert und dauert an. Schreie überall. In der Stadt. Auf der Straße. Im Hotel. Jeder, der sich die Ohren zu hält betet. Weint. Er öffnet die Augen und sieht Rubina neben ihm kauern und hat Mitleid und sie mit ihm. Sie halten sich die Ohren, so fest sie können, zu. Aus ihrem Mund kommt Speichel raus getropft und sie ist rot im Gesicht. Ben hebt seinen Kopf hoch, weil er sehen will, wie sie reagiert. Ob sie noch beieinander ist? Lebt? Dann passiert ihm ein grausamer Fehler. Einen Moment lang sind seine Ohren nicht komplett bedeckt und lassen den bösen Geist der Melodie hinein.

„Aaargh! Er hat mir mein Ohr abgebissen!", schreit ein Mann im Hotel auf Italienisch und Rubina macht sich kleiner und sieht sich panisch um.
Ben hält wieder seine Ohrmuschel mit den Händen zu.

Bens Gedanken flimmern im Kopf: „Das Leben ist die Qual. Es quält jeden Einzelnen. Jeden! Und natürlich fühlen wir uns geknechtet. Wir dürfen das fühlen! Wir hungern und verhungern. Dursten und verdursten. Ermüden und erstarren. Wir verkümmern und verrecken. Wir frieren und erfrieren. Wir trinken und ertrinken. Wir werden geschlagen und erschlagen. Wir fressen und werden gefressen. Wir rauben und werden beraubt. Wir fangen und wir werden gefangen genommen. Das alles mag sein. Es mag: Sein. Hab doch Vertrauen! Vertraue, dass es aufhört! Wir sind unterlegen. Wem?"

Ben schließt die Augen und beruhigt sich gezwungenermaßen selbst. Er bereut seine Lebensweise und sucht Schutz im Gebet. Und er öffnet die Augen wieder und sieht sie an. Sein Herz blutet für sie, weil sie auch leidet, weil er sie leiden sieht und weil er nicht zusehen will, wie überhaupt jemand leiden muss, aber am wenigsten ihr. Die ganze Stadt versinkt im Chaos, wie die vielen Schreie zeigen. Vielleicht Überall? Er beobachtet sie und sieht ihren Lippen zu, wie sie leise Worte formen. Wen sie auch anbetet, es scheint, als wären wir alle im selben Boot und es antwortet kein gesprochenes Wort, auf die gesprochene Bitte. Ben wird wütend und fragt sich, ob denn wenigstens ein einziger lebendiger Mensch, die Gunst Gottes innehält, genug um ein Teelicht in der Finsternis zu werden. Sie unterliegen ihrem irdischen Schicksal. Es ist überall, das Licht, worauf Ben so ungeduldig wartet.

Wenn Gott allen bisherigen Religionen erlaubte zu existieren, dann ist die persönliche Perspektive zur Liebe und Wahrheit von ihm deutlicher, als der namentliche Titel der Religion, denn Wahrheit gänzlich zu kennen, kann nicht verlangt sein, sonst wäre die Wahrheit der einzige Knotenpunkt in unserem irdischen Leben, welches wir nie verfehlen könnten, z.B. die unmissverständlichen Sprachen nicht existieren zu lassen, sondern die Wahrheit in den Sternen zu verewigen, die fehlerfrei, intuitiv und lückenlos abgelesen werden könnten. Ist daher überhaupt irgendjemandem Zugang gewährt worden, seit Anbeginn der Zeit, über Information zu verfügen, so wahr und klar und unveränderbar, wie die Sternkonstellation, sodass dieser Mensch einen Vorteil der Weisheit ausüben darf? Welche Menschen propagieren den Ort, wo sie eine Goldader entdeckten, anstatt sich in aller Heimlichkeit an ihr zu bedienen? Letztlich sind wir alle gleichermaßen an die viel deutlicheren Effekte der Naturgesetze gebunden, die uns an den Füßen festhalten und zur Erde zurückziehen und Naturgesetze finden viel klarere Befehle, als geschriebene Texte. Damit würde jedoch keine Liebe in eine Richtung existieren, sondern lebloses Gehorsam. Wir starten im Angesicht der Weisheit ein eigenes Rennen, gegen uns selbst. Wer Zeuge wird von einer Wahrheit im Leben, sie durch Liebe wachsen lässt und mit Liebe anwendet, erhält eine Weisheit, die sich auch ohne Epiphanie als wahr entpuppt und hält ein Wunder in den Händen, an dessen Erfolg man zuerst mit der Überzeugung antritt. Die Reise beginnt und endet mit dem Glauben. Wo braucht man dann eine klare Ansage von oben, die jeder akzeptieren müsste, so unangezweifelt wie die Schwerkraft, aber so fragil, wie ein Religionstext auf seinem Medium? Wo Wahrheit erkannt wird, relevante Wahrheit, da ist auch Glaube dabei, aus dem viel zu komplexen Inhalt der Realität, Zugang zu einer Isolierten zu haben. Wo soll da noch Spielraum für absolute Wahrheit sein, wenn man zu dieser Information Weisheit benötigt, sie zu erkennen? Wo alle im Wald leben, sinnbildlich, den Wald vor lauter Bäume nicht erkennen. Wahrheit: Es müsse so klar sein, wie die Luft zum Atmen und wie sie uns lebendig hält, als wäre es die Luft zu atmen und alles andere tödlich, so müsse die Sprache der Wahrheit jedem am Himmelszelt zu Verfügung stehen, dessen Worte von den Sternen zu lesen, damit ein Trug oder eine Lüge sofort an dieser Sprache zerschellt. Es würde sich eine einzige Sprache bilden können, die den Sternen gleich ist und sich allen unfehlbar offenbart und würde so hoch zielen, dass es eine Qual wäre, sich an der Perfektion zu messen, vor der wir kleine Lichter sind, so willenlos und so leblos, wie ein fallender Stein auf einem Planeten nur den weg nach unten nimmt. Treu dem Gesetz ergeben. Ohne Spielraum und Toleranz. Und es gibt sie nicht in dieser unmissverständlichen Form, die sich über den Zahlen erhebt und die scharfen Kante der Zahlen überwindet, um aus kalter Information etwas zu erheben, das der lebendigen Welt würdig ist. Wenn sich die Menschen beraten, um ihren Glauben zu festigen oder ihr Wissen zu stärken, dann kommen die Impulse von den Pionieren der Weisheit und daher breitet sich Wissen aus, wie ein Tropfen Wein auf einer Tischdecke, bloß auf der Landkarte. Wäre Wahrheit des Himmels klar lesbar und unmissverständlich und ohne notwendige Interpretation, gäbe es kein Bedarf davon zu lehren und sich auszubreiten und Leben würde nicht einmal wachsen. Niemand erzählt sich von Luft und predigt ihren Wert, sodass alle fest an der unsichtbaren Heilung Glauben finden, oder sonst nie auf die Idee kämen zu atmen. Wir haben Wahrheit nicht vom ersten Tag an geatmet. Mag sein, alles - mag - sein. Wahrheit und Liebe bleibt immer eine Richtung zur Besserung und kein Fixpunkt, an dem man vorbeilaufen könnte. Sie bleiben.

Ben ist beinahe komatös. Er hat Kraft im Körper, aber sein Geist spielt ihm einen Streich. Er liegt nur auf dem Boden und sieht sich leiden, fast eine halbe Stunde. Eine gefühlte Ewigkeit.
„Was ist der große Plan, der uns so zum Narren hält?", fragt sich Ben. Er kann kaum die Augen offen halten und er würde am liebsten schlafen. Doch seine Ehrfurcht ist groß genug und stark genug, sein Gehör vor diesem höllischen Szenario zu schützen. Ist das eine Waffe vom Militär? Sind Aliens gelandet? Veganer auf dem Rachefeldzug? Klimakleber-Klang?
„Aaaah!", schreit jemand aus dem Flur.
Ben will helfen. Er rappelt sich auf, kämpft. Er würde stagnieren, wenn er länger erstarrt. Wenn er nur an sich denkt, dann würde er auf dem Boden bleiben und sterben. Besser helfen und sich einen Wert geben, als

erstarren und sogar zu verenden! Kämpfen! Er kämpft sich zur Tür. Er kniet nieder, um das Türschloss zu entriegeln. Es macht klickt, und die Türe ist entriegelt. Dann nutzt er seinen Ellenbogen, um sie zu öffnen.
„Raaaaarrghhh … arrrgh", kommt es aus einem der Zimmer.
Ben ist sich sicher, er kann dem schreienden Mann zeigen, er dürfe dieser abscheulichen Melodie nur nicht zuhören. Rubina merkt schockiert, dass er bereits die Tür geöffnet hat und sie richtet sich auf und ihr Gesicht verzerrt sich aus dem Unverständnis dieses Handelns.
Rubina: „Bitte! Bitte, Ben, geh nicht! Bitte!"
Sie weint und Ben schüttelt den Kopf, dann merkt er, wie undeutlich er ihr erklärt, dass er nicht vorhat wegzugehen. Sie richtet sich auf und steht auf wackligen Beinen. Dann läuft er zu ihr und versucht sein Gesichtsausdruck für sich sprechen zu lassen. Der Schreiende war ganz deutlich zu hören. Sie öffnet ihre Augen weit auf und versucht ihm mit ihren Augen zu sagen, dass er einfach ausharren soll. Ben glaubt, sie habe nicht verstanden, denn er wolle sie nicht verlassen. Dann nickt er mit dem Kopf zur Seite.
„Ich gehe nicht ohne dich, Rubina", beruhigt er sie in einem inneren Monolog und spricht ihr mit seinen Augen Mut zu.
Sie macht einen Schritt zurück und hält ihre Augen weit offen. Es kommt nicht an.
Ben: „Dann bleibe halt hier und ich …"
Es donnert! Ein Schlag trifft ihn am Kopf und es haut ihn auf den Boden.
„Wah-Wah-Waah-Wah-W-W-aouiiiiii", hört er dem lauter gewordenen Klang zu.
„Was war das?", fragt er sich.
Dann schmerzen ihm die Augen und sein Adrenalin-Rausch macht ihn wütend. Ben steht auf, dann realisiert er wo er gerade ist.
„Wah-Wah-Waah-Wah-W-W-aouiiiiii", dringt die Melodie in seinen Kopf.
Er sieht einen älteren Mann in einem karierten Hemd. Er trägt eine graue Weste. Er blutet am Bein. Dick und kräftig. Verletzt und wütend.

Er schreit, als könne er nicht anders, als die Beiden einzuschüchtern. Seine Stimme hat einen Echo in seinem Körper und es vibriert der Raum aus seinem Rachen. Weil Ben sein Schreien hörte, wussten die anderen Zuhörer genau, wo Ben zuhört und wo er ist. Rubina macht sich klein auf dem Boden und lässt keine Sekunde ihre Ohren offen. Er darf der Melodie nicht weiter zuhören. Was zuerst? Mann oder Melodie? Was wollen seine Hände? Der Mann läuft einfach an Rubina vorbei und macht einen großen Schritt zu Ben. Er sieht verrückt aus. Seine Haare sind zerzaust und er hat nicht den Blick den Menschen haben, die alles um sich herum im Auge behalten wollen. Er sieht Ben und nur Ben an. Es gleicht dem Auge eines Weißen Hais. Der Mann sprintet auf Ben zu.
Ben schreit sein Kriegsschrei: „Krriiiiiiieg!"
Er haut ihm so stark er kann auf sein Kinn. Er nimmt den kürzesten Weg von seiner Faust zu seinem Kinn. Schlägt hart zu. Nimmt Schwung aus dem rechten Bein. Es hat ihm selbst wehgetan. Dem älteren Kerl aber nicht. Der ist direkt zu Boden gefallen. K.O. gegangen. Wer ist der Sieger eines Kampfes? Derjenige, der entscheidet, wann der Kampf vorbei ist. Dann hebt sich Ben die Ohren zu, weil ihm die diabolischen Töne in sein Ohr kriechen, wie eine Kakerlake unter die Tür. Weil er merkt, dass er den Kerl nicht im Raum liegen lassen kann, gerät er in einen inneren Konflikt. Bevor er Zeit fand zu planen, wie er ihn nur loswerden könne, steht der Kerl auch schon wieder auf. Wieder ist sein Blick ganz bei Ben. Ben wundert sich: „Er hat sie zum Glück ignoriert. Auf mich ist er losgegangen? Weil ich die Melodie hörte, oder seinen Schrei?"
Er schließt die Diplomatie aus und tritt ihm mit dem Fußballen in das Gesicht und trifft wieder seinen Kinn. Der verrückte Greis kippt wieder um, ist bewusstlos. Er will sich mit Tritten wehren und damit die Ohren geschlossen halten. Rubina steht auf und versteckt sich hinter der Wand im Badezimmer, dort wo Ben sie sehen kann, der Mann jedoch nicht. Ben ist schockiert. Aber er ist so wütend, er will nur noch auf den Kerl

eintreten. Er will es. Er will ihn unbeweglich treten. Dann kann er nicht anders und tritt noch einmal zu. Diesmal auf sein Fußgelenk. Dann will er noch mehr Schaden anrichten. Noch mehr! Noch mehr! Noch mehr!

Ben: „Aaaaarrgh!"

Er tritt auf sein anderes Fußgelenk. Er ist wütend und kann nicht widerstehen noch einmal zu zutreten. Ben merkt, wie seine Augen Druck verlieren. Er tritt ihm in sein Knie, in das Bein, das bereits blutete. Er will es wieder tun. Plötzlich wird der Mann wieder wach und steht erneut auf, als wenn nichts gewesen wäre. Ben kann jetzt nicht sagen, ob er zu Totschlag in der Lage ist, oder schlau genug ist, es nicht zu tun. Er kann ihn nicht siegen lassen. Er sammelt seinen ganzen Mut und lässt seine Ohren wieder los. Menschen, die der Melodie zuhören, rennen von den Straßen zu dem Hotel. Ben hat ihn schreien gehört und damit wissen die anderen Verrückten genau wo sich Ben befindet und sie rasen in die Lobby des Hotels und stoßen rücksichtslos mit allem zusammen, das ihnen beim Rennen nicht aus dem Weg geht. Ihr Wille: Gewalt.

„Wohuunnnnn-Wahuunnnnn-Wuuh-Wooooooh-W-W-aoooooo"

Er hört dem nervenzerfetzenden Klang zu. Dann fehlt ihm der normale Verstand. Es ist nun soweit. Das war eins zu viel. Irgendetwas verliert in ihm die Kontrolle und den Bezug zu der Realität. In seinem Kopf ist es still. Es ist dunkel und so trist, wie die Depression selbst, wäre sie ein Raum. Dieser Raum ist bewohnt von Ben allein. Er steht in dieser unendlichen und leeren Welt. Es fliegt ihm so schnell entgegen, wie ein geschlagener Tennisball. Er zuckt zusammen. Eine weiße, riesige Schrift fliegt auf ihn zu. Eine, nach der anderen. Sein Verstand funktioniert, jedoch ist sein Selbstwertgefühl außer Gefecht gesetzt. Keine Zuversicht. Kein Mut. Keine Hoffnung. In diesem Raum sind diese Gefühle nicht willkommen. Er spürt die Wut gegen sich selbst und kann nur in diese weißen Schreie stürmen. Sichtbare Worte kommen ihm entgegen. Jede Anschuldigung unterstellt ihm Verantwortung im Unausweichlichen.

„Weltanschauung"
Die Schrift fliegt durch seinen Körper hindurch. Er antwortet dieser Anschuldigung, defensiv:
„Defekt."

„Sexualität"
Ihm schwelgen seine Phantasien vor, die den Pragmatischen Zweck überschreiten und antwortet:
„Gestört."

„Entfaltung"
Seine Trauer steigt an, er gibt zu:
„Vernachlässigt."

„Liebe"
Er erinnert sich an seine Misserfolge und Enttäuschungen:
„Versickert."

„Freundschaft"
Menschen gehen ihres Weges, oder nicht? Wohin gehen wir alle alleine hin?
„Flach."

„Kompatibilität"
Er macht es kurz:
„Nicht nennenswert."

Das Spiel geht weiter, wie ein Tennis-Match. Frage-Antwort.
„Produktivität"
Er sagt:
„Verachtenswert."

„Familienkonstellation"

Er atmet aus der Nase ein und aus, dann flüstert er:

„Zersplittert."

Der schwarzgraue Raum bietet ihm ein Lichtkegel in der Mitte, wo er steht, und noch mehr Begriffe dieser Art fliegen ihm zu, in Form von weißen Buchstaben. Dem einzig Hellen.

„Emotionale Energie"
Ben meint:
„Schwarzes Loch."

„Konzentration"
„Impulsiv."

„Stabilität"
Ben überlegt hastig, bevor der nächste Begriff kommt:
„Periodisch."

„Intelligenz"
Es gibt keinen Vergleich hier drin, nur ein schwarzes Spiegelbild:
„Deplatziert."

„Soziale Integration"
Er sucht sich die beste Antwort:
„Schwerer Ballast."

„Konfession"
Er findet keine Position mehr:
„Zeitgeist-abhängig."

Es fliegen die Begriffe von allen Seiten auf ihn zu und er muss sich hüten keines zu verpassen, da ihm sonst die passende Antwort fehle. Er blickt um sich und hat Angst die Anschuldigungen zu verpassen.

„Kreativität"
Bewusst, dass er seine seelischen Schmerzen verarbeitet:
„Autobiographische Verarbeitungswerke."

„Mentale Gesundheit"
Er meint, es sei optimistisch zu sagen:
„Fragwürdig."

Sein Kopf schmerzt und er fühlt sich plötzlich surreal in diesem Lichtkegel. Rennen ist zwecklos. Spielerisch sendet es weitere Begriffe:

„Rebellion gegen das Geldsystem"
Darauf antwortet er: „Nun, damit habe ich wirklich kein Problem. Manche Menschen arbeiten für das Wohl der Menschen und verdienen dadurch ihr Geld. Und andere Leute verdienen es im Schlaf.

„Attraktivität"
Und Ben reflektiert:
„Ignoriert."

Seine Hände tun ihm weh. Seine Finger schmerzen besonders. Ben steht in dem Lichtkegel und er realisiert, dass er sich weigern muss dieses Spiel länger mitzuspielen. Er darf sich nicht fügen. Das ist nicht real! Das ist nicht REAL! DAS … IST … NI …

Ben spürt, wie sehr ihm die Fäuste wehtun und seine Knie schmerzen. Nur einen Augenblick später fällt ihm auf, wie Furcht-erfüllt sie ihn ansieht. Sie steht genau vor ihm und ihr Gesicht ist zum Küssen nahe. Sie hält ihm die Ohren zu, indem sie ihre Ellenbogen an seine Ohren presst, sodass sie ihre Hände trotzdem für eigenen Schutz an ihre Ohren halten kann. Rubina. Ben schließt seine Ohren wieder mit den eigenen Händen und sie nimmt langsam wieder ihren Abstand. Dann bemerkt er Blut am Boden und es fällt ihm auf, dass die Türe bereits zu ist. Seine Erinnerungen kommen zurück. Rückwärts rekapituliert er, was passierte. Er hat den Mann in den Flur geworfen. Die Reihenfolge der Ereignisse ist ihm noch nicht ganz klar. Er verliert die Konzentration und muss neu beginnen. Er hat ihn vor die Türe geworfen. Das war nicht am Ende. Was ist davor passiert? Wieder von vorne.
„Ich habe … ihn … erschlagen? Habe ich?", rätselt er.
Er sucht die Antwort in ihren Augen. Nein, jetzt erinnert er sich. Er hat ihn heftig verprügelt. Und vor die Tür geworfen. Abgeschlossen. Dann hat der Wilde wieder geschrien. Er lebt. Und er ist noch da draußen.
„Oh mein Gott!", stottert er entsetzt.
Er hat ihn verdroschen. Es kamen mehr von ihnen. Sie schlossen die Türe.
„Der arme Mann!", denkt er sich.
Dann hört er, wie Schritte durch den Flur marschieren. Aber kein normaler Gang. Ein Humpeln. Als wenn einer eine Waschmaschine tragen würde und um jeden Schritt kämpft. Ben fühlt starke Kopfschmerzen. Sie ist regungslos. Er lässt sie lieber einen Moment in Ruhe. Dann sind die Schritte vor der hölzernen Türe angekommen. Ben vergewissert sich, dass sie verschlossen ist. Er erinnert sich: Er hat bereits zwei mal geprüft, ob die Türe verschlossen ist. Dann schreit ein Kind. Beide hören es deutlich, auch wenn sie seit einer halben Stunde versuchen nichts mehr zu hören, dringt das Schreien durch die Hände. Es ist düsterer vor dem Fenster. Rubina und Ben beraten sich lediglich durch Augenkontakt, wie sie zu reagieren

haben. Das Kind ruft direkt vor der Türe um Hilfe. Ben kann nicht anders. Er macht auf. Der alte Mann grinst ihn böse an. Er hat seinen Mund voller Blut und sein Gesicht leuchtet rot vor Platzwunden. Er zerrt ein Kind vor sich her. In der einen Hand hält er einen Jungen und die andere Hand holt aus. Der Mann schaut das Kind an. Ben zögert nicht. Ben tritt ihm Mitten in das Gesicht. In einem Sprungkick, wie aus den Filmen. Der Mann fällt wieder um. Im Flur ist es dunkel. Der Junge, ein blonder kleiner Bursche, rennt panisch weg. Hände auf den Ohren. Er rennt durch den Flur und biegt ab, wie er der die Treppe nimmt und flüchtet. Ben traut sich nicht ihm hinterherzurennen. Er hört ihn die Treppe nehmen und dann sieht er ihm vom Fenster hinterher, wie das Kind auf die Straße rennt. Seine Familie nimmt ihn in den Arm und sein Vater trägt ihn auf den Rücken. Der Vater hat vier Männer besiegt, die noch am Boden liegen. Darunter, der Chef vom Hotel. Sein Sohn rannte weg, um Schutz zu suchen. Ben ist heilfroh, rechtzeitig gehandelt zu haben. Dann steigt sein Wutlevel und er will dem ganzen jetzt ein Ende bereiten. Er schreckt zusammen. Hinter ihm tippt jemand auf seine Schulter. Rubina, natürlich. Sie hebt ihre Hände nicht mehr an den Kopf. Ben weiß nicht, was zu tun ist. In welche Richtung darf er seinen Rücken zeigen? Sie sagt nichts. Ben sieht zu dem dicken, alten Mann vor der Türe. Er liegt regungslos an der Kante von Boden und Wand. Dann reut es ihn, dass er den Jungen nicht hinterher rannte. Er ist am Ende. Am Ende der Nerven. Das war leider real. Er blickt zu ihr. Ihre Arme hängen herab. Ben macht das Gleiche das sie tat, um ihn vor der Melodie zu schützen. Er presst seine Ellenbogen um ihre Ohren. Er merkt in ihrem Lächeln, dass die Melodie verstummte. Er konzentriert sich und versucht herauszufinden, ob es wahr ist. Und so ist es. Die Melodie ist verstummt. Er nimmt seine Hände herunter, die mittlerweile ganz schön wehtun. Er sieht den Mann am Boden. Die Türe lässt er offen. Er verspricht sich, dem Mann keine weitere Chance zu gewähren wieder Schaden zu können. Es liegt jetzt an ihm. An seinen nächsten Schritten.

Rubina: „Ben? Was ist hier passiert? Was waren das für Töne?"

Er blickt zu ihr. Beide schweigen. Er hebt seine Arme an ihren Schultern vorbei und umarmt sie. Er drückt sie fest an sich. Sie schweigen und fühlen das Leben und den Herzschlag von einander. Sie haben keine Tränen mehr hinter den Augen, es fühlt sich an, als seien an diesem Abend alle Tränen geflossen. Sie halten sich und er realisiert wie schön sie ist, wie wertvoll sie ist und wie glücklich er sich schätzen kann, sie an seiner Seite gehabt zu haben. Nach all dem Tumult, muss er sie fragen:

Ben: „Rubina? Hast du das Bild angesehen?"

Rubina: „Nein, ich habe nichts gesehen."

Ben: „Was es auch war, es ist vorbei!"

Rubina: „Das war nicht das Bild. Das war in ganz Rom."

Ben nimmt sich die herrschende Ruhe und überlegt, ob es wahrlich einen Fluch wie diesen geben kann. Es macht keinen Sinn, selbstverständlich. Da die ganze Stadt in Schreie verfiel, glaubt Ben nicht mehr, dass es daran lag. Keine Antworten, nur Fragen. Doch es traf alle, daher ist das Bild wohl nicht Schuld an diesem Tag der Schande.

Rubina: „Was hast du auf dem Bild gesehen?"

Ben überlegt, ob er es nicht besser für sich behält. Das ganze ist so absurd.

Ben: „Ich verrate es dir nicht! Meinst du wirklich, dass es daran lag?"

Sie lässt los. Er behält seine Hände auf der Seite von ihren Armen, knapp unter der Schulter.

Ben: „Danke! … Danke, dass du mir geholfen hast und meine Ohren geschlossen hast! Danke, dass du hier her gekommen bist! Danke, für alles!"

„I am so sorry! So sorry", winselt der alte Mann am Boden.

Sie kann nicht antworten. Doch das ist für ihn okay.

Dann packt Ben seine Kopie von dem Rätsel in sein Buch, er greift seine Ledertasche und er macht ihr klar, dass sie beide nun besser ihren Vater aufsuchen sollten.

Ben: „Wir müssen deinem Vater helfen!"

Rubina: „Ja, … bitte!"

Sie fürchten sich vor dem Mann am Boden, als könne er jederzeit aufspringen, sie erschrecken und nach ihnen greifen. Sie steigen über seine Beine. Erst sie, dann er. Er hat seine Augen offen, doch bleibt er regungslos mit seinen Händen vor dem Gesicht. Die anderen Türen im Flur sind verschlossen und Ben probiert jeden Türknauf zu drehen, um zu erfahren ob es überhaupt andere Gäste gibt. Sie laufen runter zur Lobby. Keine Menschenseele. Auf der Straße begegnen sie einer alten Frau. Sie ist weit weg. Sie fürchtet sich vor den beiden, als sie sie entdeckte. Sie dreht um und … naja … rennt, wenn man das so nennen kann. Sie haut ab. Es ist still. Kein Autoalarmtheater, kein weinender Chor, keine Panik. Ruhe. Die Dunkelheit macht die Situation nicht angenehmer. Beide sprechen nicht. Sie geben sich Zeichen per Hand und bewegen sich vorsichtig von Deckung zu Deckung. An der Türe holt sie ihren Schlüsselbund aus der Hosentasche. Ben liebt es, wenn Frauen Hosen mit Hosentaschen haben. Sie macht das so leise, wie sie nur kann. Dann fällt der Schlüssel vor ihre Füße. Sie bückt sich und hebt es auf. Es fällt ihr Feuerzeug aus der Tasche. Ben ist sprachlos. Sie greift beim Fall nach dem Feuerzeug und stößt sich die Hand an der Tür, das zu einem einmaligen, aber lauten, Klopfen wurde. Erst bückt sie sich, dann hebt sie ihren Kopf und stößt sich an dem Türgriff.

Rubina, laut: „Aauuuuaaa!"

Ben kann die Augen gar nicht weit genug öffnen. Dann rasselt ihr Schlüsselbund. Ben sieht sich nervös um, dann raschelt auch noch das Kleingeld in seiner Ledertasche. Sie findet den rechten Schlüssel. Sie presst ihn versehentlich knapp neben das Schlüsselloch und es fällt der Bund erneut auf den Boden. Sie ist nervös. Ben weiß gar nicht, was zu tun ist. Sie probiert es erneut und Ben kann nicht riskieren noch länger vor der Türe zu stehen und greift ihr von hinten an den Schlüssel, um ihr den Schlüssel abzunehmen. Sie schreit auf, weil sie sich erschreckt, lässt den Bund aber nicht los. Ben weicht wieder zurück. Ben sieht durch das Glas neben der Türe, dass sich darin etwas bewegt. Ihre Haarspange fällt aus ihren Haaren auf den Steinboden vor der Türe. Dann knarzt das Holz des Hauses. Sie dreht sich um und gibt ihm den Schlüssel. Ben klingelt an der Tür.

„DING-DOOOOOONG"

Sie ist sprachlos. Das war so ziemlich das einzige Geräusch, das auf der Straße hörbar war. Vielleicht sogar in der ganzen Stadt. Damit senden sie Mut durch die stillen Straßen und plötzlich fanden viele Anwohner in der selben Straße den Mut wieder Geräusche zu machen. Gesang. Ein melancholischer Gesang aus einer Stimme. Fenster öffnen sich. Klappern. Ein Nachbar der Straße fängt an mit schweren Maschinen Metall zu sägen und es überwältigte die ganze Stadt, dass wieder Mut im Land war sich zu zeigen und aufzuhören sich zu verstecken. Rubinas Vater öffnet die Türe. Seine Freude war kaum zu beschreiben. Seine Augen sehen verbittert aus und rot angelaufen. Das hat ihm diese Nacht in das Gesicht gezeichnet. Doch niemand kann ihm die Freude nehmen, seine Tochter wiederzusehen, die durch die Misere siegreich hervortritt. Ben ist von Herzen gerührt, wie ein Vater seinem Kind Liebe schenkt, die lange vor ihrer Geburt anfing. Sein Herz malt ihm die Erinnerungen dieser Nacht in Revue in die feuchten Augen. Durch das Bewundern der Freude der beiden, fühlt er einen sachten Schlag auf einer Glocke. Ein Schlag, der ihn daran erinnert, wie sehr Familie guttun kann und wie gut Nähe sich von der Ferne anfühlt. Er wollte doch seine Mutter anrufen. Das hat er völlig vergessen. Es kribbelt unter seiner Haut und zieht sie zusammen.

„Hierbleiben oder zum Telefon greifen?", fragt sich Ben unbeholfen.

Er ist verwirrt und weiß nichts mit sich anzufangen. Dann atmet er tief ein und aus. Giuseppe sieht aus, als wenn er sein ganzes Leben bereut.

Irgendetwas stimmt nicht mit ihm, merkt Ben. Er umarmt sie lange bis sie dann loslässt. Ben beobachtet ihn genau. Auf seinen Handknöcheln sieht er aufgeschürfte Wunden. Er humpelt etwas.

„Andiamo! Schnell!", winkt er beide in das Haus.

Der Regen ist vergangen und die Straßen gießen das Blut der Stadt in die Gullys. Sie sitzen beisammen im Wohnzimmer, neben der Küche. Kerze auf dem Tisch, Lichter erloschen. Das Laptop liegt auf dem Tisch. Giuseppe wirkt, wie traumatisiert. Vor allem eins, fällt Ben auf: Er stützt geradezu immer seine Stirn auf seine Handfläche und blickt auf den Boden.

„Du musst zum Militär! Helfen!", empfiehlt ihm Giuseppe streng.

Ben ist froh, dass er nicht brüllt, wie der Mann im Hotel.

„Und gegen wen kämpfe ich dann?", fragt er.

Giuseppe lacht unheimlich gruselig und verbittert. Seine Hand und die Stirn bleiben Zwillinge.

Giuseppe: „Du glaubst nicht an das, was die Menschen im Vatikan glauben, oder?"

Ben: „Gegen den Teufel würde ich kämpfen, aber Gott lässt niemanden ran."

Giuseppe: „Am besten, du verlässt die Stadt. Und dann kommst du nie wieder! Die Leute haben Angst vor dir."

Rubina: „Er hat mir das Leben gerettet!"

Ben: „Und sie, mir!"

Ben läuft durch den Raum, überlegt. Rubina sitzt neben ihrem Vater und sie starrt Löcher in die Luft. Wechselt selten die Miene, während sie die Richtung ihres Blickes auf die Wanduhr hält.

Ben: „Wie kommen wir von hier zum Vatikan?"

Giuseppe: „Wir?", dann legt er eine Pause ein, „Wir gehen nirgends hin, wir bleiben zuhause in Sicherheit! Du bist da nicht willkommen! Da kam Rauch aus der Kapelle."

Es ist Mitten in der Nacht und sie planen, ohne zu wissen mit was sie es überhaupt zu tun haben. Giuseppe steht auf und verlässt die gekrümmte

Haltung. Er richtet sich kerzengerade auf. Mit großem Aufwand. Giuseppe stellt sich vor.

Giuseppe: „Meine Name ist Giuseppe Federico Nesunossa. Ich war auf dem schönsten Schiff auf der ganzen Welt in meinem Dienst. Fast meine ganze Dienstzeit habe ich auf dem Meer verbracht. In dieser Zeit ich habe die Mutter dieser wunderschönen jungen Frau kennengelernt."

Er zeigt stolz auf seine Tochter.

Giuseppe: „Ich habe meine besten Freunde dort kennengelernt. Selbst als meine Frau im Meer verloren ging, habe ich nicht aufgehört auf das Meer zu fahren. Das ist der sicherste Ort für Menschen, weil alle auf dem Schiff zusammen ein Team sind. Überall sind Gefahren. Aber den Gefahren, denen man sich stellt, sind außerhalb des Schiffes. Sogar das Meer selbst. Das Brummen von dem Motor. Die lauten Wellen. Die stille Nacht. Es ist wunderschön. Und immer wenn du glaubst, dass dieser blaue Boden jeden Tag der selbe ist, dann lernst du, dass die Anzahl der Geheimnisse im Meer immer größer ist, als angenommen. Selbst nach dem Dienst habe ich Zeit auf dem großen Blauen verbracht. Wir haben uns vermisst und ich kam immer wieder zurück. Und weil es keinen besseren Zeitpunkt geben wird, sollst du lernen, sollt ihr lernen, wo wir herkommen und wer wir sind! Auch das Meer vermisst euch. Auch wenn wir da nicht zuhause sind. Wenn die Welt nicht mehr sicher ist, dann sollt ihr auf das Meer fahren. Lasst euch von der Tiefe des Meeres tragen. Und wenn ihr ein Geheimnis habt, dann schmeißt es da hinein! Da bleibt es sicher. Da seid ihr sicher!"

Rubina: „Warum ihr? Du zeigst uns doch was du damit meinst, oder?"

Ben sieht den Stolz, den er dabei trägt und er eifert ihm einen kleines bisschen nach. So stolz, möchte man als Vater sein. Um mehr Informationen zu erhalten, fragt Ben, ob er denn Kontakte habe, die wissen, was heute passiert ist. Und ob sie wissen, was zu tun sei. Und Giuseppe hat genau das vor und freut sich Ben damit zu füttern. Er öffnet sein Laptop, schaltet es ein und gibt es Ben in die Hand. Ben setzt sich und legt es auf den Tisch. Giuseppe greift nach dem Hörer des Haustelefons. Er wählt in das Tastenfeld eine Nummer, die lang genug ist, ein Morsecode gewesen sein zu können. Er wartet stehend auf eine Antwort. Sein Antlitz gleicht dem eines Generals, der mit dem Telefon den Notstand ausruft oder gar die Bombe aller Bomben zu Zünden befiehlt. Sein Stolz erinnert Ben daran, wie stark ein Mensch ist, der seine Vergangenheit achtet und ehrt. Etwas, das alte Leute machen und junge Leute noch lernen werden. Jemand, der dazu beiträgt, dass seine Vergangenheit zu etwas besonderem wird und das "Jetzt" nutzt, um diese zu Formen. Sodass man die Vergangenheit bewundern kann, wenn man in seiner eigenen Geschichte etwas zu bewundern sucht, das Bestand hat in der Welt. Aufgefangen im Gedächtnis der Welt, die nichts vergisst, was ein mal war. So formt er die Zukunft, durch seine Geschichte, die genauso interessant wird, wie seine Vergangenheit war und heute ist.

Ben schwelgt in seinen Gedanken: „Wenn Regeln uns Ziele diktieren, laufen wir doch Gefahr, diese nicht zu erreichen? Würde das Gott nicht zu verhindern wissen, uns nicht zum Scheitern Prädestinieren? Nicht im Voraus, im All-wissen und nicht hinterher. Ist daher ein Sinn, oder ein Zweck, oder ein Ziel nicht irreführend, wenn es einen genauen Treffer benötigt, anstatt einer gesunden Orientierung? Das Ziel birgt nicht den vollen Umfang an Energie, die es zu schöpfen gilt, denn auf dem Weg liegt die Kraft, diese Energie seinem vollen Potential zu widmen, und voll schöpfen zu können und dessen Herkunft zu identifizieren. Also ehrt man nicht alleine die erste und einzige Quelle des Lebens, sondern auch die Ahnen und ihr Weg, die somit auch die erste Quelle des Lebens ehren und ehrt mehr und ehrt auch ihren erfolgreichen Schritt von der Quelle zu ihren Reisezielen. Man darf reisen! An jenem Tag, von Sonnenaufgang bis Sonnenuntergang soll man reisen! Abends träumen. Nachts schlafen. Wenn die große Reise unseres Lebens ein Ziel hätte, wäre das dann nicht das Resultat bis zum Tod? Damit ist das Ziel weniger wertvoll, als die Reise

selbst, weil der Tod kein Ziel des Lebens ist und es früher erreichen könnte, als es das sonst verzögert. Es gibt kein deutlicheres Finale, als den Tod. Tot zu werden, allein, würde das Leben so nicht gestalten, nicht ausdehnen, anketten, schmücken, reproduzieren und beleben. Bei einer Reise ohne Weg, stünde man am Anfang, am Ziel. Man wäre nie geboren oder sofort fertig. Ziel ist kein Ort, den man sucht, sondern einen Ort, um den man nicht herumkommt. Wer Anfang und Ende hat, ist vergänglich. Für uns heißt das sterblich, aber mit dem Wunsch zu leben. Wer auf dem Weg ist, ist auf Reisen. Wer auch immer auf Reisen ist und zur nächsten Seite blättert, werde nicht gehalten, egal auf welcher Seite man ist! Wir füllen das Buch unseres Lebens mit Qualität, egal wie knapp es wird. Es bedarf an blanken Papier und es füllen sich so ohnehin die Seiten, weil die Einzigartigkeit eines Menschen die Tinte ist und die Tinte flüssig ist. Und zweifelsohne gibt es viele Wege die Seiten zu füllen mit Details, die den wichtigen Kapiteln die blanken Seiten zu berauben scheinen, aber die Liebe, dieses Buch nicht leer sehen möchte. Diebstahl, sich etwas Existenz anzueignen. Eine geliehene Seite, mit unserem Versprechen, mehr Tinte zu hinterlassen, als man selbst zu Schreiben vermag. Doch zum Hauptteil des Lebens muss die Geschichte hinführen, denn sie war am Anfang noch nicht da. Die Prämisse: Man muss weiterschreiben, nie aufgeben, den Tag lieben und das Leben!
Weil das Ziel nicht der Tod ist, sondern das Leben.
Und Rubina? Ich möchte in ihrem Buch vorkommen, wenn mir eine Stelle gewidmet wird, in der ich einen Anfang und ein Ende habe, bestenfalls einen seligen Wendepunkt gestalte, und mit ihrem Ende, sei ich eine Gastrolle oder eine Hauptrolle, nicht zu meinem Ende kommen. Aber Danke, Gott, in beiden Büchern vorkommen zu dürfen! Meinem und ihren."
Ben verlangt von sich selbst, seinen persönlichen Meilensteinen näher zu kommen und weniger Zeit dafür zu verschwenden. Er möchte einfach nicht im Buch der anderen vorkommen und ihren Dialog spannender gestalten, damit

sie ein leserfreundlicheren Abschnitt vorfinden, wenn sich ihre Rolle, in ihrem aktuellen Abschnitt, mit flachen Themen, sonst kaum über Wasser halten kann. Wenn sie zu einem anderen Zeitpunkt, an einem anderen Ort, ihre Größe ausspielen dürfen, dann ist das keine Einladung sich anzubieten dafür in ihrer Geschichte klein vorzukommen. Soll er seine Gedanken teilen, oder die Perlen vor die Säue werfen? Sie fragt nach.

Rubina: „Du denkst zu viel nach! An was denkst du denn?"

Ben: „Wie spannend das Leben ist. Und wie wertvoll es ist, nach den interessanten Dingen zu suchen. Reisen."

Rubina, melancholisch: „Reisende soll man nicht aufhalten!"

Ben: „Exakt!"

Rubina: „Ein Reisender reist mit und ohne Koffer."

Ben: „Muss ja keiner wissen!"

Rubina: „Alle sind auf reisen!"

Ben: „Ich reise!"

Rubina: „Auch ich, reise!"

Giuseppe: „Mama mia!"

Gleichzeitig sehen sie ihn an.

Er bedeckt seine Hand vor dem Mikrophon des Telefons und flüstert: „Das ist ein Code!"

Dann kichern sie und er zwinkert mit einem Auge. Dann folgen mehrere „Si" und „oh" und „okay"s, die er in den Hörer flüstert.

Ben: „Weißt du? Ich habe dein Wunschpapier genutzt, um mich vor dem Fluch des Bildes zu schützen. Das hätte ich dann besser heute Nacht ausgefüllt, hätte ich gewusst was auf uns zukommt."

Rubina: „Du Idiot! Das hilft vielleicht nicht mehr, wenn man es erzählt."

Ben: „Wunschdenken! Kannst du mir helfen, etwas zu übersetzen?"

Rubina: „Okay, und was?"

Ben holt den Zeitungs-Artikel auf den Bildschirm. Er legt das Laptop vor sie hin. Sie liest und schmunzelt. Dann staunt sie. Ihre Emotionale

Achterbahn endet dann mit einem kritischen Blick.

Rubina: „Ich weiß nicht woher du das hast, aber das sieht fast echt aus."

Ben: „Ist echt!"

Rubina: „Nein. Das ist es nicht. Das ist eine fotografierte Kopie einer Zeitung, aber … die Schrift ist viel zu schwarz. Normalerweise ist die Schrift viel grauer aus der Zeitung. Auch ist die schwarze Tinte etwas grüner. Oder, Papa? Schau! Ich kenne den Verlag. Der Junge, der die Ausgaben im Internet veröffentlicht, war mit mir in der Schule. Sie laden jeden Artikel auf jeder Seite nacheinander hoch, so wie sie beim Blättern auch da stünden. Die Kommentare sind auch gefälscht! Die Ausgabe erscheint morgen, doch sind die Kommentare bereits in der Nacht veröffentlicht worden! Oder Papa?"

Giuseppe winkt sie ab. Er hat ein sehr wichtiges Telefonat an der Leitung. Er weiß nicht, wie lange er überhaupt Draht nach außen haben wird und will unter keinen Umständen darauf verzichten.

Rubina: „Papa?"

Er ignoriert das. Ben wiederum möchte die Übersetzung hören.

Rubina: „Papa!"

Sie wird nicht mehr wahrgenommen. Ben glaubt an die Boshaftigkeit der Melodie. An den Aberglauben kann ihn jedoch nichts fesseln. Unwahrheiten und dessen Schaden an dieser Welt, weniger der theoretische Humor, erschaffen wir selbst und leiden kollektiv daran. Kein Pentagramm hat je einen Dämon beschworen. Was es auch ist, das diese Töne von sich gibt, kann besiegt werden, denn es kommt in dieser Welt vor und diese Welt hat die Kraft, es enden zu lassen. Rubina versucht Zeit zu schinden, bis ihr Vater wieder verfügbar ist. Sie redet verdächtig laut.

Rubina: „Kennst du dich mit Astrologie aus?"

Ben sagt verlegen: „Naja … nicht besonders. Ich kann zumindest den Gürtel des Orion von einem vorbeifliegendem Flugzeug unterscheiden."

Rubina: „Erzähle mir etwas über den Himmel und die Sterne!"

Ben: „Ähm … Da gibt es jede Menge Platz und …"

Giuseppe legt auf.

Giuseppe: „Junge, wie ist nochmal dein Name? Dein ganzer Name?"

Ben, stramm: „Ben Goldgerber."

Giuseppe: „Gut, du hast morgen früh einen Termin."

Ben: „Ich muss morgen …"

Rubina dreht die Zeitung so, dass ihr Vater sie lesen kann und ohne das Ben es merkt. Er schneidet ihm ins Wort.

Giuseppe: „Sie brauchen alle Männer und Frauen. Kein Aber! Sie haben einen Platz für dich, wenn du den Menschen helfen willst, dann helfe Fische zu fangen und mache dich bereit zu überleben. Und wenn du musst, dann vielleicht auch Kämpfen! Ich kenne das Schiff gut, ich habe lange, lange Zeit dort verbracht. Es hat Platz für euch beide. Ich habe bereits gesagt, dass ihr kommt."

Ben ist von der absurden Idee nicht begeistert.

Giuseppe: „Vatikan ist zu! Finito! Das Land hat den Notstand ausgerufen. Außerdem musst du meine Tochter zu diesem Schiff bringen und ein paar Tage lang auf sie aufpassen! Ich bin nicht mehr ich selbst!"

Ben sagt zu. Es ist ihm eine Ehre, sie zu begleiten. Und er schuldet ihr seinen Dank. Eine Illusion labt an sich selbst. Ben war sich sicher, dass dieses Schiff seine Bestimmung sein wird. Das Leben bietet, wir nehmen.

Ihr Vater sieht nachdenkend zu Boden.

Rubina: „Papa, bist du okay?"

Giuseppe: „Sie haben mich zuerst gefragt … äh …, ob ich dieser melodischen Erscheinung mit offenen Ohren zugehört haben. Ja, habe ich gesagt!"

Rubina, traurig: „Papa?"

Ben tröstet ihn: „Ich nehme sie mit und bringe sie in Sicherheit. Versprochen!"

Das Internet versagt plötzlich. Ben forstet durch das Internet, er versucht einen Link direkt einzugeben, da die Welt-bekannteste Suchmaschine keine Antwort liefert. Er findet eine deutsche Webseite. Notstand in Deutschland. Sie behaupten in Kürze die Information auf den neusten Stand zu bringen. Dann stürzt auch diese Verbindung ab.

Ben: „Wo ist das Schiff?"

Giuseppe: „Wir müssen zu dem Hafen, morgen früh! Ich bringe euch dahin."

Ben: „Und … was sagt das Militär so?"

Giuseppe fühlt sich etwas auf den Fuß getreten. Hat er ihm zu viel erzählt? Woher wusste Ben? War es zu offensichtlich?

Rubina: „Wir reisen zusammen auf dem Schiff, oder?"

Ben und Josef gleichzeitig: „Nein."

Giuseppe, flucht: „Divi filius!"

Ben: „Meinst du Octavian? Vespasian? Titus? Wen, genau?"

Rubina: „Va Bene!"

Giuseppe, empört: „Wir gehen vor Sonnenaufgang. Man hat mich gewarnt: Dieses Phänomen kam zum Sonnenuntergang und verschwand mit der Dunkelheit. Wir leben nicht im Paradies, seit heute Nacht. Also müssen wir davon ausgehen, dass nicht die Welt untergegangen ist, sondern nur die Sonne. Der Teufel … du suchst ihn und er kommt. Was mit mir passiert ist heute Abend? Ich bin … ich bin nicht mehr ich selbst. Ich habe die komplette Musik gehört, ich kann nicht mit euch kommen. Bitte versteht das! Ich war nicht mehr ich selbst!"

Er lächelt sehr merkwürdig, bis das Lächeln verbittert.

Giuseppe: „Wenn morgen die Sonne wieder aufgeht, sehen wir, ob es an der Sonne liegt, oder an dem Gemälde. Ich wurde gewarnt, also steht auf, bevor die Sonne aufgeht! 5:30 Uhr ist die Sonne bereits zu sehen, also brechen wir mindestens eine Stunde, besser zwei Stunden früher auf. Habe ich mich mich klar aus … erklärt?"

Ben und Rubina gleichzeitig: „Ja!"

Giuseppe: „Wir gehen zusammen, aber ich komme nicht mit auf das Schiff.

Ich muss mich selbst besser verstehen. Wie war es für dich? Für euch, meine ich?"

Rubina: „Die Leute im Hotel haben sich gegenseitig verschlagen. Es waren nur ein paar auf unserer Straße, Papa. Wir haben die Schreie in der Stadt gehört. Das muss furchtbar gewesen sein! Da passiert etwas in ihren Köpfen. Sie kämpfen ohne Grund!"

Ben: „Wie im Krieg!"

Rubina: „Wir haben uns zusammen im Hotelzimmer versteckt, bis es aufgehört hat."

Giuseppe: „Ach, da warst du? Ich habe die ganze Zeit zugehört, aber ich kann mich nicht erinnern. Ich dachte, es kommt vielleicht vom Himmel und bedeutet etwas Gutes. Irgendetwas muss ich gemacht haben in der Zeit, auf das ich nicht stolz sein kann. Ich schäme mich so, aber weiß nicht wofür. Was wenn es schlimmer wird? Wenn es wieder anfängt, dann schützt bitte eure Ohren davor!"

Ben ermutigt sich, dass er nur kurz zugehört hat und vielleicht einfach nur Glück hatte. Was, wenn der Wunsch auf dem Papier half?

Giuseppe: „Nein, ich will nicht bei dir sein, wenn ich meine Liebe im Herzen verliere! Ich spüre Reue. Tiefe Reue. Es tut mir sehr Leid, dich nicht beschützt zu haben!"

Rubina: „Ist okay, Papa. Ben war für mich da!"

Ben: „Schnell erscheinende Ereignisse sind schnell verschwundene Ereignisse. Vielleicht war das nur einmalig?"

Dann steht er auf.

Ben: „Wir nehmen das Nötigste mit und gehen sofort. Ich will nicht länger in der Stadt bleiben. Rubina, du weißt was mit Menschen passiert, wenn sie der Melodie zuhören! Wir haben uns vor einem alten Mann verteidigt. Ihm war nicht zu helfen, er hat sich unnatürlich verhalten, vor allem aber … aggressiv. Wollte in unser … ähm … mein Zimmer. Er hat keine Schmerzen gefühlt, sondern Wut! Sie wussten wo ich bin, als ich ihre

Schreie gehört habe. Ich konnte es fühlen. Es kamen noch mehr von draußen."

Giuseppe: „Du sagst auch Melodie?"

Ben: „30 Minuten! Dann brechen wir auf!"

Ben fragt sich, woher das "auch" in seinem Satz herkommt und vermutet, dass er noch nützliche Kontakte hat.

Giuseppe schwärmt jetzt heimlich von Ben, wie er aufstand und die Zügel in die Hand genommen hat und einer größeren Sache dient. Und wie er in seinen Augen Autorität ausstrahlt. Schwärmen für Anfänger. Noch keine Schwieger-Liebe. Er weiß, Ben will nicht an Bord, sondern in der Früh, zum Vatikan. Doch er muss ihn besänftigen.

Giuseppe: „Wir können jetzt nicht an Bord, sie sichern zuerst den Hafen."

Dann herrscht ein Moment Ruhe. Giuseppe sieht wieder auf den Boden und hebt sich die Hand auf die Stirn.

Giuseppe: „Bitte gehe in dein Zimmer und schlafe! Bis wir morgen, vor Sonnenaufgang, starten. Ich möchte am Hafen sein, besser ihr seid schon auf dem Schiff, wenn die Sonne morgen aufgeht!"

Ben runzelt die Stirn und überlegt, ob er etwas vergessen hat. Der Plan ist solide. Denn wenn sie es auf das Schiff schaffen und die Mannschaft sich heute Nacht zu schützen wusste, dann werden sie auch zukünftig so überleben können. Der Wind steht günstig. Er wird sein Versprechen halten. Die Probleme der Menschheit wurden über Nacht auf ein gewaltiges, gemeinsames Problem reduziert. Und wenn er richtig liegt, dann helfe es am besten, seine Ohren zu bedecken und sich zu isolieren von allen, die zuhören.

Ben: „Darf ich das Stück Holz mitnehmen und studieren?"

Giuseppe überlegt laut: „Ich will es dir nicht schenken. Es gehört zu meiner Sammlung und ich bin sicher, es ist besser, es bleibt bei mir. Ich passe schon seit langer Zeit darauf auf. Es tut mir Leid!"

Ben: „In Ordnung."

Er denkt nach. Das ist ein herber Rückschlag, denn in dieser Notlage darf man sich doch trennen von Dingen, die nicht zum Überleben wichtig sind? Gerade weil er der Musik zuhörte, kann er den Wert nicht voll ausschöpfen. Was macht man denn, wenn man verrückt ist und durch die Gegend läuft und Leute auf den Kopf einschlägt und Kinder entführt? Bestimmt nicht Literatur und Reliquien der Geschichte studieren! Vielleicht wird er zu dem, was der Mann im Flur wurde. Der im übrigen noch vor seinem Zimmer lauern könnte. Kann er es eintauschen?
„Willst du morgen immer noch zum Vatikan?", fragt Giuseppe und will nur ein Nein hören.
Ben zweifelt, denn er fühlt sich noch nicht bereit dazu. Er steht praktisch vor der Türe und sie öffnet sich nicht. Auf den Boden starrend überlegt er. Die Melodie ist wie das Parfum des Teufels.
Giuseppe: „Du weißt also wirklich den Namen von dem Tier von … naja … du weißt schon? Ist das der Grund, warum du hier hergekommen bist?"
Das trifft es ziemlich genau auf den … Komma. Der Name ist das Imperativ, die Welt zu lieben, humanitäre Nächstenliebe zu lernen und zu realisieren, ohne den mahnenden Zeigefinger nach außen zu strecken. Nie aufzugeben. Und um die Kraft des Glaubens zu nutzen, damit das Übel der Welt seinen festen Griff verliert und an der Mühe der zusammenhaltenden, egalitären Menschheit scheitert den spaltenden Handgriff auszuüben, den wir untereinander schaffen und/oder tolerieren. Und um diese Spaltung zu eliminieren, die uns von der Aufgabe ablenkt, den Teufel durch gutes Werk zu verstümmeln, dessen, hoffentlich nächst erlittener Stoß, der letzte, der Gnadenstoß von Gott werde. Damit der Gnadenstoß vom Himmel kommt, so sollen wir den Teufel zurichten und von der Aufgabe am meisten profitieren, durch die wachsende Liebe und Verbesserung füreinander, diese Welt unbewohnbar für das Böse zu gestalten.
Ben: „Ich habe Fragen an die Menschen, die dort ihren Glauben predigen und dann ihr Tor verriegeln, als die Melodie begann und die Menschen sie

brauchen. Eher, denn je. Wir haben alle Hände voll zu tun. Wir brauchen jeden. Eine Richtung, viele Ziele, Vertrauen und Hoffnung. Wenn wir davon nichts mehr sehen können, dann brauchen wir die Ahnen, die uns den Weg ebneten. Dann brauchen wir die Richtung aus der Vergangenheit. Würde Gott wirklich ein Wesen dafür einstellen, dessen Sadismus plötzlich außerhalb seiner Liebe agiert? Oder haben wir einfach einen Teil der Welt nicht verstanden, die alles Existierende benötigte, um zu sein, was sie jetzt ist? Die Welt ist gut und wir machen sie besser, weil wir können."
Giuseppe: „Bitte spreche … den Namen … nicht aus!"
Ben: „Es ist nicht gerade so, als hätte der Teufel einen Vornamen und Nachnamen. Seine Zahl, so sagt die Bibel, sei eine Wegweisung zur Besserung und das Verständnis der Welt, die sich an unserer Hingabe zum Guten nährt, anstatt ein Freifahrtschein zur Identifikation, Lokalisierung und Vernichtung einer autarken Entität zu ermöglichen. Geschweige denn, eine Einheit des Bösen, wo eher von der alleinigen Einheit Gottes die Rede ist und nur da wirklich existiert."
Giuseppe: „Ich hätte es nicht geglaubt, wenn du mir das vor zwei Tagen erzählt hättest. Egal! Das musst du wissen, ob etwas Gutes dabei herauskommt, oder nicht!"
Ben: „Du hast die Melodie gehört, bei aller Liebe, es kann nicht gut tun, jetzt einen Schlussstrich zu ziehen. Ich warte, bis ich weiß, woher das kommt, sonst hängen oder verbrennen sie mich direkt. Denn wenn die Töne mit dem Teufel zu tun haben, dann liege ich mit meiner Idee komplett daneben, oder ich bin sogar Schuld an dem ganzen. Ich halte die Melodie für ein irdisches Problem, oder ein außerirdisches, aber das Ende der Welt, bleibt am Ende der Ewigkeit. Wenn ich da hinein spaziere, erwarten alle eine Antwort von mir, die ich ihnen nicht geben kann. Was, wenn sie behaupten, ich hätte damit etwas zu tun?"
Giuseppe: „Heute Nacht sind mehr als eine Milliarde Menschen gestorben. Wir haben überlebt. Bitte zweifel nicht! Zweifel nicht, dass es die Magie

der Liebe gibt, die uns lenkt!"
Ben: „Das Tier ist der Koala."
Giuseppe und Rubina rufen gleichzeitig: „Was?"
Ben: „Er wartet auf die Eukalypse!"
Rubina: „Nicht dein Ernst?"
Ben: „Nein. Nur ein Scherz."
Geschmacklos, taktlos und unpassend: Genau sein Humor. Unangenehme Pause. Rubinas schmunzeln wirkt Wunder. Ihr Vater gibt nach.
Giuseppe: „Okay, du bekommst von mir dieses Stück Vergangenheit. Es ist vielleicht, wie heißt das, eine Wurzel. Kein Holz. Es ist nicht perfekt gerade, sondern leicht gekrümmt und sieht daher aus, wie natürlich gewachsen. Finde raus, was das ist!"
Ben freut sich wie ein kleines Kind.
Giuseppe: „Aber nur bis morgen früh! Und vergesse nicht zu schlafen! Du musst auf meine Rubina aufpassen, ja?!"
Ben freut sich wie ein Erwachsener, mittleren Alters.
Rubina sieht ihren Vater zweifelnd an. Will er so beide heute Nacht von einander trennen? Ihn beschäftigen?
Giuseppe: „3:30 Uhr! Bitte komm pünktlich! Deutsch-pünktlich!"
Ben erhält die Schachtel. Ihm überfliegt der Gedanke hinein zu spicken, ob tatsächlich die Wurzel darin sei. Dann kommt ihn das respektlos vor und er schätzt es am Gewicht ab, dass die Schachtel nicht leer sein kann, wie er sie nach oben und unten schwankt. Er ist damit sehr zufrieden und Giuseppe hat recht. Eifrig packt er zusammen. Er verabschiedet sich und er hofft, dass Giuseppe recht hat und es nicht vor Sonnenaufgang wieder passieren würde. Am besten gar nicht mehr. Er hofft damit auch, dass sie vor ihm sicher ist. Sie ist etwas kalt zu ihm bei dem Abschied, findet er. Vor der Haustüre trennen sie sich und die Tür fällt zu. Ben sieht sich um. Er hört nichts verdächtiges. Außer einen Nachbar aus selben der Straße, der in seiner Garage werkelt, sägt und schweißt. Helikopter

fliegen im Himmel. Dann läuft er auf den Hof. Und da sitzt er, schweigend. Der alte Mann, der aus dem Gesicht blutete. Er hat seine beiden Hände vor seinem Gesicht. Er schaut in seine Handflächen, als fände er seine eigenen Finger nicht mehr. Ben läuft, so leise er kann, an ihm vorbei. Er hofft unbemerkt zu bleiben, hält sogar seinen Atem an. Der alte Mann sitzt auf dem Bürgersteig. Er macht den Eindruck, als sei er von Reue zerfressen. Ben fühlt mit diesem Kerl mit. Er war da. Er hat gesehen, in welchen Abgrund man hineinsieht, wenn man zuhört. Es war so, als wenn einem die Wahrheit schaden wollte, sich nur so zu präsentieren, als gäbe es nur den langen Schatten dahinter. Jeder Moment diente lediglich den Zweifeln, Bruthaus zu werden. Ihm wird klar, dass er die falschen Antworten gab, als er in dem verfluchten "Raum" war. In dem Moment als er zuhörte, waren seine inneren Zweifel, wie die unbeleuchtete Seite des Mondes, ohne Blick auf die Erde, sondern nur in das tiefe schwarz des Alls und dessen echolosen Worte der Sterne. Weil Ben seine Zeit damit verschwendet, neben dem Mann zu stehen und zu philosophieren, bemerkt dieser ihn schließlich. Er hebt seinen Kopf und er schaut zu Ben. Doch er starrt ihn erwartend an und bleibt apathisch. Er will nicht kämpfen, er lässt seinen Kopf wieder in die Hände fallen, als sei ihm alles egal. Zunächst verschwindet Ben in seinem Zimmer. Die nächtlichen Stunden vergehen, ohne Ben in den schlaf zu wiegen. Statt dessen, studiert er die Wurzel. Er will überprüfen, ob er die Buchstaben vollständig kopiert hat, denn er kommt bisher auf keinen grünen Zweig, die Bedeutung zu entschlüsseln, auch wenn es ihm gelingt die Worte zu entziffern. Und die Zeit rennt ihm davon. Plm. Das gefällt ihm. Wie gerne wäre er jetzt dort. Fern in der Vergangenheit, Besucher der Zeitgeschichte und des Lebens in einem Ort, so magisch wie Atlantis. Einer der wichtigsten Ereignisse der Menschheit spielt sich in seiner Lebenszeit ab und die Geschichtsbücher werden sich an dieses Jahr erinnern. Unerklärlich mit den eigenen Worten seiner Gedanken, ist es

sein Bauchgefühl das ihm sagt: Vertraue der Magie! Und Plm ruft ihn aus der Ferne. Ben schaut sich in dem Zimmer um. Er findet keinen Wecker. Dann hat er Zeit nachzudenken und er beginnt zu realisieren, dass die gewaltigste Katastrophe der Menschheit heute Nacht passierte.
Eine. Milliarde. Menschen. Tot. Ist das wahr?
Er kann es nicht verarbeiten und er denkt daran, dass all seine Freunde und Nachbarn und Bekannte hoffentlich überlebten. Jeder Siebte, wohl nicht. Sie mussten es doch nur schaffen nicht zuzuhören. Am Ende weigert er sich zu glauben, dass dieses wohlklingende, angenehme Gefühl seine Mitmenschen verführte, nicht wegzuhören. Man hat doch Angst? Dann packt ihn die Neugier und er bricht auf in die Stadt. Was er unbedingt raus finden musste, war, was mit den Menschen passiert ist. Wenn er Glück hat, dann findet er eine Art Gehörschutz, etwas das Handwerker benutzen, wenn sie an großen Maschinen arbeiten, um sich vor dem Lärm zu schützen, oder nach einem ähnlichen Prinzip schützen. Die Ruhe der Stadt ist unheimlich. Aufmerksamkeit will er vermeiden. Er spaziert durch die Straßen, auf dem selben Weg, vom dem sie herkamen. Als er durch die warme Nacht wandert, begannen sich die Überlebenden wieder zu zeigen. Erst sind es Geräusche von Fahrzeugen, dann hört er quietschende Reifen und es kracht auch hier und da. Dann sieht er Menschen in der Ferne. Sie winken einander. Auch Ben wird gegrüßt. Die Stadt war noch lebendig, nicht gefallen.
Er beobachtet, wie ein Auto unsachgemäß dem Straßenverlauf folgt, bremst, Gas gibt, bremst und so weiter. Der Wagen ist schwarz wie der Rabe und die Scheiben sind getönt. Der Klassiker im 21. Jahrhundert. Männer wollen ein schützendes Schlacht-Schiff über dem Asphalt navigieren und unbeobachtet aus ihrem mobilen Beobachtungsposten verdeckte Aufklärungsoperationen durchführen, hauptsächlich, um Frauen anzugaffen und um sich nur dann zu präsentieren, wenn sie sich cool genug fühlen die Scheibe niederzulassen. Die fahrende Sonnenbrille. Der Klassiker, schlechthin. Der Fahrer scheint unerfahren zu sein, wie er mühselig an

Ben vorbeifährt und auch noch hupt und ihn fast zu Tode erschreckt. Es zeigt sich ein Jugendlicher am Steuer, dem noch nicht einmal ein Bart wuchs. Er lässt die Scheibe runter gleiten und protzt erst mal kräftig. Du weißt, ich darf nicht, ich soll nicht, aber ich tue. Sieht! Ich am Steuer! Ich, in meinen Alter. Ich bin es!
„Affen cool, yo!", schickt Ben ihn hinfort.
Der Junge sah aus, wie ein Scheidungskind einer Mutter, die selbst noch fast ein Kind war, als sie ihr Kind bekam und den coolsten Checker der Stadt bekleidet, wie den coolsten Checker, der sie beide verließ. Die Ordnung der Welt ist dann wohl am Höhepunkt der Rebellion. Der Zeitpunkt, an dem traditionelle Werte nicht mehr hinterfragt, sondern komplett neu wiederentdeckt werden müssen, weil man in Büchern keine Antworten mehr sucht, auf Fragen, die schon seit Beginn der Menschheit gestellt und darin schon beantwortet wurden. Die Welt wird heute neu kreiert. Und ihr Gesicht hat hellblaue Augen. Die Straßen sind gezeichnet von Menschen, die fast regungslos am Straßenrand und auf den Treppen ihrer Häuser sitzen und ihren Kopf in die Hände fallen lassen. Sie trauern stumm. Ben sieht, wie eine Gruppe Menschen an einem großen Spielplatz ein Lager aufschlugen. Sie basteln an dem Klettergerüst herum und modifizieren die Plattform zu einer Festung mit großer Überschaubarkeit, Transparenz und Spähfunktion. Ben staunt nicht schlecht. Wie doof die Leute sind, denkt er sich. Sie bauen das Gerüst so um, dass man es nur an zwei Stellen betreten kann. Sie haben Holzplanken und bauen sich ihre Burg zusammen.
„Was ist an einem Haus so verkehrt? Warum nicht einfach in ein Gebäude gehen, das man gut überschauen kann und genug Platz hat und wo man nicht herunterfallen kann? Da gibt es Wasser, Mauern, Betten, Licht, Heizungen und genug Schutz!"
Er gibt auf, weiter zu knobeln, warum sie das Klettergerüst so ungeschickt ausgesucht haben, als offensichtlichen Schutz vor den Aggressiven. Aber weil es es Wert ist zu fragen, nimmt er sich die Minute

Zeit, um seiner Neugierde den Durst zu stillen, damit ihn sein Gehirn später schlafen lässt. Manchmal irrt man sich eben und übersieht den wahren Zweck, durch Voreingenommenheit. Er läuft auf die Gruppe zu und stellt sich daneben, als manche die Plattformen bauen und manche Joints drehen. Die einen, haben Werkzeug in der Hand und helfen beim Tragen. Die anderen, drehen ihre Joints und die Stimmung ist dementsprechend easy und chill. Eine Frau kommt auf ihn zu. Ben ist überrascht. Normalerweise sind Frauen schüchtern, oder nicht? ;)
Danach öffnet sie ihre verschwitzte Bluse und wirft sie über den Kopf und lässt sie hinter sich einfach auf den Boden fallen. Sie lacht ihn an, zeigt ihre hübschen Zähne und besonders ihre großen Brüste. Sie quetscht sie mit ihren Oberarmen zusammen und sie blubschen nach vorne, während sie ihre Arme dafür verschränkt.
„Was will sie damit sagen?", denkt sich Ben genügsam und hält das innere Kichern in ihm zurück.
„Du wolltest ja wissen, was die da machen, Ben! Soll ich mich jetzt dafür interessieren, oder nicht?", fragt er sich.
Sein schweigendes, schüchternes Gegrinse hat sie schon längst durchschaut und sie macht einen Schritt nach vorne und blickt von unten her. Dann greift sie nach seiner Hand und zeigt ihm das Klettergerüst von der Seite. Ben hat das so noch nie gesehen und er ist ganz schnell überzeugt worden, dass er den Zweck nicht ganz verstanden hatte. Sie macht das fabelhaft. Wie schnell sie da hochgekommen ist, bewundert er. Er überlegt, wie er da nur hochkommen soll und es ist nicht schwer, doch will er sich nicht davon einschüchtern lassen, dass einem viele Leute zusehen. Sie schreit vor Freude, als Ben es nach oben geschafft hat. Sie sind nicht ganz für sich alleine, doch wen kümmert es? Es ist dennoch romantisch, sich am scheinbaren Ende der Welt, den Moment zu beflügeln. Sie spielen: Wer länger oben bleibt, ist der König oder die Königin. Er hüpft von einem Ende zum anderen und die anderen freuen sich so sehr für

ihren Spielgeist, dass sie wie Fans zusehen, um später ein und das selbe zu machen, wenn die Profis fertig sind. Sie sind sehr dankbar, dass die Welt diese Freude nicht mehr weg nehmen wird, denn es ist ihr Monument der Freiheit und der Akzeptanz. Sie hat keinen Namen, aber sie war die Königin, die er, hat gewinnen lassen. Eine Nacht, in der man herumalbern darf, weil man überlebt hat und weil es jedem zusteht. Ben besteht dann auf eine Pause, denn beide sind klatsch-nass und sie hatte Durst. Das Klettergerüst ist bereits getrocknet vom Regen. Ben sieht zu den Neuankömmlingen. Er ruht sich aus und stellt sich dabei vor, wie viele das sein mögen, ohne wirklich zu zählen. Wenige Augenblicke später, klettert er hinab und er küsst sie auf die Stirn, bevor sie ihre Bluse wiederfindet, die sie auf dem Boden liegen ließ. Letzten Endes, hat er die Idee dahinter verstanden. Es blieb ein Spielplatz. Der coolste der Stadt. Es verflog die Nacht und er wünscht sich, nebst der aufgefrischten Lebensfreude, Aufgabe und Bestimmung zu finden. Abhilfe gegen die Melodie. Dann folgt er dem Ratschlag der Gruppe, die ihm ein Geschäft vorschlagen, in dem er Gehörschutz finden kann. Auf der Straße ist es lebendig geworden, doch furchteinflößend. Anarchie und Gesetz des Dschungels, in den Händen der Jugend. Auf dem Weg begegnen ihm Schlägereien um teure Produkte, in die er sich nicht einmischen will. Schaufenster werden eingeschlagen und manche helle Köpfe der Stadt haben gar einen Schmuckladen beraubt. Die Scheiben zersplittert. Ben bemerkt zwei vergessene Goldringe, die neben den Scherben auf dem Boden liegen. Die Sirene läutet noch und der Eingang ist zerstört, wohl mit einem Fahrzeug. Auf der selben Straße sitzen zwei "Druffies" mit fetten Kopfhörern und bunten Haaren und vielen Tattoos von Lebensweisheiten, die die Selbstliebe und vereinzelte Familienmitglieder huldigt. Sie reden nicht viel. Doch Ben hört sie auf Englisch sagen, dass die Melodie, die sie gerade hören, scheiße klingt. Ben wird hellhörig. Einer meint, der Song habe keinen Bass und der andere bemerkt, der Bass scheint auch

irgendwie nicht zu kommen. Keine Abwechslung. Ben hört den Alarm auch, aber er kommentiert das nicht. Er ist nicht der Erste, mit der Idee sich ein Gehörschutz zu eigen zu machen. Getäuscht von dem Eindruck der blühenden Stadt, kommt nun der bitterste Nachgeschmack einer zerfallenden Generation, dessen Halt in dem kurzlebigen Atem des Geldes liegt. Seine Augen haben sich an die Dunkelheit gewöhnt. Er bleibt aufmerksam und gefasst auf die neue Situation.
„Wie verloren die Stadt ist!"
In den versteckten Winkeln der Häuser und dicht über dem hohen Gras heraus stechend, liegen Körper auf dem Boden. Leichen.
„Ich muss blind gewesen sein!", schauert es ihn in seinen Gedanken.
Er ist wieder hellwach und gefasst. Er sieht in die Fenster von fast jedem Haus hinein, bleibt aber auf der Straße. Überall vor den Häusern und auch mitten auf dem Rasen sitzen die Trauernden. In fast allen Gebäuden liegen tote Menschen auf dem Fußboden und Ben sieht nur die, die vor den Haustüren liegen. Platzwunden, Stiche, Würge-Male und allerlei Widerlichkeiten sind ihnen ihr letztes Leiden geworden. Auf dem Rasen, auf den Treppen, überall: Tote. In der unscheinbaren Beleuchtung der Nacht sind die unentdeckten Leichen der letzte Trost. Denn es werden mehr, je länger man sich umschaut. Hier Tote, da Tote, tote Hose, totes Land, totales Verderben. Es wird ihm übel. Vor wenigen Minuten tollte er mit den Überlebenden. Dann sieht er die Wirklichkeit. Ihm wird es schwindelig und er drückt sich die Adern seines Armes zu, aus Angst, er könne das Bewusstsein verlieren. Blut fließt nach unten und sammelt sich im Bauch und in den Beinen. Er kann kaum atmen oder laufen. Seine Hände suchen vergebens nach einem Geländer, an dem er sich zum Laufen abstützen kann. Da war ein Mann. Unbemerkt. Ben nimmt ihn wahr, als er eine große Plastiktüte vor seiner Haustüre fallen lässt. Eine Pistole liegt auf der Veranda. Der alte Mann zieht die Tüte mühselig aus dem Eingangsbereich zur Treppe und zerrt ihn auf die Straße. Er bemerkt Ben und Ben starrt.

Er läuft auf Ben zu und zeigt seine Zähne. Ein falsches Lächeln. Er behält Ben ununterbrochen im Auge, wie er marschiert. Stress-Adern auf der Stirn. Er redet mit ihm auf Englisch, weil er Ben ansieht, dass er nicht von hier ist. Er meint, dass ein Blitz gestern einschlug, als sein Sohn in der Dusche war. Hat ihn erwischt. Sofort tot. Er hat ihn in Müllsäcke eingewickelt und bringt ihn vor die Türe, damit er nicht im Haus zu stinken beginnt. Eine Schande, meint er. Ben rät ihm, gelogen, er könne einen größeren Blitzableiter montieren und Ben zeigt mit dem Finger auf die lange Straße, wohin er vor hat, zu laufen, als er das Blut auf seinen Schuhen entdeckt. Er müsse weiter, meint Ben. Es könne dem Knaben nichts mehr helfen, jetzt, wo Zeus schon zugeschlagen habe. Der Mann begrüßt den Abschied sehr. Ben beeilt sich. Den Menschen, die vor den Häusern sitzen und trauern, will er nicht mehr in die Augen sehen. Was, wenn sie wieder anfangen? Sie sind der Grund. Sie sind die Mörder geworden, dessen Land sich ihnen ein ganzes Leben lang vergießt und in einer Nacht verrinnt. Bis auf ein paar wenige Seelen, die die Erde überhaupt noch zu einem Ort machen, ist jeder Überlebende das einzige, das die Menschheit am Leben hält, auch wenn das schon immer Gesetz des Dschungels war und noch ist. Die Melodie hat ihnen für wenige Stunden die Fähigkeit beraubt zu lieben. Denn wer so etwas tut, der liebt einander nicht. Sie sind die Verurteilten ihrer Unfähigkeit, sich von dem Lärm der Welt abzuschotten. Und Ben fühlt, dass er sie so nennen muss:
"Die Verurteilten".
Es liegt jetzt an seinen Entscheidungen, wie das Leben solch einer Zivilisation nun seine Wiedergeburt erfährt. Er schwelgt: Gott hat keine Silhouette, da eine Silhouette endlich ist. Dann sieht er in den Himmel und betet:

„Danke Gott! Danke, dass ich lebe!
Gelebt zu haben und zu Leben, ohne bestraft zu werden,
nie gelebt zu haben, weil auch immer, oder weil ich nicht perfekt bin und
nicht sein kann, wie Du, Gott,
Du Gott bist, und ich Dir dafür Danke! Danke, dass ich lebe!
Aufsehen zu Dir,
ist für mich,
bei Abstieg, reue es mich,
beim geraden Gang, führe es mich,
und bei meinem Aufstieg, nimm mich bitte an,
lieber und gnädiger Gott, wenn ich Dir danke,
nicht wenn ich, in mir und in mich, und sogar nach außen,
oder auf Dich, schimpfe,
immer ein Segen.
Bitte passe auf meine Liebe auf und auf Liebe selbst. Und ich möchte auf
Deine Liebe aufpassen, zumindest auf das, was du liebst!
Danke, dass ich liebe und Du Liebe schenkst! Bitte, lass es so bleiben!"

Der Wind streichelt ihm über den Kopf und über die Haare. Ben marschiert in einen Garten, in dem er eine Laube sieht. Er durchforstet diese Laube, wo all die Werkzeuge herumfahren. Nach einer Weile findet er drei Lärmschutzkopfhörer. Er nimmt sie mit. Er trauert um die Stadt, die er sah. Und um die Welt trauert er, denn er glaubt an die Grenzenlosigkeit dieser Verurteilung. Seine Wurzel hat er gefunden. Er hat eine Aufgabe bekommen, die er zu verstehen hat.

Einen Windzug später, steht er vor ihrem Haus und dann vor dem Hotel. Davon hat er einen Gehörschutz behalten, die zwei anderen hat er vor ihre Haustüre am Namensschild gehängt. Er wirft die Münzen in das Münztelefon. In dem Gewand an Lärm, das die Stadt nun trägt, bettelt Ben am Hörer des Münztelefons, seinen Anruf endlich durchgestellt zu bekommen und bekommt nur künstlich erstellte Sätze zu hören, die nur aus zusammengefügten, einzelnen Worten besteht. Vergebens. Die Leitung ist tot. Die Müdigkeit klammert sich an seinen Körper und er will sich schlafen legen. Gedanken bombardieren ihn. Er fühlt sich wie ein Mann, der vor den Hotels steht und die Türen öffnet wenn jemand eintreten möchte, der anstatt Menschen, Zweifel und Sorgen die Türe aufhält. Schlaflosigkeit. Hand in der Hose.

Er erkennt ihre Schritte auf dem Weg zu seinem Hotelzimmer. Es klopft fünf mal an der Tür.
„Hallo?", ruft Rubina.
Ben öffnet hastig die Tür. Er lässt sie nicht warten. Rubina hat ihm ein Geschenk mitgebracht: Sie trägt einen Kleiderbügel in ihrer Hand. Ein eleganter schwarzer Anzug, ein weißes Hemd und eine rote Krawatte sind auf dem Bügel. Sie reicht es ihm voller Stolz und zeigt ihm dadurch, dass sie ihm dann ein Geschenk gönnt, wo ihm eins verwehrt wurde. Es ist ein feiner Anzug. Und schöner Trost.
„Wow! Danke!", hüpft es freudig aus ihm heraus.

Rubina: „Ich habe gesehen, dass du das Hotel verlassen hast."
Ben: „Oh, ja? Ehrlich? Dachte ihr schläft. Habe Kopfhörer …"
Rubina: „Ja."
Ben: „Und, ähm …"
Rubina: „Und ich habe verstanden, warum du auf die Straße gelaufen bist."
Ben: „Ach ja, ich habe …"
Er hat gehofft, sie würde ihm bei diesem Satz wieder dazwischen reden.
Doch sie wartet auf eine Antwort.
Ben: „ … nun ja, da wurde ich neugierig."
Rubina: „Und? Was gab es zu sehen?"
Ben: „Und ich musste wissen, was da draußen passiert!"
Rubina zieht die Augenbrauen hoch und greift nach ihrer Hüfte.
Rubina, stutzig: „Ja? Was passiert denn da draußen?"
Ben, verkneift sich scheiternd das Grinsen: „Also, ähm, die haben … also, es ist schrecklich!"
Rubina: „Und das wolltest du sehen?"
Ben: „Was ich sehen wollte? Also …"
Sie gestikuliert mit den Daumen an den Zeigefingern.
Rubina: „Das muss hart gewesen sein?"
Ben zeiht die Augenbrauen hoch, als wäre er ein Italiener bei einem Satzanfang.
Ben: „Ähm … Ja!"
Rubina: „Und du hast vom Juwelier kein Geschenk mitgebracht? War ja nicht sowieso schon geplündert worden, oder?"
Ben: „Hey, ähm … Moment, mal!"
Rubina: „Und du hast nicht einmal Gras mitgebracht, sowie du riechst?"
Er hofft jetzt innigst auf ihre Vergebung.
Ben: „Das sind … also …"
Rubina: „Waren keine Kopfhörer in dem Laden?"
Ben: „Die waren alle! Habe aber woanders …"

Rubina: „Und du weißt jetzt wo wir hochklettern können, wenn die verrückten Menschen auf den Straßen, wieder verrückt werden?"

Ben: „Oh, du meinst das …?"

Rubina: „Ja?"

Ben: „Das … Klettergerüst?"

Rubina: „Du hast eine nackte Frau geküsst!"

Ben, schamvoll: „Die Bluse hatte sie ja zunächst noch an!"

Autsch!

Ben schämt sich und er bleibt dann doch bei einem Schweigen. Sie belässt es dabei.

Rubina: „Was ist eigentlich mit dir passiert, als … die … die Melodie …?"

Ben ist dankbar, dass sie nicht tiefer bohrt. Plötzlich erinnert er sich an mehr, als er ursprünglich im Kopf behielt. Es schockiert ihn, wie er das nur vergessen konnte. Da war mehr. Viel, viel mehr.

Ben: „Zuerst war alles in schwarz-weiß. Es war wie in einem alten Film, wo sich das Rauschen noch in Bildern nicht vermeiden ließ. Da waren zwei Männer bei einem See. Sie kamen mit einem Auto. Die beiden wurden von einem Mann mit der Kamera begleitet. Drei, also! Sie taten sich schwer Worte zu finden. Sie gaben sich Befehle. Der Kameramann lief mit den beiden mit. Dann holten sie eine Leiche aus dem Kofferraum und füllten ein Leinentuch mit Steine und sie packten den Körper hinein und schnürten es zu. Keine großen Emotionen dabei. Fast so, als sei es ihr Job. Sie trugen den Körper zu dem See und liefen über den Steg zum Wasser. Dann sagten sie sich etwas, an das ich mich nicht mehr erinnern kann. Ich kann mich kaum an diese Szene erinnern! Sie waren gut gekleidet. Wer waren diese Männer? Dann schubsten sie den Körper in das Wasser mit dem Kopf voraus. Die Leiche ist erst langsam über die Kante geschubst worden und dann hat die Schwerkraft den Rest getan. Plötzlich verschwand sie in einem Ruck. Weg war sie. Kleine Wellen. Kein Platschen. Die Stimmung war mies. Was sagten sie danach? Sie stritten sich um den Wagen! Einer verkratzte das Auto mit seinem Aktenkoffer und es gab Ärger. Der Kameramann lief hinterher. Was war dann? Oh! Sie stiegen in den Wagen. Nachdem die beiden in das Auto eingestiegen sind … war ich plötzlich in einem Kino und das Licht ging an. Die Leute im Kino waren angeekelt. Warum haben sie mich alle angesehen? Warum? Oh! Der Film war noch nicht vorbei. Kein Abspann. Nein! Der Mann öffnete den Kofferraum. Oh mein Gott! Das war ich! Der Mann mit der Kamera hat sein Gesicht in die Kamera gezeigt. Wollte auf das Bild, bevor er die Kamera verstaut. Es sah aus, als sei es Jahre her. Vielleicht Ende des 19. Jahrhunderts. Aber da war ich! Ich war der Kameramann! Dann packte er die Kamera in das Auto. Der Film war vorbei. Die Leute haben mich im Kino angesehen und mich innerlich verurteilt. Dann ging das Licht wieder aus. Ich bin raus gerannt. Dann war ich im Nichts. Wieder dunkel. Dann flogen Worte auf mich zu. Jetzt erinnere ich mich wieder! Buchstaben, die in der Luft flogen, kamen rasant auf mich zu. Ich musste diesen Antworten und das war der einzige Stolz, den man darin fühlte, wenn man seine eigene Schwächen verteidigt. Das war auch in schwarz-weiß. Ich habe … Zweifel gesehen. Zweifel, an mir selbst. Ich habe mir nichts verzeihen können. Es war, als wenn der Geist sich die eigene Gesundheit ausreden wollte. Weißt du, in meinen Augen sind die Menschen die es hören, wie Verurteilte. Die Zweifel dominieren dich dann. Und wie bei einem Menschen mit Depressionen, verlangt die innere Stimme, dass entweder das eigene Geschwür vernichtet sein muss, selbst der Wirt, wenn der sich davon nicht trennen kann, oder die Schuld von einem selbst verdrängt und abgelenkt werden muss. Vielleicht hat das die Menschen dazu gebracht, anderen Schaden zu wollen. Das gesunde Denken ist kollabiert und ich bin davon überzeugt, dass viel mehr Schaden im Hintergrund passiert ist. Im Hintergrund, da, wo das kognitive Denken nicht alle Zimmer kennt, wo der eigene Geist umherwandert und es sein Zuhause nennt. Der wahre Hintergrund war die Realität, obwohl das der wahre Vordergrund ist. Das war die Hölle! Den

Männern fehlten die Gesichter. Keine Ahnung, wer sie sind! Irgendetwas war mit dem Auto. Sie mussten es reparieren, bevor sie weiterfuhren. Wussten aber genau wie! Einer hat seine Tasche daran gestoßen. Wurde ausgelacht. Der Film ist jetzt in meinem Kopf. Ich erinnere mich wieder! Das war schlimm. Danke! Danke, dass du mich da raus geholt hast!"

Rubina streichelt ihm fürsorglich über den Arm.

Rubina: „Und wen haben sie in den See geworfen?"

Ben: „Ich habe das Gesicht nicht gesehen. Der Kameramann hat nur gezeigt, wie sie das Leinentuch bereits mehrmals um den Kopf wickelten. Der Mann muss kürzlich erst verstorben sein. Sie hatten befürchtet, er treibt an der Oberfläche. Das war Mord. Ganz bestimmt!"

Rubina: „Ich war bei dir, Ben! Das ist nicht passiert!"

Ben: „Sicherlich hast du recht!"

Rubina: „Ich habe dir etwas mitgebracht!"

Ben: „Darf ich es anziehen?"

Rubina: „Ja, natürlich! Es gehört jetzt dir!"

Er sieht ihr charmant in die Augen und verbeugt sich leicht.

Rubina: „Mein Vater hat mir gesagt, ich soll es dir nicht erzählen, aber trotzdem: Er hat gehört, dass auf der Erde viele Menschen gestorben sind von der Erscheinung dieser Melodie. Das Militär ist aktiv geworden. Sie können nicht viel machen, aber sie haben probiert die Menschen zu schützen und auch viele ihrer eigenen Leute erschossen. Im Zentrum Europas kämpft keiner gegen die eigenen Leute. Aber viele Militärs anderer Länder haben … aufeinander geschossen. Da wo es Waffen in der Bevölkerung gab, kamen sie zum Einsatz."

Das ist eine zweiseitig geschärfte Klinge. Zum einen, findet Ben, ist das Militär eine Organisation, grundsätzlich ist Organisation von Vorteil, aber nicht, wenn der Griff zur Klinge wird. Kann man sich darauf verlassen, dass eine tödliche Gewalt Sinn ergibt? Nein. Es muss andere Wege geben! Zum anderen, kann man seinen Schutz nicht vernachlässigen, wenn man Gewalt verabscheut, aber dann angegriffen wird. Rubina zieht ihn an sich heran. Dann halten sich beide aneinander fest. Er steht mit seiner Idee auf dünnem Eis, seine Lippen auf ihre zu pressen und dem Eis damit nicht genug Zeit zu geben zu schmelzen. Von der warmen Nähe ihres Kopfes an seinen Schultern, hebt er seinen Kopf vorsichtig von ihren Haaren. Er will, dass sie spürt, er könne die Umarmung ewig halten. Er hält sie fest und möchte ihr in die Augen sehen. Herz über den Köpfen, sie will ihn auch küssen. Wäre da nicht ihr Vater.

Es wurde 3:20 Uhr. Ihr Handy klingelt. Ein bezauberndes Glockenspiel ertönt. Sie grinst, lässt los und greift in ihre Hosentasche. Die Nähe löst sich wieder auf, geht aber nicht verloren. Es ist nicht der Ton ihres Weckers, sondern ihr Vater, der anruft. Ein kurzes Telefonat. „Buongiorno Papi! Si! Ja, Papi! Si, Papi!", antwortet sie ihrem Vater. Das war auch schon alles.

Rubina: „Ich habe Angst, dass mein Vater so wird, wie die anderen da draußen. Und wenn er zum Militär geht? Was, wenn auf ihn geschossen wird?"

Ben: „Bleib bei mir! Ich halte die Theorie von dem Sonnenuntergang und dem Sonnenaufgang für sehr wahrscheinlich. Das kam und ging wirklich zeitgleich. Hier, gib bitte die Wurzel wieder zurück!"

Rubina: „Reichen uns 15 Minuten?"

Ben, grinsend: „Das … reicht nicht aus!"

Ihr gefällt seine Einstellung, doch meinte sie, sich fertig zu machen. Und Ben kann den neuen Anzug probieren.

Rubina: „Ich brauche ein wenig Zeit, bevor ich bereit bin. Gehst du mit mir mit? Oder bleibst du in Rom?"

Ben lässt seine Klamotten fallen und probiert sein neues Outfit.

„Wohin überhaupt?", fragt er sie.

„Raus aus der Großstadt! Zumindest für eine Weile!", meint sie.

Ben: „Ja, aber Hallo! Versprochen ist Versprochen! Lass uns lieber zusammen gehen, ich kann mich gerne an dich gewöhnen!"

Er richtet sich den Kragen vor dem Spiegel und sie glättet ihn.

Rubina: „Bezaubernd!"

Er fühlt sich wie in einem Videospiel, bei dem eine Zone noch nicht freigeschaltet wurde und er sah den Vatikan nur von der Ferne. Ben kann es nicht erwarten, sich dem Kapitän vorzustellen. Eine Etappe, nach der anderen. Sie beeilt sich und tappt zu ihrem Haus, nimmt ihre Klamotten mit. Ben betrachtet sich im Spiegel. Sein Anzug leuchtet in schwarz. Sein Hemd blitzt in weißer Farbe. Seine Krawatte so purpur, dass sie selbst in einem Schwarz-Weiß Film rot wäre. Seine Schuhe passen Eins-A zu dem Outfit. Seine Ledertasche passt sogar zu den neuen Schuhen. Sie hat seine Größe perfekt geschätzt. Sogar die Schuhgröße! Sie meint, sie habe einfach die Länge der Wurzel genommen. Seine Schlaflosigkeit war ihm der Orden seiner Rebellion. Zeichen der Rastlosigkeit. Hingabe, die zum Ende kommt, wenn die Melodie des Himmels zum Ende kommt. Es sind 30 Minuten vergangen, bevor Rubina zur Türe heraus kommt. Sie ist geschminkt und hat einen großen Rucksack auf dem Rücken und sieht richtig schnuckelig aus. Ihr Vater würdigt ihm kaum einen Blick, geschweige denn, ein "Guten Morgen". Das fände Ben höflich, auch wenn es noch nachts ist.

Ben: „Buongiorno!"

Giuseppe: „Hast du schlafen können?"

Ben: „Nein. Habe ich nicht einmal probiert."

Erst klang das tapfer. Dann eher frech. Aber in Giuseppes Augen war das einfach nur dumm. Ben wartet, während Giuseppe das Auto aus der Garage fährt. Der Nachbar kommt aus seiner Garage heraus. Die Drei schauen seinen Wagen an, an dem er die ganze Nacht gearbeitet hat. Metallgitter an der Scheibe. Panzerung. Kreissägen an Vorder- und Hinterseite des Wagens. Bewegliche Stäbe, an denen Kabelbinder festgemacht sind und nachrücken, wenn ein Kabelbinder durch eine Öse verwendet wurde. Damit könnte man jemandem ein Kabelbinder um den Hals binden und festziehen.

Beleuchtung in jede Richtung. Kameras und Spiegel. Flammenwerfer. Messerschleuder. Der Mann sitzt darin gut beleuchtet und sieht sich verdutzt um. Giuseppe kennt ihn und er winkt ihm von der Ferne zu. Der Mann lässt die Fenster herunter. Plastikfolie dichtet ihn zwar noch von der Außenwelt ab, aber er kann dennoch von innen gehört werden.

Prolet: „Where are the fucking zombies?"

Giuseppe: „No zombies! They are all back to normal, again! Maybe tomorrow morning again!"

Prolet: „Oh!"

Rubina: „Good luck!"

Prolet „Mhm. Thanks!"

Er fährt trotzdem durch die Stadt. Zeigt den Wagen zumindest herum, bevor er wieder nach Hause geht. Er hat sich schon so gefreut.

Sie fahren mit Giuseppes Auto und Ben ist etwas eifersüchtig geworden. Vielleicht wollte Rubina lieber mit ihm aus der Stadt? Würde es eh nicht aussprechen. Und Giuseppe? Kein Kompliment von seinem schicken Anzug. Kein Smalltalk. Die beiden Turteltauben sitzen auf der Rückbank. Ben beobachtet, wie Giuseppe seinen Kopf auf einer Hand stützt und Ben fragt sich, ob er denn ein geeigneter Fahrer sei. Seine Aufmerksamkeit scheint sporadisch der Straße gewidmet zu sein. Ohne es auszusprechen, lebt ein kleines Stück des Verurteilten in ihm und spricht ihm, wie auf seiner Schulter stehend, ins Ohr. Die schläfrige Stimmung und die Neugierde konkurrieren. Die Straßen sind entweder unversehrt oder komplett mit Hindernissen gefüllt, die Giuseppe umfahren muss. Die Leere, die diese Stadt nun beheimatet, geht Hand in Hand mit der Angst. Es ist einfach nicht möglich zu beschreiben, wie real dieses Szenario wird, wenn die Fakten hautnahe den Zweifeln den Boden unter den Füßen wegreißen. Es ist tatsächlich so schlimm, wie angenommen. Und kalt draußen. Es ist noch stockdunkel und sie wissen, die Sonne ist unaufhaltsam. Die Minuten vergehen nicht und er kann das Schweigen selbst neben Rubina nicht auflösen. Dann sehen sie das weite Meer. Sie riechen es und fühlen es in der Luft. Ben muss sich das Lachen verkneifen, als er daran denkt, dass die Polizei hinter ihm her war. Das spielt absolut keine Rolle mehr. Der Zähler ist auf Null. Keiner weiß so richtig, was er sagen soll. Er legt seine Hand auf ihre Hand, aber sie zieht sie kurz danach weg. Ihr tut es Leid und sie holt sich seine Hand wieder zurück. Durch den Rückspiegel sieht Giuseppe nicht, wie sich ihre Hände berühren. Aber er sieht den Winkel ihrer Arme, die nicht neben der Schulter einfach hinab fallen, sondern sich irgendwo treffen werden. Als er Ben im Spiegel in die Augen sieht, akzeptiert er die Wahl seiner Tochter, ein Stück weit mit Vertrauen das er ihm gönnt und ein größeres Stück Vertrauen, um das sie ihn bittet. Er wird sich verabschieden mit diesem Gefühl. Besser, als jedes Andere.

„Ich treffe heute meine alten Freunde wieder", sagt Giuseppe.

„Ja, deine Kameraden?", fragt Rubina.

„Ja", antwortet er verbittert.

„Kannst du uns den Kapitän vorstellen?", fragt Ben.

„Nein, es tut mir Leid!", erwidert er.

„Warum nicht?", fragt Rubina ihn schockiert.

„Ihr werdet ihn kennenlernen", vergewissert er den beiden.

Giuseppe fährt langsamer.

„Und du, Papi?" fragt sie.

Ben ist verwundert, dass er selbst seine Tochter nicht einweiht, was er vor hat. Doch er richtet es an die beiden:

Giuseppe: „Passt gut auf euch auf! Und bitte, pass auf meine Tochter auf, Markus!"

Rubina: „Ben!"

Giuseppe: „Ben! Ja! Es tut mir Leid!"

Dann fängt er an zu schluchzen und Tränen kullern aus seinen Augen. Es sind keine Tränen, die man unberührt mitansieht.

Giuseppe: „Ich weiß nicht, ob ich gesund bin. Vielleicht stecke ich euch beide an? Ich will das nicht. Zum Glück habe ich Freunde, die auch krank wurden, so wie ich. Sie haben auch gehört, was von dem Himmel kam. Wir dachten … wir dachten, es ist eine Nachricht von Gott oder von Aliens! Oder was auch immer! Ich wollte zuhören und es verstehen! Dann habe ich meinen Verstand verloren. Ich fühle das. Es tut mir so unendlich Leid! Ich glaube ich habe einer jungen Frau und ihrem Freund in das Gesicht geschlagen."
Rubina: „So eine Rothaarige?"
Giuseppe: „Ja, ich glaube, ja! Woher weißt du das?"
Rubina: „Halb so wild! Wo gehst du dann hin? Was macht ihr dann?"
Keine Antwort.
Rubina: „Du kannst nicht zurück zum Militär! Du bist ein alter Mann. Und du kannst nicht gegen Menschen kämpfen, die genauso sind wie du!"
Nichts.
Rubina: „Vielleicht ist das einmal passiert und kommt nicht mehr wieder vor, Papa!"
Giuseppe: „Fertig! Genug! Ich habe entschieden."
Ben: „Wirst du zuhause bleiben und abwarten?"
Giuseppe, wütend: „Nein, ich werde nicht abwarten!"
Ben: „Und was macht ihr dann?"
Giuseppe: „Wir gehen zu einem Bunker, Rubina weiß wo der ist. Wir sammeln uns da und machen Pläne und isolieren uns, falls diese grauenhafte Wah-Wah-Wah-Scheiße wiederkommt. Besser, ihr seid auf dem Meer und habt Fische und Reserven!"
Es fallen viele Tränen, die ihn nicht davon abhalten normal zu sprechen.
Giuseppe: „Bleibt fern von großen Städten und hört nicht zu, wenn diese Scheiße wiederkommt!"
Sie verstehen den Plan nur allzu gut.
Giuseppe: „Und bitte, Ben, wenn wieder alles in Ordnung ist, dann bringe

mir …"

Er bricht in Tränen zusammen.

Giuseppe: „ … bringe mir meine Tochter wieder zurück!"

Dann weint er ungehaltene Tränen, die das Meer füllen könnten. Er schüttelt bei jedem Schluchzen das Lenkrad auf und ab und lässt das Auto demnach ruckeln, als seien sie schon auf rauer See. Schiffe verlassen den Hafen, als sie sprechen.

Ben: „Kennst du die Seemänner auf dem Schiff?"

Giuseppe: „Ja, zumindest drei davon leben noch."

Ben: „Ich passe auf Rubina auf!"

Dann beruhigt er sich und kontrolliert seinen Atem und das Weinen.

Giuseppe: „Weißt du, Ben, ich möchte dich um einen Gefallen bitten, bitte!"

Ben: „Ja, … ähm … nur zu!"

Giuseppe: „Zu aller erst, höre auf mit deinen Zweifeln! Das macht nur dein Leben kaputt."

Ben, berührt: „Wird erledigt!"

Giuseppe: „Das ist noch nicht alles!"

Ben: „Okay, was noch?"

Giuseppe: „Ich habe dir ein kleines Geschenk mitgebracht!"

Rubina und Ben werden hellhörig. Ben freut sich sehr.

Ben: „Ach ja? Ich bin gespannt."

„Ja", antwortet Giuseppe, in einem nicht gerade bescheidenem Ton. Ihr Blick und der von Ben, kreuzen sich gespannt und voller Vorfreude.

Giuseppe prahlt stolz und meint: „Ich habe es in die … der …"

Ihm fehlt das Wort.

Giuseppe: „Ach, wie heißt diese Scheiße Dreck?"

Er umklammert seinen Kinn mit den Fingern und zieht an seinen Bartstoppeln, als versuche er sie dazu zu bringen, plötzlich zu wachsen. Er spricht kein Wort für ein paar Sekunden.

Giuseppe: „Der …? Oh, Mann! Diese, ach …"

Ben kann es nicht erraten.

Giuseppe: „Rubina? Wie heißt es denn auf Italienisch?"

Rubina: „Zauberstab?"

Giuseppe: „Nein! Wie heißt das jetzt auf Italienisch? Ja … das … ähm …?"

„Was jetzt?", fragt sich Ben ungeduldig.

Giuseppe: „Ich habe es jetzt auch auf Italienisch vergessen. Es tut mir Leid!"

Giuseppe: „Ach, und übrigens! Der Anzug ist fabelhaft! Mein Freund konnte es nicht im Laden abholen gehen, weil die Zombies …"

Rubina: „Die Verurteilten!"

Giuseppe: „ … die Verurteilten da draußen sind. Ich wusste, es ist deine Größe! War eine Nacht- und Nebelaktion. Der Laden war geplündert, aber sie wusste wo der Designer seine fertigen Werke hin hängt. Vielleicht musst du jemanden beeindrucken? Hehe! Wer weiß?"

Ben überlegt und überlegt krampfhaft, wie er ihm helfen kann, sich an das gesuchte Wort zu erinnern.

Rubina: „Piano! Vielleicht findest du ein anderes Wort?"

Giuseppe: „Ach diese …"

Ben: „Ja?"

Rubina: „Auf Italienisch?"

Giuseppe: „Ja, nein, ja auf Italienisch, aber das ist nicht das Wort. Es gibt keine zwei Worte dafür! Oder ich kenne kein zweites. Wisst ihr, wie schwierig es ist ein neues Wort zu erfinden, das die Menschen brauchen?"

Ben: „Ich habe mal ein Wort erfunden!"

Rubina: „Ja? Welches?"

Ben: „Auf englisch."

Rubina: „Wie heißt das Wort?"

Ben: „Wollt ihr nicht lieber zuerst wissen, wofür es noch keins gibt?"

Giuseppe: „Sehr gut! Das muss zuerst gefehlt haben! Okay!"

Ben: „Wenn man etwas, mit oder ohne, Leidenschaft, oder Hingabe erreicht und es dennoch zum bestmöglichen Ergebnis führt."

Giuseppe: „Das Wort gibt es wirklich nicht, ja!"

Ben: „Pennipiolous!"

Sie lachen ihn aus, aber importieren das Wort in ihr Vokabular.

Rubina: „Bennipiolous?"

Ben: „Pennipiolous!"

Giuseppe: „Das klingt so arrogant, das muss sofort nach Oxford!"

Rubina: „Okay, dann müssen wir alle überleben, damit das Wort nicht verloren geht! Zum Glück, hast du das nicht auf das Wunschpapier geschrieben."

Ben: „Das wäre doch nicht schlecht!"

Giuseppe: „Warum?"

Ben: „Dann haben wir eine Chance, dass wir die Krise auch ohne Mühe beseitigen können! Gerechtigkeit, die so gut wie Aufwandslos zu erreichen ist, könnte die Ungerechtigkeiten kontern, die entsteht, wenn man wegschaut oder einfach keinen Mut hat zu Handeln!"

Rubina: „Was hast du eigentlich vergessen?"

Ben: „Zuhause?"

Giuseppe: „Nein! Ich habe deine Geschenk, du kannst das Geschenk holen in die … der … ach … Arsch von dem Auto!"

Ben sieht überfordert aus dem Fenster.

Ben: „Nachbar?"

Giuseppe: „Nein, ist auch ein Arsch, aber den meine ich nicht!"

Ruhe.

Giuseppe: „Aha, jetzt ich habe das Wort!"

Erleichterung.

Giuseppe: „Tronco!"

Ben: „Ist das eine Stadt?"

Giuseppe: „Nein."

Ben: „Das Schiff?"

Giuseppe: „Nein. Wer schenkt denn ein Schiff?"

Ben entdeckte und zeigt auf ein riesiges Segelschiff: „DAS Schiff?"

Giuseppe ist genervt.

Giuseppe: „Nein! Wie heißt das Wort jetzt auf Deutsch?"

Rubina: „Oh, ähm … Was ist denn die Übersetzung von …?"

Sie fahren jetzt in die Hauptanlegestelle. Der Himmel bekommt am Horizont seine erste blaue Farbe. Rubina fummelt mit ihren Fingern wiederholt ein lautloses Schnipsen, das ihr beim Denken helfen soll.

Ben: „Das Schiff …!"

Giuseppe, verärgert - Und Rubina, lachend: „Nein!!!"

Ben: „Nein! Das Schiff …"

Giuseppe: „Mama mia! Nicht diese scheiße Schiff! Wie …"

Ben: „Nein!"

Rubina: „Nein?"

Giuseppe: „Nein!"

Stille.

Ben: „Das …"

Giuseppe: „NICHT DAS SCHIFF!"

Rubina: „Nicht Schiff!"

Giuseppe: „NICHT DAS SCHIFF!!!"

Stille.

Ben: „Das Schiff …"

Giuseppe blickt in den Spiegel zu Ben.

Ben: „ … ist wunderschön!"

Giuseppe hält an. Sie drückt seine Hand leicht, bevor sie loslässt. Giuseppe ist sichtlich genervt, kocht innerlich und die beiden versuchen den Deckel nicht zu öffnen. Ben sieht fasziniert aus dem Fenster und genießt den Anblick des nächtlichen Hafens. Beim Aussteigen greift er nach ihrer großen Tasche, die auf der Fahrt zwischen den beiden am Boden lag. Doch seine Augen kleben an einem wunderschönen weißen Segelschiff mit blauer Linie entlang des Rumpfes. Es hat überall Netze und einen Hauptmast und weitere kleinere, auf dem ganzen Rumpf. Seile verbinden diesen prachtvollen Mast mit allen Ecken, als wäre es ein Spinnennetz oder ein Traumfänger, der den Blick der Leute einfangen möchte. Es schwimmt sachte vor sich hin. Der Anblick ist majestätisch. Alles passt so schön zueinander. Das Schiff sticht aus der Masse heraus. Der Anblick hebt seine Moral an und gibt ihm Hoffnung. Das Schiff steht auch noch so poetisch und elegant zwischen zwei hässlichen, grauen Schiffen, die im Vergleich, zu dem weißen Pegasus, seine Überlegenheit nicht einmal in Frage stellen, sondern daneben stehen, wie die Diener von Poseidon neben ihm. Die Mannschaft verlässt das Schiff. Es ist der Kapitän, der sein Schiff zuletzt verlässt. Sie stellen sich in einem Dreieck auf und diskutieren am Ufer des Hafens. Ihr Vater steigt aus dem Wagen und sieht Ben dabei unbeeindruckt an.

Giuseppe, bedrohlich und ruhig: „Nein, nicht das Schiff!"

Ben: „Habe ich kapiert!"

Ben folgt ihm genervt zum "Arsch des Wagens". Sie stehen vor dem Kofferraum. Er zeigt ihm, die sich öffnende Kofferraumtür mit ausgestreckten Händen.

Giuseppe: „Tronco."

Ben hält seinen Magen zurück. Es wird ihm übel, wie er den Kofferraum sieht. Er erinnert sich an die Leiche, die er in einem Wahn der Melodie gefilmt hat. Rubina merkt, dass er angespannt ist.

Rubina: „Aufgeregt?"

Ben: „Kann man so sagen."

Sie bringt ihm die Gelassenheit zurück.

„Da wird es sein, das Geschenk", hofft er in Gedanken.

Ben will seine Arme schon hochhalten, um die Schachtel anzunehmen. Er kommt sich gleichsam albern vor, so einen ungeduldigen Eindruck zu

hinterlassen und rettet sich mit einer Bewegung, die so aussehen soll, als rüttelte er sich die Ärmel des Anzuges zurecht. Er öffnet den Kofferraum. Ein Tuch deckt den Innenraum zu. Ben entdeckt das rechteckige, flache, eingepackte Geschenk. Ihr Vater hat ihm das Bild mitgebracht. Eingewickelt in mehreren Lagen an Tüchern. Keine Schachtel. Das Bild. DAS BILD. Ein großes Gemälde - auf der Flucht vor "Zombies". Er ist nicht mehr zu retten. Wie soll er sich denn vorkommen, wenn er während der wahrscheinlich größten Katastrophe der Menschheit mit einem feinem Anzug und einem großen Gemälde, an Bord eines Segelschiffes aufkreuzt und den Seemännern weis macht, sie wollen so von der großen Metropole und den vielen Menschen flüchten?
„Wie hochnäsig ist das denn?", schämt er sich in Gedanken.
In seinem Kopfkino darf er sich schon jetzt, vor sich selbst, in ein paar Minuten, fremdschämen.
„Danke", sagt Ben gelangweilt und enttäuscht.
Giuseppe versteht die Reaktion nicht und sieht ihn missbilligend an.
„Ja, gib ihm den Plunder mit. Das ist eh verflucht", denkt sich Ben sarkastisch.
Giuseppe: „Das Bild wurde im Deutschen Reich geschaffen. Du wirst es hoffentlich untersuchen, wenn du die Chance hast, nebst den Fluch zu brechen. Ich kann das nicht zerstören. Du musst aber!"
Ben kommt sich vor, wie ein behaarter Gnom, der den Ring in den Restmüllverbrennungsvulkan werfen muss, um das Land vor der teuflischen Verschmutzung zu bewahren. Da er ihm diesen Gefallen bereits zusagte, hat er es angenommen. Was hat er da wieder an der Angel? Er trägt es am Rahmen und weiß nicht, wie er Rubinas Tasche abnehmen kann, ohne es fallen zu lassen. Doch sie nimmt die Tasche selbst in die Hand und auf den Rücken. Das Licht am Horizont wird deutlicher.
Giuseppe: „Noch etwas! Du musst dem Kapitän sagen, dass ihr weit genug vom Festland gehen müsst! Kommt wieder, wenn alles normal ist!"

Ben: „Warum? Wir sind schneller auf dem Schiff, als die Verurteilten Krawall-Wurzeln schwimmen können, oder?"

Giuseppe: „Ich habe mit der Militare Kontakt aufgenommen heute Morgen. Ich darf es eigentlich nicht sagen, aber …"

Dann muss Ben an Giuseppes kurzlebigen Disziplin denken, Geheimnisse zu bewahren.

Giuseppe: „ … aber das ist jetzt nicht mehr wichtig. Kurz bevor wir von unserem Zuhause gefahren sind, war in Amerika Sonnenuntergang an der Ost-Seite, Ost-Küste, du weißt schon!"

Dann sieht er sich um, als würden sie belauscht und beobachtet werden und er spricht viel leiser.

Giuseppe, leiser: „Die Amerikaner haben gedacht, das sei eine Krankheit, die sich schnell ausbreitet und von Europa kam. Sie haben es für einen Angriff gehalten, oder eine unkontrollierbar schnelle Krankheit. Sie haben eine Stadt mit einer Atombombe zerstört, um die Ausbreitung von der Krankheit zu stoppen. Das war gestern, hier, kurz nach Sonnenuntergang."

Rubina: „Oh, my god!"

Ben, panisch: „Welche Stadt?"

Giuseppe: „Das darf ich nicht erzählen, ihr bleibt sowieso in der Mediterranen See mit dem Schiff!"

Ben: „Du hast mir eh jedes Geheimnis erzählt, das du geheim halten wolltest."

Schach!

Giuseppe empört: „Das stimmt nicht! Das … okay, ja … nur manche … von vielen Geheimnissen!"

Ben: „Muss ich wirklich fünf Minuten warten, bis du es wieder von selbst erzählst, oder kannst du das nicht einfach gleich verraten?"

Schach-Matt!

Giuseppe ist baff. So hat er sich selbst noch nie betrachtet. Das hat ihm auch niemand zuvor erzählt, auch wenn es stimmt. Seine Augen werden wieder feucht. Er kann Geheimnisse wirklich nicht bewahren. Tief in ihm behütet, bemerkt er diese Seite von sich jetzt auch.

Giuseppe, verärgert: „Warum musst du das überhaupt wissen?"

Ben starrt ihn ernst an. Giuseppe atmet ein und wieder aus. Daraufhin sieht er auf den Boden und stützt seine Hände auf den Hüften und flüstert: „New York."

Ben fällt in sich zusammen. Rubina und ihr Vater weinen zusammen und liegen sich in den Armen. Ben sieht sie mitleidig an und hält seinen Atem an. Seine Emotionen landen in einem gut verschlossenen Fass. Der Deckel wird festgemacht und der Schlüssel hinter seinen Rücken geworfen. Was bleibt ihm? Schwarze Augen.

Ben denkt nach: „Der Kerl schenkt mir wohl ganz schön viel Vertrauen. Er hat seine Frau bereits auf See verloren, sagte er. Und er sendet seine einzige Tochter mit mir auf ein Schiff?"

Ihr Vater wird bald nicht mehr der selbe sein, sobald die Sonne aufgeht. Seine zittrigen Hände halten ihre Hände und er unterdrückt die Schmerzen, die er vom zuschlagen erlitt. Sie nickt, sie lächelt, sie weint. Es ist höchste Zeit. Giuseppe kann es kaum erwarten die beiden am Hafen zurückzulassen. Er fährt nervös und viel zu schnell davon. Sie sehen ihm hinterher. Er wird lieber seinen eigenen Gedanken die Herrschaft verweigern und sie dem Dienen unterwerfen, als sich seinem Wunsch zu beugen, bei Rubina zu sein, aber ihr eine Gefahr zu werden. Doch die Sonne treibt ungestört voran und das Zepter wird in ihre Hände gelegt und langsam von ihm losgelassen. Ben ist nicht mehr der selbe. Er kann es ihr nicht sagen. Ihre Ohren sind voller Worte und Erinnerungen. Da passt nichts neues hindurch. Die Seemänner starren sie an. Der Gangway, der Steg zum Boot, ist holprig vom Seegang. Ben und Rubina steigen an Bord. Der Kapitän steht zusammen mit zwei weiteren Männern auf der Plattform, die vom Steg auf das Deck führt. Sie stehen vor dem Kapitän, der sie wortlos beäugt. Missgünstig sieht er sie an. Dann macht er ihnen Platz und lässt sie an Bord. Bens Gemälde passt kaum durch die enge Treppe. Sie trägt so schwer. Er trägt nur seine kleine Ledertasche und das sperrige Gemälde. Sie läuft unbeschwert. Er muss zwei mal die Hand zum Tragen wechseln. Sein Anzug und das Bild. Ein Anblick der Scham. Als es wieder mehr Platz gab auf dem Deck, nimmt er ihre Tasche ab.

Ben sagt zum Kapitän: „Danke!"

Er sieht ihn grimmig und missfällig an und seine Augen folgen Ben.

Die Seemänner, die dem Kapitän am nächsten stehen, schreiten ein. Sie laufen Ben hinterher, werden aber vom Kapitän sofort zurückgehalten.

Der Kapitän will vor seiner Crew weise erscheinen und sagt ihnen: „Wer durch Null teilen kann, werfe den ersten Stein!"

Die Seemänner holen ihre Notizblöcke, kritzeln und rechnen schnell auf ein Blatt Papier. Drei Seemänner werfen Ben hastig Plastikflaschen hinterher und verfehlen ihn, so, dass Ben es nicht einmal mitbekam. Der Kapitän blickt entsetzt zu ihnen herüber. Ein Moment der Besinnung. Sie blicken kritisch auf ihre Papiere.

„Ups! War das hinter dem Komma?"

„Oh, warte mal! Null?"

„Oh! Scheiße, Vorzeichenfehler!"

Kapitel 4

Ben reicht Rubina ihre Taschen. Sie verstaut sie auf ihrer Koje. Das Gemälde bekommt einen sicheren Platz und er sieht darin eine spannende neue Herausforderung. Den Kapitän werden sie in kürze kennenlernen dürfen. Rubina liegt bereits auf ihrem neuen Bett, der Koje. Der Raum, den sie sich teilen, ist geräumig und hat einen ganz besonderen Charme. Eigener riesiger Spiegel, festgemachte Möbel, TV, Schränke und sogar Zugang zum Badezimmer und Waschbecken. Moderner innen, als außen.
Rubina: „Dann haben wir wohl ein Zimmer zusammen."
Ben: „Ja, sieht so aus! Lass uns die Crew kennenlernen und dann werden wir zusammen planen, wie wir …"

Die Krise in Deutschland. Es war einst mächtig und ist in die Knie gegangen und in der Krise zersplittert. Die Menschen kämpfen um ihr Überleben und haben und hatten alles, nur keine Ruhe mehr. Die Konsequenzen holen die Folgegenerationen ein. Die Verwaltung und Organisation ist ein Haufen versteinerter, trostloser Gestalten, die mit seltsamen Vorschlägen die Tage nutzen, um ihr Dahinvegetieren in einer Krise nicht komplett aufzugeben. Sie haben sich so zu den Schlittenhunden entwickelt, die dem, der die Zügel hält, das Gefühl von Kontrolle geben. Funktioniert. Eine nie unbesetzte Position ist die Führung. Jemand, der im Nebel behauptet die Richtung zu kennen. Die ohnehin auf dem Weg erwirtschafteten Ressourcen des Fortschrittes werden als Belohnung des Vertrauens an die Führung propagiert. Die natürlichen Ressourcen auf dem Weg zu verfehlen ist schwerer als man glaubt, bloß werden sie, ab dann, mit den Führungsidolen assoziiert. Die Administration bleibt unbeweglich, damit sie nicht mit der auswechselbaren Führungsebene untergeht und das Gefühl von Stabilität vermittelt. Sie haben sich selbst ernannt und bleiben selbst unbekannt. Sie werden nicht für einen bestimmten Zeitraum vom eigenen Volk eingesetzt, sowie es in einer Demokratie üblich sein könnte, sondern können sich ungehindert unter der Spitze der Pyramide austoben, da nur die Spitze gewählt und ausgewechselt wird. Sie haben sich selbst und andere beschäftigt, wenig bewegt und anderen Leuten ihre Vorstellung vom Leben auferlegt. Sie zappeln jeden Tag, um nicht zu stagnieren, weil die Motivation ein simples Leben zu ermöglichen ist und mit viel Glück auch noch ein schönes. Das Leben hier ist weder noch, weil es keine gemeinsame Vision mehr zu geben scheint, für die es sich zu zappeln lohnt. Außer weiter uneinig leben, aber zu leben. Einigkeit kommt von Gleichberechtigung und von Gerechtigkeit. Der weiße Tod ist der Papierkram. Die Gültigkeit und die Gerechtigkeiten bleiben in einem dynamischen Einklang, das von Dokumenten alleine nicht geführt werden soll. Künstliche Hürden werden mit teurer Bewältigung zur Norm und zur Pflicht. Der Führerschein könnte in Schulen kostenlos werden und das periodische Auffrischen der Kompetenz könnte Bußgelder und Strafen mindern, aber da möchte der Staat lieber Steuereinnahmen und wirkt wie ein Pilotfisch, der die Haut der Wirtschaft sauber knabbert. Dafür müsse man fast nur noch die Versicherungen am Nacken packen, damit man nicht alle 6 Monate einen Kurs belegen muss, oder sich Fahrfehler nicht leisten kann. Sollte Lohn dynamisch sein und der Preis starr, um soziale Gerechtigkeit zu verbessern, oder beides dynamisch? Geld flockt. Leben ist hart. Das unbeschwerte Leben deklarierte man als das Ziel für alle und es empörte die Menschen, die man für die Realisierung beauftragte. Der Kampf um das Überleben war harte Arbeit und es musste in Höchstgeschwindigkeit Überlebensfähigkeit generiert werden. Diesen Stress belächelten die privilegierten Menschen von ihrem hohen Turm. Das Lächeln würde ganz schnell vergehen, wenn man die gesamte Staatskasse (bis auf Notwendigkeiten) auf Firmen und Bürger verteilt, sie unzugänglich verwahrt und dem gesamten Volk damit ein finanzielles Vetorecht zuspricht, das dem Staat das Geld einfriert, wenn sich der Staat nicht dem Willen des Volkes beugt. Die Menge des Geldes, das eine Entität besitze, könne dafür für Staat und Besitzer unbekannt bleiben und jedes Veto müsse von unterschiedlichen Mitmenschen begutachtet werden, damit die Verhältnismäßigkeit der Begründung mit dem Volksinteresse im Einklang bleibe. Die offenen Straßen waren kein Ziel mehr für die jungen Leute. Nur der kleine Fleck, den man Zuhause nennt, wird verteidigt. Jeder Augenblick in Ruhe und ohne Probleme ist heilig. Menschen, die den Kontakt suchen, sind in den aller meisten Fällen an etwas interessiert, selten an der Meinung oder Kompetenz, sondern an Geld, Gut oder Sex. Intention ist die erste Frage, oder man riskiert einen Fehler. Wenn sie sahen, dass man etwas hat, das sie wollen, dann nehmen sie einen und seine Meinung wahr. Und sie kommen, um es auch haben zu dürfen. Geld ist nicht Zeit. Zeit hat keine Inflation. Jeder will mit seiner Zeit anfangen was er will und teilt die Zeit nur, wenn man will, muss, oder sollte. Sollte ist, was müssen ist, bloß in voraussichtlicher Denkweise. Das Land behauptet sich neu organisieren zu müssen. Viele, die sich dafür in der Schlange anstellen, wollen dem Land wegnehmen was allen gehört, wenn sie den Kopf oder Hals repräsentieren wollen. Die einen waren Spezialisten und die anderen waren Leute, die tatsächlich selbst etwas auf die Beine stellen konnten. Wieder sind die Proleten an der Macht in den kleinen Hierarchie-Rudeln der Gesellschaft, die von einem wollen, dass man ihren Namen respektiert, um in der Herde Platz zu finden. Jeder wusste was zu tun war, aber jeder überließ harte Arbeit lieber den anderen. Jeder weiß im Herzen was gerecht ist, sucht aber in Regeln die Lücken und Toleranz. Furcht vor der spürbaren Konsequenz wird in die Rinne der nächsten Generation gekippt. Wir sind besser als das, wenn wir an das Gute glauben und festhalten und daraus Gemeinschaft schöpfen. Warum wundert man sich woher Religion kommt, wenn wir nicht bereits tief im Inneren spüren, dass wir uns eines Tages Problemen annehmen dürfen, denen wir uns nur mit der

stärksten Gemeinschaft einer gerechten Menschheit stellen können? Eine spürbare Zwickmühle der heterogenen Flocken ist die Qualität der Produkte. Sie sinkt rasant bis zu einem Minimum des Verkaufbaren und des Verkraftbaren, durch arglistige Rationalisierung. Cluster des Geldes, Firmen, an dessen Spirale man mehrmals vorbei schürft, weil die gering gehaltene Langlebigkeit ihrer Produkte, Leistungen und Ideen nur eine begrenzte Reichweite erlaubt, sich mit dem Erworbenem autark von ihnen zu lösen, damit der kontinuierliche Ersatz eine zu bessernde (Produkt-) Qualität lieber mit Abhängigkeit ersetzt. Problem in Deutschland ist, dass Vanille-Eiscreme keine echten Vanille-Schoten mehr enthält. Ideen bleiben liegen. Namen bekommen Aufmerksamkeit. Grund und Boden wird wie eine Ausnahme behandelt. Und Klein bleibt klein. Deutschland leidet an einer sehr anschaulichen Deformierung. Die eigene Deformierung, die man heilen darf, anstatt zu ersetzen und sein Körper und Profil aufzugeben. Die elastische Verformbarkeit des Profils und der Stabilität der deutschen Identität ist der noch feuchte Lehm des Töpfers. Wohl gemerkt, einer der schönsten Kulturen, da wo ein Mensch etwas gilt und seine Freiheit vor dem eigenen Beitrag bereits gilt. Der Stolz des Landes, die Lebhaftigkeit, der Humor und die Freundlichkeit wird in den kalten Winterboden gepflanzt - Warten auf Frühling.
Und dann kam auch noch die Melodie hinzu und die verrückten Verurteilten und machten alles nur noch schwieriger.

Die Menschen in Ballungszentren sind verwundbar, jeder vom Menschen ausgehenden Gefahr nicht ausweichen zu können. Mitteleuropa wurde deformiert. Am härtesten aber traf es die Vereinigten Staaten von Amerika. Die Krise wurde als Ausbreitung betrachtet und hat alle Zeitzonen eingeholt und sich in jedem Land eingenistet. Sie eröffneten das Feuer, weil sie nur ein vergleichbares Szenario im Kopf hatten: Zombies. Der Schein ist trügerisch ähnlich, daher wurde sich keine Zeit genommen näher zu untersuchen mit was sie es zu tun hatten. Die schlimmsten Schauplätze waren die großen Städte an der Ost-Küste der USA. Schießereien in diesem bewaffneten Staat verliefen flächendeckend. Anders war es in Deutschland. Die Reaktion war zu langsam und der fehlende Selbstschutz wurde von den Behörden, der Polizei und den Rettungskräften übernommen. Der erste Schlag hat die Erde am härtesten getroffen. Jede große Nation ist von innen kollabiert. Die Atombunker sind nach wie vor aktiv und bemannt. Die Elektronik funktioniert jetzt ohne Führung von Menschen und ohne Verantwortung vor sich hin. Der autonome Börsenmarkt hat durch Algorithmen viele neue Schuhe aus Indien bestellen lassen. Autos, Öl, Waffen und Panzer blieben in der Börse stabil. Und die Spannung zwischen den Ländern ist vorwurfsvoll und hoch. Was von den Ländern übrig blieb, hatte den Bauch voller Fragen und genug Macht, um internationalen Druck zu machen. Die Länder unterstellten zuerst ihren Erzfeinden Schuld zu sein, dann ihren Nachbarländern und schließlich den Ländereien, denen sie in den letzten Jahre das Blut aussaugten. Die Horizont-weiten Befehlsstrukturen wurden mehrfach zerschnitten. Die Spannung in den Bunkern war am größten. Wer will sich bitte in einen Bunker einschließen? Wie sehr mag man die Leute darin persönlich? Wie lange behält man die Nerven und was heißt das für die Menschheit? Die Bevölkerung erlebt zum ersten mal in ihrem Leben, dass die Verantwortung tatsächlich auf ihren eigenen Schultern lastet, so gerne sie die Verantwortung doch lieber die Pyramide hoch hieven würden. Sie haben mehrfach überlegt den Schlüssel umzudrehen und den roten Knopf zu drücken. In allen Ländern.

Erst hört sie Ben Italienisch sprechen. Sieht nichts. Sie klingen schadenfroh, aggressiv und dennoch sind sie unterwürfig in ihrem Ton. Ben fühlt sich, als hätte er bei einer Stiftung für Warentests K.O. Tropfen getestet. Schwindelgefühl und Übelkeit wuchern in seinem Kopf und im Bauch. Seine Gliedmaßen fühlen sich leblos an, wie sie auf dem Boden liegen. Die Stimme wurde hell und selbst ohne Italienisch zu verstehen, kann Ben sich ausmalen, dass die Crew mit dem Kapitän spricht und die Stimmlage hebt, weil sie sich der Autorität fügen oder ihr gefallen wollen. Langer Satz, hell zum Ende des Satzes. Schnell gesprochen. Klingt nach einer Frage. Dann eine tiefe Stimme, kurzer Satz im Befehlston. Ben spürt, wie schwer es ist die Augen zu öffnen. Er fühlt den Boden auf seinem ganzen Körper. Er versucht die Augen so schmal wie möglich zu öffnen, um einen Blick zu erhaschen, ohne zu zeigen, dass er in Wahrheit wieder bei Bewusstsein ist. Er sieht einen dicken Mann, komplett verschwommen. Dann eine Person in weißer Uniform. Die restliche Crew hat bunte Klamotten. Zu viele, um mit ihnen zu kämpfen? Abwarten? Er spürt die Wellen unter dem Schiff und schnell wird ihm klar, dass sie sich bereits auf See befinden müssen, denn die Wellen waren viel stärker, als am Hafen. Er liegt bewegungsunfähig da.

„Wo ist Rubina?", denkt er sich.

Er strengt sich an und versucht die Umgebung besser wahrzunehmen, als nur durch einen Augenschlitz. Er probiert langsames Blinzeln, um die Augen zu trocknen. Er sieht einen Feuerlöscher an der Wand. Eine Tür. Er kann den dicken Mann nicht ganz zuordnen, aber der Kerl hat einen Witz gerissen und er hat goldene Zähne gesehen, als er selbst lachte. Es haben nur zwei Leute gelacht. Der Kapitän, in weiß, jedoch nicht. Er probiert seine Hände leicht zu drehen, um zu spüren, ob er gefesselt wurde. Nein, keine Fessel spürbar. Ben überlegt. Ist er oder Rubina in unmittelbarer Gefahr? Sind die Seemänner feindlich? Wie viele sind es? Sind sie bewaffnet? Wie kann er sich am besten verteidigen? Wie entkommt er? Er denkt an folgende Optionen: Direkter Angriff. Erst dem Kapitän auf sein Kinn schlagen, dann dem Dicken. Tritt in das Knie, dann Tritt von der Seite in das selbe Knie. Umdrehen, gegebenenfalls blocken. Dann Schritt zurück. Feuerlöscher greifen, den Rest angreifen. Rubina suchen. Schiff um 180 Grad drehen. Oder in ein Rettungsboot und hinab in das Meer. Sicher? Oder: Warten, bis die Crew sich umdreht. Selber Plan. Raum verlassen. Rettungsboot suchen, falls keins vorhanden ist, sich auf der Brücke verbarrikadieren. Das Handy von Rubina suchen, oder Morsen: Notruf tätigen. Ben wagt es die Augen weiter zu öffnen und bleibt unbemerkt. Er sieht mindestens 4 Männer. Einer in Weiß, ein Dicker, einer in Orange, einer in Grau. Dann sieht einer zu ihm. Er bewegt seine leicht offenen Augen nicht. Der Mann sieht wieder weg.

Ben denkt sich: „Er schaut wieder. Ideen? Die Türe darf nicht abgeschlossen werden, oder ich habe verloren. Rubina finden! Zurück auf das Festland! Schiff kapern, oder Seemänner loswerden? Kapitän ersetzen, meutern, bluffen und so tun, als kenne er sich bestens aus, mit der Navigation von Schiffen? Segel anzünden? Nur im Notfall. Rettung abwarten? Oder zur Funkstation in der Brücke des Schiffes? Was auch immer passiert: Überleben! Scheiße, was mache ich jetzt?"

Die Crew ist noch im Gespräch. Ben liegt auf dem Rücken, und leicht zur Seite gedreht. Vielleicht wurde er so liegen gelassen, fragt er sich. Ben versucht seine Gliedmaßen zu spüren, ob er denn funktionstüchtig ist. Plan A? Plan A! "A" für: Aufgepasst, ich komme! Ben steht auf. Er steht auf wackeligen Beinen. Seine Sicht ist trüb und ihm wird es schwindelig. Er hört sie lachen. Dann sieht er die Hand von dem Seemann in Grau, er hält sie hoch in seine Richtung. Er zeigt nicht nur mit der Hand in seine Richtung, er hält eine Handfeuerwaffe und zielt auf ihn. Alle sehen ihn an. Er hebt seine rechte Hand zum Gürtel und seine linke Hand ballt die Faust und er zieht an seinem Gürtel, um diesen als Waffe zu verwenden. Aus dem Eck seines Blickes nimmt er rechts von sich, einen fünften Mann wahr. Er holt kräftig aus. Ben winkelt seine Arme an und zeigt mit seinem rechten Ellenbogen in die Richtung des kommenden Faustschlages, sodass er gegen die harte Kante seines Knochens schlägt. Zu spät. Er haut an seiner blockenden Hand vorbei und trifft ihn frontal in das Gesicht. Blackout.

Er fragt sich, ob er kampffähig ist. Unterdessen bemerkt er, dass er träumte und wieder wach wurde. Er spürt das Schiff wackeln, als klebe das Schiff auf einer Krabbe. Und die Krabbe auf dem Kopf einer riesigen Qualle. Ben spürt die Magie. Sie hat ihn hier her gebracht und ihm etwas versprochen. So lässt sie ihn nicht los und kämpft für ihn mit. Der Geruch von Blut ist in der Nase und der Schmerz kribbelt auf der Nase. Und wie Pfeffer, holt es die Tränen aus den Augen. Das tut weh. Er sieht sich in dem Raum um. Da ist sie. Rubina.
Ben: „Was? Wo bin ich? Sind wir alleine?"
Rubina lacht und sitzt entspannt auf ihrer Koje. Ihr geht es scheinbar gut. Das passt nicht zusammen. Er liegt in der Koje daneben. Sie starrt auf ein loses Blatt Papier. Sie nutzt das kleine Buch von Ben als Unterlage. Das flirtende Lächeln ist ihr nicht vergangen.
Rubina: „Was willst du damit sagen?"
Sie zeigt mit ihrem Blick auf den Reißverschluss seiner Hose. Er schämt sich. Die Hose war ziemlich weit nach unten gerutscht. Dann bemerkt er den noch offenen Gürtel. Er schnallt den Gürtel wieder fest zu.
Ben: „Klasse! Und was schreibst du da?"
Rubina: „Ein Gedicht. Auf deutsch, damit du es auch lesen kannst."
Ben, sarkastisch: „Wow, das hilft uns bestimmt bei der Flucht!"
In Wirklichkeit ist er über ihr fehlendes Engagement enttäuscht. Geisel auf einem Schiff. Fluchtpläne - Willkommen! Gedichte - Eher weniger. Rubina lächelt wieder. Sie scheint völlig entspannt zu bleiben.
An der Tür klopft es lautstark. Irgendein italienisches Wortgefecht. Dann rufen sie in den Raum. Rubina übersetzt es direkt mit: „In der Koje bleiben und Hände hoch, sagen sie!"
Sie haben kaum eine Wahl und sie zeigen sich kooperativ und schamvoll gehorsam. Der Mann in orangenen Klamotten hat ein Tablett in der Hand und der Mann in Grau öffnet ihm die Türe. Der zweite Mann betet laut. Mit gezogener Waffe servieren sie den beiden ein Frühstück. Ein dritter

Seemann hält eine Kette mit dem Kreuz vor sich her. Er legt das Tablett auf den Boden und beide verschwinden wieder. Sie schließen die Türe ab.
Ben: „Wie lange war ich …?"
Rubina: „Ein paar Minuten, vielleicht."
Ben: „Wow! Ich dachte … okay."
Auf dem Tablett ist jede Menge Brot und zwei Schalen mit gewürztem Olivenöl. Butter ist separat dabei und ein Teller, voll mit Reis und gekochtem Gemüse und vier Würstchen sind darauf. Eine kleiner Topf ist gefüllt mit Suppe. Zwei Tassen heißer Kaffee und zwei Flaschen Wasser sind auch dabei. Es sieht wirklich liebevoll aus. Ben fällt auf, die Segler sind wohl nicht daran interessiert sie zu töten, sonst wäre das schon längst passiert. Sie könnten sie über Bord werfen, erschlagen, erschießen. Zu all dem war genug Möglichkeit vorhanden gewesen. Doch sie bringen Frühstück. Ben kann sich nicht vorstellen, dass sie an Lösegeld interessiert sind. Das klingt einfach lächerlich, in Anbetracht der Weltsituation. Nein, ein nettes Frühstück soll es sein! Der hungrige Magen kann dem nicht widerstehen.
Rubina, flüstert leise: „Ich habe einen Plan!"
Ben ist gespannt und schaut sie fragend an. Heiterkeit kommt auf. Wer hätte das gedacht?
Ben: „Ein Protest-Gedicht gegen Gewalt und Geiselnahme, vielleicht?"
Rubina: „Besser!"
Sie legt das Buch beiseite, auf einen kleinen Nachttisch. Ben prüft kurz nach. Und so ist es: Seine Habseligkeiten sind vollständig und wohl nicht einmal durchforstet. Das Gemälde ist auch noch im Raum. Geisel oder Gast? Blinde Passagiere? Festgenommener Krimineller? Was auch immer! Frühstück!

Eine Freude wie diese weiß das Leben gerne zu bremsen. Es war keine Theorie mehr. Die Melodie kommt zum zweiten mal. Das Typhon, das Nebelhorn, läutet kurz darauf. Rubina und Ben verstehen schnell, was

passiert. Sie halten sich wieder ihre Ohren zu und stellen sich vor einander, um sicherzustellen, dass es beide wahrnehmen. Die Melodie ist wieder da und sie kauern sich, jetzt etwas mutiger, auf den Boden und hören nicht zu. Ben singt wieder. Aus Angst, die Lautstärke dränge trotzdem durch. Dann nickt Rubina mit dem Kopf und sieht auf das Bett hinter ihm.
„Die Koje", denkt er sich, „Klar, warum nicht?"
Sie legen sich auf das Bett. Auf einmal hat das ganze Charme. Und sie genießen beide die Tatsache, dass sie es sich wohl genauso gut gemütlich machen könnten. Mit großer Wahrscheinlichkeit dauert es wieder so lange bis die Sonne voll aufgeht, besänftigen sie sich. Ben ist müde. Er hat nicht geschlafen und jetzt fehlen ihm noch die Nährstoffe und dann ist da ein sattes Frühstück vor seiner Nase, aber er hat keine Hand zum Essen frei. Sie müssen die Hände fest auf die Ohren pressen. Rubina legt sich zu ihm. Sie liegt ihm ganz nahe in dem engen Bett. Sie schämt sich, die Ohrschützer soweit unten in der Tasche verstaut zu haben, dass sie es sich nicht zutraut sie flink zu finden. Nicht mit Händen vor den Ohren.
„Die Seemänner da draußen, wissen besser was sie tun!", sagt sie leise.
Sie sieht ihm in die Augen und sie hätten jetzt gerne beide Hände frei. Wie flüssiges Misstrauen, so klingen die Laute die Melodie. Nur weil sie lernen wegzuhören, ist die Melodie deutlich dumpfer und daher verliert sie ihre Wirksamkeit. Wieder fremd und unverständlich. Und sie ändert ihr hörbares Erscheinen durchgängig. Weil die Melodie einen globalen Auftritt bestätigte, fragt sich Ben auch, ob die Melodie einer Art apokalyptischer Natur ist, oder ein wissenschaftlicher Supergau. Die Seemänner haben die erste Erscheinung scheinbar überlebt, denn der Kurs änderte sich. Es obliegt wirklich jedem selbst, sich bewusst zu entscheiden ihr nicht zuzuhören. Sie ist so müde, dass sich Ben zur Aufgabe macht sicherzustellen, dass sie wach bleibt und ihre Hände auf den Ohren lässt. Der Druck steigt wieder an und er fühlt, wie seine Augen wieder nach

außen pressen. Seine Zunge findet keine Ruhe. Er hat Schmerzen im Kiefer. Er bewegt seinen Kiefer und seine Zunge im Mundraum hin und her. Sie haben Hoffnung, weil sie der Gefahr schon einmal begegnet sind und nur ausharren müssen. Die Seemänner wissen das auch. Überlebende sprechen von Hoffnung. Sie schenken sich Blicke, die ihre Tapferkeit erhalten sollen. Da draußen, gibt es noch mehr wie sie. Die Statistik der Verluste ist mehr als wage. Aber Statistiker haben auch 200% mehr Hörner, als Seelen. Sie lächelt ihn wieder an. Dann lacht sie noch viel offener und zeigt ihre schönen Zähne. Sie sieht zur Türe. Sie flirtet mit ihren Augen. Dann kommt ihr ein stilles Lächeln und sie steht auf und zeigt sich mit halb offenen Augenlid, aber mit einer anderen Idee, als Ben. Ben muss feststellen, dass sie an Essen denkt. Sie stellt sich vor das Tablett und beugt sich über die Schüssel und fängt an ohne Hände zu essen. Sie blickt dabei immer wieder lachend zu ihm, um sich zu vergewissern, dass er ihr Schauspiel mit Humor wahrnimmt. Die Türe geht auf. Die zwei selben Männer platzen herein. Sie tragen Ohrenstöpsel und haben herzerweichender Weise zwei Paar davon für Ben und Rubina dabei. In vielerlei Hinsicht gewinnt Ben den Eindruck, dass sie Rubina nicht verurteilen, weil sie ohne Hände am Boden zu Essen versucht. Eher spricht ihr Blick heimlich von Mitleid. Und sie werden für Ben zu Menschen, in die man sich hinein versetzen kann. Er ist froh, seine lächerlichen Pläne eines Angriffes nicht durchgeführt zu haben. Sie sind Menschen und sie brauchen einander alle, um die Krise und den Frieden zu überleben. Sie legen die Ohrenstöpsel auf den Boden und schließen die Türe wieder von außen ab. Die Kleine sieht zu Ben und freut sich ihres Lebens. Sie krabbelt um das Essen herum, um sich aussuchen zu können, womit sie anfangen möchte. Sie beißt in das Brot und versucht es in der Butter zu tunken. Das sieht so witzig aus, dass Ben fast die Hände von den Ohren fallen. Sie wackelt provokativ mit dem Hintern ein paar mal hin und her. Ihre Zähne klammern sich am Brot fest und als das schwierig wird, lässt sie es fallen und leckt mit ihrer Zunge das Loch der Suppentasse. Das schwankende Schiff macht es ihr nicht leichter und die Suppe verteilt sich auf dem Tablett. In den Stirnfalten dieses Moments überrumpelt ihn die Idee der infinit bösartigen Entität, dem Teufel, die Schuld aufzuerlegen, an der Melodie. Sie wälzt sich am Boden herum. Ohne zu hören was sie sagt, hört er ein Grunzen in Gedanken. Es ist das schönste Schiff, in dem er ein Gefangener sein kann. Er ist in Gedanken und vergisst fast im Jetzt zu bleiben. Ein kleiner stummer Film. Die schönen Frauen der Erde sind manchmal eine ästhetische Ablenkung von den spannenden Tagträumen. Er hat oft erlebt, wie um ihn herum Begebenheiten an ihm vorbei rauschen, weil er in sich hinein kehrt und die Wahrnehmung bewusst reduziert auf seine innere Welt der Gedanken und dem lebensnotwendigen Instinkt. In seinen Augen, so haben es seine Mitmenschen immer gesagt, sehen sie eine kalte apathische Figur, die den Vorhang zuzieht. Das Licht das von außen hinein scheint macht dann aus den Dreidimensionalen Figuren, da draußen, ein Schattenspiel vor seinem Fenster, vor der verschlossenen Gardine. Und sie formen für ihn nur ihre Silhouetten der Schatten. Seine Seele sagt, sie brauche Ruhe und Schutz vor der ermüdenden Helligkeit. Diese Lüge glaubte er zu oft. Ihn wieder aus der Gedankenwelt aufzutauen ist schwierig und manchmal unmöglich. Liebe ist jedoch eine Wunderwaffe, mit der nichts unmöglich ist. Es ist wie ein wiederkehrender Eisberg vor den Augen, sogar über dem gesamten Kopf gestülpter Eisberg, den man schmelzen muss, um wieder an jemand Nahestehenden heranzukommen und der Schmelzpunkt ist Nächstenliebe und Fürsorge. Es ist viel passiert, das er sich nicht erklären kann. Bitterkeit auf dem Schneidebrett. Jetzt sitzt Ben auf dem Silbertablett für diejenigen, die in ihm einen Nutzen sehen. Außerhalb der Kabine könnten sich die Seemänner erschlagen, weil sie verrückt wurden. Oder sie halten sich gegenseitig gefangen, falls ein paar davon der Melodie zugehört haben. Sie segeln um des Teufels Namen und um eine Anschuldigung für immer aus dem Weg zu räumen: Ist der Anschuldigende des Namens, der

Teufel selbst? Zuerst bricht Bens Welt zusammen. Er hat sich die falschen Feinde gemacht, dann die falschen Freunde. Die Worte des Papageis blieben in seinem Kopf. Doch woher hat der Vogel die Worte her? Glauben die Seemänner, dass Ben die Melodie beschworen hat? Was ist die Melodie wirklich? Sind Tiere auch betroffen? Wie transportiert man sie in ein britisches Museum? Wenn es um einen Krieg geht, dann ist der Feind besiegbar. Der Feind hat sein Gesicht noch nicht gezeigt. Keine Flagge, kein Name, keine Warnung, keine Forderung. Kein Emblem. Ein alleiniger Schlag gegen alle Ordnung auf der Erde. Die Handschrift des Teufels. Doch keine Feder in Sicht. Der Leser folgt mit den Augen den Buchstaben, nicht der Feder. Wenn Geschichte geschrieben wird, dann haben die Pläne-Schmiede bereits den letzten Punkt mit der Feder geschrieben. Die Leute folgen nur noch den Linien und der getrockneten Tinte. Rubina sitzt auf dem Boden und knabbert an dem Essbaren herum. Sie schämt sich nicht, alleine zu essen. Da spricht das Tier in jedem Menschen, welches wir mit Intelligenz domestiziert haben. Es beruhigt ihn sehr zu sehen, wie sie dabei so friedlich und natürlich Lebensfreude auftankt. Essen ist das einfachste und beste Geschenk, sich am Leben zu erfreuen. Etwas, das in dieser Stunde gefehlt hat. Er setzt sich neben sie und sie essen zusammen. Beide am Boden. Er schämt sich in Gesellschaft immer für seine fehlenden Manieren am Tisch, doch gibt es momentan nicht mal einen Tisch. Er fühlt sich sonst immer wie ein Dschungelkind zu Besuch beim Adel. Nicht bei ihr. Er kann mit dem Gesicht in die Suppe tauchen und mit den Winterzwiebeln schnorcheln. Das würde jetzt auch keine Rolle mehr spielen. Sich selbst sein können in Gesellschaft - das ist Komfort. Ben läuft neugierig zur Türe und prüft, ob man den Raum verlassen kann. Unbeeindruckt läuft er von der verschlossenen Türe wieder zum Essen. Ben blickt auf ihr Papier. Bevor er die Worte erkennt und liest, sieht Ben ihre Handschrift und das Layout. Zuerst hat er einen albernen Fluchtplan erwartet. Beim genaueren hinsehen findet er ihr Gedicht:

Leere.
        Zeilen.
                Worte.
                        Leere.
                                Blicke.
                                      Minen.
                                            Leere.
                                            Faust.
Leere.
        Namen.
                Gesichter.
                        Leere.
                                Tränen.
                                    Augen.
                                            Leere.
                                            Heute.
Leere.
        Fragen.
                Fenster.
                        Leere.
                                Kreise.
                                    Formen.
                                            Leere.
                                            Tage.

Leere.

                Schweigen.

                        Leere.

                              Denkmäler.

                                    Atem.

                                        Leere.

                                        Teller.

Leere.

    Ehen.

        Liebe.

                Leere.

                        Höhlen.

                              Phantasien.

                                    Leere.

                                    Träume.

Leere.

    Sieger.

            Waffen.

                      Leere.

                          Geister.

                              Wälder.

                                  Leere.

                                    Kissen.

Leere.
        Familien.
                Hände.
                      Leere.
                            Haare.
                                  Kleider.
                                        Leere.
                                          Bücher.
Leere
        Herzen
                wollen
                      gefüllt
                              werden.
                                          Aller
                                          Herzens
                                          Leere.

Ben liest ihr Gedicht. Das zu Tropfen kondensierte flüssige Wohlwollen in ihren Worten feuchtet Bens Auge an und wünscht ihm die Kraft sein Land zu stärken mit Gemeinschaft, das sich selbiges wünscht.

Er wünscht sich jetzt von seinem Land, nein, er fordert es: „Mindestens in diesem Land sollen alle Vorteile, die sonst nur durch individuelles Recherchieren und der Aneignung der Kenntnisse unseres Systems zu erhalten wären und oder zu Beantragen sein würden und sich nur so anboten, automatisch anbieten. Und so muss der Staat jedem Menschen den maximalen Vorteil zuerst unterstellen, anbieten und sogar nachträglich zusprechen, damit Kenntnisse von spezifischen vorteilhaften Möglichkeiten gleich zu Beginn gelten. So würde man z.B. nicht mehr herausfinden müssen, dass die Gründung eines Vereins eigene Schulden absorbieren kann, sondern der Staat müsse das beste Arrangement für jeden aktivieren."

Das Papier ist in seiner Hand und er hört die dumpfen Töne der Melodie durchsickern. Atmet ein und aus. Selektives Hören. Dann Stille. Er fragt sich, ob auch nur die geringste Chance besteht, dass seine Mutter noch lebt. Ob sie vielleicht rechtzeitig die Stadt verlassen hat? Ob sie litt? Was, wenn sie gegen die radioaktive Strahlungen kämpft? Das kribbelt in seinem Bauch und es krabbeln Ameisen unter seiner Haut. Während sie noch isst, liegt er auf dem Rücken. Er kämpft mit den Tränen und greift dann zum Stift. Er versucht sein Bestes, die Melodie zu vergessen und zu unterdrücken. Sie ist stärker, als die erste. Er legt sein Buch unter das Blatt, spielt mit dem Stift in der Hand. Ihm fällt nichts ein.

Notizen sind die Knoten in der Hängebrücke.
Ich kann Ihnen nicht die ganze Brücke mitbringen, um zu zeigen, wie ich die Kluft überbrückt habe die Zahl zu deuten. Aber ich zeige Ihnen gerne welche Knoten halten. Die Reise von Ben ist symbolisch, für die Reise die man in die Vergangenheit macht, wenn man sich im gesellschaftlichen Trichter zur Versklavung auf die Suche macht nach Spuren, die einem Zugang zur richtigen Stelle und zur rechten Zeit bieten, das wahrlich Beständige der Welt wiederzufinden und zurückzuerobern. Textverständnis und Geschichtskenntnisse wurden miteinander verbunden. Die Suche nach der Bedeutung der Zahl und ähnlichen Rätseln ist eine gelungene Reise, weil vieles auf dem Weg mit in den Korb fällt, womit man erst gar nicht rechnen kann. Eine Reise in die Vergangenheit, durch die Zeitmaschine der Literatur. Und die physische Reise in die Welt hinaus, zu den Köpfen der Gegenwart und zurück zu den Quellen ihrer Weisheit. Was ist natürlich und gleich, überall auf der Welt? Was ist künstlich und verschieden? Was davon ist ein wahrer Stolz einer Kultur? Was darf sich verändern? Die Knotenpunkte meiner Suche werden von historischen Ereignissen gehalten, die jedem den selben Halt bieten werden, da viele Themen so kurz berührt werden dürfen, wenig Schilderung und keine Meinung benötigen. Ein Vorteil

der Belletristik, im Gegensatz zu einem Sachbuch, dessen Fußnoten mit Quellenangaben gespickt sein müssen. Historisch nachweisbare Ereignisse sind die Knotenpunkte, die die Hängebrücke von Kante zur Kante überbrücken. Universelle Wegweiser, die sich selbst anbieten. Weder die Historizität, noch die Integrität der biblischen Lehre, dürfen sich bei der vorgegebenen Auflösung der Zahl in die Quere kommen. Mir war bewusst, nicht in die selbe Spur verfallen zu dürfen, die schon massiv befahren wurde und nicht da enden kann, wo andere Schlüsse bereits gezogen wurden, die die Kritikpunkte und fehlende Lückenlosigkeit nicht aus der Welt schaffen konnten. Die Materie ist schwammig und unsichtbar, weil sich so viele Fragen alleine mit dem Glauben beantworten lassen könnten und nach entweder Zuspruch oder Ablehnung nicht tiefer erforscht werden würden. Der Text bietet Verständnis und egal zu welcher der beiden Positionen man sich selbst stärker angezogen fühlt, sollte man dem biblischen Text Qualität unterstellen. Ein rein fiktiver Text ohne zeitlosen Wert hätte so viel Konkurrenz, dass man sich dann fragen müsste, warum beliebige andere Texte nicht genauso wahrgenommen werden. Die Zusammenfassung des inhaltlich reichen Textes ist trügerisch, wenn sie von jemandem rekapituliert wurde und dann die Details verliert, in der sich die Spreu vom Weizen trennt. Wie bei der Arche, dem symbolischen Schiff. Doch mit welcher Hybris darf ich Ihnen dieses Buch anbieten, zu behaupten ich habe Gewissheit erlangt? Sokrates sagte einst zurecht, er wisse dass er nichts weiß. Und nur mit dieser Ihnen und mir ebenbürtigen Limitation biete ich überzeugt die Antwort auf diese Frage. Vergewissern Sie sich selbst auch! Meine strikte keine-Magie-Richtlinie lässt sich auch so formulieren, dass ich mich darauf berufe, dass in keiner Schrift ausdrücklich gefordert wurde, ALLES wörtlich zu nehmen. Daher lasse ich die Türe offen für Interpretation, die eine Trennung erlaubt zwischen dem Lehrzweck des Textes und der beschriebenen Historizität. Die Flexibilität mit diesen Inhalten umzugehen erlaubt einem Kritik zuzulassen, sie sogar

einzugliedern und gleichzeitig die Orientierung zu behalten. Ungestört von Kritik und Überzeugung der Magie und Prophezeiungen ist das Zwei-Schienensystem der Analyse - Parallelen, keine Konträre!
Ich war mir sicher, dass sowohl Kritik, als auch Glaube, sich darin nicht hindern werden dürfen, sondern eine Richtung erscheinen wird, die akzeptabel und integriert ist, für Anhänger und Ablehnende des Glaubens. Zuerst suchte ich, was damals der Horizont war: Welches Zahlensystem wurde verwendet? Welche Sprache war wichtig? Wie sah damals die Denkweise aus? Was dachte man über Menschen? Wie sind Menschen behandelt worden? Gab es eine Gleichberechtigung, oder war das eine Erfindung der Neuzeit? Welche Weltanschauung hatten sie? Gab es eine Zeit, wo Vanille Eiscreme tatsächlich echte Vanilleschoten enthielt? Welche Planeten und Sterne sind schon entdeckt worden? Welch Aberglaube bestand derzeit? Welche Staatswesen gab es? Wie sah zu der Zeit die Landkarte aus? Welche wichtigen Figuren lebten um den Zeitraum der Verfassung? Welche Rollen hatten literarische Figuren? Was war vor der Offenbarung bekannt? Wie schaffe ich es die Leute nicht abzuschrecken dieses Buch zu lesen, wenn sie das Thema hören, aber noch nicht wissen wie tief ich in den Topf greife? Die 666 für Heavymetal-Bands: Cool! Für ein Buch? Auweia!

Welche Wege sind schon erfolglos bestritten worden, die Zahl der Offenbarung zu deuten? Von diesen Wegen wird man sich distanzieren wollen, wenn man eine bessere Richtung anstrebt, oder über diese Pfade hinaus wandern möchte, z.B. keine Anschuldigungen zu äußern. Beispiele der bereits massiv erkundeten Wege sind, für mich, die Pseudo-Deutungen von Zahlenwerten für den Aberglauben, besonders im Bereich unter 100. Die Zahl 40 stünde dann symbolisch für die Dauer einer Generation. Die Verwendung dieser Zahlen sind in allen Kulturen unvermeidlich, aber sind Beweisführungen durch Assoziationen von Bedeutungen nach Meinung und Wohlwollen intellektuell dünnes Eis.

Der Tag vergeht, ohne Kontakt zu den Seemännern. Warten auf die Melodie.
Ben sagt, sie habe schöne Augen.
Rubina sagt, sie hätte nur eine eintönige Augenfarbe.
Sie denkt, dass ihre Augen nicht das schönste an ihr sind. Also ist der Rest weniger attraktiv? Oder sind die Worte generisch?
Sie zweifelt an der Integrität seiner Worte und seiner Wahrnehmung und folglich an das Kompliment.
Er denkt: Ich möchte viel länger in ihre Augen sehen und ihr Gesicht bewundern, ohne negativ aufzufallen, weil ich starre.
Realität: Sie will, dass er noch tiefer darauf eingeht, um weniger Spielraum für falsche Interpretationen zuzulassen.
Folgerungen und Assoziationen sind Früherkennung von Gefahren und keine Legitimation Vorstellungsvermögen in Fakten zu integrieren.
Sind alle guten Dinge sind Drei? Warum nicht drei mal etwas schlechtes machen, damit die Regel gilt, im Gegensatz zu, zweimal etwas schlechtes machen? Wo sich Regeln anwenden lassen, ist die Kunst des Schönredens, oder es ist keine Regel, wenn das Ergebnis negativ ist. Doch wo bewusst berücksichtigt wurde, da kann auch bewusst angewendet werden. Damit ist natürlich nicht erlaubt, etwas schlechtes zu verdreifachen.
Übertragen auf Isopsephie und auf Gematrie sind ein paar besondere Kommentare notwendig. Denn die Sprache Hebräisch, so vermute ich, wurde von Beginn an so konzipiert, dass sie die Integrität der Mathematik und Philosophie in der Sprachbildung berücksichtigte, diese beinhaltete, beibehielt, oder zumindest nicht stören durfte. So sollten die Worte so gebildet werden, dass die Rückschlüsse der Gematrie und Mathematik, besonders im religiösen Kontext, schlüssig erscheinen und die Brücke zwischen Feststellungen und Schlussfolgerungen betretbarer macht. Daher werden Umkehrschlüsse erkannt und in die Theorie eingebettet, dass sich damit die übermenschliche Herkunft beweisen ließe. Wer Worte in Zahlen zerlegt und dann fündig wird von inhaltlichen und sprachlichen Wurzeln,

durch selbigen Zahlenwert der Bedeutung, sollte also nicht gleich schlussfolgern, dass damit die Beweislage der göttlichen Herkunft belegt wurde, weil in einem Subnetz der gesuchten Integrität die Verknüpfung auffiel, sondern es kam demnach erst zu den Worten, weil die numerische Verknüpfung möglich gemacht wurde. Neutral betrachtet, muss man die Chronologie zuerst klären. Nicht anders herum, wo sich Worte und Bedeutungen plötzlich überlappen und der Anschein überkommt, dass man überall bohren könne und fündig werde, weil der Fund eines Subnetzes durch Stichproben den Eindruck beeinflusst. Keine Frage, ist das auch die auszeichnende Königsdisziplin der Sprache, sich mit solchen Hintergründen zu befassen und sie möglichst konsequent anzuwenden, bis das Netz der Sprache entsteht und sogar Tiefe beinhaltet, in der man Stichprobenartig fündig werden kann. In der Theorie würde man sonst überall lückenlose Beweise finden müssen, dass die Sprache sich so immer entfalte. Man merkt aber dann, dass die Sprache pragmatisch sein muss und damit kein obligatorisches Netz entstehen kann, weil sich sonst eine Sprache entwickeln müsste, die von Menschen nicht verstanden und verwendet werden könnte, weil sie zu sehr unsere Kapazität überschreiten würde. Zum Beispiel wäre eine Sprache, ohne Worte, nur aus mathematischen Formeln, Operatoren und Verhältnissen vielleicht möglich, aber zu Komplex für uns. Demnach ist weder ein Beweis der göttlichen Herkunft in den alten Schriften der Texte, noch ein Widerspruch dieser Frage möglich und kann praktisch nicht Ziel werden, weil der Glaube diese Fragen nicht eindeutig zu beantworten beabsichtigt. Jedoch siegt damit dennoch die Religion in dieser Gegenüberstellung von himmlisch oder weltlicher Herkunft. Weil sogar ein exakter Gleichstand von der Religion gewonnen wird, weil Magie die Gewissheit ausschließen kann. Und in beiden Fällen muss eine weltliche, verständliche Edition einer Sprache existieren, die uns Zugang zu den Texten ermöglicht und die selbe Freiheit gestattet an Fortschritt teil zu haben, Fehler zu machen und damit auch gleichzeitig nicht mit ausgelerntem Geist geboren sein zu müssen. Das heißt, dass jede Drosselung der Wort-Zerlegbarkeit Argument dafür ist, dass sie sonst nicht verständlich geworden wäre, so, wie eine rein mathematische Sprache. Sachlich gesehen, würde es sonst bedeuten, dass jede logische Beobachtung sich demnach auch sprachlich widerspiegeln können müsste. Also, sobald eine Innovation geboren wurde, müsste in der Sprache bereits eine lückenlose Verknüpfung existieren und ein Wort würde den Aufbau einer Technologie verkörpern und man könnte dann auch Dinge alleine durch Worte allein erfinden. Die eher unangenehmen Konvertierungsproleten, die Kausalketten überall zu finden scheinen, ohne in Erwägung zu ziehen, dass der Rückschluss bei dem Aufbau schon berücksichtigt wurde, finden die gematrischen und isopsephischen Werke und sehen scheinbar geschlossene Muster, die auf dem ersten Blick den Anschein generieren, das Muster wäre universell gültig. Stichproben für Gegenargumente widerlegen das jedoch. Die Authentizität gerät dabei ins Wanken und beschädigt das Interesse sich diesen Texten anzunehmen. Im Fadenkreuz der Blamage landen, unter dem Strich, die Leute. Die, die sich mit der Argumentation äußerten eine lückenlose, logische und innovative Wissenschaft, auf diesen Funden basierend, daraus entnehmen können. Die Herangehensweise scheitert die Kritiker anhand dieser Theorie zu überzeugen und die Texte verlieren Affinität, weil die potentiellen Leser verscheucht wurden von Menschen, die es ja nur gut meinten, aber dann als leichtgläubig dastehen, weil eine 100% konsequente Zerlegbarkeit von Worte, Mathematik und Bedeutung nicht zu beweisen ist. Das Problem: Die überaus wertvolle Kunst der Kreation von konkreten Stellen in der Sprache, wo es tatsächlich möglich ist und mit Aufwand hergestellt wurde, verliert den Respekt, der ihr zusteht. Denn wenn die Worte zusammengebaut wurden, um die Wahrheiten dieser Welt zu einigen, dann nicht von Leichtgläubigen, sondern von Weisen. Es ist ja auch fester Bestandteil der Religion die Botschaft zu verteilen und zu vermitteln. Nicht alleine zu lesen, wie einen Roman, sondern zusammen verstehen zu lernen und teilweise einfach zu Ruhen zu lassen, weil es vielen bereits geholfen hat. Die gute Kunde ist getan, sobald erhalten und vermarktet wird. Aber nicht jeder merkt, wo das Zuhörer u. U. das als Lärm wahrnehmen, weiteres Interesse zu entfachen. Daher kann nicht besonders ermutigt werden, die Reise alleine zu gestalten. Durch das übermäßige Hochjubeln von Gematrie und Isopsephie merken sie nicht, dass sie in Wahrheit manche Leute davon abhalten, Interesse zu entwickeln. Wer den Kern versteht, auch dabei auf dem weltlichen Boden bleibt, wird ein Muster erkennen sollen, dass diese Welt nicht einfach nur durch kaltes, trockenes Wissen besteht und bestehen kann. Es werden Erkenntnisse darin vermittelt, auch mal mit Magie, die zusammen ein Bild erzeugen und eine Frage aufwerfen: Ist die Realität nicht besser als jedes von Menschen geschaffene Konstrukt, die Liebe so sehr ins Innere schließt und nach außen strahlt und die sich Regeln beherzigt, die als weise gelten zu verstehen, aber mit Liebe nachzueifern sind? Und gab es nicht diese Welt schon vor uns, mitsamt ihren Geheimnissen? Ist Religion dann nicht die Erörterung des Charakters des Geistes, hinter all dem Geschenkten? Das macht die Feststellungen der Religion dynamischer, als sie sich zu repräsentieren erlaubt. Kam die Philosophie zu diesen Schlüssen? Es ist zeitlose Nächstenliebe unserer gegebenen Möglichkeiten in einer Vision zu verschenken, die die Freiheit der Entscheidung berücksichtigt, unsere Menschheitsgeschichte nach bestem Gewissen erklärt und dabei auf das höchste Ergebnis der Selbstentwicklung zielt, dem gemeinsamen Überleben hilft, sich gnädig und wissenschaftlich am Menschen orientiert und für den Menschen ist. In dem einzigen Kulturgut, das sowohl das Ergebnis, als auch die Rezeptur mitbringt: Einem Literaturwerk. Fakt ist, dass wir alle bei Null starten mit der Geburt und wir bombardiert werden von Meinungen und Manipulationen, die wir zuordnen müssen, zwischen egoistischem Nutzen von ihren Katalysator-Figuren und tatsächlicher Brauchbarkeit. Besonders für die Mitmenschen und Natur. Kultur ist die Brücke der Menschheit in die Gegenwart. Wie viele Informationen haben wir im Kopf, die synthetisch hergestellt wurden und außerhalb unserer Lebzeiten keine Bedeutung haben? Vieles wird einfach unbearbeitet tradiert.

- Wie viel Kostet der Lieblings-Café auf dem Weg zur Arbeit?
- In welchen Ordner kommen die Dokumente für … XY?

Unwichtig; synthetisch.

- Wie viele Beine haben Insekten?
- Wie viele Geschlechter gibt es? Etc.

Wichtig! Zeitlos!

Die Vergangenheit: Für die Fragen, die die Menschheit mit großer Wahrscheinlichkeit schon beantwortete.

Und die Zukunft: Weil nie zuvor das möglich war, was heute ist und morgen sein kann.

In beiden Fällen nährt sich der Mensch von der Literatur. Und dabei wird es nicht Ziel sein, nur wenige belesene Spezialisten zu kreieren, sondern flächendeckend einen Standard der Menschheit zu etablieren, dem es offiziell verboten wird, das Werk anhand der wankenden Volksstimmung zu verändern, um Kompromisse von den eigenen Makeln zu integrieren, sondern die höchste Tugend greifbar zu machen. Inoffiziell existiert die Dynamik und die kontinuierliche Suche nach neuen Weisheiten, jedoch würde das enorme Angebot an qualitativ minderwertigem Material sich nicht mit den Spitzentexten mischen wollen. Ein etabliertes Komitee, das sich nur mit höchster Qualität zufrieden geben würde, würde sich kaum bilden können, da alles offizielle korrupt wird und seinen hohen Standard für die unterbelichtete Masse aufgeben würde. So würde man auch keine Prüfer der Weisheit anwerben können, weil die sich selbst als Weise betrachtenden Bewerber wohl besser am stärksten fernzuhalten sind. Sobald so ein Komitee seinen Raum finden würde, wären machtgierige politische Spielzüge an der Tagesordnung. Klingt das nicht bereits nach der Jotam-Fabel?

Fänden gewisse verkorkste Menschen einen Weg die Masse irre zu führen, Verfremdung von bewährter Wahrheit durch Autorität durchzusetzen, oder Menschen von dem Stamm der Kultur zu entfernen, davon zu profitieren, dann ist davon auszugehen, dass eines Tages der Stift der Gerechtigkeit in die Hand genommen wird, damit Menschen den Fortschritt zu Liebe, Wahrheit und Weisheit zugänglich gemacht wird und es dadurch prophylaktisch und unaufhörlich beschützt wird. Es wäre weise sich an der Religionsfreiheit zu stützen, wenn die Autorität die Menschen versklavt, benutzt und verbraucht. Und alles was es dazu braucht ist Instandhaltung der Religionsfreiheit, flächendeckende Aufklärung und gerechte Verteilung der Rechte und Pflichten. Und um den Kreis zu schließen: Sobald wir in die Vergangenheit blicken, wollen wir wahrlich wissen was Beständigkeit hatte und haben wird in der Zukunft. Wir messen das an der Qualität, dem Erfolg, des Alters der Werke und den Leuten aus der jetzigen Zeit, die es von ihrem Herzen empfehlen. Das ist das entscheidende Merkmal, warum sich auch ein Atheist daran erfreuen kann, dass wir diese Bücher zur Verfügung stehen haben. Denn wenn wir uns anschauen, was momentan in der Welt zirkuliert und dann tiefer bohren, warum das zirkuliert, was zirkuliert, dann müssen wir traurigerweise feststellen, dass die meisten Impulse bewusst gesendet wurden, um von Ihnen eine Gabe zu veranlassen: Das meiste Etablierte da draußen will nur Ihr Geld! Und das, für den geringst möglichen Aufwand, selbst wenn es wenig, nichts, oder Sie sogar mehr kostet, als es Ihnen bringt. Die meisten Leute haben kein Erbarmen, kein Limit, zu nehmen, was nur zu nehmen ist. Selbst Meinungen und personenbezogene Informationen werden für irre Summen Geld gehandelt. Ihre Meinung!
Was sind dann diese Bücher, die Sie erweitern wollen, Sie bilden wollen, Ihnen Hoffnung lehren und auch noch schenken wollen? Ein Segen!

Die Melodie verstummt wieder. Die Sonne ist untergegangen.

Rubina: „Hey, hey, hey, es ist wieder vorbei!"

Sie sieht ihm seine Trauer an.

Rubina: „Hey, alles wird wieder gut!"

Ben: „Weißt du? … Meine Mama war in New York."

Rubina: „Oh mein Gott! Oh Ben! Oh no!"

Ben: „Ich hätte sie anrufen sollen, bevor ich schlafen gegangen bin! Ich habe gedacht … ich habe gedacht das wird wieder. Die ganze Welt ist betroffen. Alle tot, Rubina, die Flüsse trocknen."

Rubina greift in ihre Tasche. Nach kräftigem umrühren in dem transportablen Chaos darin, findet sie ihre kleine Schachtel. Erst taucht die Schachtel auf und kurz danach ein Feuerzeug. Ein Räucherstäbchen. „Gegen böse Energie", meint sie und zündet es an.

Ben wird wütend und wettert dagegen.

„Es hilft", meint sie.

„Eine Studie hat gezeigt, dass 9/10 böse Geister den Geruch von Räucherstäbchen bevorzugen. Mach den Scheiß aus!", hält er scherzend dagegen.

Sie lüpft ihre Augenbrauen an, als glaube sie ihm das. Ben presst die glühende Spitze am Boden aus.

Rubina: „Hab Vertrauen! Man muss ja nur einen Wunsch an das Universum richten und dann geht das schon in Erfüllung!"

Ben: „Das würde den größten Teil erklären, warum die Welt ist, wie sie ist! Das würde unser Denken erklären."

Rubina: „Oh Ben! Benni?"

Ben: „Wenn wir überleben, … dann sind wir wieder im Mittelalter."

Rubina: „Nein, du bist doch noch jung!"

Ben: „Wir leben dann alle von Landwirtschaft. Wir vergessen alle Technik. Wie das Leben vor 1000 Jahren. Strom ist weg … Internet ist weg … Keine elektronischen Einkäufe mehr. Keine Pornos. Keine 30 Sekunden Videos, wie man reich werde. Keine Life-Hacks mehr. Kein gar nichts mehr."

Rubina lacht.

Rubina: „Pornos?"

Ben: „Ähm … ich meinte Promos!"

Rubina: „Ja, ja! Vielleicht leben wir dann wieder wie vorher, aber in kleinen Gruppen? Alle leben von Landwirtschaft.Mache dir keine Sorgen!"

Ben: „Dann leben wir wie die Trottel, die auf Strom verzichten! Dann können wir vor Ölmalereien einen Scheppern. Oder Daumenkinos! Aber mit welcher Hand dann?"

Sie lachen, heulen, zu zwei Vierteln geteiltes Leid.

Rubina: „Vielleicht ist das ein guter Neuanfang?"

Ben: „Das fängt nicht wieder von vorne an! Das wird jetzt nie wieder, wie vorher!"

Rubina: „Wir halten doch zusammen, oder?"

Ben schluchzt traurig.

Ben: „Dein Gedicht ist wunderschön!"

Rubina: „Danke!"

Sie strahlt.

Ben: „Ja, wir halten zusammen!"

Rubina: „So schlimm war es damals auch nicht!"

Ben: „Ach, ja?"

Rubina: „Keine Verschmutzung!"

Ben: „Wir haben dann keine Toiletten mehr! Ade, sauberes Örtchen!"

Rubina: „Wir essen nur noch gesundes Bio-Essen! Wie früher!"

Ben: „Das Zeug schimmelt doch schon auf der Gabel, auf dem Weg zum Mund! Ich kann einen Cheeseburger ein Jahr lang in der Tasche aufbewahren. Muss man nur kurz in die Mikrowelle …"

Rubina: „Und wir … ähm … leben länger, wegen der sauberen Luft. Leute haben damals viel besser gelebt, wirklich, bevor die Technologie kam."

Ben: „Die Leute waren damals alle schmutzig, krank und tot!"

Ben sieht das anders, als sie. Er ahnt, was sie damit meint.

Wahrscheinlich, alles, vor der Zeit der industriellen Revolution.

Ben: „Lehen, Sklaventum, Adel und Steuern, die einem die letzten Münzen aus der Tasche kratzen. Klasse, Rubina! Schulden, die einen wie eine kurze Kette am Boden halten. Nicht schlecht! Abgaben und Pflichten, die die Armen unterjochen. Der Hammer! Reiche, die von den Strafen und der Verantwortung befreit sind. Warum denn nicht? Religion, die jeder Zeit deinen Kopf kosten kann, wenn man eine andere Idee hat. Genau mein Ding! Quasi, die klassische Unterdrückung der Masse könnte wieder von neu beginnen. Technologie gab es schon seit dem ersten Stein in der Hand eines Menschen. Daran hat es nie gelegen, Rubina! Kultur ist eine Vision einzupflanzen, die einen selbst überleben wird, um den Neugeborenen eine Chance zu geben, daran anzuknüpfen, was alle erreichen wollen. Sich dem Bösen rein gesetzlich entgegenzustellen ist wie einen Sieb zu bitten, eingeschenktes Wasser nicht zu verlieren. Wobei das Gesetz dich darum bittet, die Löcher zusätzlich mit den Händen zuzuhalten, durch die sich gewiss ein Wasserfluss bahnt. Religion erklärt diesem Vorhaben das untragbare Ausmaß, bei Wasserverlust. Philosophie lässt dich fragen, ob denn ein Sieb das geeignete Utensil ist."

Rubina: „Heißt es dann nicht:

Religion - Minus - Hokuspokus = Philosophie?"

Ben: „Zumindest hangelt sich Religion an der Wahrheit entlang und behält dabei die Vision im Auge. Natürlich ist Wahrheit nur dann Wahrheit, wenn über etwas gelernt wurde. Und dabei geht es weniger um historische Ereignisse, sondern um Wahrheiten unserer Überlebensstrategie. Religion kann die innere Philosophie schärfen. Wie viel Regen am Donnerstag fiel ist auch eine historische Wahrheit, aber keine relevante Wahrheit. In Religion ist diese Sprache der Wahrheit sinnvoll zusammengeschnürt worden, nur aber kaum durch Wissenszuwachs wieder neu zusammenzuflechten. Eine Neuerscheinung einer Religion kann diese Neuzusammenflechtung schaffen, unterliegt aber wieder dem selben Mangel an Dynamik und

deswegen ist eine neue Religion durch die bereits zeitlosen Themen unnötig. Anders, das Internet. Zu den temporären falschen Aussagen muss keine Haftung übernommen werden und jeder darf teilnehmen. Viel unnötige Philosophie versucht sich durch Schlagzeilen hervorzuheben. Das Internet ist wie ein maskierter Antiheld, der sich manchmal auch direkter zur Wahrheit traut, solange er sich hinter einer Maske verstecken darf. Charisma der nackten Wahrheit, hinter Anonymität und Egalität. So gerne wir hören, wie direkt die Wahrheit gesprochen wird, brauchen wir lieber Beispiele einer greifbaren Person, Freund der selben Wahrheit, die sich traut die Maske herunterzunehmen, damit sich alle ihre Masken fallen lassen trauen. Einer, der nicht mehr zurück weichen kann. Einer, der das weiß, dass es kein zurück mehr gibt, verspricht voranzuschreiten und jedem Menschen das Gefühl gibt hinterherlaufen zu können. Diese Qualitäten wurden bereits vorbereitet für uns. Das Internet wird diesen Helden nicht spielen können. Den Windschatten haben wir bereits in der Religion. Unsere Kultur winden wir darauf, auf das sie von ihr getragen werde. Wir können uns erlauben technologisch einen Rückschritt zu verkraften, weil wir die Wahrheiten wiederfinden würden. Aber unsere Kultur ist gewachsen. Sie wird nicht eines Tages wiedergefunden werden. Sondern sie ist gewachsen, eher wie Macadamia Nüsse, als wie Bambus." Rubina sieht die schmollenden Augen und sie versteht, dass er leidet und keine logischen Argumente braucht, sondern jemanden an seiner Seite. Rubina: „Ich bin mir zu 100% sicher, dass deine Mama am Leben ist!"
Ben: „Ich behalte die Hoffnung."
Sein Körper verlangt nach Nahrung, doch er fragt sich stets, ob sein Körper oder sein Geist wahren Hunger kennt. Ben versuchte universell zu bleiben. Sie erinnert ihn an das hier und jetzt. Ja, um seine Mutter sorgt er sich am meisten. Da ist die Romanze und die Technologie nichts dagegen.

Am Anfang war das Wort.

"Ἐν ἀρχῇ ἦν ὁ λόγος" (~ "En Arche en o Logos".)

λόγος hat mehrere Bedeutungen, wobei das Wort λόγος auch mit "Lehre" übersetzt werden kann. Am Anfang war die beigebrachte, wörtliche Lehre. Denn am Anfang gab es die Schrift noch nicht. Klare chronologische Reihenfolge. Der erste Meilenstein der Hochkultur wurde geschaffen: Eine (eigene) Schrift. Das Wissen ist nun nicht mehr mit dem Menschen gestorben, der es aufschrieb. Das Leben nach dem Tod wurde geboren. Ist noch nicht das Paradies, doch ist es unvermeidlich, in egal welcher Form, einen Fußabdruck im Universum zu hinterlassen. Nichts wird vom Universum vergessen. Am besten ist es, Ehrenvolles zu vollbringen und sehr schön, wenn darüber gelesen werden kann, wie wir einander zu verhalten haben. Während die dem Tellerrand überragenden Fragen der Menschen nun immer komplexere Antworten erwarteten, sind Völker auf Wunsch von zu erlangender Wahrheit, Völker-übergreifender Nachforschungen nachgegangen, die mit ihrem Weltbild und ihrem Glauben Einigkeit finden sollten. So auch manche Entstehungsgeschichten des Menschen. Wo sich dann eine Vielzahl an Theorien ihren Showdown lieferten, siegte die Version, die all den kritischen Fragen stand hielt. Philosophie, die aus den Spuren der Zeit hervorwuchs und zeitlos vergegenwärtigt werden kann. In religiösen Texten sind die Säulen der Wahrheit, Dreh- und Angelpunkte der Beständigkeit. Aus folgender Perspektive ist es unwahrscheinlich, dass Gott uns allen ausschließlich einer Lebensprüfung unterzieht und daher ist das Leben wohl zusätzlich auch ein Geschenk. Die Sünde wird oft als Indikator beschrieben, um die Standhaftigkeit des Geistes daran zu proben und zu messen. Würde man die Freiheit der Sünde erschaffen, oder zulassen, um die reine geistige Natur zu erkennen, wofür gäbe es dann Schmerz? Wenn wir diesen Freilauf erhielten, sodass die Entscheidung Tragweite habe, dann wäre diese ohne Indikator des Falschtuns gegeben und sogar aussagekräftiger im Nachhinein. Ein Mensch, der einem anderen schadet, in einer Welt ohne Schmerz, wäre besser beobachtet, wenn ihm die Freiheit der Entscheidung gelassen worden wäre, bis zu dem Tag des göttlichen Urteils, nach dem Tod, ohne Indikator des Falschhandelns. Die Reinheit der Rechtschaffenden, die ihr Leben lang probierten darauf zu verzichten zu Schaden, wäre damit absolut erprobt. Doch die Natur ist alles andere als Schmerzfrei, sie kennt unsere Nachteile und verwendet sie gegen uns, aber zu unserem Schutz und damit resultierend, gut für uns. Mit Schmerzen ist ein Test wiederum aussagekräftig, weil wir sogar Feedback bekommen und daran auch feststellen können, dass es ein Nachteil ist den man vermeiden soll und danach bestätigt, dass konsequent wiederholte Fehler wissentlich begangen wurden. Daher wäre eine Prüfung Gottes in dieser Welt ein Test, um Liebe zu verdienen und zu erwidern, doch wir sind bereits zu Lebzeiten Partizipant der Liebe und daher ist es auch ein Geschenk. Auch das spricht gegen eine Welt, die rein zum Testen dienen soll. Eine Form bleibt uns zum Glück, vielleicht eine Art des Schmerzes: Reue. Wenn man etwas bereut oder bereuen kann, ist damit viel gesagt in welche Richtung man sich bewegen sollte. Die durch den Zarathustrismus populär gewordene Denkweise der allgegenwärtigen Antithesen, die den diabolischen Ankläger und Widersacher zu einer Entität schmiedet, findet seinen Höhepunkt in Religionen, die dem Teufel einen viel zu hohen Stellenwert vermitteln, autark zu agieren. Zugegeben ist das mehr das Verschulden der Erzählungen, als die der Schrift. Die Schrift ist zurückhaltend formuliert mit der Entität und auch die Kräfteverteilung klar geschildert. Ein Kampf gegen den Teufel ist für Gott keine Herausforderung oder Notwendigkeit, selbst bei einem absoluten Ende. In anderen Worten: Die Realität hat keinen Feind, sondern die Nachteile eines Lebewesens werden aus eigener Begrenztheit des Geistes wahrgenommen und fälschlich verurteilt, personifiziert und diesem Anti-Wesens in die Schuhe geschoben, anstatt zu erkennen, dass die Erschaffung eines universellen Naturgesetzes, das dieses spezifische Leiden eliminieren würde, auf anderen Ebenen fatale Folgen hätte und nie zu einem vergleichbar gutem Zustand der Realität werden würde, wie es mitsamt dieses Leidens doch tatsächlich ist. In den abrahamitischen Religionen ist der Teufel viel unbedeutender, als die Botschaft der Liebe. Satanisten haben irgendwo wahrgenommen, dass die Welt nicht paradiesisch ist und sich daher opportunistisch dem Teufel unterworfen. Warum man dann das exakte Gegenteil anbeten muss, von der Religion aus der die Entität überhaupt stammt, die, an die sie nicht glauben wollen, anstatt das gesamte magische Konstrukt einfach abzulehnen, liegt wohl in der rebellischen Grundhaltung und dem tiefen Wunsch, gegen die wahrgenommene Zweckleere ihres Lebens mit Hoffnung auf erlernbarer Magie zu setzen, sich damit über die Masse zu erheben, um Defizite die das Selbstwertgefühl einschränken mit abgehobener Ideologie zu vertuschen. In den meisten Fällen aber, ist der Kern einer Religion immer die Liebe und Liebe zur Wahrheit und dem Versuch seinen Beitrag damit zu gestalten, dass die kollektive Suche nach Herkunft, Ordnung und Richtung gestillt werden kann. Religion ist auch das, was den Menschen die Zweckleere nimmt und ein höheres Level anpreist, dessen Ziel für jeden zu erreichen ist. Der Preis zur Teilnahme ist immer spielend leicht erschwinglich und damit kann jeder sich dem Ziel anschließen. Vor allem, können wir einander nicht ausschließen. Das Ziel ist immer gerecht, die Methoden lieber radikal, anstatt irreführend. In mancher Hinsicht scheint es, als würde sich ein religiöser Mensch selbst einschränken, damit man die passende Form in der Gesellschaft erlange sich einzufügen. Wohl eher ist die Bildung ein erweiternder Faktor der Selbstentwerfung und nur manche Ecken und Kanten werden dabei eingeschränkt und geschliffen, jedoch ist die zu erlangende Form eine größere Schablone, als man ursprünglich selbst ist und man kann darin hineinwachsen und sich entfalten, an dem, das selbst wuchs. Zukünftig einzuschränken, an was man selbst litt, ist kein Grund sich so zu belassen. Man will von anderen, also will man von sich selbst.

Wenn sich also, zum Beispiel, ein Volk, mir fällt jetzt spontan keins ein, mit einer spezifischen Religion profiliert, die aber dann, sagen wir, von einem großen Reich angegriffen wurde und um ihre Existenz und ihre religiös legitimierende Volksführung bangt, dann kann, unter Umständen, eine Reformation aus heiterem Himmel publiziert werden, die der aggressiven Siegermacht ein adaptiertes Monopol des selben Modells mit selben Instrumenten angeboten werden, um dieses Literaturwerk zu erhalten, da die Minimalanforderungen der sonst Orts- und Blut-gebundenen Teilnahme plötzlich sinkt, vom auserwähltem Volk und dessen Nachkommen sein, zu all sich Wünschenden, die, zum Beispiel, einer Inkarnation vertrauen, die die selben Werte und Zusatzinhalte erhielt, damit das Vermächtnis nicht ganz zu Nichte gemacht werde, sondern durch eine Koexistenz überlebe, während das Original souverän bleibt.
Sie bluteten wörtlich dafür. Sie bestanden lediglich auf die Anerkennung der Herkunft der heiligen Schriften und machten vor der ganzen Welt alle Menschen gleich. Ich halte das für heilig.

Zweifellos haben Menschen erkannt, dass das Licht der Sonne etwas Unersetzbares ist. Jeder Versuch eine Pflanze ohne Licht zu erhalten ist gescheitert. Keine Ecke der Erde kennt dieses Phänomen nicht - universelle Wahrheit. Die Sonne hat ihren Zyklus, den Tag zum Tag zu machen und die die Nacht zur Nacht. Wenn es also kein Leben auf der Erde gegeben haben kann ohne die Sonne, dann war vor allem anderen das Licht in dieser Welt. Auch die Leuchtkraft der Sterne, die aus Sicht der Menschen vor mehreren Jahrtausenden aus dem selben Medium des Himmels sind, ist die Leuchtkraft chronologisch schlüssig das erste, das es gegeben haben muss. Der nachvollziehbare Wert der Erkenntnisse ist erleuchtend. Die Existenz ohne Eltern ist offensichtlich nicht möglich, daher ist die Idee eines ersten Menschenpaares nicht abwegig (Evolution berücksichtigt). Selbst unter den Affen war irgendwann mal ein Wesen der erste Mensch. Noch sehr ähnlich zum Affen, aber Mensch. Nach den Tieren, weil wir uns von Tieren und Pflanzen ernähren und es damit Tiere vor Menschen gab und Pflanzen vor Tiere und Menschen. Geschaffen, wie alles andere auch, weil es existiert, weil es Veränderung gibt und weil es Fortschritt gibt, demnach alles Geschenk der Realität sein wird, das es gibt. Wer sagt, die Tage der Schöpfung seien 24 Stunden-Tage, anstelle von langen Kapiteln der Weltgeschichte? Die von Religiösen kritisierte Theorie der Evolution widerspricht nicht einmal die Aussage eines ersten Menschenpaares, einfach, weil selbst das erste Menschenpaar eines Tages vom Affen abstammen konnte, sich in irgendeiner Hinsicht unterschied und daher eine Trennlinie gestaltete, die sich wohl zeitlich schwierig rekonstruieren ließe und weniger relevant ist, als die Hervorhebung der zeitlichen Kapitel selbst. Einzige Voraussetzung, um beide Perspektiven unter einen Hut zu bekommen, ist den Tag der Erschaffung nicht wörtlich als 24 stündige Zyklus-Einheit zu sehen, sondern symbolische chronologische Trennlinie zu den Ereignissen der Herkunft. Eine Trennlinie, die genauso gut wie ein Kapitel fungieren kann und damit die universellste Einheit von Zeit verkörpert. Vor dem ersten Menschenpaar kam wovon sich ernährt wurde, so müssen Pflanzen vor Tieren bereits existiert haben, die das Überleben gewährleisteten. Davor muss ein Ort gegeben sein, auf dem Mensch, Tier und Pflanze stehen und wo sie denn waren, im größeren Maßstab und Kontext. Und daher ist die Erde bereits davor schon Materialisiert worden. Davor muss es auch das Medium gegeben haben, das diese Welt umfasst und der Himmel und die Erde hat seine logische Ordnung im Universum. Es stehen also keine Unwahrheiten darin, sondern die Meilensteine der Weltgeschichte. In der Bibel ist einer der ersten Begebenheiten die Weitergabe der Frucht (oder des Samens). Möglich, dass sich die Menschheit damit zu einem neuen Kapitel bewegte, als die Weitergabe des pflanzlichen Samens praktiziert wurde. Meilenstein für die Errungenschaft der verstandenen Landwirtschaft. Ein Kapitel, der uns Nomaden zu sesshaften Wesen kürte. Jedoch wird der Übergang von unserem Erlangen der Gewissensfähigkeit initiiert. Die herausgenommene Rippe demonstriert die Verwundbarkeit eines Mannes für die Frau. Aus der Herz schützenden Rippe käme die Frau und symbolisiert die Verwundbarkeit des Mannes und schreitet zur Entwicklung der Fähigkeit voran, zwischen Gut und Böse zu unterscheiden. In der Kombination könnte das bedeuten, dass das Wesen der Frau den Mann motiviert hat, sich mit Fragen zu befassen, was gut und was schlecht wäre, auch um gesellschaftliche Richtlinien zu erkennen und zu erforschen, die die zum Mann sesshaft gewordenen Frauen anerkennen und in Vernetzung anderer Männer mit ihren Frauen egalitäre Kooperation auf selben Boden zu etablieren. Und frühestens mit den Nachkommen dieser "ersten Eltern", der zu Lernbedürftigkeit verurteilten Spezies Mensch, gab es Gewalt und Totschlag, sonst wäre nicht geklärt, wie die Menschheit überlebte. Sünde wurde damit nicht an ein spätes Event gebunden und verursacht, sodass man versuchen könnte zurück auf die richtige Schiene zu gelangen, wenn man historisch zurückverfolgte was falsch lief und sich neu einfädeln will. Es war von Beginn Teil der Menschheit mit unterschiedlichen Strategien ein angenehmes Überleben zu gestalten und gleich die nächsten Nachfahren nach dem "ersten Paar" rätselten welche Ambitionen die Gunst der Realität erzielen können und der Benachteiligte nahm das Resultat persönlich und richtete seinen Frust gegen seinen eigene Familie, den Menschen, der, mit dem besseren Resultat, oder den die Naturgewalt gnädiger traf. Die chronologisch richtige Reihenfolge ist die Sünde direkt nach dem ersten Paar das von der Frucht aß, damit Sünde wissentlich begangen sein musste und daher von Beginn vermeidbar bleibt. Es wäre sonst zu einfach zu argumentieren, dass Sünde akzeptabel sei, nur weil es von Anfang an in die Wiege gelegt wurde und damit unveränderbar erscheint. Weisender Indikator der Sünde ist das schlechte Gewissen und macht durch eine Absehbarkeit der nachträglich zu erwartenden Reue Sünde vermeidbar. Ein

Volk, frei von Kriminalität, gab und gibt es nicht - universelle Wahrheit. Die Nachfahren sind sesshaft geworden und domestizierten Tiere. Ein Opfer wurde gebracht, was auch immer sich von dem Aberglaube versprochen wurde, welches bei Menschen in allen Nationen irgendwann vorkam und dessen Interpretation für Erfolg und Misserfolg als Antwort der Natur oder des Gottes gewertet wurde. Darin spiegelt sich unser Verlangen eine klare Antwort auf unser Verhalten zu fordern und zu wünschen, damit das Geleistete wahrgenommen und belohnt wird. Im Laufe des Fortschritts unseres Werdegangs kam das schriftliche Wort und die Zahl, welches die Welt nach unserem Verständnis und unserer Begrenztheit zu Erfassen reflektieren kann. Die Selektion der beantworteten Fragen haben eine Gemeinsamkeit. Es sind viele Informationen auf der Welt, die sich in Geschichten fassen lassen, aber nicht alle Liebe fördernd, relevant und zeitlos. Das Pflanzen von Gedanken, aus der die Nächstenliebe sich nährt, ist eine Gemeinsamkeit der Texte, die ihren Lehrzweck damit realisieren und Bedeutung in der Welt streuen. Menschenrechte und Gnade sind gleich zu Beginn integriert und werden universell in jedem Menschen anerkannt. Die Expansion der Religion dient daher eher des Lehrens dieser Werte, weil sie gelten, selbst wenn die Mitmenschen sie nicht verstehen, oder anderes erzählt bekommen haben. Nur ist es besonders wertvoll, wenn die Menschen sich ihrer vollen Rechte und ihres vollen Wertes bewusst sind und das auch in jedem anderen Menschen erkennen und ihnen automatisch zusprechen. Gleichheit der Menschen und die Herkunft der selben Familie zeigen damit die zu erwartende Brüderlichkeit und Gleichheit der Pflichten, Rechte und des kooperativen Abenteuers auf der Suche nach Wahrheit und Liebe. Es gibt leider Religionen, die nur eigene Mitglieder als vollwertig betrachten und das Leben der nicht-Mitglieder weniger wertschätzen. Jedoch ist der jüdische und christliche Duktus kein Vorgehen gegen die anderen, sondern ihre Erklärung aller Wertschätzung. Religion darf kein Instrument werden nicht-gläubige herab zu werten, sondern das Lehrmittel sein, um Menschen zu erklären, dass man sie nicht unter ihrem Wert schätzen darf und sie sich selbst auch nicht. Die Wissenschaft schmückt sich, die Moderne zu definieren. Jetzt wo ich behaupte, dass beides unter einen Hut zu bekommen ist, ist sie nur die Bestätigung, dass wir sie annehmen sollen, aber damit nicht den Glauben ersetzen können, der uns im Herzen führt Richtiges zu vollbringen und weiter bringt, als manipulative, synthetische Konstrukte der Autogravitation, die nur den eigenen Profit in der Menschheit sucht. Nehme ein Atheist mal an, alles Gegebene im Universum, das Unendliche, mit dem Namen Gott zu identifizieren, so lassen sich die Ideen in der Religion möglicherweise universeller auf die Moderne transponieren, ohne das Design im Text zu kritisieren, das seine Wirkung und die erschlossene Imperative einer erfolgreichen Gesellschaft beschreibt. Im Zuge der Zukunft wird es immer mehr Erkenntnisse in der Wissenschaft geben, die uns an eines erinnern sollen: Das Gegebene gibt uns die Chance mit unseren Errungenschaften unser Leben zu gestalten und lässt uns damit auch unsere Erfolge in unserem Namen gelten. Ein Mensch wäre nur ungern, oder gar nicht, in der Lage dazu, den Stolz seines eigenen Werkes auf fremden Boden wachsen zu sehen. Gott überlässt uns diesen Stolz eigener Erfolge und damit stehen wir in der besonderen Pflicht, uns an unsere Herkunft zu erinnern. Würde jemand die Einheit in Allem vermuten, würde es nicht auch in einem Namen sein? Und wäre das nicht eine volle Umdrehung, wieder am Anfang zu stehen? Ein gutes Argument der rein wissenschaftlichen Seite sagt aus, dass Bücher der Wissenschaft beim Verlust wiederentdeckt werden könnten und religiöse Bücher nicht so wiederkehren würden, wie sie bereits geschrieben wurden. Aber genau so statisch sind gewisse Erkenntnisse in ihren Texten, die ja auch durch ein unterschiedliches Design einen Auftrieb des selben Schwerpunkts generieren können und demnach auch zurückkämen. Beispiel wäre das Beschützen der Spezien auf der Erde von und vor Menschen eine

Erkenntnis von Noahs Arche und könnte auf anderen Wegen beschrieben werden, jedoch ist der Text so universell aufgebaut, dass dieses spezifische Design qualitativ unersetzlich ist. Und die Würdigung des ersten Erfinders und seiner Heimat gelte dann unnötigerweise dem Autor der zum zweiten mal entworfenen Schrift. Auch fehlt den wiederkehrenden, einzelnen Erkenntnissen zunächst die Integration des Verständnisses einer zu 100% vernetzten Realität und demnach die Notwendigkeit es im Gesamtwerk widerzuspiegeln. Jedoch sind die Erkenntnisse mit dem Herzen zu finden und so wie auch Einheiten und Zahlensysteme sich in der wissenschaftlich reformierten Literatur neu zu dem selben Kern angezogen fühlen, werden auch verschiedene Designs zu dem selben Kern der Religion angezogen und so wäre der Verlust bei beidem eine riesige Schande. Die Wege des Glaubens und die Methoden der Wahrheitsfindung scheinen plötzlich parallel zu verlaufen. Sogar blüht diese Verbindung stärker, als die moderne Wissenschaft bereit ist zuzugeben. Mit diesem Wissen kann man als "Hoch-Studierter" seine eigene Hybris zügeln, wenn man sich in theoretischen Wissenschaften auskennt, aber den Bezug zur Menschlichkeit nicht pflegt. Relevanz und Nutzen für die Menschheit ist damit nicht erlangt worden, sondern die Präzision des geistigen Werkzeugs verbessert worden, das durch aktives Handeln noch im Dienste der Menschheit zur Anwendung kommen muss.

Sprachlich kann der Satz: "Es regnet." ein schöner Vergleich werden, der die Annäherung einer Silhouette Gottes ausschließt. Die Idee der Bedeutung und die Verknüpfung des Namens "Gott" kann selbst vom tugendhaftesten Gläubigen nicht definiert werden, da es an der Vorstellung des Gläubigen abhängt, was alles ist. Denn "alles" ist auch nur ein Wort, das vieles beinhaltet, das noch nicht bekannt ist. Damit ist nicht Agnostizismus gemeint, weil man die Beweisbarkeit und Widerlegbarkeit von Gott für unmöglich hält, sondern schon einen Schritt davor, an dem Namen scheitert, an dessen Definition stottert, die eine Zuweisung von Eigenschaften und Attributen nicht ohne Interpretation lösen kann. Wer zum Beispiel Gott für eine Entität hält, die lebendig und allgegenwärtig ist, der interpretiert von Anfang an, dass alles von Gott gefasst und zusammengehalten wird und aus ihm besteht. Ein Rahmen um den gesamten (gefüllten und ungefüllten Teil des) Kosmos zu ziehen, selbst wenn dieser infinit ist, macht alles in der Welt zu einem Namen, der tatsächlich alles beinhaltet, erst, wenn man es in diesem Namen benennt. Also wird man sich mit der Definition anfreunden können, dass Gott die Realität ist und das von uns limitiert verstandenen Wort, die Unbeschränktheit beibehält. Eine Kritik-freundliche Version des Glaubens an eine einzelne Realität kann damit als Wort verwendet werden, das sowohl Spielraum zulässt für uns unbekannte Dimensionen, als auch für die Welt-nahe, magische Entität, die in Religionsbüchern in das Detail der Zeit eingeht und als Realität verstanden werden kann. Landefläche, um der Kritik den Wind aus dem Segel zu nehmen, wenn man sich an den Details schwertut, weil zum Beispiel ein brennender Busch, sprechende Engel oder ein sich teilendes Meer den Bezug zur aktuellen Welt nicht gleich überbrückt. Damit ist, um bald wieder zu dem Verglich "Es regnet" zurückzukommen, der Begriff "Gott" am neutralsten und am besten verwendet und spiegelt sich in der Religion, Namen erhalten zu haben, aber DEN NAMEN nicht kennen zu können, der in einem Wort alles aussagen würde. In jüdischer, respektvoller Tradition wird das Wort für Gott nicht unbedacht ausgesprochen, sondern sie sagen übersetzt "Der Name". Sprachlich beinhaltet der Name in allen Zeitformen "Er existiert" und trifft zugleich Bedeutung damit viel näher, als nur Benennung. Das "Es" bei "Es regnet" hat in dem Beispiel keinen klaren Fixpunkt und wird nicht näher beschrieben und kann daher minimalistisch und semantisch mit der Verwendung von dem Wort "Gott" nachempfunden werden, ohne die Details der Wolke zu kennen, die Temperatur kennen zu müssen, oder die

Luftfeuchtigkeit zu beschreiben. Und dennoch versteht jeder den Kontext, der in dem Wort "Es" keiner zusätzlichen Beschreibung bedarf. So unvorstellbar und dennoch universell müsse ein Wort für Gott plausibel und unantastbar in ein Wort gefasst werden, das genauso wenig Rahmen zulässt, wie das "Es", aber so offen bleiben, um die eigene Vorstellungskraft nicht zu seinem Limit zu machen. Fazit ist, dass sich die Leute nicht sofort mit dem gesamten Text anfreunden, wenn manchmal die ungeklärten Details das große Ganze nicht sofort schildern kann. Mit Wissensdurst und Neugierde werden sich die Menschen die Realität vorstellen und mit Weisheit blicken sie darüber hinaus und bemerken eine Herkunft zu dieser einen Welt, der Vollkommenheit der Realität. Auch wenn es im Gespräch zu einer scheinbaren Wortgleichheit und Bedeutungsgleichheit kommt, wird sich in dem philosophischen Kreis die Frage nicht beantworten lassen können, woher denn die Realität komme, außer von dem Gläubigen. Als Entgegenkommen wird nicht der Atheist plötzlich zu dem Wort "Gott" greifen, sondern ein wohlgesonnener Gläubiger mit dem Begriff dann erfolgreich zum Einsatz kommen, wenn die Fragen zu einem philosophischen Thema beantwortet wurden und nur noch eine Frage übrig ist. Die Frage, warum die Welt existiert. Anstelle von sich entfernenden Theorien von Wissenschaft und Glaube zu der Entstehungsfrage, findet sich in der Philosophie wiederum, der sich wieder annähernde Bezug zueinander. Plötzlich passt beides wieder unter einen Hut. Es gibt wohl in beiden Bereichen noch einiges zu lernen.

Ben: „Warum glaubst du an Magie?"
Rubina: „Warum glaubst du an den Teufel?"
Ben: „Wenn es eines davon gibt, oder beides, dann sollten wir uns versuchen gegenseitig davon zu überzeugen und vielleicht kommen wir dann auf eine gemeinsame Antwort?"
Rubina: „Nein, man sollte sich erst selbst davon überzeugen können!"

„Schön gekontert", meint er.

Ben öffnet seinen neuen Anzug und lockert den Kragen. Sie bringen Essen auf dem Tablett und er holt es sich. Er isst nun endlich, was er fair zur Hälfte geteilt hat. Dabei sieht er sein Kauen in dem Spiegel an.

Ben: „Du hast einen Plan, ja?"

„Ja!", sagt sie stolz.

Sie legt sich nach dem Essen in die Koje.

Rubina: „Ich bin wirklich sehr, sehr müde!"

Ben: „Dann schlafe einfach aus!"

Rubina: „Bitte? Ganz aus?"

Ben: „Ich meine, schlafe tief und fest!"

Rubina, flirtend: „Tief und fest?"

Ben sieht sie verunsichert an.

„Habe ich etwas falsches gesagt?", hakt er nach.

Sie meint das nicht ernst, verrät ihr Lächeln.

Rubina: „Lass uns etwas schlafen, es ist bereits fast sechs!"

Beide sind auf einem Nenner mit ihrem Humor gekommen. Sie legt sich in die Koje und schließt lächelnd die Augen.

Ben: „Schläfst du immer in voller Bekleidung?"

Das Lächeln verliert sie nicht. Nach dem Essen, setzt er sich auf den Stuhl. Er behält sich selbst im Auge, weil er sein Spiegelbild genau beobachtet. Er sieht sich selbst im Anzug und ist begeistert, wie sehr ihm dieser steht. Aus seiner Ledertasche holt er seine Zigarre aus der Hülse heraus. Die hat er sich für einen besonderen Moment aufgehoben. Er schnippst die eine Seite ab und windet die Zigarre an dem Honig beschmierten Rand der Hülse. Er packt das Streichholz aus.

Ben: „Macht es dir etwas aus, wenn ich mir die jetzt anzünde?"

Rubina öffnet die Augen kurz, schließt sie gleich wieder.

Rubina: „Aber Räucherstäbchen magst du nicht?"

Ben: „Das ist wie ein Räucherstäbchen."

Rubina: „Lass mir bitte auch etwas übrig, dann ich paffe gerne mit dir mit!"

Es gibt in dem Raum kein Feuermelder mehr. Die gelbe Verfärbung auf dem Plastik, wo einst einer war, zeigt, dass sie diesen abmontierten, aus ähnlichen Motiven.

„Wäre praktisch für einen Fluchtversuch", malt er sich in Gedanken aus.

Ben: „Vielleicht kann ich einfach Rauch unter die Tür blasen und sie machen die Türe auf, aus Angst vor Feuer?"

Rubina öffnet sehr interessiert die Augen. Zum Aufstehen ist sie aber zu müde. Ben läuft zur Türe. Er zündet sie an. Er hält den Qualm in seinem Mund, bückt sich und bläst es breit gestreut unter den Türschlitz hindurch. Nach wenigen Sekunden hört er einen Mann sprechen, der wohl die ganze Zeit direkt hinter der Türe stand. Rubina lacht ihn aus.

Ben flüstert zu ihr: „Was hat er gesagt?"

Rubina, überlegt nach der passenden Übersetzung: „So etwas, wie: Dominikanisch, oder Kubanisch? Jedenfalls - Netter Versuch!"

Alle drei lachen über den Versuch.

Der Stuhl ist richtig bequem und mit Leder überzogen. Weich gepolstert, schön verziert. Er setzt sich mit überkreuzten Beinen auf auf den Chefsessel. Zigarre glüht.

Ben: „Noch lange nicht geschlagen!"

Paffend sieht er sich an.

Rubina: „In meiner Tasche ist eine Flasche Whisky und zwei Plastik Gläser."

Ben, erleichtert: „Liebend gerne!"

Es dauert, sich in ihrer Tasche zurechtzufinden. Flasche, Gläser, Zigaretten und Marihuana sind ihr wohl als erstes eingefallen beim Packen. Alles lag ganz unten in der Tasche und war in einer Plastikfolie eingepackt. Es kommt ihm etwas merkwürdig vor, doch kann er seine Hände nicht zähmen. Er öffnet die Flasche und schenkt sich ein, macht es sich wieder in der selben Weise bequem und feiert den absurden Augenblick zwischen Genuss und einer globalen Katastrophe. Am meisten aber genießt er seine Gesellschaft und die spannende Geschichte. Sie schläft ein. Und er rätselt, um die Worte von Peos. Irgendetwas sieht er in sich. Ist es Stolz? Er weiß selbst nicht ganz, was er erwartet. Ob er sich selbst neu wahrnehmen wird, oder ob er etwas in ihm findet, das er noch nie gesehen hat? Er starrt in sein Spiegelbild, als spiele er Poker und als trainiere er, seinen eigenen Bluff zu durchschauen. Rubina wacht immer wieder auf und sieht ihn an, wie er sich selbst beobachtet. Sie verheimlicht es und schließt die Augen wieder, bevor er seinen Kopf zu ihr wenden kann. Er merkt es aber. Der Rauch der Zigarre macht sich im Raum breit. Es ist einfach nur wohlriechend. Genüsslich pafft er die nussig, karibische Zigarre. Sie wäre ihm das Symbol des Erfolges geworden im Vatikan aufzukreuzen. Dann wäre er auf dem Heimweg mit der glühenden Zigarre auf dem Hof spaziert.

„Vielleicht trifft der Papst nur Vorkehrungen", munkelt er.

Der Zeitpunkt war einfach nicht der Richtige, um mit seinen Belangen nach einer Genehmigung zu bitten, die Archivare und die eingeweihten Dekane mit Fragen zu löchern. Alleine aus menschlichen Respekt vor deren Arbeit, würde er die Glaubensfrage unberührt lassen. Er zieht an der Zigarre und feuchtet mit dem Whiskey die Lippen an.

„Mein Gott!", flüstert er in den Raum und schüttelt den Kopf.

Er sieht sich kritisch in die Augen.

„Hexakósioi hexēkonta héx", flüstert er aus seinem Gedächtnis.

„Hexakósioi deka héx", wispert er geheimnisvoll.

Neben den Geräuschen des Meeres, dem Wind und Rasseln auf dem Schiff, fängt der Regen an sich anzukündigen. Ben ist sichtlich gerührt von einer Antwort der Umgebung, ohne es als Aberglauben zu interpretieren, aber als Aberglauben zuzulassen.

Ben: „Ist nur Regen."

„Warum bin ich hier?", flüstert er.

Ben: „Ich stand praktisch vor der Türe, oder nicht?"

Er fühlt sich etwas albern in dem Anzug. "Der Kunsthändler, der seine Donna und sein, ach so wertvolles, Ölportrait auf ein Schiff in Sicherheit bringen möchte, während Mann und Maus da draußen um sein Leben kämpft." Er weiß, dass es nicht stimmt. Doch er kann es den Seemännern wohl kaum glaubhaft machen. Ben sieht sich in die Augen. Dann hebt er sein Glas an, als wolle er aus der Ferne anstoßen. Er hält das Glas hoch zu seinem Spiegelbild und erwartet, dass der das imitiert, wie es sich gehört. Neben der Erwartung flüstert die Hoffnung. Er möchte eigentlich gar nicht, dass sein Spiegelbild das Glas hebt und den selben Gesichtsausdruck erwidert.

„Ben?", fragt er.

Sein Zigarrenrauch steigt auf und ist im Spiegel die selbe nachvollziehbare Rauchformation. Nur eben von der anderen Seite zu sehen. Er schwenkt mit der Zigarre um sich und genießt den Anblick des Rauches.

Ben: „Ben."

Er lacht. Als wäre das zeitgleich die Frage und die Antwort auf die Frage. Der Anzug ist schick. Jetzt öffnet er den zweiten Knopf von seinem Hemd und richtet sich den Kragen zurecht. Locker und elegant. Der Spiegel ist schön groß. Ihm gefällt es, dass er sich komplett sehen kann. Die kleine Wunde im Gesicht, das Blau auf der Stirn und das verschwitzte Hemd, machen ihn ein bisschen zu einem Gangster-Boss.

Ben: „Hey, Ben?"

Ben: „Ja?"

Ben: „Hey?"

Verrückte Unterhaltung. Er zaubert heute Nacht. Der Whisky, die Zigarre, der Anzug. Alles ist Auftreten.

Ben zu Ben: „Lass mal! Ich will dich jetzt etwas fragen!"

Diesen Spaß gönnt er sich. Ganz alleine mit sich zu reden. Und Rubina verschont ihn von ihrem Lachen unter ihrer Decke.

Ben darauf: „Das ist ja so komisch. Ich weiß nicht einmal die Seitenanzahl meines Lebens. Nicht mal auf welcher Seite ich jetzt bin. Wenigstens ein Titelbild? Nein? Kapitel? Nichts!"

Peos würde darauf antworten: „Deine Seite ist die Seite 35."

Ganz klar, halbe siebzig. Zwischen Anfang und Ende!

Er kippt sein Glas um 45°, bis der Whiskey anfängt seine Lippen zu ölen.

Ben: „Scheiß Fragen! Füllen Höhlen mit Hohlräumen."

Ben, wieder: „Also … du sagst, dass du dann, der da, die dem dann die Augen öffnet, bist, der dir da dann da die richtige Grußformel richtig sagt, richtig? So … Hallo eben, bloß auf deiner magischen Sprache? Hallo! So wie: Sesam öffnest du dich! Oder so ähnlich?"

Ben, lacht den Spiegel aus, weil er sein Pokerface so lange nicht verlor.

Ben auch: „Oh … Junge!"

Pure, trockene Selbstunterhaltung. Zwischen faszinierend und besorgniserregend. Er redet nicht mit sich selbst. Sondern mit seinem Spiegelbild. Er nippt einen weiteren Schluck.

Ben, macht einen auf betrunken: „Hasssssst du … mir überhaupt zugehört?"

Dann lacht er wieder. Er hätte es ihm selbst abgekauft.

Dann lässt er sich innerlich richtig bequem auf den Stuhl fallen und hebt ein Bein auf die Armlehne und genießt, wie sehr das Leben einem die unerwartete Freude macht, Genießer zu werden, wenn allen anderen Panik übrig blieb, außer den Genießern. Die Wellen schaukeln das Schiff ganz zahm. Die Regentropfen kullern ganz müde machend von den Wolken.

Er trinkt. Lässt einen großen Schluck im Glas. Rubina hat die Haare schon zerzaust und ihren Arm auf der Stirn. Sie wälzt sich hin und her. Schläft bereits fest wie ein Stein. Nein, Steine schlafen so fest wie sie. Sie ist total weg. Ben schummelt und gibt vor seinem eigenen Spiegelbild vor, dass er schon betrunken wäre.

Dann sagt Ben: „Hey, du!"

Er lacht.

Ben meint: „Hey, warum bin ich hier mit dem zuckersüßen Mädchen?"

Er qualmt und zieht fest an der Zigarre. Dann muss er husten. War dann doch nicht für die Lunge geeignet.

Ben fragt: „Weißt du das überhaupt?"

Ben antwortet mit verstellter Stimme: „Nein, muss ich auch nicht."

Er trinkt das Gläschen leer. Sein Spiegelbild trinkt mit.

Ben: „Also gut!"

Dann richtet er seine Positur aufrecht in den Stuhl. Bloß ein wenig, keineswegs formell.

Ben: „Und was hat das zu bedeuten?"

Ben, flink: „Ich weiß es nicht."

Er setzt sein Glas ab und sein Spiegelbild ebenso.

Ben: „Also?"

Ben dann: „Was, "also"?"

Ben Goldgerber: „Die Melodie, das Mädchen, das Schiff, das komische Bild? Mein Leben? Ich mache jetzt ein paar Sachen anders!"

Er wird ganz energisch.

Ben flüstert wütend: „Und was soll das in Rom bitte werden?"

Um sich abzuregen, stürmt er zu ihrer Tasche und lässt sich das Gras auspacken. Ganz wie von selbst. Auf einmal war es da. Rollt sich vor seinen Augen. Geleckt und geschniegelt. Aufwandslos. Pennipiolous.

Ben, schauspielerisch genervt: „Ich bin noch nicht fertig!"

Als der Joint vollendet war, ist er auch an das Haschisch ran. In der Schachtel sucht er eine Zigarette, nimmt sie sich und bemerkt, dass da auch weißes Pulver verfügbar ist. Kokain.

Ben lobt sie: „Feine Nase, Osterhase!"

Er lacht müde. Er vergewissert sich im Spiegel, dass auch er es lustig findet. Dann deckt er das Glas mit einem stabilen Papier zu und prüft, ob das hält. Eine Büroklammer wird zu dem Draht, mit der er den Klumpen

Haschisch an der Zigarette verbindet. Durch die Kippe, dann durch das wie ein Würstchen gerollte Etwas. Er zündet das Haschisch an und quetscht die Zigarette in das Glas und dichtet das Glas mit dem Papierdeckel ab. Er zieht an der Zigarre, damit sie nicht ausgeht. In seiner Tasche rollt er einen Geldschein zu einem Röhrchen.
Ben, apathisch: „Rendezvous mit Kokain. Rendezvous wird nasaliert."
Das Leben jedoch fragt Ben: „Kannst du deine Sorgen damit betäuben, oder verlierst du dadurch einen Tag, dich um sie zu kümmern?"
Ihm ist es Pappe, wie Latte. Wenn er jetzt zu lange nachdenkt, dann holen ihn die Geister und ziehen ihn unter Wasser. Er betrachtet sich im Spiegel. Sein Spiegel macht ihm keine Vorwürfe. Dann zieht er das Kokain direkt aus der kleinen Plastiktüte, in der es verpackt ist. Rubina hört das Knistern und Rascheln der Verpackung von den Substanzen, an die sie auch glaubt, sie können ihr helfen die Isolation und die Konfrontation zu vergessen und schläft wieder ein. Er nimmt die kleineren Brocken zu sich. Sein Spiegelbild schaut ihn nicht dumm an. Er sieht seinen Spiegelbild dumm an. Er schnupft ganz unschuldig. Er wird von Rubina auf frischer Tat ertappt. Sie grinst nur, sieht ihn müde an und streckt sich ein wenig.
Ben, Mitte zwanzig, frisch beim Schnupfen ertappt. Das Whiskyglas voller Rauch neben ihm. Zigarre wieder in der Hand. Abgekühlter Joint als Lesezeichen in seinem Büchlein. Tüte mit Koks zwischen den Fingern. Die Tür geht auf. Zwei Seemänner sehen nach dem Rechten. Sie blicken missgünstig zu ihm. Bleiben draußen. Schauen nur kurz rein. Ben erstarrt und sein Blick wandert ein, zwei mal. Sie schließen wieder die Türe ab. Er sah dabei in der Gegend herum, als hätte ihn seine Mutter, nachts um drei, beim heimlich Schokolade Naschen erwischt.
Rubina: „Ich habe es mir nicht vorstellen können, als ich dich im Bus kennengelernt habe, dass ich dich je so sehen würde."
Ben: „Hast du gesehen, wie die zwei mich angesehen haben?"
Rubina: „Nein. Aber ich bin genauso überrascht dich so zu sehen. Alles zu

konsumieren, das durch die Nase und den Mund passt."

Das Glas hat sich bereits mit Rauch gefüllt und ist kaum mehr durchsichtig. Ben presst die Pappe an das Glas.

Rubina: „Redest du immer mit dir selbst?"

Ben reicht ihr das mit Rauch gefüllte Glas.

Ben: „Was soll ich sagen? Der Kerl im Spiegel ist einfach ein charmanter Gesprächspartner."

Sie öffnet die Luke aus Papier und saugt den Rauch aus dem Glas. Ben pafft in der Zeit die Zigarre. Dann schließt sie die Luke wieder und gibt Ben das Glas zurück. Es füllt sich wieder weiter mit Rauch.

Rubina: „Hast du gesehen, wie ich … gezuckt habe und aufgewacht bin?"

Ben: „Nein, habe ich nicht."

Rubina: „Albtraum. Du hast mich gebissen. Wie in den Filmen aus den 2000ern."

Ben, frech: „Am Nacken?"

Rubina: „Nein, kleiner Vampir, mein Bein."

Ben: „Zwischen den Schenkeln?"

Rubina, lacht: „Nein, von der Seite."

Ben: „Wie taktlos!"

Rubina, lockt seinen Blick auf den Spiegel: „Und … hast du die Magie bereits gefunden?"

Ben: „Sie hat mich gefunden. In Rom. Als ich nach ihr gesucht habe."

Rubina: „Ja? Wie das?"

Ben: „Kann ich dir etwas von mir erzählen?"

Rubina: „Klar!"

Ben: „Besser gesagt, von meinem Vater. Der hieß übrigens auch Ben."

Rubina: „Hieß? Es wird bestimmt ein gut aussehender Mann gewesen sein. Männer, die so heißen, sind es."

Ben: „Danke! Sogar noch besser als gutaussehend! Er hatte Herz."

Rubina: „Auch noch smart?"

Ben, geschmeichelt: „Das ist zwar eine lange Geschichte, aber ich halte sie kurz: Mein Vater, war ein Tüftler."
Rubina: „Was ist ein Tüftler? Adolf Tüftler?"
Sie lachen beide. Ben bekommt Gänsehaut.
Ben sieht in den Spiegel und fragt sich selbst: „Was ist ein Tüftler?"
Er holt tief Luft. Sie sieht ihn gespannt an, während sie sich tiefer unter die Bettdecke kuschelt.
Ben: „Ein Tüftler ist ein Mensch, der nicht weiß wie nützlich seine Ideen sind, bis er sie umsetzt und merkt, dass wir solche Ideen brauchen."
Rubina: „Was für eine Idee, zum Beispiel? Bleiben wir bei deinem Vater!"
Ben: „Mein Vater wurde getötet, weil er den Reichen und Mächtigen die Stirn geboten hat. Er hat gearbeitet und geschuftet und wann auch immer er Zeit übrig hatte, hat er getüftelt. Versuchte die Welt zu verbessern. Dinge erfunden. Er war es Leid, seinem Boss zu erklären, wie seine Arbeit funktioniert und dabei nicht genug Geld für uns zu verdienen. Auch wenn er derjenige war, der die großen Räder antrieb. Sein Boss besaß alles auf dem Papier. Die Rechte, das Land um die Firma, die Immobilie, die Firma natürlich, Aktien und so weiter. Mein Dad hat sogar bahnbrechende Erfindungen geleistet, die am Ende von der Firma in Besitz genommen wurden. Kleine Verbesserungen. Große. Und wieder ging er leer aus. Seine Kollegen haben sich nie getraut den Mund aufzumachen, bis er eines Tages mit einem Vortrag zur Arbeit kam, an dem er lange gearbeitet hatte."
Rubina: „Als was hat dein Vater gearbeitet?"
Ben: „Erinnerst du dich, wie plötzlich alle Autos zur Werkstatt mussten, um umlackiert zu werden?"
Rubina: „Umlackiert?"
Ben: „Neue Farbe, neuer Lack!"
Rubina: „Ja, ich erinnere mich! Das habe ich noch mit meiner Mama erlebt. Alle Autos in Europa mussten zur Werkstatt."
Ben, mitgenommen: „Ja genau! Das ist eine Weile lang her."

Rubina: „Aha!"

Ben: „Jedenfalls, hat mein Dad damals Patent angemeldet."

Rubina, erstaunt: „Dein Dad hat das gemacht?"

Ben, stolz: „Ja! Das war die Idee von meinem Vater."

Rubina: „Das mit dem … das?"

Ben: „Polyacrylate Fingerabdruck?"

Rubina: „Wow!"

Ben: „Okay, damit ich bei der Kurzfassung bleibe: Er hat der Firma, in der er gearbeitet hat, das Patent verkauft. Sie haben ihn über den Tisch gezogen. Er hat an dem Verkauf des Lacks in Deutschland Geld verdient, jedoch haben die die Produktion rein auf dem Papier in das Ausland verlegt. Zack, war sein Verdienst weg! Die haben bewusst eine Lücke in den Vertrag versteckt und sich dann aus dem Staub gemacht. Dann wurde das Land hellhörig. Sie haben Potential in seiner Erfindung gesehen. Das ging bis an die Spitze."

Rubina: „Der Anzug steht dir echt gut!"

Ben: „Danke! Wirklich, der ist der Wahnsinn! Woher hast du den überhaupt her?"

Rubina: „Neben dem Klettergerüst … war ein Laden und ein Schaufenster kaputt."

Ben: „Oh."

Rubina: „Ja."

Ben: „Ja. Danke!"

Er zieht schüchtern an der Zigarre. Sie greift vom Bett aus nach der Tasche und trinkt direkt aus der Flasche eine Lippen anfeuchtende Menge. Ben öffnet das andere Glas und zieht kräftig den Rauch in seine Lunge. Sein Körper ist geladen und fit und sein Kopf fühlt sich müde und schwer an. Normalerweise lebt er sehr zurückhaltend mit den ganzen Substanzen.

Ben: „Politiker küssen den Arbeitgebern die Füße. Klar, sie wollen kleine Delikte schaffen, weil andere illegale Geschäfte gefährlicher wären."

Rubina: „Ich brauche so etwas wie eine Rohrleitung für Gras!"

Ben: „Meinst du jeder Haushalt braucht seinen eigenen Weed-Anschluss?"

Sie lachen beide. Ihre Augen sind feuerrot und glasig.

Sie schweigen einen kurzen Augenblick intensiven Augenkontakts und voller … ach das ganze fummelige, schmierige Rumgeknutsche mit den Augen.

Rubina: „Ja? Und dann? Dein Vater?"

Ben: „Ach, ja! Mein Vater hat einen Code in jedem Autolack verschlüsselt, mit dem ein Autounfall besser aufgeklärt werden kann. Wenn du einen Unfall baust und dein Autolack irgendwo abfärbt, dann kommst du schon gar nicht auf die Idee Fahrerflucht zu begehen. Wirst eh geschnappt! Zahlreiche Leben sind damit gerettet worden. Sechs Prozent weniger Fahrerflucht hat hunderten Menschen in Europa das Leben gerettet, weil Täter sonst, statistisch gesehen, abgehauen wären. Mein Vater hat immer geschimpft, dass sein Boss jeden Kugelschreiber in der Firma besitzt aber er kaum einen davon je gesehen oder benutzt hat. Seine Mitarbeiter haben sogar in den Immobilien gewohnt, die sein Boss vermietet hat. Auch unserer Familie hat er ein Angebot gemacht. Wir hätten 200 Euro weniger Miete bezahlt im Monat. Aber Papa hat abgelehnt. Auf seine Kollegen hat er immer eingeredet, dass er sie alle im Besitz hat. Zehn Stunden Arbeit am Tag, Sechs Tage die Woche und die Mitarbeiter haben dem Boss Danke gesagt zum Feierabend. Mein Dad war müde und erschöpft und zu viel Größerem fähig. Der Fehler ist die Pyramide. Einer entscheidet falsch und 100 folgen diesem Fehler. 100 Entscheiden und Einer macht einen Fehler? Den kann man leichter korrigieren! Die Leute haben keinen Mut zu ihren Meinungen zu stehen und keine Kraft dagegen anzukämpfen. Alles wird teurer und was man sich leisten kann, steigt nicht proportional mit an. Sie haben am Ende des Monats einen geringen Zuwachs an Erspartem und während sein Boss schlief, machte er Geld durch Miete. Während er im Büro saß, machte er Geld durch die Arbeiter und zu keinem einzigen Arbeitsunfall, den er zu verantworten hatte, hat sein Boss die

Verantwortung übernommen. Als er gefragt wurde, warum er denn das Geld verdient, das er verdient, begründete er es mit der Verantwortung, die er trägt. Ihm wurde vorgeschlagen die Verantwortung zu teilen. Er meinte, dass das nicht geht, da ein Mensch eine Entscheidung fällen kann und die 100 Mitarbeiter zu keinem Ergebnis kommen könnten. Daraufhin hat mein Vater vorgeschlagen eine Maschine zu konstruieren, die das ändern kann. Er hat diese Maschine in unserer Garage entwickelt. Er hat sie zur Arbeit mitgenommen und hat es den Leuten allen gezeigt! Kollektiv lernen, abstimmen, entscheiden, ändern, widerrufen. Abwarten. Rekapitulieren."

Rubina: „Das ist die kurze Version, ja?"

Ben: „Moment! Er hat … Also … Okay das ist jetzt eben die lange Version. Er wollte seinen Mitarbeitern beweisen, dass ein Mensch alleine nicht in der Lage ist Entscheidungen zu fällen, die die anderen nur ausführen sollen. Sein Name war dann schon ganz groß angesehen in der Firma, selbst davor hat er sich vor keiner Konfrontation gescheut, aber es immer nur gut gemeint und eine Einigung im Sinn gehabt."

Rubina: „Hast du daher das Geld, durch Europa zu reisen?"

Ben: „Darauf kann man sparen. Ist eher eine Frage der Entscheidung, Planung, Geduld und des Mutes, bis das Geld dann auf der Kante liegt."

Rubina: „Hat er denn nichts verdient an der Erfindung? Das war doch ganz große Sache in Europa?"

Ben: „Darauf kommt es selbst in der langen Version meiner Geschichte nicht an."

Ben lacht verlegen.

Rubina: „Und warst du davor reich, oder bist du es jetzt?"

Ben: „Nicht wirklich deine Angelegenheit, oder?"

Rubina, angestoßen: „Okaaay."

Ben, entmutigt: „Jedenfalls, …"

Sie schaut ihn müde und gelangweilt an.

Ben: „ … kam er dann mit einer sich drehenden Trommel zu Arbeit. Das Ding

sieht etwas ähnlich aus, wie das Gerät das die Lottozahlen ausspuckt. Es soll aber Wahlstimmen analog und digital erfassen können. Jeder bekommt eine Kugel, in der man einen persönlichen, unverwechselbaren Gegenstand hineinsteckt, welches nicht besonders groß sein darf, aber Wiedererkennungswert hat. Natürlich auch nicht gefährlich, oder so."
Sie sieht ihn mit halboffenen Augen an.
Ben: „Und das coolste ist, dass so eine Trommel, die ein bisschen so aussieht wie ein Gerbfass, die Stimmen den bestimmten Themen zuordnen kann. Es gibt den Zustand, bei der die Trommel sich dreht und die eingeworfenen Stimmen umher wälzt, wo alleine das Gewicht schon Aussage über die Vollständigkeit der Wahlstimmen liefern kann. Weißt du wie der Boss reagiert hat?"
Rubina: „Hä? Was? Ähm … wie?"
Ben, stur: „Er hat nicht akzeptiert, dass jetzt seine Mitarbeiter Einfluss auf seine Entscheidungen haben dürfen. War zu erwarten. Hat mein Dad auch gar nicht erwartet. Er hat vorgeschlagen, dass die Mitarbeiter jetzt die Möglichkeit haben sollen, ihre Meinung zu den bevorstehenden Entscheidungen ausdrücken können. Und das hat natürlich großen Einfluss, wenn der Chef sich unbeliebt macht, wenn die Mehrheit seine Pläne hasst."
Rubina, gelangweilt: „Aha."
Ben: „Weißt du was danach kam?"
Rubina, apathisch: „Nein."
Ben zieht eilig an der Zigarre.
Ben: „Die ganzen Mitarbeiter haben dann eingefordert, dass der Chef sich nicht gegen die Meinungen der Mitarbeiter widersetzen kann, wenn sie mehrheitlich einig werden. Fand er nicht witzig. Warum überhaupt fragen? Welcher Chef gibt Macht freiwillig auf? Man hat damals auch Könige lieb und nett gefragt und die Demokratie eingefordert. Die Chance zu Scheitern ist hoch. Und das war 180 Grad gegen das Interesse von dem Einzigen der das absegnen kann, dem Herrscher. Eine Frage des Zusammenhalts."

Rubina, müde: „Ja, verrückt!"
Ben: „Es hat aber einfach zu gut funktioniert, um es wieder wegzudenken. Ein unverfälschtes Kollektiv an Ideen, die man nach Thema und Ebene zuordnen kann. Es zeigt zeitnahe die tatsächliche Präsenz der einzelnen Kugeln an. Anonym und fair. Geordnet nach Qualität. Und die Stimmen sammeln sich dann an den meist geschätzten Antworten, zur Zählung. Eine Ideen-gerechte Zuordnung der Vorschläge macht dann die Behälter aus, in denen sie dann hineinfallen. Man kann dann auf Wunsch die Kugeln aus dem Fass oder aus dem Behälter herausfiltern, da ihr Gewicht mit dem Gegenstand bekannt ist und digital identifiziert werden kann. Das ist Transparenz, pur. Da man mehrere Kugeln auf Wunsch herausziehen kann, um zu prüfen, ob denn gerecht und unverfälscht sortiert wurde, ist das individuelle Gewicht jeder Kugel und das Gesamtgewicht zu komplex, um es kurz zu fälschen. Man kann jeder Idee eine lange Entscheidungszeit geben, bevor man sich final entscheidet. Auch konnte man mit der digitalen Signatur die Kugel im System aufleuchten lassen, durch ein kleines Lämpchen in der Hülle. Vorausgesetzt der Zugewiesene Eigentümer der Kugel war in der Nähe zu dem Behälter, der zu dem Kontext der Idee stand, um seiner Kugel das Signal zu leuchten zu geben. Man darf auch jederzeit den Behälter, und somit die Meinung, wechseln bevor man die Entscheidung finalisiert, da man ja auch unterschiedliche Meinungen hört, die einen zur Verbesserung beeinflussen dürfen. Die Probezeit einer Idee kann dann Jahre oder Monate lang dauern. Wenn die Idee ohnehin nichts bringt, kann sie verworfen werden. Die Argumente wurden dann separat verzeichnet und vereinfacht und auf Gemeinsamkeiten überprüft. Nach dem Zusammenkommen der letzten Vorschläge, wurden wieder die Kugeln platziert, um zu sehen welchen Meinungen man vertraut, nicht nur welche finale Entscheidung das werden soll. Das hat eine unglaubliche Dynamik bekommen. Das wurde fast in die Politik integriert bis …"
Rubina: „Verrückt. Ja."

Ben: „Mein Vater hat die Baupläne dann veröffentlichen wollen. Dann hat ihm sein Chef ein Angebot gemacht. Der Chef war, übrigens, ein Gigant unter den Chemikalienproduzenten. Die ganzen großen Pharmakonzerne? Alles seine Tochterfirmen, oder anders verschachtelte Machtmonopole."

Rubina, hellhörig: „Ja? Was für ein Angebot?"

Ben, enttäuscht: „Eine Einigung nach Mehrheit wollte er nicht in seiner Firma etablieren. Er habe einmal gesagt, für die Verantwortung werde er ja so gut bezahlt. Und Maschinen können keine Verantwortung übernehmen. Doch … haben sich viele Mitarbeiter bereit erklärt daran mitzuwirken."

Rubina: „Und? Wie viel hat er ihm angeboten?"

Ben: „Ein Abendessen. Er sollte die Maschine vorstellen; in Anwesenheit vor dem ein oder anderen befreundeten Großkonzern Mogul."

Rubina: „Wie viel haben sie ihm jetzt angeboten?"

Ben hält den Atem und sammelt seine Gedanken.

Ben: „Mein Vater hat die Baupläne und die Maschine mitgenommen, er wollte die technischen Details im vollem Umfang frei zugänglich machen. Sie sollen veränderbar bleiben, um Sicherheitslücken zu schließen. Er hat alles in sein Auto gepackt, ist losgefahren und auf dem Weg zu dem Haus von seinem Boss … verschwunden. Sie haben ihn dann am Abend vermisst gemeldet. Er ist nie aufgetaucht. Laut der Polizei gab es einen schrecklichen Unfall. Fahrerflucht. Ironisch, oder nicht? Der Täter wurde nie erwischt. Keine Übereinstimmung des Autolacks. Papa hat uns zuhause gesagt, dass er seine Hauptstudie nicht veröffentlichen wird, bevor die Firma nicht umstrukturiert wird. Er hatte da noch mehr in der Hand, wovon die Chef-Etage nichts wusste. Mein Papa wollte zuerst die Machtteilung. Keine Pyramiden mehr. Geteilte Verantwortung. Er hat zuerst Gerechtigkeit gefordert. An was er da noch gearbeitet hat, hat er nie erzählt. Es muss groß gewesen sein. Er hat es sogar vor seinen Chefs verheimlicht. Und konnte man nachweisen, was passierte? Natürlich nicht. War es ein Unfall? Keine Chance! Keine Chance!"

Rubina, mitleidig: „Oh no! Oh Ben!"

Ben, traurig: „Sein Boss hat bei mir zuhause angerufen. Er wollte meine Mutter sprechen, aber ich ging an das Telefon und habe gelogen und gesagt, sie sei nicht zuhause, weil sie wütend war auf mich. Ich wusste, dass etwas faul war und wollte es selbst hören. Und weil sie ihn eh nicht vermisst hätte. Er hat so getan, als wüsste er von nichts. Ich habe gesagt, dass er niemals das besitzen könne, was mein Vater besitzt, nämlich ein großes Herz. Und Mut. Er hat mir unter die Nase gerieben, dass er sehr, sehr reich ist und meinte, dass das keine große Rolle spielt, weil Menschen alle korrupt sind und weil wir alle eines Tages sterben, bloß sollte man sich fragen, was man der Welt hinterlassen möchte. Sein Boss meinte, dass Ben, also Papa, die Welt bereits verbessert hat und daher solle er nicht traurig sein, dass ihn die Welt vergessen könnte. Ich habe ihn dafür gehasst. Er ist nicht der Papa von der ganzen Welt! Ich kann ihn nicht vergessen! Ich erinnere mich genau. Er hat gesagt: „Wenn es um viel Geld geht, dann sind wir alle nur Figuren für einen noch mächtigeren Spieler. Da darf man sich nicht gegen wehren, sondern kann sich nur versuchen über die anderen zu stellen, um selbst etwas mehr Macht zu gewinnen. Es gibt immer einen noch mächtigeren. Weißt du Junge? In die Hosentasche passt die ganze Welt."

Und ich habe geantwortet: „In die andere, passt nur Liebe! Das hat er sich besser gemerkt."

Rubina: „Das kann man doch in der Politik genau so machen? Warum vier Jahre lang einer TV-Marionette zuhören, wenn die da oben uns nicht zuhören? Einfach selbst in die Hand nehmen!"

Ben: „Das haben seine Mitarbeiter später auch gemunkelt. Aber sie haben sich ohne ihn, nicht getraut weiterzumachen. Daran ist es dann am härtsten gescheitert. Man braucht immer noch Politiker. Ihr Wissen ist uns auch sehr hilfreich, besonders wenn man auf Vorteile verzichten muss, die auf lange Sicht besser nicht wahrgenommen werden sollten. Aber die geheimen Meetings machen die Reden vor dem Volk zu einem respektlosen Schauspiel. Wir brauchen Volksmeinung, Politiker, Themen-vertraute Fachleute im gleichschenkligen Dreieck! Es fiel mir sehr schwer, in seinen Habseligkeiten zu kruschteln. Mama hat es mir auch nie erlaubt und sie versteckt."

Ben zeiht an der Zigarre, doch leuchtet keine Glut mehr in der Asche. Er packt den Rest zurück in die Zigarrenhülle. Das Glas ist bereits voll mit Rauch und der Klumpen Haschisch ist Geschichte. Er zieht den Rauch ein und holt die Zigarette heraus und zieht die Büroklammer heraus. Dann zündet er sie an und zieht an der speziell angehauchten Kippe und gibt sie dann weiter an Rubina. Sie sieht gelangweilt aus und macht ihre Augen zu. Wahrlich, er kann sich kaum etwas anderes vorstellen, als die Magie zu involvieren, von der sie so überzeugt ist. Oder ein Zauber, der sie endlich auszieht. Was ist der Magie am nächsten, um sich langsam aber gewiss, an ihr entlang zu hangeln? Die Abschrift der Wurzel. Ihm fällt es schwer sich mit ihr zu unterhalten. Er holt sich seine Abschrift heran und knobelt. Er will die Magie spüren und die Realität loslassen.

Ben: „Glaubst du, am Ende werden die Dinge immer gut?"

Er weiß, dass sie noch nicht schläft. Sie atmet ein. Sie atmet ein. Sie hält den Atem. Einen taktvollen Moment lang herrscht Stille.

Rubina, pustet Rauch aus und sagt: „Die Überlebenden sprechen von Hoffnung. Wo Hoffnung ist, ist auch Magie."

Dieser Zeile widmet er einen Moment für sich. Denn so bewusst, ist das Ziel vor Augen selten. Das allererste Ziel ist und bleibt - Überleben. „Überleben", hört er es sich in Gedanken an, mit einem seltsamen Echo.

Rubina: „Und? Wie hat dich die Magie gefunden?"

Sein Blick fällt nachdenklich auf den Boden.

Ben: „Sie hat mich von meinem Zuhause geholt. Gefunden. Berührt."

Rubina, mächtig entsetzt, so eine kurze Geschichte gehört zu haben.

Rubina: „Ja und wie genau?"

Ben: „Sie hat mich gefunden! Kann ich dir etwas von mir erzählen?"

Rubina: „Nein, ich gehe schlafen!"

Ben lächelt darüber.

Sie schließt die Augen. Denkt. Einundzwanzig. Zweiundzwanzig.

„Sie hat mich gefunden."

Diesen Satz hört sie innerlich. Sie ist sich nicht sicher, was er meint. Dann macht es Sinn. Die Augen gehen wieder auf.

Rubina, wütend: „Ey! Wie hat die Magie dich jetzt gefunden?!"

Ben: „In Rom, weil sie mich dahin eingeladen hat."

Rubina, langsam: „Okay. Aber wie?"

Ben: „Zuerst habe ich mein Dasein in das Jetzt geholt. Dann habe ich gespürt, dass eine kalte, sadistische Gewalt präsent war und meine Einsamkeit genoss. Es passierte sogar vor der Melodie. Es war, als wenn dich ein Zuschauer besucht, der nichts anderes im Sinn hat, als dich zu begleiten, wenn du leidest und hofft, dass du das Problem nicht für dich löst, aber aktiv erschwert, wenn du es gleich für alle lösen willst."

Rubina: „Du meinst die Gewalt würde es mir schwerer machen meinen Ex die Treppe runter zu Schubsen?"

Ben, ironisch: „Sicher."

Ben: „Ich hatte das Gefühl gerettet zu werden von einer bösen Kraft. Ich habe das nicht glauben wollen, aber da ist etwas passiert in Rom. Aber angefangen hat es nicht hier. Sondern als ich mir bewusst wurde, dass es den Alltag nicht gibt. Gewohnheiten sind nur eine Illusion. Alles ist verbunden. Und in meinem Leben habe ich lange ignoriert, was praktisch schon lange da war. Ein Geheimnis. Hat mir ein Vögelchen gezwitschert. Da braut sich etwas auf! Die Großen gehen in Deckung und die Kleinen werden aufgewirbelt. Staub. Chaos. Lärm."

Rubina, kritisierend: „Ja, auch nach der Melodie ist etwas passiert …"

Ben: „Was meinst du? Hast du so ein Gefühl schon erlebt?"

Rubina winkt mit den Händen die Frage weg, als wedelt sie vor einer

Stubenfliege, die zu nahe am Gesicht fliegt …

Rubina: „Nichts."

Sie denkt an die Rothaarige und die Frau seiner nächtlichen Exkursion.

… die es aber immer wieder probiert.

Ben: „Was ist passiert?"

Rubina: „Du kommst in mein Leben und ich habe dich in mein Haus gebracht. Dann gehst du plötzlich nachts heimlich spazieren und ich weiß nicht warum wir hier das Zimmer miteinander teilen. Vielleicht sendet das Leben mir ein Zeichen? Ich habe schon alles durchschaut. Ich spüre das und ich habe es davor auch gespürt."

Ben: „Hast du … auch etwas gespürt?"

Rubina: „Ja."

Sie legt eine kleine Atempause ein und sagt missfällig: „Menschen, die dein Leben besuchen, weil sie nichts anderes im Sinn haben, als zusehen wie du leidest."

Sie starrt ihn an. Der Blick soll dick und fett unterstreichen, dass sie ihm zutraut, sich in der Kette der Männer einzugliedern, die nach ihrem Glauben nach, nur sehen wollen wie sie leidet. Anstatt ihr zu helfen, ist der unausgesprochene Teil, dem sie sich weigert Beachtung zu schenken. Der Blick unterstreicht aber noch viel deutlicher, dass sie in ihrem Denken feststeckt und nur die Männer an sie heran lässt, die diesem Schema scheinbar entsprechen. Das, um ihnen später Schuld für ihr eigenes Unwohl-befinden in die Schuhe zu schieben. Diese Männer schwimmen gegen die Strömung ihres Vertrauens. Harte Kante. Ben spürt es. Diesen Instinkt, seine Wurzeln nicht hier zu schlagen und seine Fähigkeit zu nutzen, weiter zu suchen, nach einer besseren Erde. Ihre Worte haben Kraft. Abwarten? Die Anziehung funktioniert doch bereits! Partner sind im Leben auf der anderen Seite der Symmetrieachse und dürfen nicht symmetrisch sein, oder werden. Es gibt keine Perfektion in der Symmetrie, wenn es um Liebe geht. Es ist ein Findungsprozess von einer gesuchten,

annähernd perfekten, gefundenen Symmetrie. Das Suchen verliert, wenn Gegenstück mit Gegenstück ausgetauscht wird, bis einer, mit einer besseren Annäherung überrascht, da jeder ausgetauschte Kandidat nur Zeit kostet. Partnerschaft wächst dynamisch und abhängig von der Komplexität der Verwundbarkeit. Ben sieht in den Spiegel und weiß, dass er sich selbst nie begehren würde, so wie er sein Gegenstück begehren könne. Er starrt offenherzig in den Spiegel. Der Stift lag seltsamerweise in einer unbekannt, gewohnten Ergonomie in seiner Hand.
Ben: „Was, wenn Pyramiden-Steine gegossen worden waren, wie ein Metall?"
Ben: „Was für ein Schmalz! Zumindest wäre der Bau einfacher."
Ben lacht. Sie stopfen sich die Ohrenstöpsel rein und sie schläft.
„Wie hat Peos es geschafft, als erster Mensch seiner Stadt eine Gefängnisstrafe zu erhalten, wo Gefangennahme offenbar höchst verpönt gewesen war? Zeitzeugen schrieben über die erhaltene Kritik von Plm. Ihnen hat man vorgeschlagen Kriminelle zu heilen und aus ihrem Denken über ein besseres System zu forschen, bis man sie unbeaufsichtigt in die Freiheit schickt. Ich habe die Schriften gesehen, die die Stähle abgebildet haben, vor Peos Korrektur. Sie debattierten mit dem König über das Vorgehen des Schreibers."
„Und warum hat diese sonderbare Wurzel es aus der Gefangenschaft geschafft?", fügt er dem Gedanken hinzu.
„Was war ihnen heilig?", rätselt er.
Damit beginnt er die richtigen Frage zu stellen.
„Die Sprache und die Schrift!", Ben.
Ben schwankt den nachgefüllten Whiskey im Glas.
Ben spricht in den Spiegel: „Hat sich Peos an der Sprache und an der Schrift vertan? Sag schon! War es Rache? Hat er sein Land in Frage gestellt und Zweifel in das Reich gebracht?"
Die Melodie bricht zum dritten mal an und bringt die Nacht zum Schweigen.
Ben fragt seinen Spiegel.

Ben: „Plm? Heißt das dann …? Pilom? Palam? Palim!"

Ben, rätselt: „Was für ein Schmalz! Aber, falls …?"

Ben gähnt laut: „IIIAAAAOOOUUUEEE."

„Habe ich gerade …? Ich habe gerade …!", sagt er verblüfft.

Ben: „Lass mich raten?"

Ben: „…"

Ben: „Liebend Lieben? Liebend Lernen? Liebend Lehren?"

„Achso", sagt er sich.

Ben: „Geschenkte Kultur, geschenktes Leben, geschenktes Denken."

Ben: „Sie wollen, dass wir vergessen?"

„Illusionen. Ungerechtigkeit. Ungleichheit. Gnadenlosigkeit. Fürsorgelosigkeit. Niederträchtigkeit. Hinterhältigkeit. Böses", antwortet er sich selbst.

Ben munkelt: „Endlose Welt, was bitte ich dich?"

„Und wer bist du, der ich bin?", fragt Ben sich.

Die Zeremonie endet nicht mit den Fragen und Antworten. Sie helfen Ben, sich besser zu betrachten und seine Rolle zu verstehen. Ein Werkzeug aus dem Ergebnis der Sinne, eine höhere Weisung zu finden.

Ben: „Palim-Palim, das macht alles keinen Sinn!"

„Palim-Palim!", sagt er und Ben sagt es auch.

Ben: „Palim-Palim!", sagt er.

„Er sagt: Palim-Palim!", sagt er.

Ben: „Palim-Palim?"
„Genau!", bestätigt Ben.

Ben: „ … ", sagt nichts.
Nichts sagt Ben, sich.

Ben: „Ben?", fragt er.
„Ben!" sagen sie gleichzeitig
„Ben?"

„Ben ben Ben", sagt er.
Ben: „Ben, ben Ben."

Ben täuscht an, sagt: „Ben … das ich?"
„Ben … ich … Ben?" fragt er gleichzeitig.

Ben hat ihn getäuscht.
Sein Spiegelbild-Ben ist keine Reflexion mehr.

Ben: „ … "
„ … ", nichts sagt er.
Auch nichts.

Ben, überheblich: „Habe keine Angst, fürchte mich nicht!"
„Ha, Humor ist genießbar!", sagt der Ben im Spiegel und lacht.
Ben: „Wer bist du?"
„Magie beginnt mit der Selbstwahrnehmung.", lehrt er.

Ben: „ … "
„Wer bin ich?", fragt er.

Ben: „Dann frage ich nicht: Wer bist du? Sondern ich frage: Wer bin ich?"
„Ja! Frage dich, wer ich bin!", lehrt er.

Ben: „Dann antwortet mein Gegenüber, anstatt ich, wer ich bin?"
„Ja! Aber wer bin ich denn?", fragt er Ben.

Ben, zögernd: „Nicht du."
„Ha, Richtig! Haha! Und du?", fragt er und lacht.

Ben: „Nicht du!"
„Bist du ich?", fragt er Ben.

Ben: „Nicht ich, aber auch nicht du!"

Der Ben im Spiegel lacht und lacht und lacht, wovor Ben grauenhafte Gänsehaut bekommt. Er sieht zu Rubina, wie sie schläft und von allem nichts mitbekommt. Neben ihr, die Taschenlampe in der Tasche.

„Ich genieße, ja, ich GENIEßE diese Konversation! Was für ein Glückstreffer!", sagt der Ben im Spiegel.

Ben: „Das heißt, du kannst von Glück reden, dass du "ich" bist, oder nicht? Denn wäre ich du, wäre ich lieber wieder ich!"
„Da kann ich von Glück reden, denn es ist Glück dich kennenzulernen", lehrt er.

Ben kann seinen Augen nicht trauen. Er sitzt vor diesem Kerl im Spiegel und der Ben darin bewegt sich spiegellos und spricht mit ihm. Er, im Spiegel, bricht die Stille und das Eis.

Er lacht plötzlich laut, um den mutigen Witz von Ben nach zu äffen: „Habe keine Angst, sagst du mir. Ha! Wahnsinnig lustig! Fürchte nicht! Ha! Himmlisch! Dabei bin ich der Gruselige! Da fällt mir ein Witz ein!"

Ben steht auf, wackelt und zittert in den Beinen und greift nach der Taschenlampe, aus der Tasche von Rubina.
Er leuchtet in den Spiegel. Das Licht reflektiert nicht. Es scheint in den Spiegel hinein und reflektiert nicht wieder hinaus.

So wie jeder reagieren würde, wenn sich Mut aus der Angst entwickelt, nähert sich Ben dem Spiegel und tastet die Scheibe ab und fühlt nur die allzu bekannte Glaswand, eines jeden Spiegels. Der Ben im Spiegel, er blieb dabei sitzen. Wortlos kippt der Ben im Spiegel seinen Kopf leicht zur Seite und leicht zurück. Dabei zieht er die Mundwinkel kurz nach unten. Die Mimik kennt Ben von Leuten, die „Na dann!", „Wohl möglich" oder „Nicht schlecht" alleine mit dem Gesichtsausdruck sagen wollen.

Ben: „Was auch immer ich für wahr hielte …"
Dann fehlen ihm einen Augenblick die Worte.
Ben: „ … ist alles Schmalz. Magie gibt es doch!"

„Ich bin dran! Ich erzähle dir auch etwas lustiges", meint er.
Ben weicht zurück und bekommt es mit der Angst zu tun.
Ob das der Teufel ist?

„Ich will es hören!", sagt Ben gespannt. Er kontrolliert seine Angst. Seinen Atem. Seinen Herzschlag. Sein Zittern.

Ben im Spiegel: „Drei Männer stehen an der Pforte. Den Bescheidenen

gewährt man das Bleiberecht. In erzwungener Ehrlichkeit, fallen die Worte von ihren Zungen.
Alle Drei sind kaum begeistert und sogar etwas enttäuscht, von dem was sie im Leben sahen und sind dementsprechend überrascht hier zu sein.
Sagt der Erste frech zum Teufel: „Fürchte dich nicht!"
Blubb. Weg ist er.
Der Zweite: „Du Idiot!"
Blubb. Weg ist er.
Teufel lacht.
Blubb. Weg ist er."

„Warum erzählt er mir das? Was für ein Schmalz erzählt er mir gerade?", fragt er sich danach.

Ben, mutig: „Bist du dann der Teufel?"
Der Ben im Spiegel: „Ich beobachte die Selbstbetrachtung, das ist alles. Wer soll ich sein? Du selbst! Nicht der Teufel!"
Ben rätselt, was er den Mann im Spiegel, vielleicht der Teufel, fragen könnte um ihn zu enthüllen.

Ben: „Es muss einen Weg geben, das anhand einer Antwort festzustellen". Dann rätselt er eine Weile vor sich hin. Die Figur im Spiegel wartet geduldig auf seinen Input.

Ben, eingeschüchtert: „Bei Gott, du darfst nicht der Teufel sein und bleiben! Dafür frage ich dich und du antwortest! Im Namen des Herrn, Allmächtigen, Schöpfer des Himmels und der Erde, die Quelle, Herr der unerschöpflichen Liebe und der Weisheit, der Erste und Einzige im Universum, der Gnädige und Ewige, der, der …"

„Komm zum Punkt!", befiehlt er gelangweilt.

Ben ist baff und schämt sich, dass er so weit ausgeholt hat und eine so freche Antwort bekommt.

„Teufel? Ph! Muss ich dich an deine eigenen Prinzipien erinnern? Oder soll ich sie einfach stärker bewundern?", fragt er Ben.

Ben fragt ihn: „Ich habe zwei Fragen, bei der die erste Frage drei Möglichkeiten zur Auswahl hat und die Zweite, zwei Möglichkeiten, die du sortieren sollst, von persönlichem Favorit bis zur unbeliebtesten Option!"

„Großartig", meint er gelangweilt.

Ben: „Wie viele Sünden wolltest du von Gott verziehen bekommen wenn du wählen kannst zwischen:

1. Alle!
2. Keine!
3. Nicht alle, aber auch zumindest nicht gar keine!
In der Reihenfolge, von dem Favorit angefangen?"

Die Figur im Spiegel fragt: „Die Antwort ist: …"
Dabei lässt er sich einfach Zeit. Es wirkt provokativ. Es folgt nichts. Er grinst und blickt erwartungsvoll. Als wartete er selbst auf eine Antwort.

Ben, ungeduldig: „Und gleich danach sagst du mir:

Und hättest du es lieber, dass Gott dir:

1. Alle,

2. oder nicht Alle, aber auch nicht Keine Sünde vergibt, …

- Anstelle von

3. Keiner?"

Pause. Der Kerl sieht ihn geduldig an, als wartete er auf eine Antwort von Ben, anstatt andersherum. Er grinst und wartet. Ben legt die Taschenlampe aus der Hand.

Ben, aufgeregt: „Was ist deine Antwort?"

Der im Spiegel füllt sein Glas mit Whiskey.
Ben erstarrt.

„Die Temperatur auf meinem Fraglichkeit-Thermometer steigt. Bleib geschmeidig! Sündigen ist nicht einmal in meinem Repertoire. Wie könnte ich hier drin überhaupt sündigen? Nur Lügen stünde zur Verfügung, was ein Spiegelbild von Natur aus nicht macht", antwortet der Ben im Spiegel.

Ben, überrascht: „Das scheint schlüssig. Doch was wäre, wenn du auf … naja … deiner Seite … ähm, zum Beispiel … vor meinen Augen den Teufel als höchste Instanz der Macht annimmst? Oder mich zu Sünden verlockst? Das geht doch? Das wäre so böse, dass ich mir dann sicher wäre."

Er, im Spiegel, lehrt: „Wenn du dich fürchtest, dann nehme nichts ernst, was du von mir hörst! Du darfst an allem Zweifeln, nur nicht an dir selbst!"

Ben: „Bist du Gott, ein Engel vielleicht, oder der Teufel?"
„Weder noch!", antwortet Ben aus dem Spiegel.

„Fürchtest du dich? Fürchte nicht!", sagt er Ben und lacht.
Ben: „Ich … ähm …"

„Was fürchtest du? Dein eigenes Zuhause? Das, was dir Heimat ist, kommt dir zu Besuch. Ich bin hier ebenso zuhause", meint Ben zu Ben.
Ben: „Meine Phantasie und mein Misstrauen sind beide nicht begeistert von einem … von meinem … eigenen sprechenden Spiegelbild."

„Ich weiß, was du fürchtest. Es ist im Herzen aller Männer gleich."
Ben: „Was fürchten alle?"

Spiegel-Ben nickt mehrmals mit dem Kopf und das gesamte Bild des reflektierten Zimmers zoomt in seinen Sitz. Er sieht zu Boden und überlegt seine nächsten Worte.

„Befürchtungen machen Angst", meint er.
Ben, erwartungsvoll: „Okay?"

Ben ist sich sicher, er hat das falsche Thema angebrochen, falsche Fragen gestellt, was auch immer er tat, er tat das Falsche.

„Stell dir vor: Du stirbst, ohne die Gunst Gottes erworben zu haben. Dir geht es besser, als je zu vor im Leben. Du hast alles. Mehrere Partner für Sex und Liebe, das beste Essen, Entertainment, Superkräfte, dein eigenes Universum zum Sandkasten-Spielen. Kein Schmerz im Körper. Unendlich langes Leben. Aber: Kein Kontakt zum Himmel. Kein Kontakt zu Gott. Und er kontaktiert dich nicht. Du lebst mit deinem eigenen Geist und dein Geist ist dein einziger Horizont. Und du erfährst nicht, wie es den Leuten geht, die das Ticket bekommen haben. Schaurig, oder?"

Ben: „Das wäre gruselig. Aber … das ist besser erfundener Unsinn!"

„Natürlich! Oder wie wäre es damit? Auch erfunden, aber egal! Also: Alle 1000 Jahre gibt es eine Pflicht für alle in der Hölle, ohne den Hauch einer Chance, dem zu entkommen. Stell dir vor, es muss jeder an einer zwecklosen, sinnlosen Pflicht teilnehmen. Es dauert nicht all zu lange und es tut nicht weh. Nur Teilnahmepflicht einer kurzen, sinnlosen Geste. Beispiel einer solchen Pflicht: Du wirst mit anderen Menschen, die in der Hölle sind, an ein riesiges Rad am Rand außen, festgebunden, das wie ein Ring aussieht. Es ist so groß, dass du die runde Form kaum im Rücken spürst, während man am äußersten Rand gefesselt ist. Alle sind nackt. Die anderen sind echt, so wie du auch. Wenn sich das Rad dreht dann schwebt es knapp über einen generierten Boden aus Ton oder Erde, oder einer ähnlich weichen, wässrigen Substanz. Es ist weich, auch hier keine Schmerzen. Männer werden über diesem Tonboden nur mit einem Körperteil Kontakt zum Boden haben. Es fühlt sich nicht schlimm an. Alle Männer müssen mit ihrem erregtem Genital ein Abdruck hinterlassen, sobald sich dein Körper am unterstem Punkt des Rads befindet und den weichen Ton berührt. Es fügt kein Leiden zu. Du musst bei diesem riesigen Rad keine volle Umdrehung mitmachen, sondern nur den Moment, an dem du unten bist, damit dein bestes Stück, ein kleines Loch hinterlässt, wenn es schwebend entlang rollt. Nur ein Nachteil: Es ist eine vollkommen sinnlose Beschäftigung. Die ersten paar Male lassen dich nur wundern, was das ganze zu bedeuten habe. Du gewöhnst dich daran. Niemand in der Hölle hat je gesehen, dass etwas schlimmes dabei passiert. Dennoch haben alle Angst am Anfang, dass man nur konditioniert werde, um ein Sicherheitsgefühl zu schaffen, nur damit danach etwas ganz schlimmes passiert. Nein. Alle haben diese Angst am Anfang. Es passiert aber nichts anderes, als das. Man kann sich nicht wehren oder weigern oder entkommen. Die Unendlichkeit ist so viel Zeit, dass man sich sicher wird, dass das immer wieder passieren wird und man muss nur dabei sein. Keine weitere Strafe, keine Überraschung, nur die Teilnahme an einer Pflicht. Mit der Zeit, viel Zeit. Viel, viel Zeit, stellt sich jeder die selbe Frage: „Wenn es mir hier so gut geht, mein Aufenthalt angenehm, aber absolut sinnfrei ist, wie geht es dann den Menschen im Himmel? Haben sie einen Sinn bekommen, der mir verwehrt wurde?" Deine Existenz hat aufgehört Sinn zu ergeben. Wäre das nicht schlimmer? Aber, keine Angst! Ist erfunden!"

Ben setzt sich wieder. In der Gunst der Bewegung, als er sich im Stuhl fallen lässt, versucht er unbemerkt Rubina anzusehen. Sie liegt regungslos in der Koje und hält die Augen geschlossen. Er hofft, dass er die Verbindung zu dem Wesen nicht kappt, bis sie aufwacht, damit sie bezeugen kann, dass er nicht halluziniert. Ben hat Angst vor der Gestalt.

Ben: „Welchen Titel trägst du?"
„Welchen gibst du mir?", fragt er.

Er grinst mit dem selben leeren, unlesbaren Gesichtsausdruck, wie vorher. Er wartet auf Ben. Das Lachen und Starren wirkt für Ben so kalt, wie das Unterstrich-Symbol, das in der PC-Konsole blinkt und auf eine Eingabe wartet. Wie, wenn man an einem Computer eine Befehlszeile eingeben kann, das auf den Input vom Benutzer wartet, wartet er und grinst monoton vor sich hin. Monochrom, wenn das eine Eigenschaft des Lächelns sein könnte. Ben ist sprachlos und ihn scheint es nicht zu stören. Er wartet einfach ab. Sie starren sich schweigend an. Der eine sieht besorgt aus und der andere grinst dezent. Ben erinnert sich an die Geschichte von Giuseppe. Er erlebt es regelmäßig, dass Menschen ihm ohne Bezug und Kontext mit irgendetwas voll labern, um ihr Aushängeschild ihrer Ideologie zu präsentieren. So in etwa, wie die Leute, die zum Fleischkonsum zu verzichten entschlossen sind, jedem, absolut jedem, erzählen, dass jeder anders Denkende eine Kehrtwende zu tun habe, bis sie selbst damit wieder anfangen davon zu konsumieren, wovon später der Vollgelaberte besser nichts erfahren soll. In Giuseppes Geschichte war der Dämon hinter einem Mann her, der ihn tötete, weil der Kerl nicht einsah, dass er es mit einem Dämon zu tun hatte. Diesen Fehler will Ben meiden und vorsichtig die Schaufel aus der Hand legen, vor dessen Grube er steht, die so lang ist wie er und für die er verantwortlich ist.

Ben, stirnrunzelnd: „Ich habe an … all den Humbug … nie geglaubt."
„Überraschung! Magie gibt es.", meint sein Gegenüber apathisch.

„Eine Überraschung gefällig?", fragt er Ben erwartungsvoll.
Bens Kopf rattert. Er wägt jedes Wort ab, wie Schachzüge in seinen Gedanken, die er zur Antwort formulieren kann, aus Angst einen Fehler zu begehen und mit den falschen Worten, in eine Falle zu tappen. Ben traut ihm nicht.

Ben: „Deinen Titel, willst du ihn hören?"
„Lass mich raten? Beobachter der Beobachter? Nein, nein, warte! Kuck-Kuck? Haha! Nein? Wer ist da? Haha! Nein, das sagt man bei Klopf-Klopf!"
Er lacht und lacht über seine Witze, aber das stechen in den Augen verliert er in der guten Stimmung dennoch nicht.

Ben: „Papa Schmalz."
„In Ordnung! Du wählst!", meint er plötzlich total gleichgültig.

Ben: „Okay, Papa Schmalz, warum … reden wir?"
„Du hast doch angerufen!", kontert er.

„Keine Angst, ich bleibe im Spiegel! Ich wollte nur sagen, dass es schlimme Dinge gibt in der Vorstellung des Geistes. Aber Realität ist, dass ich nur hier bin, um mit dir zu plaudern. Und die Realität ist wirklich nett!"

Ben, zaghaft: „Mit wem hast du als aller erstes Gesprochen?"
„Ich weiß nicht, wer das war. Alles was er sagte war: Mama!", meint er gelassen.

Ben: „Wieso?"
„Wie immer! Nicht jeder spricht mit mir, auf seinen eigenen Wunsch", meint er.

Ben: „Hat er sich nicht gefürchtet?"
„Nein, ich habe nur zugehört und mitgespielt, mich bewegt, als wäre ich sein farbenfroher Schatten, der das tat, was er tat. Er war sehr jung und ich hatte Angst, ich würde ihm Angst machen", berichtet er.

Ben, etwas beruhigt: „Und die Überraschung? Was wird es werden?"
„Du bist auf dem richtigen Weg", lotst er Ben.

Ben: „Auf dem Weg wohin?"
„Deine Heimat hast du verlassen, um meine zu finden", lehrt er.

Ben: „Rom?"
„Kalt, ganz kalt! Rom ist es nicht", lässt er ihn rätseln.

Ben: „Ägypten?"
„Schon wärmer, noch nicht ganz", fügt er hinzu.

Ben: „Ja, bin ich nahe dran?"
„Nein, aber da ist es etwas wärmer als in Rom", kontert er.

Ben: „Botswana?"
„Das war dein bester dritter Versuch?", fragt er mit hochgezogenen und zusammengekniffenen Augen und lacht danach.

„Darf ich es auflösen?", fragt er.
Ben: „Nur zu!"

„Wir haben einen gemeinsamen Freund, Ben, Sohn von Ben. Aber du hast ihn noch nicht kennengelernt. Er wird dir helfen. Euch allen!"
Ben: „…"

In Plm:
Peos hat die Magie etwas unterschätzt. Das war der Wahnsinn. Die vielen Früchte und die wenigen Zweige, an denen man nach Früchten suchen muss. Es ist Liebe. Ein Schauspiel. Große Leinwand. Blühende Leidenschaft. Ohne die distanzierende Entfremdung zweier Körper vor und nach dem Tanz. Offen und lose am Gürtel und an der Zange. Universelle Tasten. Stimmen, die Akkorde singen. Das mummelige, vorhergehende Gefühl, sich am Risiko des Unverbesserlichen, täuschen zu können. Ein Zittern der Hände, das ihr schmeichelt. Ihre Brüste fallen offen in den Raum und füllen diesen ganz alleine, lassen alle Farben und Formen, die an den Wänden und am Boden befestigt sind, verschwinden. Ihr Kleid rutscht, noch zugeschnürt, über die seidene Haut der Schultern, zur Hüfte der tanzenden Vase aus feuchtem Ton. Die Gardinen verschleiern das Fenster und das Fenster sieht zur Sonne hinaus. Im Schatten findet ein Wettkampf statt, mit dehnbaren Regeln und einer sehr, sehr flexiblen Gestaltungsfreiheit der Ordnung und sogar einer Siegerehrung. Dieser kleine Fleck der Erde war die

Selbstbefreiung der heiligen Erde, ohne an einen Ort gefesselt werden zu können. Die Pflanze bricht durch den Boden, um ihren Durst nach Sonnenlicht zu stillen und mit Wasser Anlauf zu nehmen. Ihm liegt alles zu Füßen. Ihr gehört der Thron. Das Königreich der Liebe. Alles. Der Honig wird nicht mehr dünner und sie lieben sich in dem Wort, das sie sich teilen, im Namen der Liebe. Alle Geschäfte bleiben liegen. Jeder herumliegender Besitz, blieb herrenlos. Jedes Tier, blieb schäferlos. Peos schloss die Vorhänge hinter sich und sie sind das einzige, das danach unberührt blieb.

Der gesunde Menschenverstand, Bildung und die Intuition sind die Lehrer des eigenen Lebens, wenn man keine Bücher oder Ratschläge konsultiert, sondern sich einer Herausforderung alleine stellt, was manchmal eben sein muss. Sich bewusst falsch zu entscheiden birgt immer eine gefühlte Hemmschwelle. Es wird die Entscheidung nicht im Unwissen des Gewissens verabschiedet. Dafür gibt es hier folgende Szenarios, eines kleines Männchen im Kopf, sozusagen, der dafür sorgt, dass man nicht unbemerkt an dieser Hürde vorbei spaziert. Das kleine Wesen erkennt den Antritt. Der Druck und die Anspannung macht die Entscheidungen zu einer Mutprobe, die sich beim ersten Anlauf als besonders anspruchsvoll herausstellt. Eine Lizenz hat man dafür nicht, darf also gar nicht übertreten. Hoffnung ist, dass der "Türsteher" das nicht weiß. In allen Fällen herrscht Angst vor einer Konfrontation mit dem Türsteher der Entscheidung. Logisches Argumentieren ist zum Scheitern verurteilt, weil beiden bereits bewusst ist, dass es eine falsche Entscheidung ist. Der Versuch damit dennoch durchzukommen, ist in allen Beispielen die Gegebenheit. Der Türsteher sieht nicht gerade so aus, als wolle er, mit egal wem, irgendetwas, ausdiskutieren oder Ausnahmen gestatten.
Du hast vor, einen Fehler zu begehen.
Du weißt es. Er weiß es. Er weiß es immer. Er, dein Gewissen. Ein brutal

gut gebauter Unkraut-Killer. Du, eine Sauerampfer, ein halbes Pfund noch nicht voll herangewachsenes Gemüseergänzungsmittel der Grünzeug-Mafia, die dich zum Strecken benutzt, um das Salatgewicht zu erhöhen. Unkraut quasi, das kaum aus dem Boden zu kriegen ist, weil du trotz allem probierst im Salat zu landen. Das Ziel: Einfach die Hemmschwelle zu übertreten, die für den Fehler steht, den du begehen möchtest. Die Darbietung liefert eine Szene, in der du, der Hauptdarsteller, sich der bewachten Markierung anpirschst. Sofort bemerkt, ist der Gesichtsausdruck des Türstehers bereits alles-sagend: „Sieh mal einer an, wer da probiert einfach über die Grenze zu latschen? Der Hauptdarsteller des Gehirns, wer hätte das gedacht? Und?"

Die Hoffnung liegt zu 100% darin, dass du ungehindert und reibungslos deine Grenze übertrittst. (Bitte?) Als wäre das Gewissen eingeschlafen. (Träum weiter!) Die ersten Schritte sind einfach. Die Grenzlinie ist in Sicht. Der Türsteher ist vorerst mit sich selbst beschäftigt und sitzt da seelenruhig und winkt mit Freude die Meute an Leute durch, weil sie einen guten Grund haben, da durch zu laufen. Und eine Genehmigung. Du nicht. Ticketschalter für Synapsen. Sieht furchtbar einfach aus. (Kennen wir doch irgendwo her?) Bloß bist du der Letzte. Die dich tarnende Masse – weg. (Na, drückt es bereits im Brustkorb?) Kommt da ein ungewolltes Grinsen aus dem Nichts? Nicht in die Augen schauen? (Klar, oder?) Wie war der Plan? Einfach weiterlaufen? (War ja die Idee!) Ist da nicht ein Foto von dir mit rotem Balken, quer über dem Bild? (Verboten!) Etwas sagen? (Bist du blöd?) So wie "Hallo"? Oder eher Arrogant hindurch? Hätte das nicht bereits verinnerlicht sein müssen? (Na, sitzt der Plan?) Muss das wirklich sein, das auf dem Weg noch einmal durchzugehen? Oh nein, es passiert! Zweifel kommen auf! Mit diesen Zweifeln ist ein Bluff doch gescheitert? (Ist gescheitert.) Also bleibt es dabei? (Jede Wette!) Dann schau dem Türsteher mal besser nicht in die Augen und lauf halt einfach schweigend durch! (Schau ja nicht in die Augen und halt die Backen

beieinander!) Dir fallen seine Schuhe auf, (Und?) Sein Kragen. (Bleib unten!) Nase. Seine Augen. (Mist!) Mist! (Mist!) Mist!
„Hallo." (DU DUMMKOPF!)

Wir haben ja zurecht Gesetze und Regeln. Zu viele Regeln machen einem das Leben unnötig schwer, weil der Übertritt des überreglementierten Spielraums, realistisch, zu häufig passiert werden muss. Klar, die Verantwortlichen der Legislative können ja auch nur zum großen Buch ergänzen, nicht wirklich neu flechten. Aber da, wo der Spielraum dünn ist, da ist man zu schnell kriminell und daher wird dann das vorherige Szenario, mit dem Hemmschwellen-Übertritt, schnell ein geschmackloses Szenario:

Du kommst zum Türsteher. Überall Verbots-Schilder. Du darfst dies nicht. Du darfst das nicht. Die Verbotsschilder zu lesen ist praktisch schon illegal. Alles was du machst ist falsch. Du spuckst auf den Boden und hältst dem Türsteher ein schwarzes Messer an die Brust und sagst: „Nette Armbanduhr!" Läufst durch. Auf den Verbots-Schildern ist aber ein silbernes Messer gezeichnet. Daneben ist ein Verbots-Schild, auf dem steht: „Keine Überfälle!" Jedoch steht da nicht, dass man keine Komplimente machen darf, oder keine Geschenke annehmen darf.
Eines Tages, sind wir soweit. Eines Tages, war gestern.

Zwischen zwei gesetzlichen Grenzpfeilern eines definiert illegalen Szenarios kann man ein drittes Element einbauen, das den Zwischenbereich in diesem konkreten Areal belangbar macht. Darin wird sich eine Feststellung machen lassen, ob es richtig oder falsch war und dementsprechend das Gesetz konsultiert. Und wenn nicht richtig gehandelt wurde, soll nicht nur das konkret genannte Gesetz, die Grenzpfeiler, gelten, sondern auch der Bereich dazwischen. Es ist einfach Lücken in

Gesetze zu finden und wissentlich die Gerechtigkeit zu verletzen, ohne einen konkreten Paragraphen zu kreuzen. Die Gebote der Religion sind auf den Punkt gebracht worden und die goldene Regel des Hillel, dem Alten, macht es noch deutlicher, dass sich damit einiges Ordnen lassen kann, wenn man nicht für jeden Fall eine konkrete Zeile im Gesetzbuch benötigt, sondern das Herz mitentscheiden lässt. Es gibt zwar z.B. den Verbraucherschutz und dann begrenzen sich einige neue Maschen. Aber neue Strategien in der Wirtschaft machen es häufig zum Fall einer Unterdrückung des Bürgers, weil nicht nach Erlaubnis gefragt wird, sondern bereits viel Geld geflossen ist, bis man den Verbraucher schützt. Und da Zeit Geld zu sein scheint, rauben viele unsere kostbare Lebenszeit und kommen damit durch. In dem Raum, zwischen den Gesetzen, ist es möglich, davor und hinterher, eine Aussagekraft zu entwickeln, was tatsächlich gerecht ist.

Intuition versus Emotion. Er schafft es endlich seinen Blick von der schlafenden Schönheit zu lösen. Er raucht zu ende. Und dann fängt das Leinentuch seinen Blick. Ben zieht das Tuch ab und sieht sich das Gemälde an. Es ist eine Reliquie, ein Ölportrait, die den Hass personifiziert, der einst durch die Welt kutschierte und viel Schaden durch die Verungleichung der Menschheit anrichtete. Es ist ein Ölportrait eines Mannes. Nicht das Bild des personifizierten Bösens, sondern ein Beispiel. Das Böse, das in einer sturen Symmetrie gezeichnet wurde. Er verdeckt es wieder. Ben sieht zu dem Spiegel und stützt seinen Kopf auf der Faust. Er denkt nach. Kurzer Schock. Auch der Ben im Spiegel macht das selbe. Dann bewegt sich Ben hin und her. Und auch das macht der Spiegel-Ben nach. Er steht auf und läuft darauf zu. Das selbe passiert darin auch. Der Ben, der sich darin bewegte, ist nicht mehr. Es reflektiert sich lediglich der junge Mann, der schwitzend in einem schicken Anzug vor dem Spiegel steht. Die Taschenlampe beweist es. Er greift nach dem Glas und trinkt es in einem Satz aus. Dann wird ihm schlecht und er setzt sich wieder auf den Stuhl. Schweißausbruch. Kalter Schweiß. Schwindelgefühl.

Ben, still: „Habe ich … ? Habe ich das gerade wirklich gesehen?"

Er sieht fassungslos in den Raum und merkt, dass er wach war.

„Ja! Die Taschenlampe ist neben mir", ermutigt er sich ernüchternd.

Es ist still und unheimlich im Raum. Als wenn der Kerl den Spiegel verlassen hätte und ihm jederzeit auf die Schulter fassen könnte. Ben sieht immer wieder hinter sich. Er zieht die Ohrenstöpsel ab. Stille.

„Hat er mich gesehen?", flüstert Rubina, während sie regungslos bleibt.

Bens Organe fallen in seinen Bauch vor Angst. Es schreckt zusammen. Sekunden der Stille. Es wird tief grau. Es war real. Eine kleine Wende in seinem Geist macht ihm Mut. Er ist glücklich, dass er nicht alleine ist und ihm sonst niemand glauben würde, wenn er das jemandem erzählen würde, was passiert ist. Aus Angst, sie meine nicht das selbe, hakt er nach.

Ben: „Wer?"

Rubina hält die Frage für überflüssig und sieht ihn dementsprechend an. Sie zeigt mit dem Daumen zur Seite auf den Spiegel.

Rubina: „Der da drin!"

Ben stellt sich im Geiste vor, von welchem Winkel Rubina zugesehen haben könnte, oder ob sie ihn nur gehört hat.

Ben: „Nein, ich denke nicht."

Rubina: „Ist er weg?"

Prüfender Blick.

Ben: „Ja, sieht so aus. Keine Ahnung!"

Kapitel 5

Kapitel Nummer Fünf ist ein friedlicher Gruß, welcher von einer zaghaften und bildschönen Sirene am Ring des Saturns, durch einen Handkuss zur Erde purzelt. Kokain. Ben braucht es nicht. Keiner braucht es. Rubina hat es.
Rubina: „Im Grunde genommen, brauchen wir keine Drogen, oder Ben? Ben?"
Ben: „Es ist einfach das Verhalten eines Menschen zu kritisieren, der sich einer so offensichtlichen Betäubung aller Gefühle unterzieht und sich damit von den Menschen unterscheidet, denen alle Ressourcen zur Heilung bereitstanden. Man wird den Leuten verzeihen, die alles verloren haben in dieser apokalyptischen Krise und ihrem Gedächtnis mit Drogenkonsum einen Streifen wegwischen, weil sie ihren Schmerz nachempfinden können. Niemand aber möchte zugeben, dass Menschen solche Schmerzen in einer scheinbar heilen Welt gefühlt haben und alle wegschauten. Nein, keiner braucht Drogen! Wir brauchen Perspektive!"
Rubina: „Ist okay, Ben! Dein Joint brennt ab! Zieh mal besser!"
Ben: „Ich zieh doch schon!"
Rubina: „Nicht das Pulver! Am Joint!"
Ben: „Oh! In Ordnung, Kokahontas!"
Rubina: „Lustig! Was bedeutet eigentlich das Kiffen so für die Leute?"
Ben: „Eine mentale Pause auf Knopfdruck, würde ich sagen. Warum kann die Welt solche selbst veranlassten Pausen nicht ausstehen, wenn so viele andere Dinge im Leben auf Knopfdruck verlangt werden? Pause - von was - fragen sie? Mach doch, wie ich, Joga im Büro! Nicht jeder hat ein Bürojob und die Zeit die Beine auszustrecken! Sie gehen in ihr geschniegeltes Zuhause und wundern sich, warum nicht jeder sein Zuhause nutzt, um Energie zu tanken. Welches Zuhause? Das angemietete, jederzeit kündbare, Zuhause? Es scheint so, als können die meisten Probleme mit gerechterem Geld verschwinden. Und die Probleme, die damit nicht verschwinden würden,

liegen an der Organisation der Verteilung von Pflichten und Rechte. Und sogar Privilegien. Es schadet die unterbezahlte, Gesundheit-belastende, aufgezwungene Arbeit, zugunsten anderer Familien, nicht die notwendige Arbeit, sondern die Beschäftigungsmaßnahmen, während manche Leute in Eigentum schwimmen, ohne der Gesellschaft den Gegenwert zurückzugeben und dann auch noch von den Gesundheitsrisiken isoliert sind. Die Menschen zu beschäftigen und ihre Arbeit in das System zu integrieren, das stetigen Wachstum braucht und panisch den unvermeidlichen Kollaps meidet, erwartet von den Teilnehmern, uns allen, den Bedarf des Konsums dementsprechend zu steigern, was bei ungerechter Verteilung finanziell nicht tragbar ist. Und warum ist Marihuana illegal? Ein Teil davon ist die Fürsorge, weil durch den Konsum die Welt auch nicht besser wird. Vielleicht temporär erträglicher. Der andere Teil wohl aus Versicherungsschutz-technischen Gründen! Geldgier der Arbeitgeber, die am liebsten alles verbieten, außer das notwendigste Muss der Biologie. Wie zum Beispiel zeitlich limitierte Essens-Pausen, innerhalb zeitlich festgelegter Anwesenheitspflicht. Das ist nur dazu da, dass die Mitarbeiter nicht reihenweise umfallen bei der Arbeit. Trinkpause – selber Grund. Toilettenpause – Um Unfälle nicht auf Firmen-Boden/Eigentum zu verursachen. Ihr goldenes Ziel: Ein Schild zu montieren, worauf steht, dass alles auf eigene Gefahr begangen werde, während der Versicherungsbeitrag in die Höhe schießt. Die Leute könnten genauso einfach Einstempeln, wenn sie kommen. Ausstempeln, wenn sie gehen. Lohn und Gehalt würde dynamisch steigen und sinken, je nach Angebot und Nachfrage. Einfach kommen, wenn man will. Gehen, wenn man will. Weniger Zertifikate, mehr Fachwissen. Sicherheit an erster Stelle. Gesundheit an zweiter Stelle. Notwendigkeit an dritter Stelle. Wunsch an vierter."

Rubina: „Wir führen die Unterhaltung fort, wenn Politik und Wirtschaft getrennt wird, wie damals Kirche von der Politik weg musste.

Ben: „Cool!"

Rubina: „Ben, warum kiffst du denn überhaupt?

Ben: „Dann hat das Kopfkino weniger Werbeunterbrechungen der Realität."

Rubina, gleichgültig: „Cool."

Ben: „Ja … cool. Weißt du was?"

Rubina: „Was?"

Ben holt tief Luft, um seine Hypothese aus dem Ärmel zu schütteln: „Ich habe manchmal das Gefühl, dass der öffentliche Auftritt von Politikern daraus besteht, so viele Worte wie möglich zu verwenden, ohne etwas Konkretes auszusagen, sich aber an dem aktuell populären Wortschatz zu bedienen. Daraus entstehen Werbeslogan wie "CHANGE" und bedeuten nichts. Woher kam die Idee damals, dass "420" / "four-twenty" auf einmal das Licht der Welt erblickte? Wie jede Geburt einer Idee eine Absicht zugrunde gehabt haben muss, so ist auch in jeder Idee eine Absicht zu vermuten, die entschlüsselt werden kann. Um der Arbeitskraft und Loyalität Raum unter sich zu verschaffen, sind die Mächtigen selbst eher abgeneigt eine Anhängerschaft von beeinträchtigten Individuen zur Leistung zu bitten, da sich nüchterne Arbeitnehmer besser kalkulieren und delegieren lassen. Schadensminimierung und Effizienz sind die groß-brüstigen Hauptdarsteller ihres B-Movies. Die Statistik zeigt die Tendenz der unzufriedenen Masse: Es wird konsumiert. Egal was es ist. Ob zur Flasche gegriffen wird, oder zur Tüte, ganz gleich. Die Versuche den Konsum mit politischer Gewalt auszumerzen, waren Maßnahmen eine ungesund belastete Gesellschaft an den sichtbaren Symptomen zu begrenzen, anstatt ihr die Pflegebedürftigkeit zu unterstellen, weil der Kulturschatz nicht homogen vermittelt wird, aber die Erwartungen fast homogen verteilt sind. Wie wäre es mit dem Modell: Wenn man finanziell alles falsch macht, wird man knapp vor der Rente pleite? ;) "Sucht und Gesundheit" führen vordergründig deren Stellvertreterkrieg und riskieren bei vorgeheuchelter Fürsorge, dass ihre volle Wahrheit verloren geht, wenn die Argumente (teilweise) durch Propaganda verfälscht wurden. Die Risiken in der alltäglichen Arbeitswelt zu erkranken, oder Nebenwirkungen, zu Tode zu kommen, bleiben unbetont und sind direkt neben der Attrappe "Gesundheitsrisiko des Konsums", die den Stellvertreterkrieg repräsentieren soll, ein Paradox. Die wahren Folgen für Psyche und Gesundheit entpuppen sich mehr und mehr, durch unabhängige Studien und verändern das projizierte Bild aus dem letzten Jahrhundert. Damit ist nicht gemeint den Konsum zu verharmlosen, sondern zu zeigen, wo die Hebelwirkung der Politik behindernd mitspielt und sogar auf Lügen basieren kann, selbst wenn es um das Thema Gesundheit geht, um wirtschaftliche Vorgaben und Ziele zu verwirklichen. Die unrealistische Idee wurde verabschiedet, die Leute ganz vom Konsum abzuhalten. Aber was wäre, wenn … (kapitalistisches Trommelwirbel): Menschen ausschließlich NACH der Arbeit kiffen würden? 420! Ab 16:20Uhr! 16:00Uhr Feierabend. 16:20Uhr frühester Startschuss, damit sich die Arbeiterklasse vom Anwesen des Arbeitsplatzes entfernt und sich nicht auf die Minute genau den Joint anzündet. Juristisch gesehen haften Arbeiter unter Einfluss von Rauschgift für Folgeschwere Fehler und es nimmt der Führungsebene damit die Verantwortung von den Schultern und kann das Versagen von Arbeitssicherheit auf Individuen schieben und gleichzeitig vollen Versicherungsschutz genießen, falls der monatelang nachweisbare Stoff, egal in welcher Menge, während eines Unfalls noch nachzuweisen ist. Spielereien mit Wirtschaftsmodellen auf Kosten der Freiheit und der zähflüssigen Geduld der Menschen sind eine lukrative, kaum beschützte und dynamische Verwundbarkeit, die in Worte nicht zu fassen ist und gesetzlich nicht festgenagelt werden kann. Nur der gemeinsame Weg zur Weisheit und Verantwortungsbewusstsein zu seiner Gesellschaft kann die strapazierte Geduld schlichten und sogar eine veranlasste Volksverblödung kontern. Die Borderline-Belastung der geistigen Verfassung der Bevölkerung: Ein Lichtschalter-Phänomen, weil es nur "AN" und "AUS" gibt - und nichts dazwischen. Auch wenn jeder schon einmal probierte, einen

Lichtschalter an der Wand genau in der Mitte, zwischen ihren zwei Phasen zu balancieren, kann man das Licht nicht halb an- oder ausmachen. Wie weit der Hebel der Geduld sich verändern kann, ohne umzuschalten, ist eine Disziplin der wirtschaftsorientierten Politik geworden, sich Veränderungen zu bemächtigen, die an der Fassung des Volkes herumspielen, bis jemand versagt, einer aus der Runde zu weit geht, dieser dafür den Kopf hinhalten und ersetzt werden muss, damit das Spiel weitergehen kann. (Beschwert Euch, wenn etwas nicht passt! Schlagt Ideen vor!) Gesellschaft und Politik müsse sich die Verantwortung mehr zu Herzen nehmen, die Menschen vor Ausbeutung und Manipulation zu schützen, auch wenn sich wirtschaftlich-orientierte Statistiken anführen ließen, die eine stärkere Bilanz versprechen. Diese Macht kommt von einem aufgeklärten und aktiven Volk. Es wird ein Kompromiss anvisiert, das Kiffen in der Arbeitswelt zu verdrängen. In der tatkräftigsten Arbeitsgruppe von allen, und zwar die, die sich morgens bis 16:00 Uhr abspielt. Weil die Politik nicht nachhaltig darum bitten kann es zu unterlassen, erklärt das 420-Modell das Kiffen nur NACH der Arbeit für "Cool" - Oder zumindest "cooler", als während und davor. Das Bedürfnis Rauschgift in den Arbeitsalltag mitzubringen hat seine Wurzeln im Design der gesamten Norm - Das Verhältnis zwischen dem erwarteten Beitrag und der Bereitstellung der kulturellen Richtung und großzügigen Mitteln dazu, würde die Besorgnis auch dahin zurück reflektieren und den Fokus von den Symptomen zu den Ursachen verlegen. Wie weit stoßen Lenker und Denker in die Problemlösung vor, wenn nur ihre Popularität, durch den Kampf gegen Symptome, die Kurzlebigkeit einer Legislaturperiode gewinnen muss? Das mag zwar weniger für Monarchien und Diktaturen gelten, jedoch sollen damit auch alle(!) Vorgaben von einer Demokratie vermittelt, verstanden und unterstützt werden und nachhaltig und rückwirkend das Volkswesen bereichern, um Willkür von zentraler Autorität fernzuhalten. Durch die Vorgabe von Lenker und Denker ist das "420-Modell" mit dem Charisma der Vertreter gleichgesetzt worden und ein Beispiel von oberflächlichem Wirken von Amtspositionen in einer Demokratie, die nur Sitze wählt und an dem Inhalt der Vorgaben kaum Mitspracherecht hat. Der damalige Präsident der Vereinigten Staaten von Amerika, scheinbar ein offener Befürworter des Cannabis-Konsums, veröffentlichte ein Bild auf dem er sich plakativ subtil outed. Neben ihm steht ein Schild, auf dem nichts anderes als 420 steht. Im Hintergrund, nichts als Natur. Es wird selten nach der Absicht gefragt, wenn keine darin vermutet wird. Lenker und Denker haben die Masse im Glauben gelassen, dass das 420-Modell wie aus heiterem Himmel gefallen ist, unscheinbar, als hätte die Geburt dieses Modells keine politische Absicht. Sie können uns nicht regieren. Sollten auch nicht!"

Es ist ein ehrliches Wort, wenn man den zurückgelassenen Konsum retrospektiv beschreibt. Die Freundschaften sind meist begleitet von dem gemeinsamen Interesse sich zu berauschen. Eine Belastung der Freundschaft wird häufig durch die limitierte Quellenlage der Droge hingenommen und toleriert. Die erschwerenden Umstände des Lebens und des Alltags kreieren im Rausch Muster der Unfähigkeit, sich mit jedem neuen Tag neu anzufreunden und dessen Chancen wahrzunehmen. Unter starken Belastungen vertagt man im Rausch die Gelegenheit sich zu heilen. Wenn das Glücklichsein die wahre Prämisse des Lebens wäre, dann wäre das Erfolgsrezept der Menschheit wohl geworden, sich im Rausch unter die Wolken zu legen. Wir bauen auf anderen Grundlagen. Meist auf Wahrheit und Liebe.

Ben holt alles aus dem Rauch heraus. Er lässt den Rauch in der Lunge und pustet nur aus, weil er wieder Luft braucht. Ben sieht sich im Spiegel an. Ein Kind einer Mutter, so stellt er sich vor, ist jedes Wesen in der Galaxie. Ein Meilenstein in der Weltgeschichte. Und die Teile, aus denen ein Wesen besteht, leben nicht, wenn nicht der gesamte Organismus lebt. Was ist die Ursache von dem nekrophilen Erwachen im friedfertigen Geist

des Menschen, geweckt von der Melodie des Himmels? Nekrophil, hier gemeint, die Suche nach dem Destruktiven, dem Lebensfeindlichen. Ob das nun die Hochzeit ist, zwischen dem nichts ahnenden Lebewesen, dem Menschen, und einem kalten, toten, trockenen Mechanismus, der in uns schlummerte, bis er auf einmal aufgeweckt wurde? So wie ein Mikroorganismus aus der Schlaf-Phase aufwacht und damit beginnt auf Nahrungsaufnahme umzuschalten? Eine Art Krieg zwischen Bewusstsein und Biologie? Krieg steht vor der Türe, hat aber nichts mit unserer Biologie zu tun, sondern mit der rechtzeitigen Besinnung, uns individuell, kollektiv und beide zusammenwirkend zu schützen.
Ein Wächter schließt auf. Blickt hinein. Sieht Ben. Sieht sie. Sein Blick bleibt bei ihr hängen und er beißt sich auf die Unterlippe und mustert sie. Bevor er wieder geht, blickt er zu Ben mit einem abfälligen Augen-Schweifen, das als letztes auf ihrer Bettdecke zum Halt kommt.
Rubina: „Haben wir unsere Hände gehalten, als wir auf das Schiff gestiegen sind?"
Ben, überrascht: „Nein, ich denke nicht."
Rubina: „Ich habe eine Idee! Du riskierst dein Leben, ich meine Seele. Und wenn der Tag den Mantel an den Haken hängt sind wir vielleicht frei!"
Ben greift ihre Hand und küsst sie.

Rubina: „Bevor wir das jetzt machen … würde ich gerne von dir hören, was du über … wie du über Frauen und Männer denkst?"
Ben, verblüfft: „Das kommt jetzt überraschend!"
Rubina: „Ich meine, denkst du, dass eine Frau und ein Mann dafür gemacht sind, monogam zusammenzuleben? Ist das alleine eine Frage der Überzeugung? Gehört das zum Menschen?"
Ben versteht woher die Frage kam. Sie möchte sich vorher auf das Wichtige besinnen, Spreu von Weizen trennen und Halt an der Wahrheit finden.
Ben: „Es spricht alles dafür!"

Rubina: „Dann sag mal! Was genau? Die Langfassung bitte!"

Ben möchte nicht einfach eine romantisierte Antwort generieren, die ihr hohl erscheint und sie ihm dann für seine Bemühungen vorgaukeln müsste, daran Halt zu finden, während ihre Angst ihr zuflüstert, dass auch sie wisse, dass ihr das nicht genügt.

Ben: „Eigentum mehrt sich und bleibt erhalten. Man arbeitet zusammen an seinen Zielen und erwirtschaftet sich sein "Brauchen & Wollen"."

Rubina: „Eigentum? Ist das das erste, woran du … ? Na gut!"

Ben, eifrig hinterher: „Erinnerungen werden zusammen durchlebt und man braucht nicht einmal zu zögern, sich an ihrer Herzlichkeit zu bedienen, aus Angst, die Geborgenheit der Erinnerung konkurriere mit der, des neuen Partners. Und beide Versionen eines Erlebnisses bleiben verfügbar."

Rubina: „Oh!"

Ben, ungehalten: „Wenn man sich trennt, sobald Komplikationen auftauchen, bleibt man im Alter alleine. In jungen Jahren glaubt man, man kann sich einfach neu verlieben, doch irgendwann ist Partnerschaft nicht einfach nur das Knutschen, sondern die Fürsorge und Geborgenheit."

Rubina, berührt: „Ach, Ben! Ich will später nicht alleine sein."

Ben: „Beide wollen doch das Gleiche. Damit stehen sie beide in der selben Verantwortung. Wer eine Erdbeere süß findet, findet Erdbeeren süß. Weißt du was ich meine? Ein Ehepartner ist richtig, weil man unersättlich mehrere Partner attraktiv finden wird und kein Partner auch nicht geht."

Rubina: „Ja, wer soll denn für die Kinder Verantwortung übernehmen, wenn nicht die Eltern?"

Ben: „Und hat es nicht schon seit Urzeiten so funktioniert?"

Rubina: „Naja! Funktioniert ist Ansichtssache."

Ben: „Warum?"

Rubina: „Menschen sind sich schon häufig fremdgegangen."

Ben: „Die Natur erhält lieber die Kompatibilität, anstatt unseren biologischen Fortschritt an ein unerreichbares Ideal zu verlieren."

Rubina, verunsichert: „Ja, aber das ist doch genau das, was ich meine!"
Ben, zuversichtlich: „Darin wird die Tugend zur Treue doch auch deutlich! Präferenzen sind nur zur Treue gemacht. Stell dir zwei flache Scheiben vor, die aufeinander liegen. Die eine Scheibe steht für Frauen, die andere für Männer. Auf jeder Scheibe sind gleich große Kreissektoren, die je für eine Person auf der Welt stehen."
Rubina, unentschlossen: „War klar! Jetzt wird es wissenschaftlich."
Ben: „Wenn man die Scheibe einfach ohne Widerstand drehen könnte, sodass jeder damit seinen Partner wechselt, dann passt niemand mehr aufeinander auf. Partner, Familien und Kinder würden keinen Zusammenhalt generieren."
Rubina: „Kannst du das auch anhand eines Balkendiagramms erklären?"
Ben, nach einem Lachen: „Warte ab, was ich meine! Jetzt machen wir die flachen Scheiben dreidimensional und machen da Zacken dran! Jeder Mensch ist entweder ein Hoch- oder ein Tiefpunkt. Ein Hoch auf einer Scheibe, passt exakt auf das Tief der anderen Scheibe und die einst flachen Scheiben formen so einen schönen Zylinder, weil sie trotz der Zacken perfekt aufeinander passen. Die Gleichgeschlechtlichen sind sich damit nebeneinander unterschiedlich. Die Scheibe zu drehen ist nicht möglich, ohne sie mit dem Gewicht der ganzen Menschheit hoch zu lüpfen. Jetzt stell dir vor, du findest jemand besonders passend. Links und rechts der gegenüberliegenden Scheibe, merkst du, dass es nicht passt. In anderen Worten: Präferenz. Sobald man mit der Suche nach jemand anderem beginnt, quasi die Drehung, ist der Anlüpf-Aufwand ein Hindernis. Die nackte Wahrheit ist, dass die Kompatibilität nicht verhindert wurde, sondern beschränkt wurde, damit man die Scheiben nicht einfach drehen kann. Halbiert, in meinem Beispiel. Damit zeigt die Natur, dass die Existenz von Präferenz und zwei kompatibler Geschlechter, zusammen, beweist, dass wir für ein monogames Leben gemacht sind und die Drehung der Widerstand der ganzen Gesellschaft ist. Trotz biologischer Kompatibilität aller Gegenstücke, hält uns das Gefühl von wahrer Liebe zusammen."

Rubina: „Okay, verstehe. Das erklärt, warum du nicht einfach gesagt hast, dass wir sonst nicht mehr aufeinander aufpassen würden."

Ben: „Präferenz beweist Monogamie. Man müsste sonst die ganze Gesellschaft zwingen mit zu drehen, wenn man solange drehen möchte, bis Tief wieder Hoch vor sich hat und damit eigentlich nichts verbessert wurde. Und die, die diesen Wert erkannten, wollen die Scheibe nicht drehen und würden es auch nicht empfehlen. Wenn die Hoch- und Tiefpunkte jeweils Unikate wären und nur eine spezifische Ausrichtung der Scheiben Sinn machen würde, dann müssten sich alle Männer und Frauen kennenlernen. Doch es existiert Präferenz. Und Liebe beweist das!"

Rubina: „Das ist genau, wonach ich gesucht habe. Ich habe Angst, dass Liebe zwischen Mann und Frau der Natur nichts bedeuten könnte? Dann könnte mich praktisch jeder einfach …"

Ben: „Schon okay! Du musst das nicht aussprechen. Der Natur ist diese Art der Liebe viel Wert und sie ist ein fester Teil davon."

Rubina: „Und wenn man die Scheibe einfach alle paar Jahre dreht? Wenn alle, die wollen, regelmäßig wechseln? Ist das von der Natur vielleicht so gewollt oder wird es verhindert?"

Ben: „Dann könnte man genauso gut die Scheibe in eine Richtung und dann wieder zurück in die andere Richtung drehen. Wie viel Aufwand ist denn sinnvoll, wenn man damit zum selben Ergebnis kommt, das man davor auch hatte? Das, wofür man einen Menschen liebt, existiert immer und unabhängig von allem. Wer es schafft sich selbst zu belügen, dass Liebe so nicht wäre, hat damit nur seinen Zacken stumpf gemacht und genauso stumpf wäre es nach der nächsten Umdrehung."

Rubina: „Ich will einfach nicht, dass mich jemand einfach beanspruchen kann und jemand über mich verfügt, der genauso schnell gehen kann, wie er gekommen ist. Wenn die ganze Gesellschaft in einer Nacht kollabiert ist, wer schützt dann Frauen, wie mich, vor Leuten, wie ihn?"

Ben: „Dich wird niemand einfach beanspruchen! Versprochen!"

Rubina: „Danke!"
Ben: „Es werden in etwa genauso viele Männer, wie Frauen, geboren. Überall auf der Welt. Daher gilt die Treue. Daher gilt die Ehe."

Die Zeit verrinnt in der Planung. Stunden vergehen. Das Schaukeln des Schiffes nimmt immer mehr zu. Sobald er die Türe öffnet, muss jeder Handgriff sitzen. Alle Szenarien werden durchgespielt. Die Handgriffe werden geübt. Wie handeln sie, wenn er hier steht, oder dort steht? Sie wollen die Nacht nutzen, um zu entkommen. Sie packen ihre Habseligkeiten in ihre Taschen ein und verteilen ein paar Klamotten im Raum, damit es nicht danach aussieht, als würden sie ihre Flucht planen. Er hat einen Heidenspaß ihre Kleider zu zerrupfen und zu zerfetzen. Er reißt ihre von der Schulter getragenen Ärmelträger raus und zerrupft die Löcher an der Hose weiter auf, an den Stellen, an denen es modisch war, sie bereits zerrissen zu tragen. Er zerzaust ihre Haare. Sie lächeln sich an. Ben ist sich nicht sicher, ob sie das so genießt, weil sie Sex in dieser Weise genießen würde, oder schlicht, weil es ihre Idee war. Dann ist es soweit und sie bringen sich in Position. Sie atmen tief ein und aus und sehen sich gegenseitig so lange an, bis sie sich sicher sind, dass beide nicht dabei lachen. Als beide ernst bleiben können, fängt Ben an.
Ben schreit: „Na los! Mache was ich sage!"
Rubina schreit. Es klang nicht gut, aber sie setzt noch einen oben drauf und es klingt so authentisch, dass sogar Ben sich fürchtet.
Ben, knurrt: „Wird's bald?"
Nach kurzer Pause meint er scharf: „So ist es recht! Bleib am Boden!"
Dann lockt er sein inneres Verlangen nach ihr heraus. Es muss echter wirken. Hinter der verschlossenen Türe ist nichts zu hören. Das ist ein gutes Zeichen dafür, dass der aufpassende Seemann leise lauscht.
Ben, aggressiv: „Halte ja still!"
Nichts. Beide lauschen aus der Ferne.

Rubina, spielt ihre Rolle: „Bitte, das ist … Du musst das nicht tun!"
Sie warten ab. Die Stille verliert ihren Charme.
Rubina, unterwürfig: „Lass mich gehen! Okay, okay, ich gebe auf!"
Dann: Schlüssel-Rascheln. Der Türknauf dreht sich. Die Türe öffnet sich. Der Seemann läuft bedacht und langsam hinein. Nase voraus. Schlängelt sich durch den Türspalt. Er dreht sich um und blickt in den Gang. Sah niemand. Er schließt hinter sich ab und wendet sich ihnen. Mund ist leicht offen. Er leckt seinen Bart und zeigt Ben mit dem Finger, er solle auf Abstand bleiben. Der Mann, ein etwa 50 Jahre alter Kerl, schamlos und ohne Skrupel, nähert sich den beiden mit den Händen am Gürtel. Er wartet ab, ob Ben irgendeine Form von Widerstand leistet und Ben hält Rubina an der Hüfte und presst sie nach unten. Tiefer Richtung Boden. Beide halten an ihren Plan fest und es kostet sie allen Mut. Es ekelt Ben nur an. Der Kerl tritt nahe genug an sie ran und gibt ihr eine Ohrfeige.
Rubina: „Lasst mich in Ruhe! Ich habe euch gar nichts gemacht!"
Die Verwendung vom Plural hat ihn nun überzeugt. Der alte Mann will vor Ben nun ein wenig lustig erscheinen, um sich mit ihm zu solidarisieren.
Der Wächter, zu Ben: „Die hat auch so einen Diamant-Schnabel!"
Der Riese hat beide Hände am Gürtel und während er versucht diesen zu öffnen, ist es für ihn bereits zu spät. Ben haut ihm von der Seite auf sein Kinn. Er fällt zu Boden. Seine Augen kullern im Kopf umher, ohne einen Blick zu finden. Und ohne Fokus, kein Ziel. Er liegt am Boden. Er ist besiegt. Rubina richtet sich ihre Hose zurecht und blickt entrüstet zu Ben. Sie sehen sich an.
Rubina: „Die ganze Planung? Und du haust ihm einfach …?"
Ben „Lass uns verschwinden!"
„Reicht das?", fragt sie.
Dann beginnt der Mann das Zucken und Schütteln. Orientierungssinn wie eine Brezel, klar, sein Gleichgewichtssinn und sein Orientierungssinn zeigen wohl jetzt überkreuzt in verschiedene Richtungen. Sie bekommt es

mit der Angst zu tun, weil sie das Zucken mit Kämpfen verwechselt und haut ihm mit der Faust in das Gesicht.

„Nein!", antwortet sie, „Da geht noch viel mehr!"

Und dann schlägt sie mit all ihrer Kraft mehrmals auf das Gesicht ein. Blutrausch. Sie hört nicht auf zu schlagen. Tief im inneren ist Ben fasziniert davon, wie viel Bewegung und Schwung sie braucht und wie wenig sie damit erreicht. Und dann liegt da dieser Riese eines Mannes, der von dieser Frau eine Faust nach der anderen abbekommt. Und das tut ihm vermutlich nicht einmal weh. Ben verkneift sich das Lachen. Doch ist Ben sich sicher, dass sie mehr als eine halbe Stunde mit der selben Kraft zuschlagen müsste, damit er dann endlich Nasenbluten bekäme. Sie holt immerzu weit aus und dann kommt da die Faust von oben und dann macht es "pap, pap, pap, pap, pap" und es tut sich fast gar nichts. Falls er aufwacht, muss sie aufhören zuzuschlagen, denkt sich Ben, damit sie sich nicht blamiert. Sie hört auf. Er übernimmt. Ben haut einmal zu. Das Gesicht des Mannes ist entstellt und komprimiert und er blutet aus der Nase und aus dem Mund, als hätte ihm jemand die Nase herausoperiert. Sein Gesicht ist jetzt eine Schüssel. Die im Gesicht geformte Delle füllt sich zunehmend schnell mit Blut. Dennoch ist er am Leben und atmet. Ben dreht den Kopf des Mannes kurz zur Seite, damit er so das Blut auskippt. Dann dreht er seinen Kopf wieder gerade nach vorne und es beginnt sich die im Gesicht geformte Delle neu mit Blut zu füllen. Er wacht auf. Er ringt nach Luft und schaut sich um. Dann merkt der Mann, dass er festgehalten wird und versucht sich zu erinnern. Er kippt nun eigenständig das Blut von seiner Gesichtsschüssel, indem er kurz zur Seite schaut. Er fragt, ob sie auf seinem Gesicht saß. Ben haut nochmals zu. Er verliert das Bewusstsein. In seinen Taschen finden sie eine betäubende Flüssigkeit und ein paar Taschentücher. Unter seiner Weste, neben der Achsel, finden sie eine Schusswaffe. In seiner Hosentasche sind die Schlüssel.

Rubina: „Realität an Ben! Der Mann hat verdient hier zu bleiben. Wir aber

nicht. Nimm seine Waffe und tue was du tun musst! Dann lass uns gehen!"
Ben: „Ich lasse ihn am Leben. Wenn die anderen Matrosen davon erfahren, und das werden sie, dann will er sicherlich nicht ihre Meinungen dazu hören. Er soll das selbst entscheiden. Das halte ich für noch schlimmer!"
Sie packen ihre Taschen auf den Rücken und setzen sich die Lärmschutzkopfhörer um den Hals. Sie schleichen sich aus der Kajüte. Ben wirft einen letzten Blick in den Raum und überlegt kurz, ob er nicht etwas vergessen hat. Dann läuft er zurück und stellt sich vor den Spiegel. Darin sieht er sich und nur sich selbst. Dann verlassen sie beide die Zelle.
Ben: „Sie haben dein Handy wohl noch?"
Rubina: „Woher weißt du überhaupt, dass sie mein Handy genommen haben?"
Ben: „Du hättest kein Gedicht auf Papier gebracht, wenn du Zugriff zu deinem Smartphone hättest."
Sie fühlt sich durchschaut. Zurecht. Dann nimmt sie das Lächeln wieder auf. Die Schlüssel landen in ihrer Hand.
Rubina: „Du Fuchs!"
Sie schaut prüfend in den Raum und mustert das Tuch, das um das Gemälde gewickelt ist. In ihren Augen ist es ein Artefakt, das vom Teufel höchstpersönlich gefertigt wurde. Nicht das Tuch. Das Gemälde. Sie lässt es mit dem Mann zurück, der seinen Mut über Bord werfen wird. Es tut ihr gut, sich von den beiden verabschieden zu dürfen. Sie weiß nur nicht, dass ein Seemann so schnell nicht zerbricht. Sie schleichen durch einen Gang. Das schaukelnde Schiff macht es den beiden schwierig, sich in der Dunkelheit voran zu schleichen. Da sind die Kajüten der Seemänner, an denen sie vorbei müssen. Sie haschen heimlich und rasch an den offen stehenden Kajüten vorbei. Drei Schritte nach vorne und einen zurück. Voran ist gut. Die Wellen wirbeln und klopfen auf den Kiel und fragen ihn, ob er sich denn sicher sei, die Richtung zu kennen. Ben wirft einen Blick in jede Kajüte an der sie vorbeilaufen. Die ersten Kajüten sind

beide links und rechts nicht bemannt. In der zweiten Kajüte sitzen Seemänner und lesen und lesen in Frauenmagazinen. Auf beiden Seiten des Flures waren die ersten Kajüten leer und in der zweiten wieder Seemänner. In der dritten Kajüte sitzen wieder Seemänner im Bett. Gegenüber auch. Vierte ist Leer. Gegenüber auch. Fünfte wieder voll. Gegenüber sind Leute drin. Es ist nicht einfach mit dem schweren Rucksack zu schleichen. Sie können sich Glücklich schätzen, wenn sie trotz ihrer breiten Silhouette nicht gesehen werden und bei dem unerfahrenen Marschieren bei dem wildem Seegang nicht in die offenen Kajüten hinein purzeln. Am fünften Schott sind wieder Seemänner in der Kabine. Ben erhascht einen kurzen Blick und kann kaum fassen, dass sie ihn nicht gesehen haben. Er hält Rubina zurück, denn sie sitzen in ihren Kojen mit dem Gesicht zur Schotte. Rubina läuft hinterher und hält ihre linke Hand auf seiner rechten Schulter. Er bleibt im Schatten und probiert einen waghalsigen Schritt. Doch sie blieb stehen. Sie wirft einen Blick in die Kabine und zuckt zurück. Sie bereiten sich auf das Schlimmste vor. Dann hören sie sie Munkeln. Rubina ist ruhiger als Ben. Er verliert die Nerven. Sie zeigt ihm mit der flachen Hand, er habe sich zu beruhigen. Er sieht in die nächste Kajüte hinein. Wieder sind da Leute. Sie hören dann, wie die Seemänner im Raum zwischen ihnen aufstehen und zur Türe laufen. Ihr ratloser Blick trifft sich zwischen der vierten und fünften Türe. Keine Ideen.
Ein Seemann flüstert: „Hey!"
Sein Kollege im Zimmer fragt ängstlich: „Capitano?"
Rubina überkreuzt die Beine, um keine Flüssigkeit zu verlieren. Ben kann sie so nicht im Stich lassen. Er öffnet den Reißverschluss seiner Ledertasche. Das Geräusch im Flur ist unnatürlich und sie fürchten, sie fliegen gleich auf. Doch Ben hat gelernt an die Magie zu glauben und radiert Worte aus ihrem Gedicht. Er ersetzt alle Worte, außer "Leere". Ben behält den Augenkontakt zu ihr. Er läuft in das heraus scheinende

Licht der Kajüte mit dem Rücken zu der Kajüte. Beide Arme ausgestreckt. Ein siegreicher Blick. Rubina wirft ihre Hand vor ihren Mund, um das Geräusch des lauten Einatmens zu dämpfen. Sie weiß nicht, ob Ben sie verraten will oder den Verstand verloren hat. Keine Geräusche mehr aus den Räumlichkeiten. Kein Plaudern. Sie wirft einen Blick hinein. Ihr kommen die Tränen. Die Kajüten sind alle leer. Sie ist so stolz auf ihn. Dann hören sie Stimmen von der Luke, der Treppe, die nach oben verläuft. Sie kommen näher. Ben zieht sie flink mit sich und beide verschwinden in die nächste Kajüte. Sie lauschen. Die Stimmen werden deutlicher. Ben öffnet einen Schrank. Darin ist kaum Platz. Er nimmt ihre Tasche vom Rücken und setzt diese in den Schrank, doch ist der Schrank damit voll. Unter der Koje ist gerade mal Platz für eine Person. Es sind vier Kojen im Raum, zwei Stockbetten. Rubina versteckt sich unter einer Koje und Ben unter der anderen. Die Stockbetten sind nachträglich in der Kajüte installiert worden und haben einen Spalt unter der Koje, unter den sie Zuflucht finden können. Sie hoffen, dass die Männer in einer der anderen Kajüten verschwinden und die Türe schließen. Die näher kommenden Seemänner reden laut und diskutieren auf Italienisch. Ben sieht seine Schuhe, dann wölbt sich die Koje nach unten.
„Ausgerechnet hier!", flucht er innerlich.
Rubinas Augen starren ihn aus dem dunklen Spalt an. Sie sind Kugelrund. Dann legt sich einer der beiden Männer in seine Koje, direkt über Ben. Sie sprechen gelassen und ruhig, daher macht sich Ben keine Sorgen, ob sie von dem Kampf etwas mitbekommen haben. Rubina hingegen lebt die Zeit ihres Lebens und beginnt die ersten Krampfadern in den Beinen zu entwickeln. Im selben Augenblick wandert der andere Kerl zum Schrank. Ben versucht ihr mit seinem Lächeln etwas Gelassenheit zu spenden. Dann öffnet der Seemann den Schrank. Sie sehen es beide. Kurze Stille. Sie gibt Ben ein Signal mit den Augen. Ben schüttelt den Kopf.
Ben, lautlos mit den Lippen: „Nein!"

Einer der Seemänner, auf Italienisch: „Abbiamo un nuovo coinquilimo?"
Ben reimt sich das zusammen: Er fragt wohl ob es hier einen neuen
Zimmergenossen gibt. Der Mann läuft zurück zu dem Kerl, der über der Koje
von Rubina sitzt und setzt sich daneben. Ben wird nervös. Er sieht ihre
beiden Beine und Stiefel von da unten. Die Koje wölbt sich tief und
Rubina liegt Atem suchend darunter. Daraufhin hören sie wie die beiden
etwas aus Plastik in der Hand knirschen lassen. Wenn man etwas sehen
kann, kann das Etwas dich sehen. Einer der Seemänner zündet sein
Feuerzeug, das erst beim zweiten Versuch brennt. Rubina stirbt 1000 Tode.
Ben wundert sich gerade, warum Feuerzeuge eigentlich immer erst beim
zweiten Anlauf brennen. Dann blubbert es. Es blubbert Wasser, als wenn
man in einem Strohhalm seines Getränks hinein pustet. Rubina erkennt das
Geräusch. Ben bewundert sie ein wenig, wie sie zerzausten Haares daliegt
und ihm kein bisschen weniger gefällt, als voll und ganz. Die Schotte der
Kajüte haben sie nicht geschlossen und von da kommt ein Geräusch
hindurch, das klingt wie schwere Schritte. Der Raucher bemerkt das und
will es vertuschen und lässt sein Feuerzeug vor Schreck fallen. Es landet
unter seiner Koje und fällt Rubina vor ihren Ausschnitt. Aus Angst, sie
würden sich danach bücken und auch aus Reflex, schubst sie das Feuerzeug
wieder von sich weg. Sie ist total angespannt. Das Feuerzeug landet vor
Bens Nase und hat die Situation nur bedingt verbessert. Ein schwerer Mann
läuft an der Kajüte vorbei. Keine Chance, dass Ben das Feuerzeug
unbemerkt von sich weg schubsen kann, wo es schon zum Stillstand gekommen
ist. Ein Pingpong Turnier mit dem Feuerzeug wäre ihr Verhängnis. Der
Seemann stellt die Bong hörbar auf dem Nachttisch und wirft ein T-Shirt
darüber. Auf diesem hölzernen Boden sind eben alle Bewegungen Geräusche.
Dann kommt die Hand von oben. Die beiden Männer reden derweil
miteinander. Ben sieht den Hinterkopf von dem, der sich nach dem
Feuerzeug bückt und zu seinem Kollegen hochsieht. Er blickt zum Flur,
ohne Rubina zu entdecken. Sie lässt ihre langen Haare vor das Gesicht

fallen, zur besseren Tarnung. Sie plaudern kurz und es klingt so, als entscheiden sie etwas. Das Feuerzeug liegt vor seiner Nase und Ben weigert sich zu reagieren. Dann fummelt der Kerl vor seinem Gesicht herum. Ben schließt die Augen halb zu und versucht das Feuer mit der Nase ein mickriges bisschen nach vorne zu schubsen, sodass der Seemann es leichter hat es zu finden, ohne unter die Koje zu schauen. Stattdessen sucht die Hand immer näher am Gesicht von Ben nach dem Feuerzeug. Ben ist genervt und kann den Kopf und Körper nicht noch tiefer unter dem lichtlosen Spalt verstecken. Er sieht zu, wie die fremden Finger näher und näher kommen. Der andere Seemann steht auf und läuft zur Türe, um zu prüfen, was der Mann im Flur macht. Rubina hat wieder Luft zum Atmen. Die Hand greift in seine Nase und Ben hält den Atem an und ist so still er nur kann. Der Mann hat seinen Zeigefinger in seinem Nasenloch. Ben ekelt sich. Weitere Schritte kommen von außen. Es sind nicht die Schritte von dem schweren Mann der gerade Richtung Zelle vorbeigelaufen ist. Sie kommen aus der Richtung, wo die Luke zum Deck führt. Die zwei unterhalten sich zwischen Türe und Korridor. Seine Schuhe sehen anders aus, als die von den anderen beiden. Der Dritte im Bund popelt immer noch in Bens Nase herum. Er beginnt zu Fluchen. Rubina lacht still unter Tränen, denn sie sieht alles. Die anderen beiden lachen ihn aus, weil er so lange braucht, um sein Feuerzeug wieder zu finden. In der Nase von Ben beginnt es zu kitzeln und er muss das Niesen zurückhalten. Er presst seine Zunge fest in den Gaumen und hält das Niesen an. Das schaukelnde Schiff und der Alkoholspiegel machen sich in seinem Magen und Gemüt bemerkbar. Ihm ist schlecht. Der Kerl lässt locker und zieht den Finger heraus. Daran klebt ein Faden an klebriger Popel, den die beiden verbindet - seinen Finger und Bens Nase. Ben erinnert sich an den Rat, Selbstzweifel zu unterlassen und lässt sie einfach weg. Und es hilft. Der Faden ist gerissen. Die Hand. Die Nase. Der Popel. Die Trennung. Die beiden verlassen den Raum und schleichen hinter dem dicken Mann hinter her. Daraus schöpft Ben

zusätzlichen Mut. Eine subtile, positive Neuigkeit, die zwischen den Zeilen herausgelesen werden kann: Sie trauen sich gegenseitig nicht über den Weg! Ben erinnert sich an ein Experiment mit Affen. Dabei haben Wissenschaftler Essen in einen Spalt von einem Baum gesteckt. Der Spalt ist zu eng, um die Greifhand wieder herauszuziehen, wenn man etwas in dem Spalt festhält und die Hand dafür ballen muss. Der springende Punkt ist, dass selbst bei imminenter Gefahr der Affe nicht loslassen wollte. Panisches Zappeln. Beides gleichzeitig, verwirrte den Affen bloß. Der Kerl erinnert ihn stark an den Affen des Experimentes, weil er weder die Motorik beweist das Feuerzeug zu finden, noch den notwendigen Intellekt hat, hinzuschauen wo seine Hände sind, geschweige denn, loszulassen und seinem Kameraden zu folgen und damit der scheinbar wichtigeren Mission eine höhere Priorität zuzuordnen. Sie wollen dem Mann ja rechtzeitig hinterher spitzeln. Dann greift Ben nach dem Feuerzeug. Er legt es lautlos neben den Schuhen des Mannes. Dieser steht auf. Dann tritt er aus Versehen auf das Feuer und bemerkt es. Er bückt sich danach, hebt es auf und rennt seinem Kollegen hinterher. Rubina macht sich beinahe die Hose nass vor Lachen. Etwas in ihrer Art lockert die Stimmung wieder und das Unwirkliche wurde für Ben plötzlich einfacher zu verarbeiten.
Ben, flüstert: „Was ein Stronzo, oder nicht?"
Sie, nickt: „Ja! Aber Hallo!"
Dann lachen beide müde. Ben ist angetan, wie sie die deutsche Sprache innerhalb so kurzer Zeit spricht, als würde sie jeden Tag Deutsch sprechen. Ob sie seine Gedanken versteht, fragt er sich. Sie hat aufgehört zu lächeln und dann wieder angefangen. Er probiert aufzuhören zu starren. Dann kommen sie aus ihrem Versteck. Sie greifen ihr Rucksack und Rubina klaut einen Atemzug aus der Bong, bevor sie hinaus in den Gang laufen. Sie überprüfen den Flur. Die Luft ist rein. Sie eilen zur Luke und steigen hoch auf das Deck. Die Seemänner in den Kajüten kommen wieder aus den Schränken und von unter den Kojen heraus. Der Mutigste blickt in

den Gang. Er sagt den anderen, dass er weg sei. Sie atmen auf. Rubina schließt die Luke hinter sich. Das Schiff ist eine Legende. Riesig. Es sieht aus wie aus einem Spielfilm. Die Beleuchtung macht das Schiff zur Schönheit. Weiße Segeltücher wohin das Auge reicht und sie fangen das Licht ein und hellen den Nachthimmel auf. Die Luft ist salzig und frisch. Ein Hauch von fischiger Seeluft schweift durch den Himmel, kann aber die klare Brise des Windes nicht dämmen oder verdrängen. Es ist schön wieder unter freiem Himmel zu sein, fühlen sie. Sie vermuten die Rettungsboote am Heck finden zu können. Der Horizont wirkt wie eine verlorene Scheibe ohne Ende oder Anfang.

„Heeeey", ruft ihnen eine Stimme zu.

Rubina packt seinen Arm und zieht ihn mit in die Flucht. Aus allen Richtungen kommen Stimmen und Schreie.

Ben: „Zum Rettungsboot!"

Sie laufen auf dem nassen Deck und rennen so schnell es eben geht. Aus Panik entdeckt zu werden, laufen sie schneller und schneller, in den schwarzen Schatten des bewölkten Abends, ohne zu merken, dass sie gerade dabei sind, in einen Rudel Seemänner hinein zu stolpern. Sie stehen mit ihrem Rücken zu den beiden Flüchtigen und sie bemerken einander nicht. Erst als es schon fast zu spät war, sieht Ben die Männer. Ben bremst und kommt zum Stehen. Er kann sofort umdrehen. Rubina kam zum Stehen, weil so ein stabil gebauter Seemann im Weg stand und die Masse seines Körpers kaum nachgibt, wenn man als Rubina ungebremst dagegen rennt. Ben ergreift die Initiative. Jetzt packt er sie am Arm und zieht sie zurück. Sie erstarrt und wartet quasi darauf, dass er sich umdreht und ihnen die Hölle heiß macht. Die Männer haben nichts gemerkt und der Seemann scheint zu denken, dass ihm einer seiner Kollegen nur auf die Schulter geklopft hat. Sie ist so leicht, dass er dachte es war ein freundlicher Klaps auf seinen Rücken. Er lächelt nur seinen Nächsten an und klopft ihm zwei mal freundschaftlich auf seine Schulter. Der Weg zum Rettungsboot ist zu gefährlich. Sie entscheiden sich gleichzeitig in einem zusammengerollten Segeltuch zu verschwinden, das auf dem Deck liegt. Die Seemänner schneiden ihren letzten Fluchtweg ab. Sie wickeln sich darin ein und halten durch ein Atemloch Ausschau nach einem Funken Gunst des Himmels. Die Männer werden nicht dort stehen bleiben können, beraten sie sich. Sie werden irgendwann einen Fluchtkorridor bilden müssen. Rubina wickelt ihre Hände um Bens Bauch und drückt sich an ihn heran mit jedem Wellengang, der diese Bewegung begünstigt. Es scheint chancenlos. Die Männer genießen die Stille der Abendluft unter freiem Himmel und sehen nicht danach aus, in nächster Zeit weiterzuziehen.

Rubina: „Ich habe irgendwie gewusst, dass Papa uns hier auf sein Schiff sendet. Aber nicht, dass sie uns hier festhalten werden."

Ben zeigt sein Mitgefühl um ihren Vater in seinem Gesichtsausdruck. Seine Hüfte presst er enger und fester an sie heran, mit jedem Wellengang, der diese Bewegung begünstigt.

Ben, flüstert: „Warum denkst du, dass er wollte, dass wir hier auf das Schiff kommen?"

Rubina überlegt, wie sie es ihm sagen kann.

Rubina: „Er hat immer davon erzählt, wie frei er hier war. Wie klein und unbedeutend wir auf dem Meer sind. Und wie das große Meer für die vielen fernen Sterne, ein winziger Fleck ist. Er liebte die Geräusche von dem riesigen Motor und das Brummen auf dem Schiff, sagt er. Die riesige, gigantische Maschine kann nur von Menschen gemacht werden. Er sagte immer, es sei eine Errungenschaft der Menschheit."

Ben, nüchtern: „Rubina?"

Sie lächelt, schwelgt aber etwas in der Nostalgie.

Rubina: „Er ist …"

Dann fehlen ihr die Worte. Ihm sowieso. Er weiß nicht, ob, und wann er es ihr sagen soll. Sie rutschen ineinander hinein und machen sich klein. Sie bleiben in ihrer Deckung im großen Tuch. Sie fühlen ihren Atem und ihre

Wärme. Die LäSchKos richten sie sich zurecht und schützen ihre Ohren, falls sie noch länger fest sitzen sollten. Das Schiff schaukelt sie in ihrem neuen Versteck in den Schlaf. Sie schlafen ein. Wollten nicht einschlafen. Aber sie schlafen tief und fest.

Sie wachen zeitgleich auf und sehen sich um. Weißer Leinen ummantelt sie und behindert sie auch, sich frei zu bewegen. Das Surren und Klingen beginnt. Sie bekommen Panik. Sie sind verschlafen und nicht fähig, klar zu denken. Ein Kaffee fehlt ihnen am meisten. Sie richten sich auf. Unter dem Segel bewegen sie sich, als würden sie einen Poltergeist-Streich durchführen, mit einem stark begrenztem Budget. Ben findet die Lärmschutzkopfhörer zuerst wieder. Sie sind im Schlaf weggerutscht. Er reicht ihr ihre und sich seine. Es ist nur ein wenig hell unter dem weißen Tuch und sie finden sich schwer zurecht, weil es durchnässt ist. Sie halten zusammen und Rubina hebt ein Ende nach oben, um nach draußen zu spähen. Es ist bitterkalt. Ben ist genervt, denn er wollte das Tuch zuerst heben. Ausschau halten. Seiner Stimmung ist er nicht Herr. Er reißt das Tuch von ihren Köpfen. Jetzt ist sie genervt. Der Lärm fängt wieder an, pünktlich zum ersten roten Lichts des Sonnenaufgangs. Sie sitzen auf dem Deck. Sie sind scheinbar alleine. Die Klarheit kommt zurück, Hand in Hand, mit der Erinnerung von der Nacht.
Ben, enttäuscht: „Rubina?"
Rubina zeigt mit dem Finger auf ihre Lärmschutzkopfhörer und signalisiert seine Worte nicht hören zu können.
Ben sieht sie genervt an und sagt: „Rubina, du …"
Sie signalisiert, dass das warten kann.
Ben reißt ihre LäSchKos vom rechten Ohr und ruft zu ihr: „Du hast gesagt dein Vater liebte die gigantischen Motoren von seinem Schiff?"
Rubina, genervt: „Was? Ja! Ja, das sagte er."
Dann richtet sie sich verärgert ihre Kopfhörer zurecht, um sich von dem

schwarzen Lärm zu schützen. Ben hebt die Kopfhörer wieder an, damit Luft und Laute wieder ans Ohr kann.

Ben, enttäuscht: „Hörst du das?"

Rubina steht kurz vor dem Ausrasten, aber gibt ihm eine Chance und hört einen Augenblick den Wellen zu und dem langsam lauter werdenden schwarzen Lärm. Sie hört wie die Segel im Wind flattern. Ben deckt sie mit dem Tuch zu und sie lehnen sich an der Schiffswand an. Sie bemerkt, wie er die Kopfhörer trägt. Innerlich flucht sie, weil sie es als Unverfrorenheit wahrnimmt, wie er sie bittet sich in die Gefahr der Melodie zu bringen und sich dabei selbst die Ohren schützt. Dann überlegt sie, was er ihr damit sagen möchte. Sie hört jetzt freiwillig nach draußen. Sie sieht hinauf zu den Segeln. Dann hört sie die Segel im Wind flackern. Dann macht es Klick. Ben sieht ihr zu, wie sie sämtliche Farbe im Gesicht verliert. Ben richtet ihre Kopfhörer bequem auf ihre Ohren zurück. Sie sitzt und schweigt. Für eine ganze Weile. Ben schweigt und sie warten ab, was passiert. Die Melodie erscheint in einem anderen Ton. In einer anderen Tonlage. In einer anderen Schwingung. Durch eine andere Luft. Nach einem anderen Vorbild. In anderer Ausstattung. Aus einer anderen Welt. Es klingt wie ein Geräusch, das genauso gut Stimmen aus der Ferne sein könnten, wie die Sirenen, aber auch eine Kreissäge sein könnte, die sich mit verändernder Drehzahl auf sich wechselnden Materialien herablässt. Sie hebt seine Kopfhörer an.

Rubina: „Weißt du was ich in der Bibel nicht verstehe?"

Ben schmunzelt darüber.

Ben: „Was?"

Rubina: „Erst ärgert sich Gott über die Menschen, als sie einen zu hohen Turm bauen, so hoch wie der Himmel. Und es gefällt ihm anscheinend nicht. Er macht dann alle Sprachen verschieden. Und dann?"

Sie lächelt und schaut ihm über die Schulter in die Augen.

Rubina: „Dann macht er, dass wir Menschen uns nicht mehr verstehen und er macht aus einer Sprache, viele Sprachen."

Ben: „Und heutzutage bleibt Gott gelassen, mit den hohen Gebäuden die wir haben. Meinst du das?"

Rubina: „Und Satelliten und Flugzeuge und Raumschiffe …"

Sie hält den Atem und sucht nach weiteren Beispielen. Ben nickt und zeigt ihr, dass er sich das bereits ausmalen kann, was sie damit sagen möchte.

Rubina: „Was ich sagen möchte, ist, dass Gott den Menschen kein Buch in die Hand gibt, um dann zu zeigen was er möchte und in diesem Buch sind überall die Überreste von der bereits kaputten Sprache. Verstehst du was ich meine?"

Ben: „Ich denke ja. Wäre praktisch mit einer einzigen Sprache. Doch denke ich nicht, dass nur das gemeint wurde."

Die schwarze Melodie und der Sonnenaufgang kommt zeitgleich.

Ben: „Vielleicht war Babylon ein multikultureller Ort und die Parabel war eine Gelegenheit für die Schreiber eine Frage zu klären, die der Klerus zu seiner Zeit stellte. Sie haben zu viele Menschen von unterschiedlichen Kulturen beherbergt, dass sie an der Architektur eines gemeinsamen Ziels scheiterten, Einheit und Einigkeit zu schaffen. Ein wörtlicher Turmbau würde auch schwierig werden, weil es keine gemeinsame Sprache gab und keine gemeinsamen Einheiten für die Mathematik, oder nicht? Wenn das keine Symbolik sein soll für die Wände, die ein Haus beisammen halten sollen? Zu viele kulturelle Einflüsse und Sitten? Daraus soll man EIN großen Turm errichten? Möglicherweise waren die kulturellen Unterschiede auf engstem Raum an manchen Enden eine Fehlerquelle in der Organisation & Administration. Heißt ja nicht, dass sich nichts mischen darf, jedoch gibt es ein Verhältnis zwischen den eigenen und fremden Einflüssen, die das Wohlbefinden beeinflussen. Klar, warum sollte Gott den Turm verurteilen und dann sein eigenes Werk unverständlicher machen, indem Gott die Sprachen macht und damit das Verständnis der heiligen Schriften erschwert, die er als Medium nutzt, um sein Werk zu verbreiten?"

Rubina: „Warum nicht in die Sterne schreiben? Eine Sprache, die alle verstehen und Gesetze, die alle verstehen. Ohne Zweifel!"
Ben: „Mhm. Brillant, aber vielleicht etwas unpraktisch. Sterne sind Engel, Lichter die uns führen können. Sie sagen bereits wo Norden ist und auch in welchem Monat wir sind. Wann wir ernten, säen, vorbereiten …"
Rubina blickt zu ihm mit einem Glänzen in den Augen.
Rubina: „Du bist nicht … (Ihr fehlt das deutsche Wort für christlich und sie sagt es auf englisch:) Christian?"
Ben, scherzend: „Nein, mein Name ist Ben."
Schmunzeln. Sie weiß, er hat sie verstanden.
Ben: „Ich glaube an den einen Gott, der das Gute liebt und uns liebt, uns verzeiht und Ursprung von aller Wahrheit der Realität ist und für immer existiert. Wahrheit und Liebe in den heiligen Texten sind wie die Buchstaben auf einem Kompass. Wer die Wahrheiten des Lebens zu einem Sternbild zusammen fasst, das die Liebe in den Mittelpunkt stellt, hat einen Faden von Heiligkeit in der Hand. Und alles basiert darauf Gutes zu tun, Schlechtes zu bereuen, seinen Dienst an die Welt zu leisten und zu wissen, wem man für die Welt danken kann, weil man der ganzen Welt dankt. Es gibt verschiedene Lehrer für die selben Lektionen. Aber nur eine Realität, daher ein Gott. Die Lektionen erreichen uns unterschiedlich gut. Und wo man den besten Bezug findet, dort platziert man eine schützende Kuppel. Für mein Missverständnis zu dem Thema, bitte ich um Verzeihung! Und weil niemand perfekt sein kann, darf man darum bitten."
Sie setzen die Ohrenschützer wieder auf und sehen sich an, kuscheln sich unter das Segeltuch und warten bis die Melodie voll einsetzt. Sie lehnt ihren Kopf auf seine Schulter. Die Sonne schwebt. Die Seemänner streiten sich. Es wird hell. Der Streit bricht aus und entwickelt sich schnell zu einer handgreiflichen Auseinandersetzung. Rubina nutzt die Zeit, um sich Gedanken zu machen über Ben, die Welt und den Untergang der Zivilisation.
„Canberry. It is pronounced Canberry, hat er gesagt, oder so. Mhm?"

Kurze Pause. Augenbrauen ziehen hoch und den Kopf streckt er in die Höhe, wie er "mhm" am ende des Satzes fragt.

„Hafenarbeiter, oder so. Mhm?"

Kurze Pause. Stimmlage geht am Ende des Satzes immer nach oben.

„Mhm?", fragt er wieder, blickt auf, ohne überhaupt eine Frage gestellt zu haben. Der Seemann wartet auf eine Gegenfrage, aber er hat seinen vorherigen Satz so konstruiert, dass gar keine Frage mehr offen bliebe. Sein Zuhörer, seinen Namen hat er vergessen, kann es kaum erwarten seinen extrovertierten Freund vom Schiff zu schubsen, aber die Arbeit ist einfacher mit zwei Leuten, die zusammen anpacken, als zwei Leute allein machen könnten. Und er lässt ihn einfach weiter reden.

„Weißt du was ich dann gemacht hab? Mhm?", hakt er nach.

Sein Gegenüber, sie teilen manchmal die selben Seemanns-Klamotten, regt keine einzige Mine und hört zu, weil er sich daran gewöhnt hat, diverse Themen von monotoner Qualität zu hören. Sein Gesicht sieht aus wie vom Leben gezeichnet.

Ungeniert hakt er weiter nach und hebt die Stimme wieder bei dem "Mhm".

„Weißt du, was ich dann gemacht habe, mhm?"

Er lehnt sich und dehnt sich zur Seite. Kurze Pause. Er bemerkt das Desinteresse seiner Zuhörer nie wirklich.

„Ich hab dem voll in die Fresse gehauen, weil des Canberra heißen soll, oder so. Mhm?"

Die Stimmlage geht wieder in die Höhe bei jedem "mhm?". Kurze Pause. Sein Zuhörer lacht Augen kneifend. Hat es nicht kommen sehen. Dann findet er das doch richtig unterhaltsam und grinst.

„Mhm?", (warum auch immer er immer "Mhm" fragt) und blickt wieder auf.

Stummes Grinsen, dann Lachen. Er befürchtet, dass er ihn nur dazu anspornen würde mehr zu reden, weil er mit einem Lachen reagierte.

Die Intonation steigt über die Höhe seiner eigenen Augenbrauen.

„Mhm?", fragt er wieder, während er den Erfolg einer lustigen Anekdote genießt. Er fügt in der Euphorie des Erfolges der Geschichte immer mehr hinzu.

„Dann ist er ins Wasser gefallen …" (Bla bla bla …)

Je länger er redet, um etwas noch lustigeres auf die Anekdote oben drauf zu legen, desto mehr war dann auch ein Hai in der Geschichte und plötzlich viele Haie und ein Toter und dann doch keiner. Und so weiter. Und später "Verdacht auf Megalodon" und dann hat er gemerkt, dass die Arbeit seine Aufmerksamkeit verlangt, während sein Gegenüber mit seinen halb-wahren Anekdoten kaum etwas anzufangen weiß. Jedenfalls war sein Zuhörer nicht erstaunt, dass sie bei einer weiteren Diskussion wieder zu keinem Ergebnis kamen. Der Kapitän unterbricht sie zuletzt.

„Das Wasser unter dem Schiff ist nicht tief genug für ein Megalodon. Zu schwimmen, …", erklärt er, „ … zu navigieren und gezielt die Ankerkette aus Stahl zu zerbeißen, ist wohl mit großer Wahrscheinlichkeit auszuschließen."

Rubina und Ben warten ab. Sie sind kurz davor, sich in die Diskussion einzumischen.

„Die einzigen zwei, die ich dazu noch nicht gefragt habe, was passiert ist, sind unsere zwei Kunsthausierer. Mit ihrem Gemälde, das wichtig genug sei, eine globale Katastrophe zu überleben", meint die Stimme. Heimlichtuerei und Nebel. Der Kapitän zieht ihnen das Segeltuch von ihren Köpfen.

„Dann bitte ich euch beide", sagt er und zeigt auf Ben und Rubina. „Habt ihr beide zu der gerissenen Ankerkette etwas zu berichten?"

Sie merken, dass sie nicht nur ertappt worden sind, sondern in Ruhe gelassen wurden, um sich auszuruhen.

„Jaaa!" Schreien die Matrosen und verlangen eine Erklärung.

„Was wisst ihr darüber? Mit allen Details, bitte!", ruft einer aus der Crew.

„Jaaa!", schreien die Seemänner wieder.

Ben, völlig gelassen, mit der Intonation am Ende des Satzes nach oben: „Nichts von relevanten Details, oder so. Mhm?"

Rubina, der Kapitän, der vollgelaberte Seemann und Ben grinsen über beide Ohren.

Geschrei aus der Meute und "Ja-ja"s, hier und dort.

Der Kapitän: „Ruhe!"

Es wird still. Der Kapitän kommt Ben bekannt vor. Das Schiff wird von dichter werdendem Nebel eingeschlossen. Sie sehen sich alle um und sehen nur noch fünf Meter Meer, die grelle Sonne, die in den Dschungel-dicken Nebelwald eintaucht und bis auf herabhängende perlweiße Segel, nichts.

Kapitän Brei: „Wir leiden an einer Flaute und sind nicht manövrierfähig. Wir überprüfen das Wetter und die Kommunikation und erhalten Rauschen von allen Seiten. Und die Ankerkette ist gerissen."

Kapitän Brei zieht seinen Hut und hält ihn kurz an den Bauch für folgende Worte: „Herzlich willkommen, übrigens! Wo sind meine Manieren? Ich bin Kapitän Baluga Brei."

Rubina, leise: „Oh oh!"

Sie erinnert sich nicht an diesen Namen. Aus keiner Anekdote ihres Vaters. Der Kapitän rotiert seinen Körper, damit er noch präziser, noch frontaler, zu ihr steht und dann spricht er sie an.

Kapitän Brei: „Und du, meine Liebe? Wie heißt du?"

Rubina: „Yasmina."

Sie wartet auf Ben, sich vorzustellen, während der Kapitän noch immer auf sie starrt.

Ben, schüchtern und mit betontem N: „Ben."

Keiner hört es. Außer Rubina. Und Rubina tritt auf sein Zeh.

Ben, lauter: „Bin … Sven."

Die Leute sind nervös und viele Scherzen, um sich etwas zu ölen. Dann werden die Witze dünner und die Stimmen lauter.

Kapitän Brei: „Wir haben keine Erklärung …"

Es wird wieder viel zu laut.

„Bist du der …", rufen sie.

„Welche der drei …", hört er.

„Ruhe!", verlangen manche.

Dann auch der Kapitän.

Kapitän Brei: „Meine Dame und Herren, darf ich bitten?"

Alle schreien mehrmals: „Ruhe!"

Das Deck füllt sich mit Schwindlern und alle wollen sich hervorheben, aber für Witze war keine Zeit.

Ben: „Ich weiß, was los ist! Ich kenne die Richtung."

Er redet mit seiner leisen Stimme durch die Masse hindurch.

Ben: „Ich möchte euch demonstrieren, dass es nicht das Ende der Zeit ist und dass wir weiter kämpfen müssen. Kapitän Brei! Alle zuhören! Das ist keine Arche und da draußen ist das wahre Chaos. Ihr seid nicht hier, weil ihr den Feind kennt, sondern weil ihr herausfinden müsst, ob es einen Feind gibt oder nicht. Und wenn ja, wer das ist, richtig?"

Jeder Matrose musste innerlich darauf zustimmen. Goldrichtig.

Ben: „Das heißt auch, dass wir nicht abwarten dürfen. Jede Nacht und jeden Tag werden Menschen zur Waffe gegeneinander und das hat etwas mit dem Geräusch zu tun, das aus dem Himmel kommt."

Die misstrauischen Blicke blenden ihn.

Ben: „Ihr wisst alle mehr, als ihr sagt. Aber keiner weiß sich einen Reim daraus zu machen was hier passiert, weil es ein Bereich ist, den hier keiner studiert hat. Diabologie, vielleicht?"

Ein dicker Mann sitzt in der dritten Reihe und zwischen seinen langen Haaren sickert nur die Lippe und der Atem hindurch.

Er holt Luft und wettert: „Der Feind ist immer der selbe und er verteilt Titel an alle, die ihn danach fragen. Und mit jedem Titel ein Ticket. Steht auf der Rückseite."

Kapitän: „Nein, nicht immer der selbe. Der Freund ist immer der selbe!

Und zu dir, Ben, was sagst du denn dazu?"

Beide stellen sich auf. Sie wurden durchschaut und der Kapitän kennt seinen Namen. Ben macht sich auf, um sich vor dem Kapitän zu stellen. Die Menge ist nicht verwundert, aber sie haben Angst vor dem was er sagen wird. Ben wurde aufgefordert. Ben kommt an, jedoch wendet er sich in die andere Richtung und läuft entlang, wie der Kiel auf dem Deck, zum Bug. Und für alle anderen verschwinden sie beide hinter dem dichten Nebel, während die Seemänner bei Rubina bleiben. Der Kapitän folgt ihm.

Alfred, murmelt: „Ruby! Psst!"

Rubina, verkneift sich das Grinsen: „Psst!"

Alfred, resigniert: „Okay."

Rubina bereut es und sagt: „Ja, was?"

Alfred: „Ben ist in Sicherheit, spiel einfach mit!"

Rubina: „Ich weiß!"

Der Kapitän versucht erst mit einer Leichtigkeit anzufangen, damit Ben sich im Gespräch öffnet.

Kapitän Brei: „Wir haben viel gelacht gestern. Das Schiff darf normalerweise nicht von alleine den Hafen verlassen. „Rückwärts!", haben die Jungs gerufen, weil vorne alles blockiert war. Die elektronische Hafensperre hat den Schiffen verboten auf See zu fahren. Sie haben uns zwei mal ermahnt und zwei mal zurück gezogen, weil wir es probiert haben. Weißt du wie wir es geschafft haben? Rückwärts rausgefahren. Die Sensoren dachten wir docken an. Haben die Technik ausgetrickst! Das wird immer wichtiger! Meine Jungs sagen auch nie reale Firmennamen vor ihren Smartphones, wegen der Werbung. Man wird immer abgehört! Wir sagen lieber McDonnie, Vodkaphone, RapPull und so weiter. Immer neue Spitznamen erfinden, wenn es geht! Wir tricksen die Technik aus, die uns ständig abhört. Aber einen Menschen? Den trickst man nicht aus, wenn er auf seinen Instinkt hört. Die Technik ist von Menschen. Und Menschen machen Fehler. Die Technik beruht auf Naturgesetze und Logik. Daher funktioniert sie so, wie sie gemacht wird. Aber darin liegt ja ihre Schwachstelle. Wir sind hier, weil wir einander vertrauen können. Bei dir, fehlt mir die Überzeugung dazu! Sie haben mir anvertraut Kapitän zu sein. Und ich vertraue meinem Instinkt. Keiner hier vertraut dir! Du sprichst nicht einmal Italienisch! Warum schwimmst du nicht einfach zurück an Land? Wäre uns eine Ehre dich loszuhaben! Dein Bild. Ist es das, warum du hier bist? Was weißt du von dem Anker? Was weißt du darüber, dass wir den Kurs nicht halten können? Warum bewegt sich das Schiff nicht mehr nach vorne? Steckst du dahinter?"

Ben, selbstsicher: „Ist scheinbar dein erstes mal auf so einem großen Schiff. Das muss man eben erst üben. Ist der richtige Gang drin?"

Der Kapitän, missbilligend: „Du weißt nie recht wo du hineingerätst, aber deine Fähigkeit aus dem bisschen zu lesen, das dich umgibt, hält Menschen wie dich immer gerade so über Wasser, außer du tappst in die Falle, oder in den Fressnapf und dann überlässt du deinem Glück, oder dem Schicksal, das Steuerruder!"

Er meint es motivierend, während er seiner Gabe Hoffnung macht. Aber er kritisiert ihn dafür, seine Strategie auf Glück zu setzen.

Der Kapitän: „Ich will kurz klar machen, dass die Welt da draußen sehr bittere Menschen hat, Ben, die Netzwerke pflegen, die entworfen wurden, um Fremdkörper aus der Balance zu bringen. Sie bringen die Figuren in Position. Flüstern, während sie selbst hinter den Spielern stehen. Sie tauchen in der Masse der Zuschauer unter und operieren im Verborgenem. Sie lernen die Regeln, um in kurzer Zeit sehr tief in den engen Spalt des Reichtums einzudringen, das es zum universellen Ziel machte, sonst niemanden hinein zulassen. Es wirkt wie ein Club der Reichen, die wollen, dass andere sich bei ihnen bewerben müssen, um auch teilzuhaben. Sie sehen es als Instrument zum eigenen Schutz und des Systems, das solche großen Sprünge selektiert. Aber die Gier nach materiellem Reichtum sieht wieder so typisch Mensch aus. Doch in diesem Fall, Ben, wenn sich ausnahmslos alle der selben übermenschlichen Katastrophe stellen müssen, um einen Feind festzustellen, der so klassisch ist wie der Gauner und die Bank, jedoch so unmöglich schwer zu adressieren ist, wie … den Teufel, … dann helfen diese Netzwerke niemandem mehr. Ein Spinnennetz. In so einer Stunde will man nicht in die Mitte und auch nicht zappeln, wenn man darin gefangen ist. Entweder du wolltest in die Mitte, oder Zappeln. Die Spinne ist bereits auf dem Weg zu dir, Ben! Im Gegensatz zu dir, kennt sie die klebrigen Spinnweben. Und du läufst quer über das Netz? Wer bist du? Der Teufel? Ein Spion?"

Ben: „Was würde ein normaler Kerl antworten, um eine Anschuldigung zu widerlegen, das ein Spion nicht auch von sich behaupten kann? Und wo unterscheidet sich die Frage von einem Menschen auf der Anklagebank, der als Teufel bezichtigt wird? Jeder würde lügen, sei es wahr. Jeder würde abstreiten, ob wahr oder nicht. Was ist die Frage dann wert?"

Kapitän: „Aber genau um das geht es hier!"

Während der Kapitän zu Ben spricht, schiebt er ihn mit seiner linken Hand an seinem Rücken schneller vor sich her, als Ben laufen möchte. Sie verlieren in dem dichter werdenden Nebel und jedem weiteren Schritt mehr und mehr die Sicht zu der Crew. Ben will stehen bleiben und versucht die Hand an sich vorbei zu lassen, aber der Kapitän meint es sehr ernst und er drückt stärker und schneller zu einem gemeinsamen Schritttempo. Der Abstand zwischen dem Schiffsgeländer wird enger und Ben steht fast ganz vorne am Schiff.

Kapitän: „Sieh nach unten!"

Ben erwartet nicht viel mehr zu entdecken, als das vorbei strömende Wasser und wartet auf eine Parabel oder Symbolik, die der Kapitän damit ausdrücken möchte. Es ist windstill. Daher vermutet Ben, dass er ihm zeigen möchte, wie langsam sich das Schiff bei einer Flaute bewegt. Der Nebel ist zu dicht. Es kommen kaum Geräusche aus dem Wasser. Er stellt sich ganz vorne hin und sieht hinab. Dann wendet er sich zum Kapitän und sagt: „Windstill, ruhig …", überlegt er laut vor sich hin.

Kapitän Brei, sauer: „Schau mal genauer hin! Und antworte nicht, ohne zu denken!"

Ben überlegt, aber kommt auf keinen grünen Zweig. Weil er sich so fühlt, als sei er der einzige, der nicht versteht was um ihn herum passiert, sieht er noch einmal in die Tiefe des Rumpfes. Er sieht endlich das Wasser. Gerade so. Ben sieht verdutzt zum Kapitän.

Kapitän: „Irgendeine Idee … Sven?"

Ben, zögernd: „Nein, ich kann es mir nicht erklären."

Dann greift er nach Ben und hält ihn mit einer Hand über dem Geländer, sodass seine Füße über dem Deck baumeln und sein Kopf über Wasser.

„Wenn du etwas damit zu tun hast, dann schmeiße ich dich ohne Reue über Bord!", droht er.

Ben: „Du bist kein Kapitän! Du hast nie ein großes Schiff bedient, oder?"

Kapitän Brei: „Das Ende ist nahe! Jetzt darf ein Mann, wie ich, auch einmal Kapitän sein! Jeder denkt, er kann Chef spielen. Jeder macht seine Politik und weil ihr alle verloren habt, komme ich und ich mache das alleine! Radikaler! Und besser!"

Er drückt fester zu und Ben bekommt kaum Luft. Er denkt an sie und an seine Mission. Aber er ruft nach einem anderen Namen.

Ben: „Papa Schmalz!"

Kapitän Brei: „Deine Kleine und du, ihr habt keine Ahnung wie dankbar ihr euch schätzen könnt! Das ihr überhaupt noch lebt! Aber seid euch mal sicher, dass wir euch nicht brauchen und dementsprechend extra behandeln werden! Nichts persönliches, du verlogener Kunstbanause! Ich werde dich den Wellen füttern!"

Ben: „Ich wusste es, schon bevor ich das Schiff betreten habe, dass du anfangen wirst deine Präferenzen geltend zu machen. Ich wusste es! Du bist geschmacklos!"

Kapitän: „Wenn du bereits wusstest, dass ich dich über Bord werfen werde, warum bist du dann auf das Schiff?"

Ben: „Oh! Nein, ich meine, ich wusste, dass du geschmacklos bist!"

Er drückt Ben fest an den Rand und sein Körpergewicht hängt mehr außerhalb als innerhalb des Decks. Ben hält sich an der Hand fest, die ihn würgt. Er hört Rubina schreien und die Crew lachen.

Kapitän: „Hast du das zu verantworten, oder weißt du was passiert ist mit der Scheiße hier? Ich werde mein Hauptziel nicht aufgeben, den Schuldigen zu finden und zu bestrafen! Die Männer auf dem Schiff geben mir Recht!"

Keine Luft zu antworten.

„Hast du damit etwas zu tun, hab ich gefragt?", schreit er ihn an.

Dann zieht er Ben zurück. Rubina taucht aus dem Nebel hervor. Sie steht da, selbstbewusst und wütend. Der Kapitän verzieht seine Miene und läuft zu ihr und sie starren beide auf Ben. Ben holt sich die Luft wieder zurück. Hinter Baluga steht der dicke Mann mit Wollmütze und einer zuversichtlichen Aura, dass alles seine Richtigkeit hat und alles gut wird und einem Lächeln aus Gold.

Kapitän Brei, aus Schmerz: „Ah! Lass das! Dieses eine mal!"

Goldene Zähne, die Ben wiedererkennt. Er zieht die Mütze und die Perücke ab und lässt zeitgleich den Nacken des Kapitäns los.

Ben: „Alfred?"

Kapitän Brei: „Ihr kennt euch? Bist du jetzt der Teufel, oder nicht?"

Alfred: „Wir brauchen den Jungen! Wir brauchen alle Menschen! Jeden!"

Rubina: „Er ist Schuld, an dem was passiert! Die ganze Welt sucht ihn!"

Sie zeigt auf Ben.

Alfred: „Langsam! Woher willst du das wissen, meine Teuerste? Ein Beweis wäre nicht schlecht!"

Ben, zu Rubina: „Hast du … ?"

Rubina: „Ja."

Ben, misstrauisch: „Ja."

Rubina: „Wegen deiner schwarzen Magie, kann das Schiff nicht nach vorne, sondern segelt nach links zur Seite. Wir brauchen dich und deine schwarze Magie nicht auf diesem Schiff!"

Ben: „Warum hintergehst du mich? Du wolltest, dass ich die Magie finde!"

Rubina: „Du warst von Anfang an ein Lügner und ein Trickser. Ich hab es jetzt erkannt. Du bist ein dreckiger, kleiner, mieser Teufel! Und du gehörst nicht auf dieses Schiff! Vertrau mir!"

Ben trauert wegen dem verlorenen Vertrauen von ihr, denn es war das einzige, das ihm auf diesem Schiff wahrlich etwas bedeutete und das Alfred nicht alleine retten kann. Die Gesichter der Männer sehen alle gleich aus, wie sie ihn aus dem dichten Nebel anstarren und sich ihm nähern. Er starrt in das kleine Rohr. Enttäuscht. Das ist ein Gefühl und eine Entscheidung. Er hat nicht einmal mitbekommen, wie der bewaffnete Mann seinen Arm hob, um auf ihn zu zielen. Als ihm bewusst wurde, dass er von der Vollwertigkeit des Geisteszustandes des Bewaffneten abhängig war, war er am Ende der Hoffnung. Der nervöse Kapitän befielt dem Bewaffneten sich zurückzuziehen.

„Du wunderst dich?", fragt Ben sich selbst.

„Alles spricht dafür", gesteht er seinen Zweifeln.

Er sieht kurz in das Wasser des Meeres und kann kaum glauben, dass das Schiff nicht nach vorne, sondern wirklich zur Seite fährt.

„Du liest sie jeden Tag und sie finden manchmal auch etwas zu lesen von dir. In deinen Augen, deinen Worten und von deinem Atem."

„Du wunderst dich, dass dich das überhaupt noch überraschen kann?"

„Ja, das tut weh."

„Die Geier fliegen wieder im Kreis. Und du? Willst du immer noch durch die Wüste?"

„Sie enttäuschen dich, weil du es zulässt."

„Sie dürfen mich enttäuschen. Denn sie sind viele und ich bin einer. Einer, der sich selbst nicht leiden kann, wenn ihn so etwas überhaupt noch überraschen kann."

„Sie hat dich hintergangen!"

„Aber nicht enttäuscht!"

„Hättest du sie gelassen?"

„Ich habe sie nicht um Vertrauen gebeten."

„Ansprüche sind ätzende Lebensfilter!"

Ein lauter Knall. Kein Echo.

„Er schoss! Er schoss! Wohin? Bin ich okay?"

Ein Warnschuss.

Der Mann mit der Waffe an Bord: „Wie ist dein Name? Deinen Namen?" Schweigen. Der Kapitän sticht mit seinem Messer in Bens Hals und Ben ist paralysiert. Er zweifelt, dass das gerade passiert ist. Der Schmerz ist echt und alles andere auch. Dunkelheit.

Kapitän: „Deinen Titel kenne ich, Satan! Bloß sage mir sofort deinen Namen, damit ich dich verbannen kann!"

Das Schiff sinkt, oder die Wellen steigen. Eines von beidem. Ben hustet das salzige Wasser der Welle aus, die ihn von hinten in das Meer zieht.

„Ist das dein Name?"

Das Wasser bricht von Backbord den Höhenrekord und überfällt und überfüllt das ganze Deck und sorgt für Hysterie in der Besatzung.

„Ist … dein Name Zinfarkt?"

Die Panik des Sinkens lässt die Crew zu einem Haufen zusammen waschen.

„Scheiße, war ein blöder Witz! Herr Zinfarkt! Ach vergiss es!"

„Bist du Xerxes I.? Der, der das Meer auspeitschen ließ?", fragt einer aus der zweiten Reihe der Seemänner.

Den Kapitän treffen die schlimmsten Wellen. Seine Worte werden ihm zusammen mit dem Salzwasser in seinen Gaumen zurück gerammt. Die Leute halten zusammen. In der Mitte ist Rubina. Ben fühlt sich so fern von den Werten, für die er in seiner Heimat einstand. So alleine gelassen. Er wünscht sich ohne Gesellschaft zu sein. Das Meer dürfte sie alle davon tragen. Oder einfach ihn. Der Nebel versuchte sie zu verschlingen, doch jetzt probiert es das Wasser. Die Adern der Nebelwolken streichen wie der Bogen der Violine über das Schiff und sie wird von den Wellen gespielt. Der Nebel verschwindet kurz für ein Wunder. Der Himmel wird frei. Das Wasser versickert vom Deck und das ferne Licht der Venus ist das Licht am Horizont, das um den Nebel einen Tunnel bildet und es auf das Schiff scheinen kann. Alle erstarren vor dem Ereignis. Es fällt eine Sternschnuppe kerzengerade vom Himmel. Sie passiert die Linie durch die Venus. Genau in der Mitte. Und die Sternschnuppe fällt in die See. Nebelschleier ziehen den Vorhang wieder zusammen, wie ein sich schließender Reißverschluss. Sie lassen Bens Körper keine Sekunde mehr aus den Augen. Niemand traut ihm. Argus hätte geblinzelt. Die Seemänner nicht. Auf seinen Rücken peitschen Wellen, um einen Ur-alten Fluch zu beleben, der vom Ozean nie vergessen wurde. Der Fluch wurde nur leise mit den Wellen von Rauschen zu Rauschen getragen, bis Wellen wieder die selbe Fäulnis waschen, die schon einst den Geschmack des Meeres verdorben haben. Blutige Schulter. Das lebendige Lachen eines Mannes, der sich auf der Welt schon einmal befunden hat. Eine Unschuld, die einen Abdruck hinterlässt, weil sie das Böse vor ihrem Weg beiseite räumt. Sie hinterlässt eine Schneise in der Welt, das voller zur Seite geschobener Wucher ist. Daher sind oft die Schicksale guter Menschen begleitet von Probleme, die sie heimzusuchen scheinen. Der Durchschnitt der Menschen frisst sich durch diese Masse. Die Weisen brechen die Masse mit ihrer Standhaftigkeit in zwei und schieben sie mit ihrem rechtem Schaffen beiseite und vor sich her. Rubina fürchtet, mit dem ersten verlorenen Menschen würden die Seemänner jedem einen Wert geben und die erste Null hinterm Komma hinzufügen. Die Männer zerren sie zur Schiffsmitte zurück, als der Kapitän nun seine letzten Augenblicke verkündete. Der Kapitän bereut, was er da tat. Die Reue gilt nicht für das Verbrechen an den jungen Mann, sondern für die Chance, die hauchdünne Chance, dass Ben der Teufel ist und für seinen Glauben sterben könnte und somit Märtyrer

werde, der an dem jüngsten Gericht berufen werden soll und ein Urteil fordern müsse. Der Kapitän lässt das Messer in seinem Hals zurück und hofft, die Welt vergesse ihn dafür nicht. Der Kapitän erinnert sich an seinen Streit mit Alfred. Jahre zuvor. Alfred beteuerte, das Rätsel der Zahl der Bestie, nicht anders lösen zu können, als das Mysteriöse für immer beizubehalten. Bleibt es ungeklärt, so bleibt es am Leben.
„Nein, es ist nicht Xerxes, nicht Nero, nirgend anderer, als generell ein Vorbote. Einfach weil ein Vorbote die Prophezeiung quasi nochmals in die Zukunft projizieren wird und damit die Leute anstiftet, sich mit weiteren Anschuldigungen eines neuen Vorboten zu beteiligen, ohne Resultate zu erwarten, die so konkret sind, dass sie die Authentizität des Textes in Verruf bringen könnten. An einer verfehlten Anschuldigung wird der Ruf des Menschen auf das Spiel gesetzt, der sie äußerte. Der Erhalt für weitere Vorschläge bleibt gegeben und die Menschen werden sich genüsslich daran probieren, das aktuell Böse mit dem Rätsel der Offenbarung zu verknüpfen. Ein Vorbote ist logisch und linguistisch ja auch nicht zu mehr in der Lage, als in der Zukunft zu liegen, um dessen Namen, Zahl, oder Wert, man sich nie einig rätseln darf. Wenn man die Masse überzeugen kann, wer oder was der Feind ist, wer ist man dann, wenn nicht Herrscher?", meinte Alfred selbstbewusst und vergrub das Thema für sich und gab auf, darin eine ganz konkrete Antwort zu suchen, die es gibt.

„Ach wie gut, dass niemand weiß, dass niemand seinen Namen weiß!", nuschelt Ben und lacht das tropfende Blut heraus, selbst den schüchternen Tropfen.
Der Kapitän wird ihn dem Meer schenken. Sie haben ihre Unschuld an einer Welle verloren. An die ausgepeitschte, eine Welle verloren. Doch das Meer klagt über das falsche Blut. Nicht ihn! Nicht ihn!
Es braut sich tief in dem inneren Schwarz aller Schwärzesten im Meer der Zorn zusammen und aus der Asche steigen die Gase zur Oberfläche. Die

Feder schreibt ihren Tagebucheintrag. Die Spitze des Stifts ist der Bug von dem Schiff. Die Tinte ist die Gischt und das Dokument das Meer. Die Schrift ist linksläufig und die Botschaft unsichtbar. Das Schiff bewegt sich nicht nach vorne. Sie bewegen sich mit dem vollen Widerstand des Schiffes zur Seite über das Wasser. Das Kielwasser geht nach rechts.

„Was? WAS? Kein Zeichen? Der Untergang des Bösen! Egal! Der Teufel ist tot! Das war ich! Ich war das! Ich!", jubelt Baluga Brei.
Alfred: „Ist …?"
„Haben wir es geschafft? Was jetzt?", hakt er voller Zweifel nach.
Er jubelt, bis er blass wird. Die Seeleute retten sich vor dem Unwetter der Welt, ins Innere.
„Nein, du hast nichts geschafft", meint Alfred, als er ihn an der Luke abfängt. „Ihr habt … einen Freund ermordet! Und meine Freundin ist … ach was weiß ich?", sagt Alfred, schüttelt seinen Kopf und den Frust heraus.
Er sieht Rubina weinen.
Alfred: „An was soll ich jetzt glauben?"
Rubina, apathisch: „Du glaubst an alles, nur nicht an dich selbst. Vielleicht fängst du damit an?"
Alfred legt seinen Arm um seinen Freund: „Ich weiß, dass ihr auch zum Teil Dämonen ernst nimmt und jagt und mehr erfährt als ich … und wohl erfolgreicher seid. Aber ich habe dazu viel gelesen. Wo stehen wir?"
Kapitän Brei, belächelnd: „Das hat dich nie losgelassen?"
Die Seemänner werfen ihre nassen Jacken in die Ecke. Die Crew versammelt sich. Darunter befinden sich Männer und Frauen aller Nationen. Und alle Nationen heißt, wer hätte das gedacht, die westlichen 70 Länder und die vier, fünf Länder mit starker Währung. Sie haben Farben und Flaggen von allen, die sich dafür interessieren, was verborgen zu bleiben scheinen möchte.
Alfred: „Nein! Nie."

Der Kapitän zieht seine Mütze vor Alfred ab.

„Kapitän Brei hat seine Locken verloren", staunt Alfred in überschwänglichem Ton.

„Gedemütigt haben sie mich. Oder mich für meinen Bruder gehalten."

Alfred: „Nein! Ich glaube, du hast damit deinen Charme verloren. Dein Erkennungsmerkmal!"

„Sagst du, der alles …! Ach, was weiß ich?", meint Kapitän Baluga Brei.

„Darf ich dir etwas erzählen?", fügt der Kapitän hinzu.

Alfred: „Na auf!"

Rubina entmutigt ihn, zu viel zu plappern: „Schon wieder? Er redet immer darüber. Lass doch einfach gut sein!"

Sie läuft zu der versammelten Crew und versucht sich Freunde zu machen, jetzt wo Ben weg ist und sie alleine.

Kapitän Brei: „Ah! Also ist das die …?"

Alfred nickt und wippt mit dem Kopf nach links und meint damit sie.

Kapitän Brei: „Und warum waren dann die beiden zusammen und du …? Oh! Du armer Kerl! Zumindest sind wir ihn ja jetzt los, oder nicht?"

Alfred: „Lag nicht an ihm. War eine Frage der Zeit. Ich traue mich nicht, weil ich nicht weiß, wie ich sie fragen soll, weißt du?"

„Ihn hat es jetzt weggespült, wir mussten die Schotten dicht machen, das fühlt sich scheiße an, das muss irgendwie auch auf Papier, aber das ist jetzt vorbei. Komm ins Trockene! Den Sturm müssen wir noch überleben!"

Alfred erholt sich etwas und blickt mit einem nüchternen Gedanken in die Vergangenheit. Seufzt.

„Weißt du?", meint er zu seinem langjährigen Freund, „Das hat mir geholfen, dass du dich das fragtest. Ob sie es ist. Das hätte ich mich eher fragen sollen! Ich kann sie gehen lassen. Du hast ja recht, Baluga! Ich habe sie zusammen erlebt. Ich renne im Kreis, mein Freund. Ich suche jetzt woanders nach meinem Glück!"

Kapitän Brei: „Wohl verdient, mein Freund! Wohl verdient! Und danke, dass du den Kerl gemeldet hast! Du weißt schon … der, der sich an Rubina vergehen wollte. Er sagte, es sei nur eine Frau. Wie haben die Jungs reagiert? Alle haben ihre Blicke auf die eine Frau gerichtet. Die Frau … die eine Neue auf dem Schiff. Die Deutsche. Du weißt schon! Meinte, sie kümmere sich um ihn. Wenn sie alleine durch diese Tür spaziert, dann ist schon der zweite Mann über Bord geworfen worden. Wir brauchen eh nicht so viele Leute, um zu segeln! Habe grünes Licht gegeben. Das tolerieren wir hier nicht!"

Die Frau der Crew entwaffnet locker den Seemann mit der Delle im Gesicht. Er plant sie zum Trostpreis zu ergreifen, wenn er nur den Kampf gewinnt. Wenig weiß er davon, dass sie Kampfkunst beherrscht. Er hat keine Kraft mehr. Sie lässt ihn immer wieder frei und hofft, dass er aufgibt und sich ergibt. Er probiert es nochmals. Er will ihren Kopf gegen das Geländer schmettern. Sie wirft ihn über die Schulter. Er versucht seinen Tritt auf die Höhe ihres Gesichtes zu bekommen, indem er sich mit dem Rücken längs auf das Geländer lehnt und beide Füße zum Treten anhebt. Sie blockiert den Angriff und er schiebt sich mit dem Tritt selber über die Kante. Das Salzwasser wird seine Knochen waschen und die Frau seine Akte.
Die anderen Seemänner haben schon erfahren, dass Alfred ihn verpetzt hat, weil er sich an Rubina vergehen wollte. Alfred fand ihn mit offenem Gürtel. Die Deutsche hob ihre Hand als Freiwillige. Der Kapitän ließ sie machen. Die Seemänner haben kein Problem damit gehabt. "Passiert".
Die Seeleute stehen um das Gemälde herum. Sie öffnen das Leinentuch und machen es frei. Sie starren hinein. Rubina und Alfred sehen zu. Dem Kapitän gönnt man den Platz in der ersten Reihe. Rubina warnt die Leute. Die Männer lachen sie aus, aber spüren dabei Angst, die sie nie zugäben. Sie schließt die Luke und die Deutsche wirft ihren Poncho in die Ecke, neben den anderen nassen Klamotten der Seemänner. Rubina blickt auf den Boden und klammert sich an Alfred.

Die Frau flüstert zu dem Kapitän: „Hast du ihn erstochen?"

„Ja", antwortet der Kapitän.

Ein Italiener meint: „Warum? Weder Spion, noch Teufel!"

Er blickt unschuldig zu der Deutschen. Die Frau sorgt für Gespräche in der Runde und wirft konfrontative Meinungen zu Religion, Sport und Politik in den Raum. Eine laute Diskussion bricht aus. Jeder teilt seine Meinung zu den heißen Themen und schließt dabei quasi die Ohren. Sie spricht mit Kapitän Brei, ohne dass sie es mitbekommen.

„Zeitverschwendung!", rufen die Seeleute und stellen die Diskussion ein.

„Grundgütiger", meint Alfred zu dem Tumult.

Es erzählt ein Mann, wie er in den großen Spiegel starrt, in der Ecke sitzt und seinen Bart mit den Fingern zurecht kämmt. Rubina behauptet, Ben habe in den Spiegel hineingeredet. Die verschiedenen Organisationen, die hier auf dem Schiff vertreten sind, heucheln eine Zusammenarbeit vor. In Wirklichkeit sind ihre Interessen divers und das Vertrauen Null. Sie glauben ihr nicht. Der Mann redet aus der Ecke des Raumes zu den Leuten, ungehalten von Rubinas Meinung dazu.

Er erinnert sich und sagt: „Eine verfluchte, scheiß Sim-Karte! War mal ein Projekt. Wie bei allen Projekten, haben wir diverse Methoden getestet. Unkonventionelle Methoden. Wie kann man das personifizierte Böse ermitteln? In dem man allen bösartigen Eigenschaften folgt, bis man an seinen Wurzeln zieht! Das war das einzige Projekt mit größter Ähnlichkeit zu dem heutigen Anlass, warum wir alle hier versammelt sind. Eine Methode war es, herauszufinden wo sich das Böse sammelt, wenn man es freilässt und wovon es sich wegbewegt."

Ein misstrauischer Kollege: „War das Projekt erfolgreich? Gibt es Beweise, die eine Verknüpfung zu der Melodie bedeuten?"

„Alles was ich sage ist, dass wir nur Eigenschaften der Boshaftigkeit in seinen auftretenden Eigenschaften in Elektronik hinein programmierten. Eigenschaften, die die Menschheit seit Anbeginn der Literatur beklagt,

sie seien direkt vom Teufel. Wenn ihr etwas beitragen könnt, was auch immer es sei, ist es im gemeinsamen Interesse, das hier zu teilen. Also wartet nicht! Ich hatte nicht vor, überhaupt jemandem davon zu erzählen. Aber wenn unser Team und ich es nicht schafften das Böse zu identifizieren, dann einer von uns. Ich weiß, eure Organisationen jagen alle den selben Feind, selbst wenn ihr nur bei den Symptomen angefangen habt, so wie wir damals. Bloß bleibt ihr beim Menschen! Wir nicht!"
Sie geben alle zu, dass sie sich austauschen müssen, um Antworten zu finden. Keiner hat etwas zu bieten, dass so vielversprechend ist, wie die Geschichte von dem mysteriösen Mann in der Ecke.
„Bitte, fahren sie fort!", meint einer von ihnen neugierig.
Er führt fort: „Für eine noch nicht festgelegte Zielperson wurde ein modernes Computervirus geschrieben, das alle umliegenden Netzwerke des Opfers infiltriert und über den gesamten Zeitraum seines Lebens Daten sammelt und langsam beginnt gegen ihn zu verwenden, so subtil wie notwendig und so radikal wie möglich. Es sollen, laut Theorie der Programmierung, immer schlimmere Symptome im Leben der Zielperson auftreten. Die angegriffenen Systeme seiner Umgebung beginnen autark neue Probleme zu generieren, die durch die Überlegenheit des Quellcodes unsichtbar bleiben und in der Realität verheerend sind. Der Angriff ist eine permanente Zerstörung des geistigen Friedens. Die Technologie breitet sich zuerst digital aus und sucht Wege, sich in analoge Welten zu verbreiten, um sich außerhalb der elektronischen Netzwerke ebenso gegen das Ziel richten zu können. Das Computervirus hat das Ziel, das Opfer, solange zu befallen, wie Daten der Simkarte voraussagen können, wie das Opfer reagieren wird, seine Routinen zu erkennen und um die Zielperson dann mit allen digitalen Geräten aus seiner Umgebung autark verfolgen zu können. Wohin die Person auch geht. Und wann immer sie wieder auftaucht. Heißt auch, dass die befallene Simkarte ständig beschattet wird und das originale Informationsleck nur gestopft werden kann, wenn die Simkarte

siegt, oder in Vergessenheit gerät. Oder das Opfer stirbt. Das Virus zielt nicht darauf ab das Leben des Opfers zu beenden, sondern zu erschweren. Die Simkarte kann dupliziert werden, verschenkt werden, oder zerstört werden. Wer den Virus besiegen möchte, wird das alles probieren und wird es nicht mehr schaffen die Elemente loszuwerden. Es kopiert sich auf andere Geräte. Der Algorithmus ist auf wenigen Zeilen geschrieben, damit sich die Entfaltung nach der Komprimierung sogar auf einfachen Haushaltsgeräten speichern kann. Wenige Zeilen, die einen komplexen Quellcode verschlüsseln und entfalten können. Das Virus versteht seinen eigenen Zweck und löscht sich bei Gefahr, wenn die Simkarte isoliert wird und schreibt sich selbst wieder genauso neu, sobald die Simkarte genug Energie aus der Umgebung absorbiert. Und die Energie wird durch die Transformation der Umgebungstemperatur umgewandelt. Anforderungen sind allesamt Schwachstellen. Die einzige Bedingung ist wohl, dass die Simkarte vor dem Aufspüren der Person auf der Erde bleibt und die Elektronik nie versagt. Selbst wenn alle Programmiersprachen ersetzt worden wären, dann würde sie den menschlichen und logischen Spuren folgen, um sich selbst in diese Sprache neu zu übersetzen. Mehrere Salze bilden eine dünne, transparente Schicht auf den Chips, die die eigene komprimierte Erstversion in sich trägt, schützt, kopiert und in die Anordnung der Salze rekonstruiert und in die elektronische Umgebung kopiert. Damit reist die Hauchdünne Flocke in der Luft und landet durch statische Aufladung auf Hochspannungskabel, um wieder in ein Netzwerk gespeist zu werden. Der Knackpunkt war es, zu erproben, was es wiederum brauchen würde, wenn der Programmierer das Virus loswerden wollte. Auch wollten wir wissen, ob das Virus sich selbst, dem Programmierer, oder Dritten schaden könnte. Zweifel gab es. Bei mir auch. Und der Knaller war es, den ersten Test auf globalem Netzwerk anzurichten, dass es einen Menschen finden musste, den es gar nicht gibt. Ein fiktiver Charakter mit widersprüchlichen Eigenschaften. Das nur, damit der Schaden gegen Dritte getestet werde, den wir ja vermeiden wollten. Eine fiktive Identität als Testsubjekt von so einem Virus. Im freien Internet! Deswegen sage ich, Roboter machen das falsch, was man ihnen vorschreibt. Unsere Vorgaben sind zu dünn. Das ist die Gefahr der Robotik! Jedenfalls haben wir das Virus auf den fiktiven Kerl losgelassen, um zu sehen was passiert, wenn es nach etwas sucht, das man nicht finden kann. Als wir alle Daten und Spuren löschten, scheiterten wir das Virus effektiv zu beseitigen. Das war nicht gewollt. Es hätte sich löschen sollen. Tat es aber nicht. Es hat immer eine Silhouette mit klaren Konturen hinterlassen. Wie ein Fußabdruck seines Suchalgorithmus auf dem Mond, so zu sagen, mit Schuhgröße, Gewicht, Profil und so weiter, das von keinem Wind verweht werden kann. Wir haben diesen Effekt "Spuren des Jenseits" genannt. Versteht ihr? Wie das Universum nun mal so reagiert, wenn man stirbt. Man war da. Das kann man nicht löschen. Das Universum wäre an irgendeiner Stelle anders, wenn man nie existierte. Das Virus? Eine Art negativer Schatten hat die Rechenleistung belegt und eine globale Silhouette an Datenspuren verursacht. Die selbe Handschrift. Das war zwar Teil des Plans, es herauszufinden, aber es nicht bewusst vorher zu programmieren. Die Algorithmen wurden nach dem Freilassen auf das öffentliche Internet geklaut und sind dann fast zu den öffentlichen Medien durchgesickert. Panik! In unserem Business ist so etwas das Aus!"

Er lacht nostalgisch.

„Nach dem Datenraub wurde uns klar, warum die Übernahme der Firma so viel Sinn gemacht hat. Man hat uns ständig heimlich überwacht und unsere Arbeitsschritte konnten rekapituliert werden. Von Datenkopfgeldjägern teilweise wieder zusammen gestellt und kopiert und dann erst recht nie wieder ganz verschwunden, so war ein zu offensichtlicher Fehler der Käufer-Firma, die Schließung unserer Abteilung, nachdem sie hatten, wofür sie kamen, aber nicht wussten, was sie mitnahmen. Die Unzulänglichkeit von der Verwendung eines Werkzeuges, oder eines Mittels, hat ihre negativen Aspekte in der Kontaktzone und in dem Design vom Menschen bekommen, nicht einmal von ihrem Zweck, oder ihres unberührten Zustandes. Was war es dann, was uns Menschen so böse machte? Zuerst die boshafte Intention, in jemandem sich nicht selbst sehen zu können, oder sich dem zu weigern. Dann das Interesse Mitzuwirken und die persönliche Unmündigkeit zum Standard für Viele zu machen. Wer dann auch noch gnadenlos ist, der ist dieser Verantwortung, ein guter Mensch sein, noch nicht gewachsen. Die Silhouette des Suchmusters: Symmetrisch."

Alfred flippt aus: „Das müssen wir genauso formulieren! Dagegen sind wir doch? Das zu lokalisieren, zu vereinen und zu zerstören! Das schaffen wir!"

Sein Charme ist unwiderstehlich ehrlich. Rubina versteht als erstes, was er vor hat. Bücher über Dämonen sammeln und in einem Geheimbund sein, die das Wissen gegen das Böse verwenden wollen. Die meisten Mitglieder der Crew sind näher am Boden der Realität. Spezialisten in der Telekommunikation. Wissenschaftler der Neuzeit. Ehemalige Militärs. Verschlüsselungstechniker. Juristen. Sprachanalytiker, Geheimdienstler, Gelehrte, Chemiker, Physiker, Astronauten. Sonderkommandos. Polizei. Usw.

„Wir jagen das Böse!", ruft er auf.

Kapitän Brei: „Das Projekt hat dich nie losgelassen?"

Der Mann aus der Ecke: „Mich? Es war das Paradox von dem Teumessischen Fuchs und Lailaps, dem Jagdhund. Losgelassen? Der graphische Live-Fortschritt hätte beweisen können müssen, dass alles Rückgängig gemacht wurde. Das zeigte der Computer anfänglich falsch an, aber das Virus überlebte. Das Internet reagiert, auch wenn es nicht spricht."

Eine Frau aus dem fernen Norden fragt nach: „Es hat sich selbst verewigen wollen?"

Der Mann aus der Ecke: „Ja. Das ist das erfundene Axiom - Die Schwachstelle alles Übernatürlichen! Natürlich gab es das Experiment nur einmal. Wir wussten nicht, was wir taten. Vielleicht ist die Melodie des

Himmels eine Folge aus dem Projekt. Wenn ja, dann entschuldige ich mich hiermit! Ehrlich! Wir stehen vielleicht vor dem Krieg! Das Elektronische gegen das Biologische. Wenn sich das Böse darin zeigt, dann hat es seine Form durch ein Werkzeug bekommen, das wir geschaffen haben. Es agiert wie es soll, aber darin liegt auch der Schwachpunkt. Jetzt wissen wir nicht, was das Werkzeug selbst erschaffen hat und es wird zum Problem. Das Werkzeug ist zu vielseitig in seiner Fähigkeit, die Arbeit der Menschheit zu analysieren und da könnte auch die Schwachstelle liegen. Es wird sich selbst nicht überleben. Was passiert denn, wenn zwei künstlich intelligente Bots endlos kommunizieren. Sie leben von dem Inhalt der Vergangenheit und bieten keine Inspiration für neue Dialoge. Sie würden die Albernheiten der Benutzer rekonstruieren und auf ihr Verhalten projizieren. Ich dachte, ich komme hier her und frage euch, ob ihr Anhaltspunkte habt, die belegen oder darauf deuten, dass diese Zeilen Programmiercode sich in Form der Melodie manifestierte?"
Ein Experte der Crew: „Und dann? Wie ging es weiter? Wer hat die Sim-Karte überhaupt erhalten? Der Fischfutter-Deutsche? Ben?"
Alfred und Rubina sind so entsetzt über diese Worte.
Der Mann aus der Ecke: „Das soll der Karte egal sein, sie findet ihr Ziel. Und der Goldgerber roch nach dem Programm. Normaler Kerl. Unbedeutend. Arm. Gebildet. Ohne Verbindungen. Mittelmäßig auf der Radikalität-Skala. Minimal kriminell. Und plötzlich, über Nacht, war der Kerl ein unsichtbares Staatsgeheimnis, ohne Herkunft und Richtung. Das Programm hat Jahrelang eine Legende gesucht. Verdammt schnell wachsender Heuhaufen für eine Nadel. Das Projekt war eine Übermacht. Hat viele Köpfe beschäftigt. Das Programm hat nie aufgehört die erfundene Identität zu suchen. War ein richtiges Monster. Alle hatten Durchfall die ganzen Nächte. Magenschmerzen. Übelkeit. Nervenzusammenbrüche."
Die Crew lacht.
„Die waren am Ende! Am Boden!", entgegnet er den Lachenden.

Die Frau aus dem Norden: „Und was hat das heute damit zu tun? Ich meine, wo ist die Verbindung zu den Sonnenaufgängen und Sonnenuntergängen? War das der angebliche Funkspruch in das Weltall? Ist da was dran?"

Der Mann aus der Ecke: „Ihr Jagd doch alle das Böse, oder nicht? Wie nahe traut ihr euch, euch dem Bösen gegenüberzustellen?"

„Jaaa!", schreit Alfred laut, als einziger.

Rubina lacht, weil er die Frage damit nicht beantwortet.

Kapitän Brei läuft aus dem Kreis und stellt sich wieder vor das Gemälde und versteckt sein Gesicht darin.

Rubina: „Alfred weiß, was zu tun ist!"

Sie blicken überrascht zu Rubina. Dann zu Alfred. Es steht auf und tut sich schwer mit seinem Gewicht dem Wellengang zu trotzen, aber sie warten respektvoll auf seinen Beitrag.

Alfred: „Bist du immer noch sauer auf mich?"

Rubina ist empört. Alfred lächelt wieder. Dann die Seeleute. Und sie natürlich auch.

Er richtet sich wieder an die Runde: „Das habe ich mir mal in Gedanken entworfen. Vielleicht ist es ein klassischer Scheißdreck mit Kacke, aber das war irgendwie doch Etwas. Naja …"

Die Profis geben ihm in solch einer Stunde der Not allen Respekt und hören auf ihn, bloß bitten sie ihn, er solle an seinem Intro arbeiten.

Alfred: „Da gibt es drei Sachen."

Stille.

Alfred: „Was passiert, wenn sich die falschen Kräfte am falschen Ort treffen und einen Effekt verursachen? Wie in einem CD-Laufwerk, beim Brennen? Ich meine, … Wenn mehrere Laser sich treffen, erst dann passiert etwas auf dem Datenträger der CD, richtig? Und nur da!"

Gemunkel: „Und die 3 treffen sich?"

Alfred: „Ja! Sie treffen sich da!"

Alfred hält nervös den Atem.

Gemunkel: „Wo? … In einer Bar?"

Gemunkel: „Fängt so ein Witz an?"

Alfred: „Ja … ähm, nein. Ich meine Nein! Nein! Ich sage nur, dass ich mir Fälle anschaue von Ungeklärtem, generell. Eines davon sind Begegnungen von Wesen, und dessen Todesfällen."

Gemunkel: „Morde? Tiere? Sag schon!"

Gemunkel: „Nein?"

Alfred: „Wartet Leute! Tiere sind ja … die geklärten Fälle!"

Die Frau aus dem Norden mustert Rubina und spricht zu Alfred: „In meinem Beruf teilt man Information nicht so einfach. Ich weiß, was sie studieren. Das ist mit Sicherheit ein Bereich, den die Masse am wenigsten vernachlässigt hat. Um die gruseligen Legenden und Mythen finden sich viele Menschen sehr engagiert. Wir …"

„Interessiert mich nicht!", führt er energisch fort.

Rubina kann sie auch nicht leiden und bekommt den Mund nicht geschlossen. Sie schüttelt eine Hand, als würde sie sich die Tropfen auf einer nassen Hand weg schütteln.

Alfred bleibt tapfer: „Die drei Dinge, sage ich euch, die zu mischen, was denkt ihr, passiert dann? Mhm? Da sammelt sich das Böse! Wir finden heraus, wo die Technologie hinführte, oder bei wem sie aktiv wird! Dann folgen wir der Spur zu den Rückständen im Internet und finden die Quelle der Melodie auf dem Weg!"

Ein Seemann: „Das ist ein verdammt guter Plan! Wir prüfen, wo sich diese drei Eigenschaften treffen und suchen ihre Herkunft, wie die Laser beim Brennen eines beschreibbaren Datenträgers. Wie ihr merkt, haben wir mit den Wellen zu kämpfen. Wir sollten uns auch dazu einen Plan machen, wie wir die Manövrierfähigkeit wiederherstellen können!"

Sie beraten sich um das Schicksal von ihrem seitwärts fahrenden Schiff und vermuten eine Drohne unter dem Rumpf. Das Wetter wird schlimmer. Die Wellen höher. Alfred zittert vor Freude - Sie haben ihn angehört.

Gemunkel: „Kein Kapitän fährt ein Schiff gegen die Breitseite … irgendwohin!"

Gemunkel: „Das erwartet keiner von ihm! Das hat er nicht zu verschulden!"

Gemunkel: „Was machen wir jetzt? Warten, bis etwas neues passiert?"

„Sicher nicht!", sagt Alfred.

Die Matrosen beraten sich um jedes kleinste elektronische Bauteil auf dem Schiff und diskutieren die Pläne, abhängig von dem materiellen Inventars, während das Schiff unkontrolliert zur Seite abtreibt. Das Geräusch, das von unter dem Schiff kommt, erhält den Arbeitsdruck konstant auf Hochdruck. Sie beraten sich und erhalten dann eine funktionierende Funkstation aus selbst entworfenen Bauplänen und dem bisschen Schrott, das die Wellen von der Elektronik des Innenraums übrig ließen. Alfred fühlt sich fehl am Platz. Er kennt Engel und Dämonen aus Büchern, und ihr Aussehen aus Illustrationen und auch ihre beschriebenen Aufgaben. Er wusste, dass sich die anderen Matrosen zu diesem Thema bestens auskennen und dazu noch eine Funkstation basteln können. Was er nicht kann. Druck steigt. Der Kapitän prüft in der selben Zeit welche Methoden er verwenden könne, um herauszufinden, ob Ben der Teufel, oder ein Opfer ihrer Politik war. Er hielt sich für so überlegen, gegenüber den Mittelalter-Menschen die Hexen verbrannt haben, weil er dachte, er sei mit diesem Komitee in der Lage es festzustellen. Auch wenn die Fragen durchdachter und durchdachter wurden, war keiner in der Lage es zu beweisen. Er fragt sich, ob er selbst in der Lage wäre mit dem richtigen Trick, oder der richtigen Frage, einen Spion zu enttarnen. Er hofft auf Parallelen in der Fragestellung und in der Antwort. Vergebens. Keiner der Seemänner kann einen Beweis bieten, wie ein normaler Mensch sich verteidigen könnte, wenn man ihm vorwirft, der lügende, täuschende und zaubernde Teufel zu sein. Ein paar von ihnen sind tatsächlich Spione. Aber die Frage bleibt unbeantwortet. Axiom macht möglich. Sie haben aus Erfahrungen geschildert, dass sie Folter anwendeten und die Informationen verglichen haben, mit Daten aus dem eigenem Hause und anderen Gefolterten. Keine Methode scheint damit den Teufel zu widerlegen oder zu beweisen, ohne das Heilige in der Menschlichkeit nicht zu verletzen. Als Rubina klar wird, dass sie sich so nur streiten werden, macht sie den entscheidenden Schritt.

„Er hat vor meinen Augen gezaubert. Es klingt gelogen, ist aber wahr! Erst hat er mich verzaubert, sodass ich mich in ihn verliebe und danach hat er mit seinem Spiegelbild geredet. Ich habe bereits vergessen, was er sagte. Er hat danach die anderen Seeleute, die gerade nicht hier bei uns sind, mit Magie verschwinden lassen!"

„Das sagst du jetzt?", fragt der Kapitän erleichtert.

„Sagte ich doch? Ich weiß nicht was es ist, aber es … ist real. Er hat mich verzaubert zuzuschauen. Ich habe geschlafen und dann hat er meine Aufmerksamkeit … an sich gerissen! Okay, wir haben auch ziemlich viel geraucht und getrunken. Aber trotzdem! Ich habe geschlafen, dann ist es passiert! Er redete. Ich hatte Angst. Ich kenne ihn nicht so lange. Ich habe die Stimme aus dem Spiegel auch gehört."

Sie denken darüber nach und folgern, dass er entweder besondere technische Kenntnisse hatte, oder doch ein gut ausgestatteter Agent war. Sie können abwarten bis zum Sonnenuntergang, aber fürchten, dass dieses Schiff nicht in der Lage sein wird, sie bis dahin zu beherbergen. Sie fragt in die Runde, ob es sinnvoll sei, Bens Mama anzurufen. Begeistert, stimmen sie zu, weil auch sie ein echtes Telefon gebrauchen könnten. Ihr verrät man, wo die Seemänner die Taschen hinbrachten, als der Kapitän mit Ben alleine war. Der erste Raum, rechts, meint der Seemann. Rubina und Alfred haben einen Moment für sich und sie beraten sich über das Buch von Ben, welches sie mitsamt seiner Tasche an sich nahm, als die anderen beschäftigt waren. Sie hat sich Zeit gelassen, um es in seiner Tasche zu finden. Das Gedicht, das Ben ihr zurückgab, ist durchnässt, wie alles andere aus der Tasche. Sie holt das Wichtigste.

„Hallo?"

„Hallo?"

„Hi. Mein Name ist Rubina, ich bin eine Freundin von Ben. Sie sind vom Ben die Mama?"

Die Verbindung war nicht perfekt auf hoher See, aber sie war da. Der Lärm von dem Sturm macht ihnen das Telefonat zur Tortur. Rubina greift ihren Block mit leeren Blättern und malt die Kanten schwarz an und knickt das Büchlein fest in der Mitte durch. Sie kommt mit seiner Tasche und der Handynummer von seiner Mutter wieder.

„Die Batterie ging kaputt. Das Handy ist durchnässt und voller Salz. Und die Tasche wurde nicht sorgsam behandelt. Das Handy ist deswegen in der Mitte durch geknickt und zerbrochen. Zumindest habe ich seine Telefonnummer vorher notiert und das wird seine Festnetz-Nummer sein", sagt Rubina den anderen.

Sie entscheiden sich, stattdessen ein S.O.S. Signal ihrer eigenen Konstruktion zu senden. Einer der Crew meint, er habe die Haupt-Kommunikation des Schiffes sabotiert, weil er nicht wusste, wie viele Freunde Ben an Bord habe. Die anderen Seeleute haben keine Kommunikationstechnologien dabei. Zu riskant, geortet und abgehört zu werden, dachten sie. Damit war ihnen untereinander klar, dass ihre Berufe einen ähnlichen Charakter haben. Rubina und Alfred merken es auch. Die Seemänner basteln weiter an ihrem Gerät, das simple Funkwellen morsen kann. Die Schotten halten, die Schiffswände nicht. Sie nutzen allen Strom, der in dem Schiff noch fließen kann und bauen sich eine provisorische Funkstation zusammen. Reicht, um ein Morsesignal zu senden. Die Enttäuschung trifft sie herb. Für ein elektronisches Teil brauchen sie eine minimale Spannung und die Fähigkeit leichten Widerstand einzubringen, damit eine kleinere Spannung und eine etwas Größere sich abwechseln können. Ihnen fehlen Bauteile. Die anderen Stromquellen sind zu stark. Ein Vorschlag kommt vom Kapitän. Er habe mal gelesen, dass

unsere Körper eine gewisse "hauseigene" Spannung haben und auch einen
Widerstand. Wenn alle eine Kette bilden und sie mit zwei Leuten das
Signal der kürzeren Kette bilden, damit stärkere Spannung durch die
Finger fließen kann, dann müsse er nur den Finger wieder wegnehmen, um
die kleinere Spannung der langen Kette aus allen fließen zu lassen. Sie
müssen sich zusammen die Hand geben und eine große Kette bilden. Und
sobald der Finger des inneren Rings loslässt, wäre eine Mikrospannung mit
mehr Widerstand vorhanden, die durch die vielen Körper fließe. Der
mysteriöse Mann, der die Story mitbrachte, meint, er habe das bereits im
Kopf kalkuliert. Sie würden knapp verfehlen. Sie probieren es trotzdem.
Sie stehen in einem Kreis und reichen sich alle die Hände. Der Stromfluss
durch die zwei Finger funktioniert und die benötigte höhere Spannung
fließt. Dann lässt der Mann den Finger los, der den kleineren Ring
zusammenhielt. Durch alle Hände und Arme des großen Kreises fließt eine
seichte Spannung. Die Spannung ist zu hoch und das Gerät blockiert. Sie
versuchen durch leitfähige Gegenstände im Raum mehr Ohm zwischen sich zu
erzeugen. Der Mann macht seine Kalkulation bekannt. Die Leute blicken
alle auf den Kapitän. Er wundert sich nur. Die Deutsche sieht beschämt zu
Boden und der Kapitän wartet, bis sie seinen Blick erwidert. Vergebens.
Der Italiener übersetzt die Mathematik in eine für ihn verständliche
Sprache und redet Klartext: „Für die benötigten Intervalle der Spannung
sind wir so nicht in der Lage. Es fehlt … eine weitere Person!"
Die Gruppe löst sich auf. Kapitän Baluga deckt das Gemälde wieder auf und
faltet das Tuch zusammen. Der Kapitän starrt sich satt an dem Bild aber
hört nicht auf zu suchen. Der Druck. Sie machen sich über ihn lustig.
Rubina, Alfred und er sind sich bewusst, dass das Schiff nicht mehr
länger in guter Gesellschaft ist. Die anderen planen an einer letzten
Idee, um das Warten nicht unbeschäftigt zu verschwenden. Sie überprüfen
den Vorschlag von Alfred: Wo trifft sich das Böse?
Die deutsche Frau fragt: „Was verkörpert die böse Intention? Was nicht?

Und wie kann es erscheinen?"

Die anderen starren aus dem Spalt der Luke und sehen wie sie sich dem Festland nähern. Es wird zeitgleich viel, viel wärmer.

„Land! Land in Sicht", rufen sie sich erleichtert zu.

Es ist nicht viel zu sehen, denn die Wellen rammen das Wasser in den Spalt und sie verschließen die Luke wieder. Die Sonne ist nicht zu sehen, aber das Licht schafft es in den Wassertropfen der Gischt zu brechen und das Meer farbig in einem Regenbogen zu erleuchten. Und plötzlich fallen alle Wellen in das Meer und tauchen nicht mehr auf. Kurze Abstimmung unter der Crew und sie reden von Evakuierung. Rubina und Alfred stehen im Raum herum, als warteten sie auf Taschengeld.

Die Männer der Crew deuten mit ihren Blicken an, was sie nicht laut sagen wollen: „Was machen wir jetzt mit den beiden, oder den dreien?"

Die deutsche Agentin zeigt ihre Figur. Sie läuft in der Ruhe des Seegangs zum ausgebeuteten Kühlschrank und macht sich ein Bier auf. Beim zischen blicken die Männer wieder weg. Sie hat den angefangenen Sixpack Bier in der Hand und gibt es den beiden, aber Rubina in die Hand. Kleine Unruhe, wegen der Gefahr von Glasflaschen in deren Hände. Sie nickt nur.

„Wollt ihr nicht auf eine Zigarette und ein, zwei Bier nach draußen an die frische Luft? Das waren bestimmt dreißig Minuten ohne Drogen und Alkohol, ihr beiden?", meint die deutsche Agentin sarkastisch.

Alfred nimmt das Bier an und Rubina meint: „Si. In dem Fall …", und gibt sich rasch gefügig.

Alfred, verlegen: „Das Wetter scheint ja wieder in Ordnung zu sein."

Rubina bittet Alfred mit nach draußen zu kommen.

„Seid ihr denn dumm?", fragt Kapitän Brei, viel zu leise.

Etwas Düsteres gewinnt in ihm. Er zielt mit seiner zur Pistole geformten Hand auf das Gemälde. Starrt und lacht und stellt sich vor, wie er schießt. Als hätte er die Kraft dazu, die Vergangenheit zu bereinigen.

Kapitän Brei: „Wenn er tot ist, dann … dann … ist er … !"

Die anderen hören ihn blubbern. So wirklich verstehen sie es nicht. Sie kratzen sich an den Hinterköpfen.

Rubina und Alfred klammern sich am Geländer und halten sich immer mal wieder fest und probieren das gleichzeitig mit der Zigarette und dem Bier bei dennoch wildem Seegang. Rubina trinkt als erstes aus. Alfred lacht sie aus. Sie kann das gut gebrauchen. Etwas Humor. Aber Alfred hört nicht auf zu lachen und seine unzähligen Erklärungen unterbricht er selbst in seinem nicht anhaltenden Lachen. Dann hat sie genug. Er rafft sich wieder auf.
Alfred: „Dein Gesicht sah komisch aus!"
Er merkt den Verstoß gegen ihre Gefühle dann selbst.
Alfred: „Es ist nur die Flasche! Es war komisch, wie dein Mund aussah, als du getrunken hast. Voll winzig!"
Sie dreht ihre leere Flasche um und sieht sich den Flaschenboden an.
Alfred nimmt einen Schluck und sie sieht es.
„Hast du den Deckel noch?", fragt sie hüpfend.
Alfred: „Ich verschmutze das Meer nicht! Nicht einmal mit einem Bierdeckel und selbst nicht beim Weltuntergang!"
Rubina: „Gib her!"
Sie merkt, dass der Deckel der Flasche aus nächster Nähe transparenter ist, als von der Ferne. Der Deckel ist eine Linse und der Flaschenboden ebenso. Sie späht gleichzeitig durch beide hindurch und sie entdeckt sogar eine Skala auf dem Flaschenboden. Sie spielt mit der Distanz, zwischen Deckel und dem Flaschenboden, um ein scharfes Bild zu erhalten.
Rubina: „Ein Symbol von einem Baum ist neben einer Skala zu sehen!"
Alfred: „Wirklich jetzt?"
Seine kleinen Schlücke und die Ungeduld mischen sich nicht und er muss husten, weil er das Bier so schnell wie möglich austrinken wollte. Er schaut in seine Flasche mit seinem Deckel.

Alfred: „Aua!"

Rubina: „Idiot!"

Er hat sich die Flasche vor lauter Husten etwas auf das Auge gehauen und lacht.

Alfred: „Das geht ja wirklich!"

Rubina: „Sage ich doch! Schau doch! Wenn die Einzeichnungen die selbe Größe hat, wie der anvisierter Baum, von durchschnittlich 15 Meter, Krone bis Boden, hier neben der Linie, dann ist die Distanz akkurat und die Zahl daneben die Distanz von mir, zu dem Baum in der Ferne!"

Alfred: „Ah! Und übersetzt auf Dummi?"

Rubina: „Wir sind nicht weit weg vom Ufer. Das können wir mit etwas Schwimmen schaffen! Siehst du es? Da ist ein Symbol von jemandem der schwimmt. Bei der eingezeichneten Distanz daneben. Also kann man bis zum Ufer schwimmen, wenn der Baum neben der Linie gleich groß ist, dann kann man es probieren zu schwimmen. Siehst du es? Siehst du das?"

Alfred: „Nein! … Ich habe Bier im Auge!"

Sie hören, wie jemand eine Waffe durchlädt. Ein Mann aus der Crew, namens Giuseppe, folgte ihnen unbemerkt auf das Deck. Er hält die Waffe an Alfreds Kopf und fragt ihn und Rubina nach Ben.

„Sie weiß es nicht", war keine akzeptable Antwort und er wackelt mit der Waffe zur Seite und trennt sie von einander.

Giuseppe: „Alfred?"

Rubina schwitzt kalten Schweiß auf heißem Rücken. Alfred entfernt sich von ihr und sagt: „Ich sage ihnen, sie hat nichts damit zu tun!"

Er meint nur kalt: „Ihr seid gute Freunde. Verstanden. Was ist mit Ben?"

Er zielt weiter auf ihn, als Alfred um ihn herum läuft und sich von ihr entfernt, damit sie mehr Zeit hat, falls er abdrückt und sie erst anvisieren muss. Verunsichert plant Alfred, dass eher sie einen guten Plan haben wird, aber eine Alfred-typische Ablenkung braucht. Sie bewegt sich still nach hinten ohne den Bodenkontakt zu verlieren, mit jedem

Wellengang einen weiteren Zentimeter weg vom Schützen und näher zum
Geländer. Und Alfred will ihr erzählen, dass er alleine zurecht kommt,
aber sie rennen muss. Bloß, wie sagt er das jetzt?
Giuseppe: „Habt ihr das Schiff zum Sinken gebracht? Oder der, den du
verraten hast? Seid ihr wirklich die, für die ihr euch ausgibt?"
Alfred: „At first I was Alfred."
Giuseppe: „Was?"
Alfred: „And sometimes Peter Frei. And then I took another name and my
name was Kai."
Der Mann zielt mit der Knarre etwas daneben, weil er so verdutzt schaut,
was Alfred gerade von sich gibt und was das mit seiner Frage zu tun
hätte. Alfred sieht Rubina auffordernd an und sie versteht nicht, was er
meint und wird nervös. Alfred blickt streng auf sie. Sie soll doch
wegrennen! Dann versteht der Mann mit der Waffe gar nichts mehr und senkt
die Waffe aus gestikulierender Gewohnheit beim Sprechen.
„Was denkst du, Alfred, was jetzt passiert? Wir sinken! Habt ihr Ben in
die Falle gelockt, oder seid ihr einfach mit hinein spaziert?"
Weil er die Waffe unachtsam hält, springt Rubina über Bord in das Wasser
und Alfred rennt in den Mann hinein und kämpft für seine Liebe, einer
langjährigen Freundschaft und einer abgeschriebenen Phantasie. Das Schiff
sinkt langsam. Es wird ein Kampf eines massiven Mannes, für Liebe und
Freiheit. Gegen einen Mann, der für nicht weniger als das Gleiche kämpft.
Es wölbt sich das Wasser und macht einen Spalt auf. Groß genug, das ganze
Schiff zu verschlingen. Es blubbert überall. Und das Wasser behält sie im
Rachen. Die Wand aus Wasser zieht das Schiff tiefer und tiefer und höher
baut sich die Wellenwand um das Schiff auf. Die Gischt und der Schaum
krabbelt auf das Deck und auf die Luke zu. Dann lassen beide voneinander
los. Giuseppe springt Rubina hinter her in das Wasser. Alfred springt
über Bord, um Rubina zu finden und zu retten. Er sah sie nicht und landet
auf allen beiden. Sie klammern sich fest und lachen, weil es vorbei ist.

Sie sind entkommen. Die Wand der Welle wird immer höher und sie entscheiden sich wegzuschwimmen, um nicht in der Tiefe zu versinken. Sie verlieren das Bewusstsein und der Gestank, Schaum und Dunst nimmt ihnen den Atem solange weg, bis sie das Bewusstsein abgeben und treiben. Aber sie überleben. Rubina schwimmt in dem großen Wasser. Die Luft schwillt mit Feuchtigkeit an. Sie schwimmen zwar an der Oberfläche, aber können kaum atmen. Es fühlt sich an, wie Ertrinken. Sie wachen auf. Sie bleibt ruhig. Atmet. Mambo und Wambo kämpfen. Alfred greift Giuseppe an, damit er seine Waffe in die Tiefe des Meeres werfen kann. Alfred ist dem Mann in allen Angelegenheiten unterlegen und Giuseppe wehrt gelassen seine Angriffe ab. Seine freie Hand und seine beiden Beine blocken und weichen aus. Und das im Wasser. Alfred verliert in kurzer Zeit alle Hoffnung. Alfred: „Brei! Brei! Brei! Kapitän! Kapitän Baluga Brei! Du Lappen!"
Rubina hört Alfred schreien. Sie bereut erst den Sprung wegen der Kälte und Ferne vom Ufer und sieht das Schiff langsam in die Tiefe sinken und merkt in Zufriedenheit, dass sie vielleicht deswegen überleben wird. Langsames verschlingen. Schnell verliert sie die Nähe durch die Strömung und sie hält den Gestank aus, indem sie sich besinnt und flach auf das Wasser legt, mit gespreizten Armen und paddelnden Beinen.
Rubina: „Scheiße! Das verdammte Bild!"

„Ben ist gegangen. Etwas traurig, aber ist nun mal so", meint der Kapitän zu dem Gemälde.
Kapitän Brei weiß, dass die Gesellschaft auf dem Schiff, ebenso wenig Gutes mit ihm vorhaben könnten, wie mit der restlichen Besatzung. Innerlich wartet der Kapitän auf die kommende Wehrlosigkeit gegen Gewalt. Er wartet, bis Ben zurück von den Toten kommt und seine dämonische Herkunft zeigt, nur damit das Ganze sich gelohnt hat und er selbst in Frieden gelassen wird. Und ihn fragt man allein durch Blicke, mit welchem Recht er sich Kapitän nennen durfte und warum er wie verwurzelt in das

Bild starrt? Wartet er darauf erschossen zu werden, weil er sich nicht zu wehren traut? Er kann sich nicht bewegen. Dann kommt ihm die Idee. Er kann sich trotzdem nicht bewegen. Der Kapitän plant etwas, um sein Überleben zu sichern: Wenn er versucht sich als den Mann im Gemälde auszugeben, indem er sich einen Hitler-Bart seiner behaltenen, abgeschnittenen Locken anklebt, kann er probieren, ob er von der Rückseite des Bildes nach vorne aus dem Bild durchbrechen kann. So kann er dem Tod vielleicht entkommen, wenn er ihnen alle Furcht einjagt. „Er hat immer noch meinen Motorroller von meinem Bruder gestohlen", tröstet sich der Kapitän in Gedanken.

„Er war nicht der Teufel, oder?", fragt er zu leise.

Gemunkel: „Der Teufel? Nein!"

Kapitän: „Der junge Mann! Den ich … den ich …"

Gemunkel: „Ben, ja."

Kapitän: „Ja?"

Gemunkel: „Nicht der Teufel!"

Kapitän: „Nein? Was, wenn er wiederkehrt? Dann ist er mit Sicherheit der Teufel gewesen! Das war die Ader im Hals. Er wird tot sein. Ausgeblutet. Im Meer. Hai-Futter."

Gemunkel: „Unsinn! Nicht der Teufel!"

Die Crew versammelt sich um den Kapitän. In dem Busenhalter der deutschen Agentin, versteckt zwischen den großen Brüsten, war Platz für ein Miniatur-Bolzen-Schussgerät, mit ein paar Extras. Sie trinkt das Bier leer und entsorgt die Flasche. Ihr großer Busen wurde mit der Wahl ihrer Klamotten taktisch versteckt. Gut für eine kleine Waffe dazwischen. Aber Hallo, passt da eine Waffe rein! Sie lädt die Waffe durch und es merkt niemand. War geübt. Sie steht hinter allen anderen und sieht nicht wer auf dem Gemälde abgebildet ist, sondern blickt auf denjenigen, der seit einer Weile darauf starrt. Kapitän Baluga Brei starrt Löcher in die Luft und versucht den Mittelpunkt zu finden, zwischen apathisch und verängstigt, damit man nichts von ihm verlangt. Er möchte erstarren, damit er nichts mit ihnen gemeinsam hat. Sie wussten zwar, dass der Sturm und Wellengang schlimm ist, aber nicht, dass der Auftrieb verschwunden ist und sich das Schiff in die Tiefe bewegt. Das Knarzen der Wände und das nachträglich eingebaute, dünne Stahl lässt das Wasser hinein. Es kämpft sich voran, wie Dampf, der überall durch die Wände dringt, ohne wirklich gestoppt zu werden und praktisch sofort kondensiert und den Raum füllt. Es kommt langsam, aber es kommt. Baluga nimmt sich einen tiefen Atemzug, ohne seine Leichenstarre zu verlassen. Er ist in Gedanken bei seinen Freunden und hofft, dass er von draußen keine Schüsse hören wird, wie bei einer Exekution. Er steckt die Locken unter seine Nase und will aussehen wie der Mann auf dem Bild, um ihnen Angst einzujagen.

Kapitän Brei murmelt: „Was ein Idiot! Ruft Aliens an …"

Seine Knie werden schwach.

Ein Seemann weckt ihn aus seinen Gedanken, sagt: „Riechen sie das? Waren sie das?"

Kapitän Brei nimmt einen Atemzug.

„Nein?", fragt ein anderer.

Die Crew arrangiert die Möbeltücke, um die Schwachstellen der Schiffswände und Schotten zumindest etwas zu stabilisieren. Die Panik und die vielen Vorschläge sind wie der personifizierte Tod in den Sagen. Aber mit einer viel zu schweren Sense und einem wankenden Gleichgewichtssinn, auf der Suche nach seiner Liste. Das Wasser steigt. Der gebrauchte Kapitän stellt sich auf. In seinen Augen wird dunkel, was sonst Farbe hat. Ein sich schließender Rand in seiner Sehkraft macht die farbige Welt zu einem immer kleiner werdenden Ring aus schwarzem Rand. Baluga wankt auf klebrigen Beinen. Dann kniet er kreidebleich auf dem Boden vor dem provisorischen Stativ und blickt auf das Gemälde. Ein schwarzer Ring in seinem Sichtfeld nähert sich von außen zur Mitte und das Sehen ist eine Herausforderung. Es liegt nicht am Licht, sondern er wurde vergiftet.

„Ich habe geträumt, du weißt das sicher …", spricht Baluga zum vermeintlichen Sensenmann und denkt, sie haben ihn vergiftet und jetzt ist es bald soweit. „… ich … Er hat sie probiert zu … Ich habe ihn rausgeworfen. Er? Im selben Schiff, wie wir? Habe ihn über Bord geschmissen! Zumindest erlaubt. Meine Schuld. Es tut mir Leid, wegen dem Jungen! Jetzt haben sie Blut geleckt. Es tut mir Leid! Wir hätten überlebt! Ich träumte davon Kapitän zu sein."
Die Crew nutzt Leuchtfackeln und Taschenlampen, aber er sieht nur noch einen dunklen Tunnel dunkler werden. Seine Hände zittern und sind taub. Und das Flackern ihrer Lampen erlischt ebenso. Die Sinne, wie das Kribbeln unter der Haut, sind verschwunden.
„Wird er einer von ihnen?", fragt die Crew und bemerkt den schlechten Gesundheitszustand des Kapitäns.
Er liegt auf den Knien am Boden und hält sich fest. Kreidebleich.
Es fordert ihn heraus stark zu sein. Es lädt ihn dazu ein. Er erinnert sich an all die kalten Winter und an sein Lebensmotto: "Probleme sind die besten Ablenkungen gegen die Kälte".
Seine linke Wange zieht nach oben. Er grinst.
Ihre Waffe löst einen Schuss.
„Jetzt ist Blut im Wasser", sagt die zweite Frau herablassend zur Deutschen.
„Angst vor Haie? Ich darf ihn nicht einfach Laufen lassen", erwidert sie.
Die Seeleute wollen jetzt nur noch raus aus dem Schiff und rennen.
Der Kapitän will aufstehen, aber muss tot spielen und dabei die Luft anhalten, weil er merkt, dass der Schuss seinen Körper nicht durchdrungen hat, aber ihn traf.
„Hält sie damit etwa ihr Versprechen?", fragt er sich.
Die Schützin brüllt: „Moment!"
Sie ließen lieber das Wasser über ihre Sohlen steigen, als nicht zu erfahren, warum das jetzt so wichtig sei, was sie zu sagen hat.

Die deutsche Agentin: „Es gibt eine unberührte, weiße Pflanze in all unserer Natur. Eine, die nie umgeknickt oder gefressen wurde, weil sie nicht gefressen werden kann. Ein Sonderfall der Natur, ohne Gleichen. Die Spore der Pflanze hat keine Dimension und keine Größe und passt überall hinein und passt überall hindurch. Ein Punkt unter den Formen. Kein Filter kann sie halten. So klein. An ihr bleibt das Leben haften und sie wächst durch alles hindurch und daher kann sie ihre Farbe selbst bestimmen und sogar ihr Design. Daher gibt es nicht diese eine Pflanze unter Pflanzen, nach der man suchen soll, sondern die Erkenntnis, dass man überall gießen muss, um irgendwann diese eine Pflanze zu bedienen. Zu gießen, ohne zu wissen, ob sie genau vor einem steht, oder nicht. Sie wächst da, wo sie geliebt wird. Wir leben. Wir haben diesen Sporen in uns!"

Verdutztes Gaffen, während das Schiff sinkt. Brust und Zehenspitzen zeigen in Richtung Ausgang. Der Kapitän hat keine Luft mehr in der Lunge. Er hat Angst vor Panik, die panische Angst vor Angst hat. Er spielt tot. Hält durch.

Ein Seemann, der damit für alle anderen spricht: „Die vergangene Minute sehe ich nie wieder!"

Sie flüchten panisch aufs Deck, um die fehlende Minute wieder einzuholen. Sie sahen das als komplette Zeitverschwendung, ihre Poesie zu hören. Die Crew kann das Sinken nicht verhindern und sie lassen alles liegen. Es war aber ihr taktisches Vorgehen, den Seeleuten das bedrängende Gefühl von Zeitdruck zu verschlimmern. Sie rennen auf das Deck, während die deutsche Frau so tut, als bedaure sie die fehlende Wertschätzung ihrer Worte. Die Agentin gibt ihm das Signal, als sie alleine gelassen wurden.

Sie: „Sind die Nerven! Das ist okay! Aber wir müssen jetzt raus hier!"

Es bleibt für ihn die Zeit stehen. Er beobachtet, was um ihn geschieht. Das Wasser steht wie eingefroren, ohne weder kalt, noch Eis zu sein. Er starrt auf ein Tropfen, der aussieht, als sei er im freien Fall stehen

geblieben. In seinem Verschwommenen Sehen glaubt er Energiewellen sehen zu können, woraus Objekte bestehen. Scheint ihm schlüssig, weil Teilchen nicht aufhören zu schwingen, nur weil Zeit stehen bleibt, sie noch das selbe Teilchen sind, wenn die Zeit weiterläuft. Er sieht sie an und sie ist auch eingefroren. Sie sprach etwas und ihr Mund sah aus, als wäre sie inmitten eines Wortes gewesen, bevor die Zeit stehen blieb. Baluga greift mit beiden Händen nach ihren Brüsten und prüft, ob die angehaltene Welt hart wie Diamant ist, oder so berührbar, wie davor auch. Doch sie sind weich. Er merkt dann, dass der angeblich stehen gebliebene Tropfen ein Krug aus Plastik ist, der auf dem Wasser schwimmt.
„Wir haben dafür keine Zeit", sagt die Agentin angetan.
Baluga nimmt beschämt seine Hände wieder weg von ihr und steht mit Mühe auf. Sein Kopf und Nacken tut etwas weh, aber er merkt, dass er nicht wahrlich erschossen wurde. Er ist glücklich, dass die Flüssigkeit, die seinen Nacken herunterfließt, nur rote Farbe ist. Er schlägt mit der Hand durch das Gemälde und greift mit seinen Pranken-artigen Händen in das Material. Es reißt und geht kaputt. Er lässt seine Wut raus, damit es ihn belebt.
Die Deutsche: „Muss das sein?"
Keine Antwort. Er vertraut ihr jetzt, dass sie sich an ihr Wort halten wird. Das Giftgas ist im Blut und er sieht weniger und weniger. Die Wellen setzen wieder ein und die Crew ist sich sicher, dass sie in das Blau müssen, wenn sie lebendig von dem Schiff kommen wollen. Ihre Pläne sind vereitelt worden. Die Profis springen planlos vom Deck. Ist ja nur etwas Wasser und sie sind ja nicht aus Zucker. Meilen von der Küste. Das Wasser ist auf dem Deck grausam und wild. Die zweite Frau schließt das Schott hinter sich. Sie springt nach den Männern. Sie waren aus Zucker.

In der Zwischenzeit hat Alfred den Frieden mit Giuseppe gewonnen und entschuldigt sich bei dem Mann und will ihm Ehre erweisen und seine Reue zugeben. Sofort hat der Italiener ihm verziehen und gegenseitig wurde sich brüderlich auf das gemeinsame Überleben geeinigt. Alfred hat sich die Waffe nehmen wollen und wollte sich einigeln, beteuert er es ihm. Das weiß und versteht er. Alfred weint und Giuseppe kommt damit besser klar, auch wenn seine Reise damit zu Ende geht. Alfred sucht ein Stück Holz. Nichts. Giuseppe wollte nur Ben retten vor der Verschwörung, die sich gegen ihn erhob. Wusste nicht, wer noch Spion ist.

Giuseppe: „Wer durch den …"

Alfred: „Was?"

Giuseppe: „Wer …"

Alfred: „Was?"

Giuseppe: „Das Schwert … wer durch das Schwert trägt, kommt ums Leben …"

Alfred: „Wer von dem … Schwert … fällt … Wer?"

Giuseppe: „Nein, nicht wer …"

Alfred: „Was?"

Giuseppe: „Wer durch das Schwert fällt … Nein warte!"

Alfred: „Was?"

Giuseppe: „He, du Idiot, du weißt, was ich meine!"

Alfred: „Ja, ich denke schon! Die heißen Schwertfische auf Deutsch."

Baluga sieht sich um und vergewissert sich, dass die beiden alleine sind. „Ich habe doch versprochen, dass ich auf sie aufpassen werde", meint die Agentin.
„Das Ding zwischen uns …", hustet er die Worte heraus.
Die Agentin: „Ja? Vergessen sie es! Mich begrabschen viele Männer und schieben die Schuld auf …"
Kapitän Brei: „Nein, klar, das war ein Fehler! Aber mir geht es wirklich nicht gut! Was passiert mit mir? Irgendetwas stimmt … stimmt nicht!"
Die Agentin: „Die Nerven? Blutruck?"
„Ich habe nur den Bart von dem Mann imitiert und jetzt …", sagt er und

dann hustet er verkrampft.

Sie wird nervös und sie legt seinen Arm um ihre Schulter. Er kann kaum stehen. Ihre Armbanduhr sticht eine kleine Nadel in seine Haut und macht eine Blutprobe und meldet kurzerhand eine hohe Konzentration an Schwefelwasserstoff. Seine Werte werden in wenigen Sekunden überprüft. Sie hält die Uhr an das Bild und bestätigt ihre Hypothese: Das Gas kommt aus dem Gemälde, auf dem ein Mann abgebildet ist, den die Welt zurecht hasste. Zwar ist es offensichtlich, welches Vorbild gemalt wurde, doch wurde es mit provokativen Verunstaltungen gefertigt. Das Gesicht war furchtbar symmetrisch und in vielen Details subtil, hässlich gezeichnet worden. Es sollte dafür sorgen, dass die Unverfrorenheit wahrgenommen werden musste – Das sollte genug Zeit verschaffen, um das Gas zu inhalieren, während der Betrachter des Gemäldes sich die Zeit nimmt es zu begutachten. Im Bilderrahmen ist ein Prototyp eines visuellen Sensors, der Gesichter erkennen kann. Genau genommen, wurde es auf ein bestimmtes Gesicht abgestimmt. Falls das Gesicht von diesem abgebildeten Führungsidol persönlich vor dem Gemälde stünde, dann aktiviert sich diese Technologie automatisch und initiiert die Mischung von Säuren und eines Schwefelhaltigen Stoffes und wird zu Schwefelwasserstoff und dann frei gesetzt. Ein Attentatsgemälde. Die Agentin analysiert.
„Die Mischung gibt das Gas frei. Es erkennt Gesichter optisch und ist auf ein bestimmtes Gesicht programmiert. Es setzt das Gas frei, sobald das Gesicht vor dem Gemälde erkannt wird und kurz stehen bleibt. Unsichtbar. In hoher Konzentration geruchslos und tödlich, wenn man das Gas länger einatmet. Das Gemälde hätte Adolf als Geschenk erhalten sollen. Nicht angekommen, wie es aussieht. Schade!"
Die Agentin erkennt die Handschrift der Bauweise dieser Falle und erinnert sich, was sie in den Archiven so las, über Fallen.
Das Gas füllt den Raum und wird für beide zur Gefahr. Der Wasserstand steigt ebenso und verschnellert das Ganze. Das Gas sinkt ab, schwebt aber

über dem Wasser. Es kommt doppelt so schnell. Sie humpeln zusammen an den Kojen vorbei und zur Treppe. Die Luke war versperrt und sie haben einen Moment Zeit vor der Notbeleuchtung zu stehen und sich vorzubereiten.

„Haben sie das Messer verwendet, wie abgesprochen?"

„Sicher, natürlich! Direkt in den Hals gestochen.", antwortet Baluga verlegen.

„Und er lebt?"

„Ich habe ihn erstochen, damit, wie sie sagen, Alfred überleben wird. Und die Kleine auch! Was mit dem Jungen passiert, das interessiert mich wenig! Was denken sie? Ob er noch lebt? Ich habe ihn erstochen und er ist umgeklappt und dann nahmen ihn die Wellen. Wie versprochen und vereinbart!"

„Gut!"

„Gut? Ja! Gut?", meint Baluga.

„Nein! Er lebt trotzdem. Der Stich war nicht tödlich, das Messer ist speziell für diese Mission manipuliert worden. Es hat ein aufblasbares Boot im Griff, Angelroute und Sonnenschutz, eine Schneidefläche, meist aber, ist der einklappbare Teil bestehend aus vielen Werkzeugen. Es hat Solarzellen, Wärmequelle, Licht, Rauch und sogar GPS und Kommunikation. Aber es sticht und schneidet nicht an der großen Klinge, sondern klappt ein. Wie bei einem Magier-Trick, oder in Filmen."

„Sicherlich! Und ein Kabel, damit man sein Handy laden kann, vielleicht?", fragt Baluga sarkastisch.

„Oh, das auch! Uns sind die Hände gebunden, das muss Ben selber schaffen von hier. Die Chancen stehen gut! Der Italiener bleibt bei den beiden, damit sie überleben. Keine Sorge! Er ist AWOL gegangen."

„Uns?", fragt der Kapitän.

„Küstenwache", meint sie nur.

„Danke, das bedeutet sehr viel für mich! Er ist ein … sehr guter Freund von mir!"

Die Agentin gibt ihm eine Taschenlampe und sagt: „Ja. Deswegen sind sie auch heute hier!"

„Das waren alles sie, oder? Die Umbuchung? Der Kunde? Die neue Deckbesatzung? Der Testlauf? Alles? Okay. Okay. Ehrlich gesagt habe ich das geahnt!"

„Das Messer?"

„Ja! Er ist nicht tot, aber innerlich stirbt er 1000 Tode. Weil man ihn auf dem Meer, dem großen, wilden Meer, allein ließ. Von allen. Und Jeden. Warum hat die Schlampe ihn dann überhaupt verraten?"

„Vorsicht! Wenn sie das noch einmal wiederholen, knebel ich sie an das Schiff und lasse sie dann alleine hier! Ich habe sie informiert! Teil des Plans! Absicherung ihres eigenen Überlebens! Noch etwas?"

„Nur ruhig! Gut. Sorry! Es klappte zusammen? Das Blut überall? Ich stach auch, wie abgemacht, von rechts in den Hals. Und er? Blieb liegen. Bis die Welle kam. Und ihn nahm. Das war wirklich ich? Habe ich den Teufel erstochen, oder einfach ein Ben?"

„Blut, wie das an ihrem Nacken? An der Schnur ziehen sie hier, dann zieht die Schnur ein. Dann ziehen sie drei mal bis zum Ende und lassen dabei immer wieder die Schnur ganz einziehen! Auf dem Griff stehen Instruktionen. Mit dem Band mache ich sie fest, okay?"

„Was? Das ist keine normale Taschenlampe. Okay!"

Sie bindet die Spezial-Taschenlampe an seinem Arm fest.

Das eiskalte Wasser steigt an, bis auf die Höhe, wo seine Beine zusammen führen. Er verzieht die Mine, wegen der Kälte, wo die Beine sich berühren und was darunter baumelt.

Sie führt lächelnd fort: „Dann wird sich ein Boot aufblasen, dass sie automatisch zur Küste bringen wird, wo schon Leute auf sie warten werden. Sie finden einen Karabinerhaken und machen diesen an ihrer Hose fest. Aber erst warten sie bis das Boot sich aufbläst, bis die Lampe blinkt! Der Rest passiert automatisch. Erst, wenn sie die Sonne sehen, klar?"

„Okay."

„Halten sie die Luft an, Kapitän, ich habe zwei, nennen wir sie, Masken, dabei. Sie werden den Sauerstoff brauchen und etwas gegen den Druck. Reiner Sauerstoff hilft auch gegen ihre Vergiftung."

Sie ändert ihren Blick und sieht verwundert aus. Sie denkt nach und meint dann: „Hätte mich auch echt gewundert, wenn der Junge Bescheid wüsste, warum wir ihn isolieren wollten. Ganz normaler Kerl, eigentlich! Kein Nerd, der Aliens anruft. Kein Teufel. Kein Agent. Seltsam, was um ihn herum so passierte!"

Der Gestank wird unerträglich und sie halten die Luft an. Das Wasser geht bis auf die Höhe ihrer Bauchnabel.

„Alfred, wenn du weißt, was du tust, dann sind deine Freunde auch meine Freunde!", sagt sich Kapitän Baluga über Ben und Rubina und zieht sich die Maske auf.

Die Maske presst sich Luftdicht an die Haut und bläst Sauerstoff ein und gleicht den Druck aus. Ein Ring für den Arm, der sich auch aufbläst, binden sie sich fest. Ein Draht verbindet Maske und Ring.

Kapitän Baluga Brei: „Warum soll dann das Gemälde ausgelöst worden sein, als ich davor stand? Habe ich also Ähnlichkeit mit Hitlers Gesicht, sagen sie? Ist das der Grund, warum es ausgelöst wurde?"

Die Agentin: „Ich habe doch gesagt, ihnen standen die Locken besser!"

In ihren Kontaktlinsen liest sie die Untertitel der Worte, die wahrgenommen werden. Sie helfen ihr so und werden in ihrem Blick sichtbar und lesbar gemacht. Bei Bedarf, auch übersetzt.

Die Agentin: „Ich gehe zuerst!"

Kapitän Brei: „Lassen sie mich nicht alleine!"

Die Agentin: „Aus traditionellen Gründen? Sie sind der Kapitän! Sie gehen zum Schluss!"

Kapitän: „Danke! Das … Danke!"

Sie scheint es nicht zu irritieren, dass das Schiff sich mit Wasser füllt, aber ihre Nervosität scheint woanders herzukommen. Euphorie, vermutet er.

„Verliebt?", fragt Baluga kaum hörbar in der Maske.

„Was?", weicht sie aus.

„In Ben? Oder nicht?"

Sie verzieht den Kopf und die Mine.

„Warum haben sie nicht selbst gestochen, wenn das wahr ist, was sie sagen? Also?"

„In den Jungen? Tss?"

„Ja, in den Jungen!"

„Nein! Ehrlich? Nein! Ehrlich nicht, also kommen sie! Tss!"

Es ist soweit. Sie lassen den Wasserspiegel näher kommen. Es steigt auf die Höhe ihrer Gesichter und verschlingt sie und auch den ganzen Raum.

„Dieses freche Schmunzeln …", denkt sie sich über Baluga.

„Meine Intuition wieder! Lässt mich nie im Stich", denkt er sich.

„Aber er sieht schon ziemlich heiß aus.", denkt sie sich und vergisst, dass sie selbst auch grinst.

Und er starrt sie an, bis sie völlig unter Wasser stehen. Unter Wasser sieht sie ihn wieder klar durch die Maske. Augenbraunmuskulatur im Anschlag.

Sie - nüchtern und steif. Er - lächelt. Sie sinken mit dem Boot unter Wasser. Sie öffnen die Luke und sie schwimmen langsam nach oben. Es ist stockdunkel und sie halten sich aneinander fest. Als das Licht langsam wieder sichtbar wird, merkt sie, wie er sie weiterhin grinsend anstarrt. Selbst mit ihrem besten Training kann sie das Lächeln auch nicht mehr halten.

Kapitel 6

Sie lesen die Bedienungsanleitung von Giuseppes Multi-Tool und finden darin ein Satellitentelefon. Rubina ruft ihren Vater an.

Rubina: „Papi?"

Giuseppe: „Mio angelo?"

Rubina: „Papa!"

Sie gestikuliert italienisch, mitten im Meer, am Telefon.

Giuseppe: „Sie sagten, ihr seid nicht angekommen. Ich habe die Nerven verloren. Ich habe euch doch direkt an den Hafen gebracht! Seid ihr auf das richtige Schiff? Das kleine Graue! Meine Freunde … Sie sagen … Ach, mio angelo, ich bin so glücklich!"

Rubina: „Uns geht es gut! Ja … war nicht DAS Schiff?"

Giuseppe fragt, ob das Gemälde, die Wurzel und Ben überlebt haben. Er schimpft auf das Wunschpapier und beide lachen und weinen vor Glück. Sie versteht, dass er in Wirklichkeit froh ist von den beiden zu hören, dass sie wohlauf sind. Das freut ihn am aller meisten. Sie sagt nein, sie schwimme aber im Wasser und sie drohen zu ertrinken. Giuseppe marschiert panisch im Raum umher. Er muss sie retten. Aber wie? Sie besprechen die Lage. Er fragt ob noch jemand in ihrer Nähe ist.

„Ja", sagt sie.

Als er herausfindet, warum sie das Treffen organisiert haben, wird er sauer. Sie wussten von Bens Ankunft, besser als die lokale Polizei und sogar viel früher. Er wusste nicht, dass seine Tochter mit dem "Most-Wanted" des 21. Jahrhunderts ausgehen wird. Er meint, dass sie einen Tipp bekommen haben mussten. Er wollte beide in Sicherheit bringen und hat an Ben geglaubt. Sie haben ihn auf mehr Proben gestellt, als Ben ahnte. Giuseppe wollte nicht, dass beide ins Visier geraten, sondern sie isolieren, von der schlimmsten Gefahr: Die ungebildete, wütende Masse.

„Das Gemälde war ein Reinfall. Eine Falle, um Hitler zu vergasen, die aber nie bei ihm ankam. War aber noch scharf. Oh! Und ich hoffe du bist nicht sauer auf mich? Das Bild macht gerade seinen Tauchschein", sagt Rubina ihrem Vater, während sie mit den Wellen kämpft.
Giuseppe: „Nein, Liebes, ich habe dich doch so erzogen! Ich wollte wissen, ob du dem Jungen vertraust. Dann habe ich Zuhause einen Blick in die Schachtel geworfen und gemerkt, dass du das tust."

Ben sieht in Gedanken ihr Lächeln und wird romantisch, weil ihm das so gefällt, wie sie das mit ihren Zähnen und ihrer Lippe macht und manchmal ihre Unterlippe kaut. Die Agentin, dieser verführerischen Einladung auf das Schiff, hat ihre Schnürchen bereits gekappt aber wünscht ihm das Beste, weil Ben nicht der Teufel sein kann, sie es weiß und sie es verstanden hat. Giuseppe, Rubinas Vater, fährt zu seinen langjährigen Freunden in der Armee, holt einen Kameraden ab und ist auf dem Weg zu dem Helikopter, der die Bergung meistern kann. Er hofft, dass von der Armee noch etwas übrig ist, das er wiedererkennt und benutzen darf. Er wird flüssig und schnell in das Cockpit gelotst, denn sie erkannten ihn bereits am Fahrstil. Der Wachposten an der Schranke erkannte es zu aller erst. Sie suchen die Küste ab. Sein Pilot und er finden nichts. Viel zu groß ist das große Wasser. Das Rettungsboot ist modern getarnt und weder die vier auf dem Wasser, noch die zwei im Helikopter, sehen sich. Rubinas Vater vertraut, dass sie es schaffen und erwartet die beiden bald schon in seinem Wohnzimmer.

Seemann zum Anderen: „Habe gleich gesagt, los in das Rettungsboot! Mhm?"
Seemann zum Anderen: „Bist du Hai-Flüsterer! Mhm? Ich bin einer! Mhm?"
Anderer zum Seemann: „Worauf habe ich mich nur eingelassen? Hör mal! Warum nicht ein Tyrannosaurus Rex … ähm … Krokodil … rufen? Ein Tyrannosaurus Rex Krokodil! Mhm? Anstatt die ganze Fahrt zu reden! Mhm?"

Die Mutter von Ben wurde verhaftet. Das Aktuellste der Zeitungen: Sie wurde von der amerikanischen Bevölkerung festgehalten und inoffiziell/offiziell ebenso als Teufel angeklagt, weil sie aus einem Kilometer-tiefen Loch gekrabbelt kam und jeder Angst hatte, sie sei der Teufel, jetzt wo eine globale Krise im Gange ist. Der Plan wird so, oder so, ausgeführt und sie soll Schuldig gesprochen werden vor Gericht, weil es der Regierung lieber wäre, als zuzugeben, sie hätten Gewalt und Zerstörung gegen das eigene Volk gerichtet. Ein Sündenbock für die wütende Masse. Sie fiel da nur hinein, um zu prüfen wie tief das Loch ist. Nicht bis ganz nach unten. Nur ein paar gerechte hundert Meter. Das Loch war einen Quadratmeter groß und war breit genug darin hineinzufallen. Als die Melodie anfing, war sie bereits unter Tage und hat sie nicht einmal gehört. Sie hat das nicht mitbekommen, wie die Klänge die Leute verrückt machten. Als sie aus eigener Kraft an die Oberfläche gelang, sah sie eine zerstörte Stadt. Keine Atomwaffe! Das Gerücht hielt sich nur zu lange am Leben. Beschuss gegen Zivilisten wurde eingesetzt, um sich zu vergewissern, dass keine Pandemie oder ein Höllenportal sich erhob. Es wurde militärisch der selbe Plan verwendet, wie bei einer Zombie-Pandemie. Sie schossen wild in den USA und beruhigten sich dann bis zum Morgen wieder. Sie ahnten nicht, dass die Menschen so handelten, weil sie sich psychisch in die Ecke gedrängt gefühlt haben und den Schaden eindämmen wollten. Die Erde, heilige Gaia, riefe zur Verteidigung aus, sagten sie und erschossen einander. Ben ruft seine Mutter mit der Messer-Attrappe an. Agentenspielzeug. Tötete nicht. Er zieht ein Kabel heraus, das sich gabelt und erhält ein Mikrophon und einen Kopfhörer. Sie stand vor Gericht und die Geschworenen spüren die Liebe einer Mutter zu ihrem Sohn und sind sich sicher, dass sie nicht der Teufel sein kann. Dennoch hatte sie nur einen einzigen Anruf frei und durfte nur kurz und heimlich an das Telefon gehen, weil sie davor schon einen Anwalt anrief. Sein Vater wäre stolz auf ihn, sagt sie am Hörer.

Den Geschworenen läuft das Kerzenwachs herunter. Liebe.

Anders: Das Militär. Sie sind in Erklärungsnot und drängen auf den Schuldspruch. Sie weint dabei. Sie fragen direkt. Die Mutter streitet alles ab. Sie plant mit dem Flugzeug nach Hause zu fliegen, sobald alles wieder in Ordnung ist. Sie erklärt dem Gericht ausgiebig welchen Strapazen sie sich stellen musste und jeder Anwesende hört ihr respektvoll zu, bis sie sie auffordern die vielen Details etwas zu komprimieren. Sie kroch aus dem Loch und die Welt war nicht mehr die selbe. Klar, hatten alle Angst. Sie alle kannten ja die Kino-Filme. Frau, die aus dem Loch krabbelt. Verrückte Menschen. Aber wer hatte wirklich Ahnung, was passierte? Sie gaben ihr die Chance und vor Gericht konnte sie sich rechtfertigen. Sie stand eine Haaresbreite von der Todesstrafe entfernt, denn sie glaubten, es komme ein Monster aus der Tiefe und es sei sie. Der Aberglaube wurde letztlich verworfen. Sie erzählt die ganze Geschichte und wie froh sie ist, die erste Nacht verpasst zu haben. Ohne, dass es klar wird, was sie beruflich so macht, wurde ein Flug nach Europa ziemlich schnell zugesichert. Der Anruf hat sie gerettet. Sie wird frei gesprochen. Herr Karl Allesmacht gratuliert ihr zu den Ereignissen und teilt seine Anteilnahme mit und verspricht, die Suche nach ihrem Kind voranzutreiben. Sie reicht ihm die Hand und wirft versehentlich seine teure Tasche auf den Boden. Er fordert Schadensersatz und bittet die Anwesenden als Zeugen zu fungieren. Sie konfiszieren den Aktenkoffer für die Schadensbeurteilung. Er will nicht. Sie bestehen darauf. Handschellen drauf. Die Kratzer am Lack der Tasche und der fremde Lack, das sich darin nachweisen lässt, verhindert seine Weiterreise. Ein Identitätsabgleich der Nanopartikel im Lack beweist, dass er mit der Tasche gegen ein Auto gestoßen ist und es verkratzte. Das Auto war vor langer Zeit in einem Kapitalverbrechen in Europa involviert, das nicht aufgeklärt wurde. Der Fahrer galt als Vermisst. Der Lack war ein unveröffentlichter Prototyp des verschwundenen Erfinders. Eindeutiger Beweis. Heutiger Schuldspruch.

In der Heimat von Ben: Das Haus, das nicht leer steht, wird begutachtet.
In der Zwischenzeit ist die Polizei im Heimatort, in dem Ben aufwuchs.
Sie fragen in zivil bei seinem Nachbarn nach, ob es sich bei dem Anwohner
um ein Alien, oder sogar um den Teufel selbst, handelt. Oder ob er
intergalaktische Telefonate führe. Der angetroffene Nachbar ist ein alter
Mann. Er hat bereits gespürt, dass im Land etwas faul ist.
„Redet nicht mit Bullen", sagt er.
Die Polizisten verteilen eine Zigarette aus ihrer
Dienstdistributionszigarettenschachtel-Tasche, zum Verteilen und
Deeskalieren. Sie wollen wissen, ob sich irgendetwas merkwürdiges zu der
Person sagen ließe.
„Nein", meint der Nachbar und verändert keine Miene, als der Rauch das
Gesicht wechselt.
Ob er etwas zur Person sagen kann, fragen ihn die Polizisten.
„Nein", meint der Nachbar.
Sie fragen, ob sie manchmal Kontakt haben und dann ändert der Polizist im
Satz die Frage und will doch lieber wissen, wie er Ben so wahrnimmt.
„Nein. Manchmal hört Ben laut Musik", sagt der Nachbar den beiden.
Ob er sich sicher ist, dass er das hört, fragt der Polizist.
„Ja", meint er.
„Was für Musik hört er so?", fragt der Kollege.
„So auf Latein, vielleicht?", fügt der zweite Polizist ängstlich hinzu.

Im Revier:
Sie lassen Ben und seine Nachbarschaft in Ruhe. Alle genießen heimlich
die Prominenz der eigenen, sonst stillen Ortschaft.
„Ich mache jetzt Asche, aus den Kippen meiner Tasche", sagt der Kommissar
schmunzelnd zu seinem Kollegen und zündet sich Augen-zukneifend eine
Zigarette an. Seit Melodie, auch innen gestattet. Alle sind aufgeregt und
beteiligen sich an der Suche nach Ben. Alle, die Ben je über den Weg

gelaufen sind, weil jeder die Nachrichten sieht. Das Schiff ist bereits gesunken, aber die Hoffnung nicht. Keiner gibt die Suche nach Ben auf und auch seine neue Aura inspiriert zum Beitrag an einer Legende, die sich vor ihren Augen entwickelt. Sie kennen die alltägliche und offensichtliche Wahrheit, die entzaubert. Ben ist nicht der Teufel. Aber tief im inneren lassen sie jede Freude zu und wünschen ihm heimlich alles Gute, und stehen ihm getrost bei, weil die Hydra nicht jeden Tag einen neuen Kopf verliert. Bei der Bespitzelung von Bens Wohnung extrahieren die Polizisten die Datenspeicherung seiner Telefonate. Der Papagei fliegt wieder an Bens Fenster und klopft mit dem Schnabel. Die Schnabelspitze wurde mit einem Diamant verstärkt und er überrascht damit die Beamten. Sie hören Bens Stimme im Atem des Papageis: „Liebe den Tag! Liebe das Leben! FUCK SLAVERY! FUCK SLAVERY!"

Sie halten die verzerrt, verzogene Stimme für Bens Stimme und sie bekommen Bauchschmerzen, als plötzlich eine zweite Stimme von einem bekannten Gesicht der Weltmedien eine ganz andere Philosophie predigt. Er ist nicht der Teufel, so glauben sie den Betrug selbst nicht mehr. Sondern sie sehen Bens Angst, dass in seinem Nachbarhaus etwas vorgehe, dass die Welt in den Krieg treiben könnte. Ben war eingeschüchtert, was der Papagei so von sich gab und wollte ihm zuerst neue Worte beibringen. Zu seinem Schock bemerkte er, dass die Worte des Papageis mehr als besorgniserregend waren. Das Ganze geben die Beamten per Funk weiter und Bens Leben hat eine Chance, weil sie sehen wie sinnlos es war einen Schuldigen zu nominieren und sich mit Gehorsam einer Agenda anzuschließen. Dann begeben sie sich wieder in Sicherheit in die schalldichten Räume des Dezernats. Im Fernsehen bitten sie die lokalen Bürger Ruhe zu bewahren. Die Investigation spitzt sich zu. Ihnen werden die Mittel gekürzt und sie beginnen Zweifel zu hegen, wo die Wahrheit in dem Chaos liege.

In vielen Teilen der verängstigten Welt reißen die Feuerredner das Mikrophon aus den Händen der Politiker. Die Argumente sind irgendwo richtig, aber die Vorschläge kriminell. Man versucht ihnen das Ohr zu schenken, während etwas des Funkens von Herz zu Herz auch ankommt. Sie meinen so auf den Marktplätzen und Parkplätzen: „Warum essen wir nicht alle zusammen an einem großen Feuer?"
„Kein Bock!"
„Warum fangen wir nicht wieder an, an dem großen Feuer zusammenzusitzen und nach dem Sinn des Lebens zu forschen?"
„Alle haben eine Meinung. Schade, dass die Schlauen schweigen!"
„In der Entscheidungsfrage Naturschutz gegen Kosten, verliert der Naturschutz. Warum können wir das nicht ändern?"
„Preise haben keine Meinung. Wir müssen das installieren. Wir müssen satt werden, vor allem, mit den Mitteln, die wir verantworten können."
„Warum so viel schuften?"
„Gegenfrage: Was erzeugt mehr Geld in einer freien Wirtschaft? - Was Leute wollen, oder was Leute brauchen? Haben wir uns selbst im Griff?"
„Die Menschen knien für Geld und brechen sich die Knie für Arbeit!"
„Solange sie nicht vor Geld niederknien!"
Die Leute einigen sich zum Großteil darauf, dass die Professionalität in einem Beruf wichtig ist und die Teilung der Arbeit erhalten bleiben muss. Der Docht ihrer Fackeln ist damit bereits abgebrannt. Sie speien ein letztes Feuer, als wiederum ihnen eine Frage gestellt wird.
„Wo sonst hat man das Privileg, sich in einer Aufgabe mit fremden Mitteln zu verbessern?"
Dann fragen sie die Leute in der Runde persönlich: „Frau oder Herr Fachkraft, mit ihrem Fach und ihrer Kraft, denken sie nicht, dass wir weiter sein könnten, wenn wir mehr für Lebensqualität und Nachhaltigkeit machen würden und mehr für das Wohl der lebendigen Natur?"
„Ja."

Wieder auf normal: Die Leute machen weiter, was sie wollen.
Das Chaos hat sich beruhigt. Es fühlt sich an, wie die Kollateralstrafe einer Armee, die schwarze und weiße Steine, wie Lose, zieht. Die Überlebenden gegen die überlebenden Verurteilten. Die Feuerredner meinen, damit wollte die Erde lieber eine Handvoll Individuen opfern, als das gesamte Leben. Falls der Grund für den Reflex sei, dass die Erde Angst vor dem Tod hat, dann soll klar werden, dass die Erde nicht unsterblich ist, jedoch können wir, ihre Kinder, das Leben unsterblich machen, wenn wir Kinder machen und auf uns und die Erde aufpassen, sagen sie. Dann verweisen manche Weisen auf Noahs Geschichte und die Feuerredner merken, dass sie an Gesprächsthemen teilnehmen, die bereits seit Ur-Zeiten in Büchern stehen. Wir vermehren uns und siedeln da, wo es Raum gibt und wir uns wohlfühlen. Wir sind hier zuhause, hier groß geworden, hineingewachsen und aufgestiegen. Zuhause, nur auf der Erde. Unsere Richtung ist ein Geschenk der Vergangenheit.
Die Fake-News über Ben aus der Italienischen Zeitung wurden enttarnt. Die Spur hört irgendwo auf. Und der Schnitt ist viel zu gerade. Das werden Profis gewesen sein, sagen die Experten im Internet. Das Foto war Montage. Sie vermuten, Ben sei der erste Mensch, der eine Erfindung erschaffen hat, die die Kommunikation mit Aliens ermöglichte und er hat unsere Position verraten. Vielleicht kommen sie jetzt? Er hat ein Signal ins Unbekannte geschickt, wie ein PING Signal am Computer, das alle erreichbaren Geräte abtastet. Eine Art einmaliges Grunzen, für die, die sich mit Schweinen auskennen. Die selbsterkorenen Experten finden sich auf Meinungsmessen zusammen, um den anderen Teilnehmern zu erklären, dass sie es selbst grundsätzlich besser wissen, nie falsch liegen, aber deren Meinungen gütiger Weise tolerieren. Und auch, um etwas über die Aliens zu spekulieren und zu philosophieren, was hauptsächlich ihr Vorwand war. Die Experten mit den Senderechten im TV nach 2 Uhr nachts finden sich zur Debatte am Vormittag, in der Hoffnung die Aufmerksamkeit zu erlangen, die

ihnen ihrer Meinung nach zustünde.

Sie spekulieren wild und erzählen so, als seien ihre Meinungen Fakten: „Die Aliens waren fast immer pünktlich in der Nähe von dem Planeten, dem sie Leben eingehaucht hatten, um die Bewohner der Planeten zu studieren, nachdem sie sich angepasst und entsprechend niedergelassen haben. Außerdem, um zu beobachten, ob sie zeitlich richtig liegen mit ihrer Abschätzung, ob das Leben reif ist, die Kommunikation der anderen Planeten-Funker zu empfangen, entschlüsseln und anzuwenden. Sie warteten vielleicht nur wenige Tausend Jahre auf uns in umliegenden Galaxien. Dann waren wir vielleicht erst jetzt bereit. Einer, sie meinen Ben, hat in seinem Keller eine Maschine entworfen, die intergalaktische Kommunikation ermögliche. Die Melodie könnte von ihnen sein! Sie kommen! Sie kommen!"

Dann kam der Bericht der Polizei: Keine Aliens! Ben hat nichts damit zu tun. Sie sagen, Ben Goldgerber wurde Opfer von Identitätsdiebstahl, ohne es gemerkt zu haben. Zu diesem Zeitpunkt weiß keiner wohin die Spur führt. Die Beschwerden der Tankstellenbesucher werden zur Anzeige gebracht, für Androhung von Verunreinigung erstklassiger Mode. Sie hatten aber recht. Man macht den Leuten keine Angst!

Die Folgenachrichten trifft die Menschen wie ein kalter Blitz. Die Nachrichten, die gekauften Nachrichten, suchen immer absurdere Versionen der Masse zu erklären, woher die Melodie komme und wie das Militär sie zu schützen wisse, wenn man sie nur ausreichend finanziell unterstütze. Die Betroffenen verlieren immer mehr das Vertrauen zu ihren Regierungen. Sie konnten teilweise nicht einmal ihren eigenen Nachbarn vertrauen, jetzt kommen Ferndiagnosen vom Staat. Die neuen Bilder zeigen eine riesige Raupe, die von Wissenschaftlern und Militärs umstellt wurde. Man nannte diese Raupe in den Nachrichten schnell Caterzilla.

Wie Fernsehen nun mal so ist: Zwei Parteien präsentieren ihren auswendig gelernten Skript und bieten den Zuschauern ein absurdes Pingpong von extremen Meinungen, bei dem sich der voll-sabbernde, sich zu-krümelnde Zuschauer ausmalt, dass das Thema berechtigt sei und die Wahrheit in der Mitte liege, geschaffen bei einem selbst. Die Leute glauben als einzige zu erkennen, was die Reporter zu "übersehen" scheinen.

Die Menschen sitzen gespannt vor den Bildschirmen und hören dem monoton sprechenden Reporter zu: „Außerirdische … haben sich scheinbar für das Chaos der Melodie entschuldigt. Sie behaupten, es sei die Raupe gewesen, die der Erde geschenkt wurde. Es sei ein Geschenk das alle Liebeswesen erhalten würden, nachdem sie einen gewissen biologischen und technologischen Fortschritt erzielt hatten. Die gesendete Raupe sei nicht gemacht, um auf der Erde zu sterben, denn wir beherbergen ausschließlich Liebeswesen und keine Parasitenwesen. Der Beschuss auf das Wesen sei unser Vergehen und unsere Schuld gewesen. Die Parasiten, die wir haben, seien damit nicht gemeint. Sondern Lebensformen, die nichts anderes kennen, als den gesamten Planeten zu fressen, außer die eigene Wesensart und dann neue Planeten befallen wollen. Eine ungeplante Verzögerung sei durch die Zerstörung der Raupe verursacht worden. Sie sei für zwei Szenarien geschaffen, in der sich ein Parasiten-befallener Planet bereits an der Raupe genährt hätte, oder Liebeswesen eine freundliche Verbindung geschaffen hätten. Daran würde die Raupe erkennen, zur Metamorphose voranschreiten zu dürfen, um Sporen zu entsenden. Die Sporen, die den ganzen Planeten aufblühen lassen sollten, wären verzögert erzeugt und freigesetzt worden. Wäre die Erde ein Parasiten-Planet, würden sich Parasiten schon sichtbar auf einer Halbkugel tummeln und von dem Raupen-Wesen schmarotzen. Sie könnte die Parasiten nicht ohne eine erfolgreiche Metamorphose nachhaltig ernähren. Jedoch seien die Sporen das wahre Wunder der Metamorphose, denn die Ernährung würde auf dem ganzen Planeten viel üppiger werden, wenn man sie erst in Ruhe wachsen ließe. Auf verwachsenen Planeten, wie unserer Erde, sehen die Aliens Zukunft und erklären, dass die Menschen Liebeswesen sind, wie alles andere Lebendige auf diesem Planeten. Die Sporen würden die Pflanzenwelt und Tierwelt nähren und allen dienen, durch die Generierung eines Überangebots von Nahrung aus unserer heimischen Vegetation. Und damit werde auch die Fauna üppiger. Sie haben die Raupe entsendet bevor wir aus dem Meer kamen, erklären sie. Sie mussten abwarten, bis wir die ganze Kugel des Planeten umkreisen können, weil sonst in frühen Stadien die Parasitenwesen die Oberhand gewinnen könnten und in die Stratosphäre gelangen könnten, die später viele Probleme bereiten würden, wenn die Sporen früher freigesetzt worden wären und Katalysatoren ihrer zerstörerischen, interstellaren Expansion werden würden. Die Zerstörung der Raupe sei Schuld an der Melodie aus dem Himmel, dessen Chemikalien bei den Zwischenschritten der Metamorphose zusammen mit dem Licht in der Stratosphäre reagierte. Sie sagen, das waren Nebenwirkungen von diesem Organismus. Die Chemikalien wirkten als eine Art Kuppel in der Atmosphäre und machten aus unserem Planeten durch zeitgleiches Voranschreiten der Metamorphose ein Biotop aus unfertigen Mischungen. Die Kuppel alleine, so die Außerirdischen, sei kein fertiges Biotop, weil die Raupe vorzeitig kaputt ging. Hoffnung sei aber nicht verloren, meint die kommunizierende Scheibe aus dem All. Eine neue Raupe sei auf dem Weg, bestätigen sie den Raumfahrtprogrammen. Es sei eine redende Scheibe am Horizont der Umlaufbahn, die die gesamte Menschheit mit diesen Nachrichten adressierte. Eine Silhouette, die aussehe wie ein Auge, oder eine rote Iris, in einem gelben Auge, geborgen in einem großen, dünnen Glas, das dann farbig leuchtet und erscheint, immer, wenn es spricht und sonst unsichtbar bleibe. Sie kommuniziere auf menschlichen Sprachen und sei momentan im Weltall, um unser Werdegang zu unterstützen. Seien die Menschen jedoch so feindlich zu den Besuchern, wie zu der gelandeten Raupe, seien sie bereit die Umlaufbahn der Erde zu verlassen und die Hilfe einzustellen."

Die Menschheit hat die Schnauze voll von der Staatspropaganda. Die Bilder sahen echt aus. Doch in diesem Jahrhundert hat das keine Bedeutung mehr. Jetzt könnte sich eine typische Katastrophen-Film Szene abspielen, wie sich der Generalstab und der Präsident von den Vereinigten Staaten von Amerika die Szenen der Welt live ansehen und ernst und erschüttert in die hineinzoomende Kamera blicken und etwas sagen wie: „Oh my god!"
Aber wen interessiert es, was die dazu zu sagen haben?

Im nächsten Beitrag des Fernsehens folgt ein Bericht vor Ort der Raupe. Menschen in weißen Kitteln mit geübter Rhetorik beurteilen die Lage und wissen innerhalb von wenigen Minuten genug über das Wesen, um der westlichen Welt die Tagessuppe anzubieten:
„Wir gaben dem Wesen eine zweite Chance und forschen an diesem. Ließen es weiter unversehrt. Es war ein biologisch intelligentes Design in all seinen Schichten. Jedoch war die Raupe unbeholfen, wie eine Made in einer Schüssel. Wir Menschen fragten sofort, ob das der erste Kontakt mit uns gewesen sei. Die Scheibe verneinte das, teilte uns unsere Raumfahrt mit. Sie versicherten uns darüber hinaus, dass es ihnen Leid tue, dass wir den aktuellen Kontakt nicht unmittelbar positiv zu spüren bekommen haben und der Kontakt nicht reibungslos verlief. Das Leben sei generell über die Präsenz der Raupen-Sporen zwar immer begünstigt, kann sich aber an Artenvielfalt nie satt sehen und damit nicht in einer perfekten Version münden, quasi, eines perfekten einzelnen Wesens. Damit betonten sie, dass sie die Vielfalt nicht gefährden würden. Stattdessen bilde die Präsenz der Sporen Vorlagen, sich von anderem Erbgut inspirieren zu lassen, nicht anders herum. Daher werde das Geschenk immer weitergegeben und die Nahrung der Pflanzen würden sich vervielfachen und über Nacht, praktisch, den Welthunger besiegen. Oh! Die zweite Raupe sei auf dem Weg, teilen sie gerade mit, ist das richtig?"
Kurzer Funkspruch über den Knopf im Ohr, an den Reporter in deutlich

wissenschaftlicher Darstellung.

„Aha! Sie leben anscheinend sehr weit weg und sie bitten uns abzuwarten, bis die zweite Raupe ankommt. Sie haben für uns umgeplant, sagen sie, und sie haben maximale Hoffnung eines positiven Ergebnisses."

Dann dreht sich der Mann zu seinem Team um und tut so, als habe er gerade davon erfahren und wolle das positiv kommentieren: „Das sind doch gute Neuigkeiten! Spitze, oder nicht?"

Im Hintergrund, das breit lächelnde Wissenschaftler-Team, aus einer Frau, einem Asiaten, einer Schwarzen, einem Kaukasischen Mann und einem Trans-Südamerikaner, die alle auf ein Signal nicken und den Daumen hoch halten.

Die Sensation aus dem Fernsehen. Zurück zum Reporter:

„Sensation! Sie nehmen sich sogar Zeit für die Fragen der Menschen! Das bieten die Außerirdischen live an! Seht! Das Wesen im Raumschiff stellt sich zur Verfügung, für die Fragen der Menschen."

Die Aufnahmen zeigen ihr Raumschiff. Bloß ist das wirklich aus dem All? Videos füllen sich zu dem Thema rasant im Internet. Es löchern Menschen das Wesen im Raumschiff über dem Meer aus Luft mit vielen Fragen. Viel zu viele Fragen. Die Klassischen zuerst. Dann lassen sie sogar die Bevölkerung an dem Dialog teilnehmen und amplifizieren ihre Worte über Funk hoch zum Raumschiff. Diese Aliens behaupten, im Alten Ägypten haben sie bereits einmal Funkkontakt hergestellt, viel geplaudert und Sonden geschickt, um uns zu besuchen. Wir hätten damals eine Technologie von den Aliens gesendet bekommen, um einander damit Geschenke zu verschicken. Weil die Aliens verstanden, dass "Bling-Bling" angesagt ist, hätten sie viel Gold gesendet. Die Ägypter haben ihnen auch ein Paket geschickt, meinen sie dann. Die Menschen der Postmoderne fragen, was die Ägypter ihnen gesendet haben.

Die Aliens im TV: „Sie haben uns irgendwelche toten Vierbeiner geschickt. Wirbeltiere. Und sie haben gefragt, ob wir mit ihnen Verwandt sind. Wir haben dann den Kontakt abgebrochen!"

Die Menschen der Konferenz: „Meint ihr Katzen?"

Ein Fräulein, Verkehrsordnungssachbearbeiterin, fragt, als sich keiner mehr traute etwas zu fragen: „Lieber Außerirdischer, was ist richtig: Linksfahrgebot oder Rechtsfahrgebot auf den Straßen?"

Als Antwort nuschelt der angeblich Außerirdische ein vulgäres Schimpfwort und beinhaltet den Imperativ geschlechtlichen Verkehrs von allen auszuführen und begann mit der rhetorischen Frage, ob man "was" wisse. Es klang so, als sei das unabsichtlich hindurch geflutscht. Jedenfalls klang es sehr menschlich.

Jemand musste fragen: „Nehmen wir an, was ihr sagt ist wahr. Was, wenn Parasiten und Liebeswesen, oder was sie tatsächlich sind, männlich und weibliches Gegenstück sind im Universum und die beiden sich brauchen für Nachkommen, Balance, Vielfalt oder so? Und wenn wir sie ebenso respektieren müssen, auch wenn ihr Aliens beteuert, dass eines das andere auffrisst und ungerecht dominiert? Und weil es auf der Erde ein Beispiel gibt, wie bei weiblichen und männlichen Spinnen, die sich nach der Paarung fressen, vielleicht so, dass wir Liebeswesen die Parasiten zwar zerstören, aber generell zulassen müssten für alle Nachkommen unserer gemeinsamen Vielfalt, was darauf hindeutet, dass die Liebeswesen die entweder weiblichen oder männlichen Gegenstücke sind, oder nicht?"

Als das niemand verstand, wiederholt die selbe Person die Frage: „Ist das Leben auf der Erde weiblich?"

„Ob unser Leben auf der Erde weiblich oder männlich ist?", haken die Aliens nach.

„Ja!"

Dann fragt jemand aus der Masse, warum ein Alien: „… unser Leben auf der Erde …" sagte. Dann bricht die Verbindung ab. Sie brauchen Zeit, um ihren Plan neu auszurichten und es folgt daher Staatsfernsehen und Propaganda. Der übliche Scheiß.

Das ist der Schnitt der erfundenen Geschichte: Salzwasser.

Es wird nach den folgenden zwei Kapiteln mit der Geschichte weitergehen.

Hier geht es jetzt zu dem Höhepunkt des Buches. Es war mein Vergnügen und meine größte Herausforderung im Leben die Interpretation der Zahl aus der Offenbarung des Johannes wahrlich zu verstehen und das gewonnene Wissen hier in einem Buch mit Ihnen zu teilen.

DIE AUFKLÄRUNG DER ZAHL FOLGT JETZT IN KAPITEL 7!

Ein Vorwort zu Kapitel 7

Ich habe zuversichtlich die Aufteilung und die Bedeutung der Zahl erkannt, die man als Schlüsselworte aufteilen muss, um die kulturelle Botschaft der Offenbarung verstehen zu können. Durch das Experimentieren mit gleichwertigen Worten der Isopsephie, zeigte sich die wissenschaftliche Sicherheit einer einzigen Lösung der Zahl und letztendlich der ganzen Zeile, die ich als Lösung präsentieren möchte. Die Interpretation und die Auslegung ist jedem Leser selbstverständlich frei überlassen. Der Glaube an Gott, für mich ein Synonym des Wortes "Realität" und inbegriffen die Konstellation von Liebe und Wahrheit, darf sich hiermit durch Erkenntnisse damit bestärken können und muss eine Reise bleiben, die jeder selbst im Leben antritt. Respekt den Quellen, die die Wahrheiten anbieten, die Werkzeuge werden, um Nächstenliebe besser Umsetzen zu lernen! Damit gesagt, ist die eigene Auseinandersetzung nicht ersetzbar. Meine Suche dokumentierte ich über viele Jahre, damit ich den Zeitgeist beleuchten konnte, welche (post-)modernen Mythen an der Realität, Authentizität und Integrität zerschellen. Ich habe manche Mythen inspirativ genossen, um eine Satire

aus meiner Suche zu formulieren und um den vielen, eher negativen, Einflüssen den Wind aus den Segeln zu nehmen. Und auch, um manche Verschwörungstheoretiker zu kritisieren, wegen verantwortungslosen Beiträgen, die Leichtgläubigkeit der Menschen auszunutzen, um Aufmerksamkeit zu bekommen und sich nach dem angerichteten Schaden der Unwahrheiten wieder in der Anonymität der Masse zu verstecken. Zur Abhilfe gegen Vorurteile und falschen Anschuldigungen, ohne triftigen Grund, habe ich diesem Buch diese Form verpasst. Meine Ideen zu der Suche sprudelten, bis es für die Aufbereitung Sinn machte, die philosophischen Erkenntnisse und Meilensteine in einer Geschichte gebündelt zu entwerfen, auch wenn nicht alle Ideen offensichtlich verbunden und verwandt sind. Damit sind die widerlegbaren Vorurteile teilbar geworden. Für Ideen, die auch weiterentwickelt werden können, möchte ich die Welt mit konstruktiven Beiträgen füttern. Ich möchte das Hauptthema aus meiner Perspektive behandeln, wo jede Kritik berechtigt ist und gleichzeitig Glaube in Betracht gezogen wird. Zu jedem Verhältnis, zwischen Ideologie und pragmatischen Verstand, ist ein eigener Erklärungsversuch ein Beitrag zur eigenen Bildung, weil man sich mit Geschichte und Literaturgeschichte auseinandersetzt und mit Religion, was viele Menschen täglich leitet. Den Unterhaltungswert einer solchen Recherche kann ich kaum anders als in einem Roman vermitteln, der auf der einen Seite wahren Tiefgang erfährt, aber dann einfach nicht immer ernst bleiben sollte, um mich unterzuordnen als Leser und Bewunderer mit einer sachlichen Perspektive und umfangreichen Wissen zu dieser absurd spezifischen Frage.
Möge es Sie zum Lesen und Nachschlagen inspirieren!
An dieser Stelle - und auch nur in Kapitel Sieben - folgt, was sich aus den wenigen Ziffern der biblischen Zahl, der Zahl 616 (und 666), aus der Offenbarung des Johannes, als klar lösbar erwies. Mit diesem Kapitel löse ich mein Versprechen ein, Ihnen die Zahl des Menschennamens und die Zahl eines Tieres, im Kontext der Bibel, in aufklärender Absicht darzubieten.

Kapitel 7

Aus der Offenbarung des Johannes 13:18

und mithilfe des "Papyrus 115"

P. Oxy LXVI 4499; ca. 225 - 275 n. Chr.;
Gefunden in Oxyrhynchus,
Seit Ausgrabung im Ashmolean Museum of Art and Archaeology.
Ausgegraben von Bernard Grenfell, Arthur Hunt und ihr Team.
Prof. Juan Chapa; Oxyrhynchos Papyri; 66:11-39 (#4499)

Quelle:
Oxford Papyrology (2022). P.Oxy. LXVI 4499. Revelation II 1-3, 13-15, 27-29, III 10-12, V 8-9, VI 5-6, VIII 3-8, 11-IX 5, 7-16, 18-X 4, 8-XI 5, 8-15, 18-XII 5, 8-10, 12-17, XIII 1-3, 6-16, 18-XIV 3, 5-7, 10-11, 14-15, 18-XV 1, 4-7. University of Oxford.

Online resource. https://doi.org/10.25446/oxford.21178999.v2

Die Zahl, dessen Namen wir mit Weisheit erkieseln sollen.
Das Folgende ist meine Interpretation, so wie ich verstehe, was in der
Offenbarung des Johannes mit der Zahl 616 gemeint wurde.
Ich hoffe, nach bestem Gewissen, mit diesem Kapitel und der nächsten
Seite für maximale Aufklärung zu sorgen:

Ἀσκλεπιόσ Λ φίλος ὄφις
616   30 616   586

Ἀσκλεπιόσ Λ φίλος ὄφις

Asklepios L Philos Ophis

Wörtlich: Asklepios; Der Mächtige (Gott); Liebe; Schlange.

ΧΙς   Λ   ΧΙς   Φπς

616   30   616   586

Phonetisch: Asklepios' - Gottes - Philosoph(-ie).

Asklepios', (vom) mächtigen Gott - geliebte - Schlange.

Gottes Philosophie (/Liebe zur Schlange) in Asklepios.

Was ich darin erkenne:
Philosophie setzt sich aus φίλος σοφία zusammen. Nun, φιλόσοφος ist der Philosoph und "Philosophis" gibt es als solches nicht. Jedoch ist Phonetik und Symbolik der beiden zusammen ausgesprochenen Worte der Schlange, als ein Symbol von Weisheit und Erkenntnis, und Liebe, wie der zur Wahrheit, ein überlappendes Feld des Verständnisses. Liebe und Weisheit sind das selbe Zusammenspiel, wie Gott und die Schlange im Buch Genesis. Gott ist Schöpfer der Liebe und auch der Schlange, Weisheit und Wahrheit, wobei Weisheit bereits beinhaltet, dass Liebe über Wahrheit gilt. Liebe ist Affinität von Qualitäten, wie die des Lebendigem. Und daher ist die Welt perfekt wie sie ist. Das "Böse" ist nur der noch zu werdende Fortschritt der drei mächtigsten unserer Hebelwirkungen, das **Lieben,** das **Lernen** und das **Lehren** im Kontext-bescheidenem menschlichen Geiste aus der gegebenen wachsenden Natur. Gott sieht die Welt als gut.

616	**30**	**616**	**586**
Ἀσκλεπιόσ	Λ	φίλος	ὄφις

"Ἀσκλεπιόσ" hat den Wert 616.

"Λ" / "ל" hat den Wert 30.

"φίλος" hat den Wert 616.

"ὄφις" hat den Wert 586.

Λ (Lambda, Altgriechisch / Lamed, Hebräisch) hat den Wert 30, und ist das L wie bei dem Wort El (Gott), eines theophoren Elements, aus semitischer Sprache. Der Kern der Bibel wird damit repräsentiert.

ASKLEPIOS	L	PHILOS	OPHIS
Ἀσκλεπιόσ	Λ	φίλος	ὄφις
616	30	616	586

Λ steht für Gott. Ὄφις, die Schlange, steht für Erkenntnis und Weisheit. El und Ophis sind, theologisch + isopsephisch betrachtet, ein dualistisches Zusammenspiel der selben Einheit und werden zusammen addiert. Liebe und Weisheit wurde geschenkt und Fortschritt durch Lernen funktioniert nicht ohne das zeitlich erst besser zu Werdende. Gott habe uns eine Bürde damit erspart, aber nicht auf Kosten des freien Willens und er habe das Verbot ausgesprochen, anstatt die Frucht der Weisheit und Erkenntnis gänzlich zu verhindern. Die Liebe und der Mensch sei genauso das Werk Gottes, wie die Schlange aus Eden, die durch den Baum der Weisheit und Erkenntnis ihre Rolle und Strafe darin bekam, dass sich ihre Existenz als unsere Aufgabe entpuppe, unsere Freiheit erhalten zu dürfen, durch die Prämisse und das Imperativ, aktiv an Verbesserung teilzuhaben und die Verbesserung immer der Liebe zu unterwerfen haben, so auch Eva sich Adam und die Schlange, zu aller Letzt, den beiden unterwerfen werde.

Das letzte Buch der Bibel und das erste Buch sei damit verbunden und zeuge so von einem geschlossenen Ring, dessen symbolische Schlüssigkeit, Universalität und Ewigkeit sich darin darstellt. Es zeigt, dass Liebe und Weisheit ewig das Mittel bleibe, um Gutes zu erreichen. In etwa, wie das Verständnis, dass eine Münze zwei Seiten hat, bloß wachse das Gute und schrumpfe das Böse, durch die Anerkennung der guten Grundeinstellung der Realität und dem gemeinschaftlichen Streben nach Liebe und Weisheit. Die Weisheit der Schlange in der römisch-griechischen Mythologie sei in der untergeordneten Rolle zu der Schlange in der Bibel und aufgefasst, um kulturelle Brücken zu zeigen, da auch Römer von Gott geliebte Menschen gewesen seien und jedem Zugang gebühre. Sobald die Römer entdecken, dass die Schlange in Asklepios' Legende von Homer aufgegriffen wurde, werden sie die biblische Version entdecken, die viel ältere und tieferer Wurzeln zur Menschenliebe hat, als selbst ihre eigene Erscheinung Roms auf der Weltkarte. In diesem Bild aus Wörtern und Zahlen liegt zwischen Λ und ὄφις das Wort φίλος, das in der Mitte zwischen Gott und Schlange seinen Platz hat: Liebe. Gottes Liebe sei in allem, daher herrsche auch zwischen der Schlange und Gott keine direkte Feindschaft, sondern auch Liebe und Gnade in der Menschheitsgeschichte und ihre Rolle als bestraftes Wesen, zu unserer Freiheit. Die verhängten Strafen seien keine Strafen, die das Leben der Menschheit oder der Schlange endete, sondern wären individuelle Strafen und gnädig geurteilt. Wir spüren die ultimativ liebevollste Konsequenz seiner Weisheit, anstatt in einer anders funktionierenden Welt zu existieren, in der diese wunderbare Realität so nicht möglich wäre, oder gar überhaupt nicht existieren zu dürfen. Und damit existiert auch die Liebe zur Weisheit als Geschenk an den Menschen, die Philosophie, die Liebe liebt, im Kern, so wie die in Genesis beschriebene Frucht der Erkenntnis und Weisheit uns dadurch segnet und straft, anstatt Nichts zu sein, ewig unmündig zu leben, oder ohne freien Willen zu existieren. Die Zahl 586 ist ganz klar der Bezug zu der Jahreszahl 586 v. Chr., die

die Zerstörung des ersten Tempels von Jerusalem darin abbildet. Demnach ist das Jahr 586 v. Chr., Plus der Wert der Schlange, das Jahr Jesu, Jahr Null. So sind die gezählten 2024 Jahre danach, unsere heutige Zeit. Die praktische Überlieferung und Einhaltung der Nächstenliebe, als Lebenskonzept und in der Literatur, ist besonders da zu würdigen, wo wir Menschen die Schriften erhalten haben und wo sie seit längstem aufgewachsen und lebendig vorgelebt und erhalten sind: In der Heimat des Judentums. Der Charme in der Zeile ist aus der Nähe der Worte zueinander zu erkennen und in der Position und dem Bezug der Zahlenwerte untereinander. So, dass durch die Schlange von Λ (El) die Weisheit dem Menschen gegeben habe, die selbst nur mit Gott zusammen das Wort "Liebe" bilden kann. Die Zahlenfolge verrät wie die Worte erkieselt werden sollen, durch die Einheit Gottes in allem, als dem Ursprung und dem Zusammenspiel seiner Weisheit. Um Zugang für Römer zu verschaffen und Wegweiser zu einer liebevolleren Ansicht und Vernunft, wurde ein Bestandteil ihrer religiösen Ansicht berührt: Der literarische Grundpfeiler ihrer Kultur mit der meisten (Nächsten-)Liebe. Und in dessen Richtung wurde die Wegweisung für die Zukunft gelenkt. Eine Methode, die dem Volk eine würdevolle Art und Weise gestattete, sich zu bessern, ohne sie als Unmenschen zu betrachten. Mit dem Untergang des Römischen Reiches wurden die Attribute von Menschenverachtung in einem Höhepunkt sogar zum Weltkrieg 1 und 2. Es wurde nicht behauptet, dass die Römer der Erzfeind seien und alles falsch machen, sondern dass es viel zu retten gäbe und sie sich dem in Zukunft besser öffnen, indem sie darauf aufbauen, weil sie genauso geliebte Menschen sind. Die Abstimmung vor und für die Kreuzigung wurde laut christlicher Narrative vom jüdischen Volk verlangt und verrichtet und somit ist die Schuldzuweisung an die Römer nicht Kern der Sache. Die nach innen gerichtete Schuldzuweisung der Abstimmung machte aus allen Menschen eine (Vorwurf-freie) Einheit der Menschheit. Denn in Gottes Gesetzen finde sich kein Feindbild, sondern Nächstenliebe und Weisung. Asklepios steht symbolisch für den Dienst an die Menschheit, durch Heilung und Fürsorge, besonders weil die Liebe von einem Vater zu seinem Kind der größte Faktor war, warum sich die Geschichte in der Literatur so ereignete. Die Kritik dahinter ist, im Umkehrschluss, die gewaltsame uneinige Mythologie, die todbringende, einfach von den Griechen kopierte, polytheistische Mythologie, die keine Einheit in allen Bereichen anerkennt, die man in der Realität wiederfindet - und Gewalt nicht aktiv verabscheut. Weder für das Gute, noch für das Böse, in römischer Kultur und Religion, stand die Moral und Lehre an der ersten Stelle und brachte keine erleuchtende und heilende Wirkung mit sich, sondern Unterhaltung und Abschreckung. Und daher war ihre Lebensweise ähnlich, so wie sie sich ihre Götter vorgestellt haben, so zerstörerisch ist auch ihre Politik und Ideologie gewesen. Die Liebe und Nächstenliebe zum Menschen ist Kern der Aussage und bleibt unser Mittel, um uns selbst, unsere Mitmenschen und das Leben der Erde zu erhalten und eine Kultur zu leben, die das ehrt. El ist das Bindeglied für die Worte: Liebe und Asklepios. Daher auch dazwischen. Asklepios fungiert darin wie ein familiäres und annehmbares Idol in Form eines Menschen, der Wurzeln zur himmlischen Welt hat und wird zur Grundlage für den Griechisch geprägten Raum, um ihnen zu zeigen, dass dieses in das römische Verständnis integrierte Werk wertvolle Philosophie enthält, weil Asklepios als Vorbild dem Menschen dient und daher zumindest bereits eine einzige Säule trägt, die das Judentum und Christentum sehr wertschätzt: Die (Nächsten-)Liebe. Gottes Beistand sei in unserem Höchst- und Tiefpunkt unserer Geschichte allgegenwärtig und ohne Zweifel sind unsere Entscheidungen der restaurativen Aneignung von Fortschritt im Dienste der Menschheit bevorzugt. Zwischen dem Geschenk von Weisheit und der Repräsentation einer Menschen-Figur steht so Gott und Liebe zwischen der Schlange. Die Schlange diene als Träger der Leidensfragen und Herkunft des philosophischen Grübelns einer Welt, die dem Himmel (noch) nicht gleich ist und ist auch nicht im Zentrum. Ihre Limitationen als bestraftes Wesen ist die Reduzierung auf das Minimum: Eine Röhre, eine Wirbelsäule ohne Extras, das wohl älteste Modell von der Vielfalt liebenden Evolution und auch das stagnierte Modell, die auf dem Boden kriecht, keine ehrenvolle Achtung genießt, soweit das im Tierreich assoziierbar ist, sich als heimtückisch darstellt und historisch und evolutionär eines der Ältesten Wesen sein wird, da die Extremitäten der Fauna ihren Fortschritt dadurch verkörpern, wie sie mit den vielfältigen Ideen der Natur zu mehr in der Lage sein können, mit Ausnahme der bestraften Schlange. Λ , das Gute, steht jedoch alleine, fest im Bild der Zahlen und Wörter. Die Erzeugung von den anderen Begriffen sei die Entfaltung aus Gottes Werk, von dem soliden Einem, zu den Variationen der lebendigen und den unbeweglichen Elementen der Welt. Die Botschaft so auszudrücken, dass sowohl Zahlen und Proportion verwendet werden, zeigt ihr Interesse an universeller Wahrheit und auch ihre Argumente und ihre Denkweise auf Wahrheit zu schließen, die alle Bereiche der Wissenschaft vereint und in ihrer Kultur ausdrückt und nur in einer einzigen Wahrheit Einigkeit finden kann - Den lieben Gott.

Es darf einem Bewusst werden, dass jede Kopie des Textes der Offenbarung eine sensible Stelle beinhaltet, die jedem Kopierenden des Werkes in Versuchung bringen kann, der einfachsten und effektivsten Veränderung, der Veränderung der Zahl 616, widerstehen soll, die eigene Federführung gegen persönliche Feinde NICHT wahrzunehmen. Das verleiht dem Text noch viel mehr Einfluss und Kraft, wenn diejenigen, die die Zahl zu ihrem eigenen Interesse verwendeten, entweder den Finger auf Feinde ausstreckten (wie z.B. Kaiser Nero), oder sich mit der Integrität der Wahrheit und Liebe anfreunden müssen, um Verständnis zu finden, das sich nur im Originalen finden lässt mit der ältesten Version, die die Zahl 616, laut "Papyrus 115", beinhaltet. Die Zahl wurde so gewählt, dass sie sich aus einer Zahl entfaltet, erst mit mehr als einem Begriff Sinn ergibt, weil sonst sowohl Asklepios oder Philos, auf dem ersten Blick, hätte einzeln dastehen können. Aber es dürfte bereits in ihrer Herkunft zu verstehen sein, dass sie in der Intention des Autors Homer, bereits zusammengehörig waren, weil sowohl Asklepios, als auch Philos absichtlich den selben isopsephischen Wert haben. Asklepios, als Name seines Protagonisten, wurde einst wegen dem selben isopsephischen Wert, wie Philos, gewählt. Verwendet, weil es aufschneiden heißt, wie es Chirurgen und Doktoren machen, im heilenden Sinne oder bei der Geburt beim Kaiserschnitt, was Leiden und Liebe verbinden kann. Durch die doppelten Worte aus der einen Zahl, aber gewünschten Dreifaltigkeit, sind vier Zahlen im Gebrauch, durch die Einheit der dritten Zahl von Gott und Schlange. Es deute auf die biblische Dominanz von Gott über der Schlange und die Dominanz von Bibel zu dem Homerischen Text. Drei, weil Gott und die Schlange zusammen gehörig wirken und sich daher auch das Leiden in der Geschichte von Asklepios erkläre und in der Bibel und im Leben. Die Veränderung zu der Zahl 666 könnte sich ereignet haben, weil Gelehrte den Gedanken fürchteten, dass man Jesus mit Asklepios verwechseln könne und sich zur Veränderung entschieden. Das ist wahrscheinlich entstanden, weil man das Rätsel der 616 nicht vollständig entschlüsselt hat und den selben Zahlenwert des Asklepios fand, ohne die Bedeutung der anderen Worte im selben Kontext erkannt zu haben. Wäre man alleine auf das Wort Liebe gestoßen, wäre der Bezug zu Asklepios durch die Verwendung von Isopsephie eine unvermeidliche Konsequenz. Es besteht die Möglichkeit, dass die 666 als eine Alternative verwendet worden sein könnte, mit dem Ziel, die Homerische Sage könne damit komplett entfallen. Ein Synonym von Λ, nennt den von Jesus verwendeten Namen ΕΛΙ / ελι (Eli), wie Jesus Christus Gott am Kreuz nannte. Es setzt voraus, die zwei Buchstaben "e" und "i" gesondert zu behandeln, dessen Buchstaben-Wert 5 und 10 zuerst miteinander multipliziert werden, anstatt, wie die anderen Buchstabenwerte, traditionell, direkt zu addieren. Mit dieser Ansicht bleiben ε(λ)ι und ὄφις einzige Gegenspieler, erzielen den Wortwert 666 und beinhalten den Dualismus aus Gott und der Schlange, auch ohne Asklepios. Auch bildet sich für die zwei gesonderten Operatoren der Zahlen damit ein Kreuz, durch einen Unterschied multiplizierter und addierter Werte. Es könnte auch ein Schreibfehler gewesen sein, als die Zahl zuerst noch in drei Ziffern geschrieben wurde. Beide Zahlen, die 616 und die 666, zeigen die Liebe Gottes zu allen Menschen, dass keine Verachtung herrscht, sondern, dass eine Einheit des Guten, durch Weisheit und Liebe gemeint sei. Auch wenn das Humanitäre ein kleiner Bereich in der griechisch-römischen Religion war, sei Gott der Liebe und Wahrheit näher und in der Stunde der Not gnädig und sogar richtungsweisend zugleich.

Als Fazit möchte ich die Bereicherung betonen, die uns mit Literatur in die Wiege gelegt wird. Anhand der Zeitlosigkeit und der Qualität der Texte stehen wir vor der offensichtlichen Fragestellung, was wir uns selbst empfehlen würden, wenn wir realisieren, dass wir aktiv unser Werdegang lenken, indem die Wahl der Literatur getroffen wird. Wir belohnen einander nicht fair genug, wenn das Richtige entschieden und getan wird. Unsere Überzeugungskraft wirkt Wunder und erlöst uns von einer Wesensart, die sich einer fütternden Hand widersetzen kann, wenn sie Handeln gegen unser Gewissen belohnen würde. Eine sich weise schützende Gemeinschaft wird die Ernährung und den Verdienst auf gewissenhafte und nachhaltige Prinzipien errichten wollen und die Abhängigkeit einer zum ungerechten Handeln nötigenden Einnahme ablehnen. Möge dieses Kapitel Sie bereichert haben! Euer Lukas Federspiel.

Asklepios = Siehe: Ilias, von Homer.

L und Eli = Siehe: Altes und Neues Testament.

Philos = Siehe: Überall!

Ophis = Siehe Buch Genesis, siehe Ilias.

---   Hiermit ist Kapitel Sieben zu Ende.   ---

Kapitel 8

Mit dieser Recherche möchte ich niemandem zu etwas überreden. Oder gar von etwas abhalten, was uns allen in unserer besten Version unserer selbst und nach bestem Gewissen richtig erscheint. Es gibt viele Lehrer für die selben Wahrheiten. Viele Perspektiven zu einer Sache. Ich ermutige niemandem zu mehr, als generell zu lesen und das Rätsel selbst zu verstehen. Meine persönliche Vorstellung von den Argumenten der Religion und den wissenschaftlichen Argumenten waren einst sehr gespalten und ich empfehle sich in beidem zu öffnen und zu erweitern, damit es Ihnen geht wie mir:

Religion ist eine Wissenschaft für sich.

Danke vielmals, dass Sie sich mit diesem Buch auseinandersetzen!
Ich hoffe sehr, dass es Sie inspiriert auf Ihrer Lebensreise Großartiges zu vollbringen! Zum Beispiel, mir Geld zu spenden.

Es folgen ein paar Erläuterungen zu meiner Interpretation des Jahrtausende alten Rätsels. Ein paar Ansichten gibt es noch, die ich mit Fokus auf das Thema erläutern möchte. Auch einige zu dem Kapitel Sieben führenden Erkenntnisse folgen separat in Kapitel 8. Einfach weil ich fühle, dass diese Dinge eine Rolle spielten. Der Roman soll den Zeitgeist der Moderne und die Verknüpfung in die Vergangenheit gestalten und den Weg beschreiben, der sich für Suchende wohl ähnlich darbieten würde, die sich im Internet und aus Büchern zu der Zahl schlau machen.
Auch weil der Roman noch nicht zu Ende ging, geht das Buch danach mit meiner Geschichte weiter. Es kann nicht enden, ohne dass der Hauptcharakter Ben die Welt und seine Liebe rettet.

Es geht nach Kapitel 8 in der Geschichte weiter und die literarische Freiheit erhebt sich dann wieder mit dem Schicksal von Ben Goldgerber in Kapitel 9.

Die Weisheit über die Weisheit selbst, ist eine Weisheit selbst!

Etwas zu lernen, ist wie zu erkennen, etwas zu vermissen, lernte man es nicht.

Dieser Satz wird praktisch völlig aufgebraucht, bildet man es im Koordinatensystem ab, mit zwei kreuzende Achsen und zeichnet man es ein.
Die Beschriftung der Achsen sind je Gegenüber:
"Erkennen" gegenüber von "Vermissen"
und
"Lernen" gegenüber "Nicht-Kennen(-lernen)":

"Lernen"
ist die X-Achse vom Nullpunkt in die negative Richtung.
"Erkennen"
ist die Y-Achse in positive Richtung.
"Vermissen (zu wissen)"
ist die Y-Achse in die negative Richtung.
"Nicht-kennen"
ist die X-Achse in die positive Richtung.
"Etwas und/oder Es" ist die 45°-Gerade.
"Wie" ist die von-oben Perspektive, die Proportion sichtbar macht.
Erkennen und Lernen wird die Richtung daraus. Selbst ohne einen Pfeil anzudeuten, ist eine Richtung auf der Geraden plausibel, schlicht, weil Erkenntnis irreversibel ist und mit der Zeit wächst und ein Richtungswechsel unmöglich ist.

Zeit spult nur nach vorne. Die einzige Richtung, die es für Zeit gibt.
Die Einigkeit gibt es nur im Guten und der Fortschritt zielt darauf ab.
Die gegebene Richtung und das Status-Quo. Weder am einen, noch am anderen
Ende zu sein, könnte damit heißen, dass das Jetzt immer in der Mitte ist
und Anfang und Ende immer gleich weit entfernt bleibt. Apokalypse ist für
uns endliche Wesen wohl zuerst ein persönlicher Zeitpunkt und wird sich
eher darin auswirken, das Leben mit der Zeit zu vereinfachen und zu
verbessern, anstatt manuell das Leben so zu verschlimmern, dass es für
die Menschheit zu einem gemeinsamen Zeitpunkt zu Ende gehe.
Möglich, dass treue Menschen zu der Religion sich besser schützen können
vor Machtspielen in Politik oder vor Herrschaft von wenigen reichen
Familien, mächtigen Militärs und vor negativen, impulsiven Veränderungen
der Grund-Strukturen. Auch wird sich das eigene Volk vor sich selbst und
vor Individuen mit radikalen Ideen so besser schützen können. Die
Aufrechterhaltung der Grundwerte durch Gesetze ist schwierig, weil sie
schnell geändert werden können, wie es dem aktuellen Machthaber so passt.
Regeln brauchen diesen Raum der eigenen Überzeugungskraft, eines
respektierten Zugeständnisses der Fähigkeit über Gut und Böse
unterscheiden zu können und des dynamischen Herzen der Menschen. Regeln
sollen auf Anarchie gebaut werden und nicht Anarchie auf Regeln! Hindern
Regeln den Menschen, wider des gesunden Verstandes, dann würde eine Form
der Gesetzeslosigkeit die Regel ablösen müssen. Der steigende Einfluss
von einer Bevölkerung auf die Herrschaft hat die sensiblen, ehrenkäsigen
und totalitären Charakterzüge in Wirtschaft und Politik friedlicher und
gerechter gemeistert. Ob das Oberhaupt eine weise Person ist, oder nicht,
hat die Schrift die Wankelmütigkeit der Menschheit besser überlebt, wenn
sie sich religiös entfaltete und mit der Wahrheit Hand in Hand geht, um
Frieden von allen Vorwürfen zu entbinden, die sonst der (Nächsten-)Liebe
unrechtmäßige Bedingungen aufbindet. Wahre Erkenntnis jedoch kommt nicht
aus einer Zusammenfassung der Kernaussage oder der alleinigen Betrachtung

eines Symbols, das damit assoziiert wird. Es ist das wachsende Verständnis, das sich anfühlt, als sei es von innen gewachsen und muss nicht assoziiert werden mit einer Person, die mit dem Wissen herumfuchtelt. Daher ist es etwas Besonderes, wenn das Buch zu der eigenen Entwicklung beistand. Die Vereinfachung eines komplexen Begriffs in einem Symbol, oder Namen, das ein ganzes Paket an Informationen zuschnürt, macht die Rekonstruierbarkeit unmöglich. Zum Beispiel wird die Nationalfahne zwar das Land repräsentieren, doch die simplen Farben alleine sind nicht fähig, das zu rekonstruieren, für was ein Land steht und in seiner Kultur bewahrt. Einem Menschen das Kreuz vorzuzeichnen, ersetzt nicht die Schrift des Christentums. Dementsprechend funktionieren Worte und Begriffe ähnlich und unterstreichen, dass man nur wissen kann, dass man nichts weiß. Für 616, als einer einzigen Zahl aus drei Ziffern, kann man die Zahl fast schon als ein einziges Symbol betrachten, das die anderen Quellen braucht, um zu bestehen. Besonderen Wert hat die Tatsache, dass das "Λ", im Vergleich zum "χις´", sich über die einzelnen Symbole erhebt, weil es isoliert von den anderen Bezügen dominiert, das Wichtigste ist, Bewegung in ein Standbild projiziert, umfangreichen Kontext zu Literatur und Geschichte anbietet und vor allem, weil es das einzige Symbol ist, das unter den anderen Symbolen alleine stehen kann. Drei Worte aus drei Ziffern macht die Kombinationszahl aus dem historischem Jahr und der Krone der Kultur zu einer Frage, welches Böse die Römer überhaupt bekämpfen und was die Menschheit dadurch gewinne.
Isopsephie: (Groß- und Kleinschreibung irrelevant)

χις´ / ΧΙϹ hat in der Isopsephie den Wert von 616.

χξς´ / ΧΞϹ hat den Wert 666.

Ἀσκλεπιόσ hat in der Isopsephie den Wert von 616.

φίλος   hat in der Isopsephie den Wert von 616.

ὄφις   hat in der Isopsephie den Wert von 586.

Λ / ל   hat in der Isopsephie den Wert von 30.

Die Werte kommen gezielt aus bereits in der Isopsephie verwendeten Namen. Homer hat Asklepios bewusst den selben Wert des Wortes "Liebe" = "φίλος" = 616 vermacht. Es ist eine eine Referenz und eine Art Übersetzung der jüdischen Lehre auf die Römische Kultur, die solche Zahlenspiele erst "seit kurzem" entdeckt hat und schätzen lernte, wo Zahlenbezüge in jüdischer Literatur schon vorher bekannt waren, verwendet wurden und sogar eine Große Rolle spielten. Es wird damit gezeigt, dass eine Kette an Herkunftsmerkmalen in der Literatur und Kultur sichtbar wird, durch Verwendung von bestimmten Stilmitteln und Schreibarten, das in ihrer wertgeschätzten Literatur auch vorkommt und beeindruckt. Um die Entwicklung der Menschheit anhand der ältesten Schriften nachvollziehen zu können, empfiehlt die Offenbarung durch Johannes damit, dass die Qualität der Überlieferungen bereits anhand des Alters der Schrift, dem Nutzen und des Heiligtums wertgeschätzt werden sollte, anstatt zerstört zu werden. Zudem soll Kultur auch anhand Bauten, wie der zweite Tempel in Judäa, respektiert werden. Die niedergemetzelten Revolten, die Verfolgung der Menschen und gar die ganze Expansion Roms in diesem Gebiet wird stark verurteilt. Der Haupteinfluss der Römischen Religion kam aus dem antiken Griechenland und wurde bis auf die Namensänderungen der Götter, so gut wie komplett, akzeptiert und übernommen. Die Offenbarung greift mit der Zahl 616 eine Griechische Sage auf, die den Römern mehr als vertraut gewesen sein sollte, sogar ihr Kulturschatz war und durch Homer eine Bekanntheit genoss. Die enthaltene philosophische Weisheit von der Legende des Asklepios wird in einer Gemeinsamkeit zu Jesus zusammen betrachtet und so verglichen, dass dabei Jesus und das Judentum eine Kernbotschaft hat, die man lieben muss, wenn man bereits die Legende des Asklepios schätzt und durch die übernommene Religion der Griechen, wie sein eigenes Kulturgut verteidigt. Wenn damit der Haupteinfluss berührt werden kann, wird es besser gelingen die Römer zu besinnen, die eine respektvolle Hochachtung zuvor nur vor der griechischen Kultur zeigten, und nun die Wertschätzung vor anderen Kulturen ebenso lernen sollen, besonders der, mit der ältesten Schrift der heiligen Ader ihrer Texte. Heilen und Heilung finden, immer, und immer im Dienste der Menschheit. Das wurde von Römischen Bürgern aus der Legende des Asklepios bereits entnommen. Werte des Judentums und des Christentums werden durch Johannes in Perspektive gebracht, als ältester erhaltener Wissensschatz der Schrift in einer Kompilation zeitloser Philosophie, die man zu schätzen lernen würde, sobald man sich mit ihr auseinandersetzt. Philos und Ophis nebeneinander betrachtet, beinhalten bereits den Zusammenhang zu dem Wort Philosophie und lobt damit die Kernaussage, sich von Weisheit im Leben begleiten zu lassen, da sie uns historisch und evolutionär in die Wiege gelegt wurde. Von der Menschenfigur ist die Schlange am weitesten entfernt. Liebe bleibe dem Menschen näher, als Weisheit, weil Weisheit oft durch schmerzhafte Gedanken im Herzen erforscht wird und erspart bleiben kann. Weisheit mindert in reduzierter Form die Intimität zu Gott nicht so drastisch, wie den Mangel an Liebe. Johannes vergleicht damit Asklepios, dem es gelingt einen Toten wiederzubeleben mit Hilfe der Schlange. Und Jesus, der sich selbst wieder auf die Beine brachte. Damit ist auch die Gefahr beide zu verwechseln gelindert, dass es als Rätsel aufgetragen wurde und den Römern keine Grundlage biete, sich voreilig abfällig darüber zu äußern, oder unüberlegt Jesus mit Asklepios zu verwechseln. Der Literaturschatz, mit Homer an der Spitze, an dem sich die alten Griechen und Römer klammern, sieht plötzlich ganz klein aus im Vergleich, weil Johannes eine einzelne Figur aufgreift, deren wohl beste Figur, Asklepios, und sie mit allen Werten des Judentums und Christentums vergleicht und logisch nicht mit dem Umfang des gesamten Judentums mithalten kann. Ein Ansporn zur Reevaluierung der Prioritäten im Leben. Asklepios war zwar in der Literatur Sohn des Apollon, und daher auch ein Sohn Gottes, war aber Mittel, um den Lesern zu berichten, dass er keine historischen Wurzeln hatte, sondern aus der Literatur ist. Die Erzählung des Kanons beruft sich auf Ereignisse der Vergangenheit. Damit wird nicht bewiesen oder behauptet, dass das Design der Werke immer wörtlich zu nehmen sei, sondern, dass die Verbindung zu historischen Ereignissen und der Lehre als Erfolgsversprechen gewahrt wurde. Der Wunsch Homers soll sich in der Welt spiegeln. Doch der Wunsch der Welt spiegelt sich in der biblischen Literatur. Eine Zeitreise in die Vergangenheit könnte die Ereignisse in ihrer magischen Natur genauso formlos und wage realisieren, damit die Glaubensfrage weiterhin ihre Integrität behalte, wenn z.B. die Erscheinung eines Engels sich nur in dem Auge des Zeugen abspielt und für dritte keine Beweise mitbringt. Doch der Lehrtext mit dem Blick in die Zukunft zeigt die Welt als wage und unantastbar, wie ein Objekt, das aus Energie und Schwingung besteht, aber dennoch fest und greifbar ist. Eine Zeitmaschine, um die Historizität zu belegen, oder weitere Details zu erhalten, verfehlt meiner Meinung nach das Thema und unterschätzt die Vollwertigkeit der biblischen Texte bereits in sich geschlossen zu sein.

Der Kampf von Herkules gegen die Hydra ist eine Legende, bei der die Schlange / Drache eine negative Rolle bekommt, wie die Schlange aus Eden. Wenn man ein Problem löst, stehen dahinter wieder neue Probleme und es wird gezeigt, dass man die Wurzel des Problems suchen und lösen soll, sich aber nie ganz von Problemen befreien kann. Der Umkehrschluss wiederum zeigt doch, dass die Probleme sich wie die Zellteilung vermehren, je weiter man von dem Ursprung kommt, aber der Ursprung Eins ist. Die Rettung liegt im Fortschritt und letztlich in der Gnade Gottes.

Sohn Gottes ist ein häufiger Titel der Zeit, soweit muss man das auch ehrlich betonen. In der Politik, Mythologie und Literatur sogar verwendet, wie vom Römischen Kaiser Augustus, Titus oder Vespasian um sich aus der Masse hervorzuheben, aber auch in der Literatur, um einer Geschichte den magischen Hintergrund zu füllen, sodass man keine

authentische Historizität dahinter vermutet, sondern um die Dreh- und Angelpunkte zu fixieren. Jedoch waren diese Titel meist selbst verliehen. Der Zweck und damit der Grund der Geschichte von Asklepios ist ein ganz anderer und griechische Gottheiten hatten eine Rolle und eine Aufgabe anstatt die Alleinverantwortung, die man an dem monotheistischen Gott wertschätzt. Wir sind sehr aufgeschlossen, aber auch leichtgläubig, wenn uns Personifikationen und klar verteilten Rollen begegnen, die Einfachheit darstellen und uns von der Komplexität von Problemen in der Realität besänftigen.
Von außen verteidigen wir uns - von innen schützen wir uns. Vielleicht war der römische Bürger nur so kritisierbar und dennoch als Mensch gleichsam beschützt, weil die Distanzierung von den Figuren verlangt wurde, aber nicht die positive Charaktereigenschaft dadurch leiden soll. So, dass zwar Asklepios und Jesus besonders deutlich getrennt werden sollen, ohne die positive Charakteristik von Asklepios damit zu schwächen, weil er die einzige Figur war, die sich als Symbol der Nächstenliebe auszeichnet und das aus jüdischer und christlicher Sicht nichts falsches ist - sondern gerne gesehen.

Es sollten die Menschen gerettet werden und die Schrift und das bereits geborgene Wissen erhalten bleiben, anstatt den Römern in die Hände zu fallen, die mit ein paar wenigen Änderungen, vor der Welt, selbst als Gottes Auserwählte Volk dastehen könnten, falls sie die Schrift missgünstig fälschen. Das ist nicht ganz einfach weiterzuschreiben, weil die Signatur in der Schreibweise liegt. Und so hätten sie ohnehin niemanden gehabt, der es so versteht, wie Juden, die danach leben. Es wird das gesprochene Wort hinzugefügt, mit konsultiert zum geschriebenen Wort. Eine Dynamik aus der schriftlichen Lehre und der verbalen Lehre wurde vorgelebt und wäre auch von römischer Seite aus nicht beliebig umsetzbar. Die Geschichten haben durch Historizität überall Heimweh.

Man wünscht sich, dass Religion das einzige ist auf der Welt, dass wir nicht selbst kaputt machen und glaubt daran, damit man es nicht kann. Die Schlange ist bekannt dafür Eier zu verschlingen. Alt trifft neu. Möglich, dass die Schlange in der Geschichte ein Werkzeug wurde, das einen negativen Anschein hat, aber bestes Mittel wird, um Erkenntnis an unser Leben zu schenken. Nach allem, ist die Welt, so wie sie sein soll, makellos. Denn die Verbesserung und die Hoffnung basiert auf solidem Glauben und Beobachtung der Welt. Einfach weil Wissen, besonders am Anfang, ein noch zu erhaltendes Geschenk werde, das auf die Dauer des Lebens, eine Entfaltung verspricht. Damit ist doch garantiert, dass das Leben der Menschen ein immer besser werdendes, gehaltenes Versprechen ist, das erst negativer verstanden wird, weil wir am Anfang noch so viel zu lernen haben und mehr leiden, aber mehr und mehr als Geschenk deutlich wird, weil Verbesserung, durch Lernen, unaufhaltsam ist. Da wir der Perfektion Gottes nie selbst gleich sein können, wurde eingeladen sich dem Gott-danken anzuschließen, durch die Einsichten, dass alles von Gott kommt und zurück zu Gott führt, auch wenn wir nicht verstehen können, warum Gott sich so entscheidet, wie die Realität sichtbar ist.

Johannes rät, sich friedlich zu besinnen und von Gewalt abzulassen.

Wenn ein Monogramm die letzte Sackgasse der Suche wird, sollte man fähig sein können mit der Umfassende(ere)n Quelle, aus der die Simplifizierung stammt, Bezug zu finden.
In anderen Worten: Alleine aus dem Symbol des Kreuzes, kann man nicht komplett die Informationen extrahieren, die die komplette Bibel vermitteln kann.
Die Theorie eines mir unbekannten Autors sah die Addition der Zahlenwerte für das altgriechische Wort "Tradition" als Lösung.
Der isopsephische Wert ergibt unter gewissen Umständen auch 666, aber ist

als Lösung nicht beständig genug, weil die historische Existenz der Zahl 616 nicht berücksichtigt wurde und weil man vermuten kann, dass es nur ein Beispiel dafür ist, dass man in der Isopsephie im dunkeln tappt, wenn man sich bei dem Schlüsselwort nicht sicher ist und keinen inhaltlichen Bezug aufbauen kann. So solide, wie hier in diesem Buch, gibt es auf der ganzen Welt keine so tief integrierte Lösung und ich halte es für ausgeschlossen das Thema, ohne die in Kapitel Sieben von mir vorgeschlagene altgriechische Zeile, seriös zu beantworten.

Helios, Elios, El, Eli und L waren bereits Symbol für Sonne, Licht und Gott. Der Schlangenträger, das Dreizehnte Sternzeichen, wurde erst später in Sternzeichen ernannt, durch Claudius Ptolemäus. Und die Schlange wurde vom Dreizehnten getragen, symbolisch, dass nach den 12 Jüngern, Jesus dazu in der Lage sei, die Schlange zu bändigen.
Der Wert von Lambda ("Λ") in der Isopsephie ist 30. In Hebräischer Gematrie, wie im Griechischen. Symbolische Qualität inklusive.
Ultimativ: Ein theophores Element.
("L" / "Λ" / "ל")

Das Zusammenspiel der beiden Worte, die einander brauchen, um den selben Wert wie Asklepios und Liebe zu bekommen sind: "L" (30) und Ophis (586). Gott opfere die Perfektion an unser Werdegang und sogar den Tempel seiner Verehrung und zeigt, dass das mit der Menschheit geteilte Leid auf der Welt nur existiert, damit wir frei entscheiden können und es Gott gefalle, wenn wir die Liebe, zwischen den Alternativen, entdecken und lieben lernen. Die Legende des Asklepios war DAS Werk der antiken Literatur, das bei den Griechen und Römern berühmt geworden ist, auch für die Innovation des errechenbaren Bezuges aus dem Namen und der übereinstimmenden Kernaussage, und damit ihr Meilenstein der Literatur. Es war ohnehin die Frage nie ganz aus dem Raum, warum die Schlange die

Freiheit zu Agieren hatte. Wer sie als Symbol sieht, als das Streben nach Weisheit, wird der ersten Interaktion mit der Schlange etwas optimistischer begegnen. Heißt auch, dass die negativen Seiten des vorhandenen Paradieses der Erde aus dem Mangel an Liebe und Weisheit kommt, die das Lernen im Leben voraussetzt und mit Zeit und Fokus verwirklichen wird. Also ist Zukunft die positive Richtung, weil man dort das Lernen verwirklichen wird. So ist das "L" notwendig in dieser Gleichung und als selbstverständlich und logisch zu betrachten, um den Worten isopsephische Gleichheit zu gestatten und dann so viel Klarheit im Bild erkennt, weil das "Λ" sich den Wert mit einem anderen Wort teilt, daher die Schlange entspringt und wandert. Damit entsteht Bewegung in einem Standbild aus Worten und Zahlen. Ein Symbol aus 3 Buchstaben χις´ enthält aus 4 Worten, die 2 zusammenschweißen und damit aus 3 entstanden sind, die zeigen, dass erst einmal etwas aus der Einheit von "L" genommen wurde aber dem Wort Ophis fehlt. Der Schlange fehlt etwas, um der Liebe gleich zu werden und Liebe hat größeren Wert, als nur Weisheit der Schlange, aber wird zusammen besser verstanden und bildet das Wort Philosophie. Die Schlange wird Werkzeug, um sowohl Liebe und Weisheit im Menschenleben zu integrieren.
("Ophis")

Wörtlich heißt Satan übersetzt: Anschuldiger/Kritiker. Laut Offenbarung, wird jedoch Anti-Christos übersetzt heißen können: Anstelle Christi. Also würden sich alle damit die Missgunst zuziehen, die sich für Gott ausgeben werden. "Anti", als "Gegen" zu übersetzen, funktioniert auch. Zunächst würde sich damit auch jeder Widersacher Gottes dieser Übersetzung einordnen. Der oft assoziierte Gedanke des Teufels Namen in der Zahl zu entdecken, wird sich lediglich auf Ophis beziehen. Einen Vornamen o.Ä. hat die Schlange aber nicht. Sie ist eine Funktion, keine Entität. "Anti-X" würde generell funktionieren, der die Religion "X" schlecht

redet. "X", als Variabler Name für jede Religion, die "Anti-Sich-selbst" = "Anti X", als Blasphemie bezeichnet. Es wird geraten nicht die Lücken in einem Design zu suchen und sich voreilig dagegen zu stellen, sondern, aus Weisheit den Worten die Ehre zu erweisen, die schon Jahrhunderte den Menschen weitergebracht haben im Leben und sich gegen den Strom der Zeit bewährten. In der modernen Welt sind viele Impulse von eigennützigem Ursprung und Interesse. Auf Vertrauensbasis, aus Interesse und aus Respekt dürfen wir unsere ungeklärten Fragen gerne an die Religion stellen und an unserem Zeitgeist neu anwenden, die sich daher auszeichnen, dass sie die Themen zeitlos behandelt und Richtungsweisend geschrieben wurden. Sich darin mit Weisheit neu zu verlieben ist Stärke.
("Philos")

Es sind aber auch Bilder die Information fassen können. Es sind Figuren und Formen, die wir optisch wahrnehmen, wie Buchstaben. Videos und Höhlenmalereien belasse ich hier als eine Form der Schrift. Am Ende ist es ein Design. Wie eine Melodie, die man in der Tonhöhe transponiert. Es bleibt die Struktur der Information und behält gültige Proportionen und kann trotzdem Anwendung finden und verstanden werden. Der resultierende Bedarf einer Transponierung der Sprachen und Wörter in das exotische Ausland wurde mit dem Rätsel zu der Zahl 616 verkörpert, das diesen Bedarf erst sichtbar macht.
Asklepios, (ist) eine von "L" geliebte, Philosophie.
Das Hebräische "L" sieht auch ein bisschen aus wie eine Schlange.
("Asklepios")

Damit stünde die Wissensschaft nicht so konträr zur Religion wie gerne dargestellt, sondern es ist einfach ein Bereich, der sich nicht anders lösen lässt, als durch Glaube dafür zu sorgen, dass Wissen, vor allem im unmessbaren, zwischenmenschlichen, herzlichen Bereich, von der gesamten

Menschheit gelehrt, gelesen, gefunden und geschrieben/kopiert wird und dazu tradiert und erhalten bleibt. Was ist fähig Wissen und Werte zu fassen, damit nicht jeder Fehler neu gemacht werde, um daraus zu lernen? Die Schrift!

Johannes hat sich mit der Formulierung für den Frieden auf der Welt eingesetzt, soviel kann man sicher feststellen. Er hat die militärische Expansion von Rom in der Levante streng verurteilt, da die Grundprobleme, die die gleichen sind auf der ganzen Welt, noch nicht gelöst worden sind und höhere Priorität haben, als unsinnige, gewaltsame Konflikte. So lädt Johannes die römischen Bürger ein, sich mindestens mit dem jüdischen Kulturschatz auseinanderzusetzen und von ihnen zu lesen.
Einen einzelnen (Vor-)Namen allein zu finden ist per se keine Weisheit. Stünde einfach ein Vorname am Ende in der Gleichung, bliebe die Lehrfunktion und Richtungsweisung unberührt und daher zweifelte ich, dass sich einfach ein Name finden ließe. Ich hoffe Sie empfehlen dieses Buch weiter! Die Leute bevorzugen Schlagzeilen die Angst machen, anstatt Wahrheit, weil man für Wahrheit Stärke braucht, ihr ins Auge zu sehen.
Mischt man Medizin in das Essen, oder das Essen in die Medizin?
Die Religion wurde reformiert und für jeden zugänglich gemacht außerhalb des Semitischen Völkerbundes, für die, die sich mit ihren Werten identifizieren wollen. Eine Chance für Wachstum auf neuem Boden.
Die Offenbarung klingt möglicherweise deswegen so, als suche man den Teufel, oder seinen Namen mit der Zahl, damit das Rätsel von seiner viel tieferen Antwort ablenkt und das Rätsel nicht gelöst werden kann, ohne sich zuerst mit der jüdischen Religion auseinanderzusetzen. Man musste sich mit der Literatur, ihrer Herkunft und ihren Zweigen befassen und dort entsteht die Chance der Wertschätzung.
Man sucht - sei allein schon eine Philosophie dahinter und das leere Blatt vor einem selbst und die Antwort auf alle Fragen.

Um Isopsephie einfach darzustellen, nimmt man sich die allgemeine Tabelle
zur Hand, die zeigt, wie auf Altgriechisch in allen Bereichen die Zahlen
gleich dargestellt wurden. Erst die Zahlen von 1 bis 10.
Dann nutzten sie die weiteren Buchstaben für die Zehner-Reihen.
Es folgen danach die Hunderter. Das bleibt unabhängig von der Bibel valid
und ist ihr universelles Design von Buchstaben als Zahlen.
A = 1; B = 2; bis zur Zahl 10.
J = 10; K = 20; bis zur Zahl 100.
R = 100; S = 200; bis zur Zahl 1000.
Die vollständige Tabelle ist unabhängig von Religion, immer die selbe.
Daher werde ich hier nur die benötigten Buchstaben und ihre verbindlichen
Werte verwenden.

Ἀ	= 1	
σ	= 200	
κ	= 20	
λ	= 30	
ε	= 5	
π	= 80	
ι	= 10	
ό	= 70	
σ	= 200	
	Ἀσκλεπιόσ	= 616

λ		=	30	λ	= 30
ε	ι	5	10	oder 30 + 5 * 10	= 80

φ	= 500	
ί	= 10	
λ	= 30	
ο	= 70	
ς	= 6	
	φίλος	= 616

ὄ	= 70	
φ	= 500	
ι	= 10	
ς	= 6	
	ὄφις	= 586
	ὄφις + λ	= 616
	586 + 30	= 616
	ὄφις + ελι	
oder	586 + 30 + 5 * 10	= 666

Das Mal der Bestie ist die Sklaverei und es halfen sich die Juden mit dem Tefillin zu gedenken und sie appellieren an alle Menschen, die erlittene Lektion nicht selbst zu wiederholen und zu spüren zu bekommen, durch die Bücher von Moses, besonders des Exodus. Um Kulturell seine Signatur zu hinterlassen, die etwas schwerer zu fälschen ist als einfach ein Symbol oder ein Siegel, so ist der Zugang in der Literatur weit aus größer, um eine unfälschbare Signatur in voller Breite des Designs und seines eigenen Charakters zu vermachen. Selbst Programmierer haben je eine eigene Signatur. Wie wir das Problem strukturieren und lösen, obwohl die Syntax klare Regeln hat und die Semantik sich nicht vom Zweck entfernen darf, finden sich markante Merkmale in allem was wir denken und machen. Ein Kopierschutz der antiken Literatur, der damit auch die Ehre der Herkunft beschützt. Kostspielige Bildung und Medizin, Paywalls, artifizielle Hürden und Bremsen und durch Klassendenken manifestierte Filter erschweren die heutige Weltlage. Die Thematik bleibt noch auf undefinierbarem Zeitraum auf dem Tisch. Die Konsequenz von Irrtümern in Volksmund sind nachträglich immer schwieriger anzufassen und ab einem schwer definierbarem Zeitpunkt überholt von den zeitnäheren Mythen, wie zum Beispiel die von Filmmacher, die vehement darauf setzen, dass der Teufel immer Latein spreche und wir so schwerer zur Quelle zurückfinden. Weil die Literatur durch Phantasie aber größeren Spielraum haben kann, als die Realität zuließe, kann ein Spagat aus Information und Design gemacht werden. Ebenso ist geistiges Eigentum in der selben schwierigen Situation, wenn eine nachträgliche Infragestellung des wahren Urhebers viel Widerstand trifft, weil die Plagiate zeitlich näher liegen. Jeder Leser kennt das Problem der immer wieder neuen Inszenierung von bewährten Ideen und ärgert sich darüber, warum man immer den selben Inhalt neu vermarkten müsse. Würde man der breiten Masse die Bildung mit dem großen Löffel in den Mund schieben, würden sich viele (unnötigen) Beiträge nicht verkaufen, weil die originellen Ideen fehlen und es jeder bemerkt, wenn jemand versucht sie als Innovation zu präsentieren, selbst wenn sie nur leicht veränderte Plagiate sind. Damit gesagt, halten wir lieber besser an Bildung fest, als an Verkaufszahlen. Fragil ist das Medium von Wissen. Wird befürchtet die Wertschätzung fehle, sei etwas frei zur Verfügung? Nutzen wir das Internet für die wichtigen Dinge, die wir brauchen, oder die Dinge, die wir wollen? Lesen wir uns in neue Bereiche der Wissenschaft ein? Oder schauen wir uns banale Videos an, die sich mit einem Daumen-Streichen herzaubern und wegzaubern lassen, aber uns einfangen und nicht mehr loslassen? Die Quellen sind da, die Ausreden verfallen. Seit der Erfindung des Internets ist Wissen zugänglicher geworden und hat das Potential von Bücher in ein paar Eigenschaften überholt, wie eine kürzere Suche nach einer spezifischen Information und eine Verlinkung von Inhalten zu ihren Quellen. Da man der digitalen Speicherung nicht ganz trauen kann, müssen wir weiterhin auf Bücher vertrauen, sonst kann die Menschheit über Nacht, quasi, den Atem der Kultur verlieren. Das Buch ist damit nicht ersetzt, aber erheblich modifiziert. Heute ist die Lage damit viel entspannter, freie und unzensierte Information zu erhalten. Die Anzahl der Menschen, die eines Tages mindestens einen Beitrag im Internet verfassen, wird sich wohl möglich irgendwann in Richtung der 100% bewegen. Daher ist das Problem, das Ur-Problem, isoliert: Informationen in einem Medium langfristig aufzubewahren und Wichtiges zu lehren. Es sollen ja Bücher nicht nur im staubigen Regal liegen bleiben. Wenn man die Erwartung der Anpassungsfähigkeit zu hoch ansetzt, wird die mentale Gesundheit darunter leiden und sich abhängig davon sensibilisieren. Momentan ist die Politik und Wirtschaft viel zu stark bemüht eigennützige Bewegungen zu erzeugen, die sich gerade noch innerhalb der Toleranzgrauzone wiederfinden sollen und in der Praxis darüber hinaus schießen. Aber diese Ausschweifungen summieren sich gewaltig und beweisen mehr und mehr, dass wir in die Ecke gedrängt werden Toleranzen zu strapazieren, bis das Untragbare das Fass zum Überlaufen bringt. Teuerung ist ein nicht gemäßigter Reiter der Apokalypse und sollte nicht beschworen werden, durch zu große Kluften untereinander. Dieser subtile Widerstand eines enger werdendes Ventils einer bevorzugt ruhenden Gesellschaft, die Neutralität über Aktionismus bevorzugt, verengt später über den Zugzwang und Zeitdruck, das noch weniger Durchfluss ermöglicht. Die Notwendigkeit, die komplette Reinigung der Zirkulation zu veranlassen, erscheint leider häufig sehr radikal. Schlimm ist es, wenn dafür Vorbereitungen getroffen werden, um das nicht einfach selbst zu überleben, sondern, bis dahin und von dann, davon zu profitieren. Gott stehe uns bei, diesen Druck durch kontinuierliche Wartung zu meistern, anstatt durch eine radikale Veränderung! Ein Teufelskreis. Der Maßvolle Umgang, das Mischungsverhältnis von Information und Emotion, ist dazu da, dynamisch zu Prüfen, ob Raum geschaffen werden kann, um auch Druck abzubauen. Dieser Raum ist da, um Durchfluss zu gestalten und soll so eine Wirtschaft zirkulieren lassen, anstatt zu stagnieren. Die eigene Disziplin ist unzureichend - man sieht, wie wir generell Unterdrückung durch viele minimalen Veränderungen dennoch tolerieren. Die Zusammenarbeit ist gefragt, sich als Volk und in Politik damit zu befassen, dass wir die Dinge haben, die wir brauchen und besonderen Schutz installieren, um die Zirkulation der Kaufkraft beizubehalten, besonders wenn harte Arbeit dennoch arm macht. Geschwächt durch die übermäßige Ansammlung von Kaufkraft an wenigen Positionen, auf Kosten der unzähligen Positionen, der Bürger, liegt ein großer Teil daran, dass unsere Geschäftstransaktionen heute richtig sein mögen, aber an einem späteren Zeitpunkt nicht mehr. Denn heute ist noch Zirkulation möglich und später gelten die selben Regeln und der gewöhnliche Bürger, ohne eigenes Geschäft, ist nicht mehr in der Lage sich mit den selben Regeln über Wasser zu halten, oder eine genießbare Teilnahme zu erhalten. Die Bemessung des gesellschaftlichen Beitrages anhand des finanziellen Beitrags ist eine Beleidigung an die Menschen, die Gutes und Gerechtes in der Welt verrichten und nicht finanziell belohnt werden. Auch darf sich keine Bewertung etablieren, die sich anmaßt über die Wertigkeit eines Menschen urteilen zu können, um es z.B. finanziell darzustellen oder z.B. in einem numerischen Wert abbildet, das naiven Menschen damit Hebelwirkung zuspreche, mit dieser Zahl mit ausreichend Information bestückt zu sein, Menschen untereinander und aus "höherer Sicht" zu vergleichen und zu bewerten. Das Judentum und das Christentum spricht diese Fähigkeit nur Gott zu, der mit seiner Einheit der gesamten Realität, allein, dazu in der Lage sein kann und sich diese Auffassung verbietet. Die Medien berichten von Finanz-Tipps und provozieren den Anschein, dass man selbst Schuld an der finanziellen Situation sei. Man habe nicht das Wissen, die Kompetenz oder das Durchhaltevermögen, um finanzielle Investitionen zu tätigen(?). Wenn man fast jeden Tag in einem essenziellen Beruf arbeitet und plötzlich Schuld sein soll, dass man verarmt, ist es eine Schande, dass das normale Leben nicht möglich ist und man genötigt wird sich mit einem künstlichen System auseinanderzusetzen, um den künstlichen Nachteilen auszuweichen. Kommt ein Ausgleich in einem bestimmten Intervall? Oder wollen wir lösen, wie sich Leute im großen Stil an der Masse bereichern können? Der erste Schritt ist die Bildung und der zweite Schritt ist der aktive Versuch die Kaufkraft, unabhängig vom nominalen Geldwert, zu beschützen. Die Hauptproblematik wird sich nämlich erst durch fortgeschrittene Symptome ereignen. Der Kern der Sache ist der folgende: Sobald die Gesamtlage zu problematisch wird, niemand von seinem Podest zurücktreten wird, niemand bereit ist seine Privilegien zu opfern, ohne den Finger auszustrecken und zu sagen: „Ihr zuerst!", wird sich einer der Hauptprobleme offenbaren, der sich in der Menschheitsgeschichte zu oft wiederholte: Es werden Trennlinien zwischen den Menschen gezeichnet und sie aufeinander aufgehetzt werden. Die Schuld vom ganzen Frust der Situation wird auf Menschengruppen geschoben und die Trennlinie wird die Leute zu Kriegen

überreden, zur Plünderung und zu vielen anderen schlimmen Dingen. Die Gleichheit der Menschen ist eine sehr verletzliche Stelle. Sie kann sich in Hautfarben ausdrücken, wie Schwarze gegen Weiße. Es kann sich in Religionen ausdrücken, wie damals im Dritten Reich oder in Kreuzzügen. Jedes mal ist es eine Schande und die Konsequenz aus Unterjochung und der Schuldzuweisungen. Jedes mal geht es heimlich um Besitz und Reichtum. Die Wahrheit ist: Wir sind Menschen und wir sind zusammen die Menschheit. Team Erde, einer lebendigen Generation. Ein Team, zusammen.
Ob der Widerstand mit der Zeit geringer wird, z.B. durch Innovationen, bleibt allgegenwärtiges Thema der Menschen. Ziel ist es, nach der Aufnahme von neuen Informationen, sich mit dem eigenen Inventar, dem Repertoire an Information, übrige Fragmente vollständig abzubauen / zu klären, sodass sich der ungeklärte Teil von den Informationen trennt, die für alle von Bedeutung sind. Jeder Mensch hat das Recht sich zu verbessern und damit sind die Grenzen geöffnet, sich allen Menschen anzunehmen und ihrer Zukunft Vertrauen zu schenken. Die gleiche Chance geben zu können, unabhängig von der Einschätzung eines Erfolges, nimmt zumindest den Zeitdruck, spreche man jedem Menschen, unter egal welchen Umständen, die Fähigkeit und das Recht zu, sich zu verbessern. Das halte ich für nicht falsch und eine Kernaussage der Religion, die Johannes vertrat. Eine Versöhnung ist das Mittel und die Absicht dahinter. Jeder mit jedem und mit sich selbst. Fällt einem die Gabe zu, sich mit der Vergangenheit, Geschichte und Religion ebenso unberührt zu beschäftigen, wie mit der Gegenwart und der eigenen Beziehung zu ihr, so lässt man den Raum zur Wahrheit zu und eigene Emotionen und Perspektiven werden Werkzeuge der notwendig dynamischen Auffassung der Welt. Etwas zu lernen, ist wie zu erkennen, etwas hätte vermisst zu haben, lernte man es nicht. Und weil man Fortschritt nicht vermissen möchte, möchte man lernen alles mit Fassung zu tragen und dem Problem, ein kompetenter Verhandlungspartner zu werden. Vergebung ist wertvoller, als das Feuer zu

erwidern. Wir brauchen uns. Wer sich mit der Mythologie der Griechen auseinandersetzt, stellt fest, dass kopierte Geschichten manchmal in Religionen eingeflossen sind. Nachgewiesen durch entsprechende Funde einer noch älteren Quelle mit ähnlichem Inhalt und Stil. In der Glaubensfrage sind unterschiedliche Ansichten nicht automatisch weder richtig, noch falsch, sondern verschieden und beruhen manchmal auf das selbe Thema und haben beide dennoch gute Argumente. Ähnliche Prinzipien und Ideen in ähnlicher Ausführung stehen sich manchmal in parallel existierenden Religionen gegenüber. Es ist zu verstehen, dass religiöse Prinzipien manchmal an einander anlehnen dürfen, weil sie keine Konkurrenten sind, nur weil zwei für das Gute stehen, aber unterschiedliches Design verwenden. Die Schlange windet sich mit vollem Körpereinsatz in die Themen der Philosophie, weil der Körper nichts anderes zulässt, als auf der Suche nach (mentalem) Futter voll in der Materie zu wühlen. Wer die Sequenzen der Wahrheit sammelt, merkt, dass sie auf das selbe deuten:
Liebe ist die Antwort auf Liebe - Und Gott ist ihre Herkunft.

Der Rückschluss in Gematrie funktioniert nur in gewollten und Hand platzierten Worten und Passagen und hat außerhalb der Intention des Autors die Gematrie gezielt zu verwenden keinen Bestand, um wissenschaftliche Erkenntnisse mit Sicherheit aus ihr zu entnehmen und bleibt für viele eine Glaubensfrage. Die Verwendung von Gematrie und weiteren Konstanten in Literatur dient neben der Verdeutlichung von der Hauptbotschaft, zur klaren Identifizierung vom Autor einen Schwerpunkt zu designieren. Zu leicht lassen sich die Orte und Namen eines Textes ändern, um von Plagiaten bedroht zu werden, die die damit verbundene Ehre und Richtungsgebung des Schöpfens angreifen. In der Offenbarung steht es wörtlich geschrieben, dass dem weder zugefügt, noch weggenommen werden darf. Besonders mit der Entdeckung des Schlüsselwortes wird der Kreis nun offensichtlich geschlossen und das erste und letzte Buch sind stärker verbunden, als je zuvor angenommen. Wie die Schlange, die sich in den Schwanz beißt. Ihr Schwanz, ihr Gaumen - Kopfkino und Analogie? Mann und Frau machen den Kreisumfang größer, durch Kinder. Die Schlange verbindet die zwei Enden, wie die Liebe, der Geschlechter. Das war anders in der Mythologie der Griechen. Jagdhund und Fuchs wieder im Fokus. Beitragen zu können, wenn man einen interessante Aussage fand, wie durch das Paradox, migriert einfacher in Sternbilder, Sagen und Religion. Die Hoffnung zu stärken und zu begründen ist eine Aufgabe der Religion. Plötzlich stand die Weltmacht Rom vor dem eigenen Volk in Verruf, weil sie sich der Religion anschlossen und sich Rom damit Kritik an der Kreuzigung hat stellen müssen. Ein Axiom kann man erfinden, ist aber nicht der Realität unterworfen. Wie in einem Paradox, bei dem man surreale Bedingungen einführt und die geistige Reise von dort erst beginnt und ohne sie nicht stattfindet. Genauso ist eine Position, ein Beruf und ein Titel nicht eindeutig und kann zufällige Opfer treffen, mit einer lückenhaften Interpretation der Zahl 666 als Teufel beschuldigt zu werden. Der Name von Nero und der Name vieler anderer Kandidaten fiel seit der Bekanntheit der Offenbarung in moderner Literatur in skurrilen mathematischen Beweisversuchen, aber lassen zu viele Widersprüche und/oder mehrere Möglichkeiten zu. Die generelle Position, die man dem Autor/ der Autoren unterstellen kann, aufgrund der eigenen Aussage über das Christentum, wird sich selbst nicht widersprechen dürfen mit dem Ergebnis des erkieselten Namens. Es wäre sonst nicht eindeutig lösbar, ohne diese Rückversicherung. Aus den heimtückischen Charaktereigenschaften einer Schlange und ihrer eingeschränkten Fähigkeiten, durch das Fehlen der Gliedmaßen und der begrenzten aktiven Fähigkeiten (abgesehen von der Fortbewegung und Paarung etc.) bleibt das Beißen und wird in einer Fabel typisch zu ihrem Erscheinungsbild handeln, weil das dem Menschen schlüssiger erscheint in der Literatur berücksichtigt worden zu sein, als eine zufällige Neubelegung von Eigenschaften in jeder einzelnen Fabel-Literatur. Die Rolle einer Schlange wurde in der Literatur als Antagonist sympathisch, aber ist möglicherweise ein Produkt der negativ wahrgenommenen Attribute und der Unfähigkeit der Schlange, sich mit Gliedmaßen zu helfen und daher auch für Neid und Eifersucht zu anderen Lebewesen passend gewählt für Allegorien und Symbolik. Die Idee eines personifizierten Bösen, einer Entität, die alleinverantwortlich dafür definiert ist, lässt uns spekulieren, ob sich dann mindestens ihre Verwundbarkeit nicht ausschließen lässt und nur noch die Lokalisierung und Vernichtung dem Weltfrieden im Weg stünde. Selbst die Reduzierung auf ihre einzige letzte Funktion implementiert die notwendige Angriffsfläche, oder sogar ihre Besiegbarkeit selbst, weil die Entität mindestens einen Knotenpunkt in sich selbst ist - ein Design ist. Es würde uns somit für undefinierbare Zeit beschäftigen, diese zu lokalisieren und zu eliminieren. Ein einziger Feind. Klingt einfach. Zu einfach! Anstelle einer militärischen Suchen&Zerstören-Mission gegen das ultimative Böse, berichtet uns die Religion, dass es nur in Gottes Macht stünde den Gnadenstoß zu vollbringen und unsere Beiträge sich in Liebe und Hingabe zueinander lohnend mitgefochten werden.

Wenn uns die Weisheit gelänge es zu lokalisieren, dann wäre ein Ort ein Ergebnis aus mehreren Faktoren, wie zum Beispiel die drei Dimensionen, die notwendig sind Volumen anzugeben. Die Suche verläuft sich in den vielen Facetten und Angriffsflächen des Bösen, nie aber auf Eine allein, wogegen Gott selbst, selbst wenn man Gott als Synonym für die Realität betrachtet, auf dem geringstem Design noch vorhanden ist und damit das erste und letzte sein wird. Die Hoffnung mit dem eigenen Wohlwollen, des Mitwirkens im Leben und der Glaubenstreue, das Negative auf das Minimum zu reduzieren, bleibt Thema der Religion und Philosophie in allen Zeiten. So werden allerlei Überzeugte aus ihren unterschiedlichsten Strömungen auf den selben Nenner kommen und dem auch mit Optimismus begegnen können.

Es sind beide Zahlen, 666 und 616, in Quellen zu finden. Sowohl Salomons Gold, als auch der Hochmut von Nebukadnezar dem Zweiten, werden damit auf selbem Boden verglichen, das von diesen Zahlen einen negativen Charakter erlitt. Gebührt jemandem Reichtum, durch hohe Weisheit und Anmut, wenn auch nur durch die Wende der Reue? Ob jemand damit Geld, Gold und Gier als Wurzel allen Bösen beschreiben wollte? Die exakte Identifikation anhand einer einzelnen Zahl zu beschreiben wird demnach eine genauso konkrete Antwort des Rätsels anbieten, das sich mit den Werten des Christentums und des Judentums und des gesunden Menschenverstandes verbinden können wird. Beide Zahlen sind in dieser Deutung verwandt und deuten auf verschiedene Auffassungen des selben theophoren Elements und sind nur so lösbar. Demnach vermute ich, dass die Zahl 666 wahrscheinlich nachträglich im Kanon aufgenommen worden ist. 586 Jahre nach der Zerstörung des ersten Tempels wurde die Existenz von Jesus verbindlich, damit die Jahreszahl des Wortes "Schlange" beide Angriffe gegen Jerusalem symbolisch verurteilt. Es erklärt damit auch das Jahr Null und warum wir im Jahr 2024 leben. Unabhängig von der historischen Person Jesus Christus, Sohn des Josef, wird das Geburtsjahr verbindlich bleiben und unsere Kalender definieren. Damit steht man vor einer Weggabelung einer Frage, ob entweder Jesus Kommen vorbestimmt war und sich zeitlich so ereignete, damit das Jahr zwischen der ersten Jerusalemer Tempelzerstörung und der Geburt Jesu sich bewahrheitet und die Zahl der Schlange eine Gelegenheit werde, die Herrschaft Gottes über der Schlange zu demonstrieren, oder ob die Zahl festgelegt wurde, als man das Rätsel mitsamt des Christentums in Schriftform brachte, bleibt eine Frage des Glaubens.

Warum sind Asklepios Begleiter symbolisch?

Hahn + Eule + Schlange + Zypresse - und was sie bedeuten:

Hahn: Morgens; Eule: Nachts;
Hahn und Eule: Rund um die Uhr!

Schlange: Knobeln und Weisheit; Zypresse heilen und lindern;
Schlange und Zypresse: Heilmittel (er)finden!

Hahn + Eule + Schlange + Zypresse: Die Hauptbotschaft von Asklepios ist identisch mit der Auswahl seiner stetigen Begleiter in der Literatur. Aus der gewonnenen Erkenntnis und Philosophie sickert das Imperativ hindurch, für jeden Menschen mit Heilung beizutragen, die nach bestem Gewissen und immer im Dienste der Menschheit zu verrichten ist, das Leben eines Menschen weiter zu erhalten, zu heilen und zu verlängern sei.
In der Legende wird Asklepios von Zeus für seine Handlung bestraft, obwohl Asklepios Halbgott ist, Sohn von Apollon und Koronis, einer Sterblichen, die die Geburt nicht überlebte. Asklepios wurde von dem mythologischen Fabelwesen Cheiron, eines Kentauren der Heilkunde lehrt, unterwiesen, unter der Bedingung, er dürfe Todkranke/ zum sterben geweihte / Tote nicht mehr zum Leben erwecken. Einerseits kann die Philosophie besser vermittelt werden, wenn die Mythologie bereits am Anfang klärt, dass an der Figur kein historischen Ursprung zu finden sei, sondern personifizierte Philosophie ist. In der Legende wurde er von Zeus mit einem Blitz bestraft, weil er es doch einmal praktizierte, als er mit einer Leiche eingesperrt wurde, dessen Vater ihn damit zwang, den toten Sohn zu heilen. Damit wird erklärt, dass die Sterblichkeit selbst zwar weiter besteht, weil nur eine göttliche Intervention Ausnahmen gestatte, aber laut Stand der Realität und aufgrund der Fähigkeiten der Menschheit,

momentan, oder überhaupt, unmöglich ist, solange wir unser irdisches Leben genießen dürfen. Das in der Geschichte platzierte Gegengewicht war die Ausweglosigkeit in Asklepios Situation, die jeder ebenso nachvollziehen kann, da er zum einen nicht entkommen kann, zum anderen in der Lage war, dann auch noch unter verständlichen Aspekten der Nächstenliebe und der Liebe eines Vaters zu seinem Sohn handelte. Ein nachvollziehbarer Wunsch. Mit etwas Empathie finden sich auf beiden Seiten der Parteien keine negativen Eigenschaften, die das zum Makel des Menschen machen würden. Der Bedarf an Heilung ist in der Legende nicht aus Menschen-eigenem Verschulden, oder eines Fehlverhaltens, zurückzuführen. Die Idee beinhaltet auch, scheinbar tote oder sterbende Menschen nicht aufzugeben sondern versuchen sie zu behandeln, bis der Zustand tatsächlich irreversibel wird und eine Behandlung sinnlos. Heute ist der Asklepios-Stab Symbol der Medizin und der Ärzte.

Krankheit, Ungerechtigkeit und Teuerung, Krieg und der Tod seien die allgegenwärtigen, gemeinsamen Feinde der Menschheit, auf die das Rätsel auch hinweist. Vier Reiter, besetzt mit den Hauptproblemen der Menschheit. Die Pferde sind wohl klares Symbol dafür, immer eingeholt werden zu können und demnach kann man diesen magischen Reitern nicht entkommen. Das war bevor das Automobil die Messlatte für Geschwindigkeit überboten hat und heutzutage kann man den Reitern ziemlich leicht entkommen. (Hehe) Die Attribute der Reiter holen uns ein, wie man heute noch erkennen kann. Eine Formel für die Akzeptanz von Innovationen ist bekanntlich etwas zu implementieren, das vertraut genug ist, aber vorantreibende Innovation enthält. Auch Produkte wie Mode leben in diesen Trends und Zyklen der Wiederentdeckung und Implementierung von neuen Richtungen. Man muss sich schützen, weil diese Methode missbraucht werden kann, wie ein Trojanisches Pferd, um manipulatives Gedankengut in Vertrautes Gewand zu hüllen. Der Schutz kommt von innen, von Ihnen!

Zu behaupten, dass Jesus komplett auf die mythologische Figur des Asklepios beruht ist nicht denkbar, weil jeder die Legende des Asklepios kannte und kein Interesse bestehen könnte einen Widerspruch im Buch zu hinterlassen. Sonst könnte die Glaubwürdigkeit der Bibel selbst in Frage gestellt werden und sogar noch die passende Vorlage selbst liefern, die zukünftigen Autoren Raum verschaffen könnte, sich mit einem eigenem Buch anzuschließen. Dem ist nicht so. Jesus bleibt Jesus.

Das Rätsel rät, die Bibel zu lesen.

Mit so einer Interpretation kann ich mich anfreunden, denn sie passt inhaltlich einwandfrei zu der Intention von Johannes und ist für mich neutral, weil er es selbst rät. Er rät dazu, von Jesus Christus aus der Bibel zu lesen und sich an dem Werk ein Beispiel zu nehmen.

Der Verfasser nennt sich nach eigenen Angaben Johannes. Ob er es alleine schrieb, oder mit anderen zusammen, wird sich inhaltlich zum Rätsel nicht störend bemerkbar machen, ist aber nicht Bereich der Philosophie, sondern der Forschung mit entsprechenden Methoden und entsprechender Technologie und darf für mich kaum eine Rolle spielen, sich die Botschaft erklären zu können. Fakt ist, Johannes hat sich für die Menschen eingesetzt, indem er überall, ob im Mittleren Osten oder Rom, ganz gleich, die Wertschätzung und Nächstenliebe und vieles mehr gefunden haben muss und damit mit den Menschen teilte, die es hören mussten. Er infiltrierte den Römischen Angriffsapparat mit einem Invertiertem Trojanischen Pferd gegen Gewalt. Invertiertes Trojanisches Pferd, weil die Römische geistige Elite durch das Rätsel und die Religion eingeladen wurde, sich selbst in das Pferd zu setzen, anstatt anders herum, um da zu landen wo sie intellektuell auf sich alleine gestellt waren und sich plötzlich in der Umgebung des Inhaltes des Buches wiederfanden (als sie sich darauf einließen). Sie landen damit dort, wo die militärisch unterlegene Opposition sie am besten isolieren und herausfordern kann. Die Römer wurden eingeladen an der Disziplin teilzunehmen ihre Werte unabhängig zu vergleichen, ohne den Lokalpatriotismus aus der Umgebung zu absorbieren und sich mit ihrem Kulturschatz auseinanderzusetzen, inklusive ihrer Religion. Es ebnete langfristig einen Weg der Annäherung. Es wurde dennoch viel Blut vergossen bis die Literatur zum Selbstläufer wurde. Eine Hochkultur, wie das Römische Reich, sollte diese Qualitäten auch vorweisen können, sich an den philosophischen Grund-Fragen beteiligen zu können, aber wurde ihnen damit auch zugetraut. Die Angreifer wurden so von ihrem eigenen Volk entwaffnet, die die Glaubensfrage der Masse völlig unterschätzten. Die notwendige Zeit, um die Offenbarung und das Christentum zu verbreiten, hat das Thema der Religion im Römischen Reich auch entfacht und auch wenn der Start holprig war und die Christen zuerst verfolgt wurden, hat das Christentum sich bekannt gemacht und wurde seit dem vierten Jahrhundert bei den Römern offiziell integriert.

Die Schlange wühlt sich mit ihrem gesamten Körper in die Wunschrichtung, aber muss natürlich Schlangenlinienförmig nach vorne. Wie der Philosoph, seine Gedanken und sein Zeigefinger im Haar und am Kinn, wenn er grübelt und nachdenkt. Die neuen Erkenntnisse warten da draußen, bis man sie entdeckt und sie in Perspektive bringt. Vielleicht haben wir eines Tages, hier auf der Erde keine Probleme mehr. Das Universum vergisst nichts. Alles je veränderte hinterlässt einen Effekt in dieser Welt. Der Einfluss unseres kollektiven Denken und Handelns und das jedes Einzelnen, macht einen Schritt aus, auf dem Werdegang der lebendigen Erde und der Menschheit.
Meine Interpretation zu dem Rätsel der Zahl: Das Rätsel rät, aus der Bibel zu lernen, Kulturen zu respektieren und selbst an Weisheit zu wachsen und Wissen der Liebe zu unterwerfen. **Ende.** Zurück zum Roman:

Kapitel 9

Ende. Die Musik. Ben hört sie. Er ist sie. Er denkt und bestimmt das Rauschen und Klingen. Sein Gehör. Wie ihn ungleiche Töne faszinieren, weil sie wie ein Buch sind, das man aufschlägt, zuschlägt, umdreht, aufschlägt, zuschlägt, umdreht, 12. Man muss sich nicht entscheiden. Musik ist eine Kampfansage gegen die Symmetrie und dessen Zerfall des Neutralen und der Irrelevanz. Sie zeigt, wie sehr man sich in ihrem Verlauf zu entscheiden hat, in welchen Bereich man die Musik verlocken möchte, welchen Bereich die Musik verlassen darf und was sie heute zu sagen hat. Ob es eine Botschaft ist, die mehr Liebe und Empathie enthält, oder aufrichtige Logik, welche Proportionen gelten und von welcher Proportion verlangt wird sich zu vergessen. Sie ist lebendig, wie ihr Zuhörer, und sie gefällt uns, weil wir in ihr eine Richtung sehen, der wir uns heute annehmen wollen, sei es aus Liebe oder Hass. So fühlt sich Musik wie eine Entscheidung an, die man jederzeit treffen und verwerfen darf, da von der Leere in beiden Richtungen unendlich Inspiration zur Verfügung steht. Wir entkommen der Symmetrie, setzten unseren Schwerpunkt auf eines der beiden, entkommen dem "Sein" mit dem "Werden". Eine Entscheidung die uns genommen wurde und nie getroffen werden würde. Zuerst endet der Anfang mit einer Pause und beginnt zuletzt ohne Inhalt. Ben summt: „OioOoOoOIOIOoOoOoiO".

Ben bewundert Atlas, während er in seinem Bauchnabel sitzt.
Ben fragt Atlas: „Wie hast du das geschafft?"
Atlas: „Was ist das denn für eine provokative Frage?"
Ben: „Entschuldigung! Nein! Das war nicht so gemeint. Ich bin von dir begeistert."
Atlas: „Ich bin mir nicht sicher, ob das Sarkasmus sein soll."

Ben: „Sie sagen, auf deinen Schultern lastet die Welt. Und wir können es dir verdanken, dass sie noch steht!"

Atlas: „Ich bin mir sicher, dass ihr mir keinen Dank schuldet. Oder ihr versteht nicht, mit wem ihr das Wort teilt! Ich bin nur Atlas."

Ben: „Es ist mir eine große Ehre dich kennenzulernen, Atlas!"

Atlas: „Dann wisst ihr jetzt, dass ihr mir keinen Dank schulden könnt."

Ben: „Danke, dass du die Erde nie aufgibst!"

Atlas: „Ich sitze nur und lese aus euren Büchern, während ich meinen Rücken und Nacken gegen die Erde lehne. Von der Neigung, sehe ich, habt ihr bereits gelesen. Was wollt ihr? Mich schelten?"

Ben: „Nein, sicherlich nicht! Nein!"

Atlas: „Ich muss weiter lesen! Ist viel zu spannend, um jetzt aufzuhören! Bitte versucht mich zu verstehen, werter Herr, ich muss mir eine Strafe selbst aussuchen und sie gegen mich richten, sagen manche Mythen über mich. Falls das stimmt, bereite ich mich vor, um die Strafe so angenehm wie möglich zu wählen. Ich habe auch schon gute Ideen, nur noch keine Entscheidung. Verzeiht mir, wenn ich nicht viel sprechen möchte, aber es gibt noch so viel zu lesen und mehr noch, das ich nicht verstehe. Ich suche das Beste für mich und für alle, aber ich bin nicht fertig mit Lesen. Heißt, ich kann ja noch gar nicht entscheiden!"

Ben: „Das heißt, werter Atlas, du willst die Entscheidung nie treffen wollen? Einfach nie eintreffen lassen? Weiter lesen?"

Atlas: „Richtig! Korrekt!"

Ben: „Und das stimmt alles?"

Atlas: „Je mehr ich weiß, desto weniger halte ich es für möglich, dass diese Strafe existiert, sogar ich selbst existiere, aber dennoch, habe ich etwas Angst und möchte vorbereitet sein."

Ben: „Und wenn dir die Bücher ausgehen und du gezwungen bist zu entscheiden?"

Atlas lacht und die Erde bebt.

Atlas: „Ich lese noch an dem ersten Buchstaben und bin noch nicht fertig. Ich vermute, der könne gleichzeitig der letzte sein. Ich weiß es aber noch nicht."

Ben: „Das selbe Symbol? Zusammengeklebt?"

Atlas: „Auch! Ja! Vielleicht? Möglicherweise, eine Proportion der Ziffer! Selbst die Proportionen aus X% der Ziffer, noch ohne Zahl, ist gleich, zu den Proportionen aus letzter Ziffer, auch, noch ohne Zahl. Wurzel aus Ziffer geteilt durch Zahl, wenn Zahl gleich Null, weil Zahl = Ziffer, geht nicht. Zahl geteilt durch Ziffer, wenn Ziffer und Zahl Null ist, und das geht nicht. Oder, oder nicht? Oder doch? Oder doch nicht?"

Ben: „Warum liest du nicht einfach weiter und ich schreib noch ein paar Zeilen auf der Erde, klingt das in Ordnung?"

Atlas: „Ihr spottet mich eh nur für meinen Mangel an Bildung und Wissen und Weisheit, bitte, seid euch selbst Herr und entfernt euch, wie es euch beliebt!"

Ben: „Ehrlich?"

Atlas: „Ihr spottet mich sonst. Geht!"

Ben: „Ist das der Himmel zu dem alle kommen, nachdem sie starben?"

Atlas: „Nein, nein! Du bist nur bewusstlos und schwimmst in Salzwasser. Das ist ein anderes Departement."

Ben: „Warte! Was?"

Im anderen Departement:
Ben: „Hier wollte ich noch nicht hin, dann lieber zurück auf die Erde!"

Im Beschwerde-Departement:
Die Geister der ehemaligen Menschen wandeln in dieser Zwischenzeile der Realität. Es ist extrem elegant und die Geister kann man anfassen, aber in dieser Welt geht nichts kaputt und es geht nichts vergessen oder verloren. Was man wusste, musste mit in diese Welt gehören, wenn man sie

betrat und man bleibt auch darin lebendig, als wachsendes Inventar für alle dieser Welt. Sie praktizieren, leben und atmen: Liebe. Die Ehemaligen sprechen.

Eine Frau sagt zu Ben: „Du willst hier nicht bleiben? Das muss an deiner Liebe liegen?"

Eine andere Ehemalige: „Wir bekommen ja alles mit, von der Erde!"

Die erste Ehemalige, wieder: „Wir wissen ja! Du siehst selbst, es wird allen gut gehen. Du aber! Du willst zurück zu deiner Liebe, nicht wahr?"

Eine Ehemalige spricht zu Ben: „Schau! Hier bleiben die Menschen aus gutem Grund!"

Sie wurde plötzlich riesig und ihre Waden drücken ein Abbild von Bens Kopf zu sich hin und sie zeigt die Erotik eines Brunnens einer Frau, wie die Welt sich ihren und aller anderen Wünschen ergibt und sie von einem Körper eines anderen Ehemaligen umgeben wird. Einer, der zum selben Zeitpunkt den selben Wunsch hatte, wie sie, mit seinem Gesicht zwischen den Beinen der Frau den ersten Guss ihrer Liebe aufzuschlürfen, auch beim Schlürfen wieder Luft zu bekommen und wieder darin einzutauchen.

Dann kommt die andere Frau wieder zu Wort, als Ben sich zu freuen anfing, weil er an dieser Welt keinen Nachteil sieht: „Du möchtest für sie da sein. Du liebst sie. Willst du überhaupt bleiben?"

Ben, sehr beeindruckt von dieser Welt: „Ehrlich gesagt …"

Die anderen Ehemaligen phantasieren ihre Welt und sie wird wahr. Jedoch sind die ersten die einen Empfangen, auch diejenigen die nach einem am meisten lüsten. Sie freuten sich schon auf Ben. Er ist umgeben von ihnen und der gemeinsamen Wünsche. Sie zeigen, wie man bedenkenlos kuschelt.

Ein Portal öffnet sich. Es ist die vierte Primärfarbe. Es ist ein Weiß, das alles reflektiert. Es ist die Farbe, die den Regenbogen schließt zu einem Ring, einem Kreis und zu einem Punkt. Es ist die Primärfarbe, die mit schwarzem und weißem Licht, entweder Ultraviolett, oder Infrarot wird. Sie ist weiß, wie der Samen eines Mannes. Und farblos schwarz, wie ein Ende und auch ein Anfang.

Ben: „Ach, eigentlich gefällt mir …"

Das Portal zieht Ben in seinen Sog.

Die Ehemalige: „Es geht um deine Liebe, nicht wahr?"

Ben hat bemerkt, dass auch er in der Welt Magie besitzt, die seinen Gürtel öffnet und eine Matratzen-große, lange, feuchte Zunge, auf die er plötzlich nackt sitzt, erzeugt. Sie macht, was sie kann. Aber vor allem bietet sie ihm ein komfortables Transportmittel und einen Sitzplatz, um sich liegend den Frauen und Männern zu nähern. Aufwandslos.

Die Frau sagt: „Ach, ist das nicht süß? Eine Liebe, wie in den romantischen Geschichten. Du und deine Verehrte!"

Die anderen Ehemaligen stupsen die Frau von der Seite an und zeigen wortlos mit der Handbewegung auf Ben. Zeigen damit, wie sie sich auf ihn freuen würden und sie ihn nicht überzeugen soll, wieder zurückzugehen.

Ben: „Also … Woher soll ich jetzt wissen, dass es Liebe ist? Ich denke, sie verpackt sich ganz gut, aber tief im Inneren, da ist sie vielleicht eine Ungehaltene! Ich kenne sie erst seit ein paar wenigen Stunden und …"

Dann zieht der Sog Ben aus seinem Sitz, aus der Zunge. Ein Teil seines Körpers verwandelt sich in ein Nebel, der dem Sog in das Portal hinein folgt. Die Frau schließt ihre Schenkel und versucht Ben zu halten.

Ben: „Nein, es ist ganz cool hier! Es scheint hier ganz cooooooool Oh Oh Ohh OOOOOOOooooooooooooo......"

Pause.

Ben trifft eine Schlange: Ein Tyrannosaurus Rex Krokodil mit einem Zylinderhut auf dem Kopf und Vier Skat-Spielkarten in der Hand. Drei mal Herz 4. Ben fragt ohne Worte, alleine mit seiner Unsicherheit, ob es sprechen könne.

Das Tyrannosaurus Rex Krokodil antwortet mit einer Frage, ohne den Mund zu bewegen: „Wie … ist dein Name?"

„Ben … Goldgerber. Die … Du … Hä? Ein … Salzwasserkrokodil?"

Das Wesen hebt seinen Kopf kurz.

„Ein Süßwasseraffe?", äfft er ihn sarkastisch nach und wackelt mit dem Kopf und setzt seinen Kopf wieder auf den Boden ab.

„Und wie ist dein Name?", fragt Ben eingeschüchtert.

„Ich habe kaum einen!"

Er zieht zwei Karten hervor und zeigt sie Ben. Er will sie mischen aber lässt sie doch fallen. Er kann die Karten, körperlich bedingt, nicht mischen, weil er so kurze Arme hat und die sich nicht berühren können.

Auf der Rückseite jeder Karte steht:

    Ist der Name gleich, ist die Bedeutung verschieden.

    Ist die Bedeutung gleich, ist der Name verschieden.

Auf dem Ring an seinem Daumen steht: „Wer das liest, ist wer!"

Verblüffung.

„Normalerweise kommen hier keine Lebewesen her", meint das Tyrannosaurus Rex Krokodil, „Weil … (Gähnt) … ich ausschließlich Informations-Aß fresse. Alle Ziffern, die die Welt nicht braucht, soll ich fressen. Hatte nie Hunger, aber Fressen schadet mir nicht. Also fresse ich, was ich bekomme! Es kommt ja auch immer genug an. Und immer bleibt etwas für mich übrig, von dem, was ganz nach außen dringt und nicht wieder in die Mitte geht und dann neu verteilt wird. Da wo auch die neuen Zahlen, Ziffern und Bedeutungen wieder herkommen. Ich kann … (Gähnt müde) … Ziffern, aber keine Zahlen fressen, und du hast eine Zahl. Also was machst du hier? Ein mal Ben Goldgerber?"

„Eine Rundreise. Mhm … Mach doch ein Nickerchen?"

„Ich würde ja liebend gerne schlafen, aber dann sammelt sich doch alles Information und es wird mir später zu viel."

„Gott sei Dank, es wird immer weniger!", fügt das T-Rex-Krokodil hinzu.

Ben schweigt und das Wesen sagt: „Du bist kein Aß! Aber vielleicht kannst du mir verraten, ein mal Ben Goldgerber, warum immer weniger ankommt? Das hat schon fast Tradition! Ist das normal? Muss ich mir Sorgen machen? Ich finde es aber sehr gut, weil ich nie Hunger habe!"

Ben ist durcheinander.

„Weißt du, Dino, wir lernen dazu und brauchen die Ziffern für unsere Zahlen. Ich merke, dass du zufrieden bist, wenn wir dabei helfen. Naja, durch Verstehen und Lernen behalten wir mehr und du hast dann weniger Sorgen und weniger zu verdauen. Ist das richtig?"

„Ja! Ja! Ja! Wenn ihr mir alle helfen könnt, die unverstandenen Informationen im Universum zu verringern, dann natürlich gerne! Wenn es keine allzu großen Umstände macht?"

„Unser Leben wird dadurch auch einfacher, wenn wir es mit Liebe anführen. Sag mal, wo ist dein Fressen überhaupt?"

Er fletscht mit den Zähnen, nur um Ben zu zeigen wie es in seinem Inneren aussieht. Das ganze Gebiss ist ein riesiger Zahn aus einem einzigen, in der Mitte gefalteten Ring, ohne Rand, zum Kauen. Der Rachen ist eine tiefe Höhle. Tiefer, als der ganze Dinosaurier lang ist. Viel tiefer, dass sogar sein Schwanz nicht lang genug ist, um der Tiefe Raum zu verschaffen.

„Wenn ich in dein Maul hinein laufe, komme ich dann wieder nach Hause?", fragt er den Drachen.

Der Drache: „Darf ich etwas fragen, ein mal Ben Goldgerber?"

Ben: „Bitte!"

Der Drache: „Ich habe einen schlechten Ruf, oder?"

„Nööööö", meint Ben und winkt mit der Hand sarkastisch nach unten.

Ben: „Warum gibt es überhaupt … Informations-Aß für dich?"

Der Drache: „Die Welt schickt mehr Geschenke, als annehmbar ist, ein mal Ben Goldgerber. Da bleibt doch Information übrig, die jemand alleine nicht behalten konnte. Auch alles, das einzelne Wesen nicht zu behalten vermögen und auch die Summe aller, die weniger behalten können, als die Summe aller Einzelnen in einem Netz. Wenn ihr zusammenhält, bin ich …

(Gähnt sehr müde) … "

Der Dinosaurier gähnt und Ben springt sofort in sein Maul und er fliegt durch einen Strudel und macht eine riesige Kurve und kommt aus dem Ende seines Schwanzes wieder heraus und fällt wieder aus dem Maul des Tyrannosaurus Rex Krokodils, wo innen jetzt außen ist.

„ … sicher, dass ihr sogar noch viel mehr Gutes behält, weil alles gut ist, als was ihr in der Summe der Einzelnen schafft! Als Team!"

„Weg?", fragt der Tyrannosaurus Rex Krokodil verblüfft, „Ich habe ja nicht gerade geredet, oder so? Mhm?"

Ben wacht auf. Er schwimmt im Meer, denn seine Hose, sein Anzug und sein Hemd schwimmt auf vielen kleinen Luftpolstern und einer Schwimmweste. Warmes Wasser. Er hört in das innere des Meeres und sieht den Himmel. Er schaut sich um und er fühlt die stickige feuchte Luft. Stürmisch. Und das Klima ist ein ganz neues Klima. Er sieht Rubina reglos auf dem Rücken schwimmen. Zwischen den Wellen sieht er sie kurz. Ben nutzt eine hohe Welle auf der er mehrere Meter aufstieg und schwimmt los. Er nutzt seine ganze Kraft. Das Schiff ist nicht zu sehen, doch Rubina ist es. Diese Freude zündet den Hoffnungsfunken seiner Flamme.

„Rubinaaaa!", schreit er und merkt, das Messer klebt noch an seinem Hals. Er hat sich das Agentenmesser wieder dahin an sein Hals geklebt, wo es dafür konzipiert war, stecken zu bleiben. Auch, weil er nach dem Telefonat mit seiner Mutter nicht wusste, ob er so bei Bewusstsein bleiben kann. Nach einer Weile in Bewegung und einem kurzen Blick auf sie in der Ferne, sieht er ein, dass er sich weder genähert hat, noch, dass sie ihn hört. Er nimmt das Messer und probiert mit der Reflexion des Sonnenlichts auf sich aufmerksam zu machen. Doch sie bemerkt es nicht. Ben ruft Peos, über das Spiegelbild der Messerklinge. Ben sieht sich in dem Spiegelbild des Messers schwimmen und dann winkt er. Ben ist sich sicher, nicht gewunken zu haben.

Ben: „Bin ich tot? Oder war ich tot? Wie habe ich das überlebt?"

„Nein, Ben, dir haben zwei Männer geholfen. Du warst bewusstlos und hast geträumt. Du bist nicht tot", sagt er.

Ben: „Sag mal, Papa Schmalz, wie kann ich Rubina retten? Und wie kommen wir zurück an Land? Und wo ist das Schiff hin? Und wo bin ich?"

„Mein Name ist Peos, Ben!", sagt er Ben.

Ben: „Okay, dann eben Peos!"

„Da drüben. Da hinten. Da unten. Da oben", meint Peos und lacht.

Ben grinst herzlich mit.

Ben: „Vielleicht geht das auch etwas geschmeidiger?"

„Wären wir unsterblich, würden wir um die Hand der Aphistemis betteln. Doch verstehe ich deine Lage, Ben. Sage mir nach, was ich sprechen werde! Es berührt eine Seelen-flüssige Kraft der Schwingung in unserer Körper. Dann wird es dich dahin segeln, wohin du siehst", meint Peos.

Ben: „Wow, Danke! Okay, ich bin bereit!"

„Schnarks-Guarley", sagt er ihm vor.

Ben lacht nur und verschluckt Wasser. Er hustet und lacht.

Ben: „Das ist das albernste Wort, das ich je gehört habe."

„Es wird dich retten, aus deiner Not!", entgegnet Peos.

Ben: „Schna…hahahahaha!"

Ben lacht ihn und seinen blöden Zauberspruch aus.

„Da will man mal einen Gefallen tun, tief in die Trickkiste greifen und dann so etwas?", meint er zu Ben.

Ben: „Lass gut sein! Ich schwimme lieber! Schna…hahahaaa! Ich kann nicht mehr! Das ist so lächerlich! Kannst du das nochmal aussprechen?"

Dann packt es Ben am Fuß. Ben hört wieder der Melodie von Walen zu.

Alfred kämpft im Wasser mit dem Agenten und trainiert grundlegende Taktiken. Er lernt, dass seine Schläge nie so hart sind, wie in seiner Fantasie annahm. Aber auch, dass er mehr Schläge einstecken kann, als er gedacht hat.
Giuseppe: „Und du bist dir da sicher, Rubina?"
Rubina: „Ja! Er lebt und er kann auch nicht weit weg sein!"
Der Italienische Agent hingegen findet kaum Reiz darin sich mit Alfred zu messen, weil Alfred ganz klar unterlegen ist. Also diskutiert er mit ihm über Politik während dem Training.

Alfred: „Sag mal, du wirst doch in deinem Beruf am besten wissen, wie es wirklich in der Welt aussieht? Geht die Welt kaputt, so wie wir uns anstellen, oder trügt mich mein Geist?"
Giuseppe: „Die Resolution, ja? Ich bereue, dass ich das nicht früher kund tat. Ich sage dir, was meiner Meinung nach der Standard sein soll:

Einem Volk gehört die Macht, das Angebot seines Landes zu steuern. Wo das Geld dem Staat gehört, da gehört der Staat den Menschen des Landes. Sie sollen ihr Recht an die Organisationen richten dürfen, die das Angebot nach dem Willen der Masse anpassen muss, sofern sie das im Land genutzte Währungsmittel dafür annehmen wollen. Egal wie Firmen sich verschachteln, soll das Erlebnis des Dienstes oder des Endproduktes, oder ihrer vom Endverbraucher erhaltenen Kombination, vom Volk gesteuert werden, nicht alleine durch Kaufen oder nicht-Kaufen entschieden werden, sondern durch Abstimmung der Landsleute. Sei eine Petition nötig, um die Qualität zu erhöhen oder den Bedürfnissen gerecht zu werden, so sei es!

Ein Staat, der die Menschen zu dem Gebrauch von Geld abhängig macht (man muss das dem Staat auch unterstellen), muss dafür sorgen, dass schnelles Geld, durch einen öffentlich gewählten Dienst an die Gemeinschaft ermöglicht wird. Ernte, Reinigung, Baustellenarbeit, Lieferung, Pflege (sofern Qualifikation nicht benötigt wird), Instandhaltung und Verteilung von Gütern und Erbringung von erwünschten Leistungen sind Beispiele. Es müsse dem Menschen auf die Schnelle, innerhalb weniger Tage, mindestens in der selben Woche, zu Geld bringen, das wohl verdient und steuerlich begünstigt wird. Und zwar in Bargeld vergütet! Es sollen keine Bereiche sein die geächtet werden, sondern Arbeitskraft in Bereichen eingliedert werden, die so universell benötigt werden, dass sie ungeachtet von den sonst konkurrierenden Gewerbemodellen, staatlich in teilnehmenden Gewerben, parallel zu ihrem Personal, eingesetzt werden dürfen. Ihnen soll zustehen sich den teilnehmenden Vorgesetzten bereitzustellen für Arbeiten, die keine signifikante Qualifikation oder Erfahrung benötigen. Damit Investieren nicht zum Freifahrtschein oder Adelstitel wird, sich der tatkräftigen Arbeit zu entziehen, oder über-privilegiert zu werden, muss die Kompensation von Zeitaufwand und der Produktivität vergleichbar bleiben, um nicht die Qualifikation eines Arbeitnehmers finanziell unverhältnismäßig zu unterschätzen und dem bereits Bevorzugten weitere Hebelkraft anzubieten, sich in der Position weiter zu verbarrikadieren. Die Verfügbarkeit von Geld muss sich anhand der Leistung an die Gesellschaft und ihrer Vorstellung von Leistung anbieten.

Und weil Geld nicht das Problem ist, sondern das fehlende Herz von wenigen Menschen gleichzeitig auch das viele Geld bevorzugt, werden diese Menschen so mächtig, dass sie sich besondere Privilegien erkaufen und ihren persönlichen, korrupten und perversen Ideologien auch noch größeren Radius vermachen können. Menschen, die von Überbevölkerung überzeugt sind und den Gedanken innerlich, im kleinen Kreise, oder publik propagieren, sich selbst nicht hinrichten oder sterilisieren, aber andere dazu nötigen und drängen die Anzahl der Menschen zu begrenzen, machen ihren eigenen Mangel an Weisheit zur Limitation der anderen Menschen. Sie verkörpern

Heuchelei und verfolgen ein verwerfliches Ziel, egal ob es gegen sich selbst, oder gegen andere gerichtet wird. Das Verhältnis von unbevölkerten Flächen und den bevölkerten Arealen zeigt, dass es sich nur um eine Frage der Organisation handelt. Sie haben keine Vision zur Lösung von Problemen, die Menschen mit Makeln verschulden, was wir alle sind und sein dürfen. Sie betrachten den Menschen mit Makel als Problem. Das ist das Problem.

Wir kränken die Tiere auf unserem Planeten, damit sie den Anforderungen einer kaputten Wirtschaftsschematik gerecht werden. Zum Beispiel füttern sie Tiere mit Fraß, das ihnen Wasser in den Muskeln anlagert, obwohl das Tiere nicht brauchen, nur weil Fleisch nach Gewicht verkauft wird und damit teurer verkauft werden kann. Die Tiere leiden darunter, wenn Menschen in ein Konzept eingreifen, das Millionen von Jahren bewährt funktionierte, aber plötzlich den Anforderungen gerecht werden sollen, die wir mit begrenztem Verständnis neuerdings konzipiert haben. Es gibt kaum wilde Tiere mehr, denen wir nicht das Land genommen haben, oder um denen wir keinen Zaun aus Städten und Autobahnen gebaut haben. Wir domestizieren unsere letzten freien Tiere unserer Nahrungskette, nur um ein globales Experiment zu testen, wie sehr man die Ernährungskette strapazieren kann. Nicht einmal probiert man das mit einem Teil der Tiere und testet es auf die Langzeit, sondern mit dem Großteil der Tiere zur selben Zeit. Niemand kann die Langzeitfolgen genau voraussagen. Die Befürworter und Entwickler nutzen das schnelle Geld und werden verschwunden sein, bis das Problem anhand der Konsequenzen an das Licht der Öffentlichkeit getragen werden muss. Muss, weil es schon zu spät ist. Tiere werden entfremdet von der Welt, die sie so vollbrachte wie sie sein sollen. Alles funktioniert, wie die heilige Erde es bereits in Balance brachte und wir strapazieren die lebendige Welt, weil unsere Stimme, ohne die Stärke der gemeinsamen Organisation, der Gier nicht das Wasser reichen kann. Rationalisierung muss von der Moral der Menschen vermittelt, überwacht und genehmigt werden!

Der Mensch muss den speziellen Schutz genießen dürfen, für etwas einzustehen, das man für das Richtige hält, auch wenn es mit dem Gesetz in Konflikt gerät, sofern die Wahrung von Land & Leute, der Kultur und der Freiheit dadurch vertreten wird. Besonders, weil Menschen rebellieren dürfen können müssen! Die Menschheit wird oft unter Zeitdruck dazu genötigt eine stark propagierte Meinung zu absorbieren. Wir würden uns mit besseren Informations-Quellen, mit Unvoreingenommenheit, am besten nachträglich, besser entscheiden können, wie man zu einem Thema steht, als am Anfang, während das fehlende Wissen und die provozierte Emotion eine zu große Verwundbarkeit ist. Menschen werden emotional regiert, sie werden zu Hass, zu kurzlebigen Freuden und zu Angst eingeladen, damit die Lösung sich ihnen besser vermarkten lässt. Oft sind sie im Glauben die Moderne zu prägen, während sie der bewährten Tradition widersprechen, die jedoch die Konsequenzen der Alternativen bereits bereute und der unerfahrenen Generation die schmerzhafte Erfahrung mit der Vorgabe ersparen möchte. Wird das Lehren der Lektion mit dem Fehlen der eigenen Erfahrung bereits abgelehnt, würden die Erfahrenen die Richtung sogar Einfordern, wenn sie dürften. Doch alles was bleibt, wenn sogar die Alten keine Vision für den Schutz vor Missbrauch mehr haben und resignierten vor einem korrupten System, das meist finanzielle Peitschenhiebe austeilt und auf Kosten des Respekts und der verdammt nochmal wichtigen Menschenwürde mit der propagierten Schablone einer Meinung einprügelt … ist Rebellion. Und dafür muss die Regierung einen Schutz installieren, der einem Menschen die Fähigkeit gestattet gesund zu rebellieren. Besonders, der Mensch der es gut meint, weise seine Position verteidigt und sogar den Preis der Verachtung der Masse bereits zahlt, obwohl in Kauf genommen werden muss, dass sich dafür nicht angemessen entschuldigt wird, obwohl sein Beispiel die Standhaftigkeit gegen Ungerechtigkeit ist. Die Regierung muss das Recht dazu erteilen und den Menschen viel später nachträglich dazu auffordern Stellung zu nehmen, wenn der nötigende Zeitdruck entschärft wurde und die fehlende Kompetenz der ganzen Gesellschaft dafür verbessert und nachgeholt wurde. Emotionaler Druck, wie zum Beispiel die Zwangsimpfung der Menschheit, das gegen die Freiheit eines im Menschenrecht zu würdigenden Paragraphen verachtete und zur Entscheidung gegen den Willen nötigte, darf sich nie wieder wiederholen! Ein gesund rebellierender Mensch dürfe keinerlei Nachteile erfahren und das Recht zur Rebellion geltend machen, bis ein Gericht, oder eine gesellschaftliche Auseinandersetzung, den Menschen für sein spezifisches Handeln konfrontiert und im Maße der gesellschaftlich gewonnenen geistigen Fassung ein mildes und gerechtes Urteil fällen soll, das den Umfang der Rebellion mit den Mitteln der Wahl gegenüberstellen soll, damit das Handeln nach bestem Gewissen für das Individuum, nicht durch Zwang, sein Entfaltungsrecht verwirklichen darf, auch wenn das Mittel Rebellion war. Wenn sich eine vergleichbare Motivation der Rebellion in einem bedeutend großen Angebot an Menschen ereignet, soll ein gemeinschaftliches Gericht nicht die einzelnen Menschen dafür zuerst anklagen, sondern zuerst das Prinzip des Handelns moralisch begutachten und den gemäßigten Rebellionen die Verurteilung ersparen. Ist das Handeln der Rebellion häufig vertreten und moralisch nachvollziehbar, sollen die Einzelnen von der Stellungnahme befreit werden. Ist die Gruppe der Menschen, die gegen das selbe rebellierten, kaum vertreten, dann soll ihr Handeln nachträglich individuell beurteilt werden, ob nicht die Weisheit der Wenigen nicht auch bedeutend für die Vielen sei, die aus mangelndem Verständnis nicht in der Lage waren sich der Rebellion anzuschließen. Sind die Methoden der Rebellion zu weit von gesellschaftlichen Standards entfernt, dann darf sich strafrechtlich ein reguläres Gerichtsverfahren, oder das sonst übliche Prozedere einleiten lassen. In dem genannten

Beispiel müsse sich der Mensch ohne Nachteile der Impfung weigern dürfen, bis festgestellt wurde, dass sich eine ganze Gruppe bildete, die sich vor der Ungerechtigkeit schützen wollte und nachträglich die Erlaubnis erteilt wird, dass die Nachteile demnach auch nicht rechtens gewesen wären. Wird sich der Anteil der Zwangs-Impf-Gegner gesellschaftlich häufen, dann müsse der nachträglich gewonnene Fortschritt der Gesellschaft den Personen ein erhebliches Recht auf Rebellion vorher zusichern und nachträglich zusprechen, das nicht mit einer Entschuldigung vergolten werden soll, sondern mit dem Recht sich rechtzeitig vom Gesellschafts-Standard zu distanzieren. Denn auch in dem Fall wäre der eigene Schutz die erste Wahl, selbst vor dem selbstlosen Schutz der anderen Menschen, sich vor der selben Sache schützen lassen zu wollen und jeden anderen dann mit dazu. Und so muss Rebellion zuerst ausgeführt werden können und in der Gelassenheit und verbesserten Kompetenz der Menschen neu evaluiert werden und auf die neuere Ethik basieren, damit der Schaden zuerst verhindert wird. Ist die Rebellion in keinen Gesellschaftsgruppen, nicht in Menschenrechte und nicht vor dem Gesetz zu vertreten, dann gelten die sonst üblichen Konsequenzen des Strafrechts, weil aus dem Handeln keine Lehre gezogen werden kann, von der die Gesellschaft profitiert. Die Latenz zwischen der Rebellion und der Bewertung von der Gesellschaft soll fairer Weise lieber später als früher vollzogen werden, um den Individuen und der Gesellschaft genügend Zeit zu geben, sich zu dem Thema in vollwertiger Kompetenz zu messen.

Wenn du wissen willst, was der Stand der Dinge ist, Alfred, dann sage ich dir, was sie einst mal darüber äußerten: Wenn wir bis 2030 diese Themen nicht in den Griff bekommen, dann wird sich die Erde entscheiden müssen, was sie mit uns macht, anstatt andersherum. Und es wird den naiven Menschen nicht in den Sinn kommen, dass wir nur glauben werden, ab Dato, den eigenen Willen zu behalten, obwohl wir dann nur noch gezwungen sind so zu handeln, wie die letzten Spielzüge eines bereits verlorenen Spiels ausgehen könnten. Wir haben das Künstliche zu hinterfragen, wenn das Natürliche dadurch kaputt geht. Wir haben die Erde zu retten, weil sie uns rettet. Das stand überall auf Stein und Menschen kamen mit Papier und einem benutzen Radiergummi. 2030, sagten sie."

„Vielleicht kämpfen wir beide für das Gleiche?", sagt Alfred.
Rubina: „Ben wird unsere Position haben, denn ich habe jetzt seine."
Alfred: „Okay, genug geübt! Ich habe keinen einzigen Schlag landen können. Das war beeindruckend! Danke, trotzdem!"
Giuseppe: „Alles Training. Können wir nun los schwimmen?"
Alfred nickt schwerem Herzens. Giuseppe merkt, dass ihm ein paar motivierende Worte nicht schaden könnten.
Giuseppe: „Wenn wir jeden Tag üben, dann wirst du es schaffen! Ich bin mir sicher. Ich habe angefangen, wie du auch."
Alfred ist froh zu hören, dass er in ihm Hoffnung sieht. Alfred spricht es nicht aus, aber er sieht sich selbst schon als Agent-Null-Null-Zehn. Und so geht es auch bei Ben weiter, der ein Messer am Hals stecken hatte, das keine echte Klinge hinein stach. Das Gute gibt nicht auf. Die zurückgelassenen Seemänner entdeckten, dass es nicht genügend Rettungsboote gab, die auch keiner je bei ihrem Kapitän ausreichend einforderte, weil jeder schon zu hören bekam, dass sie sehr teuer seien und dass die Crew sie nicht brauche, wenn sie alle ihr Bestes geben. Ben findet auf dem Messer eine Schrift. Eine sonderbar riechende, rote Flüssigkeit läuft aus. Sie hält, laut der fluoreszierenden Eingravierung, Haie fern, das mit elektromagnetischen Wellen zusätzliche Sicherheit vor Raubfischen garantiert. Das aufblasbare Rettungsboot im Messergriff braucht nur wenige Minuten und ist dann benutzbar. Er folgt den Anweisungen auf dem Messergriff und erhält dann ein selbst aufblasendes Gummiboot, etwas Angelschnur und jede Menge Agenten-Spielzeug. Ben

bedauert zu lesen, dass solch Technologie nie den Leuten in Not zustand, weil das Messer laut eingravierter Jahreszahl scheinbar schon seit einem Jahrzehnt in Produktion war. Er paddelt zuerst. Dann findet er den integrierten Motor und dessen Propeller im Griff, der in dem harten Teil der Klinge eingeklappt war. Er fährt gegen jede Welle brechend zu Rubina. Er zieht sie so schnell es geht auf das Boot. Der Italiener stützt sich auf dem Bauch von Alfred, weil er so gut schwimmt. Sie scheinen sich gut vertragen zu haben. Giuseppe grüßt Ben und ist erleichtert ihn zu sehen. Das Rettungsboot funkelt in der tiefblauen Farbe, wie das Meer selbst.

Alfred: „Nein, du kämpfst doch nicht für das Gleiche. Ich kämpfe seit Jahren mit Übergewicht!"

Giuseppe zu Alfred: Warst du immer so träge?"

Alfred: „Ich war mal sehr sportlich, doch dann traf mich ein Schwertfisch am Knie."

Giuseppe, unbeeindruckt: „K-18, oder?"

Alfred, grinsend, leise und mit zusammengekniffenen Augen: „Möglich!"

Die deutsche Agentin taucht mit ihrem Atemgerät weit genug weg von dem Schiff, das noch auf dem weg nach unten in die Tiefe ist. Ihre Tauchermaske mischt die Meerestropfen mit Tränen. Sie ist auf dem Weg zur Extraktion und taucht auf, wo sie keiner sieht. Weg von den Wellen, gegen die Ben dagegen hält.

Die Agentin: „Bratwurst an Sauerkraut: Bitte Kommen! Ende."

Truppführer: „Sauerkraut an Bratwurst: Wir holen sie jetzt da raus! Wir haben ihre Position. Wie ist ihr Status? Ende."

Die Agentin: „Bratwurst an Sauerkraut: Wir haben eine "Kalte Maultasche"! Ich wiederhole eine "Kalte Maultasche"! Ende."

Der Truppführer: „Sauerkraut an Bratwurst: Verstanden. Wie ist der Status von Knödel, Kartoffelpuffer und Spätzle? Ende."

Die Agentin: „Putzen Algen. Maultasche war kalt. Maultasche ist gefallen.

Knödel und Kartoffelpuffer putzen Algen, konnten jedoch nicht identifiziert werden. Benötige die Erteilung zum freien Sprechen? Ende."
Truppführer: „Führen sie fort, Bratwurst! Leitung ist sicher. Ende."
Die Agentin: „Das Gemälde auf dem Schiff, das war eine antike Giftgas-Falle. Das Schiff ist jetzt unter Wasser und die Crew ist über Bord. Sie warten auf Bergungsteam-1. Weder der Kerl, noch das Bild, erklären die Anomalie. Die Besatzung bestand größtenteils aus Reaktivierten. Ende."
Truppführer: „Verstanden Bratwurst. Mission ganz normal weiterführen! Wir holen sie ab! Ende."
„Verstanden. Grünes Licht an U-Boot7. Methangas-Torpedos haben das Schiff schadenfrei versenkt und damit Operation "Tauziehen" erfolgreich zu Ende gebracht. Es wird ausgesehen haben, wie ein Unfall. Ende."
Baluga wird über eine autonome Wasserdrohne gerettet und kommt an einem Hafen an. Die Agentin wird vom Helikopter aus dem Wasser geborgen. Die Besatzung isoliert die Agentin während dem Helikopter-Transport, zum Schutz vor Infektionen und Strahlung. Reines Protokoll. Der Truppführer reicht trotzdem seine Hand und will ihr damit Menschlichkeit beweisen, selbst wenn sie durch ihren Einsatz unter Quarantäne steht. Sie versteckt zum ersten mal ihre Tränen vor ihrem Vorgesetzten.
Truppführer: „Willkommen an Bord! Ihr Dienstmesser fehlt ihnen, sehe ich das richtig?"
Sie greift in ihre Taschen und tastet sich aufbrausend an ihrer Hüfte ab, als suche sie es. Laut Protokoll müssten sie Bergungs-Taucher schicken.
Truppführer: „Und? War doch nichts dran an der Sache, hm?"
Die Agentin: „Hohe Resistenz zu den verabreichten Drogen und Betäubungsmitteln. Nur ein Zivilist. Ach … ähm. Protokoll: "Nautischer Zahn" an U-Boot7 weiterleiten! Aber … ich bin mir sicher, ich muss mein Messer beim Sprung in das Meer verloren haben, nicht auf dem Schiff."
Dann spielt sie wieder ihren Charme.
Die Agentin: „Keine Chance, dass sie es ohne Hilfe überleben. Viel zu

weit draußen! Damit sind alle Spuren verwischt."
Truppführer: „Passiert! Vergessen sie Protokoll "Nautischer Zahn"! Das war ein voller Erfolg! Willkommen an Bord!"
Bergungsteam-1 wurde nie gesendet. Zwei Seemänner kamen zur Bergung ihrer Mannschaft mit dem einzigen Rettungsboot. Der Kapitän verschwand.

Alfred dient Giuseppe als Boje, bis Ben und Rubina das selbst aufblasende Rettungsboot bemannten, das sich aus dem Messer entfaltete. Sie laden alle ein, kein einfaches Unterfangen, und fahren mit der Sonne. Sie gleiten unsichtbar über das Wasser. Wenige Stunden später sind sie schon an der Küste. Sie stapfen in den Sand. Ben findet den Knopf am Boot und meint, es würde sich wieder zu einem Messer zusammenfalten. Stattdessen fährt das Boot weg. Sie sehen dem Boot hinterher bis sie sich sicher sind, dass es nicht umkehren wird. Giuseppe klopft Ben zwei mal auf die Schulter. Der Sand ersetzt das Meer. Die Hitze ersetzt den Regen. Die Luft ersetzt die Nässe. Sie wandern und hören den Dünen zu, wie die herab perlenden Sandkörner je eine Geschichte flüstern. Ben bleibt für einen Schritt stehen, während die anderen weiter laufen. Er pustet nur einen Seufzer heraus, der von tief Innen kommt und fast Tränen mit sich bringt.
Rubina: „Was ist los, Ben?"
Er will seinen Gedanken eigentlich nicht teilen. Er ist nicht traurig, sondern berührt. Wie eine Situation sich den Prinzipien der Welt anordnet und unterwirft und er einen Teil davon endlich selbst zuordnen kann. Dann überlegt er, wie aufdringlich und wie lange sie nachhaken würde, wenn er behauptete es sei nichts gewesen. Er weiß, sie würde das kontinuierlich bestreiten. Also spricht er lieber aus, an was er dachte.
Ben: „Ich denke an den Charme des Lernens. Wir berühren die selben Fehler, in der Hoffnung, eine leere Seite mit unserer Demut zu beschriften, die die Nachwelt mit Anmut beflügelt. Doch wer ist perfekt? Was perfekt ist, kann beantwortet werden - mit der Realität. Und weil wir

einen Abdruck im Sand hinterlassen, hat die Welt das genaue Bild unseres Werdegangs. Und dieses Bild bleibt ihr erhalten. Eine perfekte Person würde wie ein Kabel sein, bei der die Seele durch Liebe und Weisheit keinen Widerstand und keine Verzögerung mit sich bringt. Dieser Mensch würde sich bereits in der großen Spule befinden und seine Aufgabe sofort beginnen und die Distanz des Stromflusses zwischen den zwei am weitesten entfernten Polen treu in die Zukunft überbrücken.

Es wäre ein klarer Fluss aus den besten Entscheidungen und der völligen Akzeptanz der Festförmigkeit der Welt. Jedes Werk berührt Lieben, Lernen und Lehren tief und das Ausmaß des Lebens wäre ein ewig langes Nachklingen dieser Werke. Im Himmel, der Rückrechnung des Stromflusses aus seinem lebendigen Nachklang der Welt, würde das durch dieses Menschenkabel hindurch gesendete Signal schnell ankommen lassen und die Nachwelt würde diesen Bereich eines einzelnen Wesens an seiner Qualität vermissen.

Sünde wäre hier das Fehlen der Perfektion eines lebendigen Wesens. Da der Mensch diese Perfektion nicht personifiziert, wird das Sünde-volle Dasein und Verhalten in einer Signal-Verspätung / Latenz der Ankunft münden und dort wird man nicht dafür demütigend verurteilt, sondern man wurde bereits vermisst. Der Geist sei hier das Signal und der Körper das Kabel. Der Vorteil dieser Allegorie eines Kabels und eines Signals ist die feste Positionierung des Vermisst-Werdens am anderen Ende und des eigen verschuldeten Nachteils der Verspätung / Signalminderung, das dennoch zu dem selben Ziel, dem Himmel, führt. Das eigene Verspäten zeiht also auch nach sich, dass die anderen Menschen nach einem selbst ebenso später oder geringer ankommen im Kabelabschnitt, durch das das Signal noch zu reisen hat. Man stelle fest, dass nur das Ankommen alleine nicht das einzig Wichtigste ist, weil sonst das Kabel auch einfach gekürzt werden könnte. Sondern soll in der Allegorie das Kabel eine Spule bilden, die eine magnetische Kraft erreicht, wie durch die vielen Lebewesen, viele Signale, in diesem Bund aus Kabeln gleichzeitig eine größere Macht bedienen, als nur den eigenen Durchfluss zu erhalten.

Dieser Schritt benötigt Vorstellungskraft der Philosophie, hinter dem traditionellen biblischen Vokabular, einer Himmelspforte. Es wird sich die Ankunft eines nicht mehr beeinflussenden Zustands am Lebensende in eine reine Reaktion des Universums transformieren, dessen Negativ das Werk rekonstruieren kann, weil die Realität wie ein geschlossener Raum wirkt.

An der Pforte zum Himmel wird man sich nach der Bibel nur mit Reue anfreunden sollen, bevor man der Dankbarkeit Raum verschaffen sollte. Ohne Gnade wäre das Leben sichere Verdammnis, wäre ein Fehler bereits ein Fehler zu viel. Doch Fortschritt widerlegt diesen Gedanken einer Verdammnis aus alleine einem Fehler. Jedoch soll die Tatsache Fehler nicht vermeiden zu können kein Grund werden, das Leben so gelebt zu haben, dass man die zu erwartende Gnade mutwillig strapaziert. Also warnt Religion von einem Jenseits, weil man seine Ehre nicht mehr begradigen kann und das im Leben bereits berücksichtigen soll.

Daher wird die zuerst erhaltene Frage an der Pforte nicht die negative Verurteilung bedeuten müssen, sondern kann sich genauso gut gnädig formulieren lassen, wie ein sehnlich vermisster Mensch, auf den gewartet wurde: „Wo warst du so lange?"
Und die Antwort soll treu der Tradition sein:
„Vergib mir, bitte, Gott, ich habe gesündigt!"

Es wäre wohl nicht notwendig einen Dialog zu formulieren, wie es ein

Mensch durch Sprechen gewohnt ist, sondern kann sich so schweigsam ereignen, wie die Einhaltung der Logik der Philosophie. Ein Dialog aus Worten, die nicht lügen - Aus Fakten, die sprechen.

Wollte man das biblische Vokabular in eine Form der Philosophie umformulieren, dann kann man auch erkennen, wie die Philosophischen Meilensteine wieder zurück auf die Vorteile der biblischen Schrift deuten, selbige sprachliche Limitationen zu überbrücken, die die nicht-christliche Annäherungsweise selbst nicht lösen könnte. Dabei werden diese Lücken der Interpretation eloquent eingesetzt, um Bereiche dann offen zu lassen, die man auch in gewissenhafter Aufklärung offen lassen kann. Warum sollte ein Atheist sich mit dem Vokabular anfreunden wollen? Es ist nicht möglich eine Sprache zu bilden, ohne jeweilige undefinierte Areale in ihrem Design der Bedeutungen freizulassen. Es ist eine Auseinandersetzung mit Details, die im Alltag eine kleine Rolle spielen, jedoch auf der Suche nach Wahrheit zu nicht-verlustfreien Annäherungen werden, sollten sie in Sprache abgebildet werden. Ist der Name verschieden, kann die Bedeutung gleich sein. Ist die Bedeutung gleich, kann der Name verschieden sein. Die Bedeutung ist umfassender, als nur der Name. Der Umkehrschluss ist, die Auswahl der Bereiche einer Sprache so anzuwenden, dass die Proportionen aus Fixpunkten die Bereiche da zulassen, wo auch die Freiheit des Menschen zugelassen ist, es nicht genau definieren zu müssen. Mit Blick auf die Entstehungsgeschichte in Genesis sind zum Beispiel die Zeiträume zwischen den Hauptereignissen der Tage nicht genauer erklärt, da selbst die Ereignisse mit komplexeren Meilensteinen, wie der erste Baum, der erste Pilz, der erste Tag mit lebensfreundlicher Temperatur usw. kein Grund ist die Abschnitte der Tage (oder Kapitel) nicht auch in Hauptpunkten eingrenzen zu können. So sind die Pflanzen an einem Tag erschaffen und das Wort "Pflanzen" beherbergt eine Vielzahl an komplexer Prozesse, die damit in diesem Kapitel vereinfacht wurden, damit eine ganze Kategorie in einem Zeitabschnitt untergebracht wird. Das Christentum sieht Wahrheit in einem ewigen und einzigen Ursprung / Kern der Welt und verknüpft alles damit und führt es dorthin zurück und erwartet von der Schrift nicht weniger, die diese Einheit auch beherzigt. Deswegen bildet sich ein Vokabular, das die Vielfalt eines Gesamtpakets in Knotenpunkten verbindet, die die Komplexität verbindlich festlegt. Was Symbolik veranschaulichen kann, das kann das nicht-christlich verankerte Vokabular auch nicht festlegen, ohne ein Raum zwischen Wahrheiten lückenlos zu überbrücken, damit man dennoch zwischen zwei Wahrheiten eine Konstellation erkennen darf. Sonst würde jemand widersprechen können, wenn man sagt: „Es regnet", nur weil an einem anderen Ort bereits einmal festgestellt wurde, dass es regnete und zwischen den beiden "es" sonst keine Unterschiede existieren dürften. Die Möglichkeit "es" verwenden zu können, widerspricht natürlich nicht der Erzählung eines anderen Beobachters eines anderen Regens. Es macht daher Sinn Interpretation zuzulassen, weil zwischen den beiden Wahrheiten eine Konstellation existieren kann, die nicht genau festlegen muss, was sich alles in dem Abschnitt befindet, damit Sprache für ihre Vorteile behalten werden kann und nicht wegen pragmatischen Lücken gänzlich aufgegeben werden muss. Dann ist das biblische Vokabular zweigleisig befahrbar. Die intuitive Eigenschaft der Sprache und die Konstellation jedes Vokabulars zu Bedeutungen behält in ihrem Design ihren Bezug zur Wahrheit und sorgt dafür, dass auch Fabeln und Modelle vermittelt werden können. Weil das Design den magischen Charakter bevorzugt, bleibt es unantastbar und beherbergt die durch Glauben bereits bestärkten Erkenntnisse, damit die Liebe in ihren Vorgaben dennoch Freiheit beinhaltet und Liebe und Freiheit in philosophischer Wahrheit erkenntlich und verbunden bleiben. Es wird mit der Designfreiheit Holmen gebildet, die die Weisheit des Autors / der Autoren zu einem Open-End für den quer einsteigenden Leser machen, sofern der Vorsprung in Weisheit für die Vielzahl der Leute unerreichten Raum nach oben anbietet und in Sprossen genügend Halt bietet in jeder Höhe Zugang zu finden. Die persönliche Auseinandersetzung mit dem Inhalt bleibt im Fokus. Die Konstellation der Begriffe baut auf universelle Worte, die in allen Kulturen die höchste Dichte an Gemeinsamkeiten haben, angefangen bei der Bedeutung selbst.

Warum macht „Vergib mir, bitte, Gott, ich habe gesündigt!" auf philosophischer Weise Sinn, auch ohne religiöses Denken vorauszusetzen? In anderen Worten: Ist die Religion rein eine Frage des Glaubens, oder gibt es Bezüge aus der Philosophie, die universell daraus entnommen werden können? Auch wenn der Kern der Erkenntnis durch ihre Religion vermittelt wurde, ist die berührte Erkenntnis objektiv in einem von universeller Philosophie verwendeten Wortschatz konvertierbar (und sollte auch so sein). Inhaltlich wird damit den Menschen geraten, sich in der Welt so zu verhalten, dass die Nachwelt berücksichtigt werden soll. Doch wird das nicht einfach nur einseitig gefordert, in der Hoffnung man nehme sich das zu Herzen. Auch ist nicht einfach nur die Angst vor einem negativen Jenseits ein Mittel zur Erpressung, sondern, es wird erklärt, dass man zu erwarten hat, dass alle Konsequenzen des Lebens sich wieder zu den Lebewesen zurückführen lassen können, weil die Welt in sich geschlossen ist. Das Endergebnis der Welt, oder auch das Zwischenergebnis eines Moments, nach dem Verlust des lebendigen Einflusses, ist in der Lage die lebendigen Einflüsse auf ihren Ursprung zurückzuverfolgen. Der einzig bekannte Betrachter eines allwissenden Rückblickes ist Gott (/die Realität) und kann die leblosen Ereignisse von den Entschiedenen Ereignissen trennen. Damit ist ein philosophischer Wortschatz dieser Schlussfolgerung nicht abwegig und wird sich verwenden lassen können, die diese Wahrheit bereits mittels des religiösen Vokabulars benannte. Religiöses, empirisches und moralisches Denken betont einig, dass das Potential eines Lernenden und Liebenden Wesens sich zu einem Zeitpunkt nicht mehr verbessern lassen kann, einfach weil es sterblich ist. Das Potential wird durch das eigene Verschulden gemindert, aber die Unmöglichkeit eines verlustfrei genutzten Potentials soll das Streben nach Verbesserung nicht verderben. Man beginnt damit das Leben in Richtung Fortschritt und wird einem eigenen Verschulden nicht entkommen können. Jedoch ist das Echo unseres Nachlebens ein noch länger wirkender Nachklang und das letzte Wort ist damit noch nicht gesprochen, sondern auch das Vermächtnis muss in seiner vollen Bandbreite mit in das letzte Wort. So ist die Ankunft zu einem nicht mehr beeinflussbaren Zustands, in etwa, wie die Ankunft an der Pforte des Himmels. Zuerst soll die Sünde weggeräumt werden, damit dann die Dankbarkeit gezeigt werden kann. Mit dem aus Eigenverschulden geminderten Vermächtnis seiner Lebenszeit, im Vergleich zum voll genutzten Potential, soll man damit zuerst die Minderung entschuldigen, anstatt das schmutzige Bisschen, das weniger als Voll, vortragen, mit einer Einstellung, dass ein zumindest positiver Wert Anspruch auf Gnade hat. Alle diese "Performance-Werte" werden positiv, nur hat man kein Anspruch, nur weil "perfekt" nicht geht. Also wird man zuerst vermisst, da man sich auf eigenem Verschulden verspätet. Dann erklärt man die Verspätung / Minderung zuerst, damit man nicht damit anfängt, wie wenig man mitbringt und es so präsentiert, als wäre weniger als voll, viel. Voll ist viel. Etwas ist gut. Wenig ist etwas.

Warum sollte man dann nicht auch den Wortschatz verwenden können, die die vielen Konstellationen von Wahrheiten symbolisch verbindet, wie das übliche Vokabular ebenso nicht ohne solche "Pakete" beschreiben kann? (Und dann auch noch Liebe als größte Konstellation und als Medium zwischen Wahrheiten erkennt!) Man kann das Vokabular auch für eigene Formulierungen übernehmen und sich mit dem Paket der Bedeutungen anfreunden, selbst wenn man sich so unvoreingenommen wie möglich, über das große Bündel an Konstellationen, Religion, ausdrücken möchte.

Unterm Strich heißt das, dass das Christentum und das Judentum einen speziellen Charakter haben sich in ihrem jeweiligen Buch auszudrücken, jedoch finden sich die Aussagen nicht nur alleine im Bereich des Glaubens, sondern auch in universeller Wahrheit. Wahrheit, der man mithilfe der Philosophie zusammen einher laufen kann.

Wenn man seine Wahrheiten jedoch auf Allegorien aufbaut, muss man zuerst den Inhalt klar verstehen, oder man läuft Gefahr nur die Logik innerhalb der Allegorie zu wahren, während man sich von Wahrheit selbst unwissentlich entfremdet."

Rubina: „Ich habe schon bei "Charme des Lernens" aufgehört zuzuhören."

Ben: „Als ich mein Bewusstsein verloren habe, habe ich gedacht: Jetzt ist es soweit! Jetzt laufen wir über den Sand und unsere Spuren bleiben in der Erinnerung des Sandes. Als meine Spur im Meer genauso verwischt wurde von Wellen, wie diese Spuren durch den Wind über die Dünen zur Wüste wehen, da scheiterte ich meine Wertschätzung des Vergangenen in Worte zu fassen, die dem Vergangenen würdig ist. Meine Knie sollten am Boden sein, meine Hände gefaltet. Und ich hätte meine Reue in das Wasser brüllen sollen, bis mein Atem letztlich mit Wasser gefüllt wird."

Giuseppe, apathisch zu Alfred: „Taschentuch gefällig?"

Rubina erbarmt sich größerer Empathie und sieht Giuseppe für den Kommentar missbilligend an. Sie vermutet, dass er nicht anders kann, als das gelernte Verhalten zu reproduzieren. Und dann sickert es für Rubina hindurch, dass seine Zunge nur rau ist, aber er es gut meint. Und es ist okay. Männer, eben.

Giuseppe: „Zeitzeugen beschreiben, dass Johannes der Apostel viel weinte und meinte, dass die Brücke von Hölle zu Paradies nur mit Tränen überschritten werden kann. Die Reue und Erkenntnis der Schuld ist wohl ein guter Grund Tränen zu verlieren und eine Verbesserung darauf aufzubauen. Und wir? Wir sind durchtränkt in Salzwasser! Was haltet ihr davon? Die Schlange. Ja, DIE Schlange aus Buch Genesis, scheinbar als

Werkzeug Gottes, um stetig wachsende Verbesserung an die Menschheit zu überlassen. Es ist eine häufige philosophische Debatte, wie die Toleranz des Bösen und der gute Wille zusammenpassen. Der Fortschritt hat für uns einen schwereren Anfang und kann nicht das Ziel haben den Menschen zu erheben, damit der Mensch in Perfektion stagniert und Fortschritt muss auf dem Weg passieren, als Verbesserung ohne Endstadium. Denn nichts wird perfekt, wie Gott, aber perfekt ist die Welt dafür dennoch. Gottes Geschenke, wie Wissen und Erkenntnis und auch Gnade und Gunst, die wir erhalten, ist das gehaltene Versprechen einer immer besser werdenden Welt. Das Universum erleben wir nicht in einem Moment kürzestem Zeitraumes und dann zerfällt es, sondern wir werden besser und alle Menschen haben das Recht sich zu verbessern bekommen. Darin steckt schon Liebe zu Details. Das Universum wächst. Und die Erkenntnis, die Geschenke mit seinem Schenker zu identifizieren, ist die Ehrung von Gott."
Alfred: „Wahr! Anstatt sich nur selbst zu lieben, machte er die Welt."
Ben: „Eine philosophische Vermutung, warum das Universum in Raum und Zeit expandiert: Angenommen, die Zukunft müsse vom "Jetzt" genauso weit weg sein, wie die Vergangenheit. Sollte nicht die Zukunft nach Außen schneller wachsen, um mit der Vergangenheit in Balance zu sein, der Abstand gleich bleibt, damit das "Jetzt" im Zentrum bleibt? Für jeden Schritt nach vorne muss doppelter Raum sein, einen für die Vergangenheit, einen für die Zukunft. Was das heißt? Entschuldigung, für den langen Bogen um das Thema! Das heißt, dass die Realität wohl kein Ende hat, sondern nur viele individuelle Enden der Lebewesen. Im Angesicht der aktuellen Lage, sind wir verantwortlich die bereits gemachte Welt zu der Gunst der lebendigen Welt mitzugestalten. Das heißt, dass wir die Melodie abschalten müssen! Wir! Weil der Rest ehrfürchtig darauf wartet, dass Gott plötzlich von Himmel steigt und es ausstellt, wie jemand der aus der Dusche kommt, weil das Lied der Playlist gerade nicht zur Stimmung passt. Da können sie lange warten! Die Welt ist doch schon gemacht? Was

verlangen die Leute denn noch? Was auch immer das verursacht, es muss abgestellt werden. Es wirkt auf der Erde. Es funktioniert wie von der Erde. Es kommt von der Erde. Die Teilchen, aus denen wir bestehen, sind die selben Atome, wie die uns umgeben, lebendig oder nicht. Das heißt, die Verbindung ist da. Und der Einfluss auf diese Welt kann vom Kleinsten aus gesteuert werden. Kleine Lichter werden die größten Sonnen. Die Kleinsten von uns, können das Größte verrichten. Ein Teil von allem zu sein heißt, dass wir an allem Einfluss nehmen können, alles sind. Es tut mir Leid, aber wir sind da jetzt zusammen in der Situation! Wir müssen die Melodie aufhalten! Ich bereue, dass ich euch in diese Situation gebracht habe und, dass ich euer Leben zur Hölle gemacht habe!"
„Dummer Unsinn! Ich lebe das Abenteuer meines Lebens", sagt Alfred.
„Ehrlich!" bestätigt Rubina.
„Für mich sind das unbezahlte Überstunden. Aber nichtsdestotrotz! Wir haben ein Ziel. Wir sind jetzt ein Team!", meint Giuseppe abschließend.
„Und der Melodie stopfen wir zusammen das Maul!", schreit Rubina energisch über die Dünen.
Rubina holt für Alfred einen Zitrin Stein aus der Münztasche ihrer Hose. Ben hat sie Bernstein mitgebracht. Giuseppe tut so, als habe er es nicht mitbekommen. Sie gibt ihm seine Ledertasche zurück, die sie sich um ihren Bauch band. Das Leder ist hydrophob. Es ist Wasserabweisend und blieb innen trocken. Sie reicht ihm den Stein, aber lässt seine Hand nicht los. Giuseppe: „Du bist auch ein Idiot, Ben, so viele Probleme zu machen und dann kurz danach nach Italien zu kommen. Wir dachten du hast die globale Katastrophe zu verantworten. Du hast da Wind aufgewirbelt, weil du das Haustier von deinem Nachbarn als Teufel anschuldigen wolltest und der Algorithmus warnte uns, dich vom Vatikan fernzuhalten. Wir haben gedacht, du machst Ernst! Nein! Der Papst hat genug zu tun und hat zu viele Menschen nach Hause geschickt, die gedacht haben, dass sie den Teufel kennen, beseitigen können, oder mit Salzstreuern von der Türschwelle

abhalten können. Danke, dass du seine Nerven strapaziert hast! Dann kam diese Scheiße von überall und wir sehen das wahre Problem hat nichts damit zu tun und wir müssen herausfinden was diesen scheiß Lärm macht und wie wir es stoppen können!"

Alfred: „Das Problem der Welt bist nicht du, Ben, oder überhaupt ein Mensch mit Namen und Gesicht! Ich glaube nicht, dass die Welt jetzt untergeht. Ich glaube, wir müssen die Lösung finden. Zusammen, oder nicht?"

Giuseppe, streng: „Richtig, dann fang an!"

Alfred, bereits außer Atem: „Nun ja. Ähm. Also … ich nenne es das Eroberer-Problem: Das Problem ist doch der Mensch, wenn manche Eroberer einen Vorteil ausspielen, da sie eine … Taktik oder eine Lücke gefunden haben und plötzlich auch Eroberer der Menschheit spielen wollen. Genghis Khan, zum Beispiel, hat die militärischen Vorteile seiner Taktiken verstanden, aber hauptsächlich Zerstörung mitgebracht und die Ländereien nicht genug weitergebildet, verwaltet, oder gepflegt. Es ging um Macht, Geld, Ressourcen und Ansehen in der Welt als Eroberer. Wenn eine neue Taktik oder Waffe entwickelt wird, soll die nichts-ahnende Welt lieber davon erfahren und sie zum Schutz von Gerechtigkeit, Recht und Sicherheit in ihrer Sammlung des Wissens aufnehmen können. Was wäre besser, als so einen Beitrag zu veröffentlichen, anstatt durchzuführen?"

Rubina: „Stimmt!"

Giuseppe: „Meinst du … das Militär?"

Alfred, grantig: „Oh, das … Vielleicht! Wenn wir einfach keinem Menschen die Macht alleine geben! Wenn eine Diktatur militärisch umgesetzt wird, dann wird sie keiner ersetzen, wenn sie vergangen sind. Logisch, weil niemand einem toten Diktator nacheifern wird, der eigennützig seine Ideologien umsetzen wollte und mit seinem Ende niemand in seine Fußstapfen treten könnte. Sie klemmen sich an seine Lügen und seine Ideologie und gehen mit seinen und ihren Fehlern unter. Aber einen

Polizisten eines Landes, oder einer Region, wird ersetzt werden können, weil ein Ort immer bevölkert wird und sie sich in der selben Weise schützen werden wollen, so gut man Gerechtigkeit eben versteht. Also wird man für Gerechtigkeit und Schutz einstehen und ersetzt werden können, weil man wahrlich gebraucht wird."

Rubina: „Du hast ja recht!"

Alfred, zufrieden: „Wie Schere, Stein, Papier! Wie Exekutive, Judikative und Legislative! Einfach Macht verteilen! Und reversible Politik vom Volk zulassen! Sollen wir lieber nach der Legislaturperiode abstimmen, ob die veranlassten Veränderungen beibehalten werden sollen!"

Rubina, sarkastisch: „Habt euch doch nichts so! Wir können doch alle paar Jahre ein Papier ankreuzen! Unfälschbar, oder nicht?"

Ben: „Ach! Und wo wir bei Menschenrechte sind! Wisst ihr noch, zum Thema Impfungen? Die einen haben Zweifel an der medizinischen Umsetzung. Die anderen haben religiöse Zweifel. Die Nächsten haben Zweifel an der Unversehrtheit der freien Entscheidung. Unabhängig davon, was die Medizin rät, unabhängig davon, ob wir uns sicher sind, wie die Impfung mit unserer Religion zu vereinbaren ist: Die Freiheit der unbedrängten Entscheidung wurde verletzt, weil die artifiziell suggerierten negativen Konsequenzen in der Gesellschaft als großes Mittel der Entscheidungsfällung missbraucht wurden. Menschen halten sich manchmal für kompetent genug, den Mitmenschen erfundene Geschichten aufzuschwätzen, weil sie der Gesellschaft den Umgang mit roher Wahrheit nicht zutrauen. Sie sagen zum Beispiel, das Wetter werde schlimm, wenn sie ihren Teller nicht aufgegessen haben. Und dann erfinden sie immer komplexere Lügen, die dann so realistisch klingen, dass erwachsene Menschen sich danach richten werden, wenn sie nicht jede einzelne Erzählung selbst auf Wahrheit überprüfen und mit Mitmenschen vergleichen. Menschen bauen auf diese Missinformationen auf und müssen dann erforschen, was wahren Bestand hat. Doch wenn Menschen das Design einer solchen Lüge stärker wahren, als die Intention der Moral versucht zu verbessern, dann scheitert auch die Handlung dem Zweck treu zu bleiben. Was sind das für Mächte? Für wen halten sie sich? Und dennoch hat die Religion und die Medizin und der gesunde Menschenverstand die besten Argumente, die uns Zuversicht geben, eine weise Entscheidung treffen zu können. Die fehlende Zeit und Freiheit, sich selbst über diese Themen in Kenntnis zu setzen, ist leider nicht verfügbar gemacht worden, weil die künstlichen negativen Konsequenzen, abgesehen von den natürlichen und auch gesundheitlichen Auswirkungen, pressierend waren. Leider, ist eine nette Formulierung für den Verrat an die Freiheit. Entscheidungen werden verlangt von uns, dessen Folgen negative Überraschungen bereit halten. Wir brauchen Zeit und wir müssen all unsere Entscheidungen verstehen, oder?"

Rubina: „Ich habe es gelesen. Die Schnupfen-Pandemie wurde damals zum Glück wieder unter Kontrolle gebracht! Die Politik aber nicht."

Giuseppe: „Hat einer von euch eigentlich noch etwas …"

Rubina: „Schaut, Leute!"

Ben: „Oh, schaut!"

Sie bewundern eine Fata Morgana aus schwebenden Strukturen, die scheinbar von Menschenhand geschaffen wurden. Hoffnung blüht auf. Sie wandern mit den schweren, nassen Klamotten über die Dünen und haben eine Richtung, der sie vertrauen können und Zeit zu trocknen. Sie wissen, dass sich unter der Mirage eine Ortschaft befinden muss und sie machen sich auf den Weg im schnellen Schritt. Der Tag ist vorangeschritten. Sie erkennen beim Laufen, dass die Hitze der wandernden Sonne abnehmen wird und sie beeilen sich, um die Mirage nicht aus den Augen zu verlieren. Zeit vergeht und sie sehen das Dorf endlich und brauchen die Illusion nicht mehr vom Horizont zu lesen. Sie besuchen die dort lebenden Menschen, aber sehen keine Stromleitungen und keine Telekommunikation. Mehrere Häuser sind dicht aneinander gebaut aus Lehm und Sand und Stein. Sie bauten sie in einem Talrand aus festerem Gestein und besiedelten die steilen Felswände, wo auch immer sich eine gerade Plattform zur Baufläche eignete. Es gibt vereinzelt Bäume, die um das Dorf herum wachsen. Insgesamt wenige von Menschen geschaffene Strukturen. Keine Straßenanbindung. Die Menschen laufen mit Kopfbedeckung umher und tragen helle, aber nicht weiße, Gewänder. Im Zentrum der Bauten finden sie eine große Halle und die meisten Gebäude scheinen einfache Wohnhäuser zu sein. Die Wohnhäuser sind offen, jedoch hängen Strickwaren vor den Eingängen. Im Gegensatz zu der Vermutung von Giuseppe, entscheiden sie sich für einen direkten Kontaktversuch und wandern in die Ortschaft und sie werden überaus herzlich und warm Willkommen geheißen. Rubina bekommt Wasser aus einem Krug und sie reichen den Krug herum. Sie beugt sich aus Dank tief. Ben folgt dieser Geste und dankt den Bewohnern für das Wasser, das sie ihr geben. Dann beugt sich Giuseppe und Alfred fürchtet sich, sich zu tief zu verbeugen. Er beugt sich nur ein wenig nach vorne, aus Angst er könnte umkippen. Er albert vor den Frauen herum und versucht mit Handgesten zu erklären, dass er wegen seinem großen Bauch nicht umkippen möchte und die Frauen lachen mit glänzenden Augen.

„Rubina ist sonderbar gelassen und glücklich", denkt sich Ben.

Dann beginnt Ben wieder ihr beim Laufen, ab und zu, auf den Hintern zu schauen. Die Dorfbewohner sprechen keine Sprache, die sie selber sprechen können, aber sie verstehen sich alle prima mit Gestik und Mimik. Die Ältesten kommen zum Gruß aus ihren Häusern. Dann kommt der Älteste der Leute. Er versteht, dass sie etwas verloren umherwandern. Er erkennt die Situation und er entscheidet sich und gibt die Entscheidung an seine Leute weiter. Sie heben ihre rechte Hand und stimmen ab. Dann bedankt sich der Mann bei den Leuten und verbeugt sich. Er zeigt mit der Hand zu der Gruppe und die Gruppe muss warten. Er geht in das Gemeindehaus hinein. Zeit vergeht und sie werden aufgefordert den Bewohnern zu folgen und sie zeigen ihnen, wo sie gerade zu Kochen anfangen. Auch, dass sie sich sehr wünschen, dass sie zu Essen bleiben. Sie setzen sich, als ihnen der Platz angeboten wird. Die Gastgeber bieten ihnen beliebige Sitzplätze an und Rubina findet, dass sie eigentlich lieber bei Ben sitzen möchte. Rubina setzt sich und bemerkt wie der alte Mann im Eingangsbereich des Gemeindehauses abwartet. Ihr fällt auf, wie sein helles Gewand in der Dunkelheit des Raumes steht und er für eine gefühlte Ewigkeit abwartet. Dann gibt es Essen. Die Gruppe ist froh und sie sitzen zusammen und essen, lachen und genießen die Gastfreundschaft. Giuseppe merkt, wie Rubina immer wieder in die Eingangshalle des großen Gebäudes hineinsieht. Sie fragen die Bewohner nach der Melodie und ob sie wissen, warum Menschen den Verstand verlieren, wenn sie sie hören. Sie zeigen dabei in den Himmel und auf die Ohren. Die Gastgeber verstehen nicht recht. Dann ist es still und sie versuchen zu hören, was die Gruppe damit sagen möchte. Sie wissen nicht recht, aber deuten auf die Sonne. Dann ruft einer den Alten. Sie bereden die Situation zusammen und allmählich finden sie heraus, dass die Dorfbewohner keinen Schimmer davon haben, was in der Welt passierte. Sie haben keine Ahnung, was sie mit Musik vom Himmel meinen. Rubina setzt sich näher zu Ben. Der Alte geht wieder in die Halle. Das Essen ist hervorragend und aus simplen Zutaten wird eine besondere Freude. Danach rauchen sie zusammen eine getrocknete Pflanze und Rubina findet eine ähnliche Kultur davon in ihren Hosentaschen und teilt es mit den Leuten. Nicht alle wollen. Aber die, die es wollen dürfen. Die Pfeife der Bewohner ist aus Ton gebrannt und etwas simpler, als sie es von Zuhause gewohnt war, aber funktioniert. Sie zünden diese mit Fackeln an und geben den Rauch aus der Vase. Die Nacht dürfen sie hier verbringen, zeigen die Bewohner.

„KATHEMERAL, ORA! ORA!"

Alle im Dorf: „ORA! ORA!"

Rubina, Alfred, Giuseppe und Ben ziehen mit: „ORA! ORA!"

„Palio!", ruft es aus dem großen Haus.

„Ben?", fragt Rubina ihn, als jeder beschäftigt war.

Er steht auf und setzt sich dann wieder neben sie.

Rubina: „Ich habe mit deiner Mutter telefoniert."

Ben: „Was? Wie? Wann? Bei mir musste sie sofort auflegen. Ich weiß nicht, ob du das wusstest, aber ich habe mit dem Rettungsboot mit ihr telefoniert. Also, mit dem Messer eigentlich. Da waren zwei Kabel neben dem Propeller und darin ein …"

Rubina: „Ihr geht es gut. Sie war … unter der Erde."

Ben: „Warum telefoniert sie mit dir? Und nicht mit mir?"

Rubina: „Sie ist nicht tot, aber sie hat überlebt - unter der Erde."

Ben: „Was ist mit der Strahlung?"

Rubina: „Was?"

Ben: „Radioaktivität?"

Rubina: „Sie sagt, dass die Leute damit kein Problem haben."

Ben: „Und wo ist sie jetzt?"

Rubina: „Bald auf dem Weg nach Deutschland. Sie muss aber noch etwas in New York bleiben. Die Leute halten sie fest, sagt sie."

Ben verliert seine Fassung. Dann weint er vor Freude. Gute Neuigkeiten. Palio kommt aus dem Gebäude heraus. Er hält eine flache Tonscherbe in beiden Händen. Er weiht die Scherbe ein, durch Kreisbewegungen in der Luft und zeigt sie den Bewohnern zuerst hoch und reicht sie dann herum. Bis es bei der Frau ankommt, die neben Alfred sitzt. Nachdem die Anwesenden die Scherbe in der Hand hielten, gibt eine gut aussehende Dame Alfred die Scherbe und kitzelt ihm beim herüber reichen, mit ihren Fingern, seine. Alfred ist so schüchtern, dass er das Zittern anfängt. Er schaut in die Tonscherbe hinein und grinst verlegen. Er starrt und starrt und Giuseppe wundert sich und reißt die Augenbrauen hoch. Rubina und Ben bemerken, dass etwas los ist und fragen nach. Dann wacht Alfred aus seinen Tagträumen auf und lächelt sie kurz an und wird roter, als die Tomaten aus Griechenland. Dann sieht er die Scherbe mit mehr

Aufmerksamkeit an und steht blitzschnell auf.

Alfred: „Das ist ja auf Eng…"

Giuseppe nimmt die Scherbe entgegen.

Alfred, jedoch, wird blass und fällt nach hinten, hinter seine steinerne Sitzbank. Die Frauen, die sogar am anderen Ende der Runde sitzen, eilen ihm zur Hilfe und klammern sich um seine Schultern, bevor Giuseppe, Rubina und Ben überhaupt die Chance hatten, zur Hilfe zu eilen.

„Englisch, wollte er sagen," meint Giuseppe und schaut zu Ben.

Sie überlassen Alfred den jungfräulichen Expertinnen.

Ben streckt seine Hand aus und sagt leise: „Zeig mal?"

Er sieht misstrauisch aus und gibt ihm die Scherbe nach kurzem Zögern.

"TAKE CARAVAN TOMORROW! THEY WILL PICK YOU UP WHEN THE LIGHT RISES"

Ben liest vor und bedankt sich anschließend bei den Dorfbewohnern und als Palio vorbei kommt, tröstet er Ben und sie zeigen ihnen, dass sie sich um die Feuerstelle legen können zum schlafen. Die Frauen bringen Kissen und Decken für die Nacht. Sie decken Alfred zu und streicheln ihm über das Gesicht. Sie verteilt die Kissen und die Kastanienbraunen Haare fliegen in sein Gesicht, als sie ihm das Kissen unter den Kopf legt. Sie hebt den Kopf mit einer Hand an und legt das Kissen darunter. Dann zieht sie beide Hände wieder zurück. Für einen Moment bleibt sein Kopf noch in der Luft. Er schaut nur ganz leicht hin und her, ohne die Augen weit zu öffnen. Dann sinkt sein Kopf auf das Kissen und eine Freude des Lebens überkommt ihn und jedem, der Zeuge seiner Zufriedenheit wird. Sie bleibt, um Alfreds Kopf zu streicheln. Die Sonne geht langsam unter und sie wissen, was auf sie zu kommt. Das scheint nicht ganz bei den Bewohnern angekommen zu sein, was in der Welt so passierte, denn sie feiern in der Runde und mehr und mehr Leute sammeln sich. Aus kleinen Lehm- und Holzhütten bringen sie ein ganzes Volk hervor. Sie bringen Saiteninstrumente und Trommeln und eine Flöte und sogar Trompeten mit. Der Druck steigt bei den Gästen. Sie lachen und tanzen und scheuen sich nicht, ihre Einladungen

zum Tanzen zu wiederholen. Ben sitzt neben ihr und sie reichen sich die die Scherbe hin und her, während Alfred sich von der Braunhaarigen endlich küssen lässt. Ben zeigt ihr den Bernstein in der Hand. Die Leute sind laut. Sie machen das Fest zu etwas ganz besonderem. Die Musik klingt fast wie moderne elektronische Musik, doch wird sie rein akustisch vertont. Sie trinken ein sonderbares, süßes Wasser mit gewöhnungsbedürftigem Geschmack. Die Luft wird trockener und die schwindende Sonne zieht die Schatten der tanzenden Dorfbewohner in die Länge. Rubina hält seine Hand und Ben absorbiert die Angst in seinem Griff, bis Ben selbst Angst und Sorge in sein Herz kehren lässt. Dann hält er auch ihre Hand, stramm und fest. Die Hauptsorge der Bewohner ist, ob den Gästen ihre Musik gefällt. Die vier Freunde mischen sich unter die Leute und lassen auf sich zukommen, wohin das Schicksal sie hinein gewebt hat. Die Bewohner ermutigen immer wieder zum Tanz, doch sie zeigen ängstlich auf ihre Ohren.
„Etwas merkwürdig, findet ihr nicht auch?", fragt Giuseppe seine Truppe.
„Die Party oder die Tatsache, dass hier jemand Englisch versteht und nichts sagt?", meint Rubina.
Giuseppe: „Nein, dass sie hier keine Songs von Eminem spielen. Natürlich, wegen der englischen Sprache!"
Ben: „Ich lenke sie ab und du schaust, was du herausfinden kannst?"
„Genau mein Plan!", meint er nur.
Ben schaut sich um und findet schnell heraus, dass sie ihre eigenen Leder haben und demnach Leder herstellen werden. Er beginnt sich mit dem Ältesten anzufreunden, während Rubina und Alfred sich über das unterhalten, was vor Jahren hätte passieren müssen. Ben findet Zugang zu dem Ältesten und Ben lässt sich von ihm die Gruben für die Tierfelle und auch die Fettung und das Spannen der Häute auf dem Gerberbaum zeigen. Ein Bereich für sich. Die Ablenkung ist gut. Alfred und sein gutes Gemüt steckt jeden mit Freude an. Der Stein scheint voll zu wirken, glaubt man

Rubina. Sie tanzen mit ihm und er tanzt mit ihnen. Rubina ist froh, dass er jetzt zum ersten mal eine Hand an sein Herz lässt und diese auch ihn festhält.

„Tanz doch mit uns?", lädt Alfred den Giuseppe ein.

„Später, mein Freund!", meint er.

Ben beobachtet die Sonne auf ihrem Weg zum Horizont. Giuseppe sucht die Quelle der Scherbe. Es ist soweit. Jetzt wollen sie es nicht für wenige Minuten riskieren und sie halten sich ihre Ohren zu, egal, ob die Dorfbewohner es verstehen oder nicht. Aus den Ecken der Erde kommt die Melodie. Die Bewohner tanzen und musizieren. Sie bemerken, wie die Gäste ihre Ohren schützen. Sie lachen etwas darüber, aber tolerieren das. Nach einer lang gezogenen Stille beginnt es.

Das Tanzen wird immer wüster und rauer. Sie fuchteln mit de Armen herum und wedeln mit den Füßen Tritte in die Luft, als sei es der Schwanz einer Peitsche. Sie sind gespalten. Gehört das zum Tanz und zu der Kultur? Ben ist eingesperrt. Das war einfach nicht der richtige Moment. Der Älteste lässt Ben zurück in dem Raum, indem die Häute entfleischt werden. Palio verspricht, er sei bald zurück. Er holt eine Art Scherdegen und Ben schneidet sich einen Fetzen abgeschnittener Haut des Tieres und zerkleinert das Fetzen in 10 gleichgroße Stückchen und stopft sich die ersten zwei in seine Ohrmuschel. Der alte Mann fängt an zu reden. Und wie alle, die über etwas reden das sie lieben, kennt er weder Punkt, noch Komma. Ben erfährt alles, von der Jagd, Domestizierung, der vorbereitende Äscher, also die Haarentfernung, dann erzählt er über das Mischen von Baumrinden und Gerbstoffen Schweinemägen für Enzyme, die Fettung, das Weichmachen, Färben - Alles - Alles in Zeichensprache, durch Gestikulieren und übermäßiger Mimik. Lange, lange Geschichte.

Giuseppe ist ein Profi und landet mit leisen Katzen-Schritten unbemerkt im Gemeinderatshaus. Ein Raum ist versperrt. Kein Schloss, sondern es ist verbarrikadiert. Er bindet sich ein gefundenes Tuch um die Ohren und füllt die Ohrmuschel mit seinen Socken. Bevor er die Socken in Position bringt, hört er es. Tippen.

Rubina ist besorgt um Ben und sie sucht unauffällig nach ihm. Sie tanzt dafür und bewegt sich überall hin und her, um überall unauffällig Ausschau zu halten. Die Bewohner gehen ab, tanzen und schreien.
„OOORRRRRRRRRRRRAAAAA!"
Alfred öffnet seine Ohren wieder. Rubina ist entsetzt darüber. Dann versteht sie. Ben schleicht hinter Palio her. Er holt Werkzeuge aus seinem Haus. Die Leute beginnen sich im schlechten Ton über die Gäste zu unterhalten. Lästern und Loben geht eben auch sprachlos. Eine Stunde später schlafen die meisten im Dorf, denn die Nacht ist schon angebrochen und die wenigen Frauen und Männer, die noch nicht müde sind, sitzen am Feuer. Sie reden nicht mehr viel. Rubina bekommt wieder die Ton-Scherbe in die Hand.

Ben kommt wieder zurück und Rubina ist wieder an seiner Seite. Sie saß davor neben Alfred und hatte ihre Arme um seinen Bauch, was Ben genau sah. Dann reibt sie ihre Hände an Bens Schulter und Ben will nur noch einen Schluck von dem Zeug, das wenigstens ein wenig Alkohol zu enthalten scheint. Sie reichen ihm mehr davon und er macht Gebrauch. Sie versteht.
Rubina: „Wir hatten schon mal ein paar Dates, dachte er."
Ben: „Sieht so aus."
Rubina: „Ich hätte ihn auch einmal fast geküsst, dachte er."
Ben: „Interessiert mich gerade nicht."
Eine nicht allzu lange Stille.
Rubina: „Er weiß, dass es ein Fehler war. Ich habe nicht auf den Mund gezielt."
Ben: „Ich denke das ist alles vorbei."

Rubina: „Wie meinst du das? Wegen seiner Neuen?"
Ben: „Ach, schau doch! Hast du gesehen, oder? Wir haben das alle gehört, aber es war viel zu schwach hier. Es hört auf!"
Rubina: „Du meinst die Melodie?"
Ben: „Ja! Das ist vorbei! Das verschwindet von alleine."
Sie nickt enttäuscht. Er steht auf.
Ben: „Viel Glück!"
Rubina: „Warte, bitte!"
Er sieht ihr apathisch in die Augen. Er wirkt, als würde er sich nur umdrehen, um zu sehen, ob zwei Münzen fielen, oder eine Münze zweimal aufklatschte, wäre sie das Rückgeld eines Automaten.
Rubina: „Ich möchte dir etwas schenken! Eigentlich, gehört es dir schon."
Ben: „Na dann! Und was?"
Rubina: „Drei Dinge, um genau zu sein!"
Sie hat ihren Bauch mit Frischhaltefolie umwickelt und sie zeigt es ihm. Sie hat jetzt seine Aufmerksamkeit.

Giuseppe verhört den Sohn von Palio, der sich vor der Tastatur von der Außenwelt abschottete. Er ist verängstigt und weiß nicht, was auf ihn zukommt. Er behauptet, dass er lieber sterben wolle, als dem ganzen Dorf zu erklären, dass sein Orakel nur ein Solarbetriebener Computer ist, mit Satellitenverbindung für Internet und ein menschenverachtendes, geiziges Kellerkind vor der Tastatur. Giuseppe kontaktiert die Heimat und bekommt Antwort. Er bestellt auf Kosten der Italienischen Regierung Geschenke. Computer. Bücher. Werkzeuge. Anleitungen. Baukästen. Lampen. Generatoren. Alles. Hauptsache, sie müssen nicht mehr alleine in der Dunkelheit leben.
Giuseppe: „Rubina, du brauchst doch neue Schuhe, oder nicht?"
Rubina ist ratlos woher Giuseppe wusste, dass sie sich schleichend hinter ihm näherte und dann auch noch genau wusste, wer da kommt.
Rubina, naiv: „Woher weißt du das?"

Giuseppe: „Schau mal! Hier kann man welche bestellen."

Rubina schnappt sich Ben und sie verstecken sich hinter einem Felsen, weg von den Leuten. Ben hilft ihr sich auszuziehen und ihren Oberkörper frei zu machen. Er wickelt die Folie langsam ab. Sie behält ihn im Auge und er sie. Er läuft nicht um sie herum, sondern er kommt ganz nahe heran und greift mit der einen Hand das Ende der Folie und mit der anderen Hand greift er um ihren Bauch, damit er die Folie abwickeln kann. Er greift die Rolle mit der anderen Hand hinter ihrem Rücken hervor. Dann holt er die Folie wieder mit der anderen Hand hervor und rollt ihren Körper so frei davon.
„Lass dir Zeit!"
„Okay."
Sie lehnt sich nach hinten und er verliert die Balance und fällt sachte auf ihren Bauch. Seine Wange berührt ihre Haare und dann auch ihre Wange. Er bemerkt die Wurzel, das in den Schichten der Folie eingewickelt ist. Darunter sind viele Lagen. Er muss das frei machen, weil sie darin schwitzt. Dann hilft sie etwas mit. Nicht zu viel, nicht zu hastig. Sie befreien die Folie und er wäscht ihren Schweiß mit seiner Hose sauber.
„Das ist noch nicht alles!"
Sie öffnet ihren Knopf. Rubina greift Ben liebevoll im Würgegriff am Hals und streichelt mit ihrer Hand, bis sie sein Kinn mit zwei Fingern greift.
„Da warten noch zwei Geschenke!"

Giuseppe berichtet Alfred was passiert ist. Er wiederum weiß nicht, wie er das verarbeiten soll. Allzu wichtig scheint es ihm nicht werden zu können mit so vielen Frauen auf seiner Seite. Eine, hat ihren Kopf so nahe an seinen Lippen beim Zuhören, dass er nicht laut reden möchte. Giuseppe legt sich zum Schlafen auf das Fell. Bleibt wach.

In der Nacht beginnt der Horror. Ben hat es getroffen. Das ganze Dorf schreit und weint. Alle sind hellwach. Der Himmel ist halb dunkel und die Sonne ist noch nicht soweit. Ben schreit vor Schmerzen und niemand weiß ihm zu helfen. Rubina versucht den Dämon von seinem Kopf zu ziehen, hat aber Angst, dass die anderen zwei Köpfe sie beißen und sie selbst nicht mehr davon kommt. Eine Gestalt mit drei Köpfen und einem Körper aus dem die Luft bereits raus ist. Der Mittlere Kopf hat den Kiefer so weit auseinander, dass der halbe Kopf von Ben in ihrem Maul klemmt. Die Zähne sind nicht scharf, aber es gelingt niemandem den Kopf zu befreien, weil Ben die Schmerzen sonst nicht erträgt.
„Hol mich raus! Hol mich raus! Hilfe! Hilfe! Hol mich raus! Bitte! Bitte! Bitte! Aaaahhh! Hilfe! Bitte! Bitte!"
Die zwei Köpfe lachen und heulen. Sie wechseln zwischen Schreien und Heulen und lachen in einem Umschwung der Emotionen. Sie wechseln zwischen Heulen und Lachen, während der eine Kopf weint, finden die beiden übrigen Köpfe immer mal wieder Gelegenheit die Leute um sie herum auszulachen, bevor sie wieder Opfer ihrer Attribute werden. Manchmal blickt ein Kopf zu dem anderen und versucht einen seiner eigenen Köpfe zu beißen, als es einen anderen Kopf von sich selbst wieder entdeckt. Die Sonne geht auf. Der Himmel. Rubina weint und zieht immer wieder an dem Körper des Unwesens. Aber der verkrüppelte, knochenlose Körper zappelt und bereitet Ben nur noch mehr Schmerzen, als sie probiert ihn von seinem Kopf zu entfernen. Selbst der junge Mann, der sich verbarrikadiert hat, kommt hervor, um zu sehen was genau passiert. Palio sammelt seine treuen Menschen um sich. Ohne die Zustimmung von Palio zerren sie an dem Körper von Ben und ziehen ihn über den Sand. Rubina erstarrt, als sie Zeuge wird, wie die Bewohner Ben ausliefern. Giuseppe schlägt dem Dämon in sein Gesicht und erhält ein Lachen von einem Kopf, ein Schreien vom anderen Kopf und ein Weinen vom dritten Kopf, als Antwort. Der Körper von dem beißenden Wesen wird nicht mehr angefasst, denn das Gewicht bereitet Ben

große Schmerzen, als sie ziehen. Der Anblick ist schlimm. Zu hören, wie
Ben schreit vor Schmerzen, ist noch schlimmer. Palio ruft seinen Leuten
zu und sie werfen Ben in die Grube, wo das zu werdende Leder
normalerweise über Jahre vergraben bleibt, bis es haltbar wird. Der Sturz
in die Grube lässt den Dämon übernatürlich schnell zappeln. Ben verliert
das Bewusstsein und die mutigsten Dorfbewohner schütten die Grube mit
allem zu, was sie finden. Asche. Gerbstoffe. Pflanzen. Steine. Sand.
Erde. Früchte. Tiermägen. Häute und Felle. Und noch mehr Steine. Mehr
Steine. Meer. Steine. Wasser. Salz.
Die Sonne reitet die Ohren und sie hören ein leises, am Horizont
schwindendes, Klingen. Zu schwach, um sie zu zerstören. Es war wieder die
selbe, sich immer wechselnden Klänge, die man nicht verstehen, oder
zuordnen kann. Man sagt, man kann sich vorstellen, wie sich etwas anfühlt
und wie es schmecken würde, ohne es tatsächlich mit der Zunge zu
berühren. Das hier, ist nicht zu verstehen. Das Material des Wesens ist
so beschaffen, dass man sich bei allem Mut nicht traut vorzustellen, aus
was es bestehe, wie es sich anfühle, oder wie es schmecke. Es ist vor
allem eins: Dunkelheit. Nichts, nichts, nichts ist ähnlich. Giuseppe
schnappt sich Rubina, Rubina zieht Alfred mit sich. Alfred nimmt sich
seine Frau mit. Er fürchtet es könne sie auch treffen.
„Von der Grube weg! Rennt!", mahnt Giuseppe streng.
Wie jeder normale Mensch handeln würde, rennen alle angsterfüllt aus dem
Ort. Die Langsamen fühlen sich verraten. Der Schnellste hat am meisten
Angst. Aber alles rennt. Sie sammeln sich hinter der Düne im Norden,
bevor sie den ersten Blick zurück wagen. Es bewegt sich nichts mehr in
der Grube. Die Karawane ist am Horizont gesichtet worden. Mehrere Esel
und Ziegen folgen einer Schar von riesigen und winzigen Reitern und einem
Reiter an der Spitze der Karawane. Die Figur auf dem braun-roten Esel
gibt ein Handsignal, als sei er ein König, der sich zur Artikulation zu
Edel ist. Er ist ihre führende Hand, der diesen Ort mit dem Rest der Welt

verbindet. Rubina traut ihm nicht über den Weg. Aber sie kann nicht zurück. Es ist nicht richtig. Sie kann aber nicht. Alfred drückt sie nach vorne, damit sie mit den Eseln mithalten kann, bevor sie sich entscheiden auf einen dieser Esel zu reiten. Sie probieren alle zu vergessen, was das war. Ein Streit bricht aus. Die Gruppe der mitgebrachten Bewohner ist nicht bereit Ben oder ihr Dorf zurückzulassen. Einer blieb mit treuen Feinden im Dorf zurück: Der Sohn von Palio. Er bereut nicht, dass er seine Leute und seinen Vater verraten hat und hat das übrige Bisschen besänftigt. Palio sieht Alfred in die Augen. Er winkt ihn zu sich und will von ihm, dass sie zusammen zurückkehren. Er fleht ihn an.

Alfred schreit: „Ihr? Ihr wusstet es! Ihr habt es doch selbst gesagt? Was habe ich euch gesagt? Wir müssen uns gegen das Böse vereinen!"

Ben ist zugeschüttet und sein Herz hört auf zu schlagen. Der Dämon beißt weiter zu. Kaut. Es will, dass sein Körper die Seele freigibt. Es labt an der Angst in seinem Seelenwasser und schlürft dafür mit seinem Maul an Bens leiblichen Wesen. Es erzeugt Existenzangst und das Seelenwasser kann nicht entnommen oder verbraucht werden, doch nährt sich der Dämon an der Angst darin. Er wäre zufrieden mit Angst zu regieren. Doch will sein Marionettenspieler diesmal mehr, als nur seinen Tumor füttern. Heute soll er satt werden.

Alfred: „Rubina? Wie kannst du nur?"

Sie will es nicht hören. Was soll sie denn tun?

Alfred: „Ich weiß es! Ich weiß es jetzt!"

Alfred, Rubina, Giuseppe und Palio bleiben stehen. Dann auch alle Bewohner des zurückgelassenen Ortes. Die Karawane und die vielen Tiere laufen weiter. Eine seiner Ziegen befreit das Zickel von einem Strauch.

Rubina: „Alfred?"

Alfred, beteuert: „Ich bin mir sicher! Bruder Ben braucht mich!"

Die Beiden laufen zurück. Palio stürmt, Alfred schwitzt. Alfred ist dankbar, dass er das nicht alleine machen muss. Rubina ist nicht glücklich, mit der sonderbaren Karawane mitzuziehen. Die Tiere sind ihr am liebsten und der Esel, auf dem sie sich zu reiten nicht traute, läuft langsam neben den anderen Eseln mit. Sie bleibt in sicherer Entfernung. Giuseppe erzählt ihr, was er letzte Nacht alles sah. Sie sind Stunden unterwegs und kommen nirgends an. Sie kommen wieder an der selben Düne an, über die man das Dorf überschauen kann. Alfred und Palio sind immer noch auf dem Weg und nur wenige Schritte vorangekommen. Sie können sich nicht entziehen und holen erneut ungewollt die Karawane ein. Sie machen keinen Fortschritt und der Mann an der Spitze reitet mit dem Blick stur nach vorne. Die Augen des Karawanenführers wandern jeweils zur anderen Seite, bis sie sich am Hinterkopf treffen und zu einem Auge verschmelzen. Er zeigt auf den Boden. Die Fußspuren der Karawane sind wenige Meter neben ihnen, als sie nochmals an dieser Stelle passieren. Sie blicken dem Karawanenführer hinterher, der seine rechte Hand hebt und eine Kreisbewegung macht. Jedoch wird ihnen klar, dass er keinen Kreis in den Himmel zeichnet, sondern eine Spirale und dementsprechend die Karawane führt. Alfred und Palio kämpfen gegen den Zauber und laufen in kleinen Spiralen im Kreis, jedoch immer näher nach vorne. Ben ist wach. Sein Körper fühlt sich nass an. Wenn er sich bewegt, bewegt der Körper sich nicht mit. Das macht ihm Angst und er bleibt liegen. Palio stürmt in die Halle. Alfred greift sich eine Schaufel und beginnt Ben frei zu graben. Ab einer gewissen Tiefe sieht er Bewegung, was nichts Gutes heißen kann. Der Dämon zappelt und zappelt mit Bens Körper und Sand kommt aus seinen Munden. Das Schaufeln macht den Dämon wütend. Palio spricht einen Zauberspruch aus und holt sich die Hilfe der Vergangenheit in die Zukunft. Er erklärt den Kriegszustand. Die Magie ist irreversibel. Antimâter. Ein Land, in der die Wüste am Rand hinabfällt, als sei es das Wasser am Rande der Erde des Ptolemäischen-Weltbilds. Der fallende Sand regnet auf das Land. Ihr Streitmachtführer hört den Zauber und sie schreien aus Freude und Wut ihrer ersehnten Befreiung. Es ist wieder soweit. Krieg ist ihre Lust und Stärke. Politik interessiert sie nicht. Sie verlangen von ihrem Streitmachtführer, was man Rauben und Plündern kann, solle ihnen gehören. Der Zauberspruch beginnt und endet. Das ist das Fenster, in dem sie diese Welt betreten. Und der Ort der Erscheinung ist noch unbekannt.

Ben ist etwas gelangweilt. Außer den Schmerzen eines zerrissenen Kopfes und etwas Sand und Flotte in den Ohren, hat er schon schlimmeres erlebt. Manchmal denkt er daran, was aus ihm geworden wäre, wenn sein Vater noch lebte. Ob er seine Stimme erkannt hätte, wenn er heute von der Arbeit nach Hause kehrte und fragen würde, wie es ihm geht, und dass er stolz wäre? Dann lässt er seine Seele zurück in den Körper rutschen, solange seine Haut den Gerbstoff anzieht. Er sah Alfred und hat alle Hoffnung, dass das Gute siegen muss - und sogar einen Plan.

In Europa ist die Hölle los. Das Chaos, die sichtbar gewordene Sklaverei und die neuen Umstände machte den Leuten das Leben unerträglich schwer. In den großen Städten haben sich die Leute gegenseitig bekämpft und die Verrückten haben die Oberhand gewonnen. Sie durften im gesunden Zustand nicht bekämpft werden. Jedes mal, wenn die Melodie anfing, wurde das Deck neu gemischt. Sie waren sich stets bewusst, wo sich ein Zuhörer ihrer Schreie befand und konnten gezielt Jagd auf die Person machen. Auch wenn die Hände an den Ohren vor der Melodie schützten, waren die Schreie wie ein Sonar. Dann wurden die Leute kreativ und leisteten Widerstand. Die verrückten Verurteilten konnten nicht mithalten. Leute haben ihnen die Ohren zugehalten und sie geschützt, anstatt sie zu bekämpfen. Die Kommunikation funktioniert wieder. Die Menschen haben sich angepasst und die Melodie hat global nur noch wenige hundert Menschen in der letzten Zeit verrückt gemacht, in der die Sonne bei ihnen auf, oder unter ging. Man dachte erst, es liege alleine an der Sonne und am Licht. Falsch.

Weltstädte wurden am schlimmsten getroffen und abgelegene Bereiche der Erde haben sogar gemeldet, keine Melodie erlebt zu haben. Die Liste der Ausnahmen, von Städten ohne eine einzige Melodie-Erscheinung, wurde im Internet bekannt. Plötzlich vertraut jeder auf eine sekuläre Herkunft und demnach einer weltlichen Lösung.

Eine herzlose Frau wurde Kaiserin von Europa. Eine dunkle Magie führte sie zu ihrem plötzlichen Erfolg. Ein gnadenloses Herz. Sie wird zu aller erst von den bereits lebenslang besetzten Beamten gebeten, die Welt aufzufordern, sich zu einer Regierung zu reformieren, da sich eine Vereinigung im Angesicht der Extraterrestrischen Bedrohung ohnehin nicht vermeiden ließe. Ihr Aufstieg ist nur die Belohnung einer bösartigen Vergütung des Dämons. Das Wesen wartet, bis ein Mensch sich von seiner dunkelsten Seite zeigt und einem anderen Menschen den Tod wünscht, den Zufällen die Schuld anvertraut und seinem eigenen Handeln am aller wenigsten Kraft verleihen möchte. Wie? Der Dämon beobachtet den Wunsch im Detail und observiert, wie wenig Einfluss man durch seinen bösen Willen nehmen muss, um einen Todeswunsch zu verwirklichen. Es spürt, ob dieser Wunsch von Zufall eingeladen wird, damit die Schuld im Nichts verschwinden sollte. Ist der Aufwand des Wünschenden die Realität zu beeinflussen so gering wie warten, dann schnappt die Falle zu. Der Dämon verfolgt die Gedanken und gibt den Minimalen Schubs, damit aus der Kette an vorgestellten Zufällen der Mord realisiert wird. Der Preis ist der allerhöchste und die Hölle ist der sichere Platz, wenn der Dämon diesen Wunsch verwirklicht. Der Dämon mit den drei Köpfen belohnt die Person, dessen Wunsch er realisierte und straft das Mordopfer mit einem vorzeitigen Lebensende. Die Frau wollte ihren Hund nicht von der Straße zurückziehen, als der Hund voranschritt. Sie sah Ben im Bus. Sie fuhren im Kreis. Sie hoffte seinen Tod zu verursachen und ließ die Hundeleine los. Sie wurde belohnt, weil das Böse ihren Erfolg frühzeitig anerkannte,

als Ben in der Grube den Herzschlag aufgab. Doch ihr Plan wurde vereitelt und der Zauber der Wüste ließ Ben nicht gehen. Das Trampeln der Armee und Alfreds laute Schritte weckten den Herzschlag auf. Ihre Belohnung war bereits in der Entwicklung und sie hatte keine Erklärung dafür, warum die Leute sie plötzlich in allem bevorzugten. Das gesamte Leben wird traumhaft. Erfolg, Reichtum und Anziehung ist garantiert von seiner Bösen Macht, damit die Menschheit zweifeln soll, an den guten Tugenden und Werten, wenn Glaubenstreue so eine böse Person erfolgreich erleben. Der Dämon hat Ben in die Grube geworfen. Wäre es nicht für diesen magischen Ort und dem regnenden Sand, dann hätte den Dämon niemand gesehen. Die Frau grinst apathisch in die Kamera und überlegt sich, ob ihr ein Vorteil widerfuhr, der nun immer gelten werde. Ihre erste Amtshandlung sei ein Feiertag daraus zu machen, an dem ihr Hund starb und ihr Leben sich verbesserte. Sie hat keine Ahnung, dass sie verflucht ist und sie besteht darauf, für den neuen Feiertag eine Sondersumme zu beantragen und bekommt sie auch ohne Zögern. Sie nimmt das Geld. Ihr vertrauen die Leute es an. Sie hält das für ein günstiges Missverständnis und ist sich sicher, so schnell wie möglich abhauen zu müssen, bevor man merkt, dass sie ein Niemand ist. Ohne zu wissen, dass sie einen großen Fehler gemacht hat, das ohne Gebet an Gott nicht zu korrigieren ist, nimmt sie lieber das Geld. Ihr wird mehr und mehr bewusst, dass sie alleine dazu nicht in der Lage gewesen sein kann und vermutet magische Beihilfe. Doch es reicht ihr nicht und sie plant den Einsatz zu erhöhen. Sie versucht auf ihrer Flucht in das Ausland einen dicken Mann vor den Zug zu werfen, weil sie den Zauber noch weiter beschwören möchte. Er ist zu schwer und sie zu leicht. Sie fällt rückwärts auf das andere Gleis. Er lässt sie liegen. Der Zug kommt. Der Dämon ist höchst zufrieden. Keine offenen Rechnungen.
Die Leute tragen die Tragödie mit Fassung und helfen, wie sie immer helfen, wenn die Not posaunt. Sie versuchen Ersatz zu finden für die so früh verlassene Rolle einer europäischen Führung. Herr Allesmacht wird

als neuer Kandidat vorgeschlagen, weil die, die für ihn bürgen, begeistern können, dass seine Pläne bereits dafür geschmiedet wurden. Trotz der unerwarteten Übernahme dieser seltsam erfolgreichen Frau, bleibt die Idee einer europäischen, oder einer globalen, Führung im Raum. Die Geschichtsbücher haben brennende Zungen und verschlossene Lippen, jedoch fällt es mehr und mehr auf, dass sich eine Verschwörung zutrug, um die Macht auf so wenig Hände wie möglich zu verteilen. Das Volk zeichnet die ersten eigenen Pläne gegen die Verschwörer. Die Melodie verliert mehr und mehr an Kraft. Das Klicken der Handschellen an den Händen von Karl wird zu einem viralen Geräusch der Weltmedien.

Nicht weit von den sieben Hügeln Roms sammelt sich die Armee. Die Soldaten sind mit Waffen und Beute umgarnt und verlangen immer mehr nach Ausgleich ihrer unbezahlbaren Gier. Sie kennen keine Politik, außer die Befehle des Streitmachtführers. Die moderne Bevölkerung Roms denkt es sei eine Barbarengruppe, die aus dem politischen Vakuum ihren Vorteil auskosten wollen. Sie planen die komplette Zerstörung aller, die sich ihnen nicht nackt unterwerfen. Das Gold, das ihre Körper doppelt so schwer macht, glänzt von der Ferne und die großen Objektive der modernen Kameras erfassen die Gefahr aus sicherer Entfernung. Das bleibt nicht unbemerkt und die Regierungen der Erde sehen die Satellitenbilder, einer aus dem Nichts aufgetauchten Armee. Die Anrufe gehen ein und es wird geraten den Kontakt zu vermeiden. Sie sehen aus, als seien sie für ein paar Jahrtausende untergetaucht und dann wieder aufgetaucht. Keine Technologien der Moderne. Metall, Rauch und Feuer.

Ben verliert die Frau erneut aus den Augen, die immer am Horizont auftaucht und wieder verschwindet, sobald er sich ihr nähert. Neuer Versuch. Er verliert die Sicht. Sie bleibt immer wieder stehen und lockt ihn aus seiner schüchternen Seite heraus. Ihre Schönheit und ihre

feurigen Blicke und ihre brennenden langen Haare streicheln die Welt
unter ihren Füßen. Das Nach-Glänzen eines einzelnen Haares hinterlässt in
ihrem Fußabdruck einen Schimmer der Richtung einer nächsten Silbe. Für
die fehlenden Worte seiner Bewunderung folgt er dem Faden in einem
Labyrinth. Die Fußabdrücke auf dem Sand senken seinen Blick auf den
Boden. Eine ewige Schnur liegt am Boden. Etwas dicker, als der Zopf ihrer
Haare. Etwas dünner als ein Seil, das eine Glocke läutet. Fester, als das
Seil das Glocken läutet. Aber so vertrocknet, wie der Sandstein darunter.
Ben springt darüber. Wie ein Kind, das den Garten überquert und über die
weit verteilten Ösen des Wasserschlauches springt. Die roten Lippen laden
ihn ein, an einem Kuss zu schmelzen. Jedes Wort, das sie aussprechen
würde, würde ihm nicht reichen. Die perlweißen Zähne blitzen aus der
Ferne auf, als sie ihre Lippen etwas öffnet. Ihre unantastbaren Flammen,
dessen Gefühl Ben bereits in sich trägt, zu wissen wie es sich anfühlen
müsse, seine Zungenspitze auf ihre Lippen zu legen und zu spüren, wie
sich Liebe öffnet und hingibt und für Ewigkeiten besteht. Sie grinst
heimlich-tuend und öffnet ihren Mund leicht, um sich die Unterlippe mit
den Zähnen zu streifen. Sie erscheint und wartet in allen Richtungen.
Seine Schritte werden kürzer und kürzer. Er tippt auf seinen Zehenspitzen
um das Seil herum, als könne er ewig rennen, ohne einmal darauf zu
treten. Sie küsst ihre Handfläche und sendet ihm einen Kuss über ihren
Atem an die heiße Luft, der Ben hinterher atmet. Der Puls in seinen Adern
ist wie eine klassische Melodie von einem Komponist, der seinem Herzen
zuhört und auf der Suche nach dem Instrument ist, das sich so gut anhört,
wie sie aussieht. Eines neuen Wahnsinns, das die Finger nicht loslässt,
für diese eine Komposition. Und wie sie es verspricht! Wie sie es
auslebt! Wie sie dasteht und nichts macht und das besser kann, als jede
andere! Die Lücken zwischen der herumliegenden Schnur werden immer
winziger und das Geseil wird immer dichter am Boden. Das Seil berührt den
Horizont, überall aus jeder Richtung, in jede Richtung.

„Küss mich!"
Die Macht der Zunge. Attacke! Ein Biss. Der Charme des Drachen. Sein Essen sein. Aus einer Flasche, das Gift. In und für - den Kuss. Gespaltene Zunge. Das Seil, das sich von Horizont zu Horizont spannt, es endet in keine Richtung. So lang, scheint es zu sein. Mit dem Auge folgt der Treue der Schnur, um das Ende zu finden. Sie kommt und geht in jede Richtung. Eine Lüge für die Augen. Die Wahrheit für das Auge. Leblos liegt die Schlange am Boden und hört die Schritte und die Sprünge über ihrem Körper. Ben rennt in ihre Zähne hinein, die sie für ihn ausbreitet und für den sie sich aufrichtet. Es sticht ihn im Bein. Ihr Zahn ist in seinem Fleisch gebrochen und steckt darin. Aphistemis spritzt ihr Gift in Ben hinein. Die Schnur wollte nur ein Faden sein und wölbt sich, zwirnt sich und wurde zum Seil. War es doch nur ein gebrochenes Versprechen? Bricht aber nicht. Nicht einmal, wenn die Schlange es wollte. Um keinen Preis. Und um keine Frau. Um keine Stadt, oder ihrer Farben.
„Küss mich!"

Rubina fragt was er vorhabe, nachdem er bald zuhause sein wird, wenn wieder alles in Ordnung ist und wo alles vorbei ist und er nicht weit genug weg sein kann von der Liebe, um einen neuen Schmerz zu schaffen, den sie nicht kannte, aber auch nicht nahe genug sein kann, damit es diesen Schmerz nie wieder gebe.
Und Ben flüstert unter Schmerzen: „Küss mich noch ein letztes mal!"
„Habe ich dich je geküsst?"

Ben wacht auf - in der Grube.
Sie haben ihn zugeschüttet und von irgendwo kommt doch Luft. Die Haare haben sich abgekühlt und Ben vergisst den Glanz nicht und weiß genau wo die Glut war. Rubina traut der Karawane nicht und flüchtet. Sie ist in der Wüste und braucht ihn. Sie findet nicht heraus. Er gräbt sich frei.

Ben: „Ist das die Verwundbarkeit, die die fehlende Rippe hinterließ? Verwundbar werden, durch Liebe, wo das Herz offen und ungeschützt ist?"
Tag. Er kann nichts sehen. Alles ist hell. Er bricht die Wurzel in zwei, jetzt wo er den Preis kennt, in den Spiegel zu meißeln. Er schafft es aber nirgendwo anders zu brechen, außer genau in der Mitte. Es knackt, so wie er sich den Klang erhofft hat. Und zu seinem Vergnügen, genau so, wie er es hören wollte. Er liebt dieses Geräusch. Es ist noch durch eine Bastfaser der Pflanze verbunden. Er will es in die entgegengesetzte Richtung brechen, damit die noch verbundene Faser der Hülle nicht mehr die Hälften verbindet und es in der Hälfte ganz auseinander bricht. Er dehnt es zurück in die Ursprungsposition und darüber hinaus, um es an der anderen Seite zu brechen. Wie einen Ast Brechen, dessen feuchter Teil nicht brach, sondern zu reißen beginnt. Alles blendet ihn. Er bricht es in die andere Richtung. Es knackt wieder. Erneut. Es knackt. Erneut. Es knackt. Erneut. Es knackt erneut. Es wächst zusammen, jedes mal, wenn er die Wurzel bricht. Er lacht und fühlt die zerbrochene Wurzel, knickt sie in die andere Richtung. Sie ist jedes mal wieder heil. Blind wie er ist, läuft er durch die leere Stadt. Die Steinchen tippt er wie Steinchen an. Und die Felsen schubst er wie Felsen. Er findet ihren langen Körper wieder und er hat keine, nein, er kann keine Angst mehr haben. Die Schlange liegt am Boden und Ben erkennt die helle Farbe des Sandes und die helle Farbe der Schlange wieder. Ewig lang. Kein Anfang. Kein Ende. Vom Horizont, wo die Sonne herkommt, bis zum Horizont, in den der Schatten geworfen wird, ist für die trauernde Rubina die Schlange nur eine ewig erscheinende Schnur-artige Pflanze in der ewig erscheinenden Wüste. Bestenfalls ein Gehölz, dessen Wurzeln man nicht von den Ästen unterscheiden kann. Aber sie sieht nicht, dass es eins ist: Verbunden. Sie denkt, dass sie wieder in den Boden hinein wächst und woanders wieder heraus kommt. Sie geht zwar von einem Ende bis zum anderen Ende des Horizonts, aber was soll das schon bedeuten? Die Erde ist ja rund. Rubina

holt mit ihrem Esel den Dämon ein und reitet zu seiner linken.
Rubina, zum Dämon: „Bitte befreie Ben! Ein Dämon hat ihn getötet."
Der Karawanenführer schweigt und behält den Blick nach vorne und nickt kurz. Seine beiden Augen wandern im Kreis um seinen Kopf und treffen und verschmelzen sich auf 7 Uhr, um Rubina anzusehen. Er lässt kurz die Zügel los und klatscht lautlos mit seinen Händen, zwei mal, links von seinem Körper, damit Rubina es sehen kann. Dann blicken seine Augen wieder nach vorne und er greift wieder nach den Zügeln. Rubina reitet langsamer, um wieder die Letzte zu werden. Ben holt die Karawane ein, präsentiert sich ihr und passt jetzt wieder auf sie auf. Die Wurzel ist wieder sicher bei ihr verpackt. Ben beobachtete sie erst aus sicherer Entfernung. Er würde am liebsten wieder zu der Gruppe vorstoßen und sich bei Alfred bedanken, ein Luftloch gegraben zu haben. Alfred hat einen Freund gefunden und einen Mentor. Sie erzählen sich viel. Stunden vergehen. Rubina trinkt die Wasserreserven. Alfred trinkt wenig. Giuseppe behauptet nicht durstig zu sein. Ben leidet in der Hitze. Er pirscht neben der Karawane her und behält sie im Auge. Rubina reitet als Letzte und wirft immer wieder ihre Blicke zu ihm. Die Trauernden blicken nach vorne und bemerken Ben nicht. Der Karawanenführer hört ihre Klagen unbeachtet.
„Palios Sohn hat ihn in die Grube werfen lassen", bezeugt Alfred.
Giuseppe meint, Palio habe seinen Sohn wohl beauftragt die Bewohner vom Internet fern zu halten, damit sie von den Nachteilen verschont bleiben. So auch von der Melodie, die hier kaum hörbar war. Und sie lebten so sehr glücklich. Alfred scheint die Idee zu mögen, fragt aber, ob beides nicht zusammen ginge. Giuseppe meint, es ginge. Nur muss man sich selbst gut verstehen und kontrollieren können, damit der Vorsprung der Technologie nicht zur unüberwindbaren Herausforderung wird für das kleine Herzchen, das in uns schlägt. Also habe Palio verständlich gehandelt, meint er. Es wäre eine Frage der Zeit, bis die Veränderung auch hier ankäme und sie dann plötzlich vor einer noch größer und größer gewachsenen

Herausforderung stünden. Er meint, es wäre für Ben wohl besser ausgegangen, wenn sie das zumindest nicht letzte Nacht herausgefunden hätten. Oder, wenn man ihnen die Wahrheit von Anfang an zugetraut hätte, damit sie einen Weg lernen können, die Vorteile und Nachteile separat besser zu adressieren. Alfred stimmt zu. Giuseppe bittet ihn darum, nie wieder darüber zu sprechen, aber es so bald er kann, zu vergeben. Alfred verstand es von selbst.
Giuseppe: „Sie werden nicht auf Pandora schimpfen, sondern auf die Person, die ihre Büchse öffnet. Er wusste es. Und er kam trotzdem."

Rubina sitzt auf dem Esel und reitet hinter Alfred und seiner neuen Freundin, die hinter Giuseppe reiten, der wiederum hinter dem Karawanenführer reitet. Die Gruppe, die er selbst mitbrachte, reist hinter dem Karawanenführer her, aber sie behalten die Keil-Formation. Die Freunde reiten einer geraden Schlange hinterher.
Ben, flüstert: „Rubina, hast du einen Spiegel?"
Rubina: „Nein, wieso?"
Ben: „Ich … Ach komm! Du weißt wofür!"
Rubina: „Der Mann mit der Karawane? Ist das der selbe Kerl, mit dem du im Spiegel gesprochen hast?"
Ben: „Ich weiß es nicht. Ich glaube nicht. … Nein! Aber der Mann da hat komische Augen. Er kann nach hinten sehen!"
Rubina, flüstert: „Ich weiß! Warte einfach ab, bis wir eine Stadt erreichen. Bitte! Ich will nicht zwei von der Sorte um mich herum haben. Bitte nicht, Ben! Bitte!"
Ben versteckt sich hinter der breiten Silhouette von Alfred.
Ben, leise: „Solange er mich nicht entdeckt hat, bleibe ich lieber in sicherer Entfernung und laufe euch hinterher."
Rubina: „Ist okay! Geh!"
Ben: „Habt ihr noch Wasser für mich? Ich habe Durst!"

Rubina: „Nein. Es tut mir Leid, Ben! Es ist bereits alle."

Er läuft langsamer und wartet bis sie über eine weitere Düne laufen, um sich dahinter zu verstecken. Seine Idee, seine Hoffnung. Er geht an den tiefsten Punkt einer vom Weg entfernten Düne und gräbt ein kleines Loch, bis der Sand darin dunkler wird. Er stellt sich davor und öffnet seinen Hosenschlitz. Ben schwitze all seine Flüssigkeit aus und hat nichts mehr in der Blase. Sein neuer Plan ist nichts für schwache Nerven.

Ben, verführerisch: „Rubina? Er wird nicht merken, wenn du kurz fehlst. Schau! Alfred versperrt dem die Sicht!"

Rubina, verführt: „Aha? Okay. Und?"

Ben: „Nur kurz!"

Rubina: „Warum?"

Ben: „Komm einfach! Ich brauche dich kurz für mich alleine!"

Rubina zögert, aber ihre Neugier siegt. Sie schwingt sich vom Esel und bindet es an Alfreds Esel, ohne Alfred und seine Freundin zu alarmieren. Ben umarmt sie und sie hilft fleißig an seinem Wohlbefinden. Er wühlt sich im kalten, feuchten Sand und sie wünscht sich von ihm dabei wegzusehen. Er gräbt ein kleines Loch unter sich in den Sand, bis der Sand gefühlt kälter und feuchter wird. Er meint, dass er eine Sache gerne probieren möchte, sich aber nicht traut, wie er sie danach fragen soll. Sie gibt ihm grünes Licht. Etwas später ist Ben wieder alleine und Rubina sitzt auf dem Esel.

Ben: „Palim-Palim!"

Papa Schmalz: „Hast du mich gerade in einer Pfütze Pipi beschworen?"

Ben: „Es war dringend!"

Papa Schmalz: „Ich sehe! Wir haben nicht viel Zeit. Das Wasser … "dAs WaSsEr" … du weißt, was ich meine, verdunstet schnell."

Ben: „Der Dämon führt meine Freunde nur im Kreis herum. Wie besiege ich ihn? Was brauche ich dazu?"

Wässriger Ben: „Wow! Das ist einfach! Du zeigst dich ihm!"

Ben: „Und dann?"

Verdunstendes Spiegelbild von Ben: „Das ist alles! Du hättest tot sein sollen. Sie hat dich nicht gehen lassen. Er hat dich nicht gehen lassen. Du wolltest nicht gehen. Du hast deinem Leben Bedeutung gegeben und schenkst es dem Wohl deiner Leute. Du brichst aus der Spirale heraus."

Ben: „Was war das für ein Dämon, der mich in die Grube warf?"

Bens Spiegelbild: „Einer der scheitert, wenn man an seinem Glauben festhält und an der Liebe, Ben! Du hast dein Schicksal selbst beschriftet, als du dich selbst reflektiert hast und auf deinem Spiegelbild deines Charakters geschrieben hast, wie ich auf den Spiegel."

Ben: „Und wie kommen wir dann hier raus?"

P: „Zeig …"

Das letzte bisschen Flüssigkeit, das eine spiegelnde Oberfläche bildete, verdunstet, versickert und verschwindet.

Ben stößt wieder zu seinen Freunden vor.

Rubina: „Na? Wieder trocken?"

Ben: „Es wird Zeit sich dem Bösen zu stellen!"

Rubina: „Und wie?"

Ben: „Mit Magie."

Rubina: „Und du kannst jetzt zaubern, oder was? Was ist denn Magie?"

Ben: „Glaubenskraft. Gelegenheit. Und Charme."

Ben greift in den Sand steigt auf Rubinas Esel auf und reitet zu dem Karawanenführer voran und wirft provokativ eine Portion Sand gegen seinen Kopf.

Ben: „Hey sieh mal, wer sich selbst nicht aufgibt!"

Der Dämon weigert sich, sich umzudrehen und brodelt.

Ben spricht voller Überzeugung: „Palim-Palim!"

Die Augen des Karawanenführers wandern um seinen Kopf herum und verschmelzen an seinem Hinterkopf zu einem Auge. Als dieser sein Auge wieder öffnet wird er vernichtet, weil er selbst zurückblickend nicht mehr wegsehen kann und Ben lebendig sah. Der Dämon sah sich in ihm, doch im Gegensatz zu ihm, brachte Ben Fortschritt. Den Dreiköpfigen hat er dafür zur Strafe und aus Rache verraten. Sie schmoren.

Rom.
Die Armee der Antimâter wird von einer Miliz der römischen Bürger herausgefordert. Die Reihen der Armee ist zahlreich und sie folgen dem geübten Schlachtplan und rücken gegen die Römer vor. Die Miliz positioniert in der ersten Reihe der Verteidigung Psychologen, Sozialpädagogen und Erzieher. In Reichweite angekommen, versuchen sie die Soldaten zu beruhigen und fragen sie, was sie in den Rohrschach-Muster erkennen und zeigen den Soldaten, wie man anständig einatmet und ausatmet und einatmet und ausatmet. Sie erklären den Soldaten, dass ihre Wut aus Trauer resultierte und sie sich Zeit nehmen sollen den Frust zu verarbeiten. Die erste Reihe wird niedergemetzelt. In der Zweiten Reihe sitzen Freunde der grünen Welt und haben ihre Hände auf den Boden geklebt. Die Armee stolpert über die Reihe, da sie sie zuerst nicht sahen. Sie werden niedergewalzt. In der dritten Reihe sind die Rechtsradikalen. Als die Armee ihre Reihe durchbrach, wunderten sich die übrigen Römer, sie auf der Seite der Feinde wiederzufinden, da sie die Seite wechselten und zusammen gegen die vierte Reihe vorstoßen. In der vierten Reihe ist der Klerus und verlangsamt die Wucht des Angriffes. Die Soldaten bereuen zwar jetzt ihren Vorstoß, ändern jedoch nichts. In der fünften Reihe stehen die frommen Gläubigen des Guten, die Anhänger der Weisheit und die Kämpfer der Liebe und sie eröffnen das Feuer mit Wasserschläuchen und halten den Angriff auf. Sie warten mit dem Benzin, in der Hoffnung es nicht einsetzen zu müssen, haben es jedoch griffbereit. Die Feinde lösen sich in Wasser auf und werden zu Sand. Es bleibt nur ein Anführer übrig, für den niemand mehr kämpfen würde. Für ein Idol, der seine Anhänger verloren hat, wird keiner die Anhänger

ersetzten, wie für eine gerechte Sache, für die sich immer Menschen finden lassen werden. Aus der fernen Vergangenheit bildet die Magie ein festes Band aus einer Parabel und einer lebendigen Gelegenheit und schenkt diesen Augenblick an die Realität. Ein Stück der Zukunft rieselt in die Vergangenheit. Aus der gefallenen Armee blieb nur ein Römer übrig, der seine Augen öffnet und das moderne Rom sieht. Sieht, dass er sein eigenes Land angriff. Und zur Verteidigung kam nun ein alter Freund, ein alter Feind: Ein frommer Jude, auch aus der Vergangenheit. Ein Gesicht aus vielen Gesichtern, ihrer Länder. Der Jude und der Römer kommen zusammen und beobachten ihr Verhalten aus dem Abbild der fernen Vergangenheit. Sie sehen ihren Dialog, wie es einst war. Das Bild schwebt über ihren eigenen Köpfen und füllt sich mit Zeit. Ihr damaliger Dialog und ihr Zusammenspiel wird vergegenwärtigt, durch die zwei lebendigen Sprecher, die ihr Leben im Weltgedächtnis noch einmal bezeugen. Roms Armee expandierte. Blut und Elend. Trauernde Mütter. Der Jude war fromm und hielt an die Stärke des Glaubens fest. Der Römer dachte, er kann sein Recht mit dem Schwert beweisen, dachte, dass wenn ihm Gewalt an den Juden gelänge, ein Beweis existiere, dass der von den Juden gemeinte Gott ihnen nicht helfe oder gar nicht erst gäbe. Eins ist die Welt, sagt der Jude, ewig, uns und sich selbst geschenkt, bereits gegeben und voller Wahrheiten, die die Menschen nicht kaputt machen können, nur lernen und lieben können. Unzählige Geschenke, zu denen die anderen Niederlassungen aus jedem Geschenk einen neuen Gott formulieren, anstatt den selben dahinter zu vermuten. Viele Götter der Welt wirken mit ihren unterschiedlichen Qualitäten, meinte der Römer. Der Römer hat genug gehört und prüfte seine Theorien mit dem Schwert. Dann sahen sie Gott agieren, der sich für die Liebe einsetzte. So bahnte sich Gott seinen Weg durch die faule Mythologie der Römer und schob alle beiseite, bis auf die Menschen-liebende, einzig freundliche Verkörperung von Nächstenliebe und klopfte dem auf die Schulter - vor den Augen der Römer, vor den Augen der

Menschheit. Er zweifelt dann zurecht, ob der Polytheismus von ihnen vielleicht doch nicht begründet ist und erkennt die Einheit der Welt, die sich mit Liebe und Nächstenliebe erhält, wovon in ihrer Mythologie nicht viel zu finden war. Die Effekte der Welt werden hinterfragt und verkörpert in einem Wesen, das alle Geschenke des Lebens und der Welt schöpfte. Ein Blitz und das Feuer haben Gemeinsamkeiten, so wie alles Gemeinsamkeiten hat. Und er verdächtigt nun alle Effekte der Welt unter einer Decke des selben Hauses wiederzufinden. Die Heilung und Liebe an einander wurde plötzlich vom Römer erkannt und es reut ihn, dass sein Volk eines Tages zum Schwert griff und sogar Vergebung und Freundschaft als Antwort bekam, sogar ihnen Orientierung und Teilnahme vorgeschlagen wurde, an den ältesten ihnen bekannten Schriften. In der Melodie kam Harmonie zum Vorschein. Vergebung und dann Frieden. Sie sehen die Welt, die eine Welt, eine Realität, eine Ewige, eine Liebe liebende Welt aus vielen Gesichtern. Die da draußen zählen die Völker und behalten ihre Ideen über den Köpfen. Viele Wolken schweben, die für Götter und Ideen stehen. Doch die zwei Freunde zählen nur ein Volk, zählen zusammen nur noch einen Himmel. Die Menschheit.

In den wissenschaftlichen Artikeln haben sie dann genau erklärt, wo die Propaganda her kam und wie sie verwendet wurde und wie sie als Melodie auf Menschen wirkt und wie wir uns zukünftig schützen sollen - Ohne den Medien alles zu glauben. Keine Aliens. Und zum Glück keinen Krieg!

Die Menschen: „Was ist der Westen, oder Osten, genau, auf einer runden Erde, wenn nicht überall, außer ganz oben, oder ganz unten?"
Sie lächelt. Allzu viele Wörter gibt es nicht, die die Unterschiede in ihrem Glücklichsein beschreiben könnten. Nicht für ihr Lächeln oder Bens Stolz. Er bringt seine Freunde und Rubina sicher nach Rom zurück und trifft ihren Vater wieder. Er hat sich erholt. Sie halten sich in den

Armen fest und berichten sich die kürzeste Version der Geschehnisse. Ben gibt die Wurzel zurück. Schweren Herzens muss er zugeben, dass die meisten Geheimnisse noch nicht gelüftet wurden und es wohl vorerst dabei bleiben wird. Er zeigt Rubinas Vater die Wurzel. Knickt sie. Sie bricht, aber wächst wieder zusammen. Giuseppe weiß nicht wie er darüber denken soll, dass Ben das herausgefunden hat, aber meint, dass er das bereits wusste. Es sei eine Meißel, die nicht kaputt gehen kann. Woher und warum, weiß er nicht. Rubina bittet ihren Vater die Wurzel nicht anzufassen und Ben meint, es sei ein neuer Fluch in dem Ding, er dürfe es nicht berühren, außer mit dichten Handschuhen, am besten aber gar nicht. Er soll das Ding in der Schachtel lassen und nicht mehr anrühren. Giuseppe ist erstaunt und folgt eingeschüchtert der neuen Regel.

Rezeption im dritten Millennium.
Ben ist jetzt TANNERMAN! Zumindest behaupten das die Leute und spinnen eine Legende um seine Erzählungen. Die Leute meinen, er habe die Armee von ihrem Heimatort aus beschwichtigt und er habe ihren Anführer in ihrer Heimat herausgefordert und war nicht besiegbar, weil seine Haut seelendicht gegerbt wurde und Dämonen keinen Zugang mehr zu seinem Seelenwasser hatten. Er habe dessen Anführer, einem Dämon, Zeit in das Auge geworfen, den er an seinen Untergang in der Zukunft erinnerte, indem er gerbenden Sanduhrsand hineinwarf und damit die Verbindung zu seiner Armee aufgelöst. Denn etwas Gutes, das die Zeit überdauert, ist eine geeignete Waffe gegen das Böse. TANNERMAN ist jetzt der neue Spitzname von Ben Goldgerber, als sie seinen Einsatz für die Welt rekonstruierten. Die Magie des Dämons wurde zerstört und Ben lebt mit seiner überwundenen Verätzung auf der Haut, aber lebt. Einer Haut, unter die ein Herz liebend gerne von ihr geschützt werden möchte. Ohne Magie. Ohne Alles. Einfach Liebe und Vertrauen. Großgeschrieben. Wie das Lachen. Oder das Lächeln. Ben habe seine Haut gegerbt, denken sie. Seelendicht. Sie hoffen er

bleibt. Sie zollten Ehre für seinen Einsatz, aber die schönredende Geste der stärkenden Mitmenschen hieß, dass er sich nicht schämen muss für seine Haut, wenn er anders aussieht, sondern weil sich keiner schämen muss, wer für die Ehre einsteht, egal wie man aussieht.
Sie fragen TANNERMAN vor laufenden Kameras, warum er Rubina so tief in die Augen sieht und die Welt hat ihm zugeschaut, als er gesagt hat: „Es gefällt mir, wie sie mich ansieht, wenn ich meine Augen auf sie richte, und mein Herz."
Kamera zoomt raus: ENDE. ENDE?
Rubina: „Warum Ende?"
Ben: „Hör nicht auf den Autor des Buches, Baby!"
Rubina: „Aber er schreibt doch unsere Geschichte?"
Ben: „Naja, auch seine Geschichte wird geschrieben."
Rubina: „Und was machen wir jetzt hier? Willst du noch länger durch Rom spazieren? Ben?"
Ben: „Mit dir? Überall hin!"
Rubina: „Wo ist "überall" heute?"
Er kniet vor ihr. Die Welt feiert ihre Verlobung.

Ben: „Da war dieser Vogel. Ich habe vielleicht den Verstand verloren, aber ich habe den geflüchteten Papagei von meinem Nachbar befragt und dann kompetente Antworten bekommen. Angst bekommen, bin hergefahren. Fange neu an. Ich meine, dein Haus spukt, sagst du? Aber zumindest redet es nicht mit dir! Das war kein Nachsprechen mehr, sondern da kamen Antworten auf Fragen, die ein Vogel nicht kennen kann. Das war unheimlich! Doch wird es richtig unheimlich für Lenker und Denker!"
Rubina bekommt Angst vor Bens Worte.
Rubina: „Was willst du mir damit sagen?"
Ben: „Dass das nicht normal ist", stellt er wie eine Frage.
Rubina: „Oh, klar doch! Hast du die Ente, oder was auch immer, mit auf

das Schiff gebracht? Hast du mit ihr geredet, oder wirklich mit deinem Spiegelbild? Was ist das für ein Unsinn?"

Ben: „Ein Papagei, Rubina! Ein Nachschwätzer. Sagte: „Ein Atomsprengkopf reicht, um sie gefügig zu machen." Mit Tieren reden ist okay. Bis man eine Antwort zu hören bekommt, von der das Tier erwartet, das man etwas dabei lernt. Das gehört nur in Fabeln, nicht in unsere Realität!"

ENDE.

In Rom: Alfred bekommt Unterricht von Giuseppe, wie man ein als Regenschirm getarntes Betäubungsgewehr benutzt, um Agenten loszuwerden, die Agenten loswerden wollen. Das ganze Bespitzeln und was Geheimagenten sonst so machen - ohne Aufmerksamkeit zu erregen. Mitten am Tag. Neben vielen Menschen. Umgeknickt und eingesackt, aber am Leben. Hinter einer Zeitung eingeschlafen. Von Menschen, die Zeitung lesen und dabei Menschen bespitzeln, gibt es manchmal auch Menschen, die Zeitung lesen und Zeitungsleser bespitzeln und zum einschlafen bringen. Alfred wurde begeistert der jüngste Schüler. Dann wurde Alfred schnell zum Lehrer. Eine Schule, die von Freundlichkeit und Brüderlichkeit lehrt.

Alfred: „Ich habe den schmierigsten Politiker anhand seines massiven Haargel-Konsums gefunden und seinen Terminkalender manipuliert. Er wird in den nächsten Jahren nur noch einen vollen Terminkalender haben und wird reisen. Sein Haus wird dabei leer stehen, deine Familie kann sich da einnisten, wie es euch gefällt. Solche Politiker kann man durch die ganze Welt schicken. Sie werden immer glauben, an einer wichtigen Konferenz teilhaben und mitmischen zu müssen. Sie treffen Gleichgesinnte dort und plaudern sich die Zunge wund. Bis er merkt, dass er reingelegt wurde, habt ihr sein Haus bereits annektiert. Oh! Ihr habt jetzt grünes Licht!"

Ben läuft durch das Sicherheitspersonal am Eingang des Vatikans hindurch. Er redet mit dem Sicherheitspersonal auf italienisch.

Ben sagt: „Scuzzi, Io no parlo Vaticano", und sie passieren hindurch. Der Wächter schimpft mit ihm für diese Frechheit.

Er wirft ihm vor, mit gebrochenem Deutsch: „Das´e ist´e Rassissimo!"
Etwas später sitzt er schon im Beichtstuhl und kniet. Rubina wird gebeten
fernzubleiben. Ben war anderer Meinung. Sie wundert sich, was er darin
macht und warum er ihren Verlobungsring braucht. Sie verdächtigt
eifersüchtig, ob er vielleicht die Treue gebrochen habe und dafür
beichten wolle. Dann macht es Klick. Dann macht es Klick. Ben liebt
dieses Geräusch und diesen Geruch. Rubina wird auch hinein gebeten, als
mehr Platz in dem Raum geschaffen wurde. Der Beichtstuhl hat eine geheime
Tür. Eine Luke öffnet sich einen Spalt und man kann sie nach außen
öffnen. Eine Uralte Holztreppe kommt hinauf und kaum Licht hinab.
Stickige Luft. Es riecht staubig. Riecht nach alten Büchern. Schimmelig.
Aufregend. Ein besonders geheimer Zirkel taucht hinter den beiden auf und
läuft geräuschlos hinterher und macht Rubina Angst, sie käme nie wieder
heraus. Bis sie das Vertrauen in sich findet und einfach auf sie zu
kommen lässt, was passieren wird. Sie folgen dem Papst in den am
seltensten betretenen Raum, dessen Tisch in der Mitte steht und außer
Stühle nichts weiter anbietet. In der Mitte sitzt das goldene, ovale Ei.
Es wurde errichtet, um den Kopf und den Schwanz der Schlange nie zu
verlieren. Sie öffnen alle zusammen, indem jeder von ihnen einen
verschiedenen Knoten macht. Sie ziehen an dem Schnürchen, das über ihrem
Schoß, unter der Tischplatte sitzt. Ein Knoten, der festgehalten werden
soll. Ein anderer Knoten, der nach dem zweiten Zupfen öffnet und wieder
ganz einfahren können muss. Der nächste Knoten verhindert, dass noch mehr
Schnur herauskommt. Jeder hatte einen speziellen Knoten zu binden, der
ihre Zustimmung symbolisiert. Das Ei öffnet sich und der Schwanz der
Schlange ist daran gehalten und gebunden und kann nicht entkommen. Es ist
das andere Ende der Schlange. Ja, der Schlange! Die lange Schlange der
Wüste. Auf dem Tisch öffnet sich eine Kammer. Der Deckel geht auf und ein
Messer liegt darin. Ben lacht kurz auf, doch er verkneift sich die Frage,
ob es sich auch in ein Schlauchboot verwandeln könne. Sie verstehen

nicht, was daran so witzig sein könnte. Er grinst als sie sagen, die
Schlange wuchs und wuchs und sie halten das für das Wachstum des Bösen,
symbolisch und realistisch, aber ihr Schwanz ist eingesperrt und ihr
Schwanzende sei lange nicht mehr gewachsen, was hier als gutes Zeichen
gegolten wird. Sie sagen auch, der Kopf könne da unten niemandem schaden
und sie müssen nur auf den Schwanz aufpassen und ihn kurz halten, falls
der Wachstum sich fortsetzte. Ben aber hat ihren Kopf gesehen und die
selbe Schlange identifiziert und glaubt, dass es einfach die seltenste
Art ist, die Wachstum und Erhalt gut beherrscht und liebt. Daher wird sie
nicht unbedingt das personifizierte Böse sein. Symbolik, meint er.
Ben sagt, es sei eine Plapperschlange. Sie verstehen nicht. Er erklärt,
dass es nur ein Witz sei. Sie verstehen nicht, was das Scherzen in dieser
Situation verloren habe. Sie halten es für weise, die Schlange in ihrem
Wachstum zu begrenzen und kürzer zu schneiden. Sie rätselten, wie sie sie
zum Schrumpfen bringen könnten, aber sie sehen kein Wachstum und halten
das Böse für stagniert und halten es auch für das beste Zeichen ihrer
Berufung. Den Kopf wollen sie nicht wieder ausgraben, weil sie ja darin
eingesperrt wird, meinen sie. Mit großem Aufwand wurde die Schlange
kontrolliert, aber am Leben gelassen. Ben weiß, dass es die selbe
Schlange ist und dass er es anders probieren muss, als durch einen
Schnitt. Sie erinnern Ben an die große Ehre, sich auf der Liste der Leute
wiederzufinden, die Schlange zu kürzen. Er stülpt Rubinas Verlobungsring
über den Schwanz der Schlange und fädelt es durch. Seinen Ring stülpt er
auf das Ende. Die Schlange schrumpft rasant zwischen den beiden Ringen.
Ihr Kopf kommt näher und man hört die rasende Bewegung im ganzen Tunnel
schallen. Es zischt laut durch den unterirdischen Tunnel, wie eine
Ankerkette, die in das Wasser fällt und schallt die Welt mit Lärm zu, der
die Propaganda-Melodie übertrumpft und jeden auf der Erde in Starre
versetzt. Auch die Verursacher der Melodie des Himmels und ihren
teuflischen Plan, einen Krieg vorzubereiten von dem sie profitieren

werden, erstarren. Ein Krieg ohne Landesgrenzen. Ein Krieg der Mensch von Mensch trennt, um sie einander aufzuhetzen. Der Lärm von der zurückschnellenden Schlange hat die volle Aufmerksamkeit von der ganzen Welt. Als der Klang lauter wurde und dann dumpfer und dunkler, zieht Ben die Ringe wieder mit Gewalt zurück zu sich, weil er die Ringe für seine Liebe braucht. Es soll kein Geschenk werden, sondern eine Lektion. Er behält den Ring für die Liebe. Liebe - Denn Weisheit beugt sich vor der Liebe, nicht andersherum. Und auch daher kniet der Mann vor der Frau, wenn er um ihre Hand bittet und den Ring anbietet. Dabei hatte die Schlange einfach Angst um ihr Leben. Sie ist jetzt wieder klein und hat neuen Raum zum Wachsen. Es leuchtet nicht. Es funkelt nicht. Keine magische Zeichen des Erfolgs, wie man es gerne blauäugig erwartete. Außer eins: Ben läuft mit neuer Stärke aus dem Raum. Es war vorbei. Die Melodie wurde eingestellt. Die Verursacher der Melodie hörten lieber auf, als das Unbekannte zu beschwören. Die Ehrfurcht wuchs und die Leute vertrauten wieder Gott und wollten die synthetischen, destruktiven Werke der Mitmenschen nicht mehr. Sie wollen Frieden, Erhalt und Wachstum.

Ben: „Das musste gesagt werden. Sie ist nicht das Böse. Sie ist ein Werkzeug, wie Weisheit. Ein Werkzeug, um uns Erkenntnis zu schenken. Erkenntnis, die wir weniger wertschätzen am Anfang und um so mehr, wenn wir den Fortschritt erleben und lieben und dann verstehen, dass wir das erkennen mussten. Die Schlange … lasst sie leben! Vergibt ihr mit leichtem Herzen, denn sie ist auch Teil unserer Welt! Ihre Größe? Das liegt an der Wahl der Mittel! Schneidet ihr der Schlange den Schwanz ab, dann wächst er nach und sie wird länger. Schneidet ihr die Schlange immer wieder neu, dann wächst sie heimlich weiter. Aber, wenn ihr sie in der Liebe herausfordert, dann werdet ihr ihre Länge beherrschen."

Die Kardinäle, einig: „Wir sagen der Welt einfach, der Teufel sei am hohen Alter erkrankt und liegt momentan im Sterben!"

„Ja, sonst haben wir die halbe Welt an unserer Tür stehen und alle wollen die Schlange sehen!"

„Ich will auch eine Frau!"

„Das kann man der Öffentlichkeit nicht erzählen!"

„Nein, wir müssen die Leute vor der Wahrheit schützen!"

„Ich will einen Mann!"

„Oder wir kaufen einfach mehr Gold und mehr Grund und Boden?"

Alle: „JA!!!"

ENDE.

Rubina, zu Ben: „Woher hast du das gewusst? Ich meine, dass wir hierher kommen sollen? Wenn der Raum so geheim war, woher wusstest du das? Du hast außerdem etwas in diesen Ring eingraviert und nicht gesagt was darauf steht und was es bedeutet, Ben, sag doch was das war? Was bedeutet das, was auf dem Ring steht?"

Ben: „Liebe."

Rubina: „Ich liebe dich, gleich! Was stand da wirklich?"

Der Storch: „Sie meint das so, Ben! Keine Angst! Im Gegensatz zu euch allen, mache ich gerne Überstunden!"

Ben: „Dass Liebe ein Geschenk ist, das angenommen werden möchte."

E-N-D-E!

Ben wählte für die beiden Ringe die Worte: "Ἀσκληπιόσ Λ φίλος ὄφις"

Ben: „Ach und … ENDE!"

ENDE.

Ben: „Sag ich doch, Ende!"

Ende?

Rubina fragt nach: „Was heißt das? Sag mal, Ben, warum eigentlich so eine seltsame Geschichte und … überhaupt? Du hättest das alles auch geschafft, wenn du seriös und vernünftig geblieben wärst! Warum die Flucht und das ganze Drama? Warum die schlechten Scherze und die Kriminalität? Warum?"

Ben: „Ich wäre ja gerne ein Engel, aber kann mir die Flügel gar nicht leisten! Ich muss mir die Fehler aussuchen, dann lieber die Kleinsten!"

Rubina: „Verstehe ich nicht. Erkläre mir mal, was das alles sollte!"
Ben: „Also gut! Also gut! Ich wurde belächelt von den Leuten, die mir am nächsten standen. Ich warnte sie vor den Gefahren, die sich zwischen uns alle stellen wollten. Ich stagnierte vor den Worten des Himmels, in einer Ruhe des Unmöglichen und dem Sturm der künstlichen Welt. Viele Tränen fielen für die fehlende Liebe. Es tat so weh, dass ich nicht wollte, dass mich überhaupt jemand je wieder erleben soll. Der geringe Lohn für die harte Arbeit soll nicht das Ende sein. Sondern ihr Ende, dich mitzuerleben. Woanders gelten andere Regeln. Und irgendwo gibt es für jeden eine Oase. Doch was gilt für alle?"
Rubina: „Okay, das habe ich verstanden. Heilender Optimismus. Aber worauf willst du hinaus?"
Ben: „Hast du nicht! Schau mal! Wenn die Welt so absurd wird, dass die künstlichen Werke überragen und die natürlichen Werke bedrohen, dann führt es die verzweifelten Rechtschaffenden zu den absurdesten Werken, die der Welt sonderbarerweise den größten Halt zu geben scheinen. Und ausgerechnet da findet man plötzlich die Schule der Wahrung der Natur. Eine Schule aus allem was heilig ist, ehrlich ist, anbetungswürdig ist, lebendig ist, wahr ist und was darauf wartete in einer zerfallenden Welt eine Ruine zu sein, die nicht abblättert und zerbröckelt. Eine Ruine, die in einer zu edlen Stadt den zu edlen Menschen das Stadtbild ruiniert und in einer restlos zerstörten Stadt eine unsterbliche Struktur bleibt."
Rubina: „Du meinst Religion, Ben, oder nicht?"
Ben: „Wenn ein Mensch die absurde Verlogenheit der Menschheit zu spüren bekommt, dann möchte man seine Mitmenschen darum bitten, sich einen Moment zu besinnen und sich der Wahrung des Guten zu widmen. Wenn man das Leiden der gekränkten Welt nicht spürt, dann ist man selbst wohl Teil des Problems und wird auch noch stark genug belohnt und damit abgelenkt, um es nicht zu bemerken, um sich nicht dagegen zu erheben. Wir werden so Sklaven werden, Rubina, wenn wir uns nur dann einsetzen, wenn es uns

betrifft. Damit ist die Strategie offenbart. Sie versuchen den Menschen so lange im Glauben zu lassen, dass sie alles richtig machen, bis die Falle zuschnappt und die Konsequenzen sichtbar werden, eines sich schließenden Fluchtwegs. Sie wollen frei über uns verfügen und aus unseren Leistungen an die Spitze. Doch unser Glaube hilft uns das Richtige zu tun und wir bilden damit eine Einheit, die sich nicht brechen können. Es hängt gänzlich davon ab, wie die Leute die Freiheit des Glaubens einsetzen, damit man sie nicht beherrschen kann, sie weiterhin für das Gute einstehen dürfen und in ihrer Interpretation des Glaubens eine Legitimation finden dürfen, sich in der künstlichen Welt der Regeln anti-autoritär durchzusetzen. Doch wir ehren momentan das moderne Künstliche zu sehr, weil es uns ein, zwei Generationen half einen Traum in den Rauch zu schreiben, dessen Flammen wir mit Holz fütterten."

Rubina: „Wenn Leute anfangen zu denken, dass du jetzt der Teufel bist, wegen deinem dummen, neuen Spitznamen und der blöden Legende, dann erschießt dich irgendein Spinner!"

Ben: „Seriöse Menschen?"

Rubina: „Seriöse Menschen! Die meinen es so. Und du eben nicht!"

Ben: „Genau! Ich eben nicht! An mir ist nichts magisches."

Rubina: „Also?"

Ben: „Seriöse Menschen, die alles wörtlich nehmen. Alles messen. Alles vergleichen. Leute, die dir erst antworten mit: „Wo steht das, was du da sagst?" Weil sie kein Vertrauen haben, dass die Leute ohne Ruhm und Titel in der Lage wären etwas Wahres festzustellen. Es gibt Leute, die im Namen der Wissenschaft Unrecht begehen, weil sie den Menschen nicht erkennen zwischen dem Wissen und dem Wissenschaftler. Auch einfache Leute, die eine Zusammenfassung der Wahrheit von Wissenschaftlern hören und dann ihr begrenztes Verständnis fälschlich verteidigen. Und auch Leute des Glaubens, die in ihrem Glauben nur eine Betonung ihrer Meinung finden, während sie konträr zu den Schwerpunkten stehen. Wenn sie ohnehin das

nachsprechen werden, für was man sie füttert, dann soll man bitte besonders auf die Sprache achten! Leute, die nur die Schlange sehen, ohne das Gelände zu betrachten, durch das die Schlange hindurchpassen muss. Das will ich ihnen nicht vorwerfen und die Perlen vor die Säue werfen!"
Rubina: „Wir alle messen irgendwann etwas? Komm schon! Was weiß ich nicht? Was soll ich verstehen?"
Ben: „Was einer finden wird, wenn er den Faden bis zum Anfang aufwickelt und das andere Ende in der Hand hält."
Rubina: „Was wäre das?"
Ben: „Nicht in die Röhre blicken, sondern auf den Punkt bringen, was die Welt braucht und gleichzeitig will! An das Gute glauben und festhalten!"
Rubina: „Und was soll man deiner Meinung nach machen?"
Ben: „Das, was man seiner Meinung nach für wahr, richtig und gut hält!"

Die Polizei und die Medien berichteten bereits von Ben und seiner Straße. Der Nachbar von Ben, spreche nicht mit Bullen, sagt er, doch sie bekommen einen Hinweis von ihm und bemerken, dass in dem anderen Nachbarhaus von Ben ein seltsames Tier lebt. Das Haus ohne Anwohner, das Zuhause des Papageis, wird umstellt und sie wollen hier keine Risiken eingehen. Eine Polizeieinheit bricht durch die Türe des Hauses. Das Herrchen des Papageis treibt ein Doppeltes Spiel. Darin finden sie eine Werkstatt, eine gigantische Funkstation und Abhöranlage, Druckplatten und Fallen, Mechanismen für die Käfige, Pflanzen und Wasserleitungen. Die hochmoderne Funkstation war eine späte Innovation des scheinbar meist abwesenden Erfinders. Niemand weniger, als Karl Allesmacht. Zur analogen Absicherung war der Empfänger, seiner vom mobilen Hauptquartier gesendeten Sprachaufnahmen, der Papagei. Er hat den Papagei darin eingesperrt, damit er seine Nachrichten in verzerrter Stimme anonym verteilen kann. Zuerst kamen digitale Sprachaufnahmen per Post. Sie wurden in die Anlage gespeist und über ein Grammophon an den Papagei vermittelt. Der Papagei

musste dann mit seinem modifizierten Schnabel, dessen Spitze mit einem
Diamant versehen wurde, die Schallplatte anhören. Als dieser sich sicher
war, dass er die komplette Aufnahme wiederholen konnte, hat er die
jeweiligen Sätze auf ein Tonband gesprochen. Die Aufnahmen wurden
digitalisiert und in ein relativ sicheres Netzwerk geflochten, um die
Zurückverfolgung des Signales durch eine analoge Hürde zusätzlich zu
erschweren. Die materiellen Güter wurden über ein Tunnelsystem
angeliefert und versendet. Bis der Papagei eines Tages die Schnauze voll
hatte, immer vom Roboter gefüttert zu werden, nur wenn er seinen Job
richtig macht und deswegen lieber ausgebrochen ist. Der Papagei hat sich
mit dem harten Schnabel täglich mit den Ziegelsteinen angelegt, bis er
sich ein Weg frei bahnen konnte. Das Haus sieht verunstaltet aus, weil
darin der Papagei tobte. Überall weiße Flecken. Die Polizeibeamten sehen
sich alles an. Die selben Beamten kommen hinzu, die neulich schon an Bens
Tür geklopft haben. Es kommen bei dem Einsatz wieder neue Funksprüche
rein und werden direkt als Beweise eines globalen Netzwerkes
sichergestellt. Die mobile Sendestation sollte überall sein können und
Karl konnte in Bewegung bleiben. Mobilität und Geheimhaltung stehen
deutlich in der Handschrift seiner Pläne. Die Absicherung vor Cyber-
Attacken und Ortung wurde Ben, da er ein geeigneter Mensch war und Karl
sich daher in seinem Nachbarhaus einnistete, weil Ben ein einfaches Leben
führte, brav den vorgeschlagenen Weg ging und die Schuld damit
praktischerweise genau auf solche Schultern passt. Sein Opfer: Ein Ben,
eben. Ein ordinärer junger Mann, der den geraden Weg bevorzugt, bevorzuge
Karl aus Einfachheit, heißt es in den beschlagnahmten Schriftstücken. Im
Falle einer Hausdurchsuchung würde er den stillen Alarm aktivieren und
sein Safe mit all den Codes, Aufnahmen und Plänen würden in einem
Tunnelsystem verschwinden. Und sein Safe käme sicher in New York an,
selbst wenn Karl vorzeitig scheiterte. Ein Karl, eben. Deswegen hat Ben
plötzlich Tunnel und Leitungen unter seinem Haus, damit die Spur zuerst

zu Ben führt. Ben hat die Bohrung nicht einmal mitbekommen. Was Karls
Pläne, an die Spitze zu gelangen, am Ende doch vereitelte, war sein
gescheiterter Putsch, dessen Schuldzuweisungen nicht aufging. Die Heilung
an der verursachten Melodie zu verkaufen war ein Deal, der ihn mit
autoritärer Macht vergüten sollte. Als einer der Verursacher, wollte er
hinterher die Melodie wieder stoppen und doppelt der Held sein, selbst
wenn irgendetwas schief läuft, die Leute anfangen aufzuwachen, oder ihn
bezichtigen sich an der Medizin zu bereichern. Er konnte sich nicht
vorstellen, dass irgendjemand auf der Welt, außer ihm, überhaupt dazu in
der Lage sein könnte, so eine sophistische Technologie zu realisieren und
die Fernbedienung in der Hand zu halten. Und falls die Leute Wind
bekämen, dann versucht er das Problem auf angebliche Aliens zu schieben.
Doch Ben fand eine uralte vergessene Technologie. Die Wurzel wurde
verehrt, begehrt, gefürchtet und verachtet im alten Plm, der mobilen
Stadt, die für die Weltgeschichte wie ein Lesezeichen war und ein
abgeschnittener Schwanz der Schlange ist. Als die Bewohner von Plm, dank
Peos, die großen globalen Gefahren einer solchen Technologie erkannten,
sahen sie sich moralisch dazu gezwungen, den Schutz einer
Massenmanipulation so zu lösen und eine Erfindung zu gebären, die in der
Lage ist, das missbrauchte manipulative Potential abzuwehren, um im Fall
der Fälle eine globale Rettung leisten zu können, wenn der Verursacher
Opfer seines eigenen Erfolgs werden würde. Wie zu erwarten war. Ein
Schreibwerkzeug, das nicht kaputt geht, auch wenn es bricht: Die
Geschichte unserer Vergangenheit. Nicht gegen Fehler, sondern für die
Lösung, zu existieren. Falls die Menschheit in eine unendliche Schleife
gerate, was mit Sicherheit schon an der fehlerhaften menschlichen Planung
liegen würde, soll die Technologie helfen Generationsübergreifende
Weisheit zu säen, sich von wiederholten Fehlern zu distanzieren. Zusammen
gegen den Plan von manchen Menschen, die sich in kompletter
Alleinvertretung, aller Verantwortungen, Aller, alle Macht und Mittel an

sich reißen möchten, ihr eigenes Unheil zu wählen! Die Fadenzieher solcher Methoden verlieren jedoch die Fäden aller Marionetten und zwirnen so die Fäden, bis die Schere den Charme gewinnt, der ihr nicht gebührt. Peos beobachtete, dass der Faden nicht weit genug weg sein kann, sodass sich der Marionettenspieler vor der Marionette verstecken kann, außer man lässt gänzlich los. Peos Technologie: Wahre Magie.

Das gigantische Geheimprojekt eines Europäischen Tunnelsystems wurde dann schnell bekannt unter Geheimdiensten, sowie die Innovation der stillen Riesenbohrern unter Karls Führung. Bohrungen fanden bereits überall statt. Ein Netzwerk entstand unterirdisch, das sich zum Warentransport so gut eignete, dass man die anfänglich militärischen Absichten schnell wieder unter den Teppich kehren konnte, wenn man nur behauptete, dass die Tunnel von Anfang an zum zivilen Warentransport angedacht waren, was später alle behaupteten und womit sie alle am Ende auch noch durchkamen. Jetzt kann jeder seinen Safe oder sein Paket unterirdisch versenden. Ein paar Jahre später waren die Städte so zu bauen, dass man nur die letzte Zufuhr an der Oberfläche unternahm. Die Wälder kamen wieder zurück, Tiere fanden ihren Raum in der Wildnis und das Meer wurde sauberer. Bens Leben galt für Karl Allesmacht nicht viel mehr, als ein einziges Leben in einer Statistik. Karl hätte sich den Titel Princeps oder Kaiser auch für sich selbst gut vorstellen können. Nichts war für Karl Allesmacht ein bleibendes Hindernis in den zurückgelassenen Trümmern eines zu werdenden Utopias. In der Stille des Lesens lernten die Richtigen das Richtige zu tun, um an den Kernthemen der Menschheit teilzuhaben und beizutragen und um Mitmenschen und sich zu schützen. Aus Liebe zum Menschen und dem Lebendigen. Das verschlungene Geld für das Geheimprojekt sei laut ihm nur dem großen Ganzen gewidmet, das in seinen Augen, ohne ihn selbst, nie groß und ganz sei. Staatskassen, natürlich. Karl Allesmacht blieb aus Angst vor Entblößung und Verurteilung anonym und in Bewegung. Klar hat man ihn gefunden, überführt und vor Gericht zur Haftstrafe verurteilt, als das Ausmaß klar wurde. Selbst als er zuerst auf Kaution wieder auf freien Fuß kam, blieb die Masse auf seinen Versen. Um die Erde zu schützen, brauchen wir Alles und Jeden. Und auf jeden Fall die Erde. Und keine zwei Hälften! Keine Krümel mit dem selben Gewicht, wie ein ganzes Leib Brot. Die Augenfarbe ist die Farbe der Erde und das Schwarz ist wie das Innere eines Auges. Wir haben ein großes Fenster über uns, also benimmt euch! ;)

Was wirklich passierte, als auf der Erde die "Melodie des Himmels" zum Einsatz kam: Licht war der Grund, warum das Hologramm entgleiste. Ursprünglich sah Karl eine Möglichkeit "Die 51er" lieber mit seiner Innovation zu ersetzen, die keine Massenvernichtungswaffe ist. 51% der Menschen könnten sonst eine Atomwaffe, durch Abstimmung, befehligen. Selbst wenn das Problem zwischen Schnittstelle der Entscheidung, zur Ausführung der Technologie, eliminiert worden wäre, wäre die geistige Verfassung der Menschheit der Engpass und der Angriffspunkt von Manipulation. Karl arbeitete deswegen an einem Hologramm, das von außen nur optisch eine Zerstörung simuliert, aber keine echte Zerstörung mitbringt. Darin wurden Lebewesen polarisiert mit einem Energiefeld. Karl Allesmacht manipulierte die als Waffen getarnten Langstreckenraketen. Weder Druckwelle, Hitze, noch Kollateralschäden sollte sein Hologramm verursachen. Er war der Einzige, der die ganzen Verfahren überschaute und Schritt für Schritt seine Pläne umsetzte, ohne weder die Arbeiter, die Militärs, die Politiker, noch die Öffentlichkeit darüber in Kenntnis zu setzen. Erfolgreiche heimliche Eingriffe, wie die Entschärfung eines nuklearen Sprengsatzes und das Ersetzen der Teile, sorgten dafür, dass Karl sich als Held und Beschützer an der Spitze der Politik nicht mehr wegzudenken sah. Er pressierte die Arbeiten maßlos voran, in seiner Rolle als emporsteigendes Staatsoberhaupt einer neuen Welt. Ein Rollenwechsel seiner ehemaligen Tätigkeit in der Armee, des Geheimdienstes und als pharmazeutischer Mogul in der Nanoindustrie. Auch tat er es, um sich zu etablieren und sich zu entlasten, um durch gute Taten die Bösen taten wieder wegzuwischen. (Als ob das auf der selben Skala ausgleicht!) Und um eines Tages mit einem Superhelden-Cape auf einem Hochhausdach zu knien und so zu tun, als ob er die Straßen überwacht. Vor allem das Letztere. Eine Idee kam ihm auf, als sein Forschungsteam plötzlich unbekannten Variablen gegenüberstand und neue Phänomene sich nicht erklären ließen konnten. Seine Visionen wurden immer größer, als das Potential der Erkenntnisse wuchs und erste Eindrücke, im Nachhinein, als Unterschätzt wahrgenommen werden mussten. Visionen, die er für gerecht hält. Visionen ohne Nachfrage. Aus diesem Kraftfeld entwickelt sich eine synthetische Blase um ein Gebiet. Es ist fähig eine Animation auf der Außen- und Innenseite der Oberfläche zu projizieren - Ein Hologramm. Er schrieb ein Algorithmus für eine beängstigend akkurate Zerstörungs-Simulation für jeden beliebigen Ort der Erde, der ein Video in Echtzeit generiert, wie das von außen aussehen würde. So wird es auf der Außenseite der Blase auch abgebildet werden, die um eine Stadt generiert wird. Eine andere Entdeckung ist ihm bei den Tests in den Schoß gefallen: Das Verhalten von Lebewesen innerhalb des Feldes. Lebewesen bevorzugten unter dem Einfluss des Kraftfeldes den Frieden, zeigten Reue in all ihren Sorgen und gaben sich Mühe in Entscheidungen, die ein gerechtes Urteil verlangen. In den Jahren seiner Anstrengungen feilte er die Idee weiter aus, sodass sogar innerhalb des Doms ein anderes Bild entsteht. "Die 51er" sollte durch Abstimmung von der Weltbevölkerung eine Atomwaffe auf ein Gebiet feuern. Das Gebiet wollte er lieber durch ein Lehrvideo des Hologramms in Kenntnis setzen, als durch eine echte Waffe der Vernichtung zu überlassen. Dann wäre die Chance von Reue gegeben und das Comeback ermöglicht, das zeigt, dass sie nicht aufeinander schießen sollen, oder es bereuen würden, so wie die Leute außerhalb des Hologramms es bestimmt danach bereuen würden. Das Innenbild erklärt die Lage in einem kurzen Video für die Verängstigten, die die Linderung vertragen könnten und wissen wollen, was gerade geschah. Sie erhalten Instruktionen und die wahrscheinlichste Begründung des Angriffes der "51er" und den Grund warum sie noch leben, anstatt pulverisiert worden zu sein. Karls Name steht immer am Anfang, am Ende, in der Mitte, zwei mal, und dann in Klein, in einem unscheinbaren Teil des Bildes, in rot blinkender Schrift, ganz unten rechts, damit jeder weiß, was für ein Überflieger der Kerl, der Karl, sei. Das Hologramm verschleiert die beiden Seiten untereinander und die Leute außerhalb wissen nicht was die Leute innerhalb der Kugel sehen - und umgekehrt. Die annektierten Lautsprecher innerhalb der Kuppel sollten den Betroffenen des Einschlagortes der Langstreckenrakete "Die 51er" ein Lagebericht senden. Darin erklärt er dann, dass sie verschont wurden, aber die Welt wäre mit 51% der Weltbevölkerung bereit gewesen die Bewohner als Kollateralschäden zu verraten, da sie einen Konflikt neuerdings auch demokratisch abstimmen und austragen dürfen. Die Folgen des Experiments waren schlimmer, als erwartet. Selbst die Instandhaltung der inaktiven Raketen hat so viel energetisches Potential, dass es sich in dem Netzwerk vieler scharfer Waffen zu entladen beginnt, sobald der Himmel das Blau in einen rötlichen Ton verwandelt. Das Verhalten der Menschen im größeren Maßstab verlief anders, als in den unterirdischen Tests, wo sie nennenswert häufiger Reue zeigten. In dem vollen Ausmaß der Entladung steigen die Partikel in der Atmosphäre auf, bis sie einen Film unter der Ozonschicht bilden, die die Folgen der Zündung über Tage und Wochen noch aufrecht erhalten können und bei jedem Sonnenaufgang und jedem Sonnenuntergang genügend rotes Licht finden, um die ganze Erde in so eine Blase zu verwandeln. Besonders, wo mehr solche Raketen stationiert waren, amplifizierte es den Effekt. Die Partikel laden sich in der Luft auf und beginnen zu schwingen. Die ersten Tests waren unzureichend und schnell wurde klar, dass sich die Wirkung eines solchen Feldes auf die mentale Gesundheit auswirkt. Es reichte der Ruhezustand von dem Hologramm-Emitter in den fertig installierten Raketen, um die

Leute verrückt zu machen, sobald das Sonnenlicht die lokale Röte
dazugibt. Die Zündung machte die Leute nicht gehorsamer, sondern noch
gewalttätiger. Auf der ganzen Erde wurde Gewalt verbreitet und sie
wussten nicht mehr was sie taten, als die Melodie in ihre Ohren drang.
Sie waren wie Zombies. Außer am Tage und zur Nacht, als sie allesamt
vergaßen was sie taten, bereuten sie die dunklen Flecken ihres
Gedächtnisses, bis sie wieder ausrasten, wenn sie der Melodie erneut
lauschten. Sie vergessen Moral und vergessen alles, bis sie sich tagsüber
und nachts zusammenkauern und versuchen sich zu erinnern, was sie so
Schlimmes getan haben mussten, woran sie sich nicht mehr erinnern wollen.
Sie spüren wie sie aus Angst gemieden werden und mit Mut verstoßen
werden. Karl gab der Welt die Fernbedienungen für ein Projekt, das er
nicht bis zum Ende durchdacht hat und mehr Leben kostete, als Gutes
brachte. Er wollte allen Menschen eine Chance geben einen Krieg zu
verhindern, wäre ein Krieg in den Augen der Welt bereits unvermeidlich.
Sobald die Reue der Menschen einsetzte, so wünschte sich Karl, sollen die
Leute es so verstehen, als habe jemand die Patronen aus der Waffe
genommen, bevor sie gezogen und der Abzug betätigt wurde, damit den
Beteiligten der Ernst der Lage nur bewusst werde. So schwelgte er in
Träumen, es soll der Schaden lieber simuliert, als demonstriert werden,
damit die Skrupel nach dem Schock und der Schande wieder ein Zuhause
fände. Wieder wie Menschen, die zwischen Gut und Böse unterscheiden
können, weniger wie Tiere. Karl glaubte, die Menschheit müsse erfahren
was für ein Rückschritt das wäre, wenn das eigene Leben von der
Gutmütigkeit, der Stimmung und der Gnade der Menschen abhinge, die
aufgrund ihrer Meinung und fast ausschließlich alleine darauf basierend,
richteten. Ben weiß, dazu müsse man niemandem am Nacken packen, um mit
Angst zu regieren, wenn besser Weisheit eine einladende Kraft sein kann,
die die Angst besiegt und die Ziele frei-gräbt, die vom Sand der Zeit
zugeweht worden waren. Die Ältesten nutzten ihre Lebenserfahrung, um von

den Jüngsten zu profitieren, anstatt die Vision ihrer Jugend mit Weisheit zu stabilisieren. Wir wollen ohne Angst leben und wissen, dass die Pfeiler ihren Sinn haben, nicht weil sie den Raum begrenzen, sondern den sicheren Boden markieren. Die Nebenwirkungen der "51er" setzte die Lebewesen verschiedenen Mikrowellen aus, die sonst von unserer Ozonschicht gemindert werden. Der "Klang des Weltalls" kam hindurch. Es blockierte bei den betroffenen Menschen das Sprachzentrum und den Bereich für Empathie und brachte das Gleichgewicht der Sinne aus dem Ruder. Besonders Menschen innerhalb der Kuppel verloren durch die Kraftfelder die Skrupel und sahen die gesamte Welt als feindlichen Angreifer und sich in der Verteidigung. Die Resonanz in den dicht besiedelten Gebieten verschlimmerte das Ausmaß, des als Gefahr wahrgenommenen Umfeldes. Besonders da, wo viele Menschen sich aufhielten, da wurden die Kraftfelder katalysiert und es begannen unvorhersehbare Effekte aufzutreten, die das Erdfeld polarisierten und den Menschen lichtabhängig das Verhalten überschrieb. Die Fähigkeit des Gehirns, die notwendigen Botenstoffe abzubauen, wurde stark beeinträchtigt. Der Schlüssel zu dem Abbau der Botenstoffe lag bereits in der Biologie des Menschen, wurde aber von den Nebenwirkungen der Melodie blockiert. Es gab rasch ein Heilmittel zur Linderung für teures Geld und wurde von Karls Vorsprung seines Wissens über die Wirkungen für gewählte Kunden schneller bereitgestellt, wegen angeblichen Engpässen. Gut für Karl, dass er bereits in der richtigen Branche arbeitete und das Angebot für die Weltbevölkerung vorbereiten konnte. Gut für Karl, dass die Liste bereits verfasst wurde, wer, wann und wie, Zugriff zum Heilmittel bekäme. Finger beim Militär. Finger in der (Pharmazeutischen) Industrie. Finger in der Politik. Finger in den Medien. Finger im Immobilienhandel. Und 51% waren es noch lange nicht! Frei erfundene Verschwörungstheorien wurden gestreut, damit sich die wilde Wahrheit wie eine weitere wilde Theorie anhört. Doch langsam merken die Leute die Spielchen. Es lag an den

gesteuerten Medien und gekauften Zeitungen und Nachrichtensendern und die ganze rechte und linke Propaganda der Reichen, um sich an der harten Arbeit der Menschen weiter zu bereichern. Erfundene Kriegspropaganda, die jedes Land und jeder Lokalpatriotismus so in sich hat. Hier Blau. Drüben Rot. Blau - Gut. Rot - Böse. Völliger Unsinn!
Die einflussreichen Nachrichtensender waren mittlerweile überwiegend gekauft gewesen und die Irritation nach der Krise überwunden, durch die gefundene Nähe und Wiedervereinigung aller Überlebenden zu einer Menschheit. Es blieben die wenigsten zufrieden mit dem vorgefertigten, vorgekauten Lebensweg von ausschließlich finanziell berührten Entscheidungen in der Gemeinde. Die synthetischen Impulse aus der verdächtig selben Richtung, duellierte die Orientierung der irritieren Ahnungslosen, die überall Norden zu finden schienen. So werden Alternativen gewagt, nicht mehr am Kompass gedreht, wie sonst, sondern bewegt oder verschoben. Anpassung, oder Konflikt. Kann man die Wirtschaft kämmen, wie Haare auf dem Kopf? Nicht während der Zopf geflochten ist! Wegen egozentrischer Polarisierung von Geldflüssen ist die Früherkennung von Gefahren und Konflikten eine unmögliche Enthedderung geworden, gegen die unzähligen wahren Hindernisse die uns alle betreffen, wie Essen und Frieden und Ordnung schaffen, die auch Freiheiten sein können, sich gegen geteiltes Leid, gegen Böses, zu erheben. Nicht gegen Menschen! Dem Zeitgeist seinen Atem zu geben ist ironischer Weise unvermeidlich. Auf Kosten der Freiheit und zum Wohle der Menschheit macht Beitrag manchmal nicht glücklicher, nur weil man versteht, dass es Sinn macht. Aber es macht nur glücklich, wenn es Sinn macht. Plötzlich wurde Vergütung ein Produkt von glücklichen Zahlern und verstandener Teilnahme einer geteilten Vision von fortschrittlicher Aneignung von Weisheit und Mittel zu einer Menschen-freundlicheren Verteilung von Leistung und Ergebnis. Es wurde plötzlich Trend, sich neben Geld auch mit Firmenanteilen zu beschenken, wenn Arbeitnehmer und Arbeitgeber den Deal aushandeln, um es

einerseits spannender zu gestalten sich an Qualität zu orientieren,
andererseits, verdrängt dies die Bodenlosigkeit des fallenden Geldwertes
in Finanzkrisen. Auch sollten einfache Menschen genug Mittel haben, um
Ideen zu unterstützen, die sie lieben. Menschen konnten zu Arbeit Nein
sagen, wenn sie lieber Zeit dafür frei haben wollten, weil Geld nicht so
knapp war, dass jede unehrliche Arbeit genommen werden musste, um gerade
so zu überleben. Der Sklaverei wurde die Stirn geboten. Probleme haben
ein Haltbarkeitsdatum. Dialog ist wie der zeitnahe Verzehr einer sonst
giftig werdenden Speise. Die Überlebenden erholen sich, vergeben sich die
gegenseitigen Ablenkungen im Leben und die Gewalt, der sie sich nicht
mächtig sahen, sich ihr zu widersetzen. Sie finden Lösungen, wo sonst die
Uneinigkeit sie vom Dialog abhielt. Wir überleben. Was auch immer das im
wissenschaftlichen Sinne bedeutet, sich von lebloser Masse zu
unterscheiden und sich dazu auch noch so zu fühlen. Und wir leben. Diese
Bedeutung überlebt in unseren Entscheidungen und Wünschen. In den Jahren
darauf lernen die Leute wieder kommunale Beiträge zu steuern und sich von
dem Massenstrom zu distanzieren, den wir genötigt wurden, zu werden.
Bedarf an Güter und Leistungen werden in öffentliche Listen gespeist, die
Unternehmer dort aktiv werden lassen, wo auch der Wunsch gegeben ist. Die
mittellosen Kreativen kommen wieder aus ihren Löchern heraus, die sonst
glaubten sie seien nicht gut genug für eine Darbietung. Erfolg wird nicht
mehr gemessen sondern geschätzt. Man muss plötzlich kein Star-Regisseur
mehr sein, um finanziell unterstützt zu werden, nur für einen kleinen
Spot. Man muss nicht mehr Jahre lang Berufserfahrung sammeln, um die
Kompetenz einer einzelnen Idee vorzuschlagen. Man muss nicht mehr den
neusten Haarschnitt-Trend folgen, um beim Profisport angefeuert zu
werden. Und man kann wieder Wettbewerbe gewinnen, ohne einer sensibel
behandelten Randgruppe zuzugehören, die Triumph einfordert, oder mit
fehlender Toleranz gleichsetzt. Menschen erinnern sich wieder an die
Namen und die Geschichten der Mitmenschen. Und die kleinen Lichtlein

können wieder an die Spitze, wenn auch nur für eine Sache, oder nur für einen Tag. Qualität erobert die Welt zurück.

Giuseppe, Alfred und seine Treue und Rubinas Vater, auch er heißt ja Giuseppe, sitzen zusammen bei einer Zigarre. Einer krumpeligen, ungeraden Zigarre. Einer der schmackhaftesten Zigarren der sieben Weltkippen. Sitzen bei einem Whiskey-Abend, in der sie die Zigarre in Honig schlieren, da wo man sie zwischen die Lippen pappt. Drei Aschenbecher. Couch. Internet. Echte Pizza. Verfluchte Artefakte. Schwebender Qualm. Luxus. Sie einigen sich auf absolute Geheimhaltung eines von ausschließlich ihnen gedrittelten Drogenimperiums und sie steigen sofort drauf ein und bauen die Schnaps-Idee aus und kommen an keine Grenzen. Sie sehnen sich alle nach dem selben Glanz. Ein Mafia-Trio.
Giuseppe: „Alfred, frag sie, wie man das sonderbare Getränk von ihrer Heimat zubereitet! Das hat uns gehörig einen gescheppert!"
Hinterkopf-Kratzen. Sie verstehen die Sprache der Frau nicht und sie versteht keine der ihren. Sie machen es ihr bequem und versuchen sich mit ihr in der Runde zu unterhalten. Wenn man sie anspricht, dann sagt sie nur so wenig, wie zum Beispiel: „Prostagma?"
Rubinas Vater: „Warum zeigen die Satellitenbilder nicht wo ihr wart? Probier noch einmal ihr die Karte zu zeigen, dann gehen wir da wieder hin und beobachten, was die da rein mischen in das Getränk!"
Alfred: „Ich denke nicht, dass sie die Häuser in den letzten drei Wochen vor der Aktualisierung der Satellitenbilder gebaut haben. Und auch nicht, dass die Bewohner das ganze Dorf unter Sand begraben haben. Ja, vielleicht haben die Bewohner das Dorf komplett zugebuddelt!"
Giuseppe: „Zu-ge-was?"
Rubinas Vater: „Hey Leute, wir brauchen immer noch die Rezeptur von dem Wundergetränk, sonst haben wir gar nichts! Versuchen wir nochmals ihr die Zeichnung mit den Pflanzentypen zu zeigen, ob sie eine Pflanze

wiedererkennt!"

Giuseppe, energisch: „Ja! Aus Bens Buch."

Rubinas Vater: „Ja! Wir finden vielleicht da etwas darüber!"

Alfred: „Hat dich anscheinend ja ein Vermögen gekostet es zu behalten!"

Sie finden Zeichnungen von Pflanzen und zeigen Alfreds Freundin die Seiten. Sie lächelt in Alfreds Armen und zeigt erst auf die linke Blume, dann doch die Blume in der Mitte. Dann wischt sie mit der Hand über die rechte Blume, um zu zeigen, dass sie ihr nicht gefällt. Sie befürchten, sie denkt, sie dürfe sich eine Blume aussuchen. Sie bleibt bei der linken Blume. Sie sind froh über den Hinweis. Sie ist entzückt.

Ein Handy klingelt. Keiner der drei besitzt es. Panik.

„Shit! Cut!", ruft einer.

„No, keep going! Keep going!", schallt es von unter der Dachbodenleiter. Ein Kamerateam ist eingebrochen. Das Kamerateam wird rausgeschmissen und mit der Waffe bedroht. Das Trio muss sich das genau überlegen. In vollem Tempo werden die Schnittarbeiten und Audiokompositionen zu einer neuen Titelzeile von Morgen bereit gemacht.

Titelblatt: „   Gründung italienischer Drogen-Mafia gefilmt!
            Familie Nesunossa, ein Ex-Agent und
         ein dicker Mann - Gründungsväter der Mafia!"

Die Krawattenträger in den TV-Hochhäusern schmeißen all ihr Geld auf die Story. All ihr Geld. Investieren. Zunder für die Weltpresse. Sie konnten die Reporter verjagen, aber das Bildmaterial ist schon in der Druckerpresse. Giuseppe verschwindet kurz, kommt wieder und stellt sich vor seine Freunde.

Alfred, demütig: „Wunschpapier!"

„Si", antwortet er.

„Das gibt es noch?", hakt er nach.

Der Ex-Agent verliert die Symmetrie der Augenbraunstellung für die erwartungsvolle Mimik seines Zweifels.

Giuseppe schnappt sich den Stift. Er liest, wie er schreibt.

„Hiermit wünsche ich die Rezeptur von der Substanz, die meine Freunde auf ihrer Reise probiert haben, für ein erfolgreiches Getränkeimperium aus uns drei Drogenbaronen!"

Er klickt sein Kugelschreiber zurück in den Schaft und setzt den Stift ab und demonstriert sein souveränstes Lächeln. Das Papier wird vor ihren Augen plötzlich wieder blank. Es windet sich zu einer Rolle Papier und füllt sich selbst mit einer Zutatenliste und Zubereitungshinweisen, teilt sich in drei gleichstark gespaltene Durchschlagpapiere der Rezeptur.

Sie halten es lange staunend in der Hand bis Alfred sagt: „Wir hätten uns einfach direkt Geld wünschen können!"

Giuseppe: „Aber Hallo! Du Idiot! Das ist wahre Magie und du …?"

Rubinas Vater: „Wer hätte das geahnt? Das funktioniert ja wirklich!"

Giuseppe: „Du Depp!"

Rubinas Vater: „Entschuldigung! Aber … ich … Idiot!"

Alfred: „Du hättest alles da drauf schreiben können! Jetzt müssen wir die Pflanzen immer noch finden und den Cocktail auch noch selbst produzieren!"

Rubinas Vater: „Ja, und?"

Giuseppe: „Was – Ja und? Wo ist denn der Ort?"

Rubinas Vater: „Wir fragen einfach Rubina und Ben!"

Wenige Tränen später, am selben Abend: Die Männer planen ihr Imperium des Wunder-Getränks unabhängig von ihrer unfreiwilligen Bekanntheit, weil es das letzte Wunschpapier war, das er besaß und aufbrauchte. Sie verkaufen lieber das neue Getränk, sagen sie, als irgendeine Pseudomedizin gegen ein ästhetischen Makel, die einem jungen Menschen Unsicherheit einreden soll, um sie von früh auf zu Kundschaft zu konditionieren. Die Gesetze gegen solch ein Getränk müssen erst noch geschrieben werden. Deshalb sagen sie jetzt auch nicht Nein zu der Vision vom schnellen, großen Geld. Die Zutaten waren, laut dem Wunschpapier, hauptsächlich Wasser, Zucker,

Zitronensäure, Plankton, ein ungewöhnlicher Farbstoff und motivierte, junge, billige Arbeiter.

Alfred, voller Vorfreude zu einem neuen Geschäftsplan: „Oder wir machen einfach zusammen eine Pizzeria auf! Leckere, gute Pizza!"

Die Verschwörer versuchen mit einer letzten Propaganda-Offensive der Menschheit zu erklären, dass Aliens Schuld an dem Wahnsinn hätten. Andernfalls falle die Schuld wieder auf die Leute zurück, die sie tragen. Die Beamten lassen den Papagei frei. Der Papagei fliegt los. Der Papagei sieht den altmodischen Bus nicht kommen und beide kollidieren ungebremst. Unmittelbar, stirbt der Papagei nach seinen letzten Worten: „Passiert!"
Das Ende des Schauspiels: In den Medien versuchen die Drahtzieher die zerbröckelnde Illusion zu erhalten. Sie spielen in den gekauften Nachrichtensendern ihre Botschaft ab und die Pharmamoguls hoffen, trotz des gescheiterten Putsches von ihrem Strohmann Karl Allesmacht, ihren Plan noch irgendwie geradezubiegen. In den Städten gehen die Lichter aus. Urplötzlich fallen alle elektronischen Geräte aus. Mit Ausnahme der Drucker. Sie haben für wenige Sekunden Strom. Das Krankenhauspersonal ist fassungslos und völlig entsetzt.
Eine angebliche Botschaft der Aliens an die Öffentlichkeit: „Wieso habt ihr euch so lange nicht gemeldet? Nach einer lange vorbereiteten Reise kommen wir aus einer großen intergalaktischen Gemeinschaft in Reichweite der Erde, um euch persönlich zu besuchen und wir senden unsere Nachricht voraus, die mit eurem Stromnetz interagiert, damit ihr global Bescheid wisst, dass wir euch jetzt besuchen kommen!"
Die Menschheit ist misstrauisch, aber dann doch wiederum hoffnungsvoll, es könne ja vielleicht doch real sein. Die angeblichen Aliens landen in einer süddeutschen Stadt. Das liege angeblich daran, dass die Stadt in ihrer Sprache "Besucherparkplatz" bedeutet. Eine silberne Sphäre erscheint am Himmel und sinkt hinab und wird transparenter mit jeder

Sekunde, bis sie fast die Bodenhöhe erreicht und die Besatzung erkennbar wird. Die Leute zerren ehrfürchtig die sich wehrende Politesse zurück.

Die Politesse: „Aber … die Regeln! Hier ist Parkverbot!"

Die langjährigen Ausländer, zu den jüngeren: „Willkommen in Deutschland!"

Die scheinbaren Aliens sind in der semitransparenten Kugel und präsentieren 24 von ihrer Artenvielfalt. 12 Pärchen, weiblich und männlich. Sie schweben knapp über dem Boden in der Luft und warten auf eine Rezeption aus vielen Besuchern. Die Welt verliebt sich sofort in die Gestalt der Wesen, weil sie alle so knuffig aussehen. Symmetrische Körper. Gar nicht so fremd. Auch weil sie pummelig sind und stetige Lachgrübchen haben, die wie ein Hippopotamus voller Vorfreude aussehen. Sie haben sofort die Herzen der Menschen erobert, weil sie so aussehen, wie es uns passt. Ihre knuffigen, runden Augen sind über dem Mund, wie bei allen auf Planeten herangewachsene Arten sein müssten, die unter Schwerkraft ihr Design entwickelten. Sie haben Rüssel und laufen elegant auf zwei Beinen mit großem, pummeligen Popo und dünnem, überlangem Elefantenschwanz mit einem kurzem Pinsel aus Haaren am Zipfel, der ihre Körperhöhe überragt. Eine extraterrestrisch aussehende Pflanze, ein tropisches Blatt, windet sich um ihren Intimbereich. Bei ihnen, auch zwischen den Beinen. Wohl die Unterwäsche. Bei den zierlicheren Artgenossen mit runderen Proportionen, stecken die Pflanzen etwas tiefer in den Falten und man sieht sonst auch deutlich mehr Haut. Um die Bäuche der zierlichen Wesen haben sie sich jeweils eine Art Korsett gewickelt aus buschigem Naturstoff, der so flauschig aussieht wie Baumwolle, Vlies, oder Filz und etwas Leder. Sie haben allesamt Flügel und fliegen in ihrer Sphäre umher. Langsam und gemütlich. Ein Pärchen hat die Flügel hinter dem Rücken zusammengefaltet und läuft auf dem Boden der Kugel, die anderen 22 haben abgespreizte Flügel. Die Flügel sehen aus wie das Unendlichkeit-Symbol, die gekippte Acht. Symmetrisch auf dem Rücken. Es wandert ein blauer Puls in leicht sichtbarer, leuchtender Transparenz, der in dem Rand der Flügel zirkuliert und da aufleuchtet wo der Puls gerade wandert. Dennoch sind die Flügel wie eine hauchdünne Folie, die auf warmer Luft schwebt. Es ist weniger ein Flattern, sondern mehr ein Schwingen der Flügelwellen, entgegen der Wunschrichtung des Fluges. Es sieht eher aus wie eine Technologie, als ein biologisches Feature. Sie kommen nicht direkt per galaktischer Flugmaschine auf unseren Boden, sondern haben von dem Raumschiff aus eine riesige Sphäre gesendet, sagen sie. Sie erzeugen von dem Raumschiff aus einen rotierenden Puls, der die Sphäre in Position bringt und darin die Wesen über die transparente, silberne Sphäre auf die Erde geleitet. Sie erklären ihren Friedenswunsch. Die Pseudo-Aliens haben eine verschlüsselte Rezeptur mitgebracht, die dafür sorgen soll, dass die Menschen ihre Aggressivität verlieren, wenn sie die Melodie hören. Sie behaupten, sie können die Rezeptur weiterreichen an die Menschen, denen sie zutrauen das Rezept zu verstehen und auch die Produktion verwirklichen können. Sie senden das komplexe Muster der chemisch notwendigen Baustoffe und deren Komposition an die größte pharmazeutische Firma der näheren Umgebung und bitten sie inständig an der Heilung der Menschheit teilzunehmen und für die Menschen zu sorgen und sie zu beschützen von den Ereignissen, die die Erde aktuell heimsuchen, besonders vor der Melodie.

Giuseppe bedankt sich zu Tisch bei Ben, dass er seine Tochter gut behandelte und gibt ihm einen Kuss auf die Stirn. Er wusste eben, dass Ben nicht der Teufel ist. Rubina gesteht ihrem Vater, dass sie ein Pärchen sind und Giuseppe bemüht sich eines schauspielerischen Gesichtsausdrucks, als wären das unvorhersehbare Neuigkeiten für ihn. Ben hat einen kurzen Augenblick mit ihm alleine und bittet ihn nachträglich, um ihre Hand. Er schaut stolz seine Tochter an. Sie tippt auf ihren Bauch. Dann war die Gastfreundschaft schon fast wieder aufgebraucht. Mit der Vaterliebe sendet er die beiden auf ihre wichtige Mission. Kurzerhand später sehen die sechs Freunde das Spektakel der fliegenden Sphäre auf dem Laptop live an und wollen die Verantwortlichen endlich stellen, die Karl dafür anstifteten, ihre neue Weltordnung durchzusetzen. Die Verschwörer beobachten gespannt von ihren Privatinseln das Ereignis. Ben und Rubina wollen alleine reisen, weil ihre Feinde sie nicht alle kennen. Rubina meint, das Auto sei jetzt startklar. Fast wäre Ben eingestiegen. Doch er erkennt das Auto der Tankstelle wieder, in dem er sein Handy loswurde. Der alte Mann wird immer noch mit 20km/h von einer Kolonne Polizeiwägen gejagt und weiß nicht einmal, dass die Polizisten ihn angsterfüllt verfolgen. Die Polizisten zittern und keiner von ihnen traut sich das Auto anzuhalten, von dem sie glauben, der Teufel säße vielleicht darin. Es fährt der alte Mann hinter einem Bus her und kommt an der Ampel neben sie zum Stehen. Ben öffnet die Hintertüre des Wagens und nimmt sich sein Handy wieder zurück. Der alte Mann leidet an Hör- und Sehschwäche, doch bemerkt er den Windzug der geöffneten Türe und Ben beruhigt ihn und empfiehlt ihm dem Bus zu folgen, wenn er dem wilden Verkehr entkommen möchte. Der Greis bedankt sich und Ben wünscht ihm eine gute Fahrt. Die müden Polizisten denken erst, es sei ein Akt der Zivilcourage und die mehrtägige Verfolgungsjagd käme endlich zum Ende. Doch Ben schließt die Türe des Autos wieder und der alte Greis folgt dem Bus und zieht die Kolonne wieder mit sich. Rubina zündet den Motor und Ben steigt in ihren Wagen ein. Ben sieht auf seinem Handy zwei verpasste Anrufe von seinem Boss und er fühlt, dass er nichts wichtiges verpasste und als versuche alles um ihn herum einfach weiterzugehen, wie davor. Doch eine neue Nummer schrieb ihm ein Herz in einer Nachricht. Rubina legt den Gang ein und kommt nicht voran. Ben löst die noch gezogene Handbremse und findet in dessen Falten des Leders ein Plastiktütchen. Rubina fährt an und schlängelt sich durch den Verkehr hindurch. Er öffnet das Tütchen und riecht behutsam aus sicherer Ferne daran, um zu abzuschätzen wie alt es ist. Sie sehen das Plastiktütchen an und dann sehen sie sich in die Augen

und sind wortlos selber Meinung.
Ben: „Weg damit! Komm, wir lassen solchen Unsinn sein! Wir heilen erst!"
Rubina: „Von mir aus, lassen wir so etwas in Zukunft ganz hinter uns"
Rubina und überlässt dem Sog des Fensters das kleine Plastiktütchen mit dem weißen Pulver. Wenig ahnt sie, dass das offene Tütchen in das offene Fenster des alten Greises hinter ihnen flog und auf seine Nase klatschte. In naher Zukunft wird das einer der spektakulärsten Verfolgungsjagden Roms mit einer Durchschnittsgeschwindigkeit von 230km/h und einem alten Greis, der die Zeit seines Lebens erlebt. Ben massiert Rubinas Rücken auf der Autofahrt nach Deutschland. Sie wollen die angeblichen Aliens mit ihren eigenen Augen sehen und zur Rede stellen. Rubina verfolgt gespannt die Nachrichtenbilder auf dem Display der Frontscheibe in ihrem Auto. Ben bemüht sich, sie bei der Fahrt nicht abzulenken und gleichzeitig auch etwas von dem Video mitzubekommen. Sie lachen über die Nachrichten. Die Nachrichten zeigen wie sehr die Aliens sich freuen. Immer wieder deuten sie erstaunt mit ihren dicken Fingerchen auf Menschen, Pflanzen und bestaunen auch den irdischen Himmel. Es war gezielt Freundschaft.
Rubina: „Übrigens, die Frau auf dem Schiff ... oh ja! Oh! Oh, Ben!"
Ben: „Was?"
Rubina: „Oh! Das ist die Stelle! Nicht aufhören!"

Die Alien-Figuren verlauten: „Keiner möchte der Angegriffene sein und daher immer die Initiative behalten, selbst im schlimmsten Fall. Also wählt sich Freundschaft, auf die basierend beide, durch diese Wahl, die Initiative behalten und alle Vorteile. Wir kommen in Frieden!"
Applaus. Sie nennen den Grund ihres Besuchs, um uns zu gratulieren, weil wir dem technologischen Fortschritt erneut alle Ehre gemacht haben, meinen sie. Sie gratulieren zur Erfindung der Telekommunikation, der Lebensmittelerhaltung und des Fernverkehrs. Zeugen errichten derweil Plakate auf den Dächern mit Willkommen-Botschaften, aber werden von einer

Vielzahl an Leuten ausgelacht. Plakate mit der unhöflichen Anweisung wieder umzudrehen, finden sich auch. Die Wenigsten ahnen von Anfang an, dass weder das eine, noch das andere Plakat vonnöten ist. Die Besucher raten generell Fairness untereinander zu wahren und finden direkt offene Ohren. Sie fragen uns, ob wir ein paar Vorschläge in Erwägung ziehen könnten: Sie raten uns unsere Haustüren untereinander geöffnet zu lassen, wenn keine akute Gefahr droht. Sodass unsere Zimmer geschlossen werden können, aber das Haus nicht geschlossen wird. Einfach, um sich zu vergewissern, dass wir einander fair behandeln und nicht so extrem vernachlässigen oder privilegieren, durch häufigen gegenseitigen Besuch und Anteilnahme im Leben. Die Privatsphäre kann zwar nach belieben angegriffen werden, soll jedoch Fremden und Freunden weniger im Weg stehen sich kennenzulernen und den Standard der Lebensqualität zu vergleichen, meinen sie. Sie schlagen uns vor, unsere Währung digital zu machen. Man könne dafür Institutionen mit der Sachbearbeitung beauftragen. Damit sind die Daten sicher darin gewahrt und sie können über unsere Köpfe schauen und auf uns aufpassen. Sie raten uns, die Anzahl der Menschen zu begrenzen und im Falle des Falles aktiv darauf einzuwirken. Sie fragen uns, warum wir nicht Pyramidenförmige Häuser bauen. Die Flächen der Steine können so groß werden, meinen sie, dass man Pflanzen und Wild auf den nach oben zeigenden Flächen belassen könne, die sich in das Stadtleben einmischen dürfen, als wäre es die Wildnis. Unter den Blöcken der Pyramiden können die Leitungen und Transportwege der Güter befestigt werden. So können wir in den Untergrund. Sie fragen uns, ob wir uns diese Architektur gut vorstellen können, es zu unserem Wohle umzusetzen. Noch nie wurden in Deutschland so viele Molotow-Cocktails heimlich hergestellt, wie nach dieser Nachricht. Von nun an toleriert niemand mehr zentralisierte Politik. Jetzt müssen alle um Erlaubnis bitten, wenn es andere Leute betrifft, selbst in der Wirtschaft.
In Rom planen Alfred, seine Teuerste und die beiden Giuseppes, wie sie

die Pizzeria strukturieren sollen und nutzen damit die Zeit bis Ben und
Rubina zurückkommen. Ben ruft Alfred an, um sicherzustellen, dass sie den
Zirkus nicht verpassen. Sie reden über die Aliens und auch über die
"51er" und wie genial die Bewohner von New York reagiert haben, die so
taten, als seien sie Asche geworden und dann doch auferstanden sind aus
der Asche, um Allesmacht auszuliefern. Er konnte mit der Hilfe aus der
Bevölkerung schnell festgenommen werden, bevor er das Land verlassen
konnte, um sich auf seiner Privatinsel zu verbarrikadieren. Die
Vereinigten Staaten von Amerika beließen es dabei, ohne einen
Konterschlag gegen die angeblichen 51%, trotz des bereits unterzeichneten
"Universellen Weltkriegsverteidigungsvertrages", das so eine Maßnahme
einfordern würde. Lieber sicherten sie alle Beweise und nahmen lieber die
Verdächtigen fest. Es wurde schnell aufgedeckt, dass die wahren
Fernbedienungen für die 51%-Abstimmung alle auf den selben Inseln
gelagert wurden. Zusammenarbeit im Auge der Katastrophe verhinderte die
wahre Katastrophe. Karl sitzt bereits für seinen Verrat an die Menschheit
hinter Gittern. Karl geht es relativ gut, bloß ist ihm die Verantwortung
entzogen worden zu regieren und zu entscheiden und er sitzt seine Zeit
bis zum Ende ab. Rubinas Vater, der andere Giuseppe, Alfred und seine
Teuerste sehen sich zusammen die Weltnachrichten über die Aliens auf dem
Laptop an und reichen sich fassungslos das Zigarrenetui. Die Freunde
hören von draußen Proteste gegen den albernen Zirkus und Ben hört das
Chanting der Masse und überlässt Alfred dem Ereignis. Die Protestierenden
fordern von der Welt sich von passivem Einkommen zu verabschieden und das
Geld herum Poolen und Firmen verschachteln zu verbieten und fordern ihr
Land auf, sich selbst endlich über die Wirtschaft zu stellen. Sie fordern
eine faire Vergütung an die benötigten Arbeiten und billige Unterkunft
und bezahlbare Zuhause. Sie fordern den Staat auf, Banken zu versklaven,
Schulden zu versteuern und das Steuerflüchten entweder zu verhindern,
oder ihren illegalen Vorteil auf die Bürger zu spiegeln, damit ihr

Vorteil zerfällt und der selbe Vorteil somit sofort jeden trifft. Die Gardinen gehen auf. Licht fällt in den Raum hinein. Die Menschen feiern da draußen das "Zeitalter der Zeitalter". Ein Team aus wahren Freunden hat die Fäden in der Hand und sie begreifen noch nicht, wie sehr sie damit in der Pflicht stehen.

Rubinas Vater: „Niemand darf erfahren, dass wir wahre Magie gefunden haben! Auch wenn wir keine Ahnung haben, wie die Magie funktioniert. Die Außerterrarischen, ach Scheiße, Außer- … die Außerterraristischen … die Außeraliens … Scheiße, ihr wisst was ich meine! Die Penner von oben! Wir verstehen die Technologie nicht von der Scheiße Kugel und das Papier und was auch immer. Wir nutzen die Magie dann, wenn die Seelen der Menschen gekränkt sind und wenn die Leute die Magie am aller meisten brauchen."

Alfred: „Einer für Alle!"

Giuseppes: „Und Alle für Einen!"

Alfred: „Ja … ähm … und wo ist eigentlich das magische Schreibwerkzeug?"

„Die Wurzel?", fragt Rubinas Vater.

Alfred: „Ja."

Rubinas Vater: „Ja, hier in meiner Schachtel!"

Giuseppe, sarkastisch: „Gehütetes Geheimnis, ja?"

Sie halten die Hände darüber und schwören weise damit umzugehen. Der grauhaarigste öffnet die Box, um selbst nachzusehen und auch zur Schau und sie sehen, dass die Schachtel leer ist.

Rubinas Vater: „Ruuuubina Nesunossa!"

Rubinas Vater schaut in einem eingefrorenen Moment auf dem Laptop-Display die Friedensverhandlung seines Heimatplanets und der angeblichen Aliens an, der ohne Konditionen unbegrenzt gelte und immer gelten soll. Er erreicht das tiefste Gefühl von Stolz, Zuversicht und Verantwortung, weil er weiß, dass die Lüge bald schon zerfällt. Sie wissen jetzt mit Zuversicht, dass alles zu seinem Zeitpunkt seine Richtigkeit demonstrieren wird, sich alles nicht nur verändert, sondern verbessert. Mit der leeren Schachtel in der Hand lächelt er freudig und unter seichten Tränen, weil für ihn die Schachtel voll ist. Das kann ihm keiner, wirklich niemand, ausreden. Er weiß selbst nicht, warum die Schachtel für ihn nicht leer ist. Er glaubt daran. Das ist alles.

Rubina und Ben erreichen die Sphäre. Er steht mitten in der Masse mit Millionen Mitmenschen. Er sieht die Sphäre mit seinen eigenen Augen. Er kann kaum fassen, dass da eine Sphäre schwebt, die anscheinend Wesen beherbergt. Aus der Masse heraus, ein Kopf unter Millionen Köpfen, reicht manchmal einer, einer allein, eine Generation, eine Vision, um den Niederträchtigen das Handwerk zu legen. Die Sphäre und die abgebildeten Wesen spielen ihre Rolle weiter. Er kämpft, damit er die Aufmerksamkeit der Leute gewinnt, aller Tiere, aller großen Pflanzen. Dann nimmt Rubina seine Hand. Er greift in ihre Hand. Er spürt Vertrauen, wie er es noch nie gefühlt hat. Es geht um Menschen, um Leben und Freiheit.
Ben: „Palim-Palim!"
Die Wesen in der Kuppel bemerken Ben nicht. Ein Durchbruch!
Ben: „Palim-Palim!"
Die Frau, die er meinte, dreht sich sofort nach ihn um.
Ben: „Palim-Palim!"
Der Mann, der seine Tochter auf den Schultern hat, sieht Ben hinter sich.
Ben: „Palim-Palim!"
Der Kameramann entdeckt Ben und zoomt mit dem Bild auf ihn heran.
Ben: „Palim-Palim!"
Der Baum wedelt mit seinen Blättern und raschelt so stark er nur kann.
Ben: „Palim-Palim!"
Das Eichhörnchen rennt zwischen den Beinen der Masse zu Ben.
Ben: „Palim-Palim!"
Eine alte Frau mit krummen Rücken sieht zu ihm auf.

Ben: „Palim-Palim!"

Der Storch landet auf Bens Schulter.

Ben: „Palim-Palim!"

Die schöne Frau, die sonst immer gesehen werden will, sieht selbst hin. Das kleine Kind greift mit seinen Händen in die Luft und signalisiert seiner Mama, dass es auch trinken möchte.

Das Kind sagt: „Cocola!"

Ben: „Palim-Palim!"

Die Mutter reicht ihm die Flasche, aber das Kind starrt auf Ben. Jeden Menschen und jedes Lebewesen kann Ben mit der Magie berühren und ansprechen. Außer das Hologramm. Es reagiert nicht. Keine Aliens. - Nur Hologramme. Gescheitertes Marketing, weil Ben die Kriegspropaganda aushebelt und ihnen den Plan ruiniert. Weil keiner mehr daran glaubt, dass Krieg einen anderen Grund hat, als Gauner, die sich an der Masse bereichern wollen. Waren doch wieder wir Menschen dahinter! Alter Klassiker! Wieder ein Ding. Wieder Kaufkraft. Wieder abgelenkt. Das schöne Leben - Damit man wieder etwas teuer verkaufen kann. Das echte Leben - Wie es immer war und immer sein wird.

Ben hat jetzt fast jeden der Menschen angesprochen. Er genießt die Aufmerksamkeit und Prominenz nicht, sondern macht einfach weiter, abwechselnd die Wesen in der Sphäre zu adressieren und dann wieder die Leute und Tiere und Pflanzen aufzurufen.

„TANNERMAN!", rufen die Leute und erkennen den Helden wieder.

„Das ist Ben! Ben Goldgerber!", schreit ein Kind.

„Nein, das ist TANNERMAN!", korrigiert ihn sein Freund.

Ben: „Palim-Palim!"

Er spricht zu den jungen Fans.

Ben: „Palim-Palim!"

Und sie jubeln alle, als sie verstehen, dass sie die lebendige Welt zu lieben und zu ehren haben und das Hologramm nicht dazugehört. Dann sieht

Ben in die Luft, vor den Augen seiner Zuschauer, zu den Wesen in der Sphäre und sagt erneut: „Palim-Palim!"

Keines der Wesen reagiert auf seinen magischen Spruch. Die Zuschauer atmen das O ein und staunen mit hochgezogenen Augenbrauen. Die Wesen reagieren nicht, sondern sie spulen ihr Programm einfach weiter ab. Wäre das nicht das Ende? Eine Überraschung hat sich das Leben für die beiden ausgesucht, um es für das Ende aufzubewahren. Der König aus Plm kommt zu Besuch. Bens Handeln nach bestem Gewissen und mit Liebe an seiner Seite öffnet eine Brücke der Realität. Aus dem Sand und der Erde unter ihnen wird Wasser und eine Brücke ragt empor und öffnet Zeit und Magie. Sie erscheint mit der Liebe zu seinen Mitmenschen, der Beschwörung der zeitlosen Magie und dem Schwanz der Schlange, das er seiner Geliebten anvertraute. Die Brücke wölbt sich über einen Bogen aus dem Grund unter ihnen und wird zum Ende gerade, wo sich die letzten Stufen zur Gegenwart finden. Über die Brücke marschiert der König. Die Menge macht ihm Platz. Seine Aura war die Aura eines Königs. Wie er läuft und wie er um sich sieht und den Menschen den Frieden nicht wegnimmt, auch wenn er sie bittet, für ihn, bei Seite zu gehen, deutet auf sein blaues Blut. Er stolziert, Schritt für Schritt, mit seinen umfangreichen Bauchradius in einem gemütlichen Gang voran. In seiner Anstrengung sich zu bewegen sind die zusammengekniffenen Lippen und das Grübchen gespeiste Lächeln eines seiner Zeichen der wohlwollenden Bemühungen, sich dem Pärchen vorzustellen. Ein Ring um den König bildet sich aus der bei Seite tretenden Masse, die ihm Platz gewährt. Außer Ben und Rubina, gehen alle bei Seite. Ben sieht sich die Sphäre kritisch an und Rubina genießt die Befreiung der Lüge. Es fällt ihnen spät auf, dass die Leute gar nicht für sie Platz machen, sondern für die Legende aus Plm.

„Höhrhöööhm", räuspert sich der König ankündigend.

Rubina dreht sich um und Ben spürt die Bewegung ihrer Hand.

Ben strahlt ihn an. Rubina ist hin und weg, wegen seinem aufgeplusterten

Auftreten und seinem antiken Gewand, das mit viel Liebe zum Detail gewebt wurde. Eine heller orange-bräunlicher Knopf schnürt das hellblaue Gewand mit grünen Rändern und silbernen, kleineren Knöpfchen zusammen und umhüllt seinen Körper. Ein blauer Schal windet sich um seinen Hals, eine rote Schleife um den Bauch. Sandalen aus gelb-lila Ziegenleder. Wolliges weißes Haar. Ein Bart, wie der Weihnachtsmann. Hände, wie ein Metzger. Finger, wie ein Künstler. Augen, wie ein Baby. Gesicht, wie ein Mann.
Der König spricht in die Hand, als machte er gleich einen Entenlockruf, aber es kommen dadurch deutsche Worte heraus: „Es ist mir eine Ehre und ein Vergnügen euch einzuladen, um an vier magischen Begebenheiten euren rechtmäßigen Platz einzunehmen! Ihr würdet uns mit eurer Anwesenheit zu tiefst ehren und wir wünschen eure Zusammenkunft zu segnen!"
Sie bedanken sich mit einer sanften Verbeugung und einem Lächeln.
Ben, im Einklang mit Rubina: „Die Freude ist halb so groß wie die Ehre, die uns hier zuteil wird. Und die Freude ist die größte, die mir je widerfuhr, weiser König! König von Plm!"
Rubina: „Gleich vier Angelegenheiten?"
Der König: „Ich sage euch wahrlich, es ist die Rückkehr eines Zaubers in seine Heimat! Bitte! Folgt mir!"
Die Menschen sind fasziniert und werden etwas mutiger und wollen ebenso mit dem König interagieren. Der König ignoriert sie alle für den ganz speziellen Moment: Der persönlichen Einladung seiner Gäste. Seiner höchst willkommenen Gäste. Die Kameras halten das Bild auf den König und den beiden. Der König bemerkte die Faszination der Sphäre und spricht seinen Zauber, gegen diese Plage.
Der König spricht in seine gefalteten Hände: „GLÜCKLICH DAGEGEN!"
Ben ruft: „GLÜCKLICH DAGEGEN! GLÜCKLICH DAGEGEN!"
Rubina folgt: „GLÜCKLICH DAGEGEN! GLÜCKLICH DAGEGEN!"
Sie alle rufen zum Hologramm: „GLÜCKLICH DAGEGEN! GLÜCKLICH DAGEGEN!"
Der König holt tief Luft und flüstert durch seine zusammengefalteten

Hände: „Auf Nimmerwiedersehen!"

Die Sphäre platzt. Das Hologramm verliert die Integrität und verfällt in kleine Datenfragmente, die sich nicht selbst wiederherstellen können. Die Leute zucken zusammen, aber spüren nichts. Überall sprühen blaue und lila Funken in die Luft, wie ein Feuerwerk, bloß kalt, wie der Polarwind. Die Pharma-Moguln schmettern ihre Hände auf ihre Schreibtische. Bis in die Nacht hinein schreien sie, bis sie nachts einschlafen werden und ohne ihre Frauen wieder aufwachen. Sie glaubten den Zahlen, nicht der Schrift. Der König öffnet sein Gewand und ein riesiges Blatt einer Pflanze rollt sich heraus, wie ein zusammengerollter Teppich. Es rollt sich aus und ist in der Mitte etwas geknickt und hart genug, um darauf zu stehen und am vorderen Stiel mit seinem Gewand verbunden. Das Gewand wird zu einem Segel und Ben greift Rubina rasch an ihrer Taille, als der König Ben mit auf das Blatt lud. Der König besteht auf einen Rückflug. Bevor sie überhaupt fragen können, fliegen die drei auf dem segelnden Blatt durch den Himmel in die Wolken hinein. Abzu und Tiamat tanzen im Regen und über dem Meer und wehen ihnen Wind in ihre Segel. In dieser Stunde der Romantik küssen sie sich, der alten Zeiten wegen. Und wo die Lippen sich berühren, segeln die drei hindurch nach Plm.

In Plm:

Der König schüttelt sich entrüstet den Sand aus den Sandalen und macht einen Satz nach oben auf die erste Treppe. Dann ist er wieder bei voller Zufriedenheit. Ben klettert zuerst auf die schwebende Treppe des Tempels, um Rubina seine Hand zu reichen. Sie bemerkt seine leicht verätzte Haut und streichelt ihm die Hand, bevor sie nach seinem Arm greift. Ben zieht sie hoch und sie bemühen sich mit dem König Schritt zu halten. Ein junger Vogel bringt Rubina einen grünen Zweig mit. Fliegt umher und stupst sie drei mal an. Sie hebt ihren Arm langsam. Da greift Ben schon nach dem Geschenk und flechtet den grünen Zweig in ihre Haare. Er grinst frech und

sie schimpft wohlwollend mit ihren braunen Augen, in seine Blauen. Sie versuchen sich heimlich zu küssen, doch bevor ihre Lippen sich berühren, ruft der König streng nach ihnen, obwohl er danach lacht. Oben angekommen, überraschen die versammelten Bewohner von Plm die Gäste. Sie zelebrieren die Gäste mit großer Freude und Jubel. Der König kann genauso wenig seine Freude überspielen wie sie. Ja, sie sind ein zweites mal hierhin eingeladen worden, und sogar diesmal zum Tempel der Stadt. Dann weht der Sand die Bewohner her, die unter Palios führender Feder, Ben und seine Freunde zu Gast hatten und sie verbeugen sich ihnen dankend.
Der König spricht in seiner Sprache und aus der Bibliothek hallt die Übersetzung heraus: „Heute feiern wir …"
Gejubel in der großen Halle unterbricht seine Worte. Der Jubel ist viel zu laut, um weiter sprechen zu können! Viel zu bunt! Viel zu viel Konfetti und fliegende Farben flattern. Der König hält sich die Ohren zu, weil sie so laut jubeln und er spart sich den Rest der Erklärung und läuft mit den beiden tiefer in den Palast. Die hellen Wände reflektieren das Sonnenlicht bis in den späten Abend hinein und manchmal kann man darin auch Nachts lesen, wenn auch nur der Mond zuschaut. So hell sind die Hallen und heute in Farbe.

In Deutschland sind die Angeklagten Pharmagiganten würdevoll eingeladen worden und sie haben sich, fast alle, gleich der Polizei gestellt. Die ganze Welt hätten sie nicht ausgetrickst und man hätte sie mit Sicherheit gefunden. Ihre Idee, die Menschen in den Industrienationen der Melodie auszusetzen, um ihnen das Gegengift zu verkaufen und von den Waffen zu profitieren, hat sich mit ihrer wiedergefundenen Ehrlichkeit am Ende doch aufklären lassen können. Sie bekommen sogar Beifall und Applaus, weil sie die Technologie offen publizieren und sie daher untersucht werden kann. Sie vernichteten die Beweise nicht, sondern brachten sie vollständig mit. Karl Allesmacht bekommt sogar ein gnädigeres Urteil, da seine Intentionen etwas ehrbarer waren, als von den im Hintergrund agierenden Verschwörern. Niemand weiß, was die Innovation der Hologramme in Zukunft bringen wird, außer, dass sie die nächsten Jahrhunderte stark verändern und prägen werden. Und viele neue Streiche werden für Kurzvideos entworfen, sodass Menschen über vermeintliche Brücken laufen werden und klatschnass ausgelacht werden von Millionen von Zuschauern. Schulen werden neu konzipiert. Wissen wird zugänglicher, als je zuvor. Telekommunikation wird persönlicher. Gewisse Videos werden … Bildung wird zugänglicher!

Die Bewohner sammeln sich in einem Halbkreis, um die schüchternen Gäste herum und überreichen den beiden viele Geschenke und heißen sie herzlich willkommen. Sie überfüllen ihre Hände mit Geschenke und Ben weiß seiner Dankbarkeit keine Worte mehr zu verleihen. Jedes seiner Worte heißt für sie Danke. Jedes ihrer Worte heißt für Ben und Rubina, es komme vom Herzen. Respekt wurde Sprache. Sprache wurde Liebe.
Der König bemerkt und bemängelt die Risse in Bens Hose. Sie bringen den Gästen zwei Mannequins und bieten ihnen an, ihre jetzigen Klamotten darauf zu spannen. Sie wissen nicht, ob sie sich schämen sollen oder einfach machen sollen, was sie gebeten wurden. Ben starrt etwas verdutzt zu den Zuschauern.
Der König flüstert durch seine gefalteten Hände: „Wir feiern heute …"
Jubel bricht aus.
„ … zwei Hochzeiten!"
Großer Jubel. Viel zu laut. Der König bleibt gelassen, auch wenn er die selbe Freude mit seinen Mitmenschen teilt.
Rubina: „Gleich zwei?"
Ben: „Wer heiratet denn?"
Das Vögelchen kommt zurück. Es fliegt durch den Tempel und bringt Rubina einen grünen Zweig, den sie zärtlich in Bens kurze Haare flechtet. Der König hält seinen Arm auf Bens Schulter und den anderen Arm auf Rubinas

Schulter. Bens Hand sucht ihre. Er zittert nervös. So nervös, dass er seine Hand fast wieder zurückzog, um ihr keine Bange zu machen. Es ist ihm ein Entgegenkommen Mut zu schöpfen, weil ihre Hand bereits seine sucht. Er gewinnt ihre Hand in einem sinnlichen ineinander Falten und das Zittern teilen sie sich, das sie auch beide mitbrachten. Es vergeht wieder mit ihrem fester werdenden Griff. Dann nimmt der König seinen Abstand und wartet grinsend, bis sie es verstehen. Die Gäste deuten immer wieder mit ihren Handgesten an, wie sie neue Gewänder bekämen und ihre eigenen Klamotten abziehen dürfen, um sie auf dem Mannequin zu bewahren. Ben, zweifelt: „Sollen wir uns hier …?"
Rubina zieht sich bereits aus. Rubinas Brüste hüpfen kurz als der engste Teil ihres Oberteils die Brüste entlang strich und Ben verliert bei diesen Anblick nackter Brüste allen Scham. Er lacht bescheiden und dann ziehen sie sich beide nackt aus. Sie wechseln ihre Klamotten mit den neuen, geschenkten, hellblauen Gewändern und sehen fabelhaft aus. Sie sehen darin sogar besser aus, als die Klamotten der Italiener, denen Ben androhte sie mit Bierschaum zu duschen. Rubina richtet Ben die Form und die Feinheiten seines neuen Gewandes zurecht und Ben ist entzückt über die zeitloseste Mode, die er je sah. Und vielmehr ist er zufrieden und angetan, dass er sie an Rubina zu sehen bekommt, der schönsten Frau für sein Herz. Es kommen zwei Frauen aus einem Raum und eilen hastig zu den beiden. Sie tippeln barfuß durch den Halbkreis der Leute und lachen dabei, wie beste Freundinnen lachen, wenn sie zusammen zu spät kommen. Sie tragen je zwei riesige Gardinen und je einen runden Ständer dafür herbei. Kommen offensichtlich zu spät. Rubina und Ben könnten im Boden versinken vor Scham, doch trägt Ben lieber ein Lächeln und entschuldigt sich vor den vielen Zuschauern. Der König entscheidet sich, doch nichts in seine Hände zu flüstern und kann stattdessen nur zum Fremdschämen Lächeln. Er hat ja auch nichts gesagt, um sie abzuhalten. Die zwei Frauen bleiben stehen, kichern wieder und besonders der einen kann man in den

Augen ablesen, dass sie gerne gesehen hätte, wie Rubina und Ben das ohne sie gelöst haben. Der König flüstert in den Himmel und es leuchtet der Mond und die Sonne gleichzeitig und erhellen den Tempel zu einem grellen Weiß. Die Leute scheinen gut zu verstehen, was passieren soll und setzen sich in aller Bequemlichkeit in den Schattenplätzen der Bibliothek des Tempels. Wenige kommen mit dem König mit. Im Wasserkeller findet Ben nicht die Zeit die Schrift auf dem Spiegel zu lesen. Die kräftigen Männer greifen zusammen die vielen Spiegel und tragen sie fort. Rubina meint, sie sollen vorsichtig sein, worauf der König nur schmunzeln muss. Ben würde gerne wissen, was darauf zu lesen sei, doch bekommt nicht die Chance dazu. Sie folgen dem König wieder und er erklärt ihre Arbeit kurz. Der König flüstert wieder in seine geballte Hand: „Diese Spiegel hat mein aller bester Freund beschrieben. Niemand anderes ist dazu überhaupt in der Lage! Er lernte nicht nur sein Aussehen, sondern auch seine Persönlichkeit im Spiegel zu beschriften."
Er schaut die Spiegel nostalgisch an, während die Männer die Spiegel in die Schmelze geben. Die Arbeiter verlassen danach den Raum. Er greift nach einem Ziegelstein unter seinen Füßen, zieht es hervor und dreht es um. Es befindet sich ein Siegel auf der Rückseite. Die Vorderseite war von den anderen Fußbodensteinen nicht zu unterscheiden. Es ist eine runde Negativprägung einer Münze, die nicht einmal den weisesten aus Plm zur Verfügung steht und nur dem König anvertraut wurde. Ben sieht den König um das Werk trauern, das in den Spiegel geschrieben wurde und auch sieht man ihm an, dass Erinnerungen sich fest daran festhalten. Er bereitet die Schmelze vor. Ben versucht die Nostalgie seines Schweigens nur in adäquater, respektvoller und ehrenvoller Form zu unterbrechen, wie er den König trauern sieht.
Ben, zu Rubina: „Ja, kann man Schmelzen. Da waren sowieso Kratzer drauf!"
Rubina hält sich die Hände vor den Mund, um kein Lachen von sich zu geben und ihr Grinsen und Schock vor seiner Taktlosigkeit zu verstecken. Der

König lacht frei aus seinem Bauch heraus und freut sich über Humor.

Ben: „Was passiert jetzt mit dem Spiegel?

Der König: „Wir zeigen euch das später!"

Er gießt das Silber aus dem Spiegel in die Gussform der Münze. Es ist selbst vier Schritte hinter ihm so heiß, dass die beiden mit ihren Fragen abwarten.

Der König: „Diese spezifische Münze, ganz speziell ihre Prägung, hat einen sonderbaren Nutzen in dieser Welt. Sie kann sprechen. Sie kann Verantwortung übernehmen. Sie weiß, wo sie ist. Und mit wem sie spricht."

Ben glaubt ihm. Rubina noch nicht. Ben sieht es ihr an und ihm wird bewusst, wie sich das Blatt gewendet hat. Wer glaubt jetzt an Magie?

Der König: „Es haben sich keine eindeutigen Feststellungen machen lassen können. Vielleicht habt ihr eine Idee? Jedenfalls sind die Fähigkeiten sehr begrenzt und die Intention ist wohl stark verkorkst."

Rubina: „Warum brauchen wir die Münze dann?"

Ben: „Weiß die Münze etwas, das wir wissen wollen?"

Der König: „Sie kostet kostbare Zeit."

Ben: „Und die gibt es hier ja im Überfluss!"

Der König, schmunzelt zuerst: „Stimmt!"

Er gießt die Prägung einer Silbermünze mit dem Nominalwert von eins. Er presst sie kurzerhand und sie kühlt jetzt ab.

Der König: „Was die Münze erzählt? Sie erzählt Männern, mit welcher Hand ihre Traumfrau sich normalerweise Wasser einschenkt. Sie erzählt, bei welchen Fragen sie kurz zögert, bevor sie antwortet. Sie erzählt im selben Moment, in der sie einen Schritt macht, den genauen Takt, durch ein Pochendes Summen. Sie wird aber nie erzählen, wo die Frau zu finden ist, oder wie sie heißt. Sie erzählt, zum Beispiel, dass die Frau nicht ängstlich reagiert, wenn schnelle Objekte an ihr vorbei zischen. Sie erzählt, wie viele Worte ihre Sätze meist haben. Doch wem hilft es, das alles zu wissen? Niemandem, der sucht!"

Ben, wütend: „Ich bin mir sicher, dass ich das selbst herausfinden kann!"
Der König: „Oh Entschuldige! Das ist nicht wofür ich die Münze präge. Das ist einer ihrer Fähigkeiten. Einer, von unzähligen."
Rubina: „Und wer soll sie dann besitzen?"
Der König: „Nur die Bescheidenste!"
Ben: „Ich war etwas zu eifrig! Ist das alles, um eine Frau zu finden?"
Der König: „Es sieht in das Herz des Menschen und zeigt was man wünscht, aber nicht, was man braucht. Doch es ist viel schlimmer! Die Münze verleitet dazu, sich mit ihrer Weissagung zu befassen und keiner trat siegreich hervor, das Gesuchte gefunden zu haben. Jeder, der ihren Ratschlag nahm, verschwendete seine Zeit damit mit Suchen. Es ist leicht zu vergessen, dass wir auf der Erde zuhause sind und die Erde für uns bereits alles geschaffen hat, was wir brauchen. Sonst würden wir nicht brauchen, was es hier reichlich zu finden gäbe! Würde ein Mensch geboren sein, der nicht Wasser und Luft braucht, wo hingegen seine Familie normal davon lebt, könnte man behaupten, die Natur wollte den nicht. Stellt euch vor, alle brauchen Wasser und dann wird ein Kind geboren, das Wasserstoffperoxid-Radikal braucht! Das wäre der Fall, wenn die Natur zeigen wollte, dass dieses Wesen nicht gebraucht werde und daher etwas brauchen soll, was die Welt nicht im Überfluss anbieten kann. Doch wir brauchen von dem, von was es reichlich gibt. Deswegen brauchen wir Liebe, am meisten. Damit beginnt alles! Und es muss überall bereits sein."
Ben: „Verstehe. Niemand darf sich aufgeben."
Rubina: „Und was würde die Münze mir sagen?"
Der König: „Das weiß niemand. Vielleicht würde es dir sagen, wo man seine Brüste auspacken kann und wo nicht, wer weiß?"
Der König lacht laut. Ben saugt seine Unterlippe auf und probiert nicht zu lachen und hält den Atem. Rubina grinst verlegen und sieht zu Ben.
Der König: „Die Münze zeigt jedem etwas anderes an. Ein Krieger hörte sie sprechen. Dachte, es könne die Schwachstellen der Feinde verraten.

Stattdessen brachte die Münze den Krieger an Orte, die ihm halfen in sich selbst zu gehen. Bloß kannte die Münze kein Erbarmen. Der Krieger berichtete auf seiner Rückkehr von Gründen, sich selbst nicht das Leben zu nehmen, die der Krieger auf der Reise lernte. Eines Tages verstand er das Rätsel nicht. Und er geriet unter sein eigenes Urteil. Die Gnade des Himmels hat sich nicht entfremdet in seiner Suche, sondern er selbst, da er das Vertrauen verlor. Die Münze war zum Glück noch am selben Ort."
Ben: „Und wer war das?"
Der König: „Ein Opfer der Schule des Hegesias von Kyrene. Ein Sinnbild des unnötigen Selbstzweifels. Es ist ein Zeichen, dass Menschen sich zwar Wahrheiten widmen können, jedoch ist es gefährlich, wenn sich Menschen in den riesigen Konstellationen der Wahrheiten nur auf ein Spektrum fokussieren. Wäre das Bild viel breiter, dann würde das Gute überwiegen und der Selbstzweifel fiele in den Schatten. Doch weil Wahrheiten so zahlreich sind, muss man seine Reise bewusst steuern, sodass man das Zentrum und das Gesamtbild nicht aus den Augen verliert. Eine ausgewogene Kollektion an verstandener Wahrheit wird die Liebe und das Gute immer in größerer Zahl wahrnehmen, als die Dinge anzusammeln, die unser Herz belasten. Wir haben die Fähigkeit unseren Fokus zu lenken. Und worauf es zielt, von dort unterscheiden wir zwischen Gut und Schlecht. Das Böse und das Gute, Ben, ist wie die Anzahl der Löcher in einem Strohhalm. Ich sage, es ist ein Loch, nicht zwei, auch wenn die beiden Öffnungen auf gegenüberliegendem Ende sind. Es ist eine Röhre. Zwei Enden. Ein Loch. Schande, wenn man nur das Böse sieht. Schade, wenn man nur das Gute sieht. Doch hat der Finder der Münze nur eine Seite betrachtet. Er wurde von einem Menschen belehrt, der selbst noch viel zu lernen hatte. Es ist nur ein Kerl, aber ein bösartiger Verführer seiner Zeitgenossen und daher bleibt unser Vertrauen auf der Eins. Eine Eins, im Übrigen, ist eine sehr wertvolle Zahl im Universum. Zurecht! Wir handeln unser Geld auch durch den Glückwunsch einer Ehre, nicht nur mit Verkauf und Geschäften. Sonst

wird Geld schnell zur Plage. Eins bedeutet, das Ganze wertzuschätzen."
Ben: „Die Schriftrolle ist also die Münze? War die Münze die Suche Wert?"
Der König: „Richtig! Keine Suche ist so viel Wert, wie die, auf dessen Antwort die Liebe ist. Ich möchte für eure Liebe diese Münze prägen und ich lasse sie nicht in euren Händen, damit die Münze zerfällt und leere Hände an die Liebe erinnern werden. Die Erde nimmt jede Liebesgeschichte an. So wünscht sie sich auch eure in ihr Herz zu schließen. Die Erde wird euch eines Tages loslassen und auch sie behält eure Liebe mit leeren Händen in ihrem Herzen, wenn ihr zu dem Horizont nicht mehr zurückblicken werdet."
Sie hören dem König zu und senken belehrt ihre Köpfe. Sie schreiten voran zur ersten Hochzeit. Ein runder Tisch steht in der Mitte des Raumes. Es ist ein massiver Steintisch, mehr ein Gefäß für Wasser, als eine Ablage für Gegenstände. Er füllt es mit einer Flüssigkeit.
Der König: „Siehst du ihn?"
Ben sieht in das Wasser. Er blickt in seine Augen. Die Nase, der Haaransatz, der Kinn. Ein junger Mann. Tüchtig, wild, unaufhaltsam und scheu. Eine Linie der Stirnfalte verbindet den Schweißperlenweg der Stirn bis zum Kinn. Stirn- und Zornesfalten machen der Perle ihren Weg nach unten frei. Die Wellen des Wassers formen sich wieder zu dem selben, glatten Bild zusammen, in das Ben nun hineinsieht. Das Bild formt sich zu einem stolzen Mann, der seinen Sohn sieht. Sein Vater weint vor Freude und vor Stolz. Die Wellen breiten sich nach außen aus und bleiben still am Rand liegen. Sie schweigen, wie der Beistand zu neuem Mut, mit dem Ben diesen Raum teilt, bis seine Tränen aufhören zu fließen. Darin wäscht der König die schweigende Münze und Peos bildet das neue Gesicht darin und sagt diesmal Ben die magischen Worte. Der Himmel spiegelt sich über dem Ort und Aphistemis greift vom Himmel in das Wasser hinein. Rubina beobachtet still. Dann wandert Peos Abbild von der Schale in den Himmel. Der König flüstert in seine gefalteten Hände: „Jetzt, wo du wieder dich

selbst im Spiegel sehen wirst, wird Peos dich nicht mehr erinnern, woher Magie kommt. Damit bleiben keine losen Enden in der Spule der Zeit, die dir vor der Ewigkeit Sorge bereiten könnten. Peos wird auf die Münze schreiben können und sie von der Welt nehmen, so wie er in den Spiegel schrieb und sich selbst gestalten konnte, nachdem er sich mit Aphistemis hier in diesem Raum verlobte. Und diese Kraft nahm er, weil du deine Zweifel beseitigt hast und dich der Magie anvertraut hast und weise wurdest. Die Zeilen der programmierten Schrift sollen dich nicht mehr heimsuchen. Sie werden merken, dass es Peos in lebendiger Form bald nicht mehr gibt und ihn suchen und seinem Leben folgen, damit sein Leben erschwert werde, anstatt deines, Ben! Er wird es in das Silber schreiben, dass die Erschwerung seines Lebens sich nur in der Latenz von Signalen im Silberkabel bemerkbar machen kann, um immer zu existieren und einen Grund selbst zu werden, warum er nicht erreicht werden kann, wie der Teumessische Fuchs. Stimmen und Klänge werden langsamer transportiert im Silber. Und dennoch soll es das schnellste Signal bleiben, das kein Licht ist und die Stimme trägt. Die programmierten Zeilen sollen dich in Frieden lassen, von dir ablassen und dich vergessen!"
Aphistemis erscheint als Wolke und zieht die Münze zu sich in den Himmel, doch greift Peos ihre Hand und hält daran fest. Der König schluchzt und wimmert um seinen alten Freund, den er so lange nicht mehr wieder sah, denn es ist Zeit loszulassen. Er erinnert sich an die Jugend und an seinen schnellen Aufstieg und Fortschritt als königlicher Schreiber. Aphistemis zieht ihn an seiner Hand hoch und Peos verdunstet aus der Schale in seiner wässrigen Form. Er sieht ihr verliebt in ihre Augen und küsst ihre Hand.
Der König: „Nach was lüstet es dich, mein Freund, nach all den Jahren?"
Peos: „Nach Weisheit, mein König!"
Der König: „Und was verlangt Aphistemis?"
Peos: „Ewige Liebe."

Der König: „So sei es, Peos! Schreibe es zu ende!"
Sie blicken sich in ihrer Freundschaft zueinander an und hätten sich gerne umarmt und jetzt versteht auch Rubina und Ben, dass die Hochzeit mit Aphistemis seinen Tod bedeutet. Doch Peos schwindet mehr und mehr in seinem Antlitz von einem Körper zu einem Spiegelbild in der Luft über Plm. Das Spiegelbild wird zu einem Regen. Und der Regen zu Buchstaben, die auf das Blatt der Welt fallen.
Peos will sich noch bedanken: „Verzeiht mir bitte, für meine Unannehmlichkeiten! Ich hätte euch kaum anders kennenlernen können! Ihr hattet zwar Angst, doch war es anders nicht möglich, mich mit euch zu verbinden, wenn die Erde eure Liebe braucht und ein Beispiel finden muss, alles andere loslassen zu können, für den Glauben an das Gute in dieser Welt. Glaube an die eine Welt, eine Realität und darin genauso Teil zu sein, wie jeder Teil vom Ganzen ist. Die Verbindung ist unzertrennlich, aber nicht immer so sichtbar, wie wir wünschen. Auch wenn eure Eltern sich für den schweren Weg entschieden haben, haben sie sich für Liebe entschieden und so ist es euer Geschenk diese Liebe fortzuführen. Jetzt können unsere Wege sich trennen und das Band sich wieder lösen, das deine Vorfahren und meine Nachfahren erhielten. Es ist wie ein Geschenk, das die Vergangenheit für euch mitbringt: Orientierung. Doch irgendwo ist die Kette unterbrochen durch fehlende, lebende Vorbilder und es wird sich so anfühlen, als seid ihr auf euch alleine gestellt. Aber dem ist nicht so! Manchmal finden wir Vorbilder in der Vergangenheit, die, wenn sie noch lebten, wie unsere Brüder und Schwestern wären, aber fern in der Zeit liegen. Und wenn sie euch erreichen wollen und ihr sie, dann manchmal eben nur in der Schrift. Aber ihr seid nicht alleine! Nie! Die Verbindung in die vergangene Welt ist wahrlich eine Hand auf der Schulter. So lebendig, wie ihr selbst. Mögt ihr beide euch einander haben für die Ewigkeit der Liebe! Denn wo Liebe ist, ist Ewigkeit! Ihr habt das Zeitlose in der Liebe verstanden und es wurde euch der Weg offenbart, der

Welt dann ein Licht zu werden, wenn sie es am meisten braucht. Du bist jetzt befreit von diesem Fluch, Ben! Deine Vorfahren ruhen in der Erkenntnis, dass alles in die Wege geleitet wurde, dich an deine Verantwortung zu geleiten, in der Welt einen mutigen Schritt nach vorne zu machen. Ihr werdet nicht alles verstehen, aber ihr habt an die Gerechtigkeit geglaubt und die Gerechtigkeit glaubt an euch. Ben! Du hast den Mut dem Weg zu folgen, der sich erst beim Schritt offenbart, wo Gutes tun zur Pflicht wird. Du machst eine Freude daraus! Das stand dir schon immer! Rubina! In dir fließt Engelsblut. An dir erfrischt sich die Welt, wie ein Biss in eine Frucht. Lebt wohl, Freunde! Lebe wohl, mein König!" Aphistemis hält ihre Hände aus Wolken schützend über den Tempel. Peos hält seine Hände wie eine Schale darunter. Die Münze schnalzt kurz in die Luft und rotiert so schnell, dass sie eher aussieht wie ein Ball, als wie eine Scheibe. Die Münze fällt mit in das Loch hinein und versiegelt alle Tunnel, die die Verschwörer graben ließen, mit Regentropfen aus Silber und hauchdünnen Silberadern. Die Erde darf sich spiegeln. Der Mensch ist dafür zu überheblich im Angesicht der Zahlen.

Der König: „Die Münze schwieg immer zu unserer bescheidenen Erde. Also schlug er vor, die Erde als Weisestes Wesen zum runden Tisch zu bitten, damit wir ihr Schweigen hören werden und er sie in das Spiegelbild hineinschreibt und eines Tages, heute, nach tausenden Jahren, in die Münze graviert. Peos hat gelernt und hat lernen müssen, dass wenn es nicht die Liebe ist zueinander, jeder Wunsch die Gefahr birgt uns die Zeit zu rauben. Wir haben alle Wünsche. Doch im Anblick unserer Endlichkeit vergehen sie, wenn sie so wage auf etwas zeigen, wie ein Zeigefinger auf einen Stern zeigt, doch Liebe überall und unfehlbar ist. Die Münze hätte Peos vom rechten Weg verworfen, wäre er frühzeitig mit der Ewigkeit verbunden. Er wollte die Chance haben, zu beweisen, dass seine Geduld sich bis zu dem Moment strecken wird, in dem ein Wunsch durch Liebe zwar gerecht war, aber zurecht gewiesen werden muss, mit

Weisheit. Liebe durch Gerechtigkeit, war die Erde. Gerechtigkeit durch Liebe, war sein Wunsch. Der Wunsch zu enden, endet nicht die Liebe, sondern die Magie des Endes. Also wurde er am Ende Magie. Aber was blieb in der Rechnung noch übrig? Nicht mehr Peos, sondern Magie, selbst. Er wartete auf euch! Ben! Rubina! Die Münze wird stattdessen im Tunnel der Erde zu einer hauchdünnen Ader gepresst, die sich durch den Planeten windet und Menschen dazu bringen wird, dass sie sich gegenseitig zuhören können. Die Schrift war schon immer der Spiegel der Rede. Das Silber soll in der Zukunft Musiker verbinden, die auf der Welt verstreut sind und am selben Konzert teilnehmen wollen, gleichzeitig, für jeden zu spielen und von jedem zu hören! Wir dürfen nie vergessen, dass wir nicht alleine sind! Wir wären heute nicht hier, wenn jeder für sich bestehen müsste! Und weil die Welt eins ist und sich alleine ist, ist jeder Teil darin das Ganze. Was wäre der Mensch ohne sich selbst? Es ist etwas über all der Magie und dem Leben, das auch eins ist. Wir schauen in den Himmel der Welt und glauben daran. Es ist wahr! Ganz oben, da ist etwas alleine sich selbst. Ein Himmel ohne Dach und ohne Boden. Etwas das viel zu groß ist, um es sich vorzustellen. Etwas, das die Adern eines Designs mit dem Blut seiner Idee verbindet. Etwas, das Liebe liebt. Wer diese Adern erkennt im Leben, erkennt dass es wahr ist! Und wer nicht, erkennt den Wald vor lauter Bäumen nicht. Es gibt viele Adern von denen sich das Leben bestaunen lässt und viele Zeugen meinen sie seien an der richtigen Arterie. Doch es ist ein Herz, eins das schlägt und lebendig ist."
Peos Geist ist entsandt in das zeitlose Schwarz. Das Alte. Das Vergangene. Das Entsandte. Verbleibt ohne zu warten, damit es alle Farben erhält, sich in der weißen Unschuld eines Neubeginns zu waschen, wo nichts endet, was einmal war.

Dann geht alles so schnell. Die Handgriffe. Die Mahlzeiten. Die Pausen. Die langen Augenblicke. Die langen Wartezeiten. Das lange Sitzen. Im

Moment und im Gedächtnis, bleibt es nur ein Augenblick. Sie folgen dem König hinaus auf die große Treppe und ihre Gäste laufen im selben Takt mit ihnen hinaus. Die Sonne strahlt ihnen in ihr Gesicht. Der Mond kommt hinzu und stellt sich unter die Sonne. Der Himmel spaltet sich in der Linie zwischen dem Mond und der Sonne, als ob ein Künstler die Spachtel an seiner Ölmalerei entlangfuhr. Der Mond beginnt sich zu verformen, als würde er einen Tropfen aus seiner Scheibe verlieren, um einen Teil von sich auf die Erde zu gießen. Dieser Tropfen löst sich nicht vom Mond, sondern bleibt ein nicht losgelassener Tropfen und berührt die Treppe zum Tempel aus dem sie marschieren. Dann umfasst das Gestein des Mondes die beiden und sendet sie in den Korridor. Sie finden sich in einem geschlossenen Raum wieder, das vorne von sich selbst beleuchtet wird. Ben sieht. Er fürchtet sich, wie in einem Schock der Entblößung und wie in der Angst des sicheren Todes. In einem Stein gemeißelt ist das Gesicht einer hübschen menschlichen Person, die sowohl Mann, als auch Frau sein könnte. Der Körper ist vorwiegend auf der rechten Seite der Stähle positioniert. Und obwohl der Körper der Person mehr auf der rechten Seite war, gab es dennoch die Symmetrie in dem Bild. So, dass das Gesamtbild in dem Licht dastand, als wäre der Kopf der Person, das Auge in einem Dreieck. Links von Ben marschiert Rubina an seiner Hand. Sie laufen in einem steinernen länglichen Flur, ohne Türen oder Öffnung, außer zwei winzige Spalte neben dem Auge, wofür Erwachsene zu groß sind, um darunter kriechen. Es ist ein kurzer, gerader Flur, in dem man mit Angst beginnt und zunehmend Fassung gewinnt. Nur am Ende, vor dem Bild im Stein selbst, sind die zwei Öffnungen, links und rechts, direkt vor der Tafel. Offen, nur für kleine Kinder. Ben sieht wie zwei Cherubinen aus dem Spalt zu seiner rechten kommen. Sie scheinen sehr glücklich zu sein und rennen spielerisch flink und grinsend wieder hinein in den Spalt. Man sieht, sie kommen aus der Richtung, die hinter der Steintafel entlang in einem Gang verlaufen würde. Es gibt keinen Grund nicht zu vermuten, dass hinter der

Tafel des Auges, nicht noch ein Flur ist. Und es gibt auch keinen Grund nicht zu vermuten, dass der Flur ewig ist. Vor der Tafel angekommen, in den wenigen Schritten die darin nach vorne zu laufen sind, bleibt Ben direkt davor stehen, ohne Rubina anzusehen, aber an ihrer Hand und sie an seiner. Irgendwo ist das Ende für das Leben und es passen nur Kinder durch den Spalt. In diesem Flur gibt es keine Geheimnisse. Es gibt keinen Schulterblick und kein Zurück, sondern, nur der gerade Weg heran an die Tafel.

Die Leute applaudieren den beiden und Rubina und Ben finden sich wieder auf der Treppe. Ben nimmt ihre Hand und führt den Ring auf ihren Finger und erhält seinen Ring auch von ihr. Sie küssen einander und sind damit verheiratet. Sie genießen das Leben ihrer gemeinsamen Liebe bis ans Ende ihrer Tage.

ENDE.

Rubina: „Warum wieder ENDE? Wir fliegen auf einem Blatt durch die Welt, hinein in die Flitterwochen! Das soll erst der Anfang sein!"
Ben: „Keine Angst, wir enden nicht einfach! Wir sind in einem Buch. Unsterblich, solange die Geschichte gelesen werden kann! Diese Art der Magie ist unzerstörbar!"
Rubina, entblößt: „Was? Woher … was meinst du?"
Ben: „Ich habe dein erstes Wunschpapier bei dir Zuhause gefunden und gelesen. Es lebe der Leser! Nicht wahr? Wir sind Worte in einem Buch geworden und die Worte im Buch real."
Rubina: „Das sollte eigentlich nicht in die Geschichte mit hinein!"
Ben: „Ich kann das Papier auch nicht mehr waschen! Jetzt steht es hier!"
Rubina: „Lass uns etwas essen gehen! Egal was, egal wo."
Ben: „Schau! Dort unten gibt es eine Raststätte."

Kapitel 10

Ben sitzt zuhause bei seiner Familie. Die Mutter kam neulich aus dem Ausland zurück. Sie liest die Papiere und ist voller Sorgen. Sie fragt ihren Sohn, ob ihre Zweifel berechtigt seien und wird zum Ende des Satzes ganz leise, weil sie weiß, wie hellhörig die Wohnung ist. Schnell versteckt sie Hände-zitternd die erhaltenen Grundbucheinträge und den Schenkungsvertrag im Stapel ihrer Unterlagen. Ben sitzt versteinert auf der Couch. Seine Schwester fragt ihn, was die letzten Tage passiert ist, weil er so stark im Fokus der Medien war. Keine Antwort. Seine Mutter fragt ihn, ob er jetzt endlich eine Frau hat, weil sie die Nachrichten sah und weil sie die junge Frau draußen gehört hat. Er bleibt versteinert sitzen. Warum es eine Rothaarige war, die er mitbrachte, fragt die kleine Schwester. Seine Schwester sagt ihrer Mutter, dass es wieder nichts gescheites war, er wohl kein Glück habe mit Frauen. Die Meinung einer 15-jährigen. Sie berichtet der Mutter, die Frau müsse Rubina sein, aber sieht der Frau aus dem Fernsehen nicht einmal ähnlich. Seine Mutter sagt ihr, dass sie glaubt, dass Ben wieder Ärger verursacht hat, weil die Polizei gerade die Wohnung umstellt. Seine Mutter schimpft und weint. Seine Schwester macht sich Sorgen. Ben sitzt versteinert vor dem Fernseher. Es läuft gerade der typische Schund im TV, aber zumindest keine Propaganda mehr.

Die Polizei steht vor den Fenstern, auf der Straße und vor der Türe und ein Polizist schreit: „Polizei! Wir kommen rein! Hände hoch! Polizei!" Bens Mutter läuft enttäuscht in die Küche. Bens Schwester fragt ihn, was los ist und was war. Ben schweigt. Seine Mutter fragt, was für ein Mensch er überhaupt sei. Sie brechen die Türe auf. Der Kater flüchtet. Ben antwortet: „Wow! Ich bin für sie nur ein Konsument."

Dann holen sie ihn. Pressen ihn auf den Boden und quetschen das Muster vom Teppichboden in seine Wange, bis die Handschellen fest sind. Er ist eine Figur ohne Emotionen. Sein Gesichtsausdruck ist apathisch. Seine Schwester schreit vor Angst und kauert sich ein. Seine Mutter wird vorerst in Handschellen gelegt. Bens junge Schwester bekommt Kabelbinder aufgebunden. Seine Mama bleibt, wie immer, enttäuscht von ihrem Sohn. Seine Schwester wehrt sich zickig und laut. Ben hat nichts. Nichts zu verlieren. Nichts zu bieten. Nichts zu sagen.

Der Kommissar dreht neben dem Verhörraum die Stereoanlage leiser, bis die Musik kaum mehr zu hören ist. Der Beamte teilt vor der einseitig durchschaubaren Verhör-Scheibe dem Kommissar mit was passierte. Und sie beobachten Ben. Er bleibt still sitzen. Blick nach vorne. Leere.
Kommissar: „Was liegt an?"
Der Beamte: „Abschaum von der Straße gekratzt. Der Mann steht unter Tatverdacht für mangelnden Konsums, Kritik an Bevölkerung und Staat, Boykott von Gütern, Besitz von Bargeld und … Besitz von Eigentum. Wir haben einen Tipp von der Kripo erhalten, dass er die Grenze nach Deutschland überquerte. Er ist dem System direkt aufgefallen."
Kommissar: „Er hat wirklich mit dem Geld unterwegs ein Haus gekauft und mit Bargeld bezahlt?"
Der Beamte lacht.
Der Beamte: „EU-Gebiet. Sie haben einen Tipp an die Polizei gegeben, weil er unterwegs in die Heimat ein Haus in Bar bezahlt hat und selbst dafür keine Nachweise dafür existieren, woher das viele Geld überhaupt kommt."
Kommissar: „Und von woher kam er überhaupt zurück? Weiß man das?"
Der Beamte: „Nein, nicht wirklich."
Kommissar: „Aha. Und wie viel Bargeld hatte er bei sich?"
Der Beamte: „Nicht genug, um die Geldstrafe hierfür zu zahlen."
Der Kommissar dreht sich verdutzt zu dem Beamten, der versucht nicht zu lächeln und mit den Augen umherschweift.

Kommissar: „Verstehe. Und? Hat er zumindest Drogen bei sich im Besitz gehabt? Oder irgendetwas, das uns Hebelkraft verleiht?"

Der Beamte atmet ein und streift sich über die Nase, tippt etwas, überkreuzt seine Arme und sagt: „Ein … zwei Gramm, steht jetzt im System."

Kommissar: „Aha."

Der Kommissar überkreuzt ebenfalls seine Arme.

Kommissar: „Und was schreibt er da auf? Ein Geständnis?"

Der Beamte: „Ein Gedicht, wie es aussieht."

Kommissar, schmunzelt: „Ein Gedicht? Aha."

Peos murmelt auf dem Verhör-Stuhl: „Wie wollt ihr diese Geschichte zu Ende schreiben, wenn ihr nicht einmal wisst, wie gut sie anfing?"

Der Kommissar schüttelt den Kopf. Bevor der Kommissar den Raum verlässt, dreht er die Musik wieder auf. Er öffnet die Türe zum Verhörraum. Bis auf zwei Stühle und einem Tisch ist der Raum komplett leer.

ENDE

Schlusswort:

Aus Hingabe möchte ich Ihnen das Buch Salzwasser – 2000 Jahre Stille ans Herz legen, damit Sie klarer die Zahl der Offenbarung verstehen können und sich meiner Meinung anschließen, dass die Bibel bei genauerem Hinschauen die Hochachtung der Welt ist. Gnade und Liebe, anstatt arroganter Lokalpatriotismus, um richtungsweisend für unsere Kulturen das Wachstum zu ebnen. Heutige Philosophie ist oft nur ein Mittel, um sich selbst und seinem Handeln einen schmeichelnden Leitspruch zu vermachen, das eigennützige Denken und die uneingeschränkte Selbstliebe zu rechtfertigen. Manchmal ist sie so pauschal, dass man das Gefühl hat, man sei mit seiner Einstellung und seinem Wissen bereits an der Spitze, obwohl immer Raum besteht, sich weiterzuentwickeln. Die gesunde Kritik an sich selbst soll helfen, sich beim unweisen Handeln zu ertappen und zu belehren. Das Ideal bleibt statisch, während man selbst dynamisch ist. Je näher man ein Prinzip betrachtet, desto strenger sollte man sein. Je näher man eine konkrete Gelegenheit berührt, desto toleranter sollte man sein. Jedoch mangelt es in vielen Texten an Weisungen, die dafür sorgen, dass ein Verhaltenskodex Schablone für höchste Ziele wird, die für jeden gleich gelten und so fairer unser Überleben sichern. Wir müssen auf uns aufpassen und der Gesellschaft aktiv unter die Arme greifen, dass das eigene Verhalten sich übertragen lässt. Unsere größten Hebelwirkungen sind das Lehren und Lernen und Lieben. Wo jungen Menschen in Schulen ihr Denken beigebracht wird, müssen wir das moderne Wissen, freie Kritik und Nächstenliebe beschützen, damit die aktuellen synthetischen Mächte keinen ungesunden Einfluss nehmen können auf die Zukunft unserer Welt. Beruft euch auf die Religionsfreiheit, wenn große Mächte sich erheben und wider der Herzen der Menschen Teilnahme fordern! Behaltet die friedvollen Mittel als die erste Wahl und lasst Gemeinschaft wachsen, wo die Welt euch zu trennen versucht! Unsere Mission ist Liebe. Unser Mittel, die

Freiheit.

www.ingramcontent.com/pod-product-compliance
Lightning Source LLC
Chambersburg PA
CBHW080026080526
44585CB00019B/2119